Hermann Wirth

Archiv für die Geschichte der Stadt Heidelberg

Hermann Wirth

Archiv für die Geschichte der Stadt Heidelberg

ISBN/EAN: 9783741168314

Hergestellt in Europa, USA, Kanada, Australien, Japan

Cover: Foto ©ninafisch / pixelio.de

Manufactured and distributed by brebook publishing software (www.brebook.com)

Hermann Wirth

Archiv für die Geschichte der Stadt Heidelberg

Archiv

für die Geschichte

der

Stadt Heidelberg.

Eine Vierteljahresschrift

herausgegeben

von

Hermann Wirth,

ev. prot. Pfarrer in Haßmersheim, Chronist der Stadt Heidelberg.

I. Jahresband.

Heidelberg.
Buchdruckerei von G. Mohr.
Im Selbstverlage des Herausgebers.
1868.

Dem wohllöblichen

Gemeinderath der Stadt Heidelberg,

nämlich den Herren

Heinrich Krausmann, erstem Bürgermeister,
Wilhelm Hoffmeister, zweitem Bürgermeister, jetzt Mitglied des
    Gemeinderaths,
  an dessen Stelle seit 1867
Philipp Schaaff, zweitem Bürgermeister,
  und den Herren Gemeinderäthen:
Peter Desaga, Mechanikus,
Michael Groß, Privatmann,
Friedrich Hornung, Oeconom,
Josef Krauß, Privatmann, 1867 ausgetreten,
Georg Krieger, Schmiedmeister,
Leonhard Rißhaupt, Privatmann,
Ludwig Spitzer, Kaufmann,
Jacob Thiele, Privatmann, 1867 ausgetreten,
J. B. Trau, Kaufmann,
Heinrich Bilabel, Gerbermeister,
Franz Anton Keppler, marchand tailleur, } 1867 eingetreten,

in

Verehrung und Dankbarkeit

gewidmet vom

Herausgeber.

584922

Einleitung.

Indem ich mit Gegenwärtigem die angekündigte Vierteljahresschrift: „Archiv für die Geschichte der Stadt Heidelberg" beginne, erscheint es mir als eine Nothwendigkeit, mich über einzelne Dinge, welche das Wesen und den Charakter derselben betreffen, auszusprechen.

Was zunächst den Gegenstand selbst betrifft, der in dieser Zeitschrift zur Behandlung kommen soll, so spricht ihn der Titel derselben deutlich aus; es ist die Gesammtgeschichte der Stadt, ihrer einzelnen Theile und Zugehörungen. Heidelberg hat eine Vorgeschichte; die Stadt erwuchs zum Theil auf römischem Untergrund und baute sich auf innerhalb der Grenzen einer uralten, sehr großen Bemarkung, der von Bergheim, dessen Geschichte ebenfalls in die Zeit der Römerherrschaft zurückläuft, und welche ihren Glanzpunkt schon lange hinter sich hatte, als die ersten Anfänge einer Stadt Heidelberg hervortraten. Der Heiligeberg und das an seinem westlichen Fuße gelegene Dorf Neuenheim; Klöster in der Nähe und Ferne, besonders Neuburg und Schönau greifen in die Geschichte unserer Stadt wesentlich ein. Heidelberg war während mehr als 5 Jahrhunderten der Sitz eines berühmten und kunstliebenden Fürstenhauses, dessen Entwickelungsgeschichte in hervorragender Weise die Geschicke der Stadt bestimmte; und wiederum beeinflußen die Geschicke und die Stellung der Stadt als Residenz in den allerwesentlichsten Dingen die Entwickelung der ganzen Churpfalz, hauptsächlich der zum Oberamt Heidelberg gehörenden Städte, Flecken und Dörfer, was das allgemein politische und kirchliche Leben derselben anbelangt. Heidelberg ist seit mehr als 400 Jahren der Sitz einer **Universität**; Hochschule und Stadt haben nicht blos Leid und Freud mit einander getheilt, sondern jene drückte dieser von Anfang an einen eigenthümlichen Charakter auf, der sie von andern Residenzstädten ganz wesentlich unterscheidet; die innere Geschichte der Hochschule repräsentirt den Entwickelungsgang der Wissenschaft überhaupt. Das gesammte Kulturleben, das ehrliche Handwerk, die Gewerbe, Landwirthschaft, Industrie und Handel der Stadt gestalten vielfach das **sociale** Leben des Landes.

Wenn alle diese Beziehungen des geistigen und materiellen Lebens der Stadt Heidelberg, wie es beabsichtigt ist, in diesem „Archiv" ihre Erörterungen finden sollen, so dürfen die Grenzen des zu behandelnden Gegenstandes nicht zu enge gezogen werden. Es ist vielmehr nöthig, die Fäden, mit denen die Geschichte unserer Stadt in die allgemeine Geschichte hineinragt, bis zu ihren Endpunkten zu verfolgen; und wenn deßhalb auch die Stadt selbst den Mittelpunkt des „Archivs" bilden muß und wird, so muß und wird dieser Punkt zugleich als Crystallisationskern sich ausweisen, dessen Bildungskraft gerade dadurch zu Tage tritt, daß er zu seiner Ausgestaltung alle Elemente in seinen Dienst zieht.

Die Quellen aus denen das „Archiv" schöpfen wird, sind theils Druckwerke, theils Manuscripte, theils Original-Urkunden, theils Abschriften solcher, theils schriftliche Verhandlungen. Sie sollen hier nicht namentlich aufgeführt, sondern bei jeder einzelnen Darstellung genau angegeben werden. Ich behalte mir jedoch vor, der Gesammtliteratur einen besonderen Abschnitt in diesem „Archiv" zu widmen.

Daß ich zur Darstellung der Geschichte der Stadt Heidelberg die Form einer Zeitschrift gewählt habe, findet seine Erklärung darin, daß ich mir vorgenommen habe, den Gegenstand bis in die ersten Anfänge zurück und in die letzten Consequenzen hinaus zur Darstellung zu bringen. Ich muß das schon vorhandene und stets noch fließende Material, ganz unbeengt von Nebenrücksichten auf eine künstliche Form, darstellen. Um dieses zu können, müssen die einzelnen geschichtlichen Ereignisse u. dgl. aus dem Zusammenhang der Chronologie herausgerissen, einzeln besprochen und nach den verschiedensten Seiten hin beleuchtet werden. Das „Archiv" wird so zwar keine chronologisch-fortlaufende Geschichtserzählung liefern, aber es wird dem unbefangenen und unterrichteten Leser nicht schwer fallen, sich aus den einzelnen Stücken ein genügendes Gesammtbild zu schaffen. Andrerseits wird es nur in dieser Form möglich werden, die Einzelheiten der Ereignisse in die Oeffentlichkeit zu bringen, durch welche der Charakter der Zeit und ihrer Begebenheiten oft viel augenfälliger dem Leser entgegentritt, als dieses durch eine nur in Abstraktionen sich ergehende Geschichtserzählung möglich wäre. Und endlich fesseln die Einzelheiten die Aufmerksamkeit langjähriger Bewohner der Stadt und Beobachter ihres Lebens, sowie den Bürger, nicht minder aber auch jeden Freund der Geschichtsforschung erst recht, denn erst hierdurch vermag er sich die oft verworrenen Fäden von Ursache und Wirkung zu entwirren.

Durch das „Archiv" wird, ich will es nicht verschweigen, wie manches Dunkel verscheucht, so auch manches Vorurtheil zerstört werden welches über der Geschichte unserer Stadt noch schwebt. Jedes Gemeinwesen hat seine eigenen Entwickelungsformen, wenn auch der Geist der Entwickelung in allen Städten zu einer gewissen Zeit und innerhalb einer bestimmten örtlichen Begrenzung derselbe ist. Die Triebkraft der Entwickelung schafft keine Schablonen, sondern lebendige Manichfaltigkeit, und es scheint mir für die richtige Beurtheilung einer Ortsgeschichte viel dienlicher zu sein, vom Kleinen zum Großen, vom Einzelnen zum Ganzen fortzuschreiten und durch die Vergegenwärtigung der Thatsachen sich ein Urtheil über die Gesammtverhältnisse zu bilden, als umgekehrt die geschichtlichen Einzelthatsachen in die einmal angenommenen Allgemeinformen einzwängen zu wollen.

Gern würde ich dem „Archiv" bildliche Darstellungen beigeben, welche dem Einheimischen wie dem Fremden eine willkommene Verdeutlichung bieten würden. Es steht mir auch in diesem Stücke manches Interessante zu Gebot, welches in Verbindung mit dem bereits Vorhandenen und Bekannten der Topographie wesentliche Dienste leisten dürfte. Allein ich muß vorerst auf die Verwirklichung dieses Wunsches und zwar so lange verzichten, bis ein hierüber ausgesprochener allgemeiner Wunsch das Bedürfniß festgestellt hat und ein derartiges Unternehmen, das nicht wenige Kosten verursacht, rechtfertigen wird.

I.

Die Privilegien und Gerechtigkeiten des Burggerichts auf dem Schloßberg.

Als in der Mitte des 12. Jahrhunderts unserer Zeitrechnung der Halbbruder Kaisers Friedrich des Rothbarts, Conrad von Hohenhausen sich als Schirmvogt bedeutender Stifter und Klöster, so des Domstifts Worms, der Bisthümer Speier, Straßburg u. s. w. und des Klosters Lorsch an der Bergstraße — im Gebirge am Neckar niederließ und wohl auf Grund eines zerstörten römischen Wartthurmes eine Burg sich baute, war das enge Thal am Fuß der Berge nur spärlich von Fischern, Schiffern u. s. w. bewohnt. Alsbald aber siedelten sich in der Nähe der Burg Taglöhner, Handwerker, herrschaftliche Dienstleute an, deren Wohnungen mit ihrem Bezirk durch Mauern in den Bereich der Burg gezogen wurden. Die Burg mit ihren Befestigungen diente diesen Ansiedlern zum Schutz und anderer Seits wurden die Leute zur Vertheidigung beigezogen, sowie sie sich anderen Bedingungen der Burgherrschaft unterwerfen mußten.

Die Begrenzungen der Burg und dieser ersten und ältesten Stadt, des „Schloßbergs" oder der „Bergstadt" waren sehr enge. Im westlichen Ende der Bergstadt, am Fuße des Berges stand das Thor mit einem befestigten Thurm. Mauern und Zwinger zogen sich von da ostwärts längs der jetzigen Zwingergasse hin und stiegen am „Burgweg" wieder zur Burg empor.

Dieser erste Ansatz der Stadt Heidelberg bildete natürlich sofort ein geordnetes Gemeinwesen; und dies Gemeinwesen bewahrte seine Eigenthümlichkeit auch dann noch, als nach Verfluß weniger Jahrzehnte auf der Thalsohle sich die eigentliche Stadt gebildet hatte und im Jahre 1392 das alte Dorf Bergheim mit dieser untern Stadt zu einem gemeinen städtischen Wesen vereinigt worden war. Bis in die Mitte des 18. Jahrhunderts hatte jene „Burgstadt" ihr eigenes Gericht, dessen Schwerpunkt in der Burg lag und es darum „Burggericht" hieß. Denn Gerichtsherr war die Herrschaft, die Pfalzgrafen und Churfürsten und als ihre Stellvertreter die Burgvögte, später Burggrafen genannt. Sie hatten ihre Wohnung in dem Theil der Schloßgebäude, welcher später, in den 90er Jahren des vorigen Jahrhunderts, zu einem Lazareth hergerichtet wurde. Das Burggericht selbst bestand aus sechs Mitgliedern. Wurde eine Criminalsache verhandelt, so führte der Burggraf den Vorsitz; in gewöhnlichen Civilsachen aber präsidirte der Schultheiß, später Gerichtsbürgermeister genannt, welcher von der Herrschaft ernannt wurde, während die Gerichtsmänner von den Bürgern gewählt wurden. In den Urkunden vom 14.—18. Jahrhundert, welche dieses Gericht ausstellte, nannte sich dasselbe: „Gericht vom Schloßberg" oder „Gericht vorm Berg". Doch hatte dasselbe keinen Siegel, sondern immer mußte der Burggraf seinen eigenen Siegel beidrücken.

Welches waren nun aber „die Privilegien und Gerechtigkeiten des Burggerichts auf dem Schloßberg?" Welches waren überhaupt die Eigenthümlichkeiten der Bergstadt, bis diese in der Mitte des vorigen Jahrhunderts aufgehoben wurden und nach und nach schwanden?

Wir lernen sie urkundlich kennen, da sie sich eben ausgelebt hatten zur Zeit ihrer Aufhebung, und wir erfahren dabei noch so manche bemerkenswerthe Dinge, daß wir den ganzen Gang der Aufhebungsgeschichte hier niederlegen wollen.[1])

Churfürst Karl Theodor verordnet von Mannheim aus unterm 18. Februar 1743: „Demnach Ihre Churfürstl. Durchl. das bisherige sogenannte Burggericht auf dem Schloßberg zu Heidelberg gänzlich aufzuheben ggst. gutgefunden, sort solchem nach verordnet haben und wollen, daß die darauff wohnende unterthanen rations sori²) nicht unter basigem Oberamt stehen, sondern zum

---

[1]) Die nachfolgende Darstellung ruht auf urkundlichen Nachrichten, welche im Großh. Generallandes-Archiv zu Karlsruhe sich befinden und die ich zum Zwecke der Einrichtung eines Archivs für die Stadt Heidelberg gesammelt habe.
²) D. h. in Gerichtssachen.

Stabtrath daselbst gezogen werden sollen. Also wird bero Churfürstl. Regierung es zu dem ende hiermit bekanntl gemacht, daß selbige nechst Communication mit bero Churpfälz. Hoflammer hierunter die weitere gebühr ohnausseßlich verfügen und beobachten soll."

Daß die Auflösung einer alten Ordnung, in welche sich die Betreffenden durch wohl 5 Jahrhunderte eingelebt hatten und die ihnen so gewiß in Fleisch und Blut eingegangen war, schmerzlich empfunden wurde, ist begreiflich. Sofort protestirten auch die Bergbewohner: sie lassen sich durch den Regierungsrath und ersten Archivar auf dem Schloß, Lamezan, conflatiren, daß schon zu Friedrichs des Siegreichen Zeit die Bergbewohner von der Stadt abgesondert, mit eigenem Gericht, verschiedenen Privilegien und Freiheiten ausgestattet gewesen, wofür jedoch die „Briefschaften" im 30jährigen Kriege verloren gegangen seien; auch seien sie „durch Mauern und Thore von der Stadt abgesondert und ein Stück des churfürstlichen Schlosses gewesen, das nicht unterm Stadtrath gestanden." Als Beweis hiefür führen sie noch an, daß sie schon früher mit einer kostbaren, in der Schloßkapelle geweihten Fahne ex Aerario[*)] wären begnadet worden. Damit die Regierung, insbesondere aber der Churfürst wüßten, worin ihre Privilegien bestünden, schließen die Bergbewohner diese selbst ihrer Protestschrift an. Sie lauten:

„Auf Anhalten Schultheiß undt gericht von dem Schloßberg hab ich Christof von Schlammersdorff, Churf. Pfälz. Haushoff-Meister, nebstdem bemelter berer vom Schloßberg Oberamtmann nach folgende ihre ordnung erneuert und bestätiget, darob Schultheiß, Bürgermeister undt gericht fleißig halten undt die übertretere wie inverleibt, jedesmahl gebührlich straffen sollen:

1) Es bestehet die Jurisdiction des Burggerichts am Schloßberg generaliter darinnen, daß es unter Direktion bero Vorgesetzten Herrn Obrist Burg-Graffens, als Ersterer Instanz Richtern, in Civil-Sachen ganz allein erkennt undt hernach die Appellation von hier auß an die Churpfälzische Hohe Regierung, wann nehmblich Ihro Churf. Durchlaucht in Hoher Person in Churpfalz Landen nicht resi-

---

[*)] Aus herrschaftlichen Mitteln.

biren, bevölkret, so daß das Churf. Hoff-Gericht über dasselbe oder deren Einwohner keine Jurisdiction hat.

In Criminal-Sachen aber hat die Churf. Hohe Regierung die Vorfallenheiten nebst dem Herren Obrist-Burg-Graffen unbt Burggericht mit zu beobachten, jedoch die Injurien-Sachen außgenommen, als welche abermal vom Burg-Gericht auff Genehmhaltung gedachten Herrn Obrist-Burg-Graffen, als Erster Instanz allein geschlichtet werden.

2) Hat das Burggericht zwei Hals-Eysen am Rathhauß, eine Gelgen und auch von hundert und mehr Jahren her die Burggerichtsfreyheit darinnen, daß sie bey vorkommenden Fällen die Uebertretter mit abhauung der rechten Hand bestraffen dürffen.

3) Sind die Burger und Beysassen am Schloßberg von allen Einquartirungen gänzlich befreyet und dürffen beßhalben in keine Weege beschwehret werden.

4) Seynd die Bürger und Einwohnere am Schloßberg jederzeit Schatzungsfrey,*) und zwar in Ansehung ihrer obhabenden Frohndienste mit Eißhauen, Bottengehen, auch Säuberung der ganzen Residenz⁵) mit dem Vorhof.

5) Es ist das Burggericht nebst seinen Burgern und Einwohnern jederzeit und von so langen Jahren her, gleich denen Stadt-Burgern, des Heidelberger Neckar-Brückenzolls gänzlich befreyet geweßen.

6) Haben die Schloßberg-Burgere und Einwohnere den freyen Handel und Wandel, Kauff- und Verkauffung, sowohl auff den Jahr- als Wochen-Märkten und sonst täglich ohngehindert.

Weil ich dann Haußhoff-Meister anfangs genant, diese ordnung also gebilligt, für löblich und guth angesehen, also hiermit auch erneuert, hab ich zur bestättigung derselben mein angebohrnen Insigill hierangehenget, und mich mit aigenen Händten unterschrieben, so geschehen Heydelberg den 10. Tag Monats Augusti nach unsers Herrn und seeligmachers geburth im Jahr 1592."

---

*) Schatzung ist die herrschaftliche Steuer, welche der Stadt in runder Summe auferlegt wurde, und welche der Stadtrath auf die einzelnen Bürger ausschlug.

⁵) D. h. des Schloßes.

Zu diesen ältesten und ursprünglichen Freiheiten kam bald die Befreiung vom Ungelb, b. h. von der Verbrauchssteuer für Wein eigenen Gewächses und für Kaufwein, jedoch nur soweit es den Hausverbrauch betraf. Von dem Wein und dem Bier, das die Bergbewohner „auf die Gassen geschenket," mußten sie jedoch das Ungelb entrichten und zwar an die Stadt: aber es war ihnen hievon wieder ein Drittel gelassen zum Unterhalt ihres Rathhauses, ihrer Brunnen und ihrer Armen. Schon 1559 hatten sie die Regierung gebeten, ihnen einen eigenen Ungelberheber zu gewähren, etwa in der Person des Hausküchenschreibers auf dem Schloß, „da ñe sonst in Allem von der Stadt abgesondert" seien; und das Gerichtsprotokoll vorm Schloßberg vom 22. Dezember 1604 führt an „Durch Junker Haushoffmeister Franz von Hammerstein ist Bescheid ergangen, daß ein Erbar Burgerschaft von dem Weinwachs, so ihnen im Ziegelrieth einherbsten und in ihrem Haus gebrauchen oder ausschenken, des Ungelbs von Alters hero allerdings befreyet sein; was aber anderen Orten ihnen wachsender oder durch sie verkaufender Wein, hievon das gewöhnlich Ungelb gleich anderen Pfalz Unterjassen reichen sollen"; auch seien sie „allein unter des zeitlichen abeligen Haushofmeisters Stab gesessen." Nur wenige Jahrzehnte vor Aufhebung des Burggerichts und Verschmelzung der Bergstadt mit der untern Stadt, waren die Freiheiten der Bewohner des Bergs von dem Churfürsten noch bestätigt worden und zwar einzeln, bei besonderen Vorkommenheiten und Veranlassungen, welche zum Verständniß der Bedeutung des ganzen Verhältnisses Wesentliches beitragen. Wir setzen diese Bestätigungen mit ihren Veranlassungen hierher:

1) Bei Bestellung des Geheimen Raths Grafen von Wieser als Obrist-Burg-Graffen wird unterm 3. März 1712 von Churfürst Johann Wilhelm in Sachen der Gerichtsbarkeit bestätigt, „daß in den auf dem Schloßberg sich äußernden Civil-Strittigkeiten von dortigem bero Obrist-Burg-Graffen von Wieser als Erster Instanz Richtern erkennet und als lang *) Jhro Churf. Durchlaucht daselbst in Hoher Person nicht residiren werden, von desselben Bescheiberen die Appellation dem bißherigen Herkommen gemäß, zu ermelter Regierung

---

*) So lange.

devolviren, nicht weniger die Criminal-Vorfallenheiten von ersagter Regierung ferner mit beobachtet werden sollen."

2) Obrist-Burg-Graf von Wieser berichtet im Namen der Bürger, im März 1712, daß das Kriegskommissariat „die auf 'm Schloßberg wohnenden Taglöhner und Handwerksleute mit Einquartirungen beschweren, auch die dasige Guarnison Beschwerden veranlaßt habe," worauf ihm unterm 12. März der Bescheid ward, (von Düsseldorf aus) „daß es das Kriegskommissariat hierin dem Herkommen gemäß halten, darüber besagte Schloßbergs-Einwohnere keineswegs graviren, auch sonst alle Neuerungen und ohngebühr nachdrücklichst abstellen solle." Auch noch am 8. Oktober 1722 bedeutet der Churfürst Carl Philipp von Schwetzingen' aus das Commissariat, daß er „gedachte Bürgerschaft mit sothaner Einquartirung zu überziehen gnädigst genehmigt habe."

3) In Sachen des freien Handels und Wandels erließ die Regierung an den Stadtrath folgendes Schreiben vom 20. Merz 1728: „Welcher gestalten wir euch in Klagsachen des dahiesigen Burggerichts wider den Stadtrath und Burgerschaft daselbst nach beschehener der Sachen Untersuchung zu verschiedenen malen gnädigste und Ernstlichst befohlen, daß die gesambte Burger und Einwohner auff dem Schloßberg in dem freyen Handel und Wandel, Kauff und Verkauffung in der Stadt et vice versa *) bei vermürkter Herrschafflicher Straff von zehen Rthlr. keineswegs ferner beeinträchtigt oder gehindert werden sollen, solches ist euch annoch unterthänigst erinnerlich; In deme uns nun zu besonderem ungnädigsten Mißfallen zu vernehmen vorkommen, wie Ihr sothanen unsern Verordnungen gerade zuwider gdr. Bergangesessenen und Burgern das offentliche Feilhaben und auf denen Jahrmärkten zu gestatten, auff benen wochentlichen Märkten aber denenselben zu untersagen euch angemaßet, und dahero von denen Stadtmeistern **) der Schuhmacher auff dem Schloßberg Johann Georg Wetzstein, da er auff einem Wochen-Markt in der Stadt feyl gehabt,

---

*) Umgekehrt der Stadtbürger auf dem Schloßberg.

**) Diese, auch die Viertelmeister genannt, führten die Aufsicht über das gesammte öffentliche Leben in der Stadt, sie hatten den Sitz in den Stadtraths-Sitzungen, um die Interessen der Bürger zu wahren.

überfallen, beſſen Stand über ein Hauffen geworffen, auch deſſen Ehe‍frau geſchändet und geſchmähet worden ſeyn, welche Ungebühr und einſeitiges höchſtſtrafbares Verfahren wir gäntzlich abgeſtellet, mithin unſere obgenannten Verordnungen die gehorſambſt ſchuldigſte Folge ohne Anſtand und allen unerheblichen bißherigen Einwendens unge‍achtet geleiſtet gnädigſt wiſſen wollen; Alß ergeht an euch unſer noch‍maliger gnädigſt und ernſtlichſter Befehl hiermit, Ihr ſollet vorbe‍nannte frevelhafte Uebertretter Stabtmeiſtere nicht nur unter einer Straff von 20 Rthlr. zu erſetzung der dem Beleidigten Schloßbergs‍burgeren Wetzſtein verurſachte Köſten und Schadens alſogleich an‍halten, ſondern auch denen geſambten Bürgeren den freyen Handel und Wandel, Kauff und Verlauffung in die Stadt et vice versa, ſowohl auff benen Jahr- als Wochen-Märckhen und ſonſten täglichs ohngehindert geſtatten, dieſen unſern ernſtlich gemeinten Befehl und Willen zu Jedermanns Nachricht durch die Stabiſchell (gleich wie ſolches in den Jahren 1707 und 1708 unter Straff von 50 Rthlr. außgegeben worden) offentlich verkünden, mithin euch hieran, bey ver‍meidung einer unnachläſſigen Straff von 100 Rthlrn. nicht im Aller‍mindeſten behindern laſſen, ſondern hierauff allerdings halten und den Erfolg anhero unterthänigſt berichter." — Und am 12. Mai 1728 beſchließt die Regierung und erläßt an den Stadtrath: „Nach‍dem unß auß der von dem Burg-Gericht an haſigem Schloßberg über‍gebenen kläglichen Vorſtellung zu vernehmen vorkommt, wie ſtraf‍bar und ohnverantwortlich Ihr unſerem letzteren den 20. Martii letzthin ergangenen gnädigſten Befehl biß dieſe Stunde die gehorſamſte ſchuldigſte Einfolge nicht geleiſtet und wir darin dieſen euren Unge‍horſambs wegen Euch in die darin anbedrohte Straff von 100 Rthlr. nicht nur fällig erklärt, ſondern auch gnädigſt verordnet haben, daß Ihr unter Vermeidung einer ferneren Straff von Euch Stadtdirectorn, Bürgermeiſter und Rathsverwandten ex propriis zu erlegen, den ge‍bührenden blinden Gehorſamb allen und jeden unſeren befehlenden Verordnungen leiſten, folglichen das euch den 20. gebachten Martii ausdrücklich anbefohlene alſogleich nach Empfang dieſes vollziehen und wie es wirklich geſchehen, in Zeit von 24 Stunden anhero unter‍thänigſt berichten ſollet; Alß habt Ihr Euch darnach gehorſambſte zu richten und Euch für weitere Straff und bey verſpührender der allermindesten ferneren Saumseligkeit verfolgender Ungnad zu hüten wissen werdet; Euch sonsten mit Gnaden wohl beygethan verbleiben."

So ernstlich nun aber von Seiten der Regierung die alten Freiheiten der Schloßbergbewohner erneuert und bestätigt wurden, so leuchtet doch ein, daß gerade dergleichen gehässige Vorgänge an ihrem Untergange mitarbeiteten; um so mehr, als andere Bestimmungen der Privilegien in der That veraltet waren. Zu den Obliegenheiten der Bergstädter gehörte laut Gerichtsprotokoll vom Jahre 1569 die Hausschneiders-Frohn, d. h. das Aufhängen und Schwingen der Tücher und Tapeten des Schlosses; ferner die Pflicht, die Lebensmittel und andere tragbare Sachen zu tragen, wenn der Hof kürzere oder längere Zeit nicht in Heidelberg wohnte, z. B. in Schwetzingen, auf Stift Neuburg u. s. w.; in Ermangelung einer Besatzung Wache zu halten und im Krieg zur Vertheidigung mitzuhelfen; ferner, in der Küche an Hand zu gehen," das Schloß zu säubern, vom Wolfsbrunnen Eis zu holen; wenn Hofpagen, Lakayen u. s. w. erkrankten, wurden sie „am Berg eingelegt," jedoch von der Herrschaft verpflegt. Nachdem der Hof im Jahre 1720 gänzlich von Heidelberg weggezogen war, fielen die meisten dieser Frohnleistungen weg und damit zugleich die Bedingung und Voraussetzung, unter welcher die Freiheiten gegeben wurden. Stolz waren die Bergstädter auf ihr Recht in Criminalsachen. Sie beriefen sich noch zu Anfang des 18. Jahrhunderts auf das Recht, gewisse Frevler, welche sich gegen den Burgfrieden verfehlten und Andere verwundeten, mit Abhauung der rechten Hand bestrafen zu dürfen, „wie solches die am Rathhause aufgehängte Tafel mit der Jahreszahl 1653 und das darauf befindliche Bild, nämlich eine Hand auf dem Block mit dem Beil deutlich zeigt." Man würde irren, wenn man glaubte, das Bild sei bloßes Sinnbild des Strafrechts bei Criminalverbrechen überhaupt. Auch an anderen Orten war das Handabhauen ein wirkliches Recht. So bestimmt der Artikel 4 des Schüpfer Burgfriedens, daß, wenn das Burg- oder Hofgesinde einander verwundete, der Thäter ohne Gnade mit Abhauen der rechten Hand bestraft werden müsse.*) Offenbar aber paßte dieses Recht nicht mehr in das 18. Jahrhundert.

*) Vgl. Mone, Zeitschrift für Geschichte des Alterthums XVI. 235.

Nach diesem Allem kann es darum nicht wunderlich erscheinen, wenn die Regierung der ausgelebten Ausnahmsstellung der Bergstädter ein Ende machte. Der Churfürst Carl Theodor beschloß deßhalb am 24. November 1743, daß seine Aufhebung des Burggerichts vom 13. Februar unverweilt in Vollzug gesetzt werde.

Nicht ohne Murren und Widerstreben konnte dieses geschehen; der Stadtrath, damit beauftragt, die Bergstadt der untern Stadt einzuverleiben und ihr in allen Stücken gleichzustellen, mußte Gewalt anwenden und durch Einlegung von Soldaten das Gericht und die Bürgerschaft zwingen, er ließ vornehmlich das Gericht nicht eher vom Rathhause weggehen, bis die Mitglieder desselben die Pflichten der Subordination abgelegt hatten. Die Schatzung wurde durch Hofkammerrath Hiermayer im Juli 1744 eingerichtet; es mußte, mit Rücksicht auf die Nahrungslosigkeit der Bewohner und Unergiebigkeit des Bodens, bezahlen: jeder behauste Bürger 30 kr., der unbehauste 1 fl., der Beisaß 3 fl. 16 kr. jährlich an die Stadt. [10]) Diese herrschaftliche Steuer warf jährlich eine Summe von etwa 300 fl. ab.

Nach und nach fügten sich aber die Bergstädter in das Unabänderliche, und am Geburtstage des Churfürsten im Jahre 1744 wurde der gesammten Bürgerschaft der gewöhnliche Bürgereid abgenommen; gutwillig ließen sie es jetzt geschehen, daß der Stadtrath alle zum Schloßberg und Burggericht gehörigen Schriftsachen, Akten und Documente mit der „Schloß- und Bürger-Fahne" wegnahm; sie begleiteten selbst diese Fahne aufs städtische Rathhaus. Der frühere Gerichtsschreiber am Burggericht, sowie der Gerichtsdiener (Eggert) und die Nachtwächter wurden bei der Stadt verwendet.

Das Burggericht bestand im Jahr seiner Auflösung, 1743 aus folgenden Personen: Leonhard Schreiber, Gerichtsbürgermeister, Johann Daniel Schmitt, Johann Heinrich Kramer, Johann Adam Hoff, Christof Fin und Johann Georg Müller, Gerichtsleuten. Der Schloßberg zählte 93 Bürger, 21 Bürgerswittwen, 70 Beisaßen und 40 Beisaßenwittwen, zusammen 198 Familien mit 322 Kindern, die zusammen nach Abzug der Schulden nicht mehr als 8982 fl. 30 kr.

---

*) So lange ein herrschaftliches Bauamt auf dem Schlosse existirte, geschah die Zahlung an dieses.

Vermögen hatten. Im Jahre 1708, also kurz nach der Zerstörung der Stadt im orleans'schen Krieg bestand das Burggericht aus folgenden Personen: Bäcker und Wirth Joh. Rich. Müller, Gerichts-Bürgermeister, Bonaventura Schmidt, Gerichtsschreiber, Schuster Carl Paffage, Ludwig Laubinger, Metzger Kilian Breitenbach und Weber Daniel Rid, Gerichtsleuten. Bürger waren es in diesem Jahre 50, welche hießen: Alff, Hennike, Fischer, Killmaier, Kuntz, Seitz, Küster, Erhardi, Schmitt, Boulair, Gleiß, Verbetz, Leonhard, Keller, Breitenstein, Allemann, Schrobi, Best, Jacquet de Mare (Goldschmid aus Bries in der Normandie), Schwindt, Moser, Schlaginhauff (aus Mannheim), Porlner, Heinsmann, Niederhofer, Scherer, Kreß, Bechan, Muselbach, Förster, Benkel, Söppert, Bideri, Hirschel, Würtenberger, Mebus, Bieber, Merz, Pfitzinger, Bolzer, Roch. — Von diesen 50 Bürgern waren 16 katholisch, 15 lutherisch und 19 reformirt; der Beschäftigung nach waren sie 1 Bäcker und 1 Wirth, 5 Schuster, 2 Metzger, 12 Weber, 4 Taglöhner, 2 Weingärtner, 2 Bierbrauer, 1 Zimmermann, 1 Tüncher, 2 Schneider, 4 Maurer, 7 Steinhauer, je 1 Goldschmid, Koch, Jäger, Pflästerer und Brunnenmacher; nach ihrer Heimath waren sie aus Hessen, Sachsen, Bern, Zürich, Oehringen, Mannheim, der Tauber- und Rheingegend, Ulm, Schwarzburg, Heilbronn, Neuenstein, Tyrol, Jülich, Straßburg, der Normandie, dem Deutschherrischen; nur 6 waren am Schloßberg geboren. Diese 50 Bürger hatten 76 Kinder. Dazu kamen 42 Beisassen mit 46 Kindern. Von den 42 Beisassen waren 25 katholisch, 3 lutherisch, 14 reformirt; sie waren auch aus verschiedenen Ländern und Städten gebürtig. Wittwen lebten 14 mit 15 Kindern, es waren 7 reformirte, 4 lutherische und 3 katholische Wittwen. An Häusern befanden sich am Schloßberg 45, darunter gehörten 32 den Bürgern, nebst 2 Hütten von Taglöhnern, 9 den Wittwen; die Beisassen hatten keine Häuser, aber im Schloßbergbereich lagen noch das Haus des Herrn v. Bellendorff, Dr. Hoffstetts Gartenhaus, worin ein Kranzwirth hauste, ein Universitätshäuslein, worin ein Schlosser wohnte und des Hofgärtners Haus.

II.

Historischer Kalender auf das Jahr des Heils 1568.

Im Codex Palatinus 96 im Universitätsarchiv zu Heidelberg befindet sich ein „Calendarium historicum in annum salutis 1568." Dieser Kalender enthält bei den einzelnen Tagen des Jahres 1568 geschichtliche Nachrichten handschriftlich verzeichnet. So weit jene Nachrichten die Stadt Heidelberg betreffen, setzen wir sie wortgetreu hieher.

10. Januar 1382 starb Pfalzgraf Rudolfs Gemahlin, liegt zu Helbelberg im Barfüsserkloster begraben.

12. Januar 1503, Donnerstags, nach dem Nachtessen hat es sehr gewittert und geblitzet.

1. Februar. Auf diesen Tag anno 1308 hat der Nekarels die ganze Brůck zu Helbelberg mit Macht hinweggeführet.

10. Februar auf Scholastica anno 1399 ist Herzog Ruprecht zu Kirche gangen zu Heydelberg.

20. Februar anno 1474 ist Sonntag Estomihi geweßt, ist Herzog Philips beygeschlafen[11]) und am Montag Hochzeyt gehalten zu Heydelberg.

23. Februar 1511. Montags nach Cathedra Petri hat Pfalzgraf Ludwig Churfürst mit seiner Frauen Sibylle, Herzogs Albrecht aus Bayern, dahier zu Heydelberg sein Beischlaf gehalten.

21. Februar 1533 ist allenthalben im teutsch Landt ein ungehörter ungstummig Windt geweßt, viel unzelig baumen umbgeworffen und sunst groß Schaden gethan.

25. Februar 1511 ist mein gnädiger Herr Pfalzgraf Ludwig Churfürst und sein Gemahel Sibylle Hochzeit gehalten zu Heidelberg köstlich und brechtiglich auch erlich geschenke von fürsten und stetten. Danach über acht tag ist Herzog Ulrich von Wirtemberg mit ir Schwester zu Kirch gangen auch köstlich, allein abging der Eis- und Regenwetter hat Unlust bracht.

---

[11]) verlobt.

27. Februar auf Montag nach Matthiae ist verschieden zu Germersheim Pfalzgraf Philips Churfürst, und auf Freitag darnach zu Heidelberg begraben anno 1508.

2. März 1470 war der groß Eis im Neckar, der die Brück hinwegßließ und die Mühlen zerbrach.

16. März 1485 ward der erste Stein zu St. Peter an der neuen Kirche gelegt durch Alexander Belleudörfer[11]), anstatt meines gnädigen Herrn Pfalzgraf Philips.

23. Merz 1525. Des Morgends früh zwischen 5 und 6 Uhr ist ein großer Erdpibbem[12]) gewesen, ist ein schöner tag mit ziemlich Wind gewesen. Bald darnach haben sich die Bauern allenthalben empört.

26. Merz 1489 kam König Maximilian gen Heydelberg, den holt mein gnädigster Herr Pfalzgrave Philips zu Speyr und hat ihn ehrlich gehalten.

21. April 1477 ist der Ostertag geweßt und hat gedonnert um 1 Uhr Nachmittag und haben die Weinwucherer nit gern gehört.

30. April 1508 nahm Pfalzgraf Ludwig Churfürst Heydelberg in mit Huldigung.[14])

18. Mai 1410 starb Pfalzgraf Ruprecht, römischer König zu Oppenheim, liegt zu Heydelberg begraben.

10. Juni 1499 hat Pfalzgraf Philipsen Sohn, Herzog Ruprecht mit Elisabeth, Herzogs Georg von Baiern Tochter, zu Heidelberg seine Heimfahrt gehalten.

15. Juni 1529 ist in der Nacht der Neckar schnell gewachsen und größer worden denn nie in Menschengedenken und hat unsäglich schaden gethan und zu lauffen 18 Häuser weggeführt. Deßgleichen der Rhein.

23. Juni 1464 ward der erste Stein an dieser Canzlei zu Heidelberg[15]) gelegt durch Johann von Ramminger anstatt meines Herrn.

---

[11]) Churfürstl. Kanzler.
[12]) Erdbeben.
[14]) D. h. er ließ sich huldigen von der Stadt.
[15]) Aus dieser Notiz geht hervor, daß der „historische Kalender" in der churfürstlichen Kanzlei am Burgweg verfaßt wurde.

26. Juni 1527 ist sehr ein warmer Tag gewesen, sind 30 Tobt zwischen Heidelberg und Heppenheim erstickt und ob die 20 von Odulen gefallen. (Beim Zug des Pfalzgrafen Ludwig gen Marburg, um dort dem Landgrafen eine Tochter über die Taufe zu heben.)

28. Juni 1460 zwischen 1 und 2 Uhr Mittags war der groß Hagel.

7. August 1526 Morgens zwischen 7 und 8 Uhr ist Heinrich Marstellers Haus in der Heugasse eingefallen, 11 Personen erschlagen und an 40 beschädigt und ward unser gn. Herr nit weit davon.

7. August 1504 kamen die Landgräfischen früh vor Heidelberg und brannten Neuenheim, Handschuchsheim und weil hinter sich klopft an's Brückenthor in der Nacht.

13. August 1449 starb Pfalzgraf Ludwig V., ist in Heidelberg begraben.

15. August 1462 (Mariä Himmelfahrt) Nachts 2 Uhr, ging die Canzlei zu Heidelberg, angelegen bei den Augustinern, verbrannt, darin viel nützliche Briefe und andere Sachen.[16]) Es ging damals die Sag, es sei eingelegt worden.

29. August 1481 sind zu Heidelberg zwei Tourniere gewesen, einer vormittags der andre nachmittags, und war darin Pfalzgraf Philips, Herzog Georg und Markgraf Friedrich von Brandenburg und Markgraf Albrecht von Baden.

14. September 1370 wurde ein Frieden in der Stadt Speyer, was [17]) die Gemeinde wider den Rath; die rechten Rädelsführer ent-

---

[16]) Etwas anders berichtet der gleichzeitige Chronist und Kaplan Friedrichs des Siegreichen, Matthias von Kemnat: „Die canzlei zu Heidelberg in der statt verbrannt uff samstag nach assumptionis Marie anno dmi 1462 im grundt abe mit brieffen und ettlich regiftern, und darnach anno LXIII wart der erst stein an der nuwen (neuen) cantzeley gelegt am Burgwege und wart gebuwet (gebaut) so ein ordentlich, lustig, köstlich cantzlei, als sie weder keiser oder andre churfursten oder fursten im Reich haben. — Diese 1463 oder 1464 neu angelegte Kanzlei stand auf dem Platz, wo jetzt das Waisenhaus steht; die „Kanzleigasse" gibt jetzt noch Zeugniß davon.

[17]) war.

flohen gen Heidelberg, da wurden sie ergriffen und gericht. Ihr Hauptmann hieß Heinrich von Landau.

29. September 1498 ist Frau Elisabeth mit 5 goldenen Wagen aus Heidelberg gefahren zu ihrem Gemahl Landgraf Philipp von Hessen gen Frankfurt.

5. Oktober 1353 starb Pfalzgraf Rudolf, liegt bei den Barfüßern begraben.

28. Oktober 1486 starb Rudolf Agricola, ist bei den Barfüßern begraben.

13. Dezember 1522 hat Wilhelm von Habern, Faut[18]) zu Heidelberg, der Pfalz Hauptmann, Wartemberg eingenommen und darnach 6 Wochen geplündert und ausgebrannt.

III.

Der Künstler des Otto-Heinrichs-Baues.

Als Churfürst Friedrich IV. im Dezember des Jahres 1603 mit dem jungen Künstler, Sebastian Göz von Chur, der in München und Würzburg schon genügende Proben seiner Kunstfertigkeit abgelegt hatte, über den Preis verhandelte, um welchen dieser die Bildhauerarbeit am neuen Friedrichsbau übernehmen sollte[19]), verlangte er, um sich ein Urtheil über die mögliche Höhe des Kostenbetrags zu verschaffen, Einsicht zu nehmen von dem Vertrag, der wegen der Arbeiten am Otto-Heinrichs-Bau abgeschlossen wurde. Man legte dem Churfürsten eine Abschrift dieses Vertrages vor, aus dem wir den Namen des Künstlers erfahren, dessen kunstfertige Hände dieses Meisterstück schuf. Er lautet[20]):

---

[18]) Vogt aber Oberamtmann.

[19]) Wir werden den Uebernahmsvertrag in einem spätern Hefte dieses Archivs nachfolgen lassen.

[20]) Den Kennern der Kunstgeschichte wird die Veröffentlichung dieser Urkunde willkommen sein; sie löst endlich das Dunkel, welches über dem Künstler des Ottoheinrichsbaus geschwebt hat. Ich habe diese wichtige Urkunde in einem Miscellaneen des Carlsruher Archivs gefunden.

Zu wissen Kundt und Offenbar sei allermenniglichen, daß uff Montag nach dem Sonntage reminiscere, den 7. tag des monats Martii dieses 58. Jars. Auß bevelch des durchleuchtigsten hochgebornen Fursten und Herrn, Herrn Ott Heinrichen, Pfalzgraven bey Rhein, des heil. Röm. Reichs Erztruchseß u. s. w. hat der Ehrnvest und wohlachtbar der Churf. Pfalz Pfennigmeister Sebastian Sattelmeyer, in beysein der Ersamen Churf. Pfalz beide Baumeister Caspar Fischer, Jacob Leyder, samt Meister Hans Besser, Hofmaler und mein Velten Schellhorn's Bauschreibers, haben verdingt dem Erbarn Alexander Colins von der Stabt Mechel, Bildthawer — alles gehawen Steinwerks, so zu diesem newen¹) Hofbaw vollent gehörig zu hawen²²), doch alles in seinem selbs eigenen Costen und Läger, vermög und Inhalt darüber außgestrichener uffgerichter Visirung²³), und die Visirunge über eine jede boppelte oder zwensache thür, auch derselbigen einzigen Thüren, dero seulen²⁴) oder Pfeiler, großen Löwen, Caminen und anders. Wie bann solche alle Visirungen mit bringen und unberschiedlichen hiernach volgt:

Erstlichen: Item soll gemelter Alexander, Bildhauer zum fürberlichsten und zum ehesten die fünf stück, nemlich die vier Seulen oder Pfeiler im großen Saal und der Stuben, sampt das wapen ob der einfarth des thors hawen und verfertigen lassen, damit man werden kann und die notturft erfordert.

Item die zwei größten Bilder in beiden gestellen und bann die sechs Bilder ob ben gestellen, jedes von fünf Schuhen gehawen werden solle.

Item Alexander Bildhauer soll auch fünf größer Löwen hawen und fertigen, vermög Anzeig und Visirunge.

Item Sechs Mühesamen Thürgestell, so inwendig in den Bau kommen, alles vermög einer jeden Visirung, so darüber uffgericht.

Item Sieben mittelmäßig Thürgestell, alles vermög darüber gestellter Visirung.

Item das Thürgestell, so Anthoni Bildhauer angefangen hat, soll gemeldter Alexander vollendt außmache.

---

²¹) neuen. ²²) hauen. ²³) Zeichnung. ²⁴) Säulen.

Item die zwei Camin, eines in meines gnädigen Herren Cammer, das ander im großen Saal.

Solches gehauen Steinwerk, samt aller bildt, groß und klein, samt verzeichneter Thürgestellen, soll obgemelter Alexander Colins von Mecheln, Bildthauer, Alles in seinem selbst eigenen Costen samt Läger und andere Zugehörungen, nichts ausgenommen, hauen, verfertigen und machen, und obgemelter Meister Alexander Bildthauer hat auch versprochen, bei seinen handtgegebenen Treuen und Glauben, von solchem werk nit ab oder davon zu stehen, sondern Churf. Gnaden zu fürdern, es sei dann alles gehauen, vollendet und außgemacht. Es soll auch Alexander Bildthauer solches alles wie anzeigt und hierau geschrieben, auch darüber ufgerichter Visirung hauen und verfertigen, auch selbst persönlich hauen und hauen lassen. Daran gar und ganz in kein wege, wie das namen haben möchte, und an allen Orten, alles gehauen Steinwerk kein Mangel erscheine oder Alexander klagbar erfunden werde, auch in kein wege nit hindern, noch solches gehindert werde, fürnemen und wie solches geschehe, Soll Churf. Gn. macht haben, an ihme die Versaumniß zu erholen.

Und von solcher seiner Arbeit soll ihm mein gn. Churf. und Herr zu Lohne geben lassen, doch alles in seinem selbst Costen und seine Diener auch selbst belohnen, nemlich Ein Tausend Einhundert und Vierzig Gulden, den Gulden zu 26 alb. Landwehrung gezählet, und alles wie obstehet getreulich gehalten werden solle. Deß in Urkund seind dieser Kerffzettel zwei gleich lautende von einer handt geschrieben, Kerffrecht und weiß auß einander geschnitten, alles hab Churf. Gn. und Bildthauer damit zu besagen, daß mein gn. Churf. und Herr des einen und den ands obgemelter Bildthauer, geben und geschehen wie oben das Datum Anno LVIII.

Na. An seinem vorigen gebing sein noch vierzehen Bild vermög Visirung zu hauen, soll er bidbemelter Alexander im in seinem Costen hauen und vor jedes Bildt XXVIII fl. daneben XIV Fensterposten vor jedes V fl. zu hauen, Ihme diesmals auch eingeleibt solches zu befördern.

Alexander Colins.

IV.

Geschichte der Buchdruckerkunst in Heidelberg. [*]

Nachdem am 28. Oktober 1462 durch Kriegsverhältnisse die Erfinder der Buchdruckerkunst und die ersten Buchdrucker aus Mainz hatten fliehen müssen, zeigte sich im Jahre 1466 die erste Spur einer Druckerpresse auch in Heidelberg, obschon der Drucker selbst unbekannt ist. Es erschien nemlich ein Buch mit der am Schlusse beigefügten Nachricht: „Editum Heidelbergae invictissimo Friderico principe imperante. 1466. decimo kal. Febr." — Der Titel dieses Buches ist: Bartholomaei Facci Dialogus de felicitate ad Alfonsum regem. Ejusdem epistola ad Rubertum Strozam. — Derselbe Churfürst, Friedrich der Siegreiche, vermachte am 6. August 1467 seinem natürlichen Sohne, Ludwig, Grafen von Löwenstein, eine Anzahl Bücher; unter 120 befinden sich 18 mit dem Beisatze: impressus in Dappiro, deren eins oder das andere in Heidelberg gedruckt sein mochte. — Das zweite in Heidelberg gedruckte Buch ist vom Jahre 1485 mit dem Titel: Jodoci Galli opusculum de Sanctis. Impressi Heidelberge Anno domini natalis MCCCCLXXXV (1485), XII Calendas Februarias, Auch hievon ist der Drucker nicht bekannt. — In der Vorrede des Buches: „Praecepta latinitatis ex diversis oratorum atque poetarum codicibus tracta. Anno incarnationis dnce . 1486. 18. Cal . januarii", wird Heidelberg als Druckort angegeben. — Erst 1488 wird ein Drucker genannt im Titel des Werkes: Magistri Johannis de Magistris quaestiones veteris artis perutiles. — Finis quaestionum ... heydelberge impressarum per Fridericum Misch . Anno dnce incarnationis 1488. — Schon gegen Ende des Jahres 1489 erscheint in Heidelberg als Buchdrucker: Heinrich Knoblochzer, welcher sich, durch

---

[*] Die folgende Darstellung hat zur Grundlage das kleine Schriftchen: „Zum Gedächtniß der vierten Säcularfeier der Erfindung der Buchdruckerkunst zu Heidelberg, am 24. Juni 1840 Heidelberg 1840."

Misch's Wegzug nach Mainz veranlaßt, in Heidelberg niederließ. Sein erstes Druckwerk war: Baptista Guarinus de modo et ordine docendi ac discendi .... impressus heydelberge per Henricum Knoblochtzer impressorie artis magistrum. Anno salutis nostre millesimo quadringentesimo octuagesimo octavo. XV. Cal. Januarias. — Schon 1489 erscheint neben Knoblochtzer ein zweiter Drucker: Jacob Koebel, welcher die „mensa philosophica" druckte. Knoblochtzers zweites Buch ist: „Hierin stönd etlich teutsch ymni ober lobgesänge mit versen stucken und gesätzen von etlichen dingen, die do zu beraitung und betrachtung der baicht ainem yeden not seynd. Getruckt von Heinrico Knoblochtzer zu Halbelberg. 1494." Quartform. Dieses ist zugleich das erste deutsche Werk aus Heidelberg. Im gleichen Jahre erschien bei Knoblochtzer: „Ein vast notturftige materi, einem yeden menschen, der sich gern durch eine wore gründlich bycht, flyssiglich, zu dem hochwirdigen Sacrament des fron laychnams unseres Herren zu schicken begert. Gedruckt zu Heidelberg von Heinrico Knoblochtzere anno 1494." Sein schönster Druck ist: „P. Virgilii Maronis Bucolica, Georgica et Eneidos Libri duodecim. Impressum Heydelberge per M. Knobl. 1495" Quartform. Von Knoblochtzer ist sodann noch ein Zusammendruck verschiedener geistlicher Traktate zu erwähnen von 1495. —

Aus ungenannter Presse erschienen zwei Werke des Marsilius von Ingben von 1499, das eine mit Holzschnitten „gedruckt zu Heydelbergt." —

In dem Einband des deutschen Codex Nro. 110 im Heidelberger Universitätsarchiv steht der Name eines Buchhändlers, der wohl auch Buchdrucker gewesen ist, da in jener Zeit eine Theilung des Geschäfts nicht wohl anzunehmen ist. Der Name, in der Schreibweise des 15. Jahrhunderts, heißt: Wolff von prunow bibliopola; auch ein Buchbindername ist beigefügt: Meister Hans eckarbt am markt neben dem schriner.[16])

1513 erscheint in Heidelberg zum ersten Male ein förmlich angenommener Universitäts-Buchdrucker, Jacob Stadelberger; er führt auf seinen Werken den pfälzischen, aufrechtstehenden Löwen,

---

[16]) Vergl. Hautz, Geschichte der Universität, II, 148, Anm.

in beffen Tagen ein aufgeschlagenes Buch mit ben Buchftaben U. H. (universitas Heidalb.), ganz wie auf bem Univerfitätsfiegel.

Von biefer Zeit an waren wohl zwei Druckereien in Heidelberg, neben ber des Stabelberger die bes Johann Eberbach. Vom Jahre 1552 befiten wir nemlich ein Protocoll über die verlaffene Druckerei diefes verftorbenen Druckers; wir entnehmen bemfelben, daß die Druckerei enthielt 219 Pfund große deutfche Buchftaben, 150 Pfd. kleine deutfche Schrift, 151 Pfd. mittlere lateinifche, 42 Pfd. deutfche und lateinifche Tactfchrift; unter ben Buchftaben waren auch einige „Caracteres", z. B. die Planeten, ferner eine Preffe, angefchlagen zu fl. 6, zwei Rahmen zu fl. 5, ein eiferner Gießofen, ein meffingenes Inftrument, darin man die Buchftaben preßt, zu fl. 1, drei Setzkaften zu 18 Batzen. Die Wittwe verlangte für einen Zentner Buchftaben fl. 14. Der zur Schätzung ber Waaren beigezogene Sachverftändige, Buchbrucker M. Anthonius in Heidelberg, bezeichnet die Druckerei bes Verftorbenen als eine fehr kleine.

Als Univerfitätsbrucker erfcheint 1561 Ludwig Lud, beffen erftes Druckwerk war: Plutarchi vitae parallelae c. n. Guilhelmi Xylandri. Der Univerfitätsbrucker war gehalten, alle Druckwerke zuerft ber Univerfität zur Cenfur vorzulegen.

Johann Mayer (1563—1577) bruckte ben reformirten Katechismus bes Urfinus und Olevianus 1563; im gleichen Jahre erfchienen davon noch zwei weitere Auflagen, 1573 eine vierte vom gleichen Drucker; außerdem aber noch andere Werke.

Michael Schirat in Heidelberg bruckte ben Katechismus von Joh. Sylvanus, 377 Seiten ftark, 1567.

Zu gleicher Zeit erfcheint noch ein vierter Drucker, Martin Agricola, 1567.

1576—1583 bruckte in Heidelberg Jacob Müller; 1582 bis 1584 Johann Spieß; 1589—1593 Abraham Smesmann. Diefer Letztere hat das erfte bekannte pfälzifche Druckereiprivilegium erhalten für ben Druck einer Grammatik, 1592.

Der vorzüglichfte ber Heidelberger Drucker ift Hieronymus Commelinus, 1587—1598, geboren in Douay 1560, geftorben in Heidelberg an der Pest. Seine Druckerei hatte den Namen: Officina St. Andreana. — In seinem Verlage erschienen zahlreiche Werke.

Als Buchbinder im Dienste der Churfürsten und des Hofes erscheinen 1550 Georg Bernhardt, 1586 Elias.[17])

Als Buchdrucker und Buchhändler zugleich erscheint 1596 Peter Marschall.

Weitere Drucker sind: Andreas Cambier 1599. Joh. Lancelott 1599—1619. Joh. Georg Geyber (Universitätsdrucker) 1600. Philipp und Gotthard Voegelin, Gebrüder aus Leipzig, 1599—1629.

In dieser Zeit begründete ein Heidelberger Bürger Juba Bonut eine Buchhandlung, unter Begünstigung des Churfürsten; er erhielt Zollfreiheit für alle Bücher, die er in die Pfalz einführen oder von Heidelberg nach Frankfurt abführen werde, sein Buchhandel und Laden war schatzungs-(steuer-)frei; von seinem übrigen Besitze zahlte er nur fl. 15 jährliche Steuer.

Im Jahre 1612 erhielt Gotthard Voegelin, churfürstlicher Drucker, die Bewilligung zur Errichtung eines Verlags- und Sortimentshandels unter gleichen Begünstigungen; aber die Einnahme der Stadt durch Tilly 1622 brachte ihn um alle seine Habe.

Weitere Drucker sind: Jonas Rosa, 1615—1619; Leander, 1631; Adrian Wyngardt, 1654—1664; Egidius Walther, 1656—1661; Samuel Broun, 1656—1662; Joh. Christian Walther, Universitätsdrucker, 1670—1672; Samuel Ammon, 1681; Philipp Delborn, 1685; Joh. David Bergmann, 1687; Joh. Mayer, Hof- und Universitätsdrucker, 1707—1718; Franz Müller, desgleichen, 1719; Andreas Hörth, ebenso, 1726; Joh. Chr. Leonhard Hornung, ebenso, 1731.

Die Zeit des orleans'schen Krieges und die darauf folgende Zeit der Religionswirren war der Buchdruckerei nicht günstig. Von 1730 an finden wir nur noch einen Universitätsbuchdrucker, aber

---

[17]) Codex Palatinus 839, im Universitätsarchiv. Die Anstellung des Georg Bernhardt als churfürstlicher Buchbinder werden wir in einem folgenden Hefte besonders behandeln.

dieſer hatte ſeine ruhige Exiſtenz; es iſt: Jacob Haener, 1738 bis 1764.

In die erſte Zeit Carl Friedrichs fallen: Pfaehler und Comp.; Joh. Wieſen 1801; Gottlieb Braun, zog 1813 nach Karlsruhe, Schwan und Götz, ein Filial der gleichen Firma in Mannheim; dieſelbe geht 1821 an Carl Groos über; Joſef Engelmann, 1807—1828.

Das von Mohr und Zimmer 1805 gegründete Buchhandelsgeſchäft war das erſte großartige im Großherzogthum. 1818—1822 hatte es die Firma: Mohr und Winter; 1822 trennten ſich beide und jeder gründete ein beſonderes Geſchäft.

1816—1839 trat A. Oswald an die Stelle von G. Braun.

Weitere Geſchäfte bis 1840 waren: Michael Gutmann ſeit 1803, Georg Reichardt ſeit 1829; Domin. Pfiſterer ſeit 1840; Joh. Sam. Wolff ſeit 1840; Nicolaus Ablon ſeit 1840.*)

V.

Weinzettel für das Hofgeſinde 1610

Auf Freitag den 27. Juli 1610 ſtellte der Küchenſchreiber folgenden Weinzettel für das Hofgeſinde feſt:

„Zu Hof wird an Wein verſpeiſt: 1) Zur Suppen 4 Viertel 3 Schoppen. 2) Zum Morgen-Imbs 2 Ohm, 7 Viertel, 2 Maaß. 3) Zum Unter-Trunk 4 Viertel, 1 Schoppen. 4) Zum Nacht-Imbs 3 Ohm, 2 Viertel. 5) Zum Schlaftrunk 5 Viertel, 1 Maaß, 3 Schoppen. Zuſammen 6 Ohm, 11 Viertel, 1 Schoppen."

Hiernach hatte das Viertel 4 Maas und 12 Viertel gingen auf eine Ohm, welche demnach 48 Maaß hielt. Der Weinzettel macht alſo nach unſerer Eiche aus: 332 Maas und 3 Schoppen. So viel

---

*) Wir behalten uns für ein ſpäteres Heft vor, die Geſchäfte ſeit 1840 aufzuzählen.

aber wurde durchschnittlich jeden Tag bei Hof verbraucht, und zwar nur vom Hofgesinde; es kam von diesem Wein: „In der Jungfrauen Gemach, ins Burgvogts Gemach, in das Frauen Zimmer, in die Kellerei, in die Küchenschreiberei, in den Zehrgarten (Gemüsegarten), Kammercanzlei, Silberkammer, zu den Edelknaben, zum Wachtmeister, zum Thürmer, ins Badhaus, in beide Küchen und ins Metzelhaus."

Diese Nachricht steht im Codex Palatinus 839 im Universitätsarchiv zu Heidelberg.

VI.
Gleichzeitige Berichte über die Ereignisse des 30jährigen Krieges in Heidelberg.

1) Thomas Mallingers Tagebücher enthalten über diesen Gegenstand folgende Berichte:[89]

September 16. 1622 ist Haidelberg von den Bayerischen erobert worden. Es haben sich der bayerische General Joann Graf von Tilly und andere fürnembe[90] commandirte Officier den 29. Oktobris vergangenen Jahres 1621 im Namen der Kön. Kais. Majestät und der fürstlichen Durchlaucht Herzog Maximilian in Bayern durch einen bey nächtlicher Weil zuo[91] Heidelberg angelangten Trommeter dieselbe Residenz und Hauptstadt sampt Schloß und noch restirenden Landt schriftlich aufgefordert, darauf General Tilly von der Regierung und dem Gubernator Heinrich von der Merwen daselbsten den 30. Oktob. gemelten Jars schriftlich gut Wort bekommen mit Vermeldung, daß es in ihrem Vermögen und Macht nit stuonde,[92] sich hier innen zu accomobiren, sondern er der Gubernator gedächte, solche Stadt, die ihm anvertrauet und anbefohlen, mit der Hilf Gottes bis an den letzten Tropfen seines Bluots vor allem Gewalt zuo beschützen. Hierauf zwar ist damals wegen vielen Ursachen nichts

---

[89] Gedruckt in Mone, Quellensammlung II. 530 f. [90] vornehme. [91] zu. [92] stünde.

Würckliches gegen die Stadt vorgangen, bis endlich General Tilly nach Einnemung der Stadt Ladenburg und Mansfeldischen Abzug aus dem Reich abgesagtes sein Vornemen biser gegen die Stadt ins Werk gerichtet. Als ist er den 1. July bises jetzt lauffenden 1622 Jahrs mit seiner unberhabenden Armada vor Heydelberg auf jenerseits des Neccars von der Bergstraßen hergerückt und sein Quartier in dem negsten³³ Flecken Handschuchsheim genommen. Weil er aber vermerckt, daß er nit allein in der Stadt sondern auch dem Schloß von dem gegenüber gelegenen nahen Berg, der heilige Berg genandt, großen Schaden thuon kondte, als hat er sich gemeldtes Bergs bemechtiget, darauf hin und wieder gestreift, auch viel hundert Musqueten Schüß auf die Stadt, auf die Wäll und Pasteien derselben und dann in die Heuser gethon, welches sie auch den negst folgenden Tag nach mit mehrerem Ernst continuirt. Folgenden den 23. dito haben sich die Bayerischen haufenweiß oben am Berg herüber der Nääderbrucken genähret, viel Schüß in die daran gelegene Schantz und corps de garden gethan, da sie dann von den darin ligenden Soldaten mit Musqueten, von dem Schloß aber mit dreyen Carthaunen wieder abgewiesen worden. Deren Sachen und dergleichen Scharmitzieren haben sich nach und nach viel begeben.

September 15. Den Donnerstag gegen Abend haben die Bayerischen, nachdem ein Trometer auf der Spitz des Gaißbergs ein Losung geblasen, mit großer Furi³⁴) zuogleich mit allen Kanten und Schantzen der Stadt angesetzt und gestürmbt, aber allenthalben abgetrieben worden. Deß andern Morgens frue

16. (September) mit dem Tag hat Monsieur Tilly mit solchem Ernst lassen anfangen zuo schießen und dasselbe den gantzen Tag bis gegen Abendt ungefehr umb 5 Uhr also unnachläßig an allen Orthen continuirt, daß allein bisen Tag über die 1000 halb und gantze Carthaunen und andere Schüß aus groben Studen in die Stadt gangen, dardurch das Mauerwerck am Trutz-Kaiser und Trutz-Baier zimlich verschossen und ruinirt, auch der Generalsturm zuogleich mit angetretten worden. Sechs bayerische Compagnien stürmbeben³⁵) underdessen den Trutzkaiser und übergewäl-

---

³³) nächsten. ³⁴) Buth. ³⁵) stürmten.

ligten ben, wie auch ben Trutzbayer. Unben auf ber Ebene wurbe
ber Wall an allen Orthen baselbst herumb unb an ber Speyr-
pforten ³⁶) erstiegen unb mit 4 gantzen unb 2 halben Carthaunen
von vornen hero auf bem flachen Velb ³⁷) unb bann mit 18 Studen
hinben hero vom Gebirg herab also beschossen, baß kein Mensch
sicher auf ben Wehren unb Werden stehen ober sechten können.
Hiemit seinbt bie Bayrischen in bie Vorstabt eingebrochen unb
retirirte sich Gubernator in bie alte Stabt unb enbtlich in bas
Schloß. Weil aber kein Entsatz zuo hoffen, auch allerley Angelegenheit mit vorfielen, als wurbe ein Accorb gemacht, baß nemblich
ber Gubernator Heinrich von ber Merwen sampt allen bessen
obersten Hauptleuthen, Officieren, Ingenieren, Regiments- unb allen
anbern Angehörigen, auch gemeinen Solbaten mit fliegenden Fahnen,
brennenten Lunten, Kugeln im Munb, ober unb unbere Wehr, auch
ihrem Sac unb Pac abziehen unb es Gubernator baß Schloß zuo
Heybelberg Hrn. Generalen Tilly im Namen ber Röm. Kaiß. May.
übergeben unb cebiren, auch sampt bem Geschütz, Munition unb hier-
zuo gehörige Kriegs-Instrumenten, wie auch alle anbere Proviant,
Mobilien, briefliche Urkunben, auch Documenten, auch Kleinobien
hinberlassen solle. Hierauf ist nun ben

20. (September) bie Guarnison mit zehen fliegenden Fähnlin
unb offenen Trommelschlag bem Accorb gemäß unb mit etlich unb
breißig Raißigen von Rittmaister Dalbigs Compagnie auß bem
Schloß burch bie Stabt gezogen, welche Graf von Tilly selbsten in
ber Person gen Weinheim zwo Meil Wegs unber Heibelberg begleitet, hernach aber vollens biß nacher Franckfurt convoirt worben.
Hierauf wirbt Mannheim belägert unb starck beschossen, waß barauf
erfolgt, eröffnet bie Zeit.

(Oktober 5. ist eine solche Tewrung ³⁸) gewesen, ein Sester
Waizen per fl. 4, ein Saum Wein per fl. 4—5, bie
Maaß per 7 Batzen 5 Tenare, unb ein Klafter Holz per
fl. 13, ein Pfunb Anten ³⁹ per 10 Batzen verkauft worben.

---

³⁶) Speiererthor. ³⁷) Feld. ³⁸) Theuerung. ³⁹) Butter.

auch anbere Sachen in Gebüch⁴⁰) unb anberen Wahren, je
ein Par Schuo⁴¹) per fl. 5 geben worben.)

. . . .

1634. Dezember 4. hat man, baß nachbem Oberfter de Wertha⁴²) mit einem großen Volck in die Pfalz für die Statt Haitelberg gezogen, bieselbige mit immerwährentem Schießen und Stürmen dermaßen genötiget, baß fie sich letstlich⁴³) mit accordo ergeben. Die Innligenten im Schloß⁴⁴) aber, weil sie sich etlich Tage starck wiberfetzt und sich gantz und gar nit accommodiren wollen, ist das Schloß, weil der Feind sich wieber gar starck versamblet, verlaffen worben (16.—20. November). Solche starcke Belägerung der Frantzosen innen worben und mit 10,000 Mann bei Mannheim über Rhein fetzen und ben Belägerten fuccurriren wollen, seind aber von ben Kaiserlichen mit grofem Verluft wieder zuorück getrieben worben. Als aber Johann be Wertha mit 100 Pferten zuvor zuo recognosciren ausgeritten, ist er von bem Feini überfallen, zertrennt und geschlagen und ihme bey 150 seiner besten Reiter und Pferi⁴⁵) auf bem Platz gebliben. Derohalben er die Stadt Haitelberg, weil er allenthalben mit bem Feind umbgeben, quittren und sich in das weite Velb retriren mießen⁴⁶), barüber er umb ein Succurs ausgeschriben, bem Oberften Gallas 20 Regimenter zuo Hilf schicken solle.

. . . .

1634. Dezember 25. hat man, baß nachdem sich Feinb und Freind in ber Pfalz bey Haitelberg versamblet, weil sich auch die zertrennte und geschlagene Heffische, Wimarische⁴⁷), Sächsische, Rheingräfische und Französische mit anderen fürnemmen⁴⁸) Oberften vil 1000 starck wiber conjungirt Willens, ben Kaiserlichen noch ein Schlacht zuo liefern, wie dann beschehen, daß auch Oberfter Gallas mit 30 Regimenter, gleicher Weiß Oberfter Merce⁴⁹) nur mit 500 Mann dahin gezogen und boch etlich 1000 Mann zurück-

---

⁴⁰) Tücher. ⁴¹) ein Paar Schuhe. ⁴²) Berühmter bayerischer, bann österreichischer General. ⁴³) zuletzt. ⁴⁴) Besatzung im Schloß. ⁴⁵) be Wertha muß also noch mehr als jene 100 Pferd bei sich gehabt haben. ⁴⁶) müssen. ⁴⁷) Weimarische. ⁴⁸) vornehmen. ⁴⁹) Mercy.

geschlagen. Ist also letschlich zuo einem starcken Treffen kommen, daß die Kaiserliche obgesieget und Oberster Merse die Statt Haüelberg mit sturmenter Hand ⁵⁰) eingenommen und alles, was darinn gewesen, niedergehawen, biß auf 100 Mann, welche sich in das Schloß retiriert. Weil aber dasselbige schon undergraben, werden sie sich auch nicht länger halten.

In welchem Treffen nit allein etlich 1000 erschlagen und gefangen, sonder auch bei 90 Pagagi ⁵¹) bekommen. Es ist auch Merse von einem Stuck einer Cranalkugeln getroffen und an einem Knye ⁵²) übel geschebiget, welcher von dannen in einer Senften nacher Freyburg, da er sich etlich Tag gehalten, zuo curieren, als dann nacher Breisach zuo seiner Gemahlin gefiehrt worden . . . . . hat man ein Schreiben aus Heilbrunn, daß es zuo Haitelberg schlechtlich were hergangen; wo nit unser Arme ⁵³) zuo Darmstatt wäre gewesen, es wäre gewiß anderst abgeloffen. Doch haben wir Gott zuo bancken, daß wir kaum 10 Mann verlohren, hergegen vil von den Frantzosen gebliben, deren Joann de Wertha und die Crabaten ⁵⁴) auch zwey Regimenter zertrennt. Jetzt kommt es auf diese Wort, daß die Frantzosen so lange Freind seyen, biß sich die Occasion presentirt, ein Streich zuo thuon. Die winterliche Zeit macht vil Ungelegenheit, doch hoffen, wir werden mit unserer Artholeria ⁵⁵) und Infanteria ihnen den Weg nacher Franckreich zaigen.

. . . .

1645. Juli 12. Hat man wiederumb aus Flandern, daß General Picolomini wieder ein statlichen Sieg wider die Frantzosen erhalten und bey 7000 erschlagen. Hingegen hat man, daß beide Arme, die bayerische und französische, von einander gezogen, die Bayerische sich nach Haitelberg und Mulbrunn ⁵⁶) begeben. Eadem ⁵⁷) seind die Erlachische Reuter bis zuor Statt gestraift, allda den Marktleuthen aufgebasset und bey 30 Bauern mit ihren Früchten, Roß und Kärren gefangen bekommen und die Bauern laßen lauffen, die Fruchtsäck aufgeschnitten und die lären Säck allein mit 30 Pferten hinweggeführet.

⁵⁰) im Sturm. ⁵¹) Pagage-Wagen. ⁵²) Knie. ⁵³) Armee. ⁵⁴) Croaten. ⁵⁵) Artillerie. ⁵⁶) Maulbronn. ⁵⁷) am selben Tage.

August 1. Hat man das Anniversarium wegen deren erschlagenen Soldaten am Berg, auch wegen Einnehmung der Stadt und bishero von Gott vor dem Feind erhalten, zuor ⁵⁸) Ehr Gottes zwey Aembter von drey Choren mit Trombeten und Heerpauken statlich und musicaliter gehalten in praesentia ⁵⁹) der ganzen Clerisey, Herren Commendanten, aller Officierer, der Universität, des Raths und Burgerschaft der ganzen Statt.

2. In der Hof- und Staatsbibliothek zu München finden sich unter den von Mannheim nach München verbrachten Archivalien Handschriften solche unter dem Namen: Collectio Camerariana, so genannt von der Familie Camerer, deren Glieder in pfälzischen Diensten standen, und diese Sammlung von Briefen und Staatspapieren anlegten; es sind 78 Foliobände. Aus Nr. 56 und 59 folgende Nachweisungen über Verproviantirung der Compagnie des schwedischen Hauptmannes Zapfenberg im Januar 1634 und über die Munition, welche sich in jener Zeit im Zeughaus zu Heidelberg befand:

a. Alle 10 Tage fordert Kapitän Zapfenberg vermög königl. schwedischer Ordnung vom 10. January 1634 an gerechnet:

Pfd. Brot	Pfd.			Maaß Wein
60	à	6. Capitain	à 4 Maaß Wein thut in 10 Tagen	40
40	à	4. Leutnant	à 8 „ „ „ „ „	30
40	à	4. Fendrich	à 8 „ „ „ „ „	30
120	à	8. Sergeanten	à 2 „ „ „ „ „	80
80	à	2. 4 Unteroffizier	à 1½ „ „ „ „ „	60
120	à	2. 6 Corporal	à 1½ „ „ „ „ „	90
60	à	2. 8 Spielleut	à 1½ „ „ „ „ „	45
20	à	2. Prof. Leutnant	à 1½ „ „ „ „ „	15
1980	à	2. 99 gem. Sold.	à 1 „ „ „ „ „	990
2500				2 Fuder 8 Ohm 4 Viertel.

Hierauf ist mit Kapitain Zapfenberg dahier tractirt und abgehandelt worden, daß beneben obigen Commiß alle 10 Tag 124 Reichsthaler sambt einer Ohm alten Wein nehmen, und weil die

---

⁵⁸) zur. ⁵⁹) In Gegenwart.

Soldaten bishero von den Unterthanen auch etwas genossen, vor die erste 10 Tag, als vom 10.—20. Januari mehr nicht als 33 Reichsthaler zu haben erholten, und inskünftig allein bei ermelter Löhnung der 124 Reichsthaler verbleiben, auch allerdings gute disciplin halten wollen. Signatum Heidelberg, 30. Januari 1634.

Johann Zapfenberg, Capitain.*⁰)
Hans Tauring, Kriegscommissär.

b. Summarischer Außzug derjenigen Munition, Kraut und Loth, so dießmal bei dem Churfürstlichen Zeughaus⁶¹) allhie in Heidelberg bei Handen:

A. An grobem Geschütz von Metall:
eiu 16pfündig Stück, zwei 6pfündig Stück, zwei 3pfündig und drei 2pfündig Stück; 21 Stück Falkonetlein⁶²), klein und groß, so 1¾ und ½ Eisen regieren⁶³); 4 Stück Feuermörser.

B. An eisernen Stücken:
8 Kammerstück.

C. An eisern Kugeln:
442 Granaten von 80 Pfd.; 180 von 30 Pfd.; 74 von 24 Pfd.; 370 sechszehnpfündige Kugeln, 130 6pfündige, 440 3pfündige, 230 2pfündige Kugeln.

D. An Musqueten-Kugeln:
16 Centner ungefähr, 20 Centner Klotzblei.

E. An Pulver:
Auf der Mühle und im Zeughaus 120 Centner.

---

⁶⁰) Aus einem Schreiben vom 11. Februar 1634 aus Mannheim ist zu ersehen, daß Zapfenberg, der jetzt in Mannheim kommandirte, ein großer Leuteplager war. Er besetzte dort die Zollstätte mit seinen Soldaten, ließ von den Schiffen eigenmächtig Zölle erheben und prügelte den Zollbeamten Georg Chussel, der sich dann bei dem schwedischen Residenten Camerarius beklagte.

⁶¹) Das Zeughaus ist das lange, hohe Gebäude auf dem Schloß, welches sich, von der Schloßaltane aus gesehen, rechts an den Friedrichsbau unmittelbar anschließt und sich den Berg hinabzieht.

⁶²) Große Böller. ⁶³) welche 1¾ und ½pfündige eiserne Kugeln schießen.

F. **An Lunten:**
  60 Zentner ungefähr.

Und ist man noch ferner hier bedürftig:
  100 Zentner Blei, so zu Mannheim zu bekommen,
  200 „ Lunten, so durch den Hoffailer bestellt werden können.

Die Reparirung der Doppelhacken kann hier geschehen. Die Falkonettkugeln, weil man deren mangeln könnte, könnten aus Blei (sofern man daßelbe bekommen) und Stein gemacht werden.

VII.

Das Muttergottesbild auf dem Kornmarkt.

Der Kornmarktplatz war vor Zerstörung der Stadt 1693 im orleanischen Kriege nicht so groß als jetzt; auch bildete er kein so schönes Viereck als jetzt. An das Haus, welches heutzutage beim Eingang vom Kornmarkt in den Burgweg das rechte Eckhaus bildet **), war vielmehr, und zwar in der Flucht des Burgweges, ein längliches Gebäude angeflossen, das sich bis zur Mitte des jetzigen Kornmarktplatzes herabzog, und so den Burgweg bis hierhin verlängerte. Dagegen brach die sich gen Westen ziehende Häuferreihe etwa mit dem jetzigen Hübinger'schen Hause ab und es befand sich neben diesem Hause ein freier Raum, welcher den Karlsplatz mit der Zwingergaffe verband. Der Platz wurde als Exerzierplatz für die churpfälzische Garnison in Heidelberg benützt. Deßhalb stand auf demselben auch ein Wachthaus und ein Schnappgalgen, auf welchem die Namen der Deserteurs angeschlagen wurden.**)

Erst durch den Ruin jenes Hauses bei der Zerstörung der Stadt gewann der Platz im Anfang des 18. Jahrhunderts seine jetzige

---

*) Das Schuhmacher Weyand'sche Haus.
*) Vrgl. Geschichte und Beschreibung der Stadt Heidelberg von Fr. Pet. Wundt. Seite 130.

schöne viereckige Gestalt. Der Brunnen befand sich in den ältesten
Zeiten ungefähr bei dem Hause des Kaufmann Grösser und bestand
aus einem einfachen Stock mit einem Brunnensarge davor. Später
wurde er weiter gegen Westen gerückt, und befand sich etwa dem
Hôtel Adler gegenüber. Erst in den 1830er Jahren wurde das
Wasser zu dem in der Mitte des Kornmarktes befindlichen Mutter-
gottesbilde geleitet. Dieses Bild verdankt seinen Ursprung dem Churfürsten Carl Philipp, der im Jahre 1718 mit Hilfe frommer Beiträge dasselbe errichten ließ. Zugleich ist es aber als ein Denkmal
des Geistes anzusehen, welcher in jener Zeit herrschte.*)

Der älteste katholische Bürger der Stadt, Bierbrauer Matthias
Hartlieb auf dem Kornmarkt, hatte es sich seit Aufrichtung des
marianischen Bildes zur Lieblingsaufgabe gemacht und ein ver-
dienstliches Werk zu verrichten geglaubt, daß er die 4 Lampen, die
um dasselbe standen, aus eigenen Mitteln mit Oel versah, und sie
jeden Samstags- und Festtags-Abend anzündete. Er selbst stellte sich
an diesen Abenden mit seiner Familie vor dem Bilde ein zum
Beten und Singen, und bald sammelten sich viele katholische Arme
der Stadt um ihn, und es erwuchs daraus nach und nach ein regel-
mäßiges zahlreiches Zusammenkommen zu dem genannten Zwecke.
Acht Jahre hatte so Hartlieb sein Werk fortgeführt, bis er sich am
17. Dezember 1725 an den Churfürsten wandte mit der Bitte, daß
ihm von jetzt an eine jährliche Besoldung von 20 Maltern Korn
aus herrschaftlichen Mitteln gereicht werde. Seine Bitte wurde gewährt und zwar in vollem Maaße: Der Churfürst gab sofort Befehl,
daß dem Bittsteller jährlich 10 Malter Korn an Geld aus der kathol.
geistl. Administration und 10 Malter aus der churfürstl. Hofkammer
verabreicht werden. Der Churfürst mag dieses Bild und das, was
ihm zu Ehren geschah, sehr hoch angeschlagen haben, denn im September 1736 fügte er jener Besoldung noch 1 Fuder Wein und die
Personalfreiheit hinzu, d. h. die Freiheit von allen herrschaftlichen
Steuern und Lasten. Freilich Hartlieb hatte dem Churfürsten die
Sache auch recht bringlich zu machen gewußt, und die Regierung

---

*) Die urkundlichen Akten hierüber beruhen im Generallandesarchiv zu
Karlsruhe.

unterſtützte ſein Geſuch mit den Worten: „Dieſe Statue ſteht mitten auf dem Kornmarkt, und zwar in conspectu lauter abgeſagter Feinde der allerſeligſten Jungfrau Maria placiret, mithin zu deren noch weit größerer Freud ſowohl, als Beſchimpfung glorreichſter Himmelskönigin würde es gereichen, wollte man die Lampen und das Beten eingehen laſſen."

Nur 2 Jahre nach Carl Philipps Tod ſtarb auch Hartlieb, am 17. Oktober 1744. Die Beſorgung des Dienſtes am marianiſchen Bilde ſammt der Beſoldung dafür ging an deſſen ledige Schweſtern Catharine und Margarethe, jedoch nur für ſo lange über, als dieſe ledig blieben. Im April 1781 erhält den Dienſt und die Beſoldung die Wittwe des Bürgermeiſters Lucas Lehn, Anna Marie. Der franzöſiſche Revolutionskrieg machte der ganzen Sache ein Ende.

Die Inſchrift des Brunnens lautet:

Non statuam aut sacrum sed quam designat honora.

Noch Stain noch Bildt noch Savlen hir
Das Kindt undt Mutter ehren wir.

VIII.

Churfürſt Ludwig V. zieht in den Bauernkrieg.

Mai 1525.

Eine „Chronik über den Bauernkrieg in den Bisthümern Speier, Worms, Würzburg und Mainz" [⁴⁷]) berichtet über dieſen Gegenſtand Folgendes:

„Als der Pfalzgrave Ludwig ſich mittlerweile uf gethane werbung mit ſeinen Freunden verſamblet, ein gut ſumma Fußvolks beſtellt, auch mit geſchütz und aller notturft, ins veld gehörig, wol gerüſt was; daneben auch und damit das churfürſtliche ſloß [⁴⁸]) Seitenbuhel, darin nicht ein geringes gut gelegen, mit ſampt der Statt Heydelberg in ſeiner gnaden abweſen beſto baß [⁴⁹]) verſehen

---

[⁴⁷]) Siehe Mons Quellenſammlung III, 546 ff. [⁴⁸]) Schloß. [⁴⁹]) beſto beſſer.

und wo er einige Haufen bauern und andere etwas gewaltsamer that berendts furgenommen werden wolt, dest stattlicher zu begegnen hett, den Herren Schenk Valentin, Herren zu Erpach, seiner gnaden thate⁷⁰), zu ein hauptmann baselbst verordnet, dazu bei 100 personen, mererthaills seiner gnaden landtsassen vom Adel⁷¹, uff die man ein sonder vertrawen⁷²) setzt, ins sloß gelegt, deßgleichen ein fendlein knecht⁷³), so außwendig des sloß ihren läger hetten, darin die hochgeporen Fursten, mein gnedige Herren, der bischove von Speier und der teutsche meister Herr Dietrich von Cleen, so deßmals der Bauern halb aller irer landtschaft entsetzt, bey obgerurtem Hauptmann im sloß lagen, welche dann das sloß und der statt in guter acht und vorsehung gehapt, das alle Ding baselbst in zeyt des churf. Heerzugs frieblichen und in gutem wesen verstunden: Da ist sein churf. gnad eigner person mit sampt dem erzbischove und churfursten von Trier obgemelt dem hochwürd. Fursten, Herren Conraden zu Würtzburg, der vor eilichen tagen als flüchtig zu sein gnaden gegen⁷⁴) Heydelberg ankommen und bem pfaltzgraven bey Rhein Ott Heinrichen, am dinstag nach dem sontag „vocem jucunditatis" (23. Mai 1525) mit den nachgesetzten reysigen zeugen sampt dem Fußvolckh und geschutz zu Heydelberg auß und gegen den Brutein gezogen."

Den Anfang des Kriegszugs bildeten die churfürstlichen Reiter unter dem Hauptmann Wilh. von Habern mit 150 Pferden, dann folgte Schenk Eberhard zu Erpach, pfälzischer oberster Feldhauptmann, mit 400 Pferden; des Erzbischofs von Trier Zug mit 300 Pferden unter seinem Marschall; dann der Hauptmann von Jülich und Cleve mit 250 Pferden; dann 200 Pferd kölnische Reiter unter Dietrich von Schönburg, Burggraf zu Alzey, wobei Fr. von Fleckenstein als Fahnenträger; dazu noch über 3000 Knechte (Fußvoll) unter dem Obersten Leonhard von Schwarzenburg. Diese gesammte Kriegsmacht zog gegen den Brutein und stieß zu den dort versammelten 1500 Knechten; Malsch wird verbrannt.

---

⁷⁰) Rath. ⁷¹) Im Churfürstenthum angesessener Adel. ⁷²) Besonderes Vertrauen. ⁷³) Fähnlein Knechte. ⁷⁴) gegen, nach.

„Deſſelben tags fing der gedacht Marſchalk Wilh. von Habern in Rottenburg⁷⁵) als er denſelben Flecken morgens einnahm: Hanſen von Thalheim (Tallau) ein edelmann, der ſich der uſturiſchen ſachen thailhaftig gemacht und in diſem böſen Handel übel gehalten hett, dann er der bauern hauptmann einer geweſt, denſelben Dalheimer ließ der churfurſt gein Heidelberg uffs alt ſloß zu ſeiner wiederkunft in gute verwarung gefenglich legen."

Hierauf werden Kislau und Bruchſal den Bauern abgenommen; der Pfaff Anton Eiſenhut, oberſter Hauptmann des kraichgauiſchen Bauernhaufens wurde mit mehreren andern vom oberſten Bundeshauptmann Jörg Truchſeß gefangen genommen und dem Churfürſten zum Verhör überſchickt, der ſich bei allem Kriegsvolk im Lager bei Bruchſal aufhielt. Eiſenhut wurde hierauf „nach kurzer verhöre uff dem platz im Schloß⁷⁶) in des punds⁷⁷) Namen mit dem ſchwert gericht." Tags darauf blieb der Churfürſt mit allem Kriegsvolk im Lager und verhandelte mit den aufrührretiſchen Orten, Bruchſal, Obenheim, Rothenberg, Kislau, Grombach und andern umliegenden Dörfern, wegen ihrer Beſtrafung; ſie mußten fl. 40,000 zahlen, die Waffen niederlegen und wieder huldigen. Gegen Abend ließ man die Gefangenen aus dem Thurm (in Bruchſal), und führte ſie in den Vorhof des Schloſſes. „Da nun der nachrichter von Heydelberg ihrer 5 die köpfe abgehawen und wieder einer niederkniet, ſchrien die umbſtehenden graven und herren dem Henker zu, daß er biß uff weitern beſcheid gemach thete, fugten ſich eilends zu meinem gnebigſten Herren, dem pfalzgrafen, baten für die übrigen armen." Sie wurden begnadigt.

Von da zog der Churfürſt über den Rhein nach Weißenburg; und am 18. Juli zurück „in ſein ſtatt Heydelberg und uff ſein ﬆurfürstlich ſloß, da ſein gnade alle ding noch in gutem ufrichtigen weſen fand." Am folgenden Mittwoch ließ er „im königlichen ſtiefft zum heiligen geiſt ein ampt vollbringen im beyſein ſeiner gnaden, der graven, herren und vom abel."

⁷⁵) Rothenberg. ⁷⁶) zu Bruchſal. ⁷⁷) Bundes.

IX.

Das Stift der Heiliggeistkirche verkauft die Krambuden zwischen den Wandpfeilern der Kirche an die Stadt Heidelberg. 25. Juni 1487. [16])

Wir dechan und capittel und die vicarien beß kuntlichen stiffts zum heiligen geist zu Heidelberg gemeynlich bekennen und thun kunt offenbare mit diesem brieff fur uns und alle unser nachkomen, daß wir mit wissen, willen und verhengnisse des durchleuchtigen hochgebornen fursten und herren, herren Philipsen pfalzgraven by Rine, hertzogen in Beyern, deß heiligen romischen richs ertzdruchseß und churfursten, unsers gnedigsten lieben herren, ein abrede, vertragt und rechten redlichen uffrichtigen stelen und ewigen verkouf gethan haben, verkoufen ouch ewiglich in craft bis briefs mit den ersamen wysen fursichtigen und erbern burgermeyster, rat und gemeyn der genanten statt Heidelberg und allen iren nachkommen alle kreme und fleden, so umb den obgenanten unsern stifft zwischen den pfylern sind und hienfur uff die ledigen flecken gebuwen werden mogen, uβgescheiden wo itzund capellen zwischen denselben pfylern

---

[16]) Wir Dekan und Kapitel und die Vicare des königlichen Stifts zum heiligen Geist zu Heidelberg mit einander bekennen und thun kund offenbar mit diesem Brief für uns und alle unsere Nachkommen, daß wir mit Wissen, Willen und auf Anordnung des durchl. hochbornen Fürsten und Herrn, Herrn Philipp, Pfalzgrafen bei Rhein, Herzogs in Baiern, des hl. röm. Reichs Erztruchsessen und Churfürsten, unseres gnädigsten lieben Herrn, Abrede, Vertrag und rechten, redlichen, aufrichtigen, steten und ewigen Verkauf gethan haben, verkaufen auch ewig in Kraft dieses Briefs — mit den ehrsamen, weisen, vorsichtigen und ehrbaren Bürgermeister, Rath und Gemeinde der genannten Stadt Heidelberg und allen ihren Nachkommen alle Kräme (Krambuden) und freien Plätze, die um unsern obgenannten Stift zwischen den Pfeilern sind und in Zukunft auf die freien Plätze gebaut werden mögen, ausgenommen wo jetzt Kapellen zwischen diesen Pfeilern stehen und die Kohlenkammer auf dem Fischmarkt sollen bei unserm genannten Stift bleiben und die andern Krambuden und leeren Plätze alle der vorgenannten Stadt Heidelberg sein und verliehen zum feilen (öffentlichen) Brodlauf und der ganzen Stadt und

stent, und die kolelamer uff dem fischmarkt sollen by dem gemelten unserm stifft bliben und die andere kreme und flecken all der vorgenanten statt Heidelberg sin und ewiglich verlyhen zu feilen brotkauf und der ganzen statt und gemeyn zu nutz und gut. Darinnen soll auch nichts unzimlichs oder unerlichs feil gehabt oder verkauft werden, auch dhein unerbere menschen verluhen werden, noch gestatten unerlich handel in irer dhein zu triben. Dieselbe kreme sollen auch des nachts verschlossen sin, damit alle farlesse-

Gemeinde zum Nutzen und Vortheil. Darin soll auch nichts Unziemliches oder Unehrliches feil gehabt oder verkauft werden, auch keinen unehrbaren Menschen verliehen, noch gestattet werden, daß unehrlicher Handel in keinem derselben getrieben werde. Diese Buden sollen auch des Nachts verschlossen sein, damit alle Leichtfertigkeit und Sünden, die des Nachts darin geschehen möchten, vermieden bleiben. Es sollen auch dieselben Buden keine höher gebaut werden, als sie jetzt sind, damit dem obberührten Stift kein Licht verbaut werde, auch nichts aus den Pfeilern oder Kirchenmauern gebrochen werden, dadurch Schaden geschehen möchte. Der Rath und Bürgermeister sollen auch vorsehen und bewirken, daß der Bäcker Mägde keine unziemliche oder schandbare Lieder singen, und besonders während der heiligen Aemter und wenn man im Stift singt oder predigt, wodurch Aergerniß geschehen möchte, alles redlich. Und ist solcher Kauf geschehen um acht und zwanzig gute rheinische Gulden ewigen Zinses, welche die obgemeldeten Bürgermeister, Rath und Gemeinde oder ihre Nachkommen aus der obgenannten Stadt Nutzungen, Einkünsten, Gefällen und Ungell jedes Jahr geben, reichen, nämlich sechszehn Gulden jedem Frühmesser der Arnold Rype'schen Pfründe, und zwölf Gulden dem Stifts-Custos, alles ewiger Zins und allen Kaplanen, die mit der vorgenannten Pfründe versehen sind oder werden und ohne alle Kosten und Schaden in ihren gewissen Besitz zu Heidelberg überantworten sollen und wollen auf Johannes des Täufers Geburtstag oder in den nächsten 14 Tagen darnach, wie es bei einem solchen Zins Recht und Gewohnheit ist, redlich, auf ihre geziemende Quittung. Dazu soll des Stifts Becker in der Pfisterei (Stiftsbeckerei) frei sein vom Wach- Frohn- und Reise-Dienst, vom Thorhüten und von den Pflichten und Beschwerden der Beckerzunft, ausgenommen, was er Brod zu offenem Verkauf backt; da soll er doch verbunden sein, nach Ordnung und Satzung; er soll in alle Strafen verfallen, wenn er sie übertritt und soll wie ein anderer Becker gehalten werden, so oft es Roth thut. Doch wenn er der Ordnung gemäß gestraft wird, so soll er nichts desto weniger den Priestern des Stifts backen, wie er es schuldig ist und jener Strafe wegen nicht aufhören (zu backen). Jeder Becker soll auch den Bürgermeistern und Rath geloben und bei den Heiligen schwören, denen gnädigen Herrn und der Stadt getreu und hold zu sein, ihren Schaden zu verhüten und ihren Nutzen zu schaffen, auch das Ungell und Wieggeld

keit und sunden, so des nachts darinnen geschehen mochten, vermitten bliben. Es sollen auch dieselben kreme bheiner höher gebuwen werden, dann sie igund sin, damit der obgerurten stist bhein llecht verbuwen werden soll; auch nichts in die pfylere oder kirchmür gebrochen werden, daran schad geschehen möcht. Der rat und burgermeister sollen auch versehen und schaffen, das der becker meyde legn unzimlich oder schampper lieder (singen), und besunder under den helgen ampten und wann man im stist singend ist oder predigen, dardurch dann ergerniß geschehen

für seinen öffentlichen Verkauf zu geben, ohne alle Unredlichkeit. Und von den Schweinen, die ein Becker (des Stifts) zu jeder Zeit einlegt und züchtet, darf er die Hälfte außerhalb der Stadt verkaufen, die man dem Käufer auch abfolgen soll: die andere Hälfte darf er hier in der Stadt den Bürgern verkaufen oder für sich selbst schlachten, wie es ihm am liebsten ist. Er darf auch zu jeder Zeit zwei Schweine mehr, als ein anderer Becker, ziehen, wie es altes Herkommen ist. Ebenso soll jeder (Stifts-) Becker, der es jetzt ist oder später sein wird, das Zunftgeld nur zur Hälfte schuldig sein zu geben; wäre es aber, daß er von der (Stifts-) Beckerei wegkommen, das Handwerk treiben und hier in Heidelberg backen wollte, so soll er die andre Hälfte des Zunftgeldes der Zunft auch geben. Wollte er aber hier nicht backen und von hier wegziehen, so soll er diese andere Hälfte des Zunftgeldes zu geben nicht schuldig sein, sondern nur die erste Hälfte, die er schon bezahlt hat verloren haben. Hätte aber ein (Stifts-) Becker die Zunft (das Zunftrecht) erkauft, und käme wieder aus der (Stifts-) Beckerei weg, so soll er sein Zunftgeld nicht verloren haben, sondern die Zunft behalten, wie er sie erkauft hat und nicht schuldig sein, sie nochmals zu kaufen. Ferner ist beredet und bedingt, wäre es der Fall, daß die obgenannten Bürgermeister, Rath und Gemeinde ein Jahr säumig würden und dem obgenannten Frühmesser und Custos die obgeschriebenen 28 guter rheinischer Gulden auf Zeit und Ziel, wie oben steht, nicht ausrichten in den nächsten 6 Wochen darauf, so sollen ihnen die oberührten Buden, mit ihrer Verbesserung und ihrem Bau zur Stunde verfallen sein, wie wenn sie mit Urtheil und Recht verklagt und es ihnen aufgegeben worden wäre nach dieser Stadt Recht und Gewohnheit, alle Arglist und Unredlichkeit hierin gänzlich ausgeschlossen. Deß zu wahrer Urkunde haben wir unser Dechaneilsiegel hierangehängt. Und wir Philipp Pfalzgraf u. s. w. bekennen für uns und alle unsere Erben und Nachkommen, daß solche Beredung, Vertrag, Kauf und Verkauf, wie oben steht, mit unserm guten Wissen und Willen und Anordnung geschehen ist, geben auch also unser Gunst und Willen dazu in Kraft dieses Briefs. Zu Urkund haben wir unser Insiegel zuvorderst an diesen Brief gehängt. Gegeben auf Montag nach St. Johannes des Täufers Geburtstag, da man zählt nach der Geburt Christi unsres lieben Herren Tausend vierhundert sieben und achtzig Jahre.

möchten, alles ungeverlich. Und ist solcher kouf geschehen umb zwenßig und acht gůter rinkscher gůlden ewigs zinß, die die obgemelten burgermeyster, rat und gemeyn ober ire nachkomen von der obgenanten stabt nußen, renten fellen und ungelten all und eins iglichen jars jerlich geben, reichen, nemlich sechzehen gulbin eym yeben frühmesser Arnolt Rilppen pfründe, und zwölff gulbin des genanten stifts cuslery, alles ewiges zinß, und allen capellenen, so mit der vorgenanten pfründen versehen sin und werben und one allen iren kosten und schaben in iren sichern gewalt zu Heibelberg antwurten sollen und wollen uff sant Johans Baptisten geburttag ober in der nehsten vierzehen tagen barnach, als sölichs zinß's recht und gewonheit ist, ungeverlich, uff ir zimlich guittanß. - Darzu deß genanten unsers stifts becker in der pfistery fryen wachens, frönens, reysens, borhültens, und der beckerzunft halben irs gebots, verbots und aller anber beschwerunge, ußgescheiben was er brots zu freyem kouf backen ist, barzu er boch nit verbunden sin soll, er beß selben feylen koufs halb nach lut ber orbenunge und artickel barzu gehörig begriffen sin in allen penen und straffen, ob er sie anberst uberfure, wie ber anber becker einer gehalten werben ungeverlich, so bicke sölichs not geschehe. Doch so er nach lut der orbenung gestraft wurde, so sol (er) nit beß mynner ben priestern bes stifts backen, als er schulbig ist, und ber straffe halber nit still sten. Ein iglicher becker soll auch burgermeystern und rat globen und zu ben heilgen schweren, unserm gnebigen herren und ber stat getruwe und holl zu syn, iren schaden zu warnen und frommen zu werben, auch ungelt und wiggelt zu seylem kouf zu geben, sunber alle geverbe. Und die sume, die ein pistor zu einer iglichen zitt inlegt und zucht, ber mag er das halbteyl hinuß uß der statt verkoufen, die man dem koufer auch volgen lassen, der anberteyl hie inn ber statt verkoufen ben burgern oder selbs meßeln lassen, welchs yme am füglichsten ist. Er mag auch zu einer iglichen zucht zweyer sume mer bann ein anber becker ziehen, als von alter herkomen ist. Item barzu ein iglicher pistor, ber ißunt ist ober hernach komen wurt, sol baz zunftgelt nit mer bann halb zu geben schulbig sin; wer es sach, baß er usser ber vistory komen, baß hantwerd tryben und hie zu Heibelberg baden wollt, so sol er bas anber halbteyl zunftgelts ber zunft ouch geben.

— 42 —

Wolt er aber nit hie baden und hie wed ziehen, so soll er das uberig halbteyl zunftigelts zu geben nit schulbig sin, sunder allein daß erst halbteyl, er uß gericht, verlorn han. Hett aber ein pistor die zunft verlouft und keme wyder usser der pistorie, so sol er sin zunftigelt nit verlorn, sunder die zunft haben und behalten, wie er sie verlouft hat, und nit schulbig sin, die noch ein mal zu loufen. Forter ist berett und bedybingt worden, wer es, das die obgenannten burgermeister, rat und gemeyne eynigs jars sumig wurden, und den obgemelten frumesser und custory die obgeschriben zwenzig und acht guter rinischer gulbin uff die zyit und zyl, in massen ob stett, nit ußrichten in den nechsten sechß wochen barnach, so sollen ine die obgerurten kreme alle mit irer besserung und buwe uff stunb verfallen sin, als hetten die mit urteyl und recht erclagt und uffgeholet nach biser statt recht und gewonheit, alle arglist und gewerbe ganz herinn ußgescheiben. Des zu warem urkunde haben wir unser bechany insigell heran thun henden. Und wir Philip, pfalzgrave ꝛc. obgemelt, bekennen fur uns und alle unser erben und nachkomen, das solich beredung, vertragt, kouf und verlouf, wie obstet, mit unserm guten wissen und willen und verhengniß geschehen ist, geben auch also unser gunst und willen barzu in kraft biß brifs. Zu urkunde so haben wir unser insigel zu forberst an bisen brief thun henken. Geben uff montag nach sant Johanes Baptisten geburt tag, als man zalt nach der geburt Cristi unsers lieben herren tusent vierhundert achzig und sieben jare. [79])

---

[79]) Eine gleichzeitige Abschrift dieser Urkunde findet sich in Nro. 18, fol. 156 der Pfälzer Copialbücher im Generallandesarchiv zu Carlsruhe. Auch das Original, welches der Stadt gehörte, ist noch vorhanden; die Siegel aber zerbrochen.

X.

Ordnung zu Heidelberg, Wehr zu tragen und auf der Gasse zu gehen.

1466.

Die nachfolgende Urkunde dürfte ein Spiegel sein für die Zustände unserer Stadt, als durch die fortwährenden Kriege Friedrichs des Siegreichen Zucht und Ordnung in derselben sich aufzulösen drohten: [60])

"Wir Friedrich ꝛc. bekennen und thun kund. Nachdem und wie billich des wir auch gantz genaigt sein den Unsern und andern, die hinder uns und bey den unsern wonent, einigkeit, friden und gemach under einander zu haben, zu schaffen und sich in unser Stat Haydelberg und besonder nachts uff der gassen, vil Unzucht und unzimlichs handels und mutwillen begibt und begeben hat, darauß noch großer Unrath schadt und beschwernus wachsen und entsteen möchte. Das alles zuvorkomen so haben wir ein ordnung nach rath unser selbs

---

[60]) Wir Friedrich ꝛc. bekennen und thun kund. Nachdem und wie es billig ist, und wir auch ganz geneigt sind, den Unsern und Andern, die hinter uns und bei den unsern wohnen, Einigkeit, Frieden und Ruhe unter einander zu haben, zu schaffen und sich in unserer Stadt Heidelberg, besonders Nachts auf den Straßen, viel Unzucht und unziemliche Händel und Muthwillen begibt und begeben hat, daraus noch größeres Verderben, Schaden und Beschwerde wachsen und entstehen möchte; so haben wir, um dem Allem zuvorzukommen, nach unserm Rath und dem unserer trefflichen Räthe eine Ordnung gemacht und wollen, daß sie gehalten und gehandhabt werde, wie folgt:

Zum ersten setzen und ordnen wir, daß alle Unsern und die Einwohner unserer Stadt Heidelberg, geistlich oder weltlich, adelig oder nicht adelig, Hofgesinde und Andere Tag und Nacht in gutem Frieden und Ruhe mit einander sein sollen und kein Theil wider den andern irgendeinen Unwillen fassen und ob Jemand glaubt, mit einem Andern zu thun zu haben, das solle auf dem Rechtswege ausgetragen werden gegen Jeden an den Orten, wo es sich gebührt, ob es nicht gütlich beigelegt werde.

und unser trefflichen reihe, gesetzt und gemacht, die wir wollen, also gehalten und gehandthapt haben, In maßen und nachvolgt.

Zum ersten setzen und orden wir, das alle die unsere und bey und Inwoner unser Stat Haidelberg, gaistlich und welltlich Edel und Unedel Hoffgesynde und anber tag und nacht in guttem Friden und rue mit einander sein sollen, Und kain thail wider das anber Icht In Unwillen furnemen und ob Jemandt mit dem anbern vermeint zu thun han, das solle mit recht Ußgetragen werden gegen eynen Jdlichen an den enden, da sich das gepurt, ob es nit gutlich hin-gelegt wurdet.

Wir ordnen und setzen, daß zu Heidelberg über das ganze Jahr, es sei Winter oder Sommer, wenn die Nacht hereingebrochen ist, Niemand, es sei, wer es wolle, mit Wehr oder Waffen auf den Straßen gehen oder wandeln solle, ausgenommen unser abelig Hofgesinde; die mögen ihre Wehr, die sie Tags getragen haben, Nachts auch bis in ihre Herberge tragen.

Was aber von Knechten unseres Hofgesindes ist, ob die Tags Messer getragen haben, was sie zu thun das Recht haben, dieselben sollen doch, wenn es Nacht ist, keine gefährliche Wehr tragen, wie die Anderen, es seien Studenten, Bürgerskinder oder Gesinde.

Ebenso soll Niemand bei Nacht ohne ein Licht auf den Straßen gehen.

Und wäre es der Fall, daß Jemand, sei er wer er wolle, bei Nacht auf der Gasse ohne Licht und mit gefährlichen Waffen oder Wehr oder mit Licht und ge-fährlichen Waffen oder Wehr angetroffen würde, der nicht zu unserm abeligen Hof-gesinde gehört mit ihren Wehren, wie vorgeschrieben steht, der soll von den Unsrigen, die wir dazu geordnet haben, zu Rede gestellt und verhaftet werden und was nicht Studenten sind, auf das Rathhaus geführt und daselbst gestehen und erkannt und die Nacht daselbst behalten werden und am nächsten Morgen darnach, ist er eine geistliche Person zu Heidelberg (Geistlicher oder Professor mit Besoldung) seinem Dekan, ist er ein Student, seinem Rector, gehört er zum Hofgesinde, unserm Mar-schall und in dessen Abwesenheit dem Faut (Vogt, Oberamtmann) und wenn der auch nicht zugegen wäre, unserm Schultheißen, ist er ein Bürger oder Bürgerskind, Handwerksknecht oder Gesinde, unserm Bürgermeister überantwortet und daselbst gestraft werden, nach Billigkeit wie ein Uebertreter unserer Ordnung und dazu soll er noch verfallen sein mit 10 Schilling Heller denen, die ihn verhaftet haben; diese Geldstrafe soll den Studenten von den Unsrigen erlassen sein, denn der Rector soll sie deßhalb strafen, wie hernach stehet.

Ferner wenn aber die Unsern, die jeweils die Nachtwache thun werden, eine Person, die sonst nicht verdächtig ist, züchtig ohne Licht und ohne gefährliche Waffen auf der Straße antreffen und betreten würden, der soll gütlich gefragt werden, wer

Wir orden und setzen das zu Haidelberg über Jar es sey winter oder Sommer, wan die nacht ingangen ist, niemandt er sey wer er wolle, mit wehr oder waffen, uff der gassen geen oder wandeln solle, darin solte uffgeschlossen sein unser edel hoffgesinde, das die mogen Ir wehr, die sie tags getrogen han, nachts auch biß in Ir herberg tragen.

---

er sei; er soll auch gütlich Bescheid gehen und darüber nicht aufgehalten werden. Welcher sich aber deß weigern wollte oder zu fliehen unterstünde, der soll auch verhaftet und auf das Rathhaus geführt und die Nacht da behalten und des Morgens dem, welchem er zustehl, (unter dessen Gerichtsbarkeit er gehört) überantwortet und gestraft werden und die Buße denen, die ihn gefunden haben, verfallen sein und ausrichten wie oben stehet.

Wenn sich auch Jemand auf der Straße schlagen würde, so sollen die beiden Partheien von den Unsrigen verhaftet und auf das Rathhaus geführt und da gefangen und behalten werden, und wäre eine schädliche Verwundung oder anderes Schlagen oder Werfen dabei geschehen, so soll der Thäter sofort in einen Gefängnißthurm oder Käfig gelegt und der Verwundete oder Schadhafte zum Arzt versorgt werden, so daß man ihrer Beider sicher sei, zu erfahren, welcher den Anfang gemacht habe und was ihnen darüber gebühre.

Ferner wenn Jemand so muthwillig wäre, daß sich Etliche zusammenthun und dieser Ordnung und denen, welchen wir sie zu handhaben befohlen haben oder befehlen werden, Widerstand thun wollten und bei Nacht mit Wehr oder Waffen auf der Straße gehen oder wandeln würden; wenn diese angetroffen werden, so sollen sie sofort verhaftet und ins Gefängniß geführt und behalten werden, und wenn die Unsrigen Hilfe dazu nöthig hätten, so mögen sie die nächsten von den Unsrigen zu sich rufen, und es sollen diese Unsrigen, die am nächsten dabei sind, sofort bei ihren Eiden, womit sie uns verpflichtet sind, mit ihren Wehren zulaufen und den Unsrigen behülflich sein, die Muthwilligen zu fassen.

Wenn sich aber sonst ein Geschrei oder Schlägerei bei Nacht ereignen würde, wenn unsere Nachtwächter nicht lärmen oder nicht dabei wären, so sollen doch die Unsrigen, die am nächsten dabei sind, fleißig aufmerken und beobachten, wer dieselben seien und sie bei ihren Eiden unserm Schultheiß zu Heidelberg vorführen, der die Thäter auch darob zu Rede stellen und daran sein solle, daß solches also gestraft werde.

Es soll auch Niemand Nachts auf der Straße ungestümes Geschrei oder Lärmen thun oder machen aus Muthwillen und ohne Rath und wer das übertritt, der soll den Nachtwächtern von jedem Geschrei ein Viertel Wein verfallen sein, einem Jeglichen, dem sich's gebührt.

Wäre es aber ein junger Knabe, reisig oder anders, der soll zu guter Züchtigung (?) mit Ruthen darob gestraft werden.

Was aber von knechten unsers Hoffgesindts ist, ob die tags messer getragen haben, als sie thun mögen, dieselben doch so es nacht ist, kein geferlich were tragen, gleich als wol als andere es sein Studenten Burger oder Burgerßkinde oder gesynde.

Item es soll auch niemandt by nacht one ein zimlich offenbar licht uff der gassen geen.

Und nämlich so ordnen und setzen wir, was Studenten, jung oder alt, dieser Ordnung widerstrebend, von den Unsrigen ergriffen werden, die sollen die Unsrigen sofort einem jeden Rector, der in dieser Zeit ist, überantworten, der sie auch sogleich in Empfang nehmen soll, und darüber sollen sie von den Unsrigen nicht geschlagen, oder Strafe ihnen abgenommen werden, sondern der Rector soll dieselben um Geld und wegen Uebertretung unserer Ordnung nach redlich Rothdurft strafen.

Es sollen auch alle Wirthe zu Heidelberg ihren Gästen sagen diese unsere Ordnung, ob ihrer einer oder der andere um seiner Nothdurft willen auf die Straße bei Nacht müßte oder gerne wollte gehen, so soll er sich mit Licht versehen und Jemanden vom Hausgesinde mit sich nehmen, Bescheid für ihn zu geben und ohne gefährliche Waffen gehen.

Und über diese unsere Ordnung setzen wir zur Handhabung und Bewahrung unseren Schultheiß zu Heidelberg, die Bürgermeister mit den Stadtknechten und Scharwächtern, so daß allemal auf den Straßen unser Schultheiß, ein Bürgermeister oder einer des Raths mit den Stadtknechten und Scharwächtern sein sollen und wenn sie es bedünken will, daß Jemand mehr nöthig sei, so sollen unser Knechte, die auf den Frautmarten, auch zeitig zu ihnen gefordert werden, daß sie gegenwärtig seien; bedürfen sie dazu Jemanden mehr, so mögen sie diese aus den Bürgern nehmen, daß solches besto stattlicher gestraft und gehandhabt werden möge, da wir als Fürst auch sorian getreulich handhaben und unterstützen wollen gegen Jedermann.

Ferner über dieser Ordnung sollen Schultheiß, Bürgermeister, Knechte und die Anderen, denen wir, wie oben steht, befehlen werden, geloben und schwören, die Ordnung getreulich zu halten und zu handhaben nach allem Vermögen und sich darin zu keinem Unwillen oder Muthwillen wegen eigener Angelegenheiten gegen Niemand bewegen lassen, keines Weges, und ob sich irgend ein Knecht in diesen Dingen partheilich halten wollte und anders als sich ihnen gebürt, sie abzusetzen und zu strafen und in diesem allem keinerlei Geschenk oder keine andere Gabe ansehen und keinen Unterschied der Personen machen, es sei adelig oder nicht adelig, geistlich oder weltlich, Studenten, Hofgesinde, Bürger oder andere Bürgerskinder, Knecht oder Gesinde, anders als diese Ordnung einhält.

Und deß zur Urkund haben wir unser Insiegel an diesen Brief gehängt, datum Heidelberg auf Sonntag, der heiligen Jungfrau Lucie Tag, im Jahre des Herrn 1466.

Unb wer es bas Jemanbt er sey wer er wöll bey nacht uff ber gaffen one licht unb mit geverlichen waffen ober were ober mit licht unb geverlichen waffen ober were betretten wurbe, bas nit unser Edell Hoffgesinbe were mit iren wehren, als vorgeschrieben steet, ber soll von ben unsere, bie wir barzu georbnet han, gerechtfertigt unb behänbiget unb was nit stubenten sein, uff bas rathhaus gefurt unb baselbst besiehen unb bekant unb bie nacht baselbst behalten werben unb am nechsten morgen barnach, ist er ein gepfrunbt perfon, zu Haibelberg seynem bechant, ist er ein Stubent, seynem Rector, ist er Hoffgesinbe, unserm Marschalck unb in seynem abwesen, bem saut unb ob ber auch nit zugegen were, unserm Schultheißen, ist er burger ober Burgerstinbe hanbtwerckstnecht ober gesinbe, unserm Burgermeister geantwurt unb baselbst gestrafft werben, nach billicheit als ein verprecher unser orbnung unb barzu verfallen sein zehen schilling heller ben Jenen, bie Jnen behenbigt haben, ber pene sollen Stubenten von ben unsern erlassen sein, ban ber rector soll sie barumb straffen als hernach steet.

Item ob aber bie unsere bie jezuzeytten bie nachthute thun werben, etnich persone bie suest nit verbechtig ist, juchtiglich one licht unb one geverlich waffen uff ber gaffen ging antemen ünb betretten wurben, ber solle gutlich gefragt werben, wer er sey, er solle auch gutlich beschaibt geben unb baruber nit uffgehalten werben, Welcher sich bes aber widern wolt ober zu fliehen unterstunbe, ber soll auch behenbigt unb uff bas rathhauß gefurt unb bie nacht ba behalten unb bes morgens bem er zusteet geantwurt unb gestraft werben unb bie buß ben bie in funben han verfallen sein unb außrichten als obsteet.

Ob sich auch Jemanbt uff ber gassen schlagen wurbe, bie baibe partheien sollen von ben unsern behenbigt unb uff bas rathhauß gefurt unb ba besteen unb behalten werben unb wer etnich schebelich verwunben ober anber schlagen ober werffen barinn geschehen so solle ber theiler von stunb in ein gesengnusthurn ober tesich gelegt unb ber wunbe ober schabhaft zum artzt versorgt werben, bas man ir baiber sicher sey, zu erfaren, welcher ben onhab angethan hab unb was in billicher baruber geput.

Item ob Jemanbt so mutwillig were, bas sich etlich zusamen

thun und dieser ordenung und den wir es zu handthaben bevolhen
hau oder bevelhen werden, widerstandt thun wolte und bey nacht
mit wehr oder waffen uff der straßen geen oder wandlen wurden,
wo die betretten werden, die sollen von stundt behendiget und in
gefengnus gefurt und behalten werden, und ob die unsere hilff darzu
bedurfften, so mogen sie die nechsten die unsern baben zu ine beruffen, so sollen dieselben die unsere die am nechsten babey sein,
von stundt bey iren aiden, damit sie uns gewandt sein, mit ir wehre
zulauffen und den unsern beholffen sein, die multwiller zu eroberen.

Ob sich aber sonst ein geschrey oder schlagens bey nacht begeben
wurde, darzu die unsere nachthutter nit quemen, oder weren, so
sollen doch die unsern am nechsten babey, fleyßig uffmerken und
erfahrung haben, wer dieselbe seyn und die bey iren aiden unserm
Schultheißen zu Haibelberg furpringen der dieselbe bether auch darumb zu reden setzen und daran sein solle, das solichs also gestrafft
werde.

Es solle auch niemant nachts uff der gassen ungestum geschrey
oder aberbracht thun oder machen von multwillen und one not und
wer das ubersert, der solle den nachthuttern von jedem geschrey ein
vierthail weins verfallen sein, einem Jclichen, von dem sich das
geburt.

Wer es aber ein junger knab raißig oder ander der soll zu
gutter schuffel mit rutten barumb gestrafft werden.

Und nemlich so orden und setzen wir was stubenten junge oder
alt dieser unser ordnung widerwerttig von den unsern begriffen
werden, die sollen die unsere von stundt eynem geben rector, der dan
zu zeitten ist, antwurtten der sie auch furderlich empfahen, und daruber sollen sie von den unsern nit geschlagen oder pene abgenommen werden, sonder der rector soll biselben umb pene und uber-
farunge unser ordnung nach reblicher notturfft straffen.

Es sollen auch alle wirt zu Haibelberg iren gesten sagen diese
unser ordnung ob ir einicher umb seiner notturfft' willen uff die
gassen bey nacht muste geen, oder gern woll, sich wissen mit licht zu
bewaren und Jeman von Haußgesinde mit zu nemen beschaide fur
ine zu geben und one geserlich waffen zu geen.

Und dieß unser ordnung setzen wir zu handthab und bewaren

— 49 —

unſeren Schulthaißen zu Haidelberg, die Burgermeiſter mit den ſtat-
knechten und ſcharwechtern, alſo das allemal uff der gaffen unſer
ſchultheis ein Burgermeiſter oder einer des raths mit den ſtat-
knechten und ſcharwechtern ſeln ſollen und wan ſie bedunken wil
Jemandt mehr not ſein, ſo ſollen unſer knecht die uff ein faut warten, auch zu zeyiten zu in gefordert werden, ob ſie anheimiſch ſein
bedorffen ſie darzu Jemandis mehe die mogen ſie auß den Burgern
nemen, das ſollichs beſter ſtatlicher geſtraft und gehandthapt werden
möge, die wir als der Furſte auch furbaſſer getreulich handhaben
und dem rucken halten wollen wider meniglich.

Item uber dieſe ordnung, ſollent Schulthais Burgermeiſter
knecht und ander, den wir das als obſtet bevelhen werden, globen
und ſchwern die ordnung getreulich zu halten und zu handthaben
nach allem vermögen, und ſich darin keins unwillens oder mutwillens
aigener ſachen gein niemandt bewegen laſſen, in kein wege und ob
ſich Jcht knecht in dieſen dingen partheilich anderſt halten wolte dan
ine wol gepurt, die zu entſetzeu und zu ſtraffen und in dieſem allem
kain miet ſchenck oder kain ander gab aufſehen, auch kein ſonder
perſon es ſey Edell oder unedell, gaiſtlich oder weltlich ſtudenten
hofgeſinde burger oder ander Burgerskinde knecht oder geſinde, anders dan wie diſe ordenung inehelt.

Und des zu Urkunde haben wir unſer Ingeſiegell an dieſen
brieff thun hencken, datum Haidelberg uff ſontag Sant Lucien des
heiligen Junckfrawen tage Anno domini millesimo quadringentesimo
sexagesimo sexto.[81])

---

[81]) Abſchrift dieſer Urkunde findet ſich im Generallandesarchiv zu Karlsruhe
in dem Altenfascicel: „Der Stadt Heydelberg Privilegia lt. confirmationes.
1368—1613. (316.)

XI.

Die Stadt Heidelberg kauft den Bierhelderhof.
29. April 1737.

Actum Heidelberg den 29. April 1737.

Nachdem zwischen dem churpf. Stattrath dahier und des weyland churpf. Administrations-Rathen Herrn Schützen nachgelassene Frau Wittib wegen dero eigenthumblichen sogenannten Bierhelberhof ein Kauffcontract beederseiths intendiret **) und folglich verabredet und beschlossen worden; Alß hat man die conditiones sothanen Kauffcontracts folgender gestalten anhero ad protocollum bringen lassen und zwar

1. Verkaufft und überläßt sie Frau Administrations Raethin in gegenwarth und mit genehmhaltung ihres beystands des churpf. Regierungsrathen Herren Aleffs Ermelter Bierhelder Hoff dem Stattrath dahier also und dergestalten, daß sothaner Hoff mit allem zugehör, Rechten und gerechtigkeiten sowohl als auch mit allen oneribus **), selbige mögen in vorigen Kauffbrieffen exprimirt **) seyn oder nicht, wie sie solchen biß dato genossen und genießen können oder moegen, gesucht und ungesucht, nichts außgenommen, mit der sogenannten Hanenmühl und Walburg überlassen, abgetretten und zugeeignet sein solle; hingegen

2. Verbindet sich Ermelter Stattrath Ihr Fraw Administrations Raethin Schützin in guttem gangbahrem geld vor geb. Bierhelber Hoff und dessen Zugehör, rechten und gerechtigkeiten zu bezahlen — 3050 fl. sage Drey Taußend fünfzig gulden. Nachdem aber sie fraw Verkaeufferin ratione **) der bahren zahlung und beßwillen Einen anstand genommen, weilen durch die damahligen Münzconfusiones und vorschwebende fernere abwürdigung **) ihr gar leichtlich Einiges nachtheil oder schaden an sothanen geldern zuwachsen könnte, aß wurde

---

**) beabsichtigt. **) Lasten. **) außdrücklich genannt. **) hinsichtlich. **) Entwerthung.

— 61 —

3. ferners stipulirt, daß a dato in 6 Monathen an sothanem Kauffschilling in alßdann gangbahrer sorten von ducaten, duplonen oder thalern, waß selbige alßdann gelten werden, 1050 fl. abbezahlet, die übrige 2000 fl. aber auf vier Jahre lang stehen gelaßen und zwar Ihr Fraw Verkaufferin frey seyn solle, während solchen vier Jahren solches residuum capitalis [7]) mittelst vierteljähriger Vorauffkünbigung zu erforderen und einzuziehen, der Statt Rath aber hingegen gehalten seyn solle, sothanes residuum capitalis zu laßen und auf sich zu behalten, gestalten dann auch

4. Nicht nur von sothanen 2000 fl., sondern auch von Eingangs geb. 1050 fl. die Intereße zu 5 pro cento pro rato temporis [8]) ex parte [9]) des Statt Raths zu bezahlen versprochen und zugesagt wird, zu dessen Besthaltung

5. Erw. Blerhelder Hoff mit allem zugehör, Recht und gerechtigkeiten inmittelst biß solche zahlung beschehen seyn wird, pro hypotheca [10]) haften, ratione der Erstern 1050 fl. aber in solang, biß solche in termino [11]) der 6 monathen abgetragen seyn werden nebst sothanem Hoff die Butterwaag [12]) zum Unterpfand gesetzt seyn solle, auch solche conditio und Verhafftung [13]) dem hierüber zugefertigten förmlichen Kauffbrieff außtrücklich einzurucken. Welches ohnwiederrufflich zu besagen beede contrahirende Theile gegenwaertiges protocollum eigenhaendig unterschrieben haben.

Notandum. Nach so weit beschloßenem conventionsprotocollo Erinnert fraw Verkaufferin, daß vermittelst dieses Verkauffs sie weniger nicht ab onare [14]) des bißhero contra [15]) die Wagnerische Erben ratione der deponirten 400 fl. wie auch des von der churf. Hofkammer praestandirt [16]) werden wollenden Kleinen Zehendens und sodann Einen Gulden Erbzinß von einer gewißen Wiesen, figirten processus [17]) entladen seyn mögte; Gleichwie nun ex parte

---

[7]) Kapitalrest. [8]) D. h. für das Jahr. [9]) von Seite. [10]) als Unterpfand. [11]) nach Verlauf. [12]) die Butterwaage spielte in Heidelberg seit den ältesten Zeiten eine große Rolle; wir werden ihr f. S. einen eigenen Abschnitt widmen; einstweilen nur die Bemerkung, daß durch dieselbe eine Art Octroi an verschiedenen Verkaufsgegenständen erhoben wurde und daß sie der Stadt nicht unbedeutende Summen jährlich eintrug. [13]) Unterpfand. [14]) von der Last. [15]) in dem Prozeß gegen. [16]) angesprochen. [17]) anhängig gemachten Prozeß.

hochfreih. Oberappellationsgericht allbereits ein Definitiv sentenz[98])
erfolget, mithin sothanen 400 fl. wegen das schließl. bereits ergangen; Alßo wolte Mann von Statt Raths wegen kein bedenken
tragen, sie Fraw Verkaeufferin in Allem und Jedem, so in ferneren
hierunter emergiren[99]) möchte, frey und loß zu sagen, auch zu vertretten und solches ebenmaeßig dem kauffbrieff (so durch hohe Regierung confirmiren auch bey dem Gericht Rohrbach protocolliren
zu laßen) einzuverleiben.

Vorstehendes project wird von der Fraw Administrations-Raethin bergestalten ratihabirt[100]), daß selbiger vorlaeuffig obgeb.
maßen confirmirt und protocollirt, auch dermahliger Bestaender
annoch auff ein Jahr lang im bestand des Verkauften guths belaßen
werden solle; weilen aber bieselbe schreibens ohnerfahren, alß hab
Ich qua specialiter requirirter[101]) Beystand nahmens derselben
mich anhero unterschrieben.

    Dieses ist ✕ der Fraw   T. Aleff mppria.
    Administrations-Raethin   Adamus Schütz.
  bezeichen. T. Aleff mppria.
    J. D. v. Driesch
    noe des Statraths
  An Heydelberger Statt Rath.

Bey churf. Regierung ist seines Inhalts verlesen worden, was
der Heydelberger Statmath wegen ahn sich erkaufften Bierhelder Hofs
unterm 14. dieses berichtet. Wie man nun in diesen Kauff, wann
es damit angebrachter maßen beschaffen, verwilliget, babey aber
sich vorsiehet, daß solches guth wohl werde administrirt werden; Alß
wird Erw. Statrath es zur Nachricht und Beobachtung wißend
gemacht. Mannheim, den 28. August 1737.[102])

---

[98]) letzliche Entscheidung. [99]) herauskommen. [100]) genehmigt. [101]) besonders bestellter. [102]) Abschrift dieser Urkunde befindet sich im Generallandesarchiv
zu Karlsruhe im Turnfascikel: „Statrath zu Heydelberg sucht unthst ab-
umb die confirmation des ahn sich erkaufften sogenannten Bierhelder Hofs.
1737. (334.)

XII.

Die wallonische Gemeinde zu Heidelberg.

Als in Frankreich die Protestanten in der zweiten Hälfte des 16. Jahrhunderts blutig verfolgt wurden, entschlossen sich Viele derselben, aus der Heimath wegzuziehen. So kamen schon in den 60er Jahren jenes Jahrhunderts Flüchtlinge in die Pfalz, und wurden hier vom Churfürsten Friedrich III. willig aufgenommen. Am Ende des 18. Jahrhunderts gab man sich bei der churfürstlichen Regierung, als es sich um das Besetzungsrecht der Pfarrstelle der wallonischen oder französischen Gemeinde in Heidelberg handelte, alle Mühe, den Ursprung dieser Gemeinde nachzuweisen. In dem hierauf erfolgten „Archtobericht" nun heißt es: „Die mit den aus Frankreich im 16. Jahrhundert vertriebenen Hugenotten oder Wallonen, welche in der Stadt Heidelberg aufgenommen worden, errichtete Capitulation ist in dem hiesigen Archiv nicht zu finden gewesen. Im Jahre 1562 haben sich dergleichen aus Frankreich hinweggezogene Protestanten auch in Frankenthal niedergelassen. Mit diesen ist von Friedrich III. eine Capitulation (die in hiesigen Stellen aufbewahrt ist) abgeschlossen worden; weil zu vermuthen ist, daß man die Heidelberger Wallonen unter denselben Bedingnissen aufgenommen hat, so will ich das, was in Betreff ihres Gottesdienstes ꝛc. in der Frankenthaler Capitulation ausgemacht worden, wörtlich hierhersetzen: „Zum Andern, dieweil diese verjagte Christen als nunmehr der Pfalz Unterthanen ihre eigene Kirche (zu Frankenthal) haben, und darin von Nothwendigkeit ihrer Muttersprache wegen die Predigt des hl. Evangeliums, auch Administration der hl. Sacramente, derselben ihrer Sprachen Eigenschaft nachzuhören und christlich zu üben gebrauchen müssen, damit künftig kein Mißverständniß fürfallen, noch etwas Unrichtigkeit daraus erwachsen mag, so ist vom Churfürsten ausdrücklich ihnen auferlegt, auch durch sie angenommen, bewilligt und versprochen, daß sie alle sammt und sonders in solcher ihrer Kirchen, soviel die christliche Lehr und Ceremonien, auch Reichung der hl. Sacramente belangen thut, sich in alleweg seiner churf. Gnaden habenden Kirchenordnung, wie sie Churpfalz jederzeit angestellt und gehalten würdet, gleichmäßig erzeigen und keine Aenderung oder Neuerung einführen noch gebrauchen sollen; daß sie auch bei ihnen keinen Pfarrer oder Prädicanten ohne Wissen und Bewilligung der churf. Kirchenräthe jetzt oder künftig annehmen oder beurlauben sollen, wann auch künftig der Religion, Lehr oder Ceremonien halb Mißverstand mit den Prädicanten sich zutragen wird, daß solcher Mißverstand an die Kirchenräthe gebracht und der Enden christlich und gebührlich entschieden werden sollen."[108]) Im Besondern wurde der Heidelberger Gemeinde der theologische Hörsaal für ihre Gottesdienste eingeräumt.

Churfürst Ludwig VI. ließ zwar am 12. Mai 1577 den Saal wieder schließen, löste die Gemeinde auf und schickte ihren Prediger fort. Nach dem im Jahre 1583 erfolgten Tode Ludwigs jedoch sammelte sich wieder eine Gemeinde, und durch Administrator Johann Casimir erhielt sie ihre Bestätigung, am 30. Januar 1586. Diese Bestätigung enthält folgende Bedingungen: 1. Der französische Gottesdienst soll Sonntags und Mittwochs in der Klosterkirche gehalten werden, wenn zu gleicher Zeit in den beiden andern Kirchen zum hl. Geist und St. Peter deutsch gepredigt wird. Eigenes Geläute dürfen sie nicht haben, sondern müssen sich nach dem der Heiliggeistkirche richten. 2. Die Ceremonien bei den Wallonen sollen dieselben sein, wie bei den Deutschen; allein die wallonischen Prediger dürfen nur das Abendmahl halten, nicht taufen; die Taufe soll vielmehr von den deutschen Pfarrern in deutscher Sprache an den Wallonenkindern vollzogen werden. Prediger und Gemeinde stehen unter dem reformirten Kirchenrath, und müssen sich seinen Vorschriften fügen. 3. Die Wahl der Predigttexte bleibt dem Wallonenpfarrer überlassen. 4. Die Gemeinde soll Niemanden von auswärts

---

[108]) Diese Darstellung ist aus mehreren Aktenfascikeln, welche in Karlsruhe beruhen, genommen. Die „Capitulation" steht in dem Fascikel: Die angeblich widerrechtliche Besetzung der ref. wallon. Kirchendienerstelle in Heidelberg 1792 bis 1798. (149.)

mehr aufnehmen, ohne die besten Zeugnisse und nur Solche, welche der deutschen Sprache nicht mächtig sind. 5. Die Besoldung des Pfarrers soll aus der geistlichen Administration entnommen werden und bestehen aus fl. 120 Geld; fl. 15 für Wohnung, 1 Fuder Wein und 12 Malter Korn.[104]

Im Jahre 1805 bestand die Besoldung aus fl. 395, 2 Fuder Wein, 12 Malter 4 Simri Korn, 25 Malter Spelz nebst eigenem Pfarrhaus und Garten.[105]

Nach dem 30jährigen Kriege hielt die Gemeinde ihre Gottesdienste im juristischen Hörsaale, und als dieser bei stetem Wachsen der Gemeinde zu klein wurde, so erlaubte Churfürst Carl Ludwig ihr die Benutzung der St. Peterskirche. Am 20. Februar 1656 erlaubte ihr derselbe Churfürst die Benutzung der Klosterkirche, und 1677 bestand die Gemeinde aus 27 Familien. Nach Zerstörung der Stadt versammelte sich die Gemeinde in der Conventsstube der Neckarschule. Als das Gymnasium im Mönchhofe erbaut worden war, 1718, so erhielten die Wallonen in demselben ihre Kirche, deren sie sich bis zur Auflösung der Gemeinde bediente. Diese Auflösung wurde am 15. Februar 1802 ausgesprochen. Die Gemeinde legte hiergegen Verwahrung ein. Aber der „churfürstlich badische Kirchenrath in Heidelberg" erwiederte: Administrator Joh. Casimir habe den verfolgten Reformirten aus Frankreich und den Niederlanden, als sich solche 1586 „ex speciali gratia"[106] in Heidelberg niedergelassen, Bedingungen gestellt, worunter die sich befand; „Die Aufnahme der Geflüchteten geschieht auf Widerrufen"; außerdem sei jetzt, 1805, kein einziger refugié[107] mehr in der Gemeinde; diese habe vielmehr so abgenommen, daß kein Gottesdienst mehr gehalten werden könne; Pfarrer Killan habe sich zwar alle Mühe gegeben, die Gemeinde zu erhalten und Deutsche zu gewinnen; dessenungeachtet bestehe diese nur aus den Deputirten, d. h. Presbytern oder Kirchenvorstand: Lucas Keller, Louis Loesch, Martin Landfried, Jean

---

[104] Vergl. Wundt, Beschreibung der Stadt Heidelberg, Seite 190 ff.
[105] Aktenfascikel zu Karlsruhe: Heidelberg, Kirchendienste; die ref. wallon. Pfarrei zu Heidelberg. 1805. (150.)
[106] aus besonderer Begünstigung. [107] Flüchtling, nämlich Franzose.

Chrétien Loesch, Phil. Fréd. Landfried und dem Kirchenraths-renovator Mülhaeuser, die aber sämmtlich geborene gute Deutsche seien. Längst schon hätte der reformirte Kirchenrath die Gemeinde aufgelöst, wenn Pfarrer Kilian der Aufforderung gefolgt, und sich um eine andere reformirte Pfarrstelle gemeldet hätte. „Bei dem Verlust der jenseitigen Kirchenrevenüen müsse der Kirchenrath um so mehr auf seinem Beschlusse beharren, als eine bestimmungswidrige Besoldungsausgabe von mehr als fl. 800 zur Verbesserung der schlecht salarirten Pfarr- und Schulstellen nützlicher verwendet werden kann."

Pfarrer Kilian machte für sich hiergegen geltend, er habe seiner Zeit sein Vaterland und ein viel stärkeres Einkommen in Haag verlassen und sich in Heidelberg niedergelassen; er habe sich wesentliche Verdienste um die wallonischen Gemeinden in der Pfalz erworben: am 8. Mai 1778 haben ihm die Deputirten der pfälzischen Wallonengemeinden eine Vollmacht gegeben, damit er in Holland Geld zur Errichtung einer gemeinsamen Kirchenkasse in der Pfalz sammle; 1779 sei er auf 8 südholländische und wallonische Synoden gereist, von denen er beinahe fl. 3000 zusammengebracht habe; endlich habe er es 1781 dahin gebracht, daß die pfälzischen Deputirten jährlich fl. 300 bezögen; erst 1782 sei er von Haag wieder abgegangen, um in Heidelberg seinen Dienst weiter zu verrichten, und als der französische Revolutionskrieg losbrach, und die Franzosen auch in Heidelberg eindrangen, so war seine „Kirche so angefüllt von den sonst so sehr verschrieenen irreligiösen Franzosen, die, nachdem sie beim Eintritt in die Kirche sich niedergekniet und das Kreuz gemacht hatten, mit uns sangen, beteten u. s. w." Als sonstige Besucher der Gottesdienste werden nur Fremde genannt, unter Andern die Prinzessin Caroline von Hessen-Philippsthal und die gräflich Jenison'sche Familie.

Aber ungeachtet dieser Vorstellungen beharrte die Regierung auf ihrem Auflösungsdekret der wallonischen Gemeinde, welches, wie gesagt, schon am 15. Februar 1802 ausgefertigt war.

Von den weitern Schicksalen der Gemeinde können wir nur noch Folgendes angeben:[108] Im Jahre 1655 stand das wallonische

---

[108] Faszikel: Das Wallonische Pfarrhaus und dessen Reparation . de anno 1655—1768. (153.)

Pfarrhaus in der Vorstadt. 1752 bittet der wallonische Pfarrer ab Hospital um Ankauf eines Pfarrhauses, da nur er keine eigene Wohnung habe; der Kirchenrath kauft das auf dem Kornmarkt gelegene, dem Kirchenrath Cruciger gehörige Haus um fl. 2000 zu einem wallonischen Pfarrhause im August, und ab Hospital bezieht es am 9. Oktober 1754.[109]) Da vor dieser Zeit der Pfarrer von der geistlichen Administration eine Wohnungsentschädigung von fl. 50 erhalten hatte, so ist anzunehmen, daß das alte wallonische Pfarrhaus in der Vorstadt im orleans'schen Krieg abgebrannt ist.

Das Pfarrhaus am Kornmarkt bezog im April 1776 Pfarrer Herzogenrath. Aber es war schon so baufällig, daß der Kirchenrath dasselbe — trotz des Widerspruchs der Gemeindevorsteher: F. D. Hebaeus, Gymnasiums-Präceptor, Joh. Ant. de Losse, ancien, J. Gg. Doll, Peter Lud. Keller, Joh. Bernh. Dollhopff, Phil. Heinr. Keller — am 10. August 1779 an Nicolaus Collart aus Mainz um fl. 2050 öffentlich auf dem Rathhause versteigern ließ.

Dem wallonischen Pfarrer wurde in Folge hievon das deutsche Pfarrhaus in der Fischergasse vom Kirchenrath Mieg vermiethet, mit der Auflage, dasselbe in kurzer Zeit wieder dem von Frankenthal berufenen, reformirten Pfarrer Böhme einzuräumen, wodurch es kam, daß dem wallonischen Pfarrer Kilian im Jahre 1788 von der geistlichen Administration der zweite Stock des Gastwirth Koch'schen Hauses am Mittelthor um fl. 120 Hauszins gemiethet werden mußte. — Vorsteher der Gemeinde in diesem Jahre waren: Depré ancien, Jean George Doll, ancien, Loesch, Dollhopf.

In dieser Zeit hatte die Gemeinde auch einen Schullehrer.

Die Prediger der wallonischen Gemeinde waren: Taffin, 1574[110]); de la Chasse, 1586[111]); Luc. Trelcatius, 1594[112]); Th. Blevetius, 1594—1599; Joh. Ricell, 1599; EE. Boyse,

---

[109]) Churhospitalsverwalter Welckum verlangt von diesem Haus einen jährlichen Bodenzins von 9 Kreuzern und 4½ Hellern. [110]) wurde in die Niederlande berufen. [111]) Der erste Prediger unter Joh. Casimir, in dem Stiftungsbrief der Gemeinde wird er erwähnt. [112]) starb 1607 als Professor der Theologie in Leyden.

1599—1600; Adami, 1601 ¹¹⁵); Elstermann, 1602 ¹¹⁴); Cober, 1606; Bourgeois, 1612—1622 ¹¹⁵); D. Toffan, 1650 ¹¹⁶); D. Carré, 1651—1659 ¹¹⁷); A. Cregut, 1665 ¹¹⁸); H. Tiriot, 1667; P. Poiret, 1668 ¹¹⁹); P. Persol, 1680—82 ¹²⁰); J. Daraffus, 1683—94 ¹²¹); be Combles, 1684 ¹²²); Jac. L'enfant, 1684 ¹²³): Moriz Zeller, 1712—38 ¹²⁴); Bernhard Beering, 1738—44; Franz Christof ab Hospital, 1746—1775 ¹²⁵): Carl Herzogenrath, 1775—1780; Conrad Christian Kilian, von 1781—1805.

XIII.
Das reformirte Pfarrhaus in der Kettengasse.

Schon 1775 hatte die reformirte geistliche Administration den Beschluß gefaßt, für den dritten reformirten Pfarrer an der Heiliggeistkirche, Brünings, ein neues Pfarrhaus anzukaufen, da das alte, nächst bei der Krämergasse gelegene, versteigert worden war. Aber erst im folgenden Jahre kam der Beschluß zur Ausführung, wie folgender Kaufbrief darthut:

Ich Josef Ziegler, Churpfälzischer Kastenmeister dahier zu Heidelberg und mit mir meine Eheconsortin Theresia gebohren von Driesch, urkunden und bekennen hiermit für uns, unsere Erben und Erbnehmer, daß wir aufrecht und redlich verkaufft haben, wir verkaufen auch und geben krafft dieses zu kaufen, wie solches am krafft- und beständigsten geschehen soll, kann oder mag, der hochlöblich reformirten geistlichen Administration, unsere in der Kettengasse dahier gele-

---

¹¹³) Adami war 1612- 15 Rector des Heidelb. Gymnasiums und wurde im 30jährigen Krieg Pfarrer in Bremen. ¹¹⁴) Elstermann Christof Ernst war zugleich deutscher Pfarrer in Neuenheim. ¹¹⁵) Bachre ref. Prediger in Köln. ¹¹⁶ Zugleich Kirchenrath. ¹¹⁷) Zugleich Professor, † 1672. ¹¹⁸) † 1680. ¹¹⁹ 1670 zu Mannheim, † 1719 zu Rheinsberg bei Seyden. ¹²⁰) Kam als franz. Prediger nach Frankfurt a. M. ¹²¹) wurde Feldprediger bei Lord Galloway ¹²²) Versah zugleich die französische Kolonie in Friedrichsfeld als Filial, † 1690 ¹²³) Kam nach Berlin, † 1723. ¹²⁴) Starb als deutscher Pfarrer zu Eckenheim, 1740. ¹²⁵) Zugleich Kirchenrath.

gene Erbbehousung ad 14 Ruthen 3 Schuh 9 Zoll 7 Linien, so beforcht, einerseits die Zwingergaß, anderseits das Deutschordenhaus, hinten eigenes baran stoßendes Gebäu, vornen die Keltengaß, benebst kurz erwähnten daranstoßenden in der Zwingergaß gelegenen Gebäude ad 4 Ruthen 4 Schuh 9 Zoll 7 Linien, so beforcht, einseits und hinten das Deutschordenhaus, anderseits die so eben berührte Erbbehausung, von Grundzinsen frei ledig und eigen samt aller recht und gerechtigkeiten, vor und um Drei Tausend Sieben Hundert Gulden baarem Geld guter genehmer landtswährung nach dem 24 fl. Fuß gerechnet, welche Summ auch hochgeb. geistl. Administration an Tit. HE. Verkäufferen baar abgeführet, dannenhero dieselbe über den richtigen Empfang sothaner fl. 3700 nebst Verzeyhung der rechtlichen Exception non numeratae pecuniae in der best und beständigsten Form rechtens quittirt looß und ledig gezehlet wird. Wir haben aber obbeschriebene unsere Behausung also und dergestalt verkaufft und zu kauffen gegeben, daß solches von Zinsen, Gulten und Beschwehrden ganz frey ledig und eigen, auch Niemanden weder versetzet noch verpfändet seye. Sollten sich aber über kurz oder lang einigerley deren, wie die auch immer nahmen haben mögen, darauf finden und hinfürthun, solches Allen sollen wir Einer hochlöblichen ref. geistl. Administration noch zu thuen, Sie dessen zu entheben, zu evinciren [126]), zu vertretten und allerdings schadlos zu halten, so oft es die noth erfordern wird schuldig und gehalten seye, alles getreulich und ohne gefährde. Zu urkund dessen und mehreren Versicherung haben wir dermalige Bürgermeister und Rath Niclas Ernst und Jakob Kuhn gegenwärtigen Kaufbrief mit gemeiner Stadt gewöhnlich größeren Raths Insiegel corroborirt [127]) und berechtiget, jedoch dem Stadtrath uns und unsres Amtes ordentliche nachfolgern in alle weeg ohne Schaden und nachtheil. [128])

Heidelberg, den 22. Aprilis 1776.

(gez.) Ziegler, Kurpfalz Kastenmeister als Verkäuser.

Therese Ziegler, née de Driesch.

---

[126]) Zufrieden zu stellen. [127]) Bekräftigt. [128]) Die Originalurkunde findet sich im Generallandesarchiv zu Karlsruhe, Fascikel: Das reformirte Pfarrhaus in der Keltengaffe, 1684-1803. (125.) Der Rathssiegel ist in grünes Wachs gedrückt, enthält den pfälzischen Löwen mit der Aufschrift: Sigillum civitatis Heidelbergensis.

XIV.
Der Judenkirchhof.
1702.

Kund und zu wissen sey hiermit, demnach im Jahr 1689 zu der Zeit als die Franzosen hiesige Churfürstliche Residenz Statt belagert, denen allhier wohnenden Schutzjuden ein Herrschaftlicher Platz in der Vorstadt in dem sogenannten Hopfengarten zu ihrem Begräbniß vor und umb fl. 141 verkäuflich überlassen gewesen, Sie auch solchen einige Jahr biß zu erfolgter zweyten Belager- und Zerstörung der Statt ruhiglich besessen und gebrauchet, auch nachhin erfolgten lieben Frieden aber dieselbe gegend der Vorstatt, worin dieser begräbnusplatz gelegen, mit Häußern und Gassen zu bebauen die Absicht geführet, einfolglich Ihnen solcher wieder entzogen worden, daß die Churf. Hoflammer zu Ihrer Schadloshaltung und zu einem aequivalent ein stück von einem anderweiten vorm Klingenthor linkerhand im Affenstein hinter der Cazernen am Berg gelegenen und rechter Hand auf der Universitätscollectur Garthen stoßenden herrsch. Platz Einhundert Schuh lang, herunterwärts gegen den Weg zu nach dem Klingenthal und Siebenzig zwey Schuh breit, ausersehen, mithin auf vorläufig eingeholte gnädigste ratification Ihrer Churf. Durchl. gedachter allhiesiger Schutzjudenschaft solchen jetzt beschriebenen anderweithen Orth zu Ihrem begräbnus samt benöthigten Weg und Eingang abmessen und anweisen lassen, allermaßen Ihr solcher in Crafft dieses mit völligem Eigenthumbsrecht nochmals in bester Form angewiesen und respective cedirt und übergeben wird, umb solchen zu Ihr und der Ihrigen auch Kinder und nachkommen begräbnüs, so lange Sie in Churpfalz schutz dahier zu Heydelberg stehen werden ohne männigliches wiederreden nach Ihrer gelegenheit zu benutzen und zu gebrauchen, jedoch daß in ansehung dessen der Churf. gnäd. Schutzconcession von der Judenschaft in keinem stück zuwiedergelebt, noch auch der begräbnusplatz gegen die Stadt und

Cazernes zu anderster als nur mit pallisaden oder einer Plancke von Borden beschloßen und letzlich das Todtenhäuschen nur ein Stockwerth hoch und von bloßem Holtz angelegt werden solle, deßen zu Uhrkund ist Jhnen Juden gegenwärtiger Cession und Versicherungsschein unter Vordruckung Churf. Hofcammer größern Jnsiegels und gewöhnlicher Unterschrift ertheilet worden. Heydelberg den 16. Februar 1702. [149])

XV.
Jagdrecht der Studenten.
(1655 und 1671.)

1. **Churfürst Carl Ludwig überweist den Studenten einen Jagdbezirk:**

Carl Ludwig Pfaltzgraf bei Rhein u. s. w. Wir fügen hiemit zu wißen, daß Wir den studiosis von Unserer Universitet alhier zu Heidelberg, zu bezeugung Unserer ihnen zutragenden sonderbaren gnedigsten geneigenheit verstattet, verstatten benenselben auch hiemit und in crafft dieses, vor Unns, Unnsere Erben und Nachkommen, in nachbenanntem Bezirk, alß nehmlich dießseit Neckers von Rohrbach und der daselbstigen Linden an, die Laudtstraß hinauf biß nacher Außloch zu derselbigen Linden inn die laenge, und in die breitte von dem zwischen Rohrbach und Leimen gesetzten Hasenstock, biß an den Wald hinauf: Jenseit Neckers aber von Hendtschuchsheim biß nach schrisheim inn die laenge, und von der landstraßen ahn biß an den Waldgraben in die breitte, zu ihrer ergötzlichkeit mit Rohren dem kleinen Weibwerck nachzugehen unnd zu schießen; doch mit dem austrücklichen Bedingen, daß es außerhalb Fasten und Herbstzeit von Jhnen geschehe, und sie durchauß nicht einiger Hunden, Garn und Stricken sich darzu gebrauchen; Ueber doch auch mit allem

---

[149]) Fascikel im Generallandesarchiv zu Karlsruhe: „Der Judenschaft zu Heydelberg Begräbnuß 1700—1702." (164.)

Fleiß unnd sorgfalt verhütten, daß denen in obbemellten distrikt liegenden wingarthen im hin- und wiedergehen kein schade zugefügt werde; Inmaßen Wir Unnsere Jaegermeister schriftlichen befehl ertheilet, vorerwehnten bezirk uff obiggemelte Maaß ihnen anweißen zu laßen. 28. Dezember 1655.¹⁵⁰)

. 2. Churfürst Carl Ludwig beschränkt das Jagdrecht der Studenten:

Carl Ludwig, Pfalzgraf u. f. w. Wir wollen und ordnen, daß alle immatriculirte Cavalliers und Studiosi, wie auch andere der Universitet oder Ihnen angehörige oder Bediente sich alles jagens dießseits Neckers, es sei, wo und wie es wolle, inskünftig gaentzlich enthalten und müßig gehen. Gestalten Wir nun darin den Eingangs bedeuteten district dießseits Neckers aufgehoben haben, auch solches hiemit aufheben und hingegen allen frembden bei oftgemelter Unserer Universitet immatriculirten Cavaliers und Studiosis, so nicht Theologiam oder Medicinam studiren, als welche beide Professionen sich zu solchem Weydwerck nicht wohl schicken, hiemit und in Kraft dieses gnaedigst verstarten, daß dieselbe und keine andere Universitet oder ihnen angehörige oder Bediente jenseits Neckers in folgendem Bezirck, nehmlich von Haenbschuchsheim biß nach Schrießheim in die Laenge und von dem mittleren Laubenburger Weg biß fast an das Waelblein hinunter gegen dem brücklein über, auf der rechten Hand oben an Schrießheim stoßend und dann wieder hinauf durch die Weingarte biß an den Waldgraben, zu ihrer Ergoetzlichkeit mit Rohren das kleyne Weidwerck treiben Friedrichsburg, den 21. Februar 1671.¹⁵¹)

¹⁵⁰) Annales Univers. de 1656, pag. 499.
¹⁵¹) Annal. Univers. ad annum 1671.

XVI.

Pfalzgraf Ludwig III. bestellt den Steinmetzen Hans Marx zum Werkmeister der Stiftskirche zum hl. Geist.
(1423.)

Wir Ludwig ꝛc. bekennen, das wir Hans Marx den steynmetzen zu unserm und unser erben pfaltzgraven by Rine werckmeister entpfangen und uffgenommen han, also das er des buwes [132]) und werckes unsers stiftes zum heiligen geiste zu Heidelberg und ander unser buwe und werde, wo wir die dann haben oder gewynnen [133]) allezyt getrůlichen [134]) halten sal [135]). Und wir und die vorgeschriben unser erben sollen und wollen yme [136]) darumb cyns igliches jares geben zehen gulbin von sinen hutzins [137]), item zehen malter korns zwüschen den zweyen unser frauwentage assumpcionis und nativitatis [138]) und unser hoferleiber [139]) glich anderm unserm hofegesinde sinem gleichen ungeverlich. Und darzu sal man yme auch alle tage, so er auch erbet, sinen gewonlichen lone [140]) geben mit namen brittbalb schilling pfennige [141]) fur coste und lone, als man yme die dann auch vormals bißher geben hat. Auch was altes holczes an dem buwe uberblibet, es sy von gewelbeholcz oder röstholcz [142]), das sal auch yme verlieben [143]) und sin sye ungeverlich. Urkunde dieß briefs versigelt mit unserm anhangenden ingesiegel. Datum Heidelberg feria secundo post beator. Viti et Modesti mart. anno domini D.M.CCCC. vicesimo tercio. [144])

---

[132]) Baues. [133]) erwerben. [134]) getreulich. [135]) soll. [136]) ihm. [137]) Hauszins; nach unserm Geld fl. 32, 50 kr. [138]) zwischen den zwei Marientagen: Mariä Himmelfahrt und Geburt. [139]) Hofkleider. [140]) Lohn. [141]) ungefähr 42 Kreuzer nach unserm Geld. [142]) Gewölb- oder Gerüstholz. [143]) verbleiben. [144]) d. h. am 21. Juni 1421. Die Urkunde steht im Pfälzer Copialbuch Nro. 10. fol. 107. Gedruckt bei Mone, Zeitschrift VIII, 433. Anzeigen VII, 809.

XVII.

Alterthumsfunde.

Bei Gelegenheit des Neubaues von Häusern in der Sophienstraße im Laufe des gegenwärtigen Winters wurden nicht allein die Fundamente des ehemaligen Speierthores und der daran stoßenden Stadtmauern aufgedeckt, sondern auch **unterirdische Gänge**, sowie Reste von **Rüstungs-Gegenständen** aufgefunden. Eine Beschreibung dieser Funde kann erst dann in genügender Weise gegeben werden, wenn die Grabarbeiten in jener Gegend vollendet sein werden. Wir bitten daher um gütige Geduld.

Archiv
für die Geschichte
der
Stadt Heidelberg.

Eine Vierteljahresschrift

herausgegeben

von

Hermann Wirth,
ev. prot. Pfarrer in Handschuhsheim, Chronist der Stadt Heidelberg.

I. Jahrgang. II. Heft.

Heidelberg.
Buchdruckerei von G. Mohr.
Im Selbstverlage des Herausgebers.
1868.

Inhalt des zweiten Heftes.

	Seite
Das deutsche Bergheim bis zu seiner Vereinigung mit Heidelberg . . .	65
Hexenverbrennung zu Heidelberg	99
Mordversuch auf Churfürst Friedrich V.	113
Beschaffenheit der Erdoberfläche der Heidelberger Gemarkung	119
Sagen vom Heidelberger Schloß	132

XVIII.
Das deutsche Bergheim, bis zu seiner Vereinigung mit Heidelberg.
600—1392.

Von dem uralten Dorfe Bergheim ist auf unsere Zeit herab nur die Mühle gekommen, deren Namen an die einstige Existenz jenes Dorfes noch erinnert, die Bergheimer Mühle. Lange vorher, ehe die Stadt Heidelberg entstanden war, machte sich Bergheim in der Geschichte unserer Gegend bemerklich. Ja aus der Zeit der Römerherrschaft sind uns Denkmale überliefert, welche das Dasein jenes Dorfes schon zur Römerzeit beurkunden.

Wir müssen uns mit der Geschichte dieses Dorfes eingehend beschäftigen, eines Theils, weil dasselbe später, im Jahre 1392 mit der Stadt Heidelberg vereinigt wurde und jetzt noch in der Heidelberger Vorstadt fortbesteht, andern Theils, weil ursprünglich seine Gemarkung die jetzige der Stadt in sich schloß und weil wir ebendeßhalb mit den Verhältnissen bekannt werden, welche auf der jetzigen Gemarkung der Stadt Heidelberg Statt hatten zur Zeit, die der Römerherrschaft unmittelbar folgte und jedenfalls bis ins zehnte Jahrhundert unserer Zeitrechnung dauerte. Für dieses Mal lassen wir die Geschichte des römischen Bergheim bei Seite und beschäftigen uns mit dem deutschen Bergheim, von Anfang der deutschen Herrschaft in unsern Gegenden bis zur Vereinigung des Dorfes mit Heidelberg.

A.

Am Ende des vierten Jahrhunderts war die Römerherrschaft in den nördlichen Gegenden Europas zur Neige gegangen und zu Anfang des fünften strömten große Massen germanischer Stämme von

Osten und Norden her an den Rhein und über den Rhein. Die großen Römerstädte Worms, Mainz und Trier erlagen der Wucht des gewaltigen Andrangs und weil in das alte Gallien hinein eroberten sich die kriegs- und beutelustigen Horden Wohnsitze. Nach dem Süden und Westen des Rheinstroms drängten sich die Alemannen und im Norden sowie im alten Gallien setzte sich der Stamm der Franken fest.

Die gesammte Gegend zwischen Main, Neckar und Rhein hatten soweit nach Vertreibung der Römer die Alemannen inne; ihre nördlichen Nachbarn waren die Franken. Bald kamen diese Nachbarn in Conflicte, die in der Schlacht bei Zülpich im Jahre 496 zur Entscheidung kamen. Hier siegte der Frankenkönig Chlodwig über die Alemannen und drängte diese gegen Süden zurück; und die Franken nahmen den seither alemannisch gewesenen Gebietstheil bis zur Murg, Eur und Dos in Besitz. Die Alemannen hatten diesen Strich Landes bereits gänzlich entromanisirt; der Frankenstamm aber drückte ihm nun das Gepräge seiner nationalen Eigenthümlichkeit auf, wodurch derselbe bis auf den heutigen Tag sich auszeichnet: bis zur Stunde trennt Sprache und Volkscharakter die Bewohner diesseits und jenseits der Murg, Eur und Dos.

Die Franken selbst bestanden aus mehreren Stämmen: Chatten, Sigamber u. s. w. Bald nahmen sie ihre Benennung von ihren Wohnsitzen und die innerhalb der oben angegebenen Grenze an beiden Ufern des Rheins wohnenden hießen „rheinische Franken", das Gebiet selbst das „rheinische Franzien", welches einen Theil des großen Frankenreiches im heutigen Deutschland und Frankreich, bildete, ohne aber irgend welche weitere Selbständigkeit zu haben.

Das rheinische Franzien war, wie das ganze Frankenreich in Gaue eingetheilt; es waren der Kraich-, Elsenz-, Lobden- und obere Rhein-Gau diesseits und der Speier-, Worms- und Nahe-Gau jenseits des Rheins.

Alle diese Gaue hatten gemeinsame rechtliche und politische Verhältnisse. Es galt das salische und ripuarische Recht. Die oberste Herrschaft führten zur Zeit der merovingischen und carolingischen Könige (500—918) diese selbst; ein eigentliches Herzogthum Rhein-

Franken mit einem eigenen Herzog bestand bis 843 nicht. Aber seitdem in den Karolingern (750) ein Fürstenhaus des rheinischen Frankens den Königsthron des ganzen Frankenreiches bestiegen hatte, so bildete das rheinische Franzien oder die fränkischen Rheinlande den Kern und Mittelpunkt des Königthums. Zwar schon die Merovinger (500—750), aber besonders die Carolinger Pipin, Carl der Große und seine Nachfolger (750—918) residirten in diesen Gegenden und entfalteten hier den Glanz ihrer Macht; die zahlreichen königlichen Villen und Burgen geben davon Zeugniß. Insbesondere ist bemerkenswerth, daß von hier aus Carl der Große das romanisch-germanische Europa durch Sendboten (missi oder camerae nuntii) regierte. Erst als mit der Theilung des großen Frankenreiches durch den Vertrag von Verdun im Jahre 843, das eigentliche Deutschland entstanden war, bildete sich nach und nach ein fränkisches Herzogthum, über das der deutsche König bloß Oberlehensherr war und das sich dann zur rheinischen Pfalzgrafschaft umgestaltete. — Die Gerichtsbarkeit und die Verwaltung besorgten über die einzelnen Gaue im Auftrage der Könige die Grafen, weßhalb jene auch Grafschaften hießen.

Unsere Gegend gehörte zum Lobbengau, dessen Hauptplatz das alte keltisch-römische Ladenburg (Lobbenburg, Lobedenburg) war. Er dehnte sich gegen Osten bis an die Elsenz aus, westlich gränzte er an den Rhein, südlich schieden ihn die Gemarkungen von Nußloch und Wiesloch vom Kraichgau und im Norden waren Weinheim, Birkenau, Birnheim und der Scharhof seine äußersten Punkte. Der Gau schloß somit die ganze jetzige pfälzische Ebene mit der Bergstraße in sich.

Diese Ebene zählt jedenfalls zu den am frühesten bebauten des ganzen Rheinthals. Die geognostischen wie klimatischen Verhältnisse waren dem Landbau in allen Zweigen, auch dem Rebbau besonders günstig und im Lobbengau blühten schon sehr frühe zahlreiche Orte, wie Bergheim, Neuenheim, Handschuchsheim, Wieblingen, Edingen, Eppelheim, Kirchheim, Leimen, Rohrbach, Neckarhausen u. s. w., welche auf ausgedehnten Gemarkungen der Landwirthschaft oblagen.

Die Gemarkung von Bergheim zog sich östlich bis zur Gränze der Neckargemünder Mark, südlich bis an die Marken von Rohrbach und Leimen, westlich bis zu den Marken von Wieblingen, Eppelheim und Kirchheim, nördlich bildete der Neckar überall die Grenze der Mark. Das Dorf Bergheim selbst lag am Neckar und zog sich gegen Südosten der jetzigen Gasfabrik zu; wenigstens eine Hauptstraße durchzog das Dorf der Länge nach von Süden nach Norden und führte an den Neckar, wo schon zur Zeit der Römerherrschaft eine Verbindung mit dem jenseitigen Flußufer durch eine Nähe oder Brücke Statt fand.

Mit diesem Dorfe Bergheim werden wir bekannt gemacht durch das Urkundenbuch des Klosters Lauresheim oder Lorsch an der Bergstraße. Williswinde und ihr Sohn Cancor, ein mit dem pipinischen Königsgeschlechte nahe verwandter Graf über den obern Rheingau hatten dieses Kloster im Jahre 764 gegründet. Der Heilige desselben war Nazarius, dessen Körper der Bischof Chrodegang von Metz für Lorsch vom Papste zum Geschenk erhalten hatte; er wurde von Rom aus durch Lothringen über die Vogesen transportirt und hier empfingen ihn die zwei bedeutendsten Grafen des rheinischen Franziens, eben jener Cancor und Warinus, Graf über den Lobbengau an der Spitze des ganzen Volkes, das ihn im Triumph nach der Klosterkirche verbrachte: die genannten Grafen und die angesehendsten Personen hatten ihn abwechselnd auf den Schultern getragen.

Der so feierlich aufgenommene Heilige wurde denn auch alsbald den frommen Männern und Frauen, dem hohen und niedern Adel und den grundbesitzenden Freien wie der Gegenstand hoher Verehrung, so auch der Mittelpunkt zahlreicher werthvoller Schenkungen, wodurch sich das Kloster zur gefürsteten Abtei emporschwang. Am Rhein- und Neckarstrom erhielt es sehr ansehnlichen Grundbesitz und ein großer Theil des Lobbengaus wurde auf solche Weise sein Eigenthum: es gab bald im ganzen Gau keinen einzigen Ort mehr, in welchem es nicht begütert war. Man nimmt an, daß es etwa den 12. Theil sämmtlichen Baugrundes besessen habe, die zahlreichen Waldungen, Wälde, Rechte und Gefälle nicht gerechnet. Die beiden Klöster auf dem Heiligenberg waren Filiale zu Lorsch und von diesem gegründet.

Das oben genannte Urkundenbuch des Klosters Lorsch, bekannt unter dem Namen Codex Laureshamensis führt Schentungen frommer Leute auf, die theils in Bergheim wohnten, theils ihre dasigen Besitzungen „zu ihrem und der Ihrigen Seelenheil" vermachten. Es sind folgende Vermächtnisse:[1]

1. Ego in Dei nomine Fruotwin pro anima patris mei Heriulfi dono ad sanctum Christi martyrem Nazarium, qui requiescat in monasterio Lauresham in Sickenheim II. jurnal. de terra arabili et in Blangkestat I. mansum et in Bergeheim unum proprisum ad vineam faciendam, quem pater meus ibi proprisit. Actum in monasterio Lauresham Kalendas Novembris anno X regni Domini nostri Caroli regis gloriosi. Signum Fruotwini, qui hanc donationem fecit, signum Heribaldi, Babonis, Waltheri. Grimarius scripsit.[2] Zu deutsch:

Im Namen Gottes. Ich Fruotwin schenke für das Seelenheil meines Vaters Heriulf dem heiligen Blutzeugen Christi, Nazarius, der im Kloster Lauresheim ruht, 2 Morgen Bauland in Sickenheim, einen Mansus in Plankstall und in Bergheim einen besonderen Platz zu einem Weinberg, welchen mein Vater dortselbst abgemessen hat. Geschehen im Kloster Lauresheim, am 1. November im 10. Regierungsjahre unseres Herrn, des ruhmreichen Königs Carl. Zeichen des Fruotwin, der diese Schenkung machte; Zeichen des Heribald, Babo, Walther. Grimarius schrieb (diese Schenkung).

2. Im 16. Jahre Carls des Großen, 1. Juli 787 schenkt Gerold und seine Frau Imma, an das Kloster Alles was sie haben im Wormsgau, besgleichen im Lobbengau „in Bercheim et Trutolfesheim et Blanchenstat, in mansis, campis, terris, pervils, vineis, silvis, aquis et quidquid habere videmur", ebenso im Anglachgau, im Kraichgau und im Husgau rc.[3]

Gerold und seine Frau Imma schenken also u. A. ihr Besitzthum in Bergheim an Mansen, Feldern, Baugrund, Durchgängen (Weg-

---

[1] Da es von keiner Bedeutung ist, die Schenkungsurkunden, die ausnahmslos lateinisch abgefaßt sind, in ihrer ganzen Ausdehnung kennen zu lernen, so wird es genügen, als Muster für alle Eine und zwar die älteste ausführlich herzusetzen und von den folgenden nur soviel, als unserem Zweck entspricht.
[2] Codex Laureshamensis diplom. Tom. I. pag. 542. Nr. 628. [3] Cod. Lauresh. Tom. II. pag. 820. Nr. 1880.

rechten), Weinbergen, Waldungen, Wasserrechten (bes. Brunnenrechten, auch Fischereirechten) u. s. w.

3. Am 28. Mai 788 (17. Jahr Karls des Großen) vergaben Adalgart, Wittwe des Irlulf und ihr Sohn Fruolwin an das Kloster quidquid in pago Lopod. habemus in Rohrbach, in Bergenheim, in Sickenheim, in Fornheim et in Dlanckenstat, tam mansis, terris, pratis, pascuis, perviis, vineis, domibus, adificus, silvis etc.⁴), d. h. die Genannten geben was sie haben in Bergheim u. s. w. an Mansen, Baugrund, Wiesen, Waiden, Durchgängen, Weinbergen, Wohnhäusern, Oeconomiegebäuden, Waldungen u. s. w.

4. Am 25. Januar 789 (18. Jahr Carls des Großen) schenkt Adalgart „in Borgeheim vineam I, et mancipia VI, Rudolfum, Frumoldum, Liobhildam, Urolfum, Brunbildam, Autbildam una cum peculiari eorum"⁵), d. h. Adelgart schenkt in Bergheim einen Weinberg, 6 Manctpia oder Sklaven, nämlich Rudolf, Frumold, Liebhilde, Urolf, Brunhilde und Authilde zugleich mit ihrem Eigenthum.

5. Am 4. August 791 gibt Hiltwig für ihr und der Wolfwindis Seelenheil unter Anderm „in Bergeheim I vineam", d. h. einen Weinberg in Bergheim.⁶)

6. Am 21. Februar 793 schenkt „Rudingus in Bergeheim I vineam", d. h. einen Weinberg in Bergheim.⁷)

7. Am 27. Mai 798 vermacht Wolfsloz „in Bergeheim quartam partem unius mansi et XV. jurnal. de terra araturia et pratum ad I carr. feni et in Wibilingen quidquid ad I mansum pertinet, domibus, aedificiis, tam terris, campis, pratis, pascius, perviis, silvis, aquis, aquarumve decursibus", d. h. in Bergheim den vierten Theil eines Mansus und 15 Morgen Bauland und eine Wiese, die einen Wagen voll Heu gibt, und in Wieblingen was zu einem Mansus gehört, an Wohnhäusern, Oeconomiegebäuden, Bauland, Feld, Wiesen, Waiden, Durchgängen, Waldungen, Wasserrechten und Wasserabläufen.⁸)

⁴) Ebendaselbst Tom. I. pag. 610. Nr. 734. ⁵) Ebenda Tom. I. pag. 590. Nr. 749. ⁶) Ebenda Tom. I. pag. 557. Nr. 685. ⁷) Ebenda Tom. I. pag. 578. Nr. 714. ⁸) Ebenda Tom. I. pag. 591. Nr. 744.

8. Am 20. Januar 804 (23. Jahr Carls des Großen) geben „Eberwinus et Chinoldus in Bergheim I vineam mancipia XL cum omnibus quae habere videntur", b. h. in Bergheim einen Weinberg und 40 Leibeigene mit allem was diese haben.⁹)

9. Am 23. Oktober 806 vermacht „Udilhilt in Bergeheim I hobam et I mansum et vineam in ipso manso et mancipia VI Herimanum, Liobgardam et filios ejus Wigbertum, Nordsuindam, Liutherum, Liebheidam et campis, pratis, pasculis, perviis, silvis, aquis, aquarumve decursibus, vel quidquid ibidem habui", b. h. in Bergheim eine Hube und einen Mansus und einen Weinberg auf demselben Mansus und sechs Sklaven, Hermann, Liebgarba und ihre Kinder Wigbert, Nortsuinba, Liuther und Liebheiba sammt den Feldern, Wiesen, Waiden, Durchgängen, Waldungen, Wasserrechten und Wasserabläufen oder was sie dort hat.¹⁰)

10. Am 12. April 810 vermacht „Weringer I vineam in Bergeheim et in Hantschuheheim aliam vineam et IV mancipia etc.", b. h. einen Weinberg in Bergheim und in Handschuchsheim einen andern Weinberg und 4 Sklaven u. s. w.¹¹)

11. Im 45. Jahre Kaiser Carls des Großen, 6. November 811 verschenkt „Detda I vineam in Bergeheim", b. h. einen Weinberg in Bergheim.¹²)

12. Habebertus und Wolfharbus vermachen unterm 3. Sept. 811 neben Gütern in Rohrbach „in Bergeheim I vineam et silvam, et quidquid ad ipsas res pertinere videtur, mansis, terris, campis, pratis, pascuis, perviis, silvis, et tria mancipia, Udilam, Wolfgardam et Artlindam", b. h. in Bergheim einen Weinberg und Wald und was hierzu gehört, Mansen, Bauland, Feld, Wiesen, Waiden, Durchgänge, Waldungen und drei Sklaven, Ubila, Wolfgarde und Artlinbe.¹³)

13. Waltrat vermacht unterm 25. Merz 829 „quidquid habeo de terra araturia in Bergeheim", b. h. Alles, was er an Bauland in Bergheim besitzt.¹⁴)

⁹) Ebenda Tom. I. pag. 423. Nr. 2257. ¹⁰) Ebenda Tom. I. pag. 591. Nr. 746. ¹¹) Ebenda Tom. I. pag. 591. Nr. 746. ¹²) Ebenda Tom. I. pag. 592. Nr. 747. ¹³) Ebenda Tom. I. pag. 611. Nr. 797. ¹⁴) Ebenda Tom. I. pag. 592. Nr. 748.

14. Gerolf und Gerlint schenken unterm 13. Juni 836: „Gerlint II jurnal. in Wibilingen et ego capturam in Bergeheim", d. h. Gerlint 2 Morgen in Wieblingen und Gerolf einen Fang (wahrscheinlich Fischfang) in Bergheim.[15])

15. Am 11. April 847 vermacht Walach „quidquid proprietatis habeo in Wibilingen et in Bergeheim", d. h. was er Eigenthum hatte in Wieblingen und Bergheim.[16])

16. Rambertus und seine Frau Meginbirg vermachen am 27. Juli 839 einen Mansus in Wiesloch u. s. f., in Nußloch 2 Huben u. s. w., in Butersheim 5 Huben, in Rohrbach 2 Weinberge und „in Bergeheim dimidiam hobam", d. h. in Bergheim eine halbe Hube.[17])

17. Liuther vermacht durch ein Testament vom 1. Oktober 877 Güter in Hausen, Kleinsachsen, Großsachsen, Dossenhelm, Schriesheim, Handschuchsheim, Weiler, Feudenheim, Ilvesheim, Hermunteshelm, dann „ad Bergeheim hobam servilem unam,[18]) dann in Rohrbach, Leimen, Edingen, Wiesloch und Birkenau, d. h. in Bergheim eine Sklaven-Hube u. s. w. Diese Schenkung faßte im Ganzen 102 Sklaven mit ihren Kindern in sich und „ubi sclavi habitant, habas serviles tres", d. h. 3 Sklaven-Huben, worauf die Sklaven wohnen; dazu 45 weitere Sklaven-Huben, 5 Mühlen, viele Morgen sonstigen Feldes, Weinberge, endlich die Kirchen und öffentlichen Gebäude, Häuser u. s. w.

18. Wilferich und seine Frau Lansuint vermachten am 27. Sept. 952 „res proprietatis nostrae in locis Sickenheim, Rohrbach, Bergeheim, Hermundesheim et in Hantschuhesheim, tam terris arabilibus et vineis, in pratis, silvis et manciplis", d. h. ihr Eigenthum in den Orten Seckenheim, Rohrbach, Bergheim, Hermunbesheim und Handschuchsheim, an Ackerland und Weinbergen, Wiesen, Waldungen und Sklaven.[19])

---

[15]) Ebenda Tom. I. pag. 589. Nr. 789. [16]) Ebenda Tom. I. pag. 590. Nr. 743. [17]) Ebenda Tom. I. pag. 618. Nr. 811. [18]) Ebenda Tom. I. pag. 77. Nr. 40. [19]) Ebenda Tom. I. pag. 555. Nr. 680.

Außer diesen 18 Schenkungen, die den Namen der Schenker und das Datum enthalten, weist das Lorscher Urkundenbuch noch andere nach, in denen das Eine oder das Andere fehlt, nämlich

19. Egiher vermacht sein Eigenthum im Lobden- und Speiergau. Dessen sind Zeugen: „omnes ingenui de Wibilingen et Bergeheim et Ebbelenheim et in Blankenstatt et in Suezzingen... ista traditio est non plus nec minus, quam XII mansi vestiti cum casis et XX hobas et mancipia LX, exceptis duobus mancipiis, Heridrico et Liushilda, cum filiis et filiabus et de vineis XV carradas vini;" d. h. alle Edeln von Wieblingen, Bergheim, Eppelheim, Plankstatt und Schwetzingen. Diese Uebergabe ist nicht mehr und nicht weniger als 12 bepflanzte Mansus mit den Hütten und 20 Huben und 60 Sclaven, mit Ausnahme von zweien, nämlich Heredrich und Liushilda, mit ihren Söhnen und Töchtern und 15 Eimer Wein von den Weinbergen.[20])

20. Walach vermacht „quidquid proprietatis in Wibilingen habuit et in Bergeheim", d. h. was er an Eigenthum hatte in Wieblingen und Bergheim.[21])

21. Ferner enthält das Urkundenbuch ein Verzeichniß der dem Kloster giltpflichtigen Huben in Bergheim: „tres mansi in missa sancti Michaelis solvunt VIII uncias; una huba solvit V solidos; item in Bergeheim sunt VII hubae et dimidia, quarum una quaeque solvit X solidos in duobus temporibus; Areae VI, quarum duae solvunt octo denarios, una VI denarios, una unum solidum, una duos solidos et una V solidus, item aliae IX areae serviunt in abdomata unum diem;" d. h. drei Mansus zinsen in das Michaelskloster (auf dem Heiligenberg) 8 Unzen (Silber = 16 Loth), eine Hube zinst 5 Solidi; ebenso sind in Bergheim 7 Huben und eine halbe, von denen jede 10 Solidi zinst in zwei Terminen; 6 Häuser und Höfe, deren zwei 8 Denare zinsen, eine 6 Denare, eine einen Solidus, eine 2 und eine 5 Solidi; ferner andere 9 Häuser und Höfe sind in der Woche einen Tag zu fröhnen schuldig.[22])

---

[20]) Ebenda Tom. I. pag. 585. Nr. 730. [21]) Ebenda Tom. I. pag. 585. Nr. 728. [22]) Ebenda Tom. III. pag. 202. Nr. 3667 und pag. 208. Nr. 3670

Ferner führt das Urkundenbuch zwei Gütertausche auf:

21. „Dedit abba... in Bergeheim marcha, in Loco qui dicitur Gowinberch, vineam unam, quam tradidit Ratbertus; dedit e contra Heriwigus in Bermersheim marca in pago Wormatiensi, quidquid in ipsa fine vineis seu de terra culta et inculta habere visus est; 23. September 784;" d. h. der Abt (Helmerich von Lorsch) vertauscht in Bergheimer Mark in der Gegend, die man Gaiberg heißt, einen Weinberg, den Ratbert vermacht hatte, wogegen Herwig Alles gibt, was er in Bermersheimer Mark, im Wormsgau besitzt an Weinbergen oder bebautem und unbebautem Land.²³)

23. Herwig vertauscht mit Helmerich, am 4. Februar 785, 7 Weinberge in Bermersheim gegen die Weinberge des Klosters Lorsch, in Bergeheim marca, in monto qui dicitur Goulnberg, vineas in duobos locis, d. h. in Bergheimer Mark, auf dem Berg der Gaiberg heißt, Weinberge an zwei Orten.²⁴)

24. Kaiser Heinrich bestätigt am 13. Dezember 1023 mehrere an das Michaelskloster auf dem Heiligenberg gemachte Schenkungen an verschiedenen Orten, so auch „in Pergeheim VIII mansos", d. h. in Bergheim 8 Mansus.²⁵)

25. Abt Anselm von Lorsch vermachte dem Stephans-Kloster auf dem Heiligenberg reiche Wein- und Fruchtgefälle an verschiedenen Orten, dann „in festo sancti Remigii persolvitur census de Bergeheim XXXIV unciae, in pascha ibidem XXXI unciae", d. h. auf das Fest des hl. Remigius ist (dem Kloster) die Schatzung fällig in Bergheim mit 34 Unzen, auf Ostern mit 31 Unzen. Die Schenkung geschah etwa um das Jahr 1100.²⁶)

26. Derselbe schenkte dem gleichen Kloster „in villa, quae dicitur Bergeheim tria jugera vinearum", d. h. in dem Dorf, das Bergheim heißt, 3 Morgen Weinberg.²⁷)

---

²³) Ebenda Tom. II. pag. 87. Nr. 1044. ²⁴) Ebenda Tom. II. pag. 89. Nr. 1047. ²⁵) Ebenda Tom. I. pag. 213. Nr. 137. ²⁶) Ebenda Tom. I. pag. 215. Nr. 139. ²⁷) Ebenda Tom. I. pag. 208. Nr. 135.

Machen wir hier in der Aufzählung der Urkunden über Bergheim einen Halt, um uns nach denselben ein Urtheil darüber zu verschaffen, wie es in unserem Bergheim in der Zeit vom Ende des 5. bis zum Schlusse des zehnten Jahrhunderts unserer Zeitrechnung ausgesehen hat. Fassen wir den wesentlichen Inhalt sämmtlicher Urkunden dieses Zeitabschnittes zusammen, so müssen wir fragen:

1) Wer waren die Leute, welche auf unserer Bergheimer Mark nach Maßgabe der Lorscher Urkunden liegende Güter besessen haben und durch wen wurden diese bewirthschaftet?

2) Von welcher Art war der Besitzstand auf diesem Gebiete?

I. Das Vermögen bestand im frühesten Alterthum nur im Grundeigenthum. Erwerbung solchen Vermögens war das Bestreben Aller, denen dieses durch ihre Stellung im Staatsorganismus möglich war. Diese aber waren in der deutschen Urzeit die Freigeborenen, die Freien, welche, größtentheils jenen Zweck der Bereicherung verfolgend, auszogen und Kriege führten. Thätigen Waffendienst leistete nur dieser Freie, oder, wenn ein zahlreicherer Kriegszug nöthig fiel, der Sclave, welcher zu diesem Zwecke freigelassen wurde und so in den Stand der Freien trat. Die Sklaven zogen mit in den Krieg, aber nur als Waffenknechte.

Es steht geschichtlich fest, daß im deutschen Alterthum zwei Stände sich streng von einander schieden: der Stand der Freien und der Unfreien. Die Grenzlinien zwischen beiden Ständen waren sehr scharf gezeichnet, eine Vermischung der Stände war eine streng bestrafte Seltenheit, auf der selbst die Todesstrafe ruhte; als Ursache galt den alten Schriftstellern*) „damit sie die Größe ihrer Leiber und die Farbe ihrer Haare, überhaupt den Adel ihres Geschlechts unverändert bewahrten." Die kriegführenden Männer, die Waffenfähigen waren die Freien, die sich also selbst durch ihre äußere Erscheinung hervorthaten, ihnen gegenüber war der Stand der Sclaven gering und verachtet. Aber nicht blos dies: Der Freie war der Herr, der Berechtigte, Bevorrechtete, der Knecht der Rechtlose. Auch in ihrer Beschäftigung waren die beiden Stände streng geschieden

---

*) Vrgl. Adam von Bremen, histor. Lib. L, wo eine Stelle aus Eginhard citirt ist, welche das Obige ausspricht.

Der Freie schämte sich der Arbeit: Krieg und Jagd allein beschäftigten ihn. Zur Bebauung seiner Felder hatte er seine Sklaven, aus deren Stand auch die Handwerker jeder Art waren.

Das Zahlenverhältniß der Herren zu den Sklaven, der Bevorrechteten zu den Rechtlosen, kurz des Adels zum Sklaven- und Handwerkerstand war so, daß auf ungefähr 25 rechtlose Familien eine bevorrechtete kam. Aber die Freien selbst waren unter sich in mancherlei Rangstufen geschieden. In ganz vorzüglicher Weise thut dieses die Bestimmung des sogenannten Wehrgeldes dar, d. h. die Handhabung der Vermögensbußen, welche in der christlichen Zeit an die Stelle der altheidnischen Blutrache getreten waren. Die Summe, welche zur Sühne der an einer mächtigen Familie der Edlinge oder spätern Dynasten begangenen Beleidigung von dem Beleidiger bezahlt werden mußte, war so ungeheuer groß, daß das Vermögen des Letztern stark beschädigt oder ganz ruinirt wurde; aus dieser Gesetzesbestimmung erwuchs letzlich die Unverletzlichkeit, die Majestät der Dynasten. Geringer war die Buße für Beleidigung eines mittleren oder niederen Freien, welch' Letzterer aus der Familie eines Freigelassenen hervorging, noch niederer die für die Beleidigung eines erst Freigelassenen. Die Sklaven büßten mit ihrem Leib und Leben, denn sie waren besitzlos.

Die hier nur in kurzen Zügen geschilderten Verhältnisse der deutschen und besonders fränkischen Urzeit (bis zum 5. Jahrhundert) blieben auch noch lange und jedenfalls bis zum 10. Jahrhundert in ihrem Wesentlichen bestehen, nachdem die Besitzverhältnisse des Frankenstammes geregelt waren, und Kriegszüge zur Bereicherung seltener wurden. Nach dem Sturze des römischen Reichs kamen die siegenden Deutschen in den Besitz alles Grundeigenthums, aller Sklaven, die zurückgebliebenen Römer wurden selbst in den Sklavenstand versetzt. Wer aber erhielt jenen Besitz? Nur der Besitz- und Rechtsfähige, die Freien und zwar je nach der Höhe ihres freien Standes mehr und ausgedehntere Ländereien und Sklaven.

Schon die merovingischen Könige, 500—750, die Dagoberte, voran, sodann aber die Carolinger, 750—918, theilten sich von den Ländereien, die in ihrer großen Masse weder cultivirt, noch reich bevölkert waren, große Stücke zu als königliches Privat- oder Kammergut. Den Rest der Ländereien hatten die Freien, je nach ihrem Ansehen und Verdienst. So entstanden die unermeßlichen königlichen Kammergüter, in unserer Gegend vornehmlich in Waldungen bestehend, sodann die großen Privatgüter der hohen Adeligen, die sich später zu selbstständigen Fürsten emporschwangen; der ebenfalls bedeutende Güterbesitz des niedern Adels, der Freigelassenen und ihrer Nachkommen. Je mehr jenes Dynastische Privatgut sich vermehrte, um so mehr mußte sich die Zahl der grundbesitzenden Freien mit der Zeit vermindern; aber es bildeten sich jene geschlossenen Güter, wie sie später als Ritter- und Edelsitze fortbestanden und zum Theil noch jetzt bestehen, als freiherrliche Grundbesitze und Herrschaften.

Der besitzende Stand war in der Urzeit der hohe, mittlere, niedere Adel; einen Mittelstand gab es nicht, er entwickelte sich erst durch den Einfluß des Christenthums und vornehmlich erst durch das Aufkommen der Städte im 10., 11. und 12. Jahrhundert. Alle landwirthschaftlichen und Handwerksarbeiten wurden von den Sklaven besorgt; die Ländereien des Adels wimmelten von solchen, sie gehörten zum Grund und Boden und wurden mit diesen verkauft und verschenkt. —

Da durch das Ergreifen fester Wohnsitze im 6. Jahrhundert die Kriege seltener wurden, und es den niederen Freien, den Freigelassenen und ihren Nachkommen fast nicht mehr möglich wurde, ihren freien Stand zu behaupten, so sanken sie zum großen Theil in Folge des gänzlichen Verlustes ihrer Habe, die meist in den Besitz der Großen kam, in den Stand der Leibeigenschaft herab, d. h. sie traten nothgedrungen in ein drückendes Abhängigkeitsverhältniß zu einem grundbesitzenden Freien, wurden seine unfreien Bauern, die vom Grund und Boden, den sie bewirthschafteten, dem Herren zins- und dienstpflichtig wurden; ja dieser Herr erhielt durch jenes Verhältniß ein Recht auf Leib und Leben des so Herabgekommenen.

Zuweilen, jedoch selten und erst in späterer Zeit, als sich schon die Einflüsse der Städte geltend machten, übernahmen auch arme, niedere Freie liegende Güter der Großen zur Bewirthschaftung gegen Abgabe, oder sie übergaben ihren geringeren Besitz den Mächtigeren oder einem Kloster, von welchem sie dann in den Stand der freien Landleute versetzt wurden. Im Ganzen aber blieben den niederen Freien nur noch zwei Wege übrig, die Freiheit zu behaupten und Vermögen zu erwerben — der Dienst bei den Fürsten oder der christlich geistliche Stand. Beides geschah; aber auch die Leibeigenen und Sklaven drängten sich massenhaft zum geistlichen Stand; später noch flüchteten sie sich in die Städte, um hier durch Verjährung die Freiheit zu erlangen; das waren die Wurzeln des Mittelstandes, der im freien Bürgerthum der Städte gipfelte.

Wie also der Adel oder der freie besitzende Stand, so zeigte auch der unfreie Besitz- und rechtlose Stand Unterschiede; er bestand aus Leibeigenen und Sklaven, oder dem leibeigenen Bauern- und dem eigentlichen Sklavenstand, welche beide jedoch zur Zeit der carolingischen Könige noch die Rechtlosigkeit auszeichnete.

Woher rührte dieser gewaltige Ständeunterschied? Wer waren die Herren, wer die Leibeigenen und Sklaven?

Bezüglich der ersten wiederholen wir nur kurz, daß sie die **Freien** waren, deren Vorfahren die Heerzüge der Könige mitgemacht hatten und mit Ländereien belohnt worden waren. Die Leibeigenen waren arm gewordene Freie, welche in den Dienst der Freien traten und als Bauern deren Güter bewirthschafteten.

Die **Sklaven**, oder wie sie in unsern Urkunden heißen, die **Mancipia** hatten folgenden Ursprung. In den heftigen Stürmen und Umwälzungen der frühesten Zeit waren Kriegszüge der deutschen Stämme in benachbarte Gebiete an der Tagesordnung. Der siegende Theil unterjochte den besiegten, nahm nicht bloß von seinem Gebiet, sondern auch von den Leuten Besitz. Die so unterjochten Stämme mußten in den Sklavenstand treten, und mußten als solche die ferneren Kriegszüge mitmachen. Als der Stamm der Alemannen in unsern Gegenden die Römerherrschaft brach, bekamen sie zahlreiche römische Bauern mit ihren keltischen Sklaven unter ihre Botmäßigkeit. Als aber der Frankenstamm diese Gegenden in Besitz nahm, bekam er nicht bloß die besiegten Alemannen, sondern auch deren römische und keltische Sklavenreste in Besitz. Dazu brachte der Frankenstamm selbst von seinen frühern Kriegszügen zahlreiche Sklaven, deutschen, slavischen und romanischen Ursprungs, mit, und es darf uns demnach nicht wundern, daß der Sklavenstand beim Fran-

tenstamm überaus zahlreich war. Die Urkunde Nr. 8 redet von 40 Mancipien, die Nr. 17 von 102, andere von weniger Mancipien. Es geht aber daraus weiter hervor, daß die Schenkgeber an das Kloster Lorsch wirklich jene reich ausgestalteten Freien oder Adeligen gewesen sind. Nur diese hatten Eigenthum an Grund und Boden, wie an Sklaven; nur sie konnten deßhalb schenken. Aus den Urkunden ersieht man ferner eine gewisse Abstufung des Adels nach der Höhe des Besitzes und der Schenkung. Jener Gerold und seine Frau Imma der 2. Urkunde, jene Wittwe Abelgart der 3. und 4., jener Eberwin und Chinolb der 8., jener Rambert der 16., jener Liuther (Lothar) der 17. Urkunde waren ohne Zweifel Herren hohen Adels. Das geht aus ihrem reichen Besitz hervor, von welchem sie so reiche Schenkungen machen konnten, ohne sich selbst bloß zu stellen. Das Gleiche gilt von dem Egilher der 19. Urkunde. Dagegen sind die Fruotwin, Hiltwig, Rubing, Wolflloz, Ubilhllt, Werinher, Betba, Habebert und Wolfhard, Waltrat, Gerolf und Gerlint, Walach, Willerich und Lansaint, Herwig der übrigen Urkunden wohl Herren von niederem, weniger reichem Adel.

Um diese Sache aber ganz außer allen Zweifel zu setzen, führt eine Urkunde, zwar ohne Datum, aber jedenfalls aus dem 9. Jahrhundert als Zeugen einer Schenkung auf: "omnes ingenui de Wibolingen ot Bergsheim et Ebbelenheim et in Blankenstatt et in Suazzingen".**)** Diese "ingenui" bezeichnen in der Urkundensprache jener Zeit die "Freien", oder den mittleren und niederen Adel; die Dynasten heißen nobiles, "Edlinge".

II. Der Grund und Boden, oder das Gelände, welches das Besitzthum des Adels ausmachte, und das auf die angegebene Weise zum Theil von den zins- und dienstpflichtigen Leibeigenen, jedenfalls durch die Sklaven bebaut wurde, hatte schon in der fränkischen Urzeit und später eine eigenthümliche Theilung. Es gab Güterstücke, die man Huben oder Hufen nannte; es faßte eine Hube etwa 40 Jucherten oder Morgen Baugrund; so viel wenigstens mußte ein niederer Freier besitzen. Deßhalb wurde dieses Gütermaaß auch mansus,

---

**) Cod. Laureah. Tom. I. pag. 585. Nr. 730.

d. h. Mannstheil für einen niederen Freien genannt. Von größerem Umfang jedoch war der Mannstheil für einen mittleren Freien; von sehr bedeutendem, wahrhaft colossalem Umfang der fürstliche Mansus. Es gab Güterstücke, die man mansus serviles nannte, d. h. Güterstücke, die einer Sklavenfamilie zur Bebauung überwiesen waren gegen gewisse Abgaben und Dienste; dieser mansus servilis maß höchstens 12 Morgen, denn für Bebauung dieser Bodenfläche brauchte man einen Mann und eine Frau mit einigen Dienstboten oder Staven. Vrgl. Urkunde Nr. 9.

Diese Güterstücke bestanden theils aus eigentlichem Ackerbaugrund, theils aus Wiesen, Weinbergen und Waldungen, Walden. Von den Weinbergen erfahren wir aus den Urkunden 22 und 23, daß solche am Gaiberg, d. h. wohl ohne Zweifel am westlichen Gaisberg gegen Rohrbach zu gelegen waren; jedenfalls waren aber auch solche auf der Ebene. Jeder Mansus hatte seine Wohnhäuser, theils für den freien Herrn selbst, oder, falls dieser mehrere oder viele Huben oder Mansus besaß, wenigstens Wohnhäuser für die leibeigenen Bauernfamilien, die mit der Bebauung dieser Güterstücke beauftragt waren mit den nöthigen Oeconomiegebäuden; die Sklaven hatten in der Nähe ihre ärmlichen Hütten. Der eigentliche Herrensitz lag auf dem für die Beaufsichtigung des ganzen Gutes angemessensten Platze. Es wird deßhalb nicht mit Unrecht angenommen werden dürfen, daß in der Zeit vom 6. bis 10. Jahrhundert da oder dort auf der Bergheimer Mark ein größerer Edelsitz[*] sich befand; da oder dort auch die Baulichkeit eines leibeigenen Bauers mit Sklavenhütten zerstreut lag, und daß das Dorf Bergheim selbst verhältnißmäßig nur wenige Häuser und Hütten zählte, die überdies wohl zum größten Theile den bei der Ueberfahrt oder bei der Schifffahrt und Fischerei betheiligten Personen zugehören möchten.

Jene Höfe hatten Brunnen mit Wasserleitungen; Wege durchschnitten die Besitzungen und waren deren Benützungen ausbedungene Rechte. Selbst die Abläufe wurden als Eigenthum festgehalten. Fischerrechte waren in jener Zeit, wo man noch viel fastete, von

---

[*]) Auf solche deuten die in der Nähe befindlichen größeren Hofgüter hin z. B. der Rosenhof, Pleickartsförsterhof u. s. w.

weſentlicher Bedeutung; ſie beſtanden für Bergheim wohl nur bezüglich des Neckars, und nach Urkunde Nr. 14 wurde die Fiſcherei durch eigene Fänge betrieben, die im Fluſſe errichtet waren.

Die leibeigenen Bauern, welche Huben bewirthſchafteten, waren zins- oder giltpflichtig, und ruhte dieſer Zins bez. W. Gilt auf dem Beſitz als ſolchem, wenn auch der Bauer oder der Herr wechſelte, woher es kommt, daß mehrere von den dem Kloſter Lorſch geſchenkten Giltern dieſem Zinſe und Gilte zu geben hatten, welche ſie vor der Schenkung dem freien Herrn und Schenkgeber entrichtet hatten. Als Zinſen oder Gilten kommen vor Summen, beſtehend aus Geldſorten, die man solidi, denarii, unciae nannte; ferner Dienſtbarkeiten, wie das Arbeiten für das Kloſter mit einem Tage in der Woche; endlich Wein- und Fruchtgefälle.

An Geldſorten werden genannt unciae, d. h. Unzen; eine Unze iſt der zwölfte Theil von einem Pfund Silber; da aus jeder Unze 20 Denare geſchlagen wurden, ſo hatte ein Pfund Silber 240 Denare. 12—15 Denare machten einen Solibus, d. h. einen Gulden. In unſer heutiges Geld überſetzt, heißt das: Ein Denar galt 4—5 Kreuzer; ein Solibus 48—60 Kreuzer; eine Unze 80—100 Kreuzer; ein Pfund Silber faßte 16—20 Gulden. Zu bemerken iſt dabei, daß nur der Denar wirklich in Silber geſchlagen wurde, die andern Münzen exiſtirten nur in der Idee. Wir reden hier ausſchließlich vom ſüddeutſchen Gelde, das norddeutſche (ſächſiſche u. ſ. w.) hatte einen höheren Werth; der norddeutſche Solibus oder Gulden ſtand zum ſüddeutſchen in demſelben Verhältniß, in welchem der norddeutſche Thaler zum ſüddeutſchen Gulden heute noch ſteht, nämlich wie $1^{3/4} : 1$. In welchem Verhältniß der Geldwerth vom 5.—8. Jahrhundert mit dem unſerer Zeit ſteht, mag aus Folgendem erhellen: ein geſunder Ochſe wurde in jener Zeit zu 2 Solibi geſchätzt und bezahlt; heutzutage gilt ein ſolcher wohl fl. 200, woraus hervorgeht, daß das Geld ſeit jener Zeit um das Hundertfache im Werthe gefallen und beziehungsweiſe der Werth der Dinge um dasſelbe geſtiegen iſt.

Bezüglich der Dienſtbarkeit, einen Tag in der Woche für das Kloſter zu arbeiten, ſowie der Wein- und Fruchtgefälle erinnern wir nur daran, daß Beide ihrem Wesen nach bis in die neueste Zeit herein fortbestehen.

Im Ganzen war die Bergheimer Gemarkung in jeder Weise gut bebaut; die meisten Fruchtgattungen, die heute noch gepflanzt werden, z. B. Spelz und Gerste, wurden schon in Karls des Großen Tagen auch gebaut; Weinberge zogen sich an den Hügeln und in der Ebene hin. Da und dort lag ein Herrensitz mit Oeconomiegebäuden und Sklavenhütten, da oder dort wohnte ein leibeigener Hubbauer; das Dorf bestand aus Wohnungen für Fährcher, Fischer und Schiffer. Während der Herr in Hülle und Fülle lebte, der Jagd nachging, seufzte der Leibeigene unter dem Drucke der Abgaben, der Sklave unter dem Joche der drückendsten Arbeit und wurde verkauft oder verschenkt wie eine Waare. Die Gipfel der Berge waren von Waldungen gekrönt, im Neckar zogen sich Fischfänge hin, und die Schifffahrt, Flößerei und Fischerei belebten den Strom. Die Gemarkung wurde von Privatwegen durchzogen; wohl nur zwei „Staatsstraßen" gingen durch die Mark, die eine lief an den Neckar, die andere zweigte sich hier ab und führte nach dem alten Speier.

B.

Aus der Zeit vom 13. bis 14. Jahrhundert einschließlich sind uns noch drei Urkunden über unser Bergheim überliefert, die über das Schicksal desselben Auskunft geben.

I. Immunitas vinearum in judicio Rohrbach et Bergheim. In nomine Domini amen. Otto D. G. comes palatinus Reni dux Bawarie, presens scriptum intuentibus salutem et omne bonum. Volumus et precipimus, ut D. Abbas Schonaugiensis et confratres sui non sustineant aliquod gravamen vel exactionem in vineis illis quas habent in judicio Rohrbach et Bergheim, quoniam jam ex antiquo istam servaverunt libertatem. Et huius rei sunt testes: Otto Palatinus Reni. Heinricus de Dilingen. Cunradus de Steinsbe, Hertwicus de Hirzberg et Ingramus de Heidelberg. Datum apud Heidelberg anno Domini MCCXXXIV.[11])

---

[11]) Die Urkunde steht in Godenns Sylogo pag. 182. Nr. 61. Die Uebersetzung ist: Die Freiheit der Weinberge im Gerichtsbezirk von Rohrbach und

— 83 —

Das Kloster Schönau besaß nach dieser Urkunde Weinberge in Rohrbacher und Bergheimer Mark, wohl in einer Lage, d. h. am westlichen Gaisberg gen Rohrbach zu. Vom Kloster Schönau werden wir in einem spätern Abschnitte reden. Hier sei nur soviel bemerkt, daß es im Jahre 1141 gegründet und bald von dem Pfalzgrafen reich begabt wurde.

Das Kloster Lorsch, welches eine so bedeutende Rolle in unserm Bergheim gespielt hatte, war rasch gealtert und nach dem Tode des Abtes Heinrich im Jahre 1167 glich es „vom Scheitel bis zur Zehe einem kranken Manne." Herzog Conrad von Hohenstaufen, welcher Heidelberg gründete, und hier wohnte, war Schirmvogt über dies Kloster Lorsch, wie über andere Klöster und Bisthümer. Von ihm sagt die Hirschauer Klosterchronik: „er habe in dieser Gegend viel geistlich Gut an sich gerissen." Er wurde wohl der Erbe des Klosters in unserer Gegend. Er und seine Nachfolger waren Gönner des Klosters Schönau, und wir nehmen vielleicht nicht mit Unrecht an, daß jene Weinberge in Bergheim, welche Pfalzgraf Otto in ihrer Immunität bestätigte, dieselben seien, welche schon das Kloster Lorsch besessen hatte und welche auch diesem gefreit waren; darauf deutet wenigstens der Ausdruck hin, „sie seien von Alters her frei gewesen"; ebenso wahrscheinlich ist, daß die Pfalzgrafen selbst dem Kloster Schönau die Schenkung der betreffenden Weinberge gemacht hatten.

Daß die Pfalzgrafen in Bergheim Eigenthum besaßen, beweist der Umstand, daß Ludwig II. einen Hof nebst andern Gütern und Zehnten vom Conrad und Friedrich von Strahlenberg im Jahr 1291 um 550 Pfund Heller kaufte.[39])

Bergheim (von aller Abgabe). Im Namen des Herrn Amen. Otto, von Gottes Gnaden Pfalzgraf bei Rhein, Herzog von Baiern, allen, die diesen Brief ansehen, Heil und alles Gute. Wir wollen und schreiben vor, daß der Herr Abt von Schönau und seine Klosterbrüder keine Beschwerde oder Schatzung in jenen Weinbergen zu leiden haben, die sie im Gerichtsbezirk von Rohrbach und Bergheim besitzen, weil sie schon von Alters her ihre Freiheit genossen haben. Dieses sind Zeugen: Pfalzgraf Otto bei Rhein, Heinrich von Dillingen, Conrad von Eimach, Hertwig von Hirschberg und Ingram von Halbelberg. Gegeben zu Heidelberg im Jahre des Herrn 1234.

[39]) Oblingensperg. Proc. in causa Praetens. Duc. Aurel. deüg. fend, sept. p. 125.

Das Wort „Gerichtsbezirk" deutet hin auf den Gerichtsstand, der in Bergheim, wie wohl in allen andern Orten beschaffen war. Die Gerichtsbarkeit verwaltete nämlich der von der Landesherrschaft ernannte Schultheiß (scultetus) in Gemeinschaft mit den von den Bauern gewählten Schöffen (scabini). Wir sehen aus dieser einfachen Thatsache, daß die Verhältnisse in unserm Bergheim seit dem 10. Jahrhundert sich ganz wesentlich verändert haben.

Mehr und mehr waren überall aus den alten freien Herren einzelne Familien hervorgewachsen, die auf Kosten der andern Freien sich bereicherten. Der Stand der Freien lichtete sich mehr und mehr; verhältnißmäßig nur wenige konnten ihr Besitzthum und ihren freien Stand wahren; die meisten sanken zu Bewirthschaftern von Hubgütern herab und wurden als solche persönlich unfrei gegenüber den Dynasten oder Landesherren und ihre Güter mußten sich nur mit einem Scheine von selbstständigem Eigenthum begnügen; Beide blieben mit Abgaben, Zinsen, Gilten, persönlichen Dienstbarkeiten u. s. w. belastet.

Daß auch noch in dieser spätern Zeit in Bergheim adelige Familien lebten, beweisen mehrere urkundlich erwiesene Thatsachen. Eine Familie nannte sich nach dem Orte, die Familie von Bergheim. In ihr wurde späterhin der Vorname Ingram herkömmlich. In einer Urkunde von 1208 erscheint ein „Megenhardus de Bergeheim de laicis"; in einer solchen von 1228 Meinhardus (wohl derselbe) de Bergeheim mit einem Ingramus als Zeuge; ferner 1248 ist ein Conradus de Bergeheim cum Conrado scriptore (mit seinem Schreiber Conrad) Zeuge. Diese Familie von Bergheim siedelte jedoch bald nach Heidelberg über, als dieses rasch emporkam', und so kommt es, daß 1268 die Wittwe Ingrams von Bergheim als Bürgerin zu Heidelberg genannt wird, und fortan heißen die Ingram sämmtlich „von Heidelberg." Im selben Jahre wird ein Ingram „unser Vasall von Heidelberg" aufgeführt, ohne Zweifel einer von jenen, die im gleichen Jahre „Ingramus senior et Ingramus junior de Heidelberch" heißen, und alle ihre Rechte und Güter zu Brühl dem Kloster Maulbronn überlassen. 1261 werden „Ingram und Ingram, Beide Söhne des Ingram von Heidelberg, Vogts zu Wieblingen" angeführt, und noch 1315 kommt in einer

Schenkungsurkunde an das Augustinerkloster zu Heidelberg ein Hugo von Bergeheim als Zeuge vor. Jene Ingrame werden auch geradezu milites, d. h. Ritter genannt. Sie waren es, welche der Ingrimsstraße, die jedoch früher wirklich Ingramsstraße hieß, durch ihren Wohnsitz in diesem Theil von Heidelberg den Namen gaben.

Auch die Verhältnisse der Sklaven waren seit dem 10. Jahrhundert andere geworden. Die Möglichkeit, ihrer drückenden Dienstbarkeit zu entgehen und in Städten und Klöstern Zufluchtsorte zu finden, zwang die Herren, sie gelinder zu behandeln, damit sie ihnen nicht entflöhen; sie wurden nach und nach zu Taglöhnern, die bald nur noch der geringere oder ganz mangelnde Besitz von den leibeigenen Bauern unterschied.

In unserem Bergheim hatte die neuentstandene Stadt Heidelberg auf diesen Umschwung der Dinge gewiß den allerwesentlichsten Einfluß. Als Zeuge erscheint in einer Urkunde von 1287 ¹³) ein Heinrich als Schultheiß von Bergheim.

II. Collatio molendini apud Bergheim Schonaugiensibus 1251.

Giselbertus dapifer junior, et Henricus frater ejus. Tenore presentium publice profitemur, quod nos propter Deum et honorem Beatissime Virginis Marie, ecclesie in Schonaugia quidquid juris in molendino apud Bergeheim habuimus, contulimus universum, ipsam ecclesiam dominam super eo constituentes. Ut autem hoc factum nostrum lite et salubriter ordinatum, a nostris successoribus inconcussum permaneat et inconvulsum, presens scriptum ipsi ecclesie proreximus ad rei evidentiam, sigillo mei Giselberti et Wernheri patrui nostri roboratum; presente fratre meo Wernhero dicto Masunc. Acta sunt haec anno gratie MCCLI in die Galli.¹⁴)

---

¹³) Gudenus sylloge pag. 287. Nr. 159.
¹⁴) Guden. syll. pag. 211. Nr. 101. Zu Deutsch: Uebertragung der Mühle bei Bergheim an das Kloster Schönau. 1251. Giselberti, der Jünger, Truchseß, und sein Bruder Heinrich. In Gegenwart dieses Briefes bekennen wir öffentlich, daß wir um Gottes und der Ehre der seligsten Jungfrau

Aus dieser Urkunde geht hervor, daß ein gewisser adeliger Herr, Giselbert mit Namen, der (wohl pfalzgräflicher) Truchseß war, mit seinem Bruder Heinrich Rechte auf diese Mühle hatte. Welcher Art diese waren, geht aus dem Verhältnisse hervor, in welchem die Mühle später zur Pflege Schönau, der Erbin des Klosters Schönau, stand: sie war das volle Eigenthum jenes Giselbert und schon seiner Vorfahren, welche sie zu ihrem Betrieb in Bestand herliehen gegen bestimmte Abgaben. Dasselbe geht aus der ferneren Bemerkung hervor, daß Giselbert die Kirche in Schönau zur „Herrin" über die Mühle setzt; was er nur konnte, wenn er selbst „Herr", d. h. Eigenthümer derselben gewesen war.

Aus der Benennung „Mühle bei Bergheim" geht hervor, daß dieselbe nicht im Dorfe selbst, sondern etwas außerhalb, das Dorf daher mehr gegen Süden hin lag und sich wahrscheinlich bis über die Gegend des jetzigen Bahnhofes hinaus gegen den kleinen Gaisberg hinzog.

III. Das Dorf Bergheim fristete aber bald nur noch ein kägliches Dasein. Je mehr das Gemeinwesen der Stadt Heidelberg emporkam, erbleichte der Stern Bergheims vor der aufsteigenden neuen Sonne. Das Dorf trat in den Hintergrund, der Schwerpunkt der Bewohnung rückte weiter nach Osten Die Verhältnisse, welche dieses in ihrem Gefolge hatten, gehören aber aus diesem Grunde mehr der Geschichte der Entstehung und des ersten Emporkommens der Stadt Heidelberg an, und werden wir sie eingehender bei Darstellung jener Geschichte erörtern. Für diese Abhandlung reicht es hin, zu constatiren, daß und unter welchen Bedingungen das Dorf Bergheim zu existiren gänzlich aufhörte und als Vorstadt zu Heidelberg gezogen wurde.

<small>Maria Mlteri der Kirche zu Schönau, all unsere Rechte auf die Mühle bei Bergheim übertragen haben, indem wir zugleich dieselbe als Herrin über sie setzen. Damit diese unsere Handlung gesetzlich und zweckdienlich geordnet, von unsern Nachkommen unverändert und unverletzt bleibe, so haben wir jener Kirche selbst gegenwärtige Urkunde eingehändigt zur bessern Druckschrift der Sache, und mit meinem, Giselberts, und dem Siegel Bernhers, unsers Oheims, bekräftigt, in Gegenwart meines Bruders Wernher, genannt Rakenl. Geschehen im Jahre der Gnade 1251, am Gallustag. (16. Oktober.)</small>

Die Urkunde, welche dieses wichtige Ereigniß uns überliefert, lautet wörtlich, wie folgt: [*)]

Als Heidelberg erweitert ist mit der nuwenstaott.

Wir Ruprecht ꝛc. bekennen ꝛc. baz wir mit wol bedachtem mut und vorbetrachtung nach rat unsers rats vnd ander unser getruwen vmbe bessern frommen vnd gemeynen nucz der vns vnsern erben, vnsern lande vnd unser Pfalncze, bauon komen sol vnd mag in kunstigen zyten uberkomen, vnd zu rat worden sin, daz wir vnser stat zu Heidelberg mit eym witern begriff erwitern vnd grösser machen wollen; vmbe daz sich die gemeinschaft der lude da gemeren, bauon wir vnd vnser lant gestercket vnd gebessert mogen werden, als auch vnser burger zu Heidelberg mit flissiger bede ons darumbe gebeten, angeruffen vnd furgeben haben, daz ez vnß vnd derselben vnser burgere vnd vnser landes nucze bestes vnd notdorfft sy, die obgenant vnser stat Heidelberg zu erwitern vnd grosser zu begriffen, mit namen von vnser stat graben by dem nydern dor an, biz off den alten graben nach der lenge vnd Reclar da zwischen an, biz an den berg,

---

*) Sie steht im Pfälzer Copialbuch Nro. 8. Seite 72, befindlich im Generallandesarchiv zu Carlsruhe. Dieselbe lautet in Uebersetzung: Wir Ruprecht bekennen, daß wir mit wohlbedachter Absicht und Erwägung nach Berathung mit unserem (geheimen oder Hof-) Rathe und unsern andern Getreuen, zum bessern Frommen und allgemeinen Nutzen, der uns, unsern Erben, unserm Lande und unserer Pfalz davon kommen soll und in künftigen Zeiten kommen mag, beschlossen haben, daß wir unsere Stadt Heidelberg an Umfang erweitern und größer machen wollen, damit sich die Gemeinschaft der Leute da vermehren, damit wir und unser Land gestärkt und gebessert werden möge, ebenso weil unsre Bürger zu Heidelberg uns eifrig darum gebeten, angerufen haben mit dem Vorgeben, daß es unser, der Bürger und des Landes Nutzen, Bestes, ja sogar Nothwendigkeit sei, die obgenannte unsere Stadt Heidelberg zu erweitern, und mit größerem Umfang zu versehen, nämlich: Von unserer Stadt Graben bei dem untern (Mittel-) Thor bis zum alten Graben der Länge nach und vom Ruder bis an den Berg, den man den Geitsberg nennt. Und darum erlauben und vergönnen wir für uns und unsere Erben Allen und Jedem, daß sie an dem genannten Berg, zwischen dem alten Graben und der jetzigen rechten Stadt, welches Terrain wir die Neustadt heißen und benannt haben, bauen sollen und mögen Häuser, Scheuern, Hofreiten und Hofställen zu Wohnungen, so viel wie nöthig ist, wie ihnen das am Besten und Füglichsten ist und beliebt, wie es gewöhnlich bei unseren andern Städten üblich ist mit Bauen von Häusern und

den man nennet den Geißberg. Und darumbe so erlauben vnd gunnen wir fur vns vnd vnser erben allermenglich vnd egme iglichen, daz sie an den obgenanten berg zuischen dem alten graben vnd iczunt der rechten stat, denselben begriff wir die nuwenstat heißen vnd benant haben, buwen sollen vnd mogen hussere, schuren, hoffreibe vnd ander hofflet zu wonen, als sich daz heischet, wie yn daz allerbest fuglich ist vnd eben kumpt, als gewonlich ist ander vnser stet mit husern vnd hoffreiben zu buwen ane alle geverde. Wir heißen vnd gebieten ouch festeclich by vnsern hulden allen vnsern armen luten iczunt zu Bergheim gesessen, daz sie alle vnd ir iglicher auch in den obgenanten begriff in die obigenant nuwenstat ane furzug vnd widerrede ziehen vnd buwen sollen husere, schuren vnd hofreibe vnd barynne zu wonen, wann wir daselbe dorff Bergheim gezogen wollen haben in die obgenant vnser nuwenstat, daz ist zuschen dem alten graben vnd iczunt der rechten stat zu Heidelberg, wann da mit werdent vnser armenlute, die zu Bergheim gesessen han, auch furbaz fridelichen siczen in der obgenanten nuwenstat. Wir seczen auch vnd machen, waz dieselben vnser armen lute, die zu Bergheim gesessen waren, hoffstett kauffen wollen in dem obgenanten begriff hiedissyt

---

Hofraiten, ohne alle Unredlichkeit. Wir befehlen und gebieten auch fest bei unserer Huld allen unsern armen Leuten (Leibeigenen) zu Bergheim, die gegenwärtig zu Bergheim gesessen (einheimisch) sind, daß sie Alle und Jeder auch auf das obgenannte Terrain, in die obgenannte Neustadt ohne Verzug und Widerrede ziehen und bauen sollen Häuser, Scheuern und Hofreiten, um darin zu wohnen, weil wir dieses Dorf Bergheim in die obgenannte unsere Neustadt gezogen haben wollen, d. h. zwischen den alten Graben und der jetzigen rechten Stadt Heidelberg, weil damit unsere armen Leute, die zu Bergheim angesessen waren, hinfort auch friedlicher in der obgenannten Neustadt wohnen. Wir setzen auch und verordnen, wenn diese unsre armen Leute, die zu Bergheim gesessen waren, Hofstätten in dem obgenannten Bezirk diesseits des alten Grabens kaufen wollen, so sollen sie zu den Bürgermeistern und dem Rath zu Heidelberg kommen, damit diese ihnen die Hofstätten beschaffen um ein redlich und billig Kaufgeld, welches die armen Leute darum bezahlen sollen zu der Zeit und in den Zielen, als sie es vermögen, gegen gute Sicherheit entweder auf Erb-Zinsen, oder auf Ablösung, was die armen Leute von Bergheim lieber unternehmen; — und sollen die Bürgermeister und der Rath säumig darin sein, so soll unser Bitzum und unser Bogt zu Heidelberg gebieten, was geziemt sei; und was unsern armen Leuten von Bergheim angemessen ist, dabei soll es bleiben und

des alten graben, dieselben komen zu den burgermeistern vnd rat zu Heidelberg, dieselben sollent yn die hofflet schaffen vmbe ein redelich zytlich gelt, das die armen lute darumbe bezalen sollen zu den zyten vnd zielen, als sie vermogent, off gut sicherheit, oder off erbe zinse, oder off abelosunge, welches die armen lute von Bergheim lieber off nement vnd wo die burgermeister vnd rat sumig daran wurden, was dann vnser viczdum vnd vnser vogt zu Heidelberg sprechent, das zytlich sy, das vnsern armen luden von Bergheim daran glich sy, da by sol es bliben, vnd daruff seczen vnd machen wir, das die marck zu Bergheim mit welden, felden, wingarten, eckern, wisen, weiden vnd mit allem andern begriff vnd zugehorung furbas ewicklich zu der marck zu Heidelberg gehoren sol, also das die zwo marck von Heidelberg vnd von Bergheim furbas mee ein marck sin sol vnd die furbas gehoren sol zu der obigen alten stat vnd nuwen stat Heidelberg vnd sollent vnser burgere von denselben beden steten alle, die daryne siczent vnd wonhafftig sint, ein glich gemeynschafft halten, die in der nuwenstat siczent, als wol als gut vnd als glich haben, iglichem nach sym gebuir, glich als die in der alten stat siczent, es sy an gerichten, marken, welden, felden, wingarten, wisen, eckern, wei-

---

daruff seczen und verordnen wir, daß die Gemarkung zu Bergheim mit Waldungen, Feldern, Weinbergen, Aeckern, Wiesen, Waiden und mit allen andern Inbegriffen und Zugehörungen ferner auf ewige Zeiten zu der Gemarkung von Heidelberg gehören soll, also daß die zwei Gemarkungen, von Heidelberg und von Bergheim, fortan nur Eine Gemarkung sein sollen, und diese ferner zu der obigen alten Stadt und neuen Stadt Heidelberg gehören soll; und daß unsere Bürger von diesen beiden Städten, Alle, die darin angesessen sind und wohnen, eine völlige Gemeinschaft halten, die in der Neustadt ansässig sind, so wohl und gut und gleichmäßig. Jeder nach Gebühr, gleich wie die in der alten Stadt anlässig sind, was das Gericht, die Märkte, die Waldungen, Felder, Weingärten, Wiesen, Aecker, Waiden, das niedere Gerichts- und Zunftwesen, die Frevelthätigung, das Schützenwesen und alle andern Dinge betrifft; in gleicher Weise und in derselben Maße, als wären sie lange vorher schon zu Heidelberg in der alten Stadt ansässig gewesen und wie diese unsere Bürger, die in der alten Stadt ansässig sind, bisher gleiche Gemeinschaft mit einander genossen und gehabt haben — Auch soll fernerhin in der alten und neuen Stadt nur ein Gericht ein Schultheiß und ein Rath sein und sollen die Neustädter alle die Rechte, Gnaden und Freiheiten haben, wie diejenigen, die in der alten Stadt gesessen sind, ohne alle Unredlichkeit. — Wir setzen und verordnen auch, daß der seltse

ben, gebarben, eynungen, freveln, fchuzen, vnd allen andern fachen glicher wife vnd in aller mafzen, als wern fie lange vor zu Helbelberg in der alten ſtat geſeſſen geweſt, vnd als dieſelben vnſer burgere in der alten ſtat geſeſſen, bis her glich gemeinſchaft miteynander genuſzen vnd gehabt hant. Und ſol auch furbas mee in der alten ſtat vnd in der nuwen ſtat ein gericht vnd ein ſchultheiß vnd ein rat ſin vnd ſollent, die in der nuwen ſtat alle die recht, gnade vnd friheit glich haben, als die habent, die in der alten ſtat geſeſſen ſint, ane all geverde. Wir ſezen vnd machen auch, daz der veile marckte mit allen ſachen in der obgenanten alten rechten ſtat ſin vnd verliben ſol in aller maſz vnd friheit, als derſelbe marck von alter bizher in derſelben alten ſtat herkomen iſt, wann auch der markt vnd die kauffmanſchaft der herſchaft vnd der burger zu Helbelberg bas gelegen iſt in der alten ſtat, dann in der nuwen ſtat. Vnd vmb daz man in der obgenanten nuwen ſtat beſte gerner ziehen, buwen vnd wonen moge, ſo han wir vmbe gemeynen nucze derſelben vnſer nuwen ſtat vnd vnſers landes beſſerung mit wol bedachtem mut vnd rat die ſunderlich gnade vnd friheit getan vnd gegeben aller menglich vnd eym iglichen, die in die obgenant vnſer nuwen ſtat huſer vnd hoffſtet buwen, oder daryn ziehent vnd wonhaftig ſin zu bliben, vnd begnaden vnd frien ſie fur vns vnd vnſer erben mit krafft dis briefs,

---

Markt mit allen (feilgehabten) Sachen in der obgenannten alten rechten Stadt ſein und bleiben ſoll mit allen Rechten und Freiheiten, wie derſelbe von Alters her bis jetzt in dieſer alten Stadt herkömmlich iſt, weil zudem der Markt und die Kaufmannſchaft der Herrſchaft und den Bürgern günſtiger gelegen iſt in der alten, als in der neuen Stadt. — Damit man aber in die obgenannte neue Stadt um ſo lieber ziehen, bauen und wohnen möge, ſo haben wir um des gemeinen Nutzens dieſer unſerer Neuſtadt und unſeres Landes Vortheils willen mit wohl bedachter Abſicht und Berathung die beſondere Gnade und Freiheit gethan und gegeben Allen und Jedem, die in die obgenannte unſere neue Stadt Häuſer und Hofſtätten bauen oder in dieſelbe ziehen und für beſtändig darin wohnhaft ſind, indem wir ſie begnaden und befreien für uns und unſere Erben in Kraft dieſes Briefs, daß ſie und ihre Güter weder Beet, noch Steuer, noch irgend welche andere Schatzung uns und unſern Erben oder Niemanden von unſertwegen die nächſtfolgenden 15 Jahre, vom Datum dieſes Briefs an zu zählen, geben oder zahlen ſollen, in keiner Weiſe, ohne alle Unerbitlichkeit und Hinterniſz. Doch nehmen wir aus: Wein-Ungelt (Verbrauchſteuer), davon ſollen

daz sie vnd ir gut kein bede, sture, oder ander schaczung vns vnd vnsern erben oder nyman von vnsern wegen, diese nehsten XV Jare, die nehst komment vnd nach einander volgent, off datum bez briefs an zu zellen, geben oder reichen sollen in keheine wiffe, one alle geverbe vnd hindernifz. Doch nemen wir ufz win vngelt, davon sollent doch alle die in der nuwen stat wonen, auch ir vngelt geben glicher wiffe, als in der alten stat, die wile ez aller menglich bezalen mufz, one geverbe. Auch han wir gesezet vnd gemachet, wer in der obgenant jarzafs ufz der obgenanten alten stat in die obgenant nuwenstat ziehen vnd furen wollte, der sol doch bede vnd sture geben mit vnsern burgern in der alten stat in der mafz, als er vor by in getan hat. Wer aber yeman in der alten stat, der doch in der obgenanten nuwenstat in der obgenannten jarzale buwen wolle vnd doch in der alten stat verlibe siczen, der oder dieselben sollent doch in der alten stet von demselben, baz sie also gebuet hetten, oder buwen wurden in derielben nuwenstat, kein bede, noch sture, dauon geben die obgenanten XV jare, ane alle geverbe. Vnd zu Urkunt vnd festen stetigkeit aller furgenanten stuke han wir fur vns vnd vnser erben vnffer ingefigel an diesen brief gehangen. Geben zu Heidelberg off den fritag nach dem wifzen sontag Invocavit in der fasten nach Christi geburt dricsehenhundert jare vnd in dem zweivndnunzigsten jare.

---

vielmehr alle, die in der neuen Stadt wohnen, auch ihr Ungelt geben in gleicher Weise, wie in der alten Stadt, weil es eben Jeder bezahlen mufz, ohne Unredlichkeit. Auch haben wir gesetzt und verordnet, wer in den obgenannten Jahren aus der obgenannten alten Stabt in die obgenannte neue Stadt überfiebeln wollte, der soll doch Bete und Steuer geben mit unsern Bürgern in der alten Stabt, ebenso, wie er vorher gethan hat. Wäre aber Jemand in der alten Stadt, der doch in der obgenannten Neustadt in obgemeldter Frist bauen wollte, dagegen selbst in der alten Stadt wohnen bliebe, der oder die sollen doch in der alten Stabt von dem, was sie so gebaut hätten oder bauen würden in der neuen Stabt, weder Bete, noch Steuer geben die obgenannten 15 Jahre, ohne alle Unredlichkeit. — Und zu Urkund und fester Stetigkeit aller vorgenannten Stücke haben wir für uns und unsere Erben unser Siegel an diesen Brief gehängt. Gegeben zu Heidelberg am Freitag nach dem weifzen Sonntag, Invocavit in der Fasten, nach Christi Geburt dreizehnhundert zwei und zwanzig.

Aus dieser Urkunde erhellt:

1. Daß der Rath der Stadt Heidelberg, gemeinsam mit den Bürgern, öfters beim Pfalzgrafen Ruprecht die Vorstellung gethan hat, die Stadt zu erweitern und ihr einen größern Umfang zu geben. Ohne Zweifel war sie zu bevölkert und die Mauern ihr zu eng geworden. Letztere erstreckten sich bis dahin (1392) nur vom Thurm und Thor der Bergstadt bis hinab zum Marstall, der außerhalb dieser alten Stadtmauern liegt; das ehemalige Mittelthor führte sogleich in's Freie. Gegen Osten schloß die Stadt mit dem sogenannten „Oberthor" an der Leyergasse ab. Bedenkt man, daß der Hof der Pfalzgrafen immer größere Bedeutung gewann, daß in Folge hievon nothwendig die Einwohnerschaft besonders durch adelige Herren mit ihren Dienerschaften sich mehren mußte; nehmen wir hinzu, daß erst kurz vorher (1386) die Universität neu gegründet, mit vorzüglichen Lehrern versehen wurde, und in Folge davon die studirende Jugend aus allen Himmelsgegenden hierher zusammenströmte, — so finden wir das Begehren des Raths und der Bürger der Stadt um Erweiterung derselben nur höchst begreiflich.

2. Die Bürgerschaft verlangte und Pfalzgraf Ruprecht genehmigte in Ansehung, „daß es uns und den Bürgern der Stadt, sowie dem Lande zum Nutzen, Besten und zur Nothwendigkeit ist"; auch damit „sich die Gemeinschaft der Leute in der Stadt mehre und dadurch das Land stärker werde", weil die Stadt dann eine größere und bedeutendere Festung würde; — den Stadtbezirk so zu erweitern, daß das Gebiet von dem Stadtgraben beim „niedern Thor" (späterhin Mittelthor) an bis hinaus zu dem „alten Graben", der sich ohne Zweifel beim spätern Speierthor zum Neckar hinabzog, der Länge nach; sodann vom Neckar bis zum Geisberg der Breite nach — zur Stadt gezogen und durch Mauern mit der Stadt vereinigt werde.

3. Auf dieses neue Stadtgebiet durfte von da an Jeder Häuser und Scheuer bauen, größere Hofstätten mit Hofraiten herrichten, wie es ihm Bedürfniß war, und wie es auch in andern Städten erlaubt war. So groß war jedoch die Ueberzahl der Einwohner der alten Stadt Heidelberg nicht, daß das ganze neue Gebiet, welches auf Anordnung des Pfalzgrafen nun „Neustadt" genannt wurde, durch sie

bevölkert wurde. Um nun doch einigermaßen Häuser und Leute in diese neue Stadt zu bringen, so wurde es Jedem, wer er auch gewesen sei, vergönnt, sich hier niederzulassen und dabei die hierdurch gegebenen Vortheile zu genießen; insbesondere aber wurde

4. den „armen Leuten zu Bergheim" befohlen, daß sie ihre Hütten dort abbrechen, in die neue Stadt übersiedeln und da ihre Häuser, Scheuern und Hofraiten wieder herrichten. Die „armen Leute" sind eben jene Leibeigenen, von denen wir oben ausführlicher geredet haben; den Pfalzgrafen leibeigene Bauern und Taglöhner. Als Grund dafür, daß das Dorf Bergheim gänzlich verschwinden sollte, wird angegeben, damit „unsere armen Leute, die zu Bergheim gewohnt haben, fernerhin friedlicher wohnen möchten. Das offene Dorf war demnach häufigen feindlichen Einfällen mit dabei vorkommenden Beraubungen und Verwüstungen preisgegeben. Die nahe Stadt Heidelberg mit ihren Mauern und Gräben konnte das arme Nachbardorf nicht bloß nicht schützen, sondern dieses war jener durch seine Nähe gefährlich.

5. Die Art des Anbaues der Bauern in der Neustadt war folgende:

Wer von ihnen sich in der Neustadt ein Eigenthum zu Haus und Hof erwerben wollte, mußte bei Bürgermeister und Rath der Stadt das Ansuchen stellen, daß diese ihm eine solche Hofstätte beschaffen bez. W. überlassen um einen billigen Preis, zahlbar auf Zieler, die den Käufern angenehm sind, jedoch auf gute Sicherheit und gegen Erb-Zinsen oder auf Ablösung in einer bestimmten Zeit. Sollte hierin der Rath säumig sein, so soll der Bistum und Vogt zu Heidelberg die Angelegenheit befördern.

6. Eine sehr wichtige Bestimmung ist die, daß durch die Verlegung Bergheims in die Neustadt die ganze Bergheimer Mark mit allen Wäldern, Feldern, Weinbergen, Aeckern, Wiesen, Waiden und allen Zugehörungen ewiglich mit der Heidelberger Mark in der Weise vereinigt werden sollte, daß beide seither getrennte Marken ferner nur Eine einzige bilden sollen. Diese Bestimmung ist darum so wichtig, weil daraus — in Verbindung mit dem geschichtlichen Verlauf der Entstehung der Stadt Heidelberg — mit aller Wahrscheinlichkeit hervorgeht, eines Theils, daß die gesammte jetzige Heidel-

berger Mark ursprünglich zur Bergheimer gehörte, andern Theils, daß sämmtliches, oder doch wenigstens der größte Theil der Heidelberger Stadtallment ursprünglich Bergheimer Allmentgut gewesen ist.

Als nämlich Herzog Conrad von Hohenstaufen, welcher der eigentliche Gründer der Stadt Heidelberg war, sich hier auf Grund eines alten Römercastells seine Burg als Wohnung baute, war, wie eine alte Lorscher Nachricht sagt: „hier nichts Nennenswerthes." Dieselbe Nachricht bestätigt, daß „Conrad die Burg erbaut und das Städtlein erweitert" habe. War vor dieser Zeit nichts Nennenswerthes hier, also vornehmlich keine städtische Gemeinde, sondern nur einzelne zerstreute Hütten, so liegt es auf der Hand, daß auch keine städtische Gemarkung vorhanden sein konnte: es war Alles Bergheimer Mark, auf der jene Hütten standen. Anders wurde es seit Niederlassung Conrads hier und seit Erbauung der Burg (etwa um's Jahr 1150). Seine Niederlassung war der erste Anstoß dazu, daß sich um die Burg Handwerker, Taglöhner u. s. w. sammelten, welche Conrad durch eine Mauer mit seiner Burg vereinigte. Nun war eine — wenn auch noch kleine — Stadt vorhanden. Aber Conrad „erweiterte die Stadt", wie jene Lorscher Nachricht weiter sagt, d. h. er zog auch die rasch bevölkerte Thalsohle in den Bereich seiner Burg, indem er sie mit Mauern umgab. Gegen Ende des 12. Jahrhunderts gab es also ganz bestimmt und unzweifelhaft eine städtische Gemeinde und wir greifen wohl nicht fehl, wenn wir sagen, daß sie, als Corporation, ein Allmentgut besessen habe. Innerhalb der Bergheimer Mark war also mit einem Male ein Heidelberger Allmentbesitz entstanden. Woher rührte dieser? Von den Bewohnern der Stadt nicht, denn sie waren fast ausnahmslos arme Taglöhner. Wir haben nur den Ausweg, anzunehmen, daß Herzog Conrad selbst die Stadtgemeinde dotirte und ihr ein Allment zuwies, — vielleicht auch mit aus dem Besitz des in dieser Zeit sich auflösenden Klosters Lorsch, von dem wir oben gesagt haben, daß Herzog Conrad dessen Erbe wohl zum großen Theil geworden sei. Kann diese Behauptung auch nicht als Thatsache angenommen werden, so dürfte sie doch nach der ganzen Lage der Dinge und nach dem Gange der geschichtlichen Entwickelung jener Zeit als nicht ganz unwahrscheinlich vorkommen.

In keinem Falle aber war diese Zuweisung von sehr großem Umfang, wenn sie wirklich stattgefunden haben sollte, da in unserer Urkunde eigentlich von einem Allmentgut der Stadt nirgends ausdrücklich die Rede ist, sondern nur die Gemarkung, b. h. der Complex der Privatgüter genannt wird. Für den Haupttheil des Heidelberger Stadtallments bleibt uns vielmehr nur die Annahme übrig, daß es ursprünglich Bergheimer Allment gewesen und durch die Vereinigung von Bergheim mit Heidelberg im Jahre 1392 in Folge unserer Urkunde entstanden sei.

Eine Schwierigkeit könnte nur daraus entspringen, daß das Opfer in dieser Beziehung auf Seite des Dorfes Bergheim allzu groß gewesen sei. Allein diese Schwierigkeit wird nicht allein gehoben, sondern die oben gegebene Ausführung noch bestätigt, wenn wir unsere Urkunde weiter verfolgen. Als Aequivalent für ihr Opfer wird den Bergheimern geboten:

7. Die Bewohner der Neustadt sollen an den großen Vortheilen der alten Stadt Heidelberg so Theil haben, „als wären sie schon längst zu Heidelberg in der alten Stadt gesessen gewesen." Die Neustädter sollen „um so friedlicher hier wohnen", also den Schutz der Burg und der Stadtmauern mit ihren Besitzungen unmittelbarer und beßhalb um so wirksamer genießen. Wenn wir uns daran erinnern, wie in jener Zeit der unaufhörlichen Fehden der kleinen und großen Herren in der Nähe jeder Besitz in Frage gestellt war, wie insbesondere der Landwirth und die Handelsleute oft um die Früchte ihrer saueren Arbeit durch einen einzigen Gewaltstreich gebracht wurden, — so werden wir es nur begreiflich finden, daß unsere armen Bergheimer willig den Besitz und Genuß ihres Allments mit der mächtig beschützten Nachbarstadt Heidelberg theilten, um nur den so getheilten Besitz „friedlich" genießen zu können."[?]

Die Bewohner der Neustadt sollen ferner Theil haben an den Gerichten, Märkten, Wäldern, Feldern, Weinbergen, Wiesen, Aeckern und Waiden und allen andern Sachen. Bezüglich

¹⁶) Hellwig. antiq. Lauresh. S. 185.
¹⁷) Eine ganz ähnliche Vereinigung fand 1339 Statt, indem die Dörflein Hasbach und Buterbach zu Mosbach gezogen wurden. Siehe meine Beschreibung der Stadt Mosbach, Seite 12.

der Gerichtsbarkeit fügt unsere Urkunde noch bei: „es soll in der alten und neuen Stadt nur Ein Gericht bestehen, bestehend aus einem (herrschaftlich ernannten) Schultheißen und Rath. Wie wenig Bergheim durch den Einsatz ihres Allments verlor und — wie groß dieser Einsatz gewesen sein muß, das beweist, daß seine Bewohner an den sehr bedeutenden Vortheilen und Genüssen der Stadt Heidelberg theilnehmen durften. Daß sie Theil hatten an den Märkten, befreite sie nicht bloß von den Abgaben, die jeder Nicht-Städter beim Besuch der Märkte zu entrichten hatte, sondern die Einkünfte, welche die Märkte abwarfen, kamen ihnen dazu noch zu gut. Auch die Stadt warf in den gemeinschaftlichen Besitz und Genuß ihr Allmentgut an Waldungen, Feldern, Weinbergen, Wiesen, Aeckern und Walden ein, dazu ihre Gefälle, den Ertrag der polizeilichen und gerichtlichen Strafen. Und in die Zunftgenossenschaften sollten die neuen Bürger aufgenommen werden; ja, was die ehemaligen Dorfbewohner als hohe Ehre anrechnen mußten: es wurde ihre Schützengilde*) mit derjenigen der Stadt vereinigt. Dazu kamen noch viele „Rechte, Gnaden und Freiheiten", in deren Mitgenuß sie kamen, und welche wir bei Betrachtung der desfallsigen Verhältnisse der Stadt näher werden kennen lernen. Die Bewohner der Neustadt sollen dazu noch und zwar auf 15 Jahre hin frei sein von jeder Grund- und sonstigen Steuer oder Schatzung. Doch soll die Wein-Verbrauchsteuer hievon ausgenommen sein, welche aber auch die Bürger der Altstadt zu entrichten hatten.

Je höher wir alle diese Genüsse, Rechte und Freiheiten anschlagen, zu denen die ehemaligen Bergheimer gelangt sind, um so höher müssen wir auch ihr eigenes Einbringen in ihre Gemeinschaft mit der Stadt schätzen, und da sie wohl kaum etwas Anderes besaßen, als Feld und Wald, so geht daraus doch mit einiger Evidenz hervor, daß sie die Hauptbestandtheile der heutigen Gemarkung und des heutigen Allmentgutes der Stadt; — die Stadt dagegen ihre Vorrechte, Freiheiten und ihren Schutz dem neuen Verhältnisse zuführte.

9. Bei allen diesen Vortheilen, welche die neuen Stadtbürger zu genießen hatten, sollte doch das Leben der alten Stadtbürger nicht

---

*) Wir werden später auf diese zurückkommen.

alterirt werden; denn nur eben die ehemaligen Bergheimer sollten für ihren Umzug und ihre Opfer entschädigt werden. Darum wurde die Bestimmung ausdrücklich gemacht, daß die alten Stadtbürger, wenn sie nach der Neustadt übersiedelten, beßwegen keineswegs die Vortheile genießen sollten, welche die ehemaligen Bergheimer erhielten. Und nur für den Fall, daß ein alter Stadtbürger in der Neustadt bauen, aber in der Altstadt wohnen bleibt, soll derselbe von der Grund- und andere Steuer befreit sein, aber auch nur für seine Gebäude in der Neustadt. Mit einem Worte: es fand durch die Bestimmung unserer Urkunde eine vollständige „Personal- und Real-Union" Statt; die Bergheimer wurden und blieben Bürger der Stadt Heidelberg „als wären sie lange schon in Heidelberg gesessen."

9. Mit dieser politischen und socialen Veränderung ging die kirchliche Hand in Hand. Daß Bergheim eine Kirche hatte, versteht sich von selbst. Schon 1197 kommt in einer Urkunde Siboto, sacerdos in Bergeheim (Siboto, Priester in Bergheim) als Zeuge vor, und wo ein Priester sich aufhielt, mußte auch eine Kirche sein. Wo diese Kirche lag, kann mit Bestimmtheit nicht behauptet werden. Folgende Umstände machen es zunächst sehr wahrscheinlich, daß sie sich da befand, wo jetzt die St. Peterskirche steht. Eines Theils ist es ganz richtig, was schon Wibber[9]) behauptet, daß zu Anfang des in dieser Gegend gepflanzten Christenthums für mehrere Ortschaften nur eine Kirche und zwar gemeiniglich auf einer Anhöhe gebaut worden; das vormalige Dorf Bergheim war dieser Kirche nahe und Rohrbach nicht weit entfernt; denen, sowie dem Dörflein Schlierbach und den wahrscheinlich am Ufer des Neckars schon bestandenen Schiffern und Fischern solche gewidmet sein konnte. Denn obschon dafür gehalten wird, daß im Jahr 1392 die Pfarrkirche zu Bergheim jener zu St. Peter einverleibt worden, so kann doch diese Letztere die Bergheimer Pfarrkirche gewesen und vom Domstifte Worms, so den hl. Petrus zum Patron hat, erbaut worden sein, weil von einer besonderen Kirche zu Bergheim sonst nichts bekannt ist." Wundt[10]) bestätigt diese Ausführung und fügt bei: „Bei dem Anbau der Vor-

---

[9]) Wibber, geographische Beschreibung der Pfalz, I. 187. [10]) Wundt, „Geschichte und Beschreibung der Stadt Heidelberg", Seite 174.

7

stadt durch die Bewohner des Dorfes Bergheim im Jahr 1392 wurde diese Kirche daher auch für diese gleichsam neuen Kolonisten vorzüglich bestimmt. Ruprecht II., der Stifter der Vorstadt, vermehrte ihre Einkünfte, und überließ ihr zugleich alle die Zehnten und Gefälle, welche sie zuvor als Bergheimer Kirche in Besitz gehabt." Die gegentheilige Meinung, daß die Bergheimer Kirche in Bergheim selbst und nicht hier auf dem Platz der St. Peterskirche gestanden sei, beruht auf einem mißverstandenen Wort des D. Hartmann von Eppingen*) der davon redet, daß die Pfarrkirche von Bergheim nach Heidelberg „translata" d. h. übergesiedelt sei. Diese Uebersiedelung begreift durchaus nicht in sich die locale Veränderung. Jene translatio oder Uebersiedelung will weiter nichts heißen, als daß die Kirche, welche seither Bergheimer Pfarrkirche gewesen ist, zur Heidelberger Stadtkirche gemacht worden sei. Hartmann sagt ja nicht, die Bergheimer Kirche sei nach St. Peter verpflanzt, sondern sie sei zur Stadt Heidelberg gezogen worden. Er sagt weiter, daß diese selbe Kirche ehemals die Heidelberger Pfarrkirche gewesen sei, ohne Zweifel mit Bezug darauf, daß in frühester Zeit, wo im Thale nur wenige zerstreute Hütten lagen, diese zur Kirche in Bergheim eingepfarrt waren und daß die später entstandene hl. Geistkapelle ein Filial zu jener Kirche war. Die Kirche zu Bergheim und die St. Peterskirche war eine und dieselbe; von einer besondern Bergheimer Kirche finden wir gar keine Nachricht. Es ist höchst auffallend, wenn eine so wichtige Sache nicht mit einem einzigen Worte erwähnt wird. Einfacher kann aber nichts sein, als dies: 1392 wurde Bergheim zur

*) libr. II. Observ. pract. Tit. alt. §. 13. Vgl. Freher Orig. pal. pag. 74. 96—106. Die betreffende mißverstandene Stelle bei Hartmann von Eppingen lautet: Quia ecclesia in Altbergen fuit olim parrochialis Heidelbergensis. et bene dotata in decimis, cum hodie sit translata in civitatem Heidelbergvus. videantur ille decimas etiam spectare ad eandem, eoque translatas, et quod concessio illarum decimarum facta abbati et conventui in Schonaw, possit hodie revocari, cum hodierna ecclesia parrochialis Heidelbergensis aliis suis accessoriis et accidentalibus privatur et per istam concessionem videatur enormiter laesa, licet eo tempore quando facta fuit talis concessio, modicum videbatur laedi etc. — Hartmann will durch dieses Beispiel von Bergheim darthun, daß die Verleihung oder Ueberlassung von Zehnten widerrufen werden kann.

Stadt Heidelberg gezogen, die Bergheimer Kirche wurde die Kirche dieses neuen Stadttheils und wie die Gemarkung von Bergheim der von Heidelberg einverleibt wurde, so wurden auch die Zehnten und Gefälle der ehemaligen Bergheimer Kirche derselben, weil sie jetzt Heidelberger Vorstadtkirche geworden war, als solcher übertragen bez. B. belassen. Dieses steht um so mehr fest, als Hartmann für die Kirche, wie für die Zehnten, zur Bezeichnung der Veränderung des Verhältnisses, dasselbe Wort „translatus" gebraucht.

Wollen wir zum Schlusse dieser Abhandlung der Herkunft des Namens unsers Bergheim gedenken, so machen sich zwei verschiedene Ansichten geltend: Die Eine will Bergheim von Burgheim ableiten, wobei an die Nähe der alt-römischen Burg auf dem Jettenbühl gedacht werden muß; sich darauf berufend, daß „Burg" auch in andern Worten in „Berg" verändert werde; so sage man heute noch vielfach statt Labenburg „Labenberg" u. drgl. Die andere meint die Ableitung von Berke oder Berle, d. h. Schiff, Nähe, wodurch die Hauptbeschäftigung der Ureinwohner des Dorfes, den Verkehr beider Neckarufer zu vermitteln, angedeutet werden soll. Wir wollen eine Entscheidung nicht treffen, sondern begnügen uns mit der Anführung dieser Ansichten, fügen aber noch bei, daß Freher,[13]) der um das Jahr 1686 lebte, sagte: es werde der Ort, wo einst Bergheim stand, „heute noch All-Bergen genannt", wohl mit Bezug auf die Bemerkung Hartmanns von Eppingen, der schon 1607 die gleiche Bezeichnung gebraucht hatte.

XIX.
Hexenverbrennung zu Heidelberg.

Nicht so sehr schnell und nicht so gründlich, wie man wohl annehmen geneigt wäre, hat das Christenthum die alten heidnischen Vorstellungen zu verdrängen vermocht. Vielfach wird vielmehr heutzutage noch das Thun und Lassen des Volkes, und nicht bloß aus-

---

[13]) Siehe mein Archiv Seite 16. [14]) Orig. pal. pag. 74.

schließlich auf dem Lande, sondern auch in den Sitzen der Intelligenz, den Städten, von Vorurtheilen beherrscht, welche offenbar in der heidnischen Vorzeit ihren Ursprung haben. Das Christenthum und die moderne Cultur haben hier noch ein ziemlich ergiebiges Feld ihrer Thätigkeit; das wird Derjenige bestätigen müssen, der in der Lage ist, das Leben und Treiben des Volkes bis ins Einzelne zu beobachten. Wie viel größer muß noch die Summe heidnischer Vorstellungen und heidnischen Aberglaubens in früheren Zeiten gewesen sein, die der Heidenzeit noch um einige Jahrhunderte näher lagen, als das unsrige?

Ein sehr gewichtiger Erklärungsgrund für diese Erscheinung ist ohne Zweifel in dem Umstande zu suchen, daß die meisten deutschen Staatsgesetze, besonders die fränkischen, welche noch in heidnischer Zeit abgefaßt und niedergeschrieben sind, viele Jahrhunderte, nachdem das Christenthum längst Staats- und Volksreligion geworden war, in Uebung blieben. Die heidnischen Gesetze hatten aber die gesammte, auf Aberglauben basirte Weltanschauung zu ihrer Grundlage. Wenn nun auch im Laufe der Zeit manches allzu grelle Heidnische ausgeschlossen und zu Gunsten des Christenthums manche Aenderung und mancher Zusatz gemacht wurde, so blieb doch im Ganzen noch genug übrig, was im Volke ungestört fortlebte; da die Kirche keine hinreichende Macht besaß, die Masse des Volkes zu erneuern, zumal die Kirche selbst eine große Neigung zum Aberglauben überhaupt in sich trug. Zur Bestätigung dieser Aussagen erinnern wir nur an die noch bis in's tiefe Mittelalter herein beibehaltenen, aus dem Heidenthum stammenden Gottesurtheile oder Ordalien, besonders an den gerichtlichen Zweikampf, an die Teufelsbanner, Schatzgräber und Wahrsager u. drgl.

So treffen wir denn auch noch im 15. Jahrhundert das christliche Volk durchsäuert von einem oft unbeschreiblichen Aberglauben. Sterndeuterei, Goldmacherei durch Zauberkunst, der Glauben an das Besessensein vom Teufel gingen bei Hoch und Nieder im Schwange. Am allerentschiedensten aber machte sich der uralte Glaube an Hexen geltend; man traute diesen, nachdem sie einen unzüchtigen Bund mit dem Teufel geschlossen hatten, die Fähigkeit zu, allerlei Wunder zu thun, besonders zum Schaden der Menschen, und es darf als eine eigene Ironie des Schicksals angesehen werden, daß der Aberglaube dem „schönen und zarten Geschlechte", den Frauen ganz vorzugsweise jene dämonische Macht zuschrieb.

Die Kirche hat zwar im Allgemeinen die argen Thorheiten des Hexenglaubens ursprünglich verdammt; es fehlte aber auch nicht an Autoritäten, welche ihn später bestätigten;⁴⁴) ja die Hexenprozesse dieser späteren Zeit, die gewöhnlich mit dem Hexenverbrennen endigten, sind ein offenbares Zeugniß dafür, daß die Kirche im Großen und Ganzen an die Existenz und die dämonische Wirksamkeit dieser armen Wesen glaubte.⁴⁵) Die kirchlichen Würdenträger hatten bei den Verfolgungen dieser Hexen allerdings noch einen andern Zweck im Auge: unter dem Deckmantel des Hexenprozesses betrieben sie die Inquisition gegen die Ketzer; denn derselbe Mönchsorden, der sich die Ketzerausrottung zur Lebensaufgabe gemacht hatte, die Dominikaner, waren zugleich vorzugsweise die Hexenrichter.⁴⁶)

Vergessen darf hiebei nicht werden, daß die der Hexerei Angeklagten meist wirkliche Verbrechen begangen hatten, z. B. Giftmischerei, Kindsmord, Betrug u. s. w. Vor dem 15. Jahrhundert war dieses meist der Fall; erst von dieser Zeit an ist in Deutschland eine wahre Hexenepidemie ausgebrochen. Nicht bloß die katholische Kirche, sondern auch die protestantische machte sich der Hexenprozesse schuldig; Letztere hatte vornehmlich das wenig löbliche Verdienst, diese an die weltlichen Richter zu verweisen.

---

⁴⁴) Papst Johann XXII. (1816—1834) befahl zu glauben, daß gewisse Leute Andere behexen können, und ließ den Bischof von Cahors von vier Pferden zerreißen, weil dieser ihn durch Zaubermittel habe umbringen wollen. Sismondi, précis de l'hist. des Français, I. 427.

⁴⁵) Papst Innocenz VIII. erließ 1484 eine Bulle, in der er das Vorhandensein des Zauberwesens aus der hl. Schrift, aus den canonischen und bürgerlichen Rechten beweist und in welcher er diejenigen für Ketzer erklärt, die es leugnen·

⁴⁶) 1489 erschien in Köln ein Buch, „malleus maleficarum", d. h. Hexenhammer, verfaßt von zwei Dominikanern, welche als päpstliche Ketzer- und Hexenrichter in 5 Jahren 48 Weiber als Hexen auf den Scheiterhaufen brachten; in diesem Buche wird das ganze Hexenwesen in ein System gebracht.

Seit dem 16. Jahrhundert hatte man das besstallsige Verfahren dahin abgeändert, „Alles vom Geständnisse der Angeschuldigten abhängig zu machen, dieses auf alle Weise herbeizuführen, und darum die Folter in Anwendung zu bringen."

Unter den Männern, die theoretisch die Hexenprozesse noch im 16. Jahrhundert zu rechtfertigen versuchten, war unter Andern auch der protestantische Arzt Thomas Erast in Heidelberg (repetitio disputationis de lamiis seu strigibus. Basel, 1578.)

Unser gutes, fröhliches Heidelberg mit seinen lachenden Gefilden, mit seinem lebendigen Strom, mit seinen herrlichen, freien Aussichten, mit seiner würzigen, labenden Luft, mit seinen lebensfrohen Bewohnern, sollte denn auch der Schauplatz der Thaten dieses finstersten und scheußlichsten Aberglaubens sein. — Welch' ein Widerspruch!

Matthias von Kemnat, der Chronist und Caplan Friedrichs des Siegreichen, fängt seine Lebensbeschreibung dieses glorreichen Fürsten mit einem wohlverdienten Lob der Stadt Heidelberg und ihrer Bewohner an. Es lautet:[47]

In deutschen landen ist ein gegniß in den ingengen der berg, nit ferre gelegen von dem Rein des konges der wasser. Derselben gegniß uff beiden seitten zwee berg uffgespitzet bis in den lufft, mit ihren siten und buhele lustig von der sonnen uffgang und fruchtbar des weins, machend eine allerwunsamst thale; den der abfluß des Neckars, das gefilde netzende, macht frucht vol und gulden. Darin ist ein statt gelegen, mechtig des krigs und uberflußigkeit des erbtreichs, stetiglich geziert von außleuten und von heimischen, die bo

---

[47] Quellen zur bairischen und deutschen Geschichte, I, S. 7 und 8. In neudeutscher Sprache: In Deutschland liegt beim Eingange in das Gebirge eine Gegend nicht fern vom Rhein, des Königs der Flüsse. In dieser Gegend sind auf beiden Seiten zwei Berg hoch in die Luft aufgespitzt, deren Seiten und Hügel lustig von der aufgehenden Sonne beleuchtet werden, fruchtbar sind an Wein und ein wundersames Thal bilden. Denn der Neckar, der das Gefilde durchströmt und benetzt, macht volle und goldene Frucht. Darin ist eine Stadt gelegen, kriegsmächtig und weit ausgedehnt, stets geziert von Fremden und Einheimischen; sie wird von den Herren eines kleinen Gewächses von den Deutschen Heidelberg genannt und darf mit den andern darum liegenden Städten nicht

genant wurd von den bern eins kleinen gewechß Helbelberg von
den deutschen, welche statt, dweil sie den andern darum ligenden
stedten nit weichen zugegleichel mage werden, so mag sie yedoch lich-
tiglichen die andern alle ubertreffen in dem, das sie als ein stetige
wonung aller gutten glimpffe fürstendiglich nenner in allen kunsten
uffbrach hoit. — Was sol ich sagen von der menschligkeit, fromekeit,
besunderlichen tugent der burger, so sie als groß ist, das ich mit
meinen worten nicht lobes noch ehren darzu gelegen möge. Ein zwei-
gipffliger großer buhel geht auch herob der statt an der sitten eins
fast groffen berges, inn den gipffele zwo burg als gar von vil
steinwerk gebuwet sind, das sie von geziert der hewser ben, die darinn wonhafftig seint, zu einem wollust und von hoher erhebung der
muren und thornen, von vorschussen, auch von natur der gelegnis,
den fiendten zu einem stedten grawen gesein mogen. Wer mocht ew
erzelen die wunderlich groffe des gebuwes, besunderlich der einen
burge, so der einigt, der auch der koeniglich sale heist, von uffent-
haltung der seulen, von geziird der benne, von schinbarlichkeit der
uberbalken mit so groffer hubschkeit gebuwet ist, das der sale nit al-

---

verglichen werden, da sie dieselben alle dadurch allein schon übertrifft, daß sie
als eine stete Heimath hohen Ruhmes von in allen Künsten (Wissenschaften) er-
fahrenen Männern gelten muß. — Was soll ich sagen über die Herzensgüte,
Frömmigkeit und besondere Tugend der Bürger, — da sie so groß ist, daß
ich mit meinen Worten kein Lob und keine Ehre weiter darzuthun vermag. —
Ein zweigipfliger großer Berg zieht sich über der Stadt hin, welche an der Seitz
eines sehr großen Berges liegt, auf dessen Höhen zwei Burgen von gar viel
Steinwerk erbaut stehen, so daß sie wegen der schönen Häuser denen, die darin
wohnen, zur höchsten Freude, wegen der Höhe der Mauern und Thürme, wegen
der hervorspringenden Befestigungen, sowie wegen der natürlichen Lage, den
Feinden zu stetem Grauen gereichen muß. Wer vermöchte Euch die wunderbare
Größe der Baulichkeiten, besonders der einen Burg, genügend beschreiben, die
ein Gebäu enthält, den man auch den Königssaal nennt und der durch das
Vorhandensein von Säulen, durch die verzierten Wände und durch die Pracht
des Uebergebälks (Plafonds) so überaus schön hergerichtet ist, daß in demselben
nicht bloß jeder mächtige König empfangen werden kann, sondern daß derselbe
ihm auch Freude und große Annehmlichkeit gewährt. Denn fürwahr! wohin
man sich wendet, so bietet sich dem Anblick liebliche und lustige Wallung, weshalb denn auch unsere Väter und gewisse Fürsten bei Rhein den Stuhl der
Pfalzgrofschaft, der früher an andern Orten war, vor längst vergangenen

lein ein iglicher mechtiger konig entpfangen, sonder ime auch frewd
und wollust machen mocht. Dan furwar, wo man sich hinkert, so
ist der gesicht daraus geoffenbaret wonsam und lustig gewelbnus,
herumb auch unser vetter und sicher die fursten des Reins den **stuel
der pfallzgrafſſchafften**, der do anders wo gesetzt war, mit
vollkommener betrachtung vor vil vergangen zeiten in diese ubertreff-
lich burg zu verendern nit haben gezweifelt.

Nach diesem überaus schwunghaften Eingang, der des Lobes der
Stadt, der Bürger und des Schlosses voll ist, schildert Matthias von
Kemnat einiges Merkwürdige aus der Geschichte der Stadt und Umgegend, was wir, um nicht vom eigentlichen Ziele dieses Aufsatzes
abgezogen zu werden, für spätere Darlegungen uns vorbehalten
müssen; kommt sodann aber zur Schilderung der nähern Veranlaſ-
sung der **Hexengerichte und Hexenverbrennung in Heidelberg** wie folgt:⁴⁰)

Nun kome ich uff ein ketzerei und sect, davon ich wil schriben,
und ist die allergroste und heißet ein irsall und sect **Gazariorum**,
das ist der **unholden** und die bei der nacht faren uff besamen,
offengabeln, katzen, bocken und uff andern dingen darzu dienend.
Die hab ich vil sehen verbrennen zu Heidelberg und auch
in andern enden, und ist die aller verflucht sect und gehort vil seu-
wers on erbarmung darzu, und ist die. Zum ersten, wer in die
verflucht sect wil komen, so man ine uffnimpt, muß er schweren, als

---

Zeiten mit vollkommenem Vorbedacht in diese unübertreffliche Burg zu verlegen
nicht gezögert haben. — Dieser begeisterten Beschreibung haben wir zur Erklärung nur beizufügen, daß der **Königssaal** sich ohne Zweifel im Ruprechtsbau
befand.

⁴⁰) Quellen zur bairischen und deutschen Gesch. I. S. 113 f. Uebersetzung:
Nun komme ich auf eine Ketzerei und Secte zu reden und will von ihr schreiben;
Die allergrößte Verirrung und Secte ist die der **Gazarer**, das ist der **Unholden (Hexen)**, welche Nachts auf Besen, Ofengabeln, Katzen, Böcken, und
auf andern Dingen fahren, die dazu zu brauchen sind. Von ihnen habe ich
Viele verbrennen sehen zu **Heidelberg** und anderwärts; das ist die
allerverfluchteste Secte und sie gehören ohne Erbarmung mit viel Feuer verbrannt.
Es ist diese. Erstens, wer in diese verfluchte Secte aufgenommen werden
will und man ihn aufnimmt, der muß schwören: so oft er von einem Mitglied
der Secte berufen wird, soll er sofort Alles liegen lassen und mit dem Berufer

offt er berufft wirt von einem der sect, so sol er von stund an alle ding liegen lassen und mit dem beruffer in die sinagoga und sammelung gehn, doch also, das der verfurer salben, besame oder flecken mit ime neme, das er dem verfurten antworten sol. Item, wie sie in die sinagoga komen, so antwort man den verfurten armen menschen dem beuffel, der zu stund erscheint in einer gestalt einer schwartzen katzen oder bock oder in einer andern gestalt des menschen. Darnach fragt der beuffel oder der verfurer den verfurten, ob er in der geselschafft wol bleiben und gevolgig wol sein dem verfurer, und so antwort der arme verfurt mensch: Ja. Darnach muß er schweren als hernach stet. Item er schwerdt, das er getreuw wol sein dem ketzermeister und alle seiner geselschafft; zum andern, das er alle, die er moge zu solicher geselschafft bringen, das er fliß darzu thun woll; zum dritten, das er bis in den tod die heimlichkeit verschwigen wol; zum virten, das sie alle die kind, die under drien jare sint, wollen doten und in die geselschafft bringen: zum funfften das, als offt er beruffen wirt, alle dinge liegen laß und in die geselschafft eile; zum sechsten, das sie alle eheleut verwirren wollen und

---

in die Synagoge und Versammlung gehen, doch so, daß der Verführer Salben, Brief oder Flecken mit sich nehme, um dieses dem Verführten einzuhändigen. Sodann, wenn sie in die Synagoge kommen, so überantwortet man den armen verführten Menschen dem Teufel, der alsbald erscheint in Gestalt einer schwarzen Katze oder eines Bockes oder in Gestalt eines Menschen. Hierauf fragt der Teufel oder der Verführer den Verführten, ob er wolle in der Gesellschaft bleiben und gehorsam sein dem Verführer, worauf der arme, verführte Mensch Ja antwortet. Darauf muß er schwören wie folgt. Erstlich schwört er, daß er dem Ketzermeister und seiner ganzen Gesellschaft wolle treu sein; zweitens, daß er sich alle Mühe gebe, wo möglich viele Andere in die Gesellschaft zu bringen; drittens, daß er bis in den Tod verschwiegen sei; viertens, daß sie alle Kinder unter drei Jahren tödten und in die Gesellschaft bringen wollen; fünftens, daß, so oft er berufen wird, er sofort Alles liegen und stehen lasse und in die Gesellschaft eile; sechstens, daß alle Eheleute verwirren und dafür sorgen wollen, daß ihre Scham verhalten werde mit Zauberei und sonstigen Sachen; siebtens, daß sie eifrig alles Unrecht rächen, das man den Personen anthut, welche in die Sekte gehören. Und wenn der Arme diese Artikel beschwört, so kniet er nieder und betet den Ketzermeister an und küßt ihn in den H... und sie sagen, es sei der Teufel selbst, der in Menschengestalt auf dem Stuhle sitzt; wenn er (der Aufgenommene) stirbt, so gibt er ihm als Zins ein Glied von seinem Leibe.

bevor wolle sein, daß inen ire gemacht verhalten werden mit zauberei oder sunst sachen; zum siebenden, das sie wollen rechen mit allem fleiß das unrecht, das man den personen buth, die in der sect sein. Und wen der arme die artickel also geschwert, so kniet er nider und beil den ketzermeister an und gibt sich ime und kust ine in den ars, und sie sagen, es sei der deuffel selbs, der uff dem stul sitzt in eins menschen wise und gibt ime zins ein glibt von seinem leibe, so er stirbt. Darnach so sint die in der geselschaft frolich und freu wen sich das neuwen gesellen und leters und essen, das sie haben, gebraten und gesobten Kinder. Wen sie gessen haben, so schreit der Tewffel oder der letzermeister Meselei Meselet und lescht die liecht aus, darnach lauffen sie undereinander und vermischen sich fleischlich und der vatter mit der dochter, besgleich bruder mit der schwester rc. und halten nü natürlich ordenung in dem werck. Darnach zunden sie die liecht wieder an, essen und trinken und wen sie wieder heim wolen geen, werffen sie vor den umstatt irer natur in ein kuffen zu-

Darnach sind die Mitglieder der Gesellschaft fröhlich und freuen sich des neuen Gesellen und Ketzers; sie essen, was sie haben, gebratene und gesottene Kinder. Wenn sie gegessen haben, so schreit der Teufel oder der Ketzermeister Meselei, Meselei und löscht die Lichter aus; darnach laufen sie unter einander und vermischen sich fleischlich, und zwar der Vater mit der Tochter, ebenso der Bruder mit der Schwester u. s. w. und halten die Naturordnung hierin nicht. Darauf zünden sie die Lichter wieder an, essen und trinken, und wenn sie wieder heimgehen wollen, so werfen sie zuvor ihren natürlichen Unflat in einen Kübel zusammen und frägt man sie, warum sie das thun, so antworten sie, sie thäten es zur Schmach des hl. Sacraments. Ferner, wenn der arme, verführte Mensch sich dem Teufel hingegeben hat, so gibt ihm der Meister eine Büchse mit Salben, einen Stab, Besen oder was dazu gehört; auf diesen muß der Verführte in die Schule gehen; er lehrt ihn, wie er den Stab schmieren soll mit der Salbe. Die Salbe wird teuflisch gemacht von dem Fett der Kinder, die gebraten und gesotten sind und von andern giftigen Dingen, Schlangen, Eidechsen, Kröten, Spinnen. Die Salbe brauchen sie auch dazu: wenn sie Jemanden damit einmal berühren oder bestreichen, so muß derselbe eines bösen Todes sterben und zwar plötzlich. Ebenso machen sie Pulver aus dem Eingeweide, den Lungen, der Leber, dem Herz u. s. w., und wenn es neblig ist, so werfen sie das Pulver in den Nebel, der es in die Luft hinaufzieht. Diese Luft ist nun vergiftet, so daß die Leute plötzlich hinsterben, oder sonst eine ewige (schleichende) Krankheit bekommen, und das ist der Grund, daß in etlichen Dörfern die Pest herrscht, während man in nächster Nähe frisch und gesund sein kann. Ferner, wenn sie

samen, und so man sie fragt, warumb sie das thun, antworten sie, das sie das zu schmacheit thun dem heiligen Sakrament. Item wen der arme verfurt mensch sich dem bewssel zu lehn hoit gegeben, so gibt ime der meister ein buchsen mit salben, ein stabe, besame oder was darzu gehort. Uff den muß der verfurt in die schule gehn und lert ine, wie er den stab soll schmeren mit der salbe und die salbe wirt bewsselisch gemacht von der seistichkeit der kinde, die gebraten und gesobten sein und mit andern vergiften dingen, als schlangen, eidessen, krotten, spinnen. Die salben brauchen sie auch darzu, so sie jemant damit beruren oder bestreichen einmale, muß der mensch eins bosen doits sterben zu stunde gehlingen. Item die machen pulver aus dem eingeweibe, aus der lungen, leber, hertz ec. und so es neblichte ist, so werfen sie das pulver in den nebel, der zeucht es uff in der lufft. Derselbig lufft ist vergifft, also das die leut gehling sterben oder sunst ein ewig kranckheit gewinnen und das ist ursach, das in etlichen Dorffern pestilenz regiert und zu allernächst dobei ist

einen Menschen haben wollen, den man für fromm und heilig hält, so nehmen sie ihn, ziehen ihn nackt aus und binden ihn auf eine Bank, daß er kein Glied rühren kann, und legen überall vergiftete Thiere und Würmer um ihn herum und nöthigen die Thiere, den frommen Menschen zu beißen und zu schinden, so lange bis er stirbt, ohne alle Erbarmung. Darauf hängen sie ihn an den Füßen auf, und setzen ein gläsernes Geschirr unter seinen Mund, und sammeln, was heraustraufst; dazu thun sie das Fett, das von Dieben an Galgen, von Eingeweiden kleiner Kinder und giftiger Thiere tetust; daraus machen sie dann eine Salbe, und tödten damit die Menschen durch bloßes Anrühren. Ferner nehmen sie eine Ratzenhaut, thun von der Salbe hinein und füllen die Haut mit Erbsen, Linsen, Gerstenkörnern u. s. w., nähen die Haut zu und legen sie in einen felsichen Brunnen. Drei Tage darnach dürren sie die Frucht, und machen ein Pulver daraus, und wenn das Wetter stürmisch ist, so steigen sie auf einen hohen Berg und werfen das Pulver in den Wind, der es in die Feldfrucht weht und das Gefilde unfruchtbar macht. Ebenso haben Etliche von dieser Schule und Secte, die man verbrannt hat, ausgesagt, es sei das Gebot ihres Teufels und Meisters: wenn ein Sturmwind geht, so müssen sie auf die hohen Berge gehen und das Eis auf einander tragen zu einem großen Haufen und sogen theilweise, daß sie das Eis mit sich führen in die Luft auf ihren Stäben und damit Land und Leute und die Felder ihrer Feinde verderben. Doch können diese Kunst nicht Alle von der Gesellschaft; auch sind sie zum Theil nicht so kühn u. s. w. Ferner, wenn man sie fragt, warum sie in eine solche Schule oder Secte gehen, antworten sie: aus 3 Gründen: erstlich seien gewisse

man frisch und gesundt. Item wen sie einen menschen mogen haben, den man helt vor frome und heilig, so nemen sie ine und ziehen den nacket aus und binden ine uff ein banck, das er kein gelidt mag geregen und legent allenthalb vergifft thier und wurmb umb ine und nothigen die thier, den fromen menschen zu beissen und peinigen so lange bis der arme stirbt one alle erbarmung, darnach hencken sie ine mit den Fussen uff und setzen ein glesen geschir under sein mundt, und was heraus brusset, das samelen sie und thun darzu die Feistigkeit, die do brufft von dieben an den galgen und von der kleinen kindlein ingeweid und gifftig thier, daraus machen sie ine salben, damit boten sie die menschen, so sie sie domit anruren. Item die nemen die hawt von einer katzen, thun der salben darin und fullen die hawt mit erbessen, linsen, gerstenkorner ⁊c. und nehen die hawt zu und legen sie in einen frischen Brunnen. Drei tag darnach burren sie die frucht und pulverns und wen es fast windig ist, so steigen sie uff einen hohen berg und werffen das pulver in den wint, der

Leute so genaturt, daß sie nicht friedlich leben können und ihnen viele Feinde machen und wie sie gegen Jedermann sind, so ist auch Jedermann gegen sie vom Geschlecht Jsmaels; sodann, wenn sie sehen, daß sie sich nicht selbst rächen können, rufen sie den Teufel an. Deßhalb, wenn die von der Secte werden, daß ihre Nachbarn bekümmert sind, so machen sie sich zu ihnen, wie wenn sie dieselben trösten wollten und klagen und fragen nach der Ursache ihrer Traurigkeit und wenn sie erfahren, daß Neid und Haß die Ursache ist, so rathen sie ihnen, sich in die Secte aufnehmen zu lassen, wo sie sich rächen können. So verführen sie ihre Nachbarn, und reden ihnen vom guten Leben ⁊c. vor. Die andere Ursache, warum sie sich in die verfluchte Secte aufnehmen lassen, ist die: es sind ihrer Manche, die durch Wohlleben das Ihrige mit Essen und Trinken vergeudet haben. Da gibt der Teufel etlichen von der Secte ein, daß sie zu ihnen gehen und mit ihnen in die Keller der Reichen fahren sollen; hier essen und trinken sie, worauf jeder wieder nach Hause fährt und den Armen von gutem Leben, das sie haben, erzählt; damit verloden sie jene zu ihrer Synagoge. Endlich die dritte Ursache ist die: Etliche sind gewohnt, nach Wollust des Fleisches in Unkeuschheit zu leben; nun, in der Secte lebt jeder nach seiner Fleischeslust, ganz nach seinem Willen. Der Teufel ist ihr Meister, und verbietet ihnen sehr, daß Keiner von ihnen Gold, Silber oder kostbar Kleinode stehle, damit sie nicht eingekerkert werden, wodurch ihre Zauberei an den Tag käme. Auch bekennen sie, wenn Einer von ihnen gegen ihre Gesetze verstößt oder gegen einen von der Gesellschaft, so gebietet ihr Meister einem von der Secte, daß er ihn Nachts strafe und sie fürchten ihren Meister und seine Gesellschaft sehr. — Die Jünger

weht es in die frucht des selbes, davon wirt das gefilt unfruchtbar. Ittem ettlich haben bekennt von dieser schulle und sect, die man verbrannt hatt und sagen, das das gebott ires bewffels und meisters ist: so ungestum in den lufften ist von wind, so mussen sie uff den hahen berg gehn und das eiß uff einander tragen ein großen huffen und sagen einstheils, das sie das eiß mit ine furen in die luffte uff iren sieben und verderben domit landt und leut und das gefild irer feinde. Doch konnen die kunst nit alle die in der gesellschaft, und sint auch eintheils nit so kuen ꝛc. Item so man sie fragt, warumb sie ine ein sollich schul und sect komen, antworten sie: durch breierlei sach willen. Item zum ersten, es seint einstheils leute also genoturt, das sie nit mit frlben mogen geleben und machen ine vil feinde und als sie wider menniglich seint, also ist auch menniglich wider sie von dem geschlecht Ismaelis; dann, wan sie sehn, das sie sich selbst nit mogen gerechen, rufen sie den bewffel an. Und darumb, wen die von der sect sehn, das ire nachburen also bekommert sint, so machen sie sich zu ine, in gestalt als wolten sie sie trosten und klagen und fragen die ursach trer traurigkeit und so sie erfaren, das neidt und haß die ursach ist, so raten sie ine in die sect und irsal zu komen, do sie sich irr rechen mogen und also verfuren sie ire nachbarn und

---

Johannes, ihres Ketzermeisters, haben bekannt, als man sie verbrannte: wenn einer zum ersten Mal in die Gesellschaft komme, so ziehe der Teufel oder Meister dem Verführten das Blut aus den Adern; damit schreibt er auf ein Pergament und behält die Schrift bei sich; viele von der Secte haben das gesehen. Wenn sie die Kindlein tödten oder ersticken wollen, gehen sie Nachts heimlich zu dem Kinde und erwürgen es, und Morgens, wenn man es in die Kirche oder zum Grab tragen will, so kommen die Ketzer und klagen mit den Eltern; ist aber das Kind begraben, so graben sie es Nachts wieder aus, tragen es in die Synagoge und Versammlung u. s. w., und essen es, wie vorhin schon gesagt. Auch sind etliche Frauen geworfen, wie Johanna, die man verbrannt hat, die vor Jedermann bekannt haben, daß sie ihre eignen Kinder getödtet und in der Versammlung gegessen haben und andere, die ein Kind ihrer Tochter getödtet und gegessen haben. Ebenso bekennen sie, sie seien die Frömmsten und Besten in der Secte, die oft das Sacrament (Abendmahl) nehmen, oft beichten, viel beten vor den Leuten, gerne Messe hören; sie thun das nur zum Schein, daß man keinen Argwohn auf sie werfe und dadurch die Buberei und Ketzerei offenbar werde. Somit hast du genug vernommen von der Secte und Versammlung der nachfahrenden Leute, Unholden, Zauberinnen, welche die Katzen und Besen

fagen ine von gutem leben ꝛc. Item die ander urſach, darumb ſie in die verfluchſt ſect komen, iſt die: Es ſint etlich, die haben gewont gutes wollebens und haben das ire boslich verzert mit eſſen und brinken. So iſt der bewſſel do und gibt ein etlichen von der ſect, das ſie zu ine gehn und mit in ſarn und in die keller der reichen. Do eſſen und brinken ſie, darnach fart ein jeglicher wider zu Hauß und ſagen den armen von gutem leben, das ſie haben. Domit reitzen ſie ſie zu irer ſinagoge. Item die dritte urſach iſt die: es ſint etliche, die gewont haben nach wolluſt des fleiſchs mit unkeuſchheit zu leben. Nun, in der ſect lebt ein igliches nach allem luſte des fleiſch nach ſeinem willen. Item der bewſſel iſt irer meiſter, verbeutt ine vaſt, das ir keins ſtele goll oder ſilber oder koſtlich kleinot, uff das ſie nit gefangen werden und dardurch ire buberei geoffent werd. Item ſie bekennen, wenn ire einer thue wider ire geſetze oder wider ein von irer geſellſchafft, ſo gebewt ire meiſter einem in irer ſect, das er ine bei der nacht ſtraffe, darumb und ſie forchten hart iren meiſter und ſein geſellſchafft. Item die junger Johannes ires ketzermeiſters haet bekant, do man ſie verbrant: wan einer wider erſt in die geſellſchafft kome, ſo zieh der tewffel oder meiſter dem verfurten das Blut aus den adern, domit ſchreibt er uff ein pergament

---

reiten, wie man behauptet von denen von Heidelberg, die auf die Angelgrub und Kurnau fahren; — Golle behüte uns, an ſolches Uebel zu denken, geſchweige zu vollbringen. Diejenigen jedoch, die man zu Heidelberg und auf der Bent (in den Kentern auf dem Land) verbrannt hat, halte ich nicht für ſo gar boshaft, als die, von denen ich oben erzählte; denn ſie bekannten, daß ſie in der Goldfaſten fahren, Wetter machen, die Leute lähmen und es iſt jedenfalls wunderbar, denn etliche Leute werden plötzlich lahm und es geſchwiert aus ihnen Kohlen, Stein, Borſten, Haare, Kreide u. drgl. Und im Jahre 1476 verbrannte man zwei Frauen auf dem Dilsberg, von denen die Eine bekannte, daß ſie ihren Nachbar im Kopf krank gemacht habe, denn ſie habe ſein Haar genommen und es in einen Baum geſchlagen oder geſtoßen. So lange das Haar darin war, hatte der Arme keine Ruhe in ſeinem Kopf; das Haar in dem Baume fand man. Desgleichen bekannten ſie, daß ſie den Männern ihre Scham nehmen, daß ſie keine Aepfel eſſen können. Wem das widerfährt, der nehme Queckſilber in ein Rohr oder Federkiel und trage es bei ſich, ſo ſchadet ihm keine Zauberei. Das iſt wahr. Aber von dem Fahren der Frauen in der Goldfaſten halt ich wenig.

unb behelt bie schrift bei ihme unb vil aus ber sect haben bas gesehn. Item so sie bie kinblein botten ober erstecken wollen, gehn sie zu nachte heimlich zu bem kinde und erworgen bas und zu morgens so man bas kindl zu kirchen tragt ober zu bem grab, so komen sie bie keger unb clagen bie eltern, unb so man bas kint begraben hat, zu nacht graben sie bas wiber aus unb tragens in bie sinagoge unb samelung rc. unb essen bas als vorgesagt ist. Item es sint etlich Fr a u w e n gewesen, als Johanna bie man verbrant, bie bekant vor menniglich, bas sie ire eigen kint hett gebott unb gessen in ber samelung unb etlich bie bo hetten geboti unb gessen ein kint ire dochter, Item sie bekennen, bas bie bie fromsten unb besten sein in ber sect bie offt bas sacrament nemen, offt beichten unb vil betten vor ben lewten unb gern mess horen, unb thun bas zu einem schein, bas man nit argwonung uff sie hab, barburch bie buberei unb keperei geoffent werb. Also hastu woll vernommen bie sect unb samelung ber nachtfarenben lewte, umholben, zauberin, bie bie katen unb besam reiten, als man sagt von ben von Heidelberg, bie uff bie Angelgrub unb Lurnaw faren unb got behute uns vor solichem ubel zu gebencken, vil schweigen zu volebringen. Jeboch bie man zu Heidelberg hott verbrant unb uff ber zentt, halt ich nit, bas sie so gare boshafftig sein gewesen als bie, von ben oben berurt ist; ban sie bekanten, bas sie in ber golt fasten faren, webber machen unb bie lewt lemen, unb ist ein wunder, ban etlich lewt werben lame gehling unb schwert aus ire kolen, stein, borsten, hare, treiben unb besgleichen. Unb anno 1475 verbrant man zwo frauwen uff bem Tilsberg, bie ein bekannt, bas sie iren nachburen krank hett gemacht im kopff, ban sie hett genommen sein hare unb hett bas in einen baum geschlagen ober geslossen, unb als lang bas hare barin was, hett ber arm kein ruwe in seinem kopff, unb bas hare fanb man in bem baum. Desgleichen bekennen sie, bas sie ben manne ire glibe unb gemacht, bas ist ber zagel, nemen bas sie nit mogen opfel essen, unb wem bas widerfert, ber neme quecksilber unb thu bas in ein rote ober jederliche unb trags bei ihne, so schabt ine kein Zauberei, unb ist ware. Aber von bem faren ber frauwen in ber goltjasten halt ich wenig."

Hier haben wir also den ganzen unheimlichen Hexenspuck: Menschen im unzüchtigen Bunde mit dem Teufel, die ihre Zauberkraft zum Unheil ihrer Nebenmenschen gebrauchen; Hexenprozesse, Hexenverbrennung, auch in unserem Heidelberg.

Gazarer werden die Unholden genannt, wohl herkommend von der Stadt Gaza, die oft auch Gazara genannt wurde. Diese Stadt wußte sich ihre heidnische Unabhängigkeit zu bewahren, nachdem Josua ganz Palästina für die Juden erobert hatte; sie blieb ferner eine der Hauptstädte der Philister, die unter David und Salomo sich in ihre Feindschaft gegen das Volk Gottes hervorthat. Dieselbe Stadt hielt auch in der Zeit der christlichen Herrschaft in jenen Gegenden das Heidenthum mit besonderer Zähigkeit fest; die Gazarer zeichneten sich unter Kaiser Julian dem Abtrünnigen in der Verfolgung der Christen besonders aus. Diese Umstände mögen dazu geführt haben, Jeden, der gegen die Kirche feindlich auftrat, Gazarer zu heißen. Hierin liegt schon die Bestätigung unsrer Behauptung, daß die Kirche auch die Ketzer in den Hexenprozessen verfolgte, was ferner daraus erhellt, daß man dem Ketzermeister den Namen Johannes gab, ohne Zweifel mit Beziehung auf Johannes Huß, den man am Anfang des 15. Jahrhunderts als Ketzer verbrannt hatte und der in effigie heutzutage noch von dem katholischen Landvolke in den „Johannesfeuern" verbrannt wird.

Bemerkenswerth ist ferner, wie man Juden und christliche Ketzer mit einander vermischte. Den Juden gab man schon sehr frühe die Vergiftung der Brunnen und der Luft woraus die Pest hervorging und plötzliches Sterben, sowie das Tödten von Christenkindern Schuld; seit dem Ueberhandnehmen der Ketzerei gibt man den Ketzern dieselben und noch andere Verbrechen Schuld und umkleidet Beide mit der gehässigen Vorstellung eines Bundes mit dem Teufel und der Zauberei zum Nachtheil der Kirchlichen. Daß dieses so ist, darauf weist die Bezeichnung des Versammlungsorts als Synagoge hin und die Anführung der Thatsache, daß die christlichen Hexen, in diesem Zusammenhange gewiß Ketzer, fleißig die kirchlichen Gebräuche mitmachen.

Auch das wird man als richtig annehmen müssen, daß der Hexenglaube heute noch vielfach im Schwange geht, wenn man die Urkunde aufmerksam liest; wie dieselbe denn überhaupt die Bemerkungen bestätigt, welche wir im Eingang dieses Aufsatzes aufgestellt haben. Bedauern müssen wir nur, daß es uns bis jetzt nicht gelungen ist, die Oertlichkeiten aufzufinden, wo in Heidelberg die Hexen verbrannt wurden und wo die "Angelgrub und Kurnau", der Versammlungsort der Hexen, lag.

II.

Mordversuch auf Churfürst Friedrich V.

Die Zeit der Begebenheit, welche der Gegenstand dieses Abschnittes ist, kann zwar nicht genau angegeben werden, aber es sind Umstände vorhanden, welche sie annähernd wenigstens errathen lassen.

Friedrich V. hatte am 16. August 1614 sein achtzehntes Lebensjahr, und damit seine Volljährigkeit erreicht. Sein Vormund und der Administrator der Pfalz Johann von Zweibrücken übergab ihm am selben Tage deßhalb die vollständige Regierung. Das entscheidendste Ereigniß für sein ganzes Leben, seine Verehelichung mit Elisabeth Stuart, Tochter des Königs Jacob I. von England, war schon 1613, vor dem Antritt der Regierung eingetreten. Diese Verbindung war der Schlußstein zu dem engen Bunde, den die protestantische Union in Deutschland mit England schloß. England und Churpfalz waren die mächtigsten calvinischen Länder.

So glücklich die Ehe des Churfürsten war, so bereitete sich doch im Hintergrunde ein schweres Unglück rasch vor. Während es in ganz Europa kein glücklicheres, munteres und harmloseres Hofleben gab, als in Heidelberg, zogen verderbendrohend die schwarzen Gewitterwolken des dreißigjährigen Krieges herauf, welcher den Churfürsten Friedrich V. und das Wohl seines Landes verschlang. Die Gemüther befanden sich in einer fieberhaften Aufregung. Der Fanatismus begann in hellen Flammen emporzuschlagen. Die Calvinisten warnten in heftigen Schriften vor den Umtrieben der spanischen und päpstlichen Parthei; die Katholiken schilderten die Calvinisten mit gräu-

8

lichen Farben. Die Union der protestantischen Fürsten und ihre Verbindung mit England durch Friedrichs Heirath hatte den Haß der Jesuiten nur steigern können. Man verlangte in Pamphleten die Vernichtung der Ketzer und das Verlangen trug seine Früchte.

Es mochte deßhalb in den Jahren 1614—17 gewesen sein, als an Friedrich V. ein Mordversuch gemacht wurde. Der auf uns gekommene Bericht lautet wie folgt:[49])

Nicht nur die Protestirende oder Evangelische, sondern auch alle aufrichtig alte Katholische und sonsten andere gewissenhafte Gemüter haben je und alleweg die meuchelmörderey, die heutigs tags offt und viel practisirt wird, auff das hefftigst improbirt[50]) und gescholten, wie an Kaiser Maximilian II. zu sehen, Welcher in anno 1574 in einem an Lazarum an Schwendi abgegangenes Schreiben das Blutbad zu Paris höchlich und ernstlich bestraft und improbirt.

Weniger nicht improbirt, condemnirt[51]) und verdampt das Frantzösische Parlament solche Heuchelmörderey, also ernstlich und scharpff, daß sie der Jesuiter Bücher, welche solche Mörder in Himmel erheben, durch den Henker verbrennen und ihnen anzeigen lassen, wenn sie solche Lehren mehr treiben, sollen sie gleich dem Thäter gericht werden.

Der König in Engelland straffet sie ernstlich und will sie gar nicht dulden, und obwohl solche Meichel- und Königsmörder, abscheulicher und erschröcklicher weise, ihrem Verdienst nach, sowol in Franckreich, als Engelland, mit Schlaifen, Viertheilen, Pferdt zu reissen, mit Schwerdt, Fewer, haissem Oel, Schweffel und Bley, gemartert, gequelt und hingericht werden, dannoch von solchen unmenschlichen

---

[49]) Durch die zuvorkommende Freundlichkeit des Herrn Rechtsanwalt Mays zu Heidelberg ist mir die Druckschrift, welche die obige Geschichte enthält, mitgetheilt worden. Ihr vollständiger Titel ist: „Mordpractica, das ist: Gründlicher Bericht, wie dem Durchlauchtigsten, hochgebornen Fürsten und Herrn, Herrn Friederichen dem V. Pfalzgrafen bei Rhein ꝛc. Zween Meuchelmörder zu Heidelberg heimlicher weis nach dem Leben gestell und ihre Churf. Gn. hinrichten und umbbringen wöllen. Wie sie darüber gefangen, und was sie bekennt und ausgesagt. Erstlich gedruckt zu Magdeburg (ohne Jahrszahl.) — Ich fand den Inhalt dieser Schrift noch nirgends verwerthet, weßhalb sie oben abgedruckt ist. [50]) getadelt, verworfen. [51]) verdammt.

Begierden und Thaten nicht abstehen, sondern vielmehr verharren und ihr Gespött mit solcher Potentaten Todtfall allein treiben, wie in dem politischen Probierstein auß Parnaßo cap. I. zu sehen, und immer je mehr zu exerciren [52]) und zu practisiren unterstehen, auch solches nunmehr im Röm. Reich an deßelben vornehmsten Gliedern anzufangen begeren.

Dann es nun mehr kundt, offenbar unnd wolwißend, ja Reichs und Weltkündig ist, welcher Gestalt vor dreyen Monaten zween Erzbuben und abschewliche heimliche Meuchelmörder gen Heidelberg zum gulden Hirschen auff dem Marft [53]) eingekehrt, über Nacht allda gelegen, welche bei dem Wirth vorgeben, bey ihro Churf. Gn. sie etwas zu verrichten hetten, dieses ist also bald erschollen unnd an gehörende Ort bericht, dabey dem Wirth Bescheid ertheilet worden, auff sie gut Achtung zu haben, den folgenden Tag sind sie in ihrem Habit zu Hoff angelangt, da haben sie vorgeben, Wie sie bey ihro Churf. Gn. was wichtiges zu verrichten, und wie sie an dieselbe Crendentzschreiben hetten, haben also vermeynet, mit diesem durch die Wacht zu kommen, Aber von derselben nicht durchgelaßen, Sondern hingegen angezeigt worden, daß sie sich ein geringe weil zu warten nicht beschweren wollten, sie sollten also bald an gehörende Ort, verwiesen, und bey ihro Churf. Gn. angezeigt werden, welches sie nicht allerdings willig gethan, doch anders nicht sein können.

Solche seynd alsabalden bey dem Herrn von Schönberg, Obristen und Rittern angemeld worden, welcher ihnen im Namen ihro Churf. Gn. auff empfangenen Bevelch [54]) Audienz communiciret [55]) und sie angehört.

Welcher Vorbringen war, sie an ihro Churf. Gn. nicht nur Credentzschreiben, sondern auch in Mandato hetten, Solche ihro Churf. Gn. persönlich einzuhändigen, obwol der Herr Oberste antwortete, es wäre gleich viel, er wolle solche alsobald ihro Churf. Gn. einhändigen und sie zu Genüge beantwortet werden, kondte er doch solches nicht erhalten, welches ihro Churf. Gn. er Unterthänigst widerumb referirt [56]),

---

[52]) Auszuüben. [53]) der goldene Hirsch, jetzt Eigenthum der Stadt, stieß am nördlichen Ende des Rathhauses an und bildete das Eck der Hirschstraße, dem „Heinburg" gegenüber. [54]) Befehl. [55]) Audienz gewährt. [56]) berichtet.

darauff alsobalden geschlossen, ein Doctorem juris, vieler Sprachen
kündig, ins Gemach zu ihnen zu schicken, umb solcher Ding ire Raiß
und wandels, Sonderlich ihrer vorgebender Verrichtung halber umbständlich zu examiniren, welches auch alsbald geschehen, welcher
Doctor dann an ihnen befunden, daß sie treffliche gelehrte Gesellen
und sechserley Sprachen reden können, und auß dem gehaltenen exa-
mine und gehaltener conversation⁵⁷) soviel abgenommen und ver-
spüret, daz sie ein lange Zeit uff der Raiß gewesen, bald da, bald
dort hin geraiset, daß sie, wie man meynet, in ihrem Vorhaben ge-
stärckt, und vor sie gebetten werde, unnd sonst ungleiche nicht zu-
sammenstimmende Reden sonst lauffen lassen, unnd ob schon die
Credenzschreiben mit großer Bescheidenheit wiberumb erfordert, demnach ihnen nicht eingehändigt werden wöllen, sondern mit der gleich-
mäſſigen Verantwortung, solche Ihro Churf. Gn. persönlich einhändigen
müſſen, sich entschuldiget.

Weil sie dann hierdurch als zu viel suspect⁵⁸), und verdächtig
sich gemacht, sind sie in ein Gemach, nach gehaltener stattlicher Tafel,
mit Vertröſtung ihre Churf. Gn. ihne Audienz ertheilet werde, verwiesen, und nach gehabter deliberation⁵⁹), auch wie man sagt, ge-
schehenen und verspürten mörderischen Meſſer, im selbigen Gemach
besucht, und bey ihnen unterſchiedliche mörderische Waffen befunden
worden, als nemlich ihre Pilgramſtäb, die waren oben mit zugedeckten
pfannendeckln wol versehen, und wann dieselbe abgedruckt, sind ſtarke
Meylänbische Rappierklingen heraußgefahren, also ſtarck und ſchnell,
sie wol durch ein hölzerne einfachene thännine Thür fahren mögen.
Zum andern, hat ein jeder ein zweyschneident vergifft Meſſer bei ſich
getragen, in die drey viertel einer Elen lang, überbieß hat ein jeder
ein geladen, geſpannt unnd auffgezogen Geſchoß bei ſich gehabt, und
hat ein jedes ein Meſſer außgebreit wie ein Kornſtengel in ihm
ſtecken gehabt, wann es eim verſaget hette, und der auffgeſetzte Haan
abgeſchlagen worden, so iſt das Meſſer alsbald unnd so schnell, als
ein Kugel herausgefahren und einem in Leib gewischt were.

Weil nun solche mörberliche Waffen, neben den Credentzschreiben, deren Oberschrifft recht und gut, doch ohne Subscription⁶⁰) bei

---

⁵⁷) Unterredung. ⁵⁸) in Argwohn versetzt. ⁵⁹) Berathschlagung. ⁶⁰) Unterschrift.

— 117 —

ihnen gefunden worden, so sind dieselbe in die Zellt, darin man sonsten ein Fürstl. und Gräfliche Personen carceriren ⁰¹) und einsetzen pflegt, auch einlosirt worden, welche stattlich und alle Mahlzeit mit 12 Trachten gespeiset und nur gar zu wol gehalten worden.

Wie nun der Durchl. Hochgeb. Fürst und Herr, Herr Friedrich Pfaltzgraff Churfürst in allen seinen Lands- unnd Reichs-Geschäften hochweißlich und langmütig handelt, also thun sie auch mit diesen Personen, auff daß in andern Nationen ihre Churf. Gn. Unterthanen auch nicht übereylet würden. Darumb den casum ⁰²) umbständlich formirt ⁰³) und den Juristischen Faculteten zu Meyntz, Würtzburg unnd Cölln zugeschickt, umb consilia ⁰⁴) zu zufärtigen, wessen man sich mit ihnen zu verhalten, aber wie mit ihnen zu prodediren ⁰⁵) seyn, die dann einhelliglich geschlossen, sie auff die Tortur zu spannen, unnd peinlich zu fragen, wie solches auch mit solcher Bescheydenheit milde und Gnaden beschehen, daß sie solches warlich nicht würdig, ihre gemeine gütliche und peinliche auch widerholte Bekäntnuß und Aussag seyn, daß sie zween auff Hoch vorneme Leut außgeben unnd bekennen, daß sie von ihnen umb ihre Churf. Gn. umbzubringen unnd zu erwürgen, subornirt ⁰⁶) und bestellt seyen, jedoch solches ins Werck zu richten nicht gesinnet gewesen, excipiren ⁰⁷) und vornehmen, wir aber solches ihrem Conatu ⁰⁸) zu wieder, gleich das factum ⁰⁹) selbst an, dann der aufgezogene Feind, vor den Thäter zu achten und ein solcher Conatus pro effectus ⁷⁰) gehalten wird, Und werden solche Leut solches langsam gestehen, sind nun durch ihre Churf. Gn. ersucht worden, was die nun für ein Antwort geben und was vor ein Verdienst sie erlangen werden, wird die Zeit bringen, es ist aber zu jammern, daß alle Protestirende, solchen Gesellen, die schärpffe mit so viel Gnad vermischen, da doch billiger ein solch Exempel an diesen zu statuiren, daß solch halsstarrige sich genugsam spiegeln könnten.

Wer aber solche Maleficanten ⁷¹) seyn sollen, so sind sie leichtlich an ihrem Habit, auch an der Frucht zu erkennen, sind's nicht

---

⁰¹) Einsperren. ⁰²) Fall, Angelegenheit oder Sache. ⁰³) gerichtlich aufgenommen. ⁰⁴) Gutachten. ⁰⁵) vorzufahren. ⁰⁶) angestiftet. ⁰⁷) geltend machen. ⁰⁸) Absicht (des Mords). ⁰⁹) That. ⁷⁰) Absicht für die That selbst. ⁷¹) Uebelthäter.

geschworne, geschorne gewenhte Jesuiter, so sind's doch ihre discipuli[72]) und beaydigte Schuler die ihr Lehr nicht nur wol studirt, sondern auch trewlich und fleißig practisiren und gehorsame Folg zu thun, unterstanden.

Es kan niemand verständigs immer erachten, wo mit ihro Churf. Gn. solche mörderische Nachstellungen, umb einigen lebendigen Menschen verdient haben solte, dann ihr fried fertiges Hertz männiglich bekanndt. Wann sie nicht etwa ihres Schwähers deß Königs in England, Weil sie ihr Königl. Mayst. nicht zukommen können, entgelten solte, dann einmal gewiß, daß derselbe Heyrath ihnen ein gewaltigen Stich in Augen, sonderlich wenn ihre Churf. Gn. zum Englischen König, wo es verwend wurd designirt[73]); dahero den Spaniolisirten, alle Hoffnung zum Königreich Engelland benommen.

Hilff Gott, Wann einer von der protestirenden Unterthanen, von den Spaniern solle, umb solcher That willen bekommen werden, Was unerdenkliche Marter würden sie anthun, daß aber die Evangelische so barmhertzig gegen ihnen sind, Wissen sie meisterlich zu mißbrauchen, und spotten ihrer darzu. Wie in ob angezeigtem Politischem Problerklein auß Parnasso zu sehen, letzlich fallen sie selbst in die Gruben, unnd ersticken in ihrem eygenem Blut. Gott behüte alle Protestirende Chur- und Fürstl. Häuser, vor solchen Mördern unnd Abschewlichen Schelden, Amen.

---

[72]) Schüler, Knechte, Helfershelfer. [73]) ernannt. Hier wird angespielt auf die beabsichtigte Heirath des Prinzen von Wales mit einer spanischen Prinzessin, wodurch die katholische Parthei den König von England, Jacob I., der zudem bedenkliche Sympathien mit dem Katholicismus geoffenbart hatte, vollends zu sich hinüberziehen zu können hoffte. Die Heirath wurde durch den Tod des Prinzen zu Nichte.

XXI.
Beschaffenheit der Erdoberfläche der Heidelberger Gemarkung.
(Geognosie.)

Die Kenntniß der Beschaffenheit der Erdoberfläche unserer Gemarkung ist für den gründlichen Erforscher der Geschichte der Stadt nicht bloß darum von Nothwendigkeit, weil diese Beschaffenheit der Stadt und ihrer Mark ihre Physiognomie gibt, sondern hauptsächlich deßhalb, weil dieselbe die natürliche Grundlage für das gesammte Culturleben ist. Wir können uns keine genügende Vorstellung von geschichtlichen Ereignissen machen, wenn wir das Terrain und seine Beschaffenheit nicht kennen, auf dem jene Ereignisse Statt fanden. Ebenso fehlte uns der tiefste Erklärungsgrund für das Gedeihen und Leben, sowie für die Entwicklung der städtischen Gemeinschaft, wenn wir diese Dinge nicht an ihren Wurzeln und Voraussetzungen messen könnten.

Welches ist die Urquelle für den bürgerlichen Wohlstand unserer Stadt; was macht sie zu einem steten Anziehungspunkt für Fremde? — Es ist die natürliche Beschaffenheit der Erdoberfläche. Alles Lebendige bedarf einer natürlichen Grundlage; sie ist für den einzelnen Menschen sein körperliches Dasein und Leben; für eine Gemeinschaft von Menschen das Terrain, auf dem es sich gestalten soll. Es ist die Mutter Erde, der unsere Stadt ihre Existenz verdankt.

Das aber ist überall der Fall, auch da, wo sich die Erde als Stiefmutter zeigt, und wo der Mensch, der Sinn für Schönheit hat, sich nicht heimisch fühlt. Das Herz geht uns auf und wir leben gerne auf einem Fleck Erde, wo die Natur das Füllhorn ihres wunderbaren Zaubers ausgeschüttet hat. Es ist das landschaftliche Bild, in welchem die Mannchfaltigkeit und Abwechselung auf einem verhältnißmäßig kleinen Umkreis zu einem harmonischen Ganzen sich verbindet, was die Gegend von Heidelberg als ein Paradies erscheinen läßt. Aus dunkler Thalschlucht bricht sich ein munterer, schiffbarer

Fluß die Bahn; ernst und ruhig schauen auf sein lebensvolles Treiben Jahrtausende alte Berge hernieder. Von ihren Rücken aus eröffnet sich ein seltener, unaussprechlich wohlthuender Blick in das große Rheinthal mit seinen Städten und Dörfern, mit seinen Fluten und Wäldern, begrenzt in weiter Ferne durch einen Zug blauer Berge; — und hinab in die zu Füßen liegende, stets lebensvolle und lebensfrische Stadt, die wie ein kostbares Juwel in reichster Fassung ruht.

Die Heidelberger Gemarkung hat zu ihrer unmittelbaren Grundlage größten Theils den bunten Sandstein; ins Besondere ist der gebirgige Theil derselben, die bewaldeten Höhen auf buntem Sandstein beruhend.

Im Neckarthale stehen auf beiden Flußufern granitische Gebilde mit eigenthümlichen Erscheinungen zu Tage.

In unmittelbarer Nähe der Stadt ist die Auflagerung des bunten Sandsteins auf dem Granit wahrzunehmen, deren Grenzscheide das rothe Todtliegende bildet.

Die Stadt selbst, sowie der dem Rheine zu gelegene Theil, ebene Theil der Gemarkung ruht theilweise auf einem Diluvial-Conglomerat, aus verschiedenartigen Bruchstücken zusammengesetzt und mit einem kalkigen Bindemittel verkittet.[78])

A. Der bunte Sandstein.

Der bunte Sandstein bildet im ganzen Odenwald den Hauptbestandtheil der Erdoberfläche. Er steigt, mit Ausnahme des Katzenbuckels, dessen Spitze aus Dolerit besteht, zu den höchsten Höhen auf. In Heidelbergs Nähe erreicht der Königstuhl eine Höhe von 1893 Fuß, der Heiligenberg eine solche von 1458, der Gaisberg von 1252. Die Häupter dieser Berge sind schön abgerundet; Die Thäler, welche der Sandstein bildet, erheben sich sanft; nirgends

---

[78]) Die hier folgende Darstellung der geognostischen Verhältnisse Heidelbergs ist eine selbstständige Verarbeitung von Notizen, die der Verfasser aus verschiedenen Werken über die Geognosie, besonders von Leonhards Werken, sodann aus Mone's „Urgeschichte" geschöpft hat.

eine Spur schroffen Abgerissenseins. Vom Königstuhl, als dem höchsten Punkte der Gegend, aus gesehen, erscheinen die Bunte-Sandstein-Parthien in Bergen und Thälern als ein wogendes, aber nicht aufgeregtes Meer, und machen dieselben auf den Beschauer auch einen beruhigenden Eindruck.

Es gibt Sandsteinschichten, welche fast wagrecht auf dem Granit aufliegen; andere sind unter Winkeln von 12, 14, 34, ja selbst 45 Graden aufgerichtet. Am östlichen Abhange des Gaisberges findet man eine Neigung von 10 Graden nach Südwesten; im großen Steinbruch auf dem Weg nach dem Königstuhl von 5 Graden nach Süden. Gegenüber dem Zimmerplatz befindet sich eine etwa 100 Fuß lange Sandsteinlage im Neckar, die sogenannte „Mauer", welche jedoch nur bei kleinem Wasserstand sichtbar ist, deren Schichten sich unter einem Winkel von 45 Grad neigen.

Im bunten Sandstein finden wir wenig Außergewöhnliches; er ist sehr einförmig und besteht bald aus grobem, bald aus feinem Korn, das durch ein thoniges, nur selten eisenhaltiges oder kieseliges Bindemittel zusammengehalten wird. Immer jedoch ist es der Fall, daß der Sandstein groben Korns der obere, des feinen Korns der untere Theil der Formation bildet. Thonige Lagen zwischen den Schichten dieses Gesteins erreichen zuweilen eine Mächtigkeit von 1 bis 2 Fuß.

Seiner Farbe nach ist er meist roth, jedoch sind weiße, gelbliche, auch graue Abwechselungen nicht allzu selten. Je höher man steigt, um so häufiger erscheinen Quarzgeschiebe, welche der Sandstein einschließt. Der Quarz ist dann grobkörnig und crystallinisch; ja auf den höchsten Höhen, auf dem Königstuhl und dem Gaisberg finden sich Quarze von Wallnußgröße und darüber. Auch Gerölle von Porphyr, der älter ist als der Sandstein, kommen in diesem vor.

Eine eigenthümliche Erscheinung bilden die „Sandsteinkugeln" am Gaisberg, die man hier nicht bloß in den zu Tag gehenden, verwitterten Sandsteinmassen, sondern auch in ganz frischem Sandstein findet, der noch keine Zersetzung zeigt. Die „Kugeln" sind nicht ganz rund, gewöhnlich elipsoidisch, nuß-, selbst faustgroß, aus einer durch wenig Bindemittel verkitteten Sandsteinart zusammengesetzt und oft durch die Hydrate des Eisen- und Mangan-Oxides braun gefärbt. Sie sitzen gewöhnlich ganz lose in der Sandsteinmasse und lassen sich leicht herausnehmen. Es gibt Sandsteinplatten, in denen nur der innere kugelige Kern sichtbar ist; bald zeigt sich derselbe auch von mehreren kreisförmigen Schalen umgeben. Platten mit vielen solchen „Kugeln" auf einem kleinen Raum nennen die Steinhauer „versteinerte Vogelnester."

Philomelan findet sich in knolligen, traubigen, nierenförmigen und crystallinischen Massen, auch in zierlichen Dendriten als Ueberzug auf Kluftflächen des Sandsteins; am östlichen Abhang des Gaisbergs trifft man dieses Mineral bisweilen auch in losen, faustgroßen Massen, besonders in hohlen Räumen vom bunten Sandstein, die früher mit Thon gefüllt waren. Kleine Geschiebe von Kieselschiefer finden sich als Seltenheit im bunten Sandstein eingeschlossen am Gaisberg.

D. Der Granit.

Dieses plutonische Steingebilde findet sich an beiden Ufern des Neckars, rechts bis gegen Ziegelhausen, links bis an den „Gutleuthof." In der Tiefe des Neckarthales zieht der Granit hin, den Saum der Berge bildend. In massigen Felsen tritt er über den Spiegel des Neckars heraus; der mittlere Pfeiler der Neckarbrücke ruht auf Granit.

Ueber die Massenbeschaffenheit des Granits ist Folgendes bemerkenswerth: Der Feldspath ist in ihm vorherrschend. Dieser ist weiß, auch fleisch- und ziegelroth; der schon verwitterte Feldspath ist häufig mattgelb oder pfirsichblüthroth. Die im Granitteig liegenden Feldspathcrystalle sind bald fleischroth, bald weiß. Dieser, durch Crystalle characterisirte, porphyrartige Granit herrscht vor. Die Crystalle sind häufig zu Zwillingen vereinigt, welche sich beim Zerschlagen aus der Masse herauslösen lassen; sie zeigen sich aber auch zerrissen und gespalten auf der Oberfläche, theils in Vier-, theils in Sechs-Ecken. Im verwitterten Granitgruß finden sich leicht solche Crystalle heraus, denn bei vorschreitender Verwitterung fallen die Crystalle von selbst heraus. Die Luft beschleunigt das Verwittern viel mehr als das Wasser, das zeigt die glatte, feste Oberfläche dieses Steins im Neckar und seine Zerklüftung am Gebirge. Der verwitterte Granit gibt einen für den Pflanzenwuchs höchst günstigen Boden. Seine schroffe Abgerissenheit macht seine Parthien romantisch.

Nächst dem Feldspath bildet der Quarz im Granit die größte Masse; er erscheint rauchgrau und ist selten crystallisirt.

Der Glimmer tritt im Granit nur wenig hervor; seine Farbe ist oft silberweiß, oft aber auch schwarz und Beides neben einander. Zuweilen findet man zierliche Anhäufungen des blumenblätterigen, silberweißen Glimmers.

Erst in der neuesten Zeit ist man auf eine eigenthümliche Erscheinung im Granit aufmerksam geworden; es sind dies Granitgänge im Granit. Nirgends sind solche deutlicher und schöner wahrzunehmen, als am linken Neckarufer und auf dem Schloßberg. Früher war diese Erscheinung auch in der durch Steinbruchbau jetzt verstörten Felswand, unfern des „magern Hofes" vor dem Carlsthor wahrzunehmen. Gegenwärtig zeigen sie sich noch beim Aufsteigen vom Hausacker nach dem Wolfsbrunnenweg. Der Hauptpunkt aber ist die Wand an der großen Terrasse des Schloßbergs hinter dem Pavillon, wo zugleich die größte Granithöhe auf dem linken Neckarufer ist. Es ist eine Wand von 12 Fuß Höhe und 9 Fuß Breite aus porphyrartigem Granit. Da setzen zahlreiche Gänge eines jüngern, feinkörnigen Granits auf. Das Ganze bildet ein Gewebe von nur wenig von einander entfernten Gängen, die sich auf die mannfaltigste Weise durchsetzen und verzweigen. Der Ganggranit schließt Bruchstücke und größere Massen des porphyrartigen Granits ein und umklammert diesen. Da der Ganggranit härter ist und nicht so leicht verwittert als der Gebirgsgranit, so zieht sich jener durch diesen wie Schnüre hin und wieder, die auf der Oberfläche hervortreten, während der Gruß des Gebirgsgranits einem zarten Moose das Dasein fristet.

Es gibt zwei Arten solchen Ganggranits, eine ältere und eine jüngere. Der ältere ist feinkörnig; Feldspath, Quarz und Glimmer sind meist in gleicher Menge vorhanden; der Glimmer ist theils silberweiß, theils schwarz. Der jüngere ist sehr grobkörnig, oft nur aus großen Massen von Quarz und Feldspath bestehend, letzterer oft in Crystallen; der Glimmer ist silberweiß, schwarz, braun oder grün, bisweilen auch in Cryftallen von 1½—2 Zoll Länge vorhanden; manche davon sind zerbrochen und durch Quarzmassen wieder verkittet. An manchen Stellen hat der grobkörnige (jüngere) den feinkörnigen (ältern) Ganggranit durchsetzt. Bruchstücke, von dem porphyrartigen in den Ganggranit eingeschlossen, sowie ausgezeichnete **Reibungsflächen** sind keine Seltenheit. Die Grenze zwischen dem grobkörnigen und porphyrartigen Granit ist im Allgemeinen nicht immer deutlich; die Ränder des grobkörnigen nehmen oft cryftallinische Structur an, eine Folge schneller Abkühlung; die Gangmasse in der Mitte der Gänge wird porphyrartig. Dagegen ist die Grenze zwischen dem feinkörnigen und Gebirgsgranit meist sehr deutlich, besonders da, wo dieser schon verwittert. Beide Theile sind dann nur gering zusammengehalten; mit der Tiefe jedoch nimmt der Zusammenhang zu. Die Größe der Einschlüsse des porphyrartigen im feinkörnigen Granit ist verschieden, es sind bald Massen von 10 Fuß und darüber, bald nur von einigen Linien Durchmesser, wobei jedoch die Umrisse scharf und erkennbar bleiben; die Ganggranite erscheinen auch da, wo sie das rothe Todtliegende berühren, scharf abgeschnitten. Die Mächtigkeit der Ganggranite wechselt von 4 Zoll bis 1 Fuß und darüber. Die eigentliche Beschaffenheit der Masse ist die der Gebirgsgranite (Feldspath, Quarz, Glimmer), jedoch mit etlichen Beimengungen. Vorerst ist hier zu nennen: Turmalin, besonders auftretend an der Grenze gegen den porphyrartigen Granit. Seine Farbe ist stets die schwarze. Nur selten ist eines der Enden ausgebildet. Am meisten findet sich Turmalin in cryftallinischen, strahligen Massen; es sind stengelige, in der Richtung der Hauptaxe in die Länge gezogene Cryftalle, in strahligen und sternförmigen Parthien, in letzterer Weise besonders schön im feinkörnigen Ganggranit. Die Turmalinmassen erscheinen gleich Flecken auf der Oberfläche des Gesteins. Der Turmalin ist ein treuer Begleiter des silberweißen Glimmers. Wo der jüngere den ältern Ganggranit durchsetzt, bildet er gleichsam das Salband. In der Mitte der Gänge des grobkörnigen Granits ziehen sich oft 2—3 parallele Schnüre von Turmalin hin, welche dem Gang immer in gleicher Richtung folgen. Auch aus den zarten Blätchen des silberweißen Glimmers ragen kleine zierliche Turmalincryftalle hervor, deren Mittelpunkt sie gleichsam durchbohrt haben. Auf den

Reibungsflächen der Granite ist der Turmalin platt gedrückt, gepreßt; ebenso erscheint auch der Glimmer, die Furchen überkleidend. Oft erscheint der Turmalin auf den Reibungsflächen auch als feiner, staubartiger Ueberzug, wie Ruß. Selten sind in den quarzreicheren Parthien des grobkörnigen Ganggranits zerbrochene und durch Quarzmasse wieder zusammengekittete Turmalinkrystalle. — Als fernere Bestandtheile sind zu nennen: Beryll, als Seltenheit in kleinen, sechsseitigen Crystallen; Pinit in sechsseitigen Säulen mit abgestumpften Seitenkanten; rother Granat in äußerst kleinen Trapezoedern; Elfenglimmer auf Klüften, vorzüglich an der Hirschgasse.

Ueber die Entstehung der Ganggranite ist Folgendes zu bemerken. Gigantische Granitmassen erstarrten bei ihrem Emportreiben aus der Tiefe an der Oberfläche. An dieser Oberfläche entstanden Zerklüftungen, während in der Tiefe noch größere Hitze, vielleicht noch Flüssigkeit herrschte. Die feurig-flüssige Masse der Ganggranite schoben sich dann in die Spalten des geborstenen, bereits erkalteten Gebirgsgranits hinein. Die Emportreibung des jüngeren Ganggranits, der, wie den Gebirgs-, so auch den ältern Ganggranit, durchsetzt, fällt in die Periode vor Ablagerung des rothen Todtliegenden und des bunten Sandsteins; denn im rothen Todtliegenden finden sich Rollstücke von turmalinreichem Ganggranit oft von bedeutender Größe. Beim Heraufsteigen der jüngeren Gebilde entstand eine Reibung an den Wänden der Klüfte; hierdurch bildete sich ein Reibungs-Conglomerat: in einer zerkleinten, aber harten, und nicht verwitterten granitischen Grundmasse liegen scharfeckige, frische Bruchstücke eines feinkörnigen Granits, die öfters frei aus der Masse hervorstehen und sich wesentlich von den in den Ganggraniten eingeschlossenen Trümmern unterscheiden. Diese Reibungsconglomerate bilden die Scheide zwischen dem Gebirgs- und Gang-Granit; so in den hohen Felsen, welche der Granit an den beiden Neckarufern bei Schlierbach bildet, wo auch die Unterscheidung der Gänge deutlich sichtbar ist. Reibungsflächen auf beiden Seiten der Gänge befinden sich in einem Steinbruch bei Schlierbach, ferner in großartigem Maßstabe an den schroffen Felsenwänden des Neckarufers, darunter solche von 20—30 Fuß Länge und 15 Fuß Breite.

An denselben Wänden, die etwa 800 Fuß lang sind, kann auch das Streichen und Fallen des Granits verfolgt werden. Bei beständigem Streichen in Süd-Süd-Ost fällt die Wand nordöstlich ein, in Winkeln von 59, 60 und 72 Graden. Bald befindet man sich im Hangenden, bald im Liegenden der granitischen Gangmasse. Das Streichen der beiden Ganggranite ist sehr verschieden. Der ältere, viel verbreitetere, streicht dem Neckar im Allgemeinen parallel; der jüngere schneidet den Fluß oft unter einem rechten Winkel. Es zeugt dieses von wiederholter plutonischer Thätigkeit.

C.
Das rothe Todtliegende.

In der Heidelberger Gemarkung hat man bis jetzt noch keine unmittelbare Auflagerung des bunten Sandsteins auf dem Granit aufgefunden. Dagegen hat man immer zwischen Sandstein und Granit solche Massen gefunden, denen man nicht mit Bestimmtheit sagen kann, daß sie der einen oder der andern der beiden Steinarten angehören, von denen vielmehr angenommen werden muß, daß sie aus Auflösungen beider Theile entstanden sind; das rothe Todtliegende. Es entstand aus einer Zerstückelung und Zermalmung der Granite, besonders des Gebirgsgranits und besteht aus sehr weichem Granitgruß, in welchem einzelne oft faustgroße Granitbruchstücke und Quarzbrocken liegen. Die Granitbruchstücke enthalten Theile des Gebirgs- und der Gang-Granite, besonders des ältern turmalinreichen. Ohne Zweifel, weil jener der Zerstörung geneigter ist als dieser, gibt jener den eigentlichen Teig, das Bindemittel, in welchem die Ganggranittrümmer und die Porphyrstücke liegen. Diese Porphyrstücke bilden theils Kugeln von der Größe eines Eies bis zu der eines Kopfes und darüber, theils längliche, scharfkantige, oft besonders gestaltete Massen. Ihre Oberfläche ist rau und löcherig; ihre Masse sehr hart. Wie läßt sich ihre Entstehung erklären, da doch auf der linken Neckarseite keine Porphyre zu Tage kommen? und nur im Odenwalde derselbe vorkommt, mit dem jedoch der unsrige nicht verglichen werden kann? — Man nimmt hie und da, besonders auf erhabenen Punkten am bunten Sandstein Reibungsflächen wahr, welche von polirten Decken von

Felsstein überzogen sind; vielleicht sind sie die Schlüssel zum räthselhaften Vorkommen von Porphyrstücken im rothen Todtliegenden.

Einzelne Ablagerungen des rothen Todtliegenden finden sich auf dem Schloß und im Schloßgraben, dem gesprengten Thurm gegenüber. Es reicht abwärts vom Schloßberge auf der nach Westen gekehrten Seite und wurde in Kellern und Brunnenstuben unfern der alten, nach der Kettengasse ziehenden Stadtmauer gefunden. Auch am „kurzen Buckel" finden wir dies Gestein, sowie in der Richtung des nach dem Wolfsbrunnen ziehenden Weges.

Das Pflaster mancher Straßen der Stadt enthielt meist Porphyrstücke, die, wegen ihrer Härte, vor dem Granitpflaster, das leichter abnahm und ausgefahren war, hervorstanden und eine bedenkliche Unebenheit des Pflasters verursacht hat; was auch jetzt noch bezüglich der Straße der Bergstadt gilt. Vielleicht waren die Porphyre, die dem Schloßgraben bei dessen Anlage entnommen wurden, das älteste Pflasterungsmaterial.

Das rothe Todtliegende hat eine Mächtigkeit von etwa 30 Fuß. Ueber diesem Steingebilde findet sich in der Nähe des Pavillons eine kleine, 2—3 Fuß mächtige Schichte von Zechstein-Dolomit, welche gleichfalls Porphyrfragmente einschließt. Der Zechstein-Dolomit ist mehr oder weniger verwittert und geht allmälig in das rothe Todtliegende über. Beim Abteufen eines Bohrloches, zur Gewinnung eines artesischen Brunnens, 300 Fuß unter dem Neckarspiegel; ebenso im Sommer 1842, beim Graben des Fundaments eines Hauses in unmittelbarer Nähe der Brücke auf dem rechten Neckarufer und in ziemlich gleicher Höhe mit dem Neckarspiegel, — traf man Zechstein-Dolomit. Ferner scheint derselbe auf einem Punkte am Wolfsbrunnenwege vorzukommen, wenigstens deuten häufige Rollstücke darauf hin. Endlich erscheint derselbe am rechten Neckarufer in lose umherliegenden Stücken, die Abdrücke einer Avicula-Art enthalten. Das Vorkommen von Zechstein-Dolomit in so verschiedenen Höhen und Tiefen in der nächsten Nähe Heidelbergs ist merkwürdig.

D.
Das Diluvial-Conglomerat.

Die Stadt Heidelberg selbst, der Theil derselben wenigstens, welcher auf dem ehemaligen Neckarbette, der jetzigen Thalsohle erbaut ist, sowie der auf der Ebene sich ausstreckende Theil der Heidelberger Gemarkung, ruht auf einem Diluvial-Conglomerat, das aus Bruchstücken von Muschelkalk, Jurakalk und buntem Sandstein zusammengesetzt ist, unter denen sich auch mitunter Granitbrocken befinden. Gegen Schwetzingen und Mannheim zu ist dasselbe sehr verbreitet. Alle Conglomeratbestandtheile sind durch ein kalkiges Bindemittel, als Cement, verkittet.

Vergegenwärtigen wir uns die höchst wahrscheinliche Entstehungsweise. Wir werden dabei in die Zeit zurückgeführt, in welcher der Rhein und der Neckar noch Seen bildete. Mit Recht glaubt man annehmen zu dürfen, daß die jetzigen beiden Neckarufer oberhalb Heidelberg zusammenhingen und so dem Neckarwasser den Austritt in das Rheinthal versperrten. Die große Rheinebene dagegen war mit den Wassern eines großen Rheinsees angefüllt, dessen Ufer die links- und rechtsrheinischen Gebirgszüge bildeten. Dieser Rheinsee erhielt wohl Zuflüsse, aber hatte nur wenigen Abfluß. Ursprünglich war das Bett des Rheinsees jedenfalls ein sehr tiefes, denn es ist anzunehmen, daß das Wasser unmittelbar auf dem Urgebirge stand. Die Zuflüsse aber brachten von den verschiedensten Seiten her Stein-Bruchstücke, die sich in der Tiefe ablagerten und nach und nach das Rheinbette ausfüllten. Da der Hauptzufluß von Süden kam, so mußten jene Bruchstücke in überwiegender Masse quarzreich sein, denn aus quarzreichen Granitgegenden kam der Hauptstrom. Daher die weiße Farbe des Rheinkieses und Rheinsandes. Nach und nach hatte sich das ganze Rheinbette bis zu den Füßen der beiderseitigen Berge mit diesem Schutte gefüllt.

Da brach durch unterirdische Gewalt, durch vulkanische Erhebung die Pforte des Neckarsees bei Heidelberg; mit ungeheurer Gewalt stürzte sein Wasser, Alles, was es auf seinem Wege mitnehmen konnte, mit sich fortreißend, in den Rheinsee. Wahrscheinlich zu gleicher Zeit und durch die gleiche vulkanische Erhebung brach auch die Pforte des Rheinsees beim Loreleyfelsen und das Rheinwasser setzte sich gegen Norden in Bewegung.

Der Neckar führte sein Gestein, aus der obern Neckargegend kommend, daher aus Bruchstücken von Muschelkalk, Jurakalk und buntem Sandstein bestehend, in den abfließenden Rheinsee. Das Wasser des Neckars, das einen viel bedeutenderen Fall hatte, als das des Rheins, trieb vorerst die obersten Schichten des Rheinschuttes vor sich her und setzte dasselbe weiter westlich, in den Gegenden von Bruchhausen, Plankstadt, Grenzhof, Friedrichsfeld, Ilvesheim, Wallstadt und Virnheim wieder ab. So entstanden die Rheindünen. An die Stelle des abgeführten Rheinschuttlandes setzte der Neckar seinen Schutt ab, welcher genau dieselben Grenzen zeigt und sich von Reimen über die genannten Gegenden bis an die Bergstraße bei Virnheim erstreckt. Diese Begrenzung ist an der Farbe des Schuttlandes leicht zu bemerken. Denn, während, aus den schon angegebenen Gründen, der Rheinschutt im Ganzen weiß erscheint, so ist der Neckarschutt, vermöge seiner genannten Bestandtheile, röthlich-grau.

Die Schnelle und der Druck des Neckarstroms verminderte sich wie er bei Heidelberg aus dem engen Thale in die weite Ebene ausströmte. Deßhalb setzte er gleich vor dem Gebirge die schwersten Geschiebe nieder und zwar zwischen Edingen, Wieblingen und Eppelheim, so daß dieses Gebiet erhöht ist. Als der Neckar kleiner wurde, prallte er an dieser Erhöhung an und mußte seinen Ausfluß nach Norden und Süden suchen; er konnte nicht geradeaus. Durch den so entstandenen Widerstand wurden Wirbel erzeugt in der Nähe des Gebirgs, auch Gegenströmungen, wodurch der Niederschlag des Neckarwassers wellenförmig wurde; — in weiteren Fernen, also bei ruhigerem Fluß sind die Niederschlag-Schichten wagrecht.

Die Mächtigkeit der Neckargeröllablagerung ist unbekannt, jedenfalls ist sie sehr bedeutend. Je tiefer man in diese Ablagerung hinabbringt, um so herrschender wird das Rollgeschiebe, desto seltener Sand und Sandstein. Durch die Vertiefungen und Erhöhungen sind die Geschiebe und Schichten oft unterbrochen, so daß das eine Geschiebe oft in die Schichte des Andern übergeht; welche Ungleichheiten bis an die Oberfläche des Bodens gehen. Je mehr man sich dem Rhein nähert, desto herrschender wird der Sand, desto kleiner das Gerölle, desto dünner die Kieslagen in den obern Schichten. Im Ganzen erhebt sich das Neckarschuttland vom Rhein bis Heidelberg etwa um 50 Fuß.

Es sind aber mehrere Schichten wahrzunehmen, welche der Neckar bei eintretenden Hochwassern auf die Aelteren wieder absetzte, Schichten von 1—2 Fuß Mächtigkeit. So befinden sich drei Schichten am **Kirchheimer Weg** bei der **Schwetzinger Straße**, wo im Jahre 1820 einige Elephantenzähne gefunden wurden.

Als der Neckar schon einen regelmäßigeren Gang hatte und Hochwasser seltener wurden, brachte er statt des Kieses **Schlamm** mit, den er zunächst am Gebirge absetzte, wo, in der Nähe von Heidelberg, die aus Schlamm gebildete **Dammerde** eine Schichte von 4 bis 6 Fuß bildet, im Süden und Osten von großen Sandbänken eingeschlossen. Je weiter vom Gebirge entfernt, um so dünner wird die Dammerdschichte, erscheint bald mit dem Kallgeschiebe vermischt und verschwindet zuletzt an den Rheindünen.

Durch den Widerstand, welchen der **Neckar** an den Erhöhungen bei Edingen, Wieblingen und Eppelheim fand, mußte derselbe, wie schon bemerkt, sich **theilen.** Der **Hauptstrom** ging unterhalb **Bergheim** nordwestlich gegen **Ladenburg**, von da über **Feudenheim**, viele Nebenarme bildend, nach **Mannheim.** Von **Neuenheim** zweigte sich ein anderer Arm ab, der über den Rosenhof nach **Wallstadt**, von da zurück nach **Weinheim** floß und bei **Trebur** in den Rhein fiel. Der Südneckar trat in zwei Armen aus dem jetzigen Neckarbette bei **Bergheim** und bei **Heidelberg**. Der **Bergheimer Arm** durchbrach die Düne bei **Schwetzingen** und floß bei **Brühl** in den Rhein. Der **Heidelberger Arm** aber verlor sich im Kies, doch will man sein Bette bis in die Gegend von **Bruchhausen** verfolgen können. Wahrscheinlich trat er beim jetzigen **Marstall** heraus, ging durch die **Schiffgasse** nach der **Pled** und dem **Bahnhof**, in westlicher Richtung gen **Rohrbach**. Der **Marstall** liegt fast im Thalweg dieses Arms. Die **Schiffgasse** und die **Pled** lagen einst so tief, daß man sie, um die Straßen dem anliegenden Terrain anzupassen, um mehrere Fuß erhöhen mußte. Vielleicht wurde dieser Arm durch die Biegung des Neckarstroms beim **Harlaß** verursacht.

Betrachten wir den Wald- und Ackerboden der Heidelberger Gemarkung.

Granitgruß gibt recht guten Wald- und Ackerboden, besonders wenn er mit kalkhaltiger Erde gemengt wird. Er hat Antheil an der Bildung des Löses gehabt, den wir z. B. beim Harlaß aufgelagert finden; die übrigen Gemengtheile sind noch Thonerde, Eisen- und Manganoxyd. Der Granitboden verlangt an Bergabhängen solche Pflanzen, welche tief wurzeln, um dem Boden Halt zu geben. Er ist seiner Natur nach nässer als der Sand; daher der üppige Gras- und Pflanzenwuchs.

Der durch heftige Wasser, Wechsel von Kälte und Wärme bei vorhandener Feuchtigkeit zersetzte Sandstein ist kein guter Ackerboden, selbst dann, wenn er mit Erde gemischt ist, besonders in trockenen Jahren. Den Reben verursacht er gerne den Brenner. Dagegen ist er ein vorzügliches Baumaterial.

Einen ausgezeichneten Wald- und Ackerboden dagegen liefert das Gemenge aller einzelnen Bestandtheile der durch Frost, Wärme, Feuchtigkeit, Ströme, Arbeit und Vegetation aufgelösten Grundgebirge. Eine solche Mischung finden wir auf der Ebene vor Heidelberg in der Dammerdschichte, welche aus dem Neckarthale, aus den verschiedenen Seitenthälern, von den Höhen und aus den Schluchten der umliegenden Berge Thon- und Kalk-Erde, aufgelösten Sand und Granit enthält und somit die vorzüglichsten Bedingungen der Fruchtbarkeit bietet. Die üppige Vegetation, die reichen Erträge aller Fruchtgattungen und Handelspflanzen sind deß Zeugen. Der auf den Berg-Höhen liegende, mit etwas Thonerde und Humus vermischte Sandsteingrund ist ein guter Waldboden, nicht gut für die Rebe, besser für Haidekorn, Hafer, Kartoffel. Hat er nur wenig Thonerde, so ist er gewöhnlich nur mit Halben bewachsen und bringt Heidelbeerstauden.

Sagen vom Heidelberger Schloß.

1. Am Hauptthor des Schlosses hängt ein dicker Ring von Eisen. Wer ihn durchbetet, erhält das Schloß zum Lohne. An diesem Ringe ist ein Biß vernehmbar, welcher von einer Hexe herrühren soll, die den Versuch machte, das Schloß zu gewinnen.

2. Als einst etliche Knaben im Schlosse spielten, gerieth einer derselben in einen ihm unbekannten Keller, worin auf einem Tische viele goldene und silberne Gefäße standen. Eiligst lief der Knabe hinaus, um seine Kameraden herbeizuholen; aber sie konnten trotz alles Suchens den Keller nicht wieder finden.

3. Vom Schlosse geht ein unterirdischer Gang, unter dem Neckar weg, auf den Heiligenberg, in welch Letzterem ebenfalls Schätze, vornehmlich die zwölf Apostel von gediegenem Silber verborgen liegen.[75]

---

[75] Deutsche Volkssagen von Bernhard Baader. Mone Anzeiger IV. 308.

Archiv
für die Geschichte
der
Stadt Heidelberg.

Eine Vierteljahresschrift

herausgegeben

von

Hermann Wirth,
ev. prot. Pfarrer in Handschuhsheim, Chronist der Stadt Heidelberg.

I. Jahrgang. III. Heft.

Heidelberg.
Buchdruckerei von G. Mohr.
Im Selbstverlage des Herausgebers.
1868.

Inhalt des dritten Heftes.

	Seite
Der Thesaurus pictrarum	133
Heidelberger städtische Verhältnisse und Zustände im 16. Jahrhundert	142
Zur Toponomastik und Topographie Bergheims und des Gaisbergs (Als Nachtrag zu XVIII.)	192
Zur Topographie der Hexenzusammenkünfte und der Teufelsage in der Pfalz (Als Nachtrag zu XIX.)	198

XXIII.

Der Thesaurus picturarum.

a. Beilager und Hochzeit zweier Adeligen zu Hof, 7.—13. Dezember 1600.
b. Ermordung eines Buchdruckergesellen, 8. Dezember 1600.
c. Ermordung des letzten Herrn von Handschuchsheim, 11. Dezember 1600.

Unter dem Titel „Thesaurus picturarum" (Bilderschatz) befindet sich schon seit 1644 in der Großh. Hofbibliothek zu Darmstadt eine Sammlung von Abbildungen verschiedenster Art nebst größtentheils geschriebenen, theils auch gedruckten Erläuterungen. Von den Bänden, deren vielleicht ehedem noch mehrere existirten, wie sich aus verschiedenen Andeutungen schließen läßt, finden sich seit der Mitte des vorigen Jahrhunderts nur noch 32 vor, darunter zwei Bände „Palatina." Diese enthalten gleichzeitige Aufzeichnungen und bildliche Darstellungen aus den Jahren 1559—1601, welche beide gleich interessant sind. Außerdem ist ein Band vorhanden unter dem Titel „Trachten," welcher für unsre Stadt dadurch von Bedeutung ist, daß er mehrere Trachtenbilder enthält, welche die Stadt selbst betreffen.[1]

---

[1] Von der Existenz dieses wichtigen Werkes erhielt ich Kenntniß durch die Herren Geh. Hofrath Bähr und Rechtsanwalt Mays in Heidelberg, worauf ich sofort in Darmstadt selbst vom 21. bis 24. April die 2 Bände Palatina nebst andern hier noch vorhandenen urkundlichen Aufzeichnungen für unsern Zweck der Beschaffung eines Archivs für die Stadt Heidelberg benutzte. Ich fühle mich dabei verpflichtet, auch hier öffentlich meinen schuldigen Dank für die Bereitwilligkeit auszusprechen, mit welcher mir jene Benützung gestattet und für die Freundlichkeit, womit sie mir erleichtert wurde. Dieser Dank gilt besonders den Herren Bibliotheksdirektoren Dr. Rigenaus und Dr. Walther.

10

Für dieses Mal veröffentlichen wir die Festlichkeiten des Beilagers und der Hochzeit zweier Adeliger am Heidelberger Hof, und

Der „Thesaurus picturarum" ist vom pfälzischen Kirchenrath Marcus zum Lamb in den Jahren 1572 bis 1620 angelegt und war von diesem in den Besitz des Kanzlers Anton Wolf von Toblenwart gekommen. Dieser schenkte ihn seinem Sohn Eberhard Wolf von Toblenwart, als dieser von seinen „peregrinationes in fremden Landen" zurückkam, als „Willkomb." Die Sammlung erregte die Aufmerksamkeit der hochgebildeten Landgräfin Sophie Eleonore von Hessen, der Gemahlin Georgs II. In so hohem Grade, daß sie den Wunsch äußerte, dieselbe zu besitzen. Toblenwart kam diesem ihm bekannt gewordenen Wunsche im Jahre 1644 nach. Welch hohes Interesse die Landgräfin an dem thesaurus picturarum nahm, erhellt aus verschiedenen von ihrer eigenen Hand eingeschriebenen Bemerkungen, die dort behauptete Thatsachen für unwahr und einseitig erklären. Die 32 Bände enthalten: Gallica. (2 Bände.) — Galliae reges et principes. — Palatina. (2 Bde.) — Saxonica, Badensia, Argentina. — Brabantica et Batavica. — Belgica. (2 Bde.) — Anglica, Danica, Polonica. — Ungarica. (4 Bde.) — Turcica. — Hispanica, Anglica, Polonica, Fallacensia etc. — Imperatores et electores. — Patres. — Pontifices. — Theologi reformati. — Jurisconsulti. — Philosophi, Poetae, Musici, Pictores. — Trachten. — Einzüge. — Antechristiana. — Stirps regia Christi. — Prodigia et monstra. — Calumniae et sycophantiae in bonos Lutheranos. — Aves. (3 Bde.) — Bildnisse. — Dieser äußeren Bezeichnung entspricht aber nicht immer jedes einzelne Stück des Inhalts, da eine Menge von Dingen in den einzelnen Bänden vorkommen, die in keiner Beziehung mit dem bezeichneten Inhalte stehen. Der Text enthält eine Menge Einzelheiten über Ereignisse allgemeiner oder localer und persönlicher Natur aus der angegebenen Zeit, Pamphlete, Gedichte, Flugblätter der verschiedensten Art u. s. w. Die bildlichen Darstellungen enthalten unter manchem Unvollkommenen und Rohen eine Anzahl äußerst gut gezeichneter und colorirter Bilder, ausgezeichnete Holzschnitte, namentlich Bildnißköpfe von namhaften Holzschneidern, Federzeichnungen u. s. w.

Von hervorragendem Interesse sind die „Palatina," die Lamb als Augen- und Ohrenzeuge schildert. (Nur im Vorübergehen wollen wir hier auf die Wichtigkeit gleichzeitiger Aufzeichnungen oder der Führung von Chroniken aufmerksam machen.)

Der erste Band der „Palatina" enthält die Res palatinas ab a. 1559 usque ad 1583, quo Ludovicus Elector obiit et Johannes Casimirus C. P. tutelam et administrationem adiit. Die in ihr enthaltenen bildlichen Darstellungen, auf die sich mit wenigen Ausnahmen die geschriebenen Erläuterungen beziehen, sind folgende: 1. Das churf. Residenzschloß zu Heidelberg. (Aquarellbild). 2. Prospect der Stadt und des Schlosses. (colorirter Holzschnitt.) 3. Brustbild des Pfalzgrafen Otto Henricus (color. Holzschnitt). 4. Eine Kutsche (bei Joh. Ca-

was sich baran knüpfte, die Ermordung eines Buchdruckergesellen und des letzten Herrn von Handschuchsheim.²)

fürstes Hochzeit.) 5. „Muster zum Turnir ad nupt. dacis Casimiri Palatini celebr." 6. Costüm eines sächsischen Edelhungers. 7. Costüm eines holsteinischen Junkers zu Pferd. 8. Neue Tracht der Ritter de a. 1582. 9. Costum eines Edelknaben Herzogs Casimir. 10. Enthauptung des abtrünnigen Pfarrers Joh. Sylvanus. 11. Verbrennung einiger Zauberer kaiserl. Pulvers bei Rheinhausen auf Befehl Joh. Casimirs. 12. Insignia palatinatus. 13. Maria Brandenburg, Friderici elect. conjunx prima. Costümbild. 14. Amlia de Neuenar, Friderici conjunx secunda. Costümbild. 15. Joh. Casimirus Pal. Rheni. Costümbild. 16. Elisabetha Saxon. Aug. elect. filia Casimiri princ. conjunx. Costümbild. 17. Christophorus Pal. Reni. Costümbild. 18. Maria Jacobe Friderici elect. filia. Costümbild. 19. L'habit de Lasky, ambassadeur de Pologne. 20. L'habit des gentilhommes suyvants la cour du Roy (de Pologne). 21. L'habit des Suysses de la guarde du Roy. 22. L'habit de Chamberlans du Roy. 23. L'habit des Gascons Soldats et harquebuziers du Roy. 24. L'habit des Pages et Lacqueis du Roy, courants devant leur maistre. Son Nr. 4. 24. Aquarellbilder. Dann folgen in besonderer Nummerirung von 1—24 die Bildnisse der Pfalzgrafen und ihrer Gemahlinnen in colorirten Holzschnitten. Den Schluß des Bandes machen: 1. Insignia Electoratus Palatini et Comitatus Nassoviensis. 2. Einritt und Empfang Joh. Casimirs in Frankenthal 24. Mai 1577, figurenreiches Aquarellbild. 3. Neustadt an der Hardt in der Vogelperspective. Colorirter Holzschnitt. 4. Carls von Schweden Einritt in Heidelberg zu seiner Vermählung mit Maria, Tochter des Churfürsten Ludwig IV. von Bayern. (Figurenreiches Aquarellbild.) 5. Kaisfall zu Ehren der Pfalzgräfin Elisabeth, Tochter Philipps von Hessen, Gemahlin Ludwigs V. von der Pfalz. (Aquarellbild.) 6. L'habit des chavaliers de la jarretière en Angleterre. (Aquarell.) 7. Heimführung der Herzogin Maria von Schweden 1579. (Die Herzogin mit Begleitung in einer Prachtcarosse. Aquarell.) 8. Ankunft der Leiche der Pfalzgräfin Dorothea, Gemahlin Friedrich's II. in Heidelberg 1580. (Aquarell.) 9) Neptun auf einem Delphin, Aufzug gelegentlich der Taufe des Prinzen Gustav Ludwig von Schweden im Heidelberger Garten 1683. (Aquarell.)

Der zweite Band der „Palatina" enthält die Ees palatinas Joh. Casimiri et regimen Friderici IV. electoris ab a. 1558 usque ad 1601 exceptis generationibus liberorum Friderici IV. Die in ihm enthaltenen bildlichen Darstellungen, welche in dem durchaus handschriftlichen Texte ihre Erörterung erfahren, sind die folgenden: 1. Das bairische Wappen. 1588. 2. Herzog Friedrich Bialgraf aetatis suae anno decimo. Costümbild. 3. Kaisfall der Pfalzgräfin Elisabeth. 4. Johann Casimir im Sarge liegend mit Schwert und Reichswappen. 5. und 6. Kaisfall u. s. w. Joh. Casimirs. 7. Kaisfall Herzogs Christian von Sachsen. 8. Exercitia militaria von Pfalzgr. Friedrich IV. 1594 angeordnet. 1—8 Aquarelle. 9. Brustbild des Erzbischofs Ernst von Cöln. (Colorirter Stich).

a. Am 7. Dezember 1600 wurde von Friedrich IV. das Beilager und die Hochzeit zweier Adeliger zu Hof gehalten, des Nieder-

10. Brustbild des Pfalzgrafen Wilhelm. (Kupferstich.) 11. Brustbild des Pfalzgrafen Maximilian (Kupferstich.) 12. Herzog Hansen von Zweibrücken, Abzug; sechsspännige Carosse ic. 13. 14. Der Fürstin von Anhalt Hochzeitsröcke. 15. Ein Tartar mit einem geschmückten Kameel. 16. Ein Verbrecher mit dem Strafkarren. (12—16 Aquarelle.) 17. Eintritt des Pfalzgrafen Friedrich IV. in Nürnberg. (Kupferstich.) 18. Eintritt Friedrichs IV. in Neustadt a. d. H. (Kupferstich.) 19 bis 21. Der pfälz. Hofjunker, Edelknaben, Reisigen, Trabanten und Leibgarden Kleidung und Tracht. (Aquarelle). 22. Brustbild des Pfalzgrafen Karl (Kupferstich.) 23. Katafalk desselben. 24. Reiseunfall Herzogs Franz von Lüneburg. 25. Ein Prachtschlitten. 26. Ein Herrenschiff. 27. Ballenrennen zwischen Pfalzgraf Ludwig Philipp und einem von Riedesel. 28. Katafalk des in Folge des Ballenrennens gestorbenen Pfalzgrafen. 29. Prospekt des im Jahr 1604 errichteten neuen Baues im Heidelberger Schloß. 30. Wie der Pfalzgraf von der Messe heimkehrende Handelsschiffe gegen die Zumuthungen der Speyrer schützt. 31. Tracht der pfälz. Edelknaben. 32. Tracht der pfälz. Lakaien. 33. Mordanfall auf Pfalzgraf Friedrich IV. bei Heidelberg auf der Jagd. 34. Brustbild Herzogs Carl III. von Lothringen. 35. Katafalk Herzogs Hans von Zweibrücken. (23—35. Aquarelle.) 36. Brustbild Erzherzogs Maximilian (Kupferstich.) 37. Brustbild des Markgrafen Joh. Sigismund von Brandenburg. 38. Das Brandenburgische Wappen. 39. Brustbild des Demetrius Iwanowitsch. 40. Fußturnier am 9. December 1600 zu Heidelberg gehalten. 41. Feuerwerk am 10. December 1600 zu Heidelberg abgebrannt. (37—41. Aquarelle.) 42. Graf Christian von Anhalt. (Kupferstich.) — Die obige Darstellung des Thesaurus pictararum und der 2 Bände Palatina ist aus dem Schriftchen entnommen: „Beiträge zur näheren Kenntniß der Gr. Hofbibliothek zu Darmstadt von Dr. Ph. A. F. Walther, Gr. Hofbibliothekar und Direktor der Cabinetsbibliothek. Darmstadt 1867. Verlag der Hofbuchhandlung von G. Jonghaus."

Wir werden nach und nach den ganzen Inhalt der 2 Bände Palatina, theils in Auszügen, theils in wortgetreuem Abdruck in diesem „Archiv" veröffentlichen.

Außerdem besitzt die Hofbibliothek zu Darmstadt einen Band „Trachten" vom Jahre 1564 und darin einige Blätter unter dem Titel: Heidelberger Trachten, libellus a Magistro Wilhelmo Pesser pictus IV. Num. XIX. 30. Septembris anni 1565. Spirae. Hab Ime geben für die 4 büchlin zu malen: 1. Den 4. Juni 19½ bazen und 2. den 29. Septemb. hujus Anni 8 f. 3 Bazen, das ist 2 kronne, macht 4 fl. Trad. pic. 13. Novbr. 1564. Recepi 30. Septemb. 1565." Diese „Heidelberger Trachten" hat also Marcus zum Lamb vom Maler Pesser in Speier malen lassen. Sie enthalten: 1. Das Wappen des zum Lamb: Schild mit Holzhammer; über dem Schild ein Helm, darüber in die Höhe gerichtet ein Arm, dessen Hand einen Hammer hält. 2. Tracht der edlen

Anders Franz von Tonborf, Hofmeisters der Churfürstin, mit der Niederländerin Esther b'Auerly; sodann des Joh. von Gracabl aus dem Stift Mainz, Burgvogts zu Heidelberg mit Amalie von der Martens. Beide Bräute waren im hiesigen „Frauenzimmer" d. h. sie waren Hofdamen. Zu den Festlichkeiten waren geladen: Herzog Friedrich von Würtemberg, Herzog Johann von Zweibrücken, Landgraf Moritz von Hessen, Landgraf Ludwig und Georg von Hessen, Markgraf Ernst Friedrich zu Baden, Herzog Joh. Ernst von Sachsen, Herzog Christof von Lüneburg, Herzog Joh. Friedrich von Brandenburg, Administrator zu Straßburg, der auf dem Feste „die Uhrschlechten oder Purzeln bekommen," Herzog Carl Sigismund von Braunschweig, Herzog Christian von Anhalt, pfälz. Statthalter zu Amberg, Herzog Ludwig Philipp von Velden, Churfürst von Mainz, Bischof zu Speier und die Churfürstl. Wittwe zu Lorbach, wovon zehn in Person mit Frauen und Dienerschaft gegenwärtig waren, die anderen vertreten wurden. Dazu kamen noch 20 Grafen und Freiherrn; zusammen 1115 Reisiger Pferde, ohne die Wagen mit Pferden. Endlich kamen dazu die churfürstlichen Lehensleute und andere Adelige mit vielen Frauen, weßhalb über 14—1500 Pferde da waren, samt etlichen Fahnen Fußvolks vom Land herein.

Frauen: Grünes Nieder mit schwarzem Einsatzstreifen oben; weißes Unterkleid mit 2 Garnirungen; unten grüne Einfassung. Ueber dem Ganzen ein Ueberrock, der auf dem Boden streift (Schleppe) mit kurzen Pufärmeln, dunkelroth, mit breiten schwarzen Garnirungen und Aufputz von Gold; Haube, darüber ein schwarzes Barett, goldene Halskette. 3. Tracht der Mägde: Schwarzes Nieder ohne Aermel, rother Rock mit blauer Garnirung und breiten Einsatzstreifen unten; weißer Schurz, schwarzes Barett, der linke Arm trägt einen Hängekorb, die rechte eine Schnur mit todten Vögeln (vom Markt heimkehrend). 4. Eine Hilspacher Bäuerin: Schwarzes Mieder, grauer kurzer Rock mit rother Garnirung, weißer zerrissener Schurz; die linke Hand hält einen Stock, die rechte einen Kapf auf dem Kopf, der 4 Gänse enthält; die Figur ist barfuß, der rechte Fuß ist mit einem schwarzen Tuch verbunden. — Diese 8 Trachtenbilder zeichnet eine stufenweise Längenabnahme der Kleider aus. — Wir haben alle Hoffnung, daß diese 8 Trachtenbilder, sowie etliche wichtige Bilder aus den 2 Bänden „Polatina" in genauen Copien für die Stadt Heidelberg gewonnen werden.

*) Alle drei nun folgenden Erzählungen sind dem 2. Bande des Thesaurus entnommen.

"Diesen geladenen Gesten, sonderlich Landtgraff Mauritzen ist Samstags den 6. Decembris zuvor zu Mittag umb 10 Uhrn der Churfürst in einem schönen Kürth mitt 200 Kürissere zu Roß Unnd 5 Fahnen Fuß Volts, aller setz wol gezieret, sambt 26 stücken Feldt und anderm grobem Geschütz biß gen Wiblingen endtgegen gezogenn, Sie daselbst im Feld mit einem Scharmützell zu empfahen, hatt derowegen das gemelt Fuß Vol! zum Theil inn die Weingarten, nemlich die Schonawer und etliche Fahnen mit dem Geschütz in das Höltzlin daselbst bei Wiblingen³) versteckt, die Reiterey aber auf die seitte unden an Wiblingen geordnet. Unnd sie aller theilen gegen einander in eine Schlachtordnung gestellt. Als nun der Landtgraff ankommen unnb das schießen und scharmützeln angangen, ist eben inn dem das der Churfürst Ihme die Handt gebotten Ihnn zu empfahen, ungeachtet es denselben gantzen tag über sehr schön, hell, clar und vast stüll gewesenn, ungeferlich gegen 3 Uhren uhrplötzlich einn heßlicher dicker Nebell eingefallen, das ob wol Alles lustig angestellet gewesen, auch sich auß gefürte Volk sich wacker erzeigt, unnd in solchem Zusammenziehen und Scharmützeln sich gar wol gehalten, Man doch vor dem Rauch beß schießens und Nebel nichts sehen hatt khönnen, Ist also diese Kurtzweill ohne sonderlich lust abgangen, Und hatt sich damit verweilt biß gar uff den Abendt, da sie dann erst zwischen 5 und 6 uhren albie eingezogen. Wellichen einzug aber (wiewol er zimblich Statlich, vast schön, Königlich und Churfürstlich gewesen) man jedoch weil es schon gar tunkell war, nicht wohl sehenn unnd kheinen Herren erkhennen hatt khönnen.

Volgendts den obgemelten 7. Decembris uff den abendt seindt die vorgemelte Personen nach Adelichem brauch zusammen geben unnd Montags den 8. ejusdem nachmittag umb 12 Uhren, durch den Hofprediger Pistorum im Gläsern Saal zu Hoff, nach gehaltener Hochzeit Predig, auß dem 13. Cap. der Epistell Pauli an die Hebreer Vers: die Ehe soll Ehrlich gehalten sein bei allenn, eingeleitet worden.

Daruff seindt desselben tags, wie auch den Sontag unnd Sambstagsnacht zuvor gar statliche und vast Königliche Bancketen mit

---

³) Also noch 1600 Weinberg und Walburg auf der Seite bei Heidelberg. Vgl. Archiv Heft II. „das deutsche Bergheim."

allerley schönen Schawessen vonn Vogeln und anderen lustigen Sachen, Auch sonster vieler köstlicher Trachten, Music, Freudenschüssen aus dem großen Geschütz bei tag und nacht, tantzen, springen, jubiliren bis morgens gegen tag unnd anderer Kurtzweill mehr gehalten worbenn. Dinstags den 9. ejusdem nach dem mittag Imbs hatt man im Schloßhoff, welcher durchaus mit Sandt überschüttt gewesen, einen Fußturnier gehalten in gantzen Khüriffen, mit breiten Tartschen, welcher gar lustig gewesen.

Mitwochs den 10. auf nachmittag hatt man im Churf. Gartten schöne ufzüge zum Ringle rennen, Stengle brechen über die Bargen und Kübellstechen gehalten, unnd uff den Abendt selbigen tags ein sehr stattlich Fewerwerdh von 2500 Radtellinn.

Donderstags den 11. gleichfalls nachmittag, hatt man abermals einen, aber nuhr gemeinen Fußturnier zu Hoff gehalten.

Freitags den 12. hatt wider nachmittag daselbst zu Hoff sechs wilde Schwein, dreyzehn Füchs und zehen Hahne gehetzt.

Welche Hochzeitliche Freudt und Kurtzweil also geweret hat biß uff Sambstag den 13. Decembris, da sie morgens umb 8 Uhren sonderlich die Fürsten wider vonn einander unnd mit Ihnen der Churfürst nacher Darmstadt gezogenn, allba Landtgraff Görtz ben 15. ejusdem seiner junger Herren Hoffmeister auch eine Hochzeit gehalten hatt.

Diese Hochzeitten unnd Zusammenkunft der Hoch- und Wolgemelter Fürsten und Herren, So gleichwol zuuorn uff der Churfürstl. Ankhlauff angestellt, Sie auch Alle damals schon beschrieben, aber weil das junge Herrlin allso zeitlich gestorbenn, biß dahero verschobenn und wie man vermeint, nicht fürnehmlich dieser Edler Hochzeitter wegen Sonnder des Türckischen unnd Spannischen, in sonderheitt aber des Straßburgischen Wesens halber (uff welches schon zuuor der Ch. Pfaltz ettliche Tonnen Goldts gangen seindt) angesehen und gemeint gewesenn, haben die Ch. Pfaltz bey diesem ohne das sehr geschwinden tewern Zeitten, und vorhin nicht überflüssigem Vorrath an Gelt, Wein (dessen täglich etlich nicht wenig Fuder ufgangen), Khorn, Habern, Fletsch und andern Victuallen (Sintemal vonn dem 8. Decembris abents ahn, bis uff den 13. ejusdem Alle Imbs allein zu Hoff über 300 Tisch gespeiset worden seint, ohne das Jhenige, so an fpeiß unnd trandh täglich herab in die ftabt getragenn ist worbenn, Vom gefini unb anbern, fo man hieunben gefpeifet, weil fie nit alle zu Hoff gefetzt und traktirt werben Thönnen) uber eine Tonne Golb gelhoftet.

Alles mit nicht geringer Schlag, beschwernus unnd unwillen ber armen Unberthanen, Bevorab ba fie vermerdi, baß bas lanng zuuor erschollene Landgeschrey, ob folte nemlich Frewlin Christina des Churfürsten Schwester, behm jungen Graff Johansen von Nassaw vermehlet werbenn, falsch unnb nichtig gewesenn, uff welchen Fahl Sie bann Ihrer fage nach viel guttwilliger unnd besser zufrieben gewesenn weren. Den Jhenigen obgemelten aber, welchen biefe Hochzeiten gehalten worbenn, Ist folche Zusammenkhunft gar wol bekhommen, bann Ihnen fambtlich vast uff bte 3000 gulben zu folchen Ihren Hochzeiten verehrt worbenn.

Et sic nos edimus, bibimus, ludimus, cantamus, saltamus, gaudemus, perpetuaque bachanalia celebramus, Rions et faisons bonne chiere jours et nuits, Interea dum fratres nostri et sorores in diversis locis plorant, contristantur, patiantur, moriuntur, captivi abducuntur atque a Turcis, Hispanis et alijs hostibus in exilium pelluntur et quam miserrime affliguntur. Fati scilicet sortisque nostrae futurae nesclj et omnium saluberrimarum admonitionem contemptores securissimi. In summa: Wir bekhimmern unns Leiber feher wenig umb ben fchabenn Josephs.

Nota, bei ben obgemelten Hochzeitten feint an Wein uffgangen LXXXIII. (83) Fuber.[4]

b. Sonften aber feint bei biefem Feft zwen Mörbe gefchehen, der eine ben 8. December an Einem Buchbruckergefellen aus Meichfen, Einer Witfrawen bafelbft einigen Sohn, welcher trunkens Weins abents uf ben Gaffen grassirende Thomas Plaurers beß Nicolaus zu ber Newenstabt an ber Harbt alhie zu Heybelberg ftubirenbe Söhne, als Sie von Jrem Difch zu Haus in Jre Herberg gehen wöllen, ohne

---

4) Diefer Erzählung beigegeben find 2 Aquarellbilber: 1. Fußturnier, zwei geharnifchte Ritter zu Fuß, die mit gefenkten Lanzen einanber gegenüberftehen. 2. Rübelftechen: zwei geharnifchte Ritter zu Pferb, beren jeber ftatt bes Helms über ben Kopf einen Kübel geftürzt hat, ber mit Augenöffnungen verfehen ift.

einige Ihme gegebene Urfach mit bloßer wehr ahngefallenn und uff fie zugeftochen unnb gehawen bermaßen, daß Sie Ihme entlaufen müßen, unbt mit mühe In ir Lofament Meifter Abrahams Eines Schneibers auf dem Kormard allhie Behaufung entrunnen feint, dahin er Ihnen mit groffem grim nachgeeilt und die Hausthür mit Gewalt erüffnen wöllen. Darüber er dan oben aus dem Laben heraus mit einer fpelter Holtz uf den kopf geworffen worden, daß er in wenig tagen hernach geftorben ift.

c. Der Ander, An weilandt des Edlen Heinrichs von Haenbfchuchsheim Sohn, den er neben Einer Dochter im Leben hinder fich gelaffen gehabt, Einen Jüngling von ungeferlich 16 Jaren auch einen Eintzigen Sohn Seiner Mutter, fo gleichfalls Eine Witlib, unbt Er der letzte Seines Stammes unnbt Namens gewefen, welcher den 21. Decembris [5]) Nachts zu Hoff Eines Wehrtaufches halber mit dem Hirfchhörner von Zwingenberg uneins unbt ftöffig worbenn, der Ihm hernach hierunter in der Stabt uf dem Marct tüdifcher weis unverfehens unnbt gantz unredtlich oben am dicken theil bes Schenkels fo tief hineingeftochen, das das wher beinahe unden am Knie wieder herausgegangen, unnbt Ihme das wher alfo im Schenkel fteden laffen, daruff als der von Handfchuchsheim zu Ihme gefagt, Zweigenberger Du haft mich geftochen wie ein Schelm aber ich will dirs verzeihen, ziehe mir das wher wider heraus, ift er herzugelauffen unnb hat Ihme erft daffelb gantz graufamer abfcheulicher Mörderifcher weis in den wunnden herumbgedreet und Ihme alfo damit die Adern alle zerfchnitten, das man hernacher das Blut nit ftillen kännten, bergeftalt, daß er in die 20 tage lang große Qual erlitten unnbt endtlich den 31. Decembris in unfäglichem fchmertzen, mit großem Durft, nachdem ein hitziges Fiber darzugefchlagen gewefen, in gebult Still unnbt chriftlich verfchieden und den 8. Januarij des 1601 Jors Nach Mittag umb 12 Uhre von hinnen aus mit großer Solennitet über die Neckarbrücke beleite fürters nach Händfchuchsheim gefürt unnbt bafelbft mit Schilt unnbt Helm als der Letzte Seines

---

5) Aus dem Nachfolgenden erhellt, daß es hier eigentlich 11. December heißen follte; vielleicht eine Verwechfelung der Zeilbeftimmung nach dem alten und neuen Calender.

Geschlechts, beineben dem wher damit er gestochen gewesen, stattlich begraben worden."

Nachdem hierauf das Beilager des Claus Heinrich von Eberbach aus Erfurt, churf. Canzlers mit Amalie Beiserin von Ingelheim, des Heinrich von Handschuchsheim nachgelassener Wittwe, die Jenem 80,000 fl. an Häusern, Gütern u. s. w. zugebracht, auf des Churfürsten Werbung und die Hochzeit der Genannten am 12. Mai 1601 zu Handschuchsheim erzählt worden ist, fährt der Bericht fort:

„Nachdem zuvor der Mord Jr der Frawen Einzigen Sohnes mit dem Zwingenbergischen Hirschhörner vertragen worden, bergestalt das Hirschhörner 2000 Gulden zu Stipendien armer Studirender Jugend anzuwenden, wie auch 2000 Gulden ins Almosen erlegen und dan solche Missethatt dem Churfürsten mit Einem Fußfall abbitten, auch Einen Eid leisten soll, die tag seines Lebens nimmermehr ermelter frawen des entleibten Mutter under Jre Augen, noch da Sie..." Hier bricht die Erzählung ab und es wird nur noch beigesetzt, daß Heinrich von Eberbach wegen allzugroßer Strenge und Hinberung der Religion seines Dienstes als Canzler am 31. März entlassen wurde.

XXIV.

Heidelberger städtische Verhältnisse und Zustände im 18. Jahrhundert.

A. Der Stadtrath.

Als im Jahre 1685 die evangelische Linie des pfälzischen Fürstenhauses, Simmern, ausstarb und dafür die katholische Linie, Pfalz-Neuburg, an die Regierung des Churfürstenthums kam, machte sich diese Veränderung nicht allein in den eigentlich religiösen und kirchlichen Angelegenheiten bemerklich, sondern in allen andern öffentlichen, ja selbst in den Privatangelegenheiten, in der Weise, daß die seit Einführung der Reformation in der Pfalz durch Churfürst Otto Heinrich, im Jahr 1556 allein herrschende evangelische Confession mit allen Mitteln zurückgedrängt und verkürzt, die katholische dagegen begünstigt wurde.

Wir haben zum Nachweis für diese — übrigens geschichtlich längst anerkannte — Thatsache einen Gegenstand im Auge, der in ganz eklatanter Weise dieselbe bestätigt, und bis jetzt nicht allgemein bekannt war: Die Besetzung der Bürgermeisteramts- und Stadtrathsstellen zu Heidelberg.[1])

Der Heidelberger Stadtrath bestand von jeher aus 12 Gliedern, welche auf Vorschlag der Gemeinde vom Churfürsten ernannt wurden. Der Vorsitzende, welcher das 13. Mitglied war, hieß Stadtschultheiß, welcher Namen sich im 18. Jahrhundert in den eines Stadtdirektors verwandelte. Er war ein herrschaftlicher Beamter, wurde vom Churfürsten unmittelbar ernannt und mußte auf dessen Befehl wieder in den Staatsdienst zurücktreten. Von jenen 12 Gliedern des Stadtraths war Einer der Stellvertreter des Stadtdirektors in Verhinderungsfällen; er hieß der Anwaltschultheiß. Beide waren Juristen und hatten Sitz und Stimme im Stadtrath. Die übrigen eilf Glieder des Raths waren eigentlich Bürgerliche, deren Wahl und Ernennung im Laufe des 18. Jahrhunderts eben der Gegenstand dieses Aufsatzes ist. Die 11 bürgerlichen Glieder des Raths schlossen in sich zwei Bürgermeister, einen ältern und jüngern, oder ersten und zweiten. Der Stadtrath besaß außer den 13 Personen, aus denen er selbst bestand, noch je einen Stadtschreiber, Registrator, Rentmeister, Forstmeister, Schatzungseinnehmer und Hospitalverwalter, drei Rathsdiener, je einen Polizei- und Beisassen-Diener, drei Waldschützen, sechs Nachtwächter und einen Bettelvogt.

Was die Stellung des Stadtraths anbetrifft, so unterstand derselbe nicht, wie jetzt, dem Oberamt; er war vielmehr von jeher eine selbständige Behörde und stand, wie das Oberamt, unmittelbar unter der churfürstlichen Regierung; er hatte dieselben Befugnisse innerhalb des Stadtbezirks, welche das Oberamt bezüglich der Orte des Landbezirks hatte; Beide, Stadtrath und Oberamt, waren coordinirt. Beide

---

[1]) Die hier folgende Darstellung ist aus dem Generallandesarchiv zu Carlsruhe geschöpft, wo in 18 dickleibigen Actenfascikeln der Gegenstand unter den bezüglichen Behörden und Personen verhandelt wird.

waren in ihren Kreisen Verwaltungs- und Gerichtsbehörden; sie hatten ursprünglich das Recht, über Leben und Tod zu urtheilen. Jedoch schon in früherer Zeit wurde dieses Recht der Aburtheilung von Criminalverbrechen auch innerhalb des Stadtbezirks ausschließliches Recht der Regierung und dem Stadtrath verblieb nur noch der Rechtsspruch in Polizei- und bürgerlichen Rechtssachen.

Im Jahre 1687 starb der Rathsverwandte Johann Gugelmann. Bürgermeister und Rath schlagen „dem Herkommen gemäß" zwei taugliche Bürger vor, von denen die Regierung Einen hätte ernennen sollen; es waren der Barbier Hermann Kiecheler und der Bierbrauer Kilian Vertung. Am 10. Februar des genannten Jahres aber wurde dem Stadtrathe befohlen „nach Maaßgabe des westphälischen Friedens ebenso viele Katholiken als Evangelische, Lutherische und Reformirte vorzuschlagen." Vergeblich berief sich der Rath auf die „seit undenklichen Zeiten bestehende Observanz," wonach nur zwei Bürger zu je einer Rathsstelle vorgeschlagen worden, die „vorher zu ein und andern Aemtern, als zu Neuenheimer Gerichtspersonen, zu Vierern oder Bürgermeistern von der Gemeinde*) u. dgl. sind gezogen gewesen" und sich hier Kenntnisse in den Gemeindegeschäften erworben hätten; die Regierung hatte dann das Recht, Einen der Vorgeschlagenen zu ernennen. Der Rath mochte jedoch bald das Vergebliche seines Widerstandes eingesehen haben und bat, nur noch in dem vorliegenden Falle die Observanz einzuhalten; in Zukunft solle dem Wunsche der Regierung entsprochen und für jede vacante Rathsstelle je ein Katholik, Reformirter und Lutheraner vorgeschlagen werden. Die Regierung ging auf diese Bitte ein und es

---

*) Von den hier genannten Aemtern werden wir später reden. Im Allgemeinen hier nur so viel: Wegen der auf Neuenheimer Gemarkung liegenden Weinberge über dem Neckar hatten die Heidelberger Bürger aus ihrer Mitte einige Männer zu wählen das Recht, welche Sitz und Stimme im Neuenheimer Gericht hatten. Die Vierer oder Viertelmeister hatten die Wünsche und Beschwerden der ihnen zugetheilten Stadtviertel vor den Stadtrath zu bringen und deren Interesse zu wahren. Die Bürgermeister von der Gemeinde hatten die ökonomischen Interessen der Stadt zu beaufsichtigen; sie waren der Vorstand der Vierer und bildeten mit diesen etwa den kleinen Bürgerausschuß der Neuzeit. — Die Observanz hatte also ein allmähliges Vorrücken in den Gemeindeämtern ausgebildet.

zeigte sich dabei, daß nur der Regierungsrath Mar von Degenfeld für Beibehaltung der Observanz stimmte.

Wie im Stadtrathscollegium, so wurde zu derselben Zeit auch beim Bürgermeisteramt die Religionsgleichheit hergestellt. Von den ältesten Zeiten her hatte sich die Observanz gebildet, daß jährlich auf den Vorschlag des Stadtraths ein Rathsmitglied in die Stelle des jüngern oder zweiten Bürgermeisters von der Regierung eingesetzt wurde, während der gewesene Jüngere von selbst in die Stelle des jedes Jahr in den Rath zurücktretenden älteren oder ersten Bürgermeisters vorrückte. Von nun aber sollte Einer der Bürgermeister der katholischen Religion angehören.

Hiermit war jedoch die Sache nicht abgethan. Es folgte der blutige orleans'sche Krieg 1688, den der Friede von Ryswick 1697 beendigte. Churfürst Johann Wilhelm erließ am 29. Oktober 1698 ein Edikt, welches allen reformirten Kirchen zum Simultangottesdienst der drei christlichen Confessionen bestimmte. Dies schien allerdings tolerant zu sein; aber es war nicht so, weil nur die Protestanten den Besitz ihrer Kirchen theilen mußten, die Katholiken dagegen die ihrigen ungetheilt behielten. Unter dem ganz gleichen Schein der Toleranz griff der von Jesuiten geleitete Churfürst auch in die bürgerlichen Verhältnisse ein. Die Religionsgleichheit hielt man von jetzt an nicht mehr dadurch hergestellt, daß zu einer vacant gewordenen Ratsstelle je ein Bürger von den drei Confessionen vorgeschlagen wurde.

Am 4. Juni 1698 hatte Johann Wilhelm an einen seiner Gesandten geschrieben: „das Nächste wäre wohl, daß man katholischer Seits die Evangelischen (Reformirte und Lutheraner) aneinander hetzete, so Ihr dann mit behöriger circumspection und ganz unvermerkt zu thun habt." Die Reformirten und Lutheraner, welche man so im Interesse des Katholizismus auseinander hielt und als feindliche Parteien gegenüberstellte, wußte man gleichwohl als zusammengehörig und nur Eine Religion bildend wieder zusammenzuzählen, wo es den Katholiken zu gut kam. Es ist äußerst interessant und gewährt einen tiefen Blick in die damaligen Verhältnisse, wenn man die jesuitische Politik kennen lernt, wie sie aus der Instandsetzung der „Religionsgleichheit" im Stadtrath zu Heidelberg geschichtlich hervorgeht.

Das neuerrichtete lutherische Consistorium in Heidelberg bat in einer unmittelbaren Eingabe an den Churfürsten vom 26. November 1700, dieser möchte die Religionsgleichheit im Stadtrathe in der Weise herstellen, daß von den 12 Rathsverwandten je 4 aus den Katholiken, Reformirten und Lutheranern genommen würden. Man sollte meinen, nach der Lage der Sache wäre dieses das Richtige gewesen. Aber diese, sowie die weitere Bitte des Consistoriums, daß dasselbe seinen Theil der Regierung vorschlagen dürfte, wies der Churfürst ab. Dagegen verordnete er unterm 7. Januar 1702, daß zur wirklichen Herstellung der Religionsparität im Stadtrath die Reformirten und Lutheraner zusammengezählt werden müßten, so daß die 12 Rathsstellen mit je 6 Katholiken und 6 Akatholiken zu besetzen seien; von den 6 akatholischen Rathsstellen sollten aber 3 von Reformirten, 3 von Lutheranern eingenommen werden. Und unterm 3. März 1704 verordnete der Churfürst weiter, daß immer einer der zwei Rathsbürgermeister katholisch sein müsse, der andere abwechselnd reformirt und lutherisch. Ja, es wurde beim Churfürsten allen Ernstes erwogen, ob es nicht besser wäre, den Stadtrath aus den zahlreichen churfürstlichen Dienern, Literaten u. dgl. zu bilden, die ohnehin alle katholisch waren. Als Grund zu diesem — nicht ausgeführten — Vorhaben, wurden von Seite der Regierung die allerdings nicht unbedenklichen Thatsachen geltend gemacht, daß mehrere Rathsverwandte „schreibens- und lesens-unkundig" wären, so daß sie nicht in die Bürgermeisterämter vorrücken könnten, und daß die Meisten derselben Krämer, Wirthe und Handwerker seien, welche „mehr auf ihre Geschäfte und Vortheile bedacht wären", woher es auch hätte kommen müssen, daß „der Stadtschreiber alles für sie thut und so die ganze Macht an sich gezogen hat."

Daß durch diese Maßnahme die Religionsgleichheit im Stadtrath nicht hergestellt, sondern thatsächlich aufgehoben wurde, liegt um so mehr auf der Hand, als die Lutheraner, als Schützlinge der Regierung gegen die Reformirten, schon aus Dankbarkeit mit den von der Regierung bevorzugten Katholiken stimmen mußten. Die Triebfeder dieser Umwandlungen war der churfürstliche Vicekanzler von Metzger; alle Erlasse des Churfürsten gingen von Düsseldorf aus und waren „im Auftrag des Churfürsten von Steffani, Abt zu Sepfing" unterzeichnet.

Dieser confessionelle Character des Stadtraths und Bürgermeisteramts wurde unter allen folgenden Churfürsten bis zur Auflösung der Pfalz zu Anfang des gegenwärtigen Jahrhunderts festgehalten.

Auch sonst, und zwar in Folge der sehr gereizten Stimmung der Confessionen, entstanden bezüglich der Besetzungsart der genannten Aemter, Mißhelligkeiten und Streite. Wir setzen sie der Zeitfolge nach hierher.

Am 16. Dezember 1748 stellte der lutherische Rathsverwandte Joh. Georg Dieruff vor, daß er bei Besetzung des zweiten Bürgermeisteramts im Jahre 1746 übergangen und für ihn Josias Mareth, ein Reformirter vorgerückt sei, unter dem Vorgeben, die Reformirten hätten von den 6 evangelischen Rathsstellen 4, die Lutheraner nur 2 zu besetzen, woraus hervorgehe, daß die Reformirten zwei Mal zum Bürgermeisteramt gelangen müßten, bis die Lutheraner 1 Mal; überdies habe der Rath selbst als Thatsache schon 1747 festgestellt, daß es „seitherige Ordnung" gewesen, daß der jüngere dem älteren Bürgermeister jedes Jahr im Amte nachfolge und zwar „dergestalt, daß je entweder der Ältere oder der jüngere von dieser (katholischen) Religion sein müsse, der jüngere sofort aus beiden übrigen Religionsgenossen nach der tour folge." In Folge dieser Vorstellung wurde zwar Mareth für 1748 in seinem Amt belassen, dagegen für 1749 Dieruff als zweiter Bürgermeister berufen, ungeachtet der Einwendungen der reformirten Rathsglieder und des reformirten Kirchenraths.

Ein anderes interessantes Zwischenspiel verursachte der Uebertritt des reformirten Rathsgliedes und Stadtbaumeisters Hecht zur katholischen Kirche, im Anfang des Jahres 1752. Hierdurch verloren die Reformirten eine Stimme im Rath, während die Katholiken eine gewonnen; jene verlangten sofort Herstellung des ursprünglichen Verhältnisses durch Ausweisung des Hecht aus dem Rath und Ergänzung des reformirten Theils durch Neuwahl. Regierung und Churfürst gingen jedoch hierauf nicht ein, beriefen sich vielmehr auf §. 11 u. 12 der Religionsdeclaration von 1705, wonach Niemand, seiner Religion wegen, von der Magistratur oder Bürgerschaft ausgeschlossen werden dürfe; dagegen ordnete der Churfürst zur Beilegung der Sache unterm 28. April 1752 an: daß „bei dem durch Absterben oder sonstigen Abgang gedachten Hechten sich ergebenden Erledigungsfall hin wieder auf ein reformirtes Subjectum, dem Herkommen nach, reflectirt werden solle." Und als 1753 an die Stelle des zum ersten Bürgermeister vorrückenden Katholiken Josef Alexander ein zweiter gewählt werden sollte, so wurde von der Regierung der Lutheraner Georg Ludwig ernannt, statt des hiezu berechtigten Hecht, jedoch so, daß Letzterer im folgenden Jahre, 1754, ins zweite Bürgermeisteramt eintrete.⁹)

Solche Mißhelligkeiten führten im Schooße des Stadtraths selbst den Wunsch herbei, es möchte für die Besetzung der Rathsstellen ein anderer Modus gefunden werden. Der Rath, die Initiative ergreifend, fragte bei der Regierung an, ob es nicht zweckmäßiger wäre, eine völlig freie Wahl eintreten zu lassen; gewiß ein schönes Zeichen für die im Laufe der Zeit milder gewordenen confessionellen Beziehungen, daß sich die Ueberzeugung Bahn gebrochen hat, es handle sich bei den Berathungen und Beschlüssen des Stadtrathes nicht um Geltendmachung der persönlichen religiösen Ueberzeugung, sondern um die Schaffung des Gemeinwohls, an dem alle Confessionen unbeschadet jener Ueberzeugung redlich mitarbeiten können.

Aber nicht nach dieser Richtung hin trat eine Aenderung ein. Vielmehr machte sich seit Anfang der 1760er Jahre die Uebung geltend, daß man sich um Rathsstellen unmittelbar beim Churfürsten bewarb. Dieser zog dann den Stadtrath und die Regierung zu gutachtlichem Berichte bei und ernannte von seiner Seite aus selbständig. Dabei behielten die Rathsstellen ihren confessionellen Character.

Man bewarb sich seit dieser Zeit auch nicht mehr bloß um wirklich vacant gewordene Rathsstellen, sondern um „Anwärterstellen" für möglicherweise eintretende Vacaturen. Der Churfürst ernannte solche „Anwärter" zu katholischen, reformirten und lutherischen Rathsstellen, wodurch der Stadtrath gezwungen wurde, bei wirklich eintretender Vacatur den bereits ernannten Anwärter vorrücken zu lassen. ¹⁰)

---

⁹) Diese aus Urkunden geschöpfte Thatsachen widerlegen die Ansicht, die sich vielfach auch in sonst sehr tüchtigen und glaubwürdigen Büchern niedergelegt findet, wie wenn überhaupt in der Pfalz, seit der Herrschaft der katholischen Dynastie besonders aber unter Churfürst Carl Theodor (1742—1799) die Rähte in den Städten und die Gerichte auf dem Lande, ausschließlich durch Katholiken besetzt worden wären.

¹⁰) Wir führen Beispiele an: Chirurg Joh. Georg Mayer, reformirt, meldete sich 1760 zu einer Anwärter- oder auch Supernumerar-Rathsverwandten-

Ein eigenthümliches Stücklein spielte in dem 1760er Jahre im
Schooße des Stadtrathes, welches auf seine inneren Verhältnisse man-

stelle, nachdem der gewesene Anwärter Daniel Kiessel „in die Wirklichkeit
eingetreten." Als ihm sein Gesuch abgeschlagen wurde, wiederholte er es im
Nov. 1761, da „der bereits 73 Jahre alte reformirte Rathsverwandte Klingelhöfer an der Wassersucht darniederliegt" und wohl bald sterben werde, worauf
die Bitte gewähret und Mayer nach dem Tode Klingelhöfers im Januar 1762 in
dessen Stelle einrückte. — Ebenso ist 1760 der katholische Supernumerarius
Egedius Braun nach Absterben des Rathsverwandten Lehn „in salarium et
aetiritatem succedirt." — Der Rathsverwandte Folz, weil er in 6 Jahren
nicht 10 Mal die Rathssitzungen frequentirt „benebens dessen geflissentliche Ge-
fährdung der Creditoren den übrigen Rathsgliedern zur Unehre gereiche", wurde
vom Churfürsten im Oktober 1762 entlassen; an seine Stelle kommt der schon
früher ernannte Supernumerar Joh. Peter Büchler. — Johann Martin
Schweinfurth, Bürger und „Aufseher auf dem Schloß", schon einmal ab-
schlägig verbeschieden, meldet sich am 28. Juni 1764 in Versen um eine Anwär-
terstelle, erhält eine solche und rückt nach dem Tode des Rathsverwandten Gabel
in dessen Stelle ein, im April 1765, und zwar in Rücksicht auf seine bei dem
Schloßbrand von 1764 geleisteten guten Dienste. — Die Meldung in Versen lautet:

 Durchlauchtigster Papa, du Pfälzer Schilde und Sonne
 Erlaube einem Knecht, vor deinem graden Throne
  zu treten demuthsvoll der Anlaß ist der Brand
  des Heydelberger Schloß's den meine schwache Hand
 Und stumpfer Feder Kiel beschrieben und besungen
 Ob meine Muse nun Gehorsamst hin gerungen
  Vor dero gnädig Aug in ihrem heitern Thon
  Ist mir noch unbewußt, auf meinem Helicon.
 Die Fama spricht indeß von Gnaden donationen
 Womit Durchlauchtigster mit Vorzug sucht zu lohnen
  Die Hulde und Clemenz die Rechte Dieners Treu
  Deß der sich bey dem Brandt in Fallen mancherley
 Pflichtschuldigst vor gethan, zu diesen darff mich zehlen
 Dörfft aber ich dewol die Gnade Hier erwählen
  So wäre bemuthsvoll, anjezo mein Gesuch
  Man ziehe hier bey Rath von allzustarkem Tuch
 Endlich den Vorhang weg, damit ich frey Lord gehen
 In solchen endlich ein, wie gnädigst einzusehen
  Das letztlich Protocoll geheimer Gotter Will
  Als man schrieb Sechzig zwei altdo der britt Aprill
 Und siebenzehn hundert noch, doch ward es aufgehoben
 Das Schicksal hat den Tobt damalen noch verschoben

ches Licht werfen dürfte. Wenn nämlich eigentliche Gemeindeange-
legenheiten, hauptsächlich solche, welche den Geldbeutel der Bürger in
Anspruch nahmen, im Stadtrathe berathen wurden, so hatten (wie

         Daß der in Zügen lag, so daß ich warten muß
         Auf jene Providenz und meines Vatters Schluß
Die ergebe eben jetzt in die Erfüllung gehen
Wann dein erläuchtes Aug genädigst wird ersehen
         Gehorsam, Eifer, Treu, den Vorzug reger Pflicht
         Die sich vor andere dann Genade hier verspricht.
Was ich vor Dienst gethan kann Stabtrath selbst berichten
In Unterthänigkeit, wo nöthig die Geschäften
         Wann gratis Stimm und Sitz erhielt, Durchläuchtigster
         So wäre soulagirt, sonst kränket mich es sehr.
Ich wird von Zeit zu Zeit sonst immer warthen müssen
Soll dieses einen Knecht mit Grunde nicht verdrießen?
         Der hier auf unserm Berg die Aufsicht sieben Jahr
         Versehen voller Ruhm mit wenigem Salar
Die Einnahm Herrschaft Gelds erträget zehen Gulden
Des Jahrs, ein mehrs nicht dabey muß mich gedulten
         Die Frohnden mach ich mit, warum ich geh voraus
         Und ordne schuldigst an, zum Schaden vor mein Haus
Die Kellerey, das Schloß, den Wald, die Maul Beer Bäumen
Die halten mich in Frohnd, ich muß die Zeit versäumen
         Und dies ist nicht genug ich schreibe offt bey Licht
         In der und jener Sach, an Stattrath den Bericht
Dann giebt es überhaupt viel hundert Commissionen
In Kauffen und Verkauff auch Obligationen
         Wobey man öfters noch vorstellt den Advocat
         Dieweilen der Client die Armuth vor sich hat
Ein Frevler lästert doch, wann man nach Art der Dingen
Ihn theils mit Liebe sucht zur Schuldigkeit zu bringen
         Da schlägt der Mann das Weib, dort ist ein großer Schwarm
         Von Schmäußern, Kraut und Obst, dieß giebet ein Allarm
Dort injurirt die Frau, Es schmähen ihre Kinder
Der Echo wiederhallt nach diesem ruft nicht minder
         Hier drückt der Schulden Last, da gehen Waysen bloß
         Die man besorgen muß, die Aufsicht ist sehr groß
Dieß alles liegt mir ob, die Gnade wird dann schätzen
Ob man mich länger könt So dann zu rücke setzen
         O! Mein Durchläuchtigster mein Vatter, Schirm und Schutz
         Ich mache mir anjetzt getrost die Gnad zu Nutz

oben in Anmerkung 2 bemerkt ist) die zwei „Bürgermeister von der Gemeinde" und die „Vierer" oder „Viertelmeister", zusammen 6 Personen das Recht und die Pflicht, den Sitzungen des Stadtrathes anzuwohnen. Dieser kleine Ausschuß, welcher von der Bürgerschaft besonders zu diesem Zwecke gewählt wurde hieß der „kleine Rath." Die Vierer brachten die Wünsche und Beschwerden ihrer Stadtviertel durch die Bürgermeister von der Gemeinde an den Stadtrath und in ihrer Gegenwart wurde über ihr Vorbringen verhandelt und beschlossen. Da sie aber nicht eigentlich Glieder des Stadtrathes waren, so durften sie auch nicht am Rathstische sitzen; ihr Tisch befand sich vielmehr etwas abseits.

Der älteste Vierer der Gemeinde, der katholische Bürger Joh. Jacob Kuhn, der schon 1761 die Anwartschaft auf eine Rathsstelle erhalten, bisher aber nicht in eine solche eingerückt war, meldete sich bei einer Vacatur im Jahre 1765, sich berufend auf die Verdienste, die er sich seit 2 Jahren als Rentmeister erworben hätte. Der Stadtrath, zum Berichte aufgefordert, gab ihm beim Churfürsten kein gutes Zeugniß; er sei „unruhigen Kopfes und Gemüthes"; er habe bei versammeltem Stadtrathe, in Gegenwart der anderen drei Vierer: Hoffmann, Kirschbaum und Treiber, und der Bürgermeister von der Gemeinde: Lautenschläger und Hüter, den Tisch des „kleinen Raths" einen Katzentisch geheißen, worauf seine Collegen im kleinen Rathe erklärt hätten, sie könnten ihr Amt nicht mehr versehen; endlich habe er in Gegenwart des Rathsherrn Altmann von Oggersheim sich über den Stadtrath so ausgedrückt: „Seit die Chirurgen und Bader der Donner in den Stadtrath geschlagen, sei kein Glück mehr; allerdings brauche man diese Leute, da der Eine bei gelegenem Zufall verbin-

---

In Felsen Vester Treu, in Hoffnung nach verlangen
Wie ich bevor gebitt die Charge zu empfangen
  Stürmt Riesen der Olymp noch bin ich kleiner Zwerg
  An größ ein Philosoph, Auffseher von dem Berg
Ewer churfürstlichen Durchläucht
Heydelberg, den 28. July 1764.
         Aller unterthänigst Treu
         gehorsamster Knecht
         Joh. Mart. Schweinfurth.

ben, ber Andere clyſtiren könne." Die ſo angegriffenen Rathsherrn waren die Chirurgen Joh. Gg. Mayer, Val. Mutſchler, Joh. Martin Gemähl und Georg Ph. Hoffmann; ſie ließen einen notariellen Akt aufnehmen, um jene Beleidigung zu conſtatiren. Zur eigentlichen Klage kam es nicht; Kuhn vertheidigte ſich mit dem Vorgeben, er habe das Wort Katzentiſch in Spaß geſagt, wie es auch der Bürgermeiſter oft ſelbſt thue und wie es ſtadtkundig ſei; aber Kuhn kam erſt 1772 „zur Wirklichkeit", b. h. wurde Mitglied des Stadtraths. Jedoch war er hier nicht wohl gelitten. Die anderen Glieder nahmen öfter Veranlaſſung, ſich bei der Regierung gegen ihren Collegen Kuhn wegen verſchiedener in öffentlichen Rathsſitzungen bewieſener Inſubordinationen zu beſchweren, wogegen dieſer ſich immer zu verantworten weiß. 1789 machte Kuhn eine Stiftung von 20,000 fl., deren Zinſen zum Beſten der Hausarmen verwendet werden ſollten und dieſes ſcheint ihm bei der Regierung Hilfe verſchafft zu haben; freilich gibt der Stadtrath mehrere Male an, daß jene Zinſen nicht für die Armen, ſondern für Meſſen und Wachs aufgehen. Dieſen Reibereien machte der 1795 erfolgte Tod Kuhus ein Ende.

Aus Allem dieſem geht hervor, daß die Stadtrathsmitglieder auf die ganze Lebensdauer ernannt wurden und daß man bei Bewerbungen eine ruhige, mit einiger Beſoldung verbundene Stellung im Auge hatte. Die Beſoldung eines Rathsherrn, wie jedes der beiden Bürgermeiſter betrug jährlich 50 fl. mit einem Antheil Accidentien, verbunden mit der Perſonalfreiheit, b. h. Befreiung von allen herrſchaftlichen Steuern und Laſten. Ein Beſoldungsreglement war durch eine beſondere Viſitationskommiſſion errichtet und hatte jenen Beſoldungsſatz feſtgeſetzt; im Jahre 1741 aber legte die churf. Regierung die Beſtimmung ſo aus, „daß einem ältern oder jüngern Bürgermeiſtern nebſt ſeiner ordinairs Rathsverwandtenbeſoldung ad 50 fl. jährlich aparte annoch 60 fl. zu entrichten ſeien." Damit fielen für ſie aber die Accidentien weg, welche von da an in die Rentmeiſterei floſſen. Am 10. Februar 1751 erging an den Stadtrath der Befehl, die Beſoldung der Rathsherren auf je 100 fl. zu erhöhen, ſobald die Schulden der Stadt getilgt ſeien und bei der Huldigung der Stadt im Jahre 1746 verſprach der Churfürſt ſelbſt, daß der hieſige Stadtrath dem zu Mannheim in Allem gleich gehalten werden ſolle.

Die Gesammtschuld der Stadt betrug 1745 32,000 fl.; von da an bis 1751 war das neue Mannheimer Thor gebaut, die Gegend darum gepflastert, der Weg vom Thor bis gen Wieblingen erhöht und neu gemacht worden, dessenungeachtet konnten einige tausend Gulden Schulden bezahlt werden und bei fortdauernder guter Verwaltung war die gänzliche Deckung der Schulden in nahe Aussicht zu nehmen. Darauf berief sich der Stadtrath und bittet am 4. Mai 1750 um Erfüllung der Zusage und der Churfürst stand nicht an, unterm 22. Mai zu beschließen, daß, in Anerkennung der guten Haushaltung des Raths jedem Gliede 25 fl. jährlich zugesetzt werden. Aber eine weitere Bitte des Stadtraths vom 6. September 1764, die Summe auf 100 fl. zu erhöhen, wurde abgeschlagen „bis die Schulden abgetragen sind." Die Gemeinde-Deconomie wird so dargestellt: Nach der 1763 abgehörten Rentmeistereirechnung ist an baarem Geld vorräthig 13,231 fl. 43 kr. 2 Heller. Die Einnahme beträgt 16,758 fl. einschließlich des anno 1760 auf 10 Jahre verliehene ⁴/₄ an Umgeld, Accis- und Pforten-Geld und der Einkünfte von der Mehl- und Butterwage; die Ausgaben (in 10jährigem Durchschnitt von 1754 bis 1763) 11,705 fl. Für den Neubau einer Stadtregistratur, Gefängniß, Remise für Feuer- (Brenn-)Materialien werden 5000 fl., für das obere Thor 3000 fl., für das Schießthor 3000 fl., für Pflästerung der Plöckstraße 2000 fl., für Herrichtung der Chaussee nach Neckargemünd 8000 fl. und der nach Eppelheim 8000 fl. in Aussicht genommen. An die Pflege Schönau schuldet die Stadt 1000 fl.; der Aufflege oder dem gemeinschaftlichen Hospital 2506 fl.; an die Rathsbruderschaft an Bodenzins 1533 fl. Das ³/₄ Umgeld beträgt durchschnittlich jährlich 1853 fl., Weinumgeld 907 fl., Bierumgeld 23 fl., Mehlumgeld 1025 fl., Pfortengeld 489 fl., Branntweinumgeld 44 fl., die Butterwage 74 fl.

Endlich am 30. September 1773 bewilligt die Regierung „in besonderem Betracht, daß die städtischen sämmtlichen Passiva nunmehr getilgt und durch Sparsamkeit die Einkünfte sich vermehrt haben, daß sämmtliche Rathsverwandte den Mannheimern im Gehalt gleichgehalten, sohin jeglichem zu den wirklich beziehenden 75 fl. pro futuro 25 fl. zugelegt werden sollen." Dazu kam noch der Accidenzien-Antheil. Dagegen mußte ein neuerwählter Rathsherr bei seiner Verpflichtung

mancherlei Gebühren bezahlen, die nicht unbedeutend waren; diese
waren „nach alter Observanz": dem Stadtdirektor 11 fl. 30 kr., dem
Anwaltschultheiß 11 fl. 30 kr., den übrigen 10 Rathsherrn je 11 fl. 30 kr.,
zusammen 115 fl.; den vier Vierern der Gemeinde je 9 fl. 45 kr.,
zusammen 39 fl.; dem gemeinen Bürgermeister 9 fl. 45 kr.; dem
Stadtschreiber 11 fl. 30 kr.; Alles in Allem 198 fl. 15 kr.

Am Ende des 18. Jahrhunderts erhielt der Stadtrath einen Zuwachs in dem sogenannten Stadtrathsassessor. Im Jahre 1789 den 30. Juni nämlich stellte der Churfürst von München aus, nach beendigtem Brückenbau den bei demselben als Rechner angestellt gewesenen „kaiserlichen und churpfälzischen Notar" Franz Schwerd, beim Stadtrath, „wo ohnedies kein Stadtgericht besteht und außer dem Stadtdirektor und Anwaltschultheißen keine weitere Literati angestellt sind, zur Beförderung der vielen in juridicis, criminalibus, oeconomicis und politicis vorkommenden Geschäfte als Heidelberger Stadtrathsassessor mit Sitz und Stimme in dem Maaß jedoch und dermalen noch ohne ständige Besoldung an, daß er jene Commissionalien, welche außer dem stadträthlichen Concreto zu besorgen sind, und ihm von dem zeitigen Stadtdirektor oder Rathsconcreto per commissorium aufgetragen werden, getreulich und fleißig, gegen Bezug der tarmäßigen Gebühr zu verrichten habe, seinen Sitz nach dem jüngsten Rathsverwandten haben und erst bei dem Erledigungsfall eines Rathsverwandten in die zur Erledigung gekommene Besoldung ad 100 fl. eintreten solle." Noch ein Mal erwachte aus dieser Veranlassung der confessionale Hader. Schwerd war nämlich Katholik und durch ihn erhielten die Katholiken im Rath eine Stimme mehr, als herkömmlich, Sofort kamen die protestantischen Rathsherrn um Anstellung des „juris practici", Ehegerichtsadvokaten Carl August Helm für sich ein und wurde derselbe auch wirklich und zwar „auf die Art und unter den nämlichen Bedingnissen wie Schwerd, doch gleich jenem zur Zeit ohne ständige Besoldung zum Stadtassessor ex parte Protestantium vom Churfürsten ernannt, jedoch mit dem Beifügen, daß „bei etwaigem künftigen Abgang sowohl bei den Katholischen als Protestanten ein Gelehrter nicht mehr angeordnet, sondern ein anderer aus dem Bürgerstand dazu erkiesen werden möge." — Dagegen wurde von jetzt an ein ständiger Stadtrathsadvokat angestellt.

Wir wollen nun auch die Personen namhaft machen, welche die hervorragenden Stellen im Stadtrath begleiteten:

1. **Stadtschultheißen** waren: 1701 Regierungsrath Neukirch, welcher 1705 entlassen wurde; an seine Stelle trat Licentiat Leonhard Bruggen; diesem folgte 1717 Regierungsrath v. Barbon, zum ersten Male mit dem Titel „Stadtdirector." 1720 folgte Regierungsrath Kubas, 1734 David von Driesch, welcher 1743 zum Hofaubitor ernannt wurde; derselbe wird ersetzt durch den seitherigen Hofaubitor Flander. 1754 ist Stadtdirektor der Regierungsrath Schwaan, 1756 Regierungsrath Geiger, Regierungsrath Eßleben 1770, Hofgerichtsrath Sartorius 1779 und Regierungsrath Tratteur 1789.

2. **Anwaltschultheißen** waren 1697—1705 Paul Ebernburger, Schaffner zu Kloster Neuburg, nach dessen Tod Hoflammer-Registrator J. Gg. Arnoldi, nach dessen Tod 1730 der Hofkeller oder Pflegkeller Joh. Anton Englert, nach dessen Tod 1735 der katholische Organist an der Heiliggeistkirche Joh. Niclas Heyller, nach dessen Ableben 1744 der geistige Administrationsconsulent Pezani, nach diesem 1748 der Ausfauth des Oberamts[1]) Heidelberg Wolf Bertram Hertwich, 1766 Hofgerichtsadvokat Schneck, der die Stelle 1796 unter Guthelfung der Regierung seinem Sohne, dem Administrationsfiscal Caspar Schneck übertrug.

3. Die **Bürgermeister**, so weit wir sie bis jetzt finden konnten, waren im 18. Jahrhundert folgende:

1700:	erster: Joh. Schmitt, kath.;	zweiter:	Christoph Schott, luth.
1701:	„ Christof Schott, luth.;	„	Samuel Simon, ref.
1702:	„ Sam. Simon, ref.;	„	Michael Seitz, kath.
1703:	„ Mich. Seitz, kath.;	„	Joh. Herbegen, luth.
1704:	„ Joh. Herbegen, luth.;	„	Nicol. Bernhardi, kath.
1705:	„ Nicl. Bernhardi, kath.;	„	Joh. Gg. Gabel, ref.
1706:	„ Joh. Gg. Gabel, ref.;	„	Mich. Seitz, kath.
1707:	„ Mich. Seitz, kath.;	„	Christopf Schott, luth.
1708:	„ Christof Schott, luth.;	„	Joh. Schabrock, kath.

---

[1]) Der Aus- oder Weißer-Fauth war der herrschaftliche Beamte zur Handhabung des Leibeigenschaftsrechtes.

1709:	erster: Joh. Schabrock, kath.;	zweiter:	Peter Kling, ref.
1710:	„ Peter Kling, ref.;	„	Philipp Thollaus, kath.
1711:	„ Phil. Thollaus, kath.;	„	Martin Herbegen, luth.
1712:	„ Mart. Herbegen, luth.;	„	Nicl. Bernardi, kath.
1713:	„ Nicl. Bernardi, kath.;	„	H. Sprenger, ref.
1714:	„ H. Sprenger, ref.;	„	J. W. Kuhn, kath.
1715:	„ J. W. Kuhn, kath.	„	M. Herbegen, luth.
1716:	„ M. Herbegen, luth.	„	Tilmann Coblitz, kath.
1717:	„ Tilm. Coblitz, kath.;	„	G. Kärcher, ref.
1718:	„ G. Kärcher, ref.;	„	Joh. Schabrock, kath.
1719:	„ Joh. Schabrock, kath.	„	Chr. Schott, luth.
1720:	„ Christof Schott, luth.;	„	Ernst Coblitz, kath.
1721:	„ Ernst Coblitz, kath.;	„	Leonhard Bock, ref.
1722:	„ Leonhard Bock, ref.;	„	Nicl. Bernardi, kath.
1723:	„ Nicl. Bernardi, kath.;	„	M. Herbegen, luth.
1724:	„ M. Herbegen, luth.;	„	Ph. Thollaus, kath.
1725:	„ Ph. Thollaus, kath.;	„	Peter Kling, ref.
1726:	„ Peter Kling, ref.;	„	Tilm. Coblitz, kath.
1727:	„ Tilm. Coblitz, kath.;	„	A. Scheuffler, luth.
1728:	„ A. Scheuffler, luth.;	„	J. A. Kreßmann kath.
1729:	„ J. A. Kreßmann, kath.;	„	Nicl. Faber, ref.
1730:	„ Nicl. Faber, ref.;	„	W. Hartlieb, kath.
1731:	„ W. Hartlieb, kath.;	„	M. Herbegen, luth.
1732:	„ M. Herbegen, luth.;	„	M. Hertleischeck, k.
1733:	„ M. Hertleischeck, kath.:	„	G. H. Kärcher, ref.
1734:	„ G. H. Kärcher, ref.;	„	J. Baumholder, l.
1735:	„ Joh. Baumholder, kath.;	„	A. Scheußler, luth.
1736:	„ Albr. Scheuffler, luth.;	„	Mich. Fantina, kath.
1737:	„ Mich. Fantina, kath.;	„	H. Hettenbach, ref.
1738:	„ H. Hettenbach, ref.;	„	Ernst Coblitz, kath.
1739:	„ Ernst Coblitz, kath.;	„	J. G. Dieruff, luth.
1740:	„ J. G. Dieruff, luth.;	„	J. A. Kreßmann, k.
1741:	„ J. A. Kreßmann, kath.;	„	H. Hettenbach, ref.
1742:	„ H. Hettenbach, ref.;	„	W. Hartlieb, kath.
1743:	„ Wolfgang Hartlieb, kath.;	„	A. Scheuffler, luth.
1744:	„ Albr. Scheuffler, luth.;	„	J. Baumholder, l.

1745: erster: Joh. Baumholder, kath.; zweiter: J. A. Gabel, ref.
1746:   "   J. L. Gabel, ref.;   "   J. H. Dieruff, kath.
1747:   "   J. H. Dieruff, kath.;   "   Josia Mareth, ref.
1748:   "   Jos. Mareth, ref.;   "   L. Schreiber, kath.
1749:   "   Leonh. Schreiber, kath.;   "   J. G. Dieruff, luth.
1750:   "   J. G. Dieruff, luth.;   "   Lucas Lehn, kath.
1751:   "   L. Lehn, kath.;   "   M. Klingelhöfer, ref.
1752:   "   M. Klingelhöfer, ref.;   "   J. Alexander, kath.
1753:   "   J. Alexander, kath.;   "   J. G. Ludwig, luth.
1754:   "   J. G. Ludwig, luth.;   "   Jacob Hecht, kath.
                                              Convertit.
1755:   "   Jacob Hecht, kath. †   "   Gg. Hertwich, ref.
        statt dessen J. Neudorf, kath.
1756:   "   G. Hertwich, ref.;   "   Jacob Neudorf, kath.
1757:   "   Jacob Neudorf, kath.;   "   J. G. Dieruff, luth.
1758:   "   J. G. Dieruff, luth.   "   Gg. Hertwich, kath.
1759:   "   Gg. Hertwich, kath.;   "   Daniel Kiessel, ref.
1760:   "   D. Kiessel, ref.;   "   C. Schlüssel, kath.
1761:   "   Chr. Schlüssel, kath.;   "   N. Schürmann, luth.
1762:   "   Nicl. Schürmann, luth.;   "   Egidius Braun, kath.
1763:   "   Eg. Braun, kath.;   "   J. G. Maier, ref.
1764:   "   J. G. Maier, ref.;   "   Anton Fantina, kath.
1765:   "   Anton Fantina, kath.;   "   Val. Muschler, luth.
1766:   "   V. Muschler, luth.;   "   L. Schreiber, kath.
1767:   "   L. Schreiber, kath.;   "   J. Peter Büchler, ref.
1768:   "   J. P. Büchler, ref.;   "   Jos. Alexander, kath.
1769:   "   J. Alexander, kath.;   "   Nic. Schürmann, luth.
1770:   "   Nicl. Schürmann, luth.;   "   Chr. Schlüssel, kath.
1771:   "   Chr. Schlüssel, kath.;   "   J. M. Schweinfurth, r.
1772:   "   J. M. Schweinfurth, ref.;   "   Peter Fantina, kath.
1773:   "   Peter Fantina, kath.;   "   Val. Muschler, luth.
1774:   "   Val. Muschler, luth.;   "   J. A. Heller, kath.
1775:   "   J. Adam Heller, kath.;   "   Nicl. Ernst, ref.
1776:   "   Nicl. Ernst, ref.;   "   Jacob Kuhn, kath.
1777:   "   J. Kuhn, kath.;   "   N. Schürmann, luth.
1778:   "   N. Schürmann, luth.;   "   M. Löffler, kath.

1779: erster: M. Löffler, kath.; zweiter: David Ehrmann, ref.
1780:   „   D. Ehrmann, ref.   „   J. A. Heller, kath.
1781:   „   J. A. Heller, kath.;   „   Bal. Muschler, luth.
1782:   „   B. Muschler, luth.;   „   Heinrich Gerd, kath.
1783:   „   H. Gerd, kath.;   „   Chr. Schweickert, ref.
1784:   „   C. Schweickert, ref.;   „   C. Ph. Arnold, kath.
1785:   „   C. P. Arnold, kath.;   „   Albr. Ludwig, luth.
1786:   „   Albr. Ludwig kath.;
1790:   „   Bal. Muschler, luth.;   „   Joh. Jacob Kuhn, kath.
1791:   „   Joh. Jacob Kuhn, kath.

4. Der **Stadtrath** zeigt im Laufe des 18. Jahrhunderts im Personal-Stand und Veränderung folgendes:

Nachdem am 31. März 1699 Mich. **Seitz**, katholisch und Christof **Schott**, lutherisch, in zwei vacante Rathsstellen eingewiesen waren, bestand der Rath für die Zeit bis zum 1. März 1700 aus folgenden Personen: Wilh. Heinr. **Wildie**, 1. Bürgermeister, Johann Georg **Gabel**, reformirt, 2. Bürgermeister; Johann **Hell**, reformirt, Johann Georg **Lang**, reformirt, Johann **Buschberger**, reformirt, Samuel **Simon**, reformirt, Dionys **Hemberger**, lutherisch, Joh. **Schmitt**, kath., Gg. **Tuchscher**, kath., Küfer Joh. **Jung**, kath.[13]) Am 30. Mai 1701 wurden zur Vervollständigung des Raths folgende 3 neue Glieder auf dessen Vorschlag vom Churfürsten ernannt: Joh. **Schabrod**, kath., Joh. Peter **Kling**, ref. und Joh. **Herbegen**, luth. und es hatte der Rath vom 1. März 1701/1702 folgende Glieder: Stadtschultheiß **Neukirch**, erster Bürgermeister Christof **Schott**, luth., zweiter Samuel **Simon**, ref., ferner Räthe: Joh. Gg. **Gabel**, ref., Joh. G. **Lang**, ref., W. W. **Wildte**, kath., Gg. **Tuchscher**, kath., Mich. **Seitz**, kath., Joh. **Jung**, kath., Joh. **Schabrod**, kath., Joh. Peter **Kling**, ref., Joh. **Herbegen**, luth., Joh. Paul **Ebernburger**, kath., zugleich Anwaltschultheiß. Für das folgende Jahr 1702/03 blieb das Personal unverändert, nur wurde Sam. **Simon** erster Bürgermeister, während Schott in den Rath als einfaches Mitglied zurücktrat und dafür Seitz zweiter Bürgermeister wurde.

---

[13]) Jung wohnte in Würzburg und wurde vom Churfürsten ohne Weiteres angenommen. Noch bemerken wir, daß der Stadtrath vom Frieden zu Ryswick an bis 1701 unvollständig war.

Für 1. März 1703/04 traten an die Stellen des verstorbenen Dilcke und des abwesenden Jung, beide Katholiken, Franz Carl Ansperg und Franz Nicl. Bernharbi,[13]) auch Katholiken.

Im Juni 1734 wurde an die Stelle des verstorbenen Rathsherrn Leonh. Vock der Vierer der Gemeinde Friedr. Pleik. Gabel ernannt. Am 8. April 1737 cedirte, mit Genehmigung des Churfürsten, jedoch „ohne Consequenz" M. Herbegen seine Rathsstelle an J. Gg. Dieruff, die im selben Jahre durch den Tod des Rathsherrn und Forstmeisters Coblitz erledigte Rathsstelle erhielt der Holzschreiber Joh. Baumholder mit Beibehaltung jenes Amts. Die durch den Tod des Bürgermeisters Pleik. Gabel erledigte Rathsstelle wurde im April 1738 durch den Zuckerbäcker J. Ad. Gabel besetzt.[14])

Im Jahr 1739 bestand der Rath aus folgenden Personen: Ernst Koblitz erster, J. Gg. Dieruff zweiter Bürgermeister; Räthe: J. Ad. Kreßmann, A. Nicl. Faber, Joh. Wolfgang Hartlieb, G. H. Kärcher, Johann Baumholder, Albr. Scheuffler, Michael Fantina, Heinrich Dieruff, Joh. Ad. Gabel, Hieron. Hettenbach. Im Juni 1739 starb Faber; an seine Stelle kam der Handelsmann Josias Mareth. — Baumholder starb 1746 und Joseph Alexander kam an seinen Platz. — 1750 genehmigte die Regierung, daß H. Dieruff seine Rathsstelle an Bierbrauer Christian Schlüssel cedirt. — An die Stelle des verstorbenen Jof. Mareth kam 1753 Peter Volz, so daß 1754 der Stadtrath folgendermaßen zusammengesetzt war: Stadtdirektor Schwaan, Anwaltschultheiß Gg. Hertwich, Joh. Gg. Ludwig und Jacob Hecht, Bürgermeister; Räthe: Georg Dieruff, Adam Gabel, L. Lehn, Jof. Alexander, Goldarbeiter Rath. Klingelhöfer, Leonh. Schreiber, Jac. Neudorf, Peter Volz, Chr. Schlüssel.

Die durch den Tod des Bürgermeister Jacob Hecht erledigte

---

[13]) Bernhardi war Apotheker. In seiner Bewerbung um die vacante Rathsstelle machte er geltend, daß er 1697 von Miltenberg nach Heidelberg gezogen sei, hier ein Haus mit großen Kosten erbaut und darin eine Officin hergerichtet habe.

[14]) Nicl. Gabel war an den Folgen eines „sehr gefährlichen mörderischen Stiches" gestorben, den er in Frankfurt von einem Juden erhalten hatte.

Rathsstelle erhielt 1755 Dan. Kießel und die des verstorbenen Ludwig der Handelsmann Schürmann, 1757. —

1764 bildeten den Rath: Ab. Gabel, Leonh. Schreiber, Chr. Schlüssel, Jos. Alexander, J. Braun, J. Gg. Maier, Joh. Ant. Fantina, P. Bühler, Dan Kießel, Nicl. Schürmann, J. Val. Muschler.

1773: Chr. Schmitt, Chr. Schlüssel, Nicl. Schürmann, Ant. Fantina, Val. Muschler, P. Bühler, Joh. M. Schweinfurth, J. Nicl. Ernst, J. Jak. Kube, M. Löffler, David Ehrmann (zum „Reichsapfel"), J. Ad. Heller.

Nach dem Tode des A. Fantina wird Heinrich Gerck Rathsherr, 1770—1780 für den verstorbenen Schierberg der Kupferschmied Ludwig; für den verstorbenen P. Bühler Chr. Schweickard, — 1783 für den † Chr. Schlüssel der Schatzungs- und Quartiergelderheber Jos. Haffer, 1784 für den † Schweinfurth der Altenwirth Leonh. Metzger, 1793 für den † Zuckerbäcker Schweickard der Handelsmann Daniel Mais, — für den † Jac. Kuhn Matth. Eisenrichter.

5. Stadtschreiber sind seit 1732 Kummer, seit 1754 Jank, seit 1784 Molitor und 1788 Sartorius.

6. Stadtrathsregistrator ist 1788 Weber mit einem Gehalt von 225 fl.

D. Eine kleine Bürgerrevolution am Schlusse des 18. Jahrhunderts.

An den vorstehenden Aufsatz, welcher im Allgemeinen die städtischen Behörden bezeichnet, schließen wir unter obigem Titel einen zweiten an, welcher nicht blos geeignet ist, den Geschäftskreis jener Behörden näher zu bestimmen, sondern auch Zustände zu illustriren, welche in diesem Geschäftskreise ihren Ursprung haben.

Die große französische Revolution zu Ende des vorigen Jahrhunderts, welche ihren Rundgang in ganz Europa machte, hat auch in unserer Stadt einen Geist der Unzufriedenheit schnell zur Reife gebracht, welcher theils in den Verhältnissen gegründet war, theils extravagirte.

Am 27. October 1789 reichten im Auftrage der Bürgerschaft 46 Personen [16]) eine umfangreiche Beschwerdeschrift gegen die städtische Verwaltung unmittelbar beim Churfürsten ein. Da die meisten jener 46 Beauftragte waren, so ist anzunehmen, daß unter der ganzen Bürgerschaft die Unzufriedenheit verbreitet war.

Die Beschwerdeschrift beginnt mit einer allgemeinen Darlegung der öffentlichen und Privatverhältnisse der Bürgerschaft: „Die häusliche und städtische Wohlfahrt seie am Rand des gänzlichen Verfalles. Auf den gemeinen Einkünsten haften große Schulden; eine ungeheure Steinmasse eines Thors [16]) habe ungeheure Summen verschlungen, die zudem in die Sädel räuberischer Hände kamen; die Kassen der Zünfte würden gebrandschatzt; die Magistrats- und andere Stellen gleichsam in öffentlichem Ausrufe an den Meistgebenden verkauft, die gemeinen Waldungen, die Seele der städtischen Einkünste, verwahrlost und beraubt. Die bürgerlichen Gewerbe seien gelähmt durch Eingriffe; die Sportelsucht treibe ihr Unwesen; die Befreiung von bürgerlichen Lasten würden erschlichen, verkauft oder durch Ersteigerung solcher städtischer Stellen, mit denen diese Freiheiten verknüpft sind, erworben. Das seien Züge aus dem Gemälde des traurigen Zustandes, in welchem sich die Stadt befand, als Hofgerichtsrath Traiteur die Verwaltung ihrer Direktion [17]) übernahm; muthlos und mit stumpfem Sclavensinn sähe der Bürger dem Verfalle seiner häuslichen und bürgerlichen Glückseligkeit zu; jetzt ist es auf das Höchste gekommen."

Man sieht aus diesem Eingange, daß die Beschwerdeführer der französischen Revolution etwas abgelernt hatten. Mehr noch sieht

---

[16]) Darunter waren: L. Pilon und M. Wörner, gemeine Bürgermeister. Joh. Karl. Rockenburger, Gottfried Weber, Bierer, Joh. N. Loos, Handlungszunftmeister, Joh. Albr. Pressel, Schmiedzunftmeister, Jac. Elleser, Spänhauerzunftmeister, Franz Ad. Walz, Bäckerzunftmeister, Joh. Jac. Schneider, Weberzunftmeister, Jac. Werner, Zunftmeister der Professionisten, J. Heinr. Ziegler, der Krämerzunftmeister, G. A. Braun, Deputirter der chirurgischen Innung, Joh. Jac. Guttenberger, Metzgerzunftmeister, Schaaff, Rothgerberzunftmeister, Carl Weismann, Weingärtnerzunftmeister, Joh. Hornuth, Fischerzunftmeister, Joh. Karl. Schwarz, Schifferzunftmeister, Math Schwezer, Schneiderzunftmeister.

[16]) Das Carlsthor. [17]) d. h. Stadtdirektor wurde.

man dieß an den einzelnen Punkten, welche die Beschwerdeschrift aufführte, und welche wir nun in diesem Aufsatze näher erörtern wollen.

Der Hofgerichtsrath und Landschreiberei-Adjunct Wrede erhielt durch unmittelbares churfürstl. Rescript vom 30. Oktober 1789 den Auftrag, genaue Untersuchung aller Beschwerden zu pflegen und s. Z. Gutachten einzusenden. Wrede fing die Untersuchung am 17. November 1789 an; ein Zimmer auf dem Rathhaus wurde zu diesem Zwecke besonders eingeräumt. Die in der Beschwerdeschrift unterzeichnete Deputation der Bürgerschaft mußte Bevollmächtigte wählen, es waren: Dreikönigwirth Bassermann, die Handelsleute und Professionisten Guttenberger, Baumüller, Happel, Riegler, Mays, Steibel, Schemper, März, Schwarz, Braun, Hänlein, Stephan, Fries und Holtinger. Advokat de Troge vertrat die Beschwerdeführer, was diesem aus dem Grunde vom Churfürsten gestattet wurde, weil im Stadtrath, gegen den die Beschwerde vorzüglich gerichtet war, drei Rechtsgelehrte seien, Stadtdirektor Traiteur, Anwaltschultheiß Schneck und Assessor Schwerd. Die Untersuchung dauerte bis in den April des Jahres 1791; am 17. April wurde der Bescheid gegeben. Aber noch über zwei Jahre wirkte die Beschwerde nach.

1. Die erste Beschwerde betraf die Erhebung des Schatzungs- und Quartiergeldes. Die churfürstl. Hofkammer erhielt nämlich schon seit längerer Zeit von der Stadt ein jährliches Steuer- oder Schatzungs-Aversum von etwa 9000 fl.; diese Summe wurde jährlich auf die schatzungspflichtigen Bürger ausgeschlagen und zu ihrer Erhebung ein Schatzungs-Einnehmer, Schatzungs-Schreiber und Diener angestellt. Alle diese Beamten erhielten ihre Besoldung, der Einnehmer überdies ein Zählgeld von 3 fl. vom ersten Tausend und 2 fl. von den übrigen. Nun waren aber nicht blos die adeligen Personen mit ihrem Besitz in der Stadt schatzungsfrei, sondern diese Freiheit war auch mit den meisten städtischen Aemtern verbunden, ja durch die Gnade des Churfürsten wurde manchem Bürger aus verschiedenen Ursachen die Schatzungsfreiheit verliehen. Auf diese Weise war die Zahl der schatzungspflichtigen Bürger immer kleiner und die Last der Schatzung selbst daher immer größer geworden. Die Beschwerde war daher vornehmlich dahin gerichtet, daß das Schatzungsquantum für den Einzelnen sich immer steigere, weil immer mehr be-

freie Personen erwuchsen, denen bei Erwerbung eines sonst schatzbaren Hauses in der Stadt jene Freiheit verliehen wurde. Wie klein die Zahl der schatzungspflichtigen Bürger geworden war, geht daraus hervor, daß von 100 fl. Steuercapital 12 fl. 48 kr. Steuer erhoben wurde. Die Bürger und die Beisassen, d. h. die nicht bürgerlichen Einwohner, welche zu den städtischen Lasten ein Kapital von 50 fl. mit 6 fl. zu versteuern[18]) hatten, wurden bei der herrschaftlichen Schatzung mit nur 25 fl. angelegt.

Meist gab es Ueberschüsse an Schatzungsgeldern, welche, wie man glaubte, nicht recht verwendet, sondern zu allerlei Besoldungen, Diäten, u. dgl. unnöthigerweise verausgabt würden, welche die Schatzung gar nicht berühren. Zur Richtigstellung der Schatzung war nämlich die sogenannte Schatzungscommission angeordnet, bestehend aus Deputirten der Bürger, zu denen 3 Rathsverwandte und die 4 Vierern der Gemeinde zugezogen wurden. Daß diese, die ohnehin besoldet waren und die Personalfreiheit genossen, für ihr Geschäft als Schatzungscommissäre noch besondere Besoldungen und Diäten bezogen aus der Schatzungskasse, erschien besonders anstößig,[19]) da die bürgerlichen Deputirten auch keine Vergütung erhielten.

Ganz gleiche Bewandtniß hatte es mit dem sogenannten Quartiergeld. Die Besatzung der Stadt war bei den einzelnen Bürgern einquartirt; für jeden Soldaten wurde eine bestimmte Entschädigung geleistet. Die Gesammtsumme dieser Entschädigungen wurde auf die schatzungspflichtigen Bürger und Beisassen umgelegt, zu ihrer Erhebung ein eigener Quartierschreiber und Empfänger gehalten. Auch hier trat die Befreiung Einzelner beschwerend für die übrigen ein. Viele Bürger waren wegen ihres städtischen Amtes von der Quartierlast befreit. Dazu wurden die Ueberschüsse der Quartierkasse zur Deckung des Ausfalls der Schatzungskasse oft benutzt, woher es kam, daß die

---

[18]) Sogenannte Leib- oder Kopfschatzung.

[19]) Jeder Rathsverwandte hatte 100 fl., jeder Vierer 75 fl. Jahresbesoldung und überdies wurden Letztere im 4. Jahre ihrer Amtsführung Beisassenschultheiß mit etwa 200 fl. Einkommen. Der Beisassenschultheiß hatte die von den Beisassen jährlich zu zahlenden Schutz- und Frohngelder zu erheben und zwei Jahre nacheinander zu verrechnen. Auch diese Stelle wechselte nach der Religionseigenschaft. 1783 war es der Lutheraner Chr. Spohr, 1784 Karl Aschenburger.

Quartiergeldpflichtigen an der Schatzung der von der Quartierlast befreiten, also ohnehin schon begünstigten bezahlen mußten.

Die Juden hatten seit den ältesten Zeiten, ohne Zweifel wegen des ihnen gewährten Schutzes jährlich 23 fl. sogenanntes Husarengeld dem Schatzungsempfänger einzuhändigen. Von diesen 23 fl. wurde widerrechtlich seit etlichen Jahren ein Zählgeld von 27½ kr. vom Empfänger erhoben.

Dazu kamen Beschwerden gegen die bei Erhebung dieser Gelder betheiligten Personen. So wurde dem Schatzungsempfänger Weiß vorgeworfen, er habe zur Ungebühr Gelder erhoben und für sich verwendet. Der Quartier- oder Billetschreiber Lehmann wurde beschuldigt, daß er mit zwei Bürgern dahin sich verständigt habe, ihnen Fußsoldaten ins Quartier zu geben, diese dagegen in der Liste als Berittene aufzuführen, für jene wurden monatlich 30 kr. für diese 45 kr. aus der Quartiergeldkasse vergütet, wodurch dem Erheber ein ungerechter Gewinn zufloß; ferner habe er die Chirurgen Thiruff und Strauß in die Liste so eingetragen, daß ihnen statt der gebührenden 15 fl. Quartiergeldentschädigung 30 fl. zukamen, wobei Lehmann 2 Laubthaler Geschenk angenommen habe.

Dem Stadtrath ins Besondere wird Schuld gegeben, daß er die Hebregister unrichtig stelle, willkürlich die Beträge Einzelner erhöhe oder niederer stelle, und die Gelder beider Klassen vermische. Derselbe erwiderte: die Rechnungen werden jährlich gestellt und von der Regierung abgehört. Die Ueberschußgelder werden jeden September dem Rechnungscommissär vorgelegt. Letzten Mai (1789) sei eine Hauptcorrektur der Hebregister vorgenommen worden, da habe die dazu bestellte Schatzungs-Commission Einige um etliche Kreuzer erhöht, andere niederer genommen; das sei aber nur bei der Nahrungsschatzung der Fall. Die Grundschatzung dürfe ohne Zustimmung der churfürstl. Hofkammer nicht geändert werden. Das Geschäft jener Commission bestehe aber darin, bei der jährlich vorzunehmenden Hauptcorrektur die einzelnen Bürger abzulesen, zu schätzen und ins Register einzutragen.

Die Untersuchung führende Regierungscommission führte des Näheren aus, daß schon vor vielen Jahren durch Vertrag das Schatzungsquantum auf 9000 fl. fixirt worden sei. Dieses sei in

Folge des Abreißens der zum Brückenbau nöthigen Häuser auf 1965 fl. herabgesunken. Die Unordnung in dieser ganzen Sache rühre vom Mangel eines Lagerbuchs her. Der Bescheid der Regierung auf diese Beschwerde lautete dahin, daß die **Betsassen** künftighin ihre volle Steuer von 50 fl. ad 6 fl., dazu für die Naturalhandfrohnden, wenn sie diese nicht selbst leisten wollen, 2 fl., endlich auch alle auf den Kopf oder das Schatzungscapital auszuschlagenden herrschaftlichen und gemeinen Gelder, als Wachgelder, Rheinbaugelder, Oberamts- und Zentkosten zu bezahlen und am Pulverholzschälen Antheil zu nehmen haben. — Die Ueberschüsse der Schatzungskasse sollen auf Zinsen gestellt und keineswegs zu Besoldungen, Diäten u. dgl. verwendet werden. — Eine Renovation der Güter auch der **Ausmärker** die seither nur wenig beigezogen waren, zum Behuf der Schatzungsaufnahme soll in kürzester Frist vorgenommen werden. — Die Schatzung habe jährlich 12 fl. von 100 fl. Steuercapital zu betragen. — Die Juden sind vom Zählgeld der jährlich zu entrichtenden **Husarengelder** für die Zukunft zu befreien. — Der Ueberschuß der Quartiergelder soll von dem der Schatzungskasse streng getrennt, entweder auch ausgeliehen, oder zu dem in Aussicht genommenen Casernenbau verwendet werden. — Alle Vierteljahre sind künftig die Hebregister mit Zuziehung der Vierer und Zunftdeputirten nach dem Schatzungscapital der Nahrungs- und Rheinbaugelder-Regulative genau zu berechnen, jedem Pflichtigen seine Liste zuzustellen, damit dieser im Stand ist, eine Vergleichung mit dem Hebregister anzustellen. — Schatzungserheber Weiß wird verurtheilt, mehrere zur Ungebühr erhobene Gelder zu ersetzen und wird überdies entlassen. Die von seinem Vorgänger Betz zur Ungebühr erhobenen 27 fl. müssen von dessen Erben ersetzt werden. — Quartiergelderheber Lehmann wird ebenfalls zum Ersatz und zur Entlassung verurtheilt.

2. Beschwerde. Sie betraf die **Personalbefreiung**, d. h. die unter Beschwerde 1. des Weiteren ausgeführten Befreiungen von Schatzung, Quartierlast u. s. w. Die Beschwerdeführer machten geltend, daß ihre Zahl sich auf 200 belaufe, was im Verhältniß zu den 900 bis 1000 Steuerpflichtigen doch ungeheuer sei, da ja die Befreiten wie die Belasteten Handel und Gewerbe treiben. Dazu seien diese Frei-

heiten, gewöhnlich erschlichen. ³⁰) Die Gesetze schrieben vor, die Freiheiten zu beschränken, nicht zu vermehren.

Der Stadtrath, der in dieser Sache unbetheiligt ist, stimmte der Bitte um Entziehung und Beschränkung von Personalfreiheiten bei und empfahl dieselbe dem Churfürsten zur Berücksichtigung. — Auch die Regierungskommission erkannte die Berechtigung der Beschwerde an; der Churfürst beschränkte, bez. W. zog einzelne Freiheiten ein ³¹) und bestimmte, daß künftighin sparsamer mit Verleihung von Privilegien, denen jene Freiheiten anhafteten, zu verfahren sei.

3. Die dritte Beschwerde betraf die sogenannten Stadtofficiersstellen. Die Stadt hatte 2 Compagnieen Bürgersoldaten; die Vierer der Gemeinde waren zugleich Officiere der Compagnieen ihrer Stadtviertel und wurden deßhalb auch Stadtofficiere genannt. Die Beschwerde ging besonders darauf hinaus: daß die Stellen der Ober- und Unterofficiere nicht nach Rang, Ordnung und Verdienst, sondern nach Bezahlung vergeben würden. Dadurch erhielten nur die Vermöglichen, oft um hohe Preise diese Stellen. Da mit denselben die Freiheit von der Quartierlast verbunden war, so erlangten diese Reichen, die mit ihrem Gewerbe und ihren großen Häusern am stärksten in der Quartierlast lagen, einen großen Vortheil, der den ärmeren Bürgern zu einer um so größeren Last erwuchs. Jeder vom Gemeinen bis zum Unterofficier beförderte Bürgersoldat mußte 5 fl. sogenanntes Steigelb erlegen, das dann vertrunken wurde.

Der Stadtrath gab zu, daß diese Steiggelder wegfallen müßten;

---

³⁰) Namentlich sind aufgezählt: Handelsmann Käster für seine der (mit der Freiheit begnadigten) Seidenfabrik von Rigal gelieferten schriftlichen Geschäfte; Steinsetzer Steinmann, der für seine Arbeit bezahlt werde; Uhrmacher Wiß und Walz unter dem Vorgeben, ihre Kunst sei eine Freikunst; alle der Universität dienenden Bürger, z. B. die Buchbinder, die doch nebenher noch bürgerliche Geschäfte treiben; Hofsattler Petri, die Hofschmiede Lösch und Krittmann; endlich die hiesigen Tuchmacher vermöge ihrer Privilegien.

³¹) Dem Käster, Steinmann, Wiß und Walz werden die Freiheiten entzogen; Letztere zwei mußten sich überdies in eine Zunft aufnehmen lassen, da ihre Kunst keine Freikunst sei. Die Universitätsarbeiter blieben jedoch frei nach Artikel 12 der Universitätsprivilegien. Petri und Krittmann behalten die Freiheit auf Lebzeit. Die künftigen Hofbediensteten sollen die Freiheit nicht mehr haben. Die Tuchmacher, da sie Privilegien haben, sollen künftig frei sein.

ja er trug auf gänzliche Abschaffung der Officiersstellen an, da ihr ganzes Geschäft eigentlich nur darin bestände, beim Namensfeste des Churfürsten und bei andern Festlichkeiten „vor dem Rathhaus zu paradieren." Doch stellte der Stadtrath die von der Beschwerde vorgegebene Besetzungsart in Abrede.

Die Regierungscommission konnte sich nicht ganz dem Antrag des Stadtraths anschließen; bei Besetzung der Stellen durch den Stadtrath sei auf das Verdienst und den Rang der Anzustellenden Rücksicht zu nehmen; ganz könne man die Officiers nicht abschaffen, da sie durch die Unterofficiere die Wachtliste führten, die Bürgerschaft auf die Wachen zu laben, zu Feierlichkeiten zu berufen, überhaupt das Commando zu führen hätten. Dagegen müßten die kostspieligen Uniformen abgeschafft und diese denen der Gemeinen ähnlich werden; nur ein goldenes Epaulette und der bordirte Kragen solle, wie beim Militär, auch die Stabsoffiziere auszeichnen; dadurch könnten auch Aermere zu diesen Stellen gelangen. Die Steiggelder aber wurden gänzlich verboten.

4. Die Freicompagnie nahm die 4. Beschwerde in Anspruch. Außer den 2 Stadtcompagnien bestand schon seit langer Zeit eine dritte, die sogenannte Freicompagnie, in welche stiftungsgemäß nur solche Bürger aufgenommen werden sollten, welche 20 Jahre lang in einer der activen Compagnien gedient und die bürgerlichen Lasten getragen haben oder durch körperliche Gebrechen dazu qualificirt sind. Es war dies demnach eine Art Invaliden-Compagnie. Das Hauptgeschäft derselben bestand darin, die gewöhnlichen bürgerlichen Wachen zu versehen, wenn andere hierzu berufene Bürger aus irgend einem Grunde verhindert waren, der Wachtpflicht persönlich zu genügen. Für diesen Dienst wurden die Freisoldaten bezahlt und zwar von denen, deren Stelle sie vertraten. Nach und nach war es Gebrauch geworden, daß kein Bürger mehr persönlich die Wache bezog, daß also die Freicompagnie ausschließlich den Wachtdienst versah.

Die Beschwerde ging dahin, daß bei der Aufnahme in die Freicompagnie willkürlich verfahren würde, daß insBesondere ganz junge Bürger Aufnahme fänden, wodurch die Absicht der Anstalt, ältere Bürger zu erleichtern, vereitelt wurde. — Zudem wurden bei den Dienstleistungen der Freicompagnie mehrere Unterschleife getrieben:

a. Der Wachtmeisterlieutnant, welcher die Bürger zur Wache aufzubieten hatte, zu der täglich nur 12 Mann nöthig waren, bot deren immer mehr, gewöhnlich die doppelte Zahl, 24, auf. Diese 24 Aufgebotenen, welche meist nicht kamen und ihrem Ersatzmann für den Tag 12 Kreuzer zu zahlen hatten, zahlen aber alle und da nur 12 Soldaten von der Freicompagnie die Wache bezogen und ihr Taggeld erhielten, so lag es auf der Hand, daß der Wachtmeisterlieutenant und die Wachtmeister die Tagegelder der übrigen 12 Aufgebotenen in ihren Beutel fließen ließen.*) — b. Zur Meßzeit mußten die Wachten von den Bürgern bezahlt werden, da doch die fremden Krämer auf Kosten der einheimischen Vortheil durch die Messe zögen — c. Auf den Wachtstuben wurde viel Holz verbraucht, 170 Maße, welche die Stadtkasse belasteten. Dem Lauerbeständer Hoffmann, der das städtische Holz zu verwalten und auf die Wachten den Bedarf zu liefern hatte, wurde Schuld gegeben, daß er sich dabei habe Unterschleife zu Schulden kommen lassen. Hoffmann, zur Rechenschaft gezogen, gestand nach manchen Ausflüchten, der verstorbene Stadtdirektor Sartorius habe, unter dem Titel des Bedarfs für die Wachen, von dem 2. Jahre seines Dienstantritts an bis zu seinem Tode jährlich 15—16 Korch Holz unentgeltlich aus dem Lauer bezogen.

---

*) So geschah es gerade während der Untersuchung dieser Beschwerde am 1. August 1790. Es wurden 24 Bürger geladen; nach Verabredung stellten sich dieses Mal alle 24 Mann persönlich ein, wodurch die Beschwerde als gegründet anerkannt werden mußte. Der Leutnant Becker schob die Schuld auf den Wachtmeister Voß, der sich damit entschuldigte, daß die 24 Bürger auf 2 Tage bestellt gewesen seien, es sei vergessen worden, dies dem Einzelnen mitzutheilen. Die Beschwerdeführer verlangten in Folge hievon die Bestrafung Beider, die Entziehung ihrer Personalfreiheit, machten überhaupt den Vorschlag, die Bürger mit den Wachen, besonders zur Zeit der Messe zu verschonen: die auswärtigen Krämer, welche die Messe bezögen und manchen Vortheil genößen, sollten das Wachgeld hierfür bezahlen; die Stelle des Leutenants und Wachtmeisters seien überhaupt unnöthig, da ihre Dienste durch die Hauptleute und Corporäle gegen die Tagesgebühr von 24 Kreuzer versehen werden könnten; ebenso sei der Reiteradjutant, als unnöthig bei der Wache, abzuschaffen. Dadurch würden viele Personalfreiheiten eingehen, die Bürgerschaft erleichtert und die Hofkammer mit der Stadtkasse geschont, von denen jede dem Leutenant 60 fl., dem Wachtmeister 37 fl. bezahlen mußte.

Die Regierungskommission ertheilte hierauf dem Stadtrath einen Verweis wegen ungerechtfertigter Aufnahme in die Freicompagnie und ward zur strengen Einhaltung des Statuts angehalten, besonders auch darin, daß er die Aufnahme unentgeltlich besorge. Ebenso erhielt Wachtmeister Voß einen Verweis, während Leutenant Becker freigesprochen wurde. Ferner wurde angeordnet, daß die Wachtbefreiungen beschränkt wurden und die Krämer zur Messezeit die Wachtkosten bezahlen. Lauerbeständer Hoffmann wurde verurtheilt, die dem Stadtdirektor 16 Jahre lang aus dem Lauer gelieferten 15 Rarch Holz jährlich — in Geld der Stadtkasse zu ersetzen. — Die Angelegenheit der Personalfreiheit für die Officiersstellen und der Wachtfreiheit war schon mit der 3. Beschwerde erledigt worden. Die Wachtrequisitenrechnungen mußten von jetzt an jährlich, wie die andern Gemeinderechnungen gestellt und abgehört werden.³⁸)

5. Die fünfte Beschwerde betraf die Stellen der „gemeinen Bürgermeister." Den Vorsitz im sogenannten „kleinen Rath" führten von jeher die zwei Bürgermeister von der Gemeinde. Der erste bezog aus der Stadtkasse eine Jahresbesoldung von 25 fl. 59 kr., der zweite 4 fl. 59 kr. und zwar dafür, daß sie den alle Vierteljahre vorzunehmenden Aufschlüssen der Mehlwagekasse anwohnten. Außerdem hatten sie den Rathssitzungen anzuwohnen, wo sie mit den Vierern das Beste der Bürgerschaft wahrten; ferner wurden sie zur

---

³⁸) Nach einem urkundlichen Verzeichniß bestand das Stadtmilitär aus folgender Mannschaft, 1791:

a. Freicompagnie: Hauptmann Beß, Leutenant Schmidt, Fähnrich Reuber, Sergeants Hillspach und Eisenrechter, Schreiber Riegler, Feldscheer Kempff, Freicorporal Balender, Fourier Walz, Tambour Lauer und Stein, 2 Pioniere, 20 Corporale, 55 Gemeine, zusammen 90 Mann.

b. Zweite Compagnie (eigentliches Bürgermilitär): Hauptmann Werner, Leutenant Schemper, Fähnrich Fahrbach, Sergeants Bobel und Nicolai, Musterschreiber Fischer, Feldscheere Serheim und Sebastian, Freicorporal Jung, Fourierschützen Hoffmeister und Walz, 2 Tambours, 25 Corporale, 212 Gemeine, zusammen 251 Mann.

c. Dritte Compagnie: Hauptmann Schaaff, Leutenant Rommel, Fähnrich Cramer, 2 Sergeants, 1 Musterschreiber, Feldscheere Lingmann und Lorentz, 1 Freicorporal, 2 Fourierschützen, 2 Tambours, 20 Corporale, 213 Gemeine, zusammen 246 Mann. Summe 71 Corporale und 480 Gemeine.

Abhör der ſtädtiſchen Schatzungs- und Quartiergeld-Rechnung beigezogen. Der erſte gemeine Bürgermeiſter hatte die Frohnden zu gebieten und zu überwachen und endlich hatte der zweite die Obliegenheit, den Kuh- und Schweinhirten anzuſtellen, für jedes Stück Rindvieh 16 kr., für jedes Schwein 8 kr. jährlich zu erheben und damit die Hirten zu beſolden. Jährlich wurde 3 Mal ſämmtliches Vieh der Stadt gezählt, wofür jener die Gebühren mit 16 fl. aus ſeiner Kaſſe zu entrichten hatte. Ueberdies aber mußte er bei ſeiner Annahme 65 fl. Sporteln an den Stadtrath bezahlen. — Die Stellen der beiden gemeinen Bürgermeiſter gingen in der Bürgerſchaft um; nach Abfluß eines Jahres trat der erſte zurück, der zweite rückte an ſeine Stelle, die vier Viertelmeiſter brachten nun für die Stelle des zweiten einen Bürger in Vorſchlag, den der Stadtrath dann einſetzte. Beide gemeine Bürgermeiſter genoſſen auf 3 Jahre die Perſonalfreiheit, waren aber ſonſt ohne ſtändige Beſoldung.

Die Beſchwerde machte geltend, daß dieſe Aemter unnöthig ſeien, da ihre Obliegenheiten von den Vierern allein beſorgt werden könnten und ohne dieſes zur Wahrung der Intereſſen der Bürgerſchaft, ſowie zur Abhör der Rechnungen Deputirte der Zünfte als Commiſſion beigezogen würden.

Da der Stadtrath auch dieſer Anſicht war, ſo verordnete die Regierungscomullſſion: Nach der Generalordnung ſei ein beſonderer Rentmeiſter angeſtellt, die Beſtellung der Hirten ſei Privatſache der Viehbeſitzer; das Zählen des Viehes, ſowie die Geſchäfte wegen des Fröhnens ſollen von den Vierern beſorgt werden und da hiernach die gemeinen Bürgermeiſterämter überflüſſig waren, ſo wurden ſie aufgehoben.

6. Die Magiſtrats- und Viertelmeiſterſtellen waren der Inhalt der ſechſten Beſchwerde. Wie die Beſetzung derſelben geſchah, wurde im vorhergehenden Aufſatze weitläufig auseinandergeſetzt. Die Beſchwerde hatte bei derſelben fünf Punkte im Auge: a. die Magiſtratsſtellen ſeien zu einer käuflichen Waare geworden; ſelbſt von Juden ſeien ſolche an den Meiſtbietenden verhandelt worden;[*)] die

---

[*)] Der Jude Judas Carlebach ſollte dem Prinzkartwirth Koch die Anwartſchaft auf die erſte vacant werdende lutheriſche Rathsſtelle öffentlich feilgeboten und Letzterer ſie gekauft haben. Die Unterſuchung wies den Ungrund dieſer Beſchuldigung nach.

Stellen sollten von den Zünften durch die Wahl besetzt werden, damit Leute dazu gelangten, welche die Bedürfnisse der Bürger kennen. — Der Stadtrath hatte gegen diesen letzteren Vorschlag nichts einzuwenden, wies jedoch den Verdacht eines Verkaufs von Stellen mit Entrüstung zurück. Auch die Untersuchungscommission machte den liberalen Grundsatz geltend, daß eine Besetzung der Rathsstelle durch die Regierung ungeeignet sei; eine Wahl durch die Bürger sei entschieden vorzuziehen. Diese kennten ihre Leute am Besten und hätten zu den von ihnen Gewählten auch immer das Vertrauen, daß das Wohl der Bürger von ihnen am Besten besorgt werde. Die Regierung, um eine Vermittelung herzustellen, ordnete hierauf an, daß die Bürgerschaft zu jeder vacanten Stelle 4 Subjekte dem Stadtrath bezeichne, der von diesen zwei der Regierung vorschlage, die dann Einen ernenne. — b. Von den Bürgermeistern wurden Wirthschaften betrieben (gegen das Verbot) wodurch „derjenige vor dem bürgermeisterlichen Stuhl Recht erhält, der unter die besten Kunden der bürgermeisterlichen Weinschenke gehört." Die Beschwerdeführer verlangten, daß in diesem Falle immer entweder das Amt oder die Wirthschaft niedergelegt würde.[26]) Die Regierung wies den Stadtrath strenge an, das Amten der Bürgermeister in ihren Wirthschaften nicht zu dulden, vielmehr sollen diese ihre Amtsgeschäfte auf dem Rathhause verrichten und zu diesem Zwecke Morgens von 9—12, Mittags von 2—5 Uhr sich hier aufhalten. — c. Das Bürgermeisteramt werde oft verhandelt, in der Weise, daß derjenige, den es der Reihe nach träfe, dasselbe einem andern käuflich überlasse, wodurch der Käufer verleitet werde, durch unrechte Handhebung des Amts die Kaufsumme bei der Bürgerschaft wieder auszutreffen.[27]) Die Regierung sah sich genö-

---

[26]) Diese Beschwerde bezog sich auf die Rathsherren Sieben, Ernst, Ehrmann, Keller und Metzger, die nacheinander neben dem Bürgermeisteramt zugleich Wirthschaften hatten. Diese so Angegriffenen machten geltend, daß dann auch jedes andere Gewerbe, das ein Bürgermeister treibe, niedergelegt werden müßte, dafür aber würde sich jeder bedanken, denn das Amt trage nicht so viel ein, daß man eine Familie ernähren könnte; es müßten jedoch Vermögliche zu diesem Amte genommen werden, weil jeder, der es bekleidet, 3000 fl. Kaution zu stellen habe.

[27]) Amwaltschultheiß Schneck hatte, so oft das Amt des Bürgermeisters an ihn kam, es Andern verkauft. Das Gleiche hatten auch andere Stadträthe gethan.

thigt, solchen Verkauf für die Zukunft zu untersagen; wer das Amt nicht übernehmen wolle, habe es dem nächstfolgenden gratis zu übergeben. —
d. Die Rathsherrn besuchten nur selten die Sitzungen, genössen jedoch ihre Besoldungen und Freiheiten; dadurch leide die Verwaltung, die Polizei und die Gerechtigkeit Noth. Die Regierung ordnete, da der Stadtrath die Thatsache selbst zugestand, an, daß der Richterscheinende je 30 kr. Strafe zu erlegen hätte. Da bei dieser Gelegenheit auch der Verrath des Dienstgeheimnisses zur Sprache kam, so wurde festgesetzt, daß dieses Vergehen erstmals mit 20 Reichsthalern, dann mit Suspension, das dritte mal mit Entlassung gestraft werde.
— e. Bisher waren im großen Rathszimmer die Vierer der Gemeinde oder Gemeindevorsteher an der Thüre des Saales an einem kleinen Tisch, weit vom Rathstisch entfernt, so daß sie die Verhandlungen des Rathes über die städtischen Angelegenheiten nicht hören konnten: zudem mußten sie um 11 Uhr sich entfernen; sie verlangten deßhalb Sitz am — ohnehin großen — Rathstisch und Verbleiben bis zum Schlusse der Verhandlungen. Die Regierung ordnete an, daß der kleine Tisch der Vierer an den Rathstisch angestoßen werde und räumte jenen ein, so lange der Sitzung anzuwohnen, als die Oeconomiesachen der Gemeinde verhandelt würden.

7. Ueber die städtischen Einnahmen und Ausgaben wurde eine Hauptbeschwerde geführt. Letztere wurde dadurch besonders gehässig gemacht, weil die Vierer der Gemeinde nicht mehr wie früher, zu den Sitzungen des Stadtraths zugelassen wurden, wenn dieser über städtische Oeconomiesachen berieth. Nur die zwei Bürgermeister von der Gemeinde waren noch beigesessen und diese hatten wegen des häufigen Wechsels der Personen keine rechte Sachkunde. Der Stadtrath hatte gegen dieses Begehren nichts einzuwenden und so wurde der Beizug der Vierer angeordnet. Im Allgemeinen führte die Beschwerde an: Stadtdirektor Geiger hatte bei seinem Dienstantritt 60,000 fl. städtische Schulden angetroffen, und, ungeachtet des Baues der Registratur mit Aufwand von 18,000 u. a. m., bis auf 6000 fl. getilgt. Der auf ihn folgende Stadtdirektor Eßleben hatte nicht blos diese Schuld bezahlt, sondern bei seinem Tode eine Baarsumme von 30,000 fl. hinterlassen. Der letzt verstorbene Stadtdirektor Sartorius dagegen hinterließ eine Schuldenlast von 96,000 fl.,

ungeachtet unter ihm sich die städtischen Gefälle, wie z. B. durch die Brücke, den Holzhauer, Markt, Accis und besonders durch den Wald sich sehr vermehrt hatten. So hatte jetzt Stadtdirektor Traiteur diese kolossale Summe zu tilgen. Abgesehen von dieser ihm von seinem Vorgänger überlieferten unliebsamen Arbeit mußte Traiteur in Folge eines Privatvertrags der Wittwe des Sartorius jährlich 1200 fl. bezahlen, da er doch selbst nur 400 fl. von der Stadt, 16 Malter Korn und 1 Fuder Wein von der Hofkammer erhielt.²⁷)

Die städtischen Baulichkeiten im Besondern gaben der Bürgerschaft wegen der großen Summen, die sie verschlangen, Anlaß zu den bittersten Klagen. Dieserhalb ordnete auch die Regierung sofort an, daß, ehe ein Neubau vorgenommen oder eine Reparatur ausgeführt werde, vorher über jede Veränderung ein Oeconomierath abzuhalten sei, dem die Vierer und Zunftdeputirte anwohnen sollten und daß mit diesen eine Besichtigung vorzunehmen sei. Die Arbeiten sollen dann, wenn sie genehmigt, öffentlich versteigert, für jede Verwendung über 50 fl. die Regierungsgenehmigung eingeholt, sonst aber durch den städtischen Baumeister unmittelbar, jedoch auch nur nach Besichtigung durch die Vierer und Zunftdeputirte, der Bau in die Hand genommen werden. Für alle diese Verrichtungen durften aber keine besondere Gebühren erhoben werden.²⁸)

---

²⁷) Traiteur dankte der Bürgerschaft für ihre wohlwollende Gesinnung. Er habe nach dem Tode des Sartorius sich um die Stelle beworben, mit ihm Hofger. Rath Wedekind; dieser habe der Wittwe des Sartorius fl. 1200 für den Fall versprochen, daß er die Stelle erhalte, so sei ihm also nichts anderes übrig geblieben, als dasselbe zu thun. Er bittet nun, da er diese Summe, selbst wenn er die Taxen und Gebühren dazu rechne, aus seiner Besoldung nicht bestreiten könne, selbst um Abnahme dieser Last. Wiewohl sich auch die Untersuchungskommission hiefür verwendet, so wurde die Bitte vom Churfürsten doch als auf einem Privatvertrag beruhend, abgeschlagen.

²⁸) Der Stadtrath hatte zur Erläuterung der Angelegenheit folgendes Geschichtliche angeführt: Die Baukommission, bestehend aus dem Stadtdirektor, einigen Rathsgliedern, dem Stadtbaumeister und dem Stadtrechner hat nur bis 1778 existirt und ist an den Beizug der Vierer nicht gebunden gewesen. Seit 1781 besorgten der Stadtdirector mit dem Baumeister Alles allein, ohne ein Rathsglied zuzuziehen. Stadtrath und Stadtdirector wünschten jetzt selbst die Beigabe von Bürgern, da es nach der letzteren Uebung die übrigens von der Regierung angeordnet war, bei den vielen Baulichkeiten unmöglich wäre, daß zwei Personen damit fertig würden.

Im Einzelnen nun wurden folgende Thatsachen geltend gemacht:

a. Der Abbruch und die Versetzung des Pulverthurms[*]) habe 7000 fl. gekostet. Da von der Beschwerde kein Antrag in diesem Betreff gestellt war, so beruhte sie.

b. Die auf der Brücke errichtete Bildsäule habe 8000 fl. gekostet, die aus der Stadtkasse entnommen wurden; „man hat unserm gnädigsten Fürsten (Carl Theodor) auf die Trümmer unserer Wohlfahrt Monumente der Pracht errichtet; Er, der in den Herzen unser aller die schönsten Monumente hat." Trotz dieses Complimentes wurde diese Sache vom Churfürsten übel vermerkt und die Beschwerdeführer wurden zur Ruhe verwiesen.

c. Das Carlsthor, „eine abenteuerliche Steinmasse" habe ungeheure Summen verschlungen, deren Verwendung gar nicht begriffen werden könne; es seien deßhalb Unterschleife wohl zu vermuthen. Es wird die Einsicht der Stadtrechnungen von den Jahren 1770 bis 1785, in welchen der Bau ausgeführt wurde, sowie Pläne und Ueberschläge verlangt und vom Stadtrath gerne gewährt. Daraus geht hervor, daß ein Herr von Pigage Plan und Ueberschlag gefertigt hat und zwar den Plan aus drei andern Plänen zusammen, welche der Stadtrath zu theuer befunden hatte. Der gesammte Bau kostete die runde Summe von 100,000 fl., allerdings ein um so höherer Betrag, als die Brücke über den Neckar nur 120,000 fl. gekostet hatte. Wegen der Unterschleife, die vermuthet wurden, wendete sich die Beschwerde gegen Stadtbaumeister Heller, Stadtrentmeister Miller, Stadtdirektor Sartorius, Stadtbauknecht Beringer, Metzger Reibel und den Stadtrath;[**]) jedoch in fast allen Stücken ganz grundlos.

---

[*]) Der Pulverthurm stand beim obern Thor, war schon 1748 so baufällig geworden, daß der Stadtrath um Entfernung bat, weil in Kriegszeiten der Feind selbst Pulver hineinthun, anzünden und dadurch die Stadt gefährden könnte, was früher nicht zu befürchten gewesen sei, da hier keine Häuser gestanden hätten. Damals benutzte der Stadtrath die Gelegenheit vorzustellen, daß über den Stadtzwinger eine neue Straße in das Kaltethal angelegt werden solle, wohin man, obschon hier schöne Gebäude stünden, nur auf Umwegen durch die Stadt und über den Kornmarkt kommen könne.

[**]) Dem Stadtbaumeister Heller wurde schuldgegeben, er habe für die Quaderfteine per Schuh 12 Krz. angewiesen, während der Accord blos 8 Krz.

8) Ueber den Hexenthurm war bezüglich des Eigenthumsrechts zwischen der Regierung und dem Stadtrath ein langer Streit geführt gewesen; 1774 habe er den Steinbruch seines Mündels, des Juristen Schreiber in Bestand genommen und die andern Steinlieferanten abgeschafft; später wieder einzelne zugelassen gegen Abtrag von 1 fr. die Ruthe an Heller. Ja, die Steinhauer Jac. Haas und Beſſinger haben die Steine zu den Löwen und Wappen geliefert, den Schuh zu 12 fr.; davon mußten für jeden Schuh 4 fr. an Heller gegeben werden. Ferner habe Heller die auf Koſten der Stadt beim Thorbau beſchäftigten Steinhauergeſellen in ſeinen Steinbruch geſtellt und ſo ſich viel Geld gemacht. Für die Bauaufſicht habe er täglich 1 fl., zuſammen 1526 fl. erhalten (aus der Stadtkaſſe), ohne zur Aufſicht berechtigt geweſen zu sein. Die Commiſſion beſchloß, dieſe Beſchwerden beruhen zu laſſen, da die Arbeiten nach deren Fertigung eingeſehen und als gut und dem Accord gemäß erfunden worden ſeien, und da ſich keine der genannten Unterſchleife beweiſen laſſen. — Gegen Stadtrentmeiſter Miller wurde geltend gemacht, daß er ſich von den Steinhauern bei Auszahlung ihres Lohnes habe ein „Geſchenk" bezahlen, daß er von den zum Thorbau beſtimmten Platten genommen und damit ſeinen Hausgang habe platten laſſen. Auch dieſe Beſchwerden wurden als unerwieſen zurückgewieſen. — Dem † Stadtdirector Sartorius wird ebenſo grundlos ſchuldgegeben, er habe mit Baumeiſter Schweinfurtl und Schieferdecker Tillmann Unterſchleife getrieben. — Das Gleiche gilt von den Beſchwerden gegen Stadtbauknecht Beringer, dem Aehnliches ſchuldgegeben wird. — Metzger Keidel wurde beſchuldigt, er habe einen nicht unbedeutenden Bau an ſeinem eigenen Hauſe mit Arbeitern, welche von der Stadt für den Thorbau bezahlt worden waren, vollführen laſſen. Keidel weiſt die Grundloſigkeit durch Quittungen nach. — Dem Stadtrath endlich wurde vorgeworfen, er habe dem † Stadtbaumeiſter Schweinfurth 913 fl. Diäten für den Thorbau angewieſen, wiewohl dieſer 200 fl. Beſoldung habe. Die Teraſſemauer und die Thorfundamente ſeien an Heller für 14 fl. 20 kr. die Ruthe veraccordirt geweſen; durch öffentliche Verſteigerung hätte je 1 fl. für die Ruthe erſpart werden können; zuletzt gar habe der Stadtrath 16 fl. 20 kr. für die Ruthe angewieſen. Die Bauhütten, für 600 fl. hergeſtellt, ſeien nicht zum Beſten der Stadtkaſſe verwerthet worden; es ſei zum Bau für 1400 fl. Holz gekauft worden, da doch die Stadt aus ihrem Bald das Holz lieferte. Für 1392 fl. Geſchirr ſei angeſchafft worden und jetzt kaum der achte Theil mehr vorhanden. Die Beilagen zu den Rechnungen wieſen nach, daß Heller zum Bau für 20,385 fl. Steine lieferte in den Jahren 1775—1783 und in eben dieſer Zeit habe er 1526 fl. Diäten erhalten. Für Nägel, Eiſen u. dgl. wurden 6527 fl. bezahlt. — Der Stadtrath rechtfertigte ſich damit, daß er ſchriftlich vorwies, daß von Pigage unmittelbar vom Churfürſten mit der Direction des Bau's und mit Schließung der Accorde beauftragt geweſen ſei. Die andern Beſchwerden gegen den Stadtrath wurden theils als

worden; schon 1725 wollte ihn der Churfürst abbrechen und seine Materialien zum Neubau des Mannheimer Thores verwenden lassen, wogegen sich der Stadtrath verwahrte. Churfürst Carl Philipp ließ ihn um diese Zeit der geistlichen Administration „zum Archiv und Aufhebung der besten Sachen einräumen," mit der Bedingung „bis die Stadt dessen zu Gefängnissen unentbehrlich benöthigt sei," in welchem Fall er ihr wieder zugestellt werden müßte. Diese ließ diesen „auf dem Graben neben der Administrations-Kanzlei stehenden Hexenthurm" zur Zierde der Stadt herstellen. 1744 hatte es die Stadt so weit gebracht, daß die Administration ihr einen jährlichen Pachtzins bezahlen mußte. 1789 nun wurde mit der Administration ein Vertrag geschlossen, wonach die Stadt den Thurm an Letztere abtrat und ihr überdies 3000 fl. bezahlte, angeblich wegen einer von ihr an die Stadt gemachten Capitalforderung; die Bürgerschaft und die Mehrzahl des Rathes hatten gegen die Abtretung „des höchsten Thurmes" protestirt und beim Churfürsten Beschwerde eingelegt.¹¹)

9) Eine weitere Beschwerde verlangte die Einziehung „derer von vier hiesigen Bürgern in Neuenheim bekleidenden Gerichtsverwandten Stellen", hauptsächlich, weil diese Gerichtsverwandten die Personalfreiheit genießen, die Sitzungen in Neuenheim nicht besuchten und doch Diäten und Sporteln bezögen, im Ganzen aber der Stadt gar keinen Nutzen brächten. Der Stadtrath brachte vor, die vier Stellen in Neuenheim beruhen auf besonderm Privilegium der Stadt und könnten deßhalb nicht aufgehoben werden; dagegen sei er für Aufhebung der Personalfreiheit. Die derzeitigen vier Gerichtsleute: Hirschwirth Joh Ammann, Handelsmann Joh. Paul Cavallo, Joh. Chr. Andres und Franz Carl Hafner legten ihre durch den Churfürsten verliehene Freibriefe vor.³²) Die Regierungscommission legte hier-

---

unbegründet, theils, weil die Sache schon zu lange her sei, abgewiesen. — Die kupfernen Kanonen oder Wasserableitungen lieferte Kupferschmied Ludwig um 550 fl. — Im Uebrigen wurde dem Stadtrath eine bessere Aufmerksamkeit bei Anweisungen auf die Stadtkasse anbefohlen.

¹¹) Die Akten weisen den Ausgang dieser Angelegenheit nicht nach; es heißt nur, daß dieser Vertrag mit der Administration untersucht und später darüber geurtheilt werden sollte.

³²) Dazu einen Erlaß der Regierung vom 14. Mai 1767, durch den dem Stadtrath ein Verweis ertheilt wird, weil er jenen Vier Einquartierung zugetheilt

auf den Sachverhalt näher dar. Die Gerichtsbarkeit und Markung der Stadt geht von der Seite, wo sie der Neckar begrenzt, nur bis an den Schlagbaum am Ende der Neckarbrücke. Die Weinberge über dem Neckar, die Heidelberger Bürgern gehören, sind deßhalb unter der Gerichtsbarkeit des Oberamts und in der Markung von Neuenheim. Alle Klagen, Pfändungen, Grenzstreite, Vorwürfe über Felddienstbarkeiten, Kauf und Verkauf werden vom Gericht in Neuenheim besorgt. Da nun die meisten beßfallsigen Gerichtshandlungen die von Heidelberger Bürgern besessenen Güter betrafen, so wurde in uralten Zeiten, deren Anfang nicht mehr bestimmt werden kann, der Stadt das Privilegium ertheilt, vier Bürger zum Gericht in Neuenheim zu schicken welche dieses Gericht selbst in Vorschlag bringt und die dann vom Oberamt angenommen und verpflichtet werden. Sie haben nun alle Rechte, wie die Stadträthe, dagegen die Pflicht, den Gerichtssitzungen in Neuenheim regelmäßig anzuwohnen und das Interesse der Stadtbürger, die überm Neckar begütert sind, zu wahren. Es waren zwischen dem Oberamt und dem Stadtrathe viele Zwistigkeiten vorgefallen wegen Besetzung dieser Stellen, bis am 14. März 1747 die Sache dahin entschieden wurde, daß die Stadt zwar das Vorschlagsrecht, das Oberamt aber das Besetzungsrecht habe, wofür die Stadt die Personalfreiheit gewähren mußte. — Nach dieser Darlegung wurde dann auch die ganze Beschwerde abgewiesen, jedoch den Gerichtsleuten der fleißige Besuch der Sitzungen in Neuenheim zur Pflicht gemacht.

10) Die Bürger beschwerten sich, daß die Stadtrentmeisterei, die doch ein bürgerliches Amt sei, durch keinen Bürger besetzt sei, was billiger Weise verlangt werden könnte.[**]) Da aber der Churfürst das Ernennungsrecht hatte, so mußte die Angelegenheit auf sich beruhen.

---

hatte und in dem befohlen wird, Vergütung zu leisten, „da nach uralt hergebrachter Observanz" die Bier „den Rathsverwandten der Stadt gleich zu halten seien."

**) Registrator Müller verwaltete diese Stelle, auf Befehl des Churfürsten seit 1783. Müller übergab aber die Registratur seinem Schwiegersohn Weber und diesem wird vorgeworfen, daß er seine Stelle dazu benutze, alle Vormundschafts- und Zunft-Rechnungen als ein Monopol an sich zu reißen, wodurch ihm eine Quelle des Sportelbezugs geöffnet sei, die den Bürger drücke. Eine deßfallsige Bitte Webers an den Churfürsten war von diesem 1789 abgelehnt worden.

11. Aus der Stadtkasse wurden viele Besoldungen und Gnadengehalte bezahlt, welche den Beschwerdeführern überflüssig und drückend schienen.[34]) Sämmtliche Beschwerdepunkte wurden jedoch als ungegründet abgewiesen.

12. Die Stadttaxatorstelle war einem Juden, Carlebach, anvertraut; die Juden, meinte die Beschwerde, seien stets zu Unterschleifen geneigt, weil sie von bürgerlichen Gewerben ausgeschlossen seien und doch größere Abgaben zu tragen hätten; bei Versteigerungen verständen sie es, die Waaren oft um einen geringen Werth an sich zu bringen. Auch diese Beschwerde wurde abgewiesen; jedoch angeordnet, daß nach Carlebachs Tod und für alle Zukunft nur Christen zu dieser Stelle genommen werden sollen; dem Carlebach selbst wurde ein Christ als Adjunct beigeordnet.

13. Da bei Aufnahmen von Inventarien und dergleichen Geschäften theils von den Stadträthen, theils von den von ihnen Beauftragten Gebühren unbefugt erhoben und deßwegen Beschwerde geführt wurde, so untersagte dieses die Regierung aufs strengste und übergab dem Stadtrath 20 Exemplare der Taxordnung, um sie auch den Zünften mitzutheilen.[35])

14. Gegen die Erhebung des Rheinbaugeldes, das die Heidelberger bezahlten, obschon sie nicht am Rheine wohnen, wurde Beschwerde erhoben, während die Rheinstädte nichts für die durch den großen Eisgang von 1784 nöthig gewordenen Neorbauten beigetragen hatten. Da es sich herausstellte, daß dieses Geld nur erhoben wurde, um die städtischen Schulden zu bezahlen, so hatte man nichts dagegen, es bis zur Erreichung dieses Zweckes fort entrichten zu lassen.

15. Die Heidelberger mußten Chausseegeld bezahlen für Benützung der Rohrbacher Straße, obschon die Straße aus städtischen Mitteln hergestellt wurde und zu ihrer Unterhaltung jährlich 1800 fl. aus diesen

---

[34]) Diese sind: eine Pension an die Töchter des † Rentmeisters Lehne ad 100 fl.; an die Wittwe des † Stadtdirektors Ehleben 800 fl., den Geh. Rath Klein für Abhör der städtischen Rechnungen nebst Diäten seit 4—5 Jahren 100 fl.; dem Stadtbaumeister Heller 200 fl. Sonst ging diese letztere Stelle beim Stadtrath um, und jeder sie Betreibende erhielt 36 fl.

[35]) Eine besonders hohe Taxe wurde von dem Obereinnehmer wegen Anwohnung bei Abhör der Zunftrechnungen bezogen; früher 1, jetzt 10 fl.

Mitteln gereicht wurden. Diese, sowie die weitere Beschwerde, daß für die zum Chausseebau verwendeten Privatgüter keine Vergütung bezahlt worden sei, wurde zur weiteren Verhandlung der Hofkammer und der Chaussee-Commission der Ersteren überwiesen.

16. Eine Gesellschaft hatte seit einiger Zeit den Salzverlauf als ein Monopol zu gewinnen gewußt. Die Bürger beschwerten sich, daß dadurch der Salzpreis aufs Höchste gestiegen sei, während das Salz immer schlechter werde: sie wären durch das Monopol an schlechte Waare und hohen Preis gebunden. Da aber die Ertheilung des Monopols vom Churfürsten ausgegangen war, so wurde die Bitte um Aufhebung desselben abgeschlagen, dagegen der Stadtrath angewiesen, mit der Gesellschaft über billigeres und besseres Salz zu verhandeln.

17. Die Maulbeerbaumpflanzungen, vom Churfürsten Carl Theodor nur in der besten Absicht für die Emporbringung der Industrie, angeordnet *) gab, wie in der ganzen Pfalz, so auch in Heidelberg zu bittern Klagen Anlaß. Die Stadt mußte auf unmittelbaren churf. Befehl jährlich 457 Stück Maulbeerbäume kaufen und auf ihre Allmente pflanzen und das schon seit 20 Jahren. Von 10,000 Stück waren 1790 kaum 2000 übrig, sie wollten nicht gedeihen. Dadurch kam die Stadtkasse allerdings in Nachtheil, da das Stück 12—15 Kreuzer kostete und außerdem ein Personal für Pflanzen und Beaufsichtigen gehalten werden mußte. Außerdem mußte jeder Bürger bei seiner Annahme drei Bäume kaufen und pflanzen. Der zur Beaufsichtigung der gesammten Pflanzungen in der Stadtmark angeordnete „Obmann" erhält 40 fl. aus der Stadtkasse; aus den Stadtwaldungen mußten die Stickel unentgeltlich geliefert werden; längs der Schwetzinger Straße waren die an sie anstoßenden Güter von Heidelbergern mit solchen Bäumen bepflanzt, wodurch die Güter selbst natürlich Schaden litten. — Allein die Aufhebung dieser Last war vom Churfürsten vorerst nicht zu erlangen.

18. Der Artikel 15 der von Carl Theodor der Stadt im Jahre 1746 verliehenen Privilegien versprach derselben die Herstellung einer Caserne; der Artikel lautet: Gleichwie wir unsere getreue Bürgerschaft in dem

---

*) Wir werden diesem Thema einen neuen Aufsatz widmen.

Quartiers-Last, so viel es nur immer thunlich, erleichtert sehen möchten, also seynd wir gnädigst nicht ohngeneigt, den in allvasigem Marstall befindlichen sogenannten alten langen Bau zu räumlichen Casernen einrichten und fertigen zu lassen, in der gnädigsten Zuversicht jedoch, daß, gleichwie die Bürgerschaft von Anwesenheit einer Garnison eine Verbesserung in ihrer Nahrung und Nutzen verspühret, selbige dahero anvorderist zum ergiebigen Beitrag der Bau-Kosten, der innern Quartiers-Nothwendigkeiten sich einverstehen werde." Diese Zusage war bis jetzt noch nicht erfüllt. Die Einquartierungslast drückte die Bürgerschaft sehr. Die hierauf geltend gemachte Beschwerde[87]) veranlaßte längere Verhandlungen, die sich bis in den Anfang des gegenwärtigen Jahrhunderts hinzogen. Auf ein churf. Rescript vom 17. April 1792 trat eine Commission zusammen, bestehend von Seite der Hofkammer aus Hofkammerrath Greichs; des Militärs: Ingenieur-Oberstleutnant von Handel; der Regierung: Reg.-Rath von Reichart, um über den Bau, seine Größe und den Ort seiner Aufführung zu berathen. Die Commission hält eine Caserne, die mindestens 1200 Mann und 600 Pferde fasse, für nöthig und da der Stadtrath hiezu den alten langen Bau im Marstall, wo ein unbebauter Flügel sei, vorschlug, so wurde der Militär-Commissär zur Besichtigung abgeordnet. Der Stadtrath hatte drei Pläne fertigen lassen, von denen zwei von dem Administrations-Werkmeister Schäffer herrührten. Die Bürgerschaft und in ihrem Namen die Beschwerdeführer verlangten die Herrichtung des großen Seminars oder des Dominiklosters zu einer Caserne und zwar unterm 21.

---

[87]) Es dürfte interessant sein, gegenwärtig, da wieder eine Casernenfrage ventilirt wird, die Gründe zu hören, welche für eine Caserne und gegen die Einquartierung vorgebracht wurden; es waren: „Bessere Mannszucht, weniger Verführung der Kinder, Mägde und Weiber, weniger Aergernisse durch Flüche, unschickliche Entblößungen und Zotenreißen, weniger Entwendungen, Verminderung der ansteckenden Krankheiten; in der Stadt sind wegen angewachsener Bevölkerung keine 150 Soldatenwohnungen aufzufinden; dazu gebe die Stadt für einen Casernenbau 3000 fl., der Hof aus der Militärkasse einen Beitrag; die Hofkammer will einen Speicher auf der Caserne errichten lassen, wodurch auch diese beigezogen werden könne; außer dem gebe die Stadt ein namhaftes zur Unterhaltung der Caserne; Holz ist aus dem Stadtwald und die andern Materialien zu Wasser und zu Land leicht beizuschaffen."

Dezember 1797 „bei eingetretenem Frieden", da der seit 1792 dazwischen gekommene Krieg die Prüfung und Ausführung des Vorhabens verhindert hatte. Im Laufe des Krieges waren das große Seminar und das Dominikanerkloster zu Lazarethen für das österreichische Militär [30]) hergerichtet worden und man glaubte, es bedürfe nur geringer Veränderungen, um eine Caserne aus dem einen oder anderen der Gebäude herzustellen. Besonders empfahl man das große Seminar, [33]) das ja doch nicht wieder hergestellt werden konnte. Während des Kriegs hatte die Geistlichkeit im kleinen Seminar [40]) gewohnt, das auch hinreichend groß war. Jenes, das große, wurde darum so sehr empfohlen, weil es ein Viereck bilde, mit Gittern und Thoren ringsum verschlossen und dreistöckig sei, eine Menge Zimmer, dazu breite Gänge habe und der darin liegende Garten zu einem Exercierplatze benützt werden könnte; dazu könnte die daran stoßende Kirche als Garnisonskirche verwendet werden. Die Dominikaner bestanden nur aus 5—6 Geistlichen und es war die Wiederherstellung des Klosters [41]) für diese Wenige doch zu kostspielig, weßhalb auch dieses für eine Caserne in Vorschlag kam. — Rector und die Professoren der Universität machten zwar unterm 29. Dezember 1797 geltend: Die Verwandlung des Jesuiten-Collegs in eine Caserne bringe große Nachtheile, da den Studenten ein guter Platz für Wohnungen geraubt würde; seitdem das Carolinum in Abgang gekommen sei, habe die Zahl der Studenten abgenommen, die Bürger verlangten zu viel Hausmiethe, 40—50 fl. für ein Zimmer, weßhalb dasselbe für Kostgänger erhalten werden sollte; die Jesuitenkirche tauge besser für ein academisches Bethaus als für eine Garnisonskirche; endlich verderben die Soldaten in der Nähe der Universität die nöthige Stille. Der Churfürst möge überhaupt ein väterliches Einsehen mit der Universität haben und sie, nöthigenfalls aus dem noch unbeschädigt geblie-

---

[30]) Es diente das große Seminar 5 Jahre lang als Lazareth für 2000 Mann Kranke und Verwundete.

[33]) Das Jesuiten-Collegium in der Kettengasse.

[40]) Auch Karl'sches Convict genannt, das jetzige akademische Krankenhaus.

[41]) Auf dem Platz des Dominikanerklosters steht die Anatomie.

benen Jesuitenfond diesseitiger Pfalz unterstützen, „damit die Universität gerettet werde." Dessenungeachtet wurde das große Seminar oder das Jesuitencolleg am Schlusse des Jahrhunderts als Caserne für das in Heidelberg liegende pfälzische Militär gewählt und hergestellt.[48])

19. Ueber den schlechten Haushalt im Stadtwalde kamen mehrere Beschwerden zur Verhandlung. Vorerst machten die Beschwerdeführer geltend, daß der Holzmangel groß, der Holzpreis unerschwinglich sei; Diejenigen, welche den Wald zu beaufsichtigen hätten, beuteten ihn eigennützig aus; die Stadtvorstände selbst hätten sich Holzbesoldungen[49]) zugeeignet; wie diese Besoldungen entstanden seien, wäre unbekannt. Zu allen Holzfällungen seien früher die Bürgermeister und Vierer der Gemeinde zugezogen worden, jetzt existire ein gegentheiliges Regierungsverbot. Eine systematische Beforstung sei deßhalb schon unmöglich, weil nicht einmal die Morgenzahl der Waldungen bekannt ist. In den gesammten städtischen Waldungen, welche zu Gaiberg und Rohrbach gehören, würden jährlich 600 Klafter Holz gehauen, ohne das Schälholz für die Gerber; damit sollte man einen Holzvorrath sammeln, einen Preis festsetzen und im Winter hergeben; so würde man nicht genöthigt, den Schiffern zu bezahlen, was sie für ihr beigeführtes Holz verlangen. So sei im Winter 1789/90 der Karch Holz auf 8—9 fl. gekommen, die geringsten Wellen 3—4 fl. das Hundert. Auch müßte der Viehtrieb in dem Wald abgestellt werden. Viele Walddistricte seien in der letzten Zeit ausgerottet, zu Ackerfeld umgeschaffen, und in Erbpacht

---

[48]) Vgl. Wundt, Beschreibung von Heidelberg Seite 187.

[49]) Stadtdirector Sartorius von 1778—1788 jährlich 10 Klafter, Rentmeister Müller 6 Klafter und 400 Wellen, Stadtforstmeister Arnold 8 Klafter nebst Abholz. Die Erben des Sartorius und Müller mußten Ersatz leisten; Forstmeister Arnold aber durfte seine 8 Klafter fortbeziehen, mit Ausnahme des Abholzes. — Dem Holzlauerbeständer, Schuhmacher Laus wurde Schuld gegeben, er habe im Lauer eine Wirthschaft, was zur Völlerei bei Schiffern und Holzhändlern führe und wodurch Unterschleife gefördert würden; da aber die Haltung einer Wirthschaft dem Laus als Bürger nicht verboten werden konnte, so wurde die Beschwerde einfach abgewiesen. Der Stadtrath machte dabei die Bemerkung, es sei ganz gleich, ob der Schiffer oder Holzhändler im Lauer selbst oder im neben daran liegenden „Horn" sich „einen Rausch trinke".

gegeben worden, ohne daß die Gemeinde wäre befragt worden"**)
— Der Stadtrath wehrte sich gegen diese harte Beschuldigungen, indem er geltend machte, daß er immer die beste Ordnung gehalten und nach der Angabe der Forstbehörde gehandelt habe; es seien immer zu allen Holzgeschäften der herrschaftliche und städtische Forstmeister, je ein Rathsherr, Vierer und Gemeindebürgermeister beigezogen worden; der Förster von Rohrbach oder Gaiberg habe immer ein Verzeichniß des zu fällenden Holzes ausgestellt, welches nach erfolgter Regierungsgenehmigung dem Stadtrath zum Vollzug überwiesen worden sei. Die obengenannte „Holzcommission" maß dann den District aus, ließ die Versteigerung bekannt machen und vollziehen, welche letztere dann wieder von der Regierung genehmigt wurde. Man habe aber eine viel zu hohe Meinung von der Größe des Stadtwaldes; er betrage nicht, wie die Beschwerde angebe 30,000, sondern nur 8—10,000 Morgen. — Die Regierung ordnete hierauf an, daß für den größten Theil der empfangenen Holzbesoldungen Ersatz geleistet und die Verabreichung in Zukunft abgestellt werden mußte. Beim Zuzug der Commission zu allen Holzgeschäften habe es künftighin zu verbleiben, doch sollen die Personen jährlich wechseln und die taxmäßige Gebühr beziehen. Die Ausrottungen und Umwandlungen zu Aderfeld wurden untersagt; die Rothstüde mußten in Zukunft mit Gehölz besamt werden. Die Waldschützen erhalten von da an 25 fl. jährliche Besoldung nebst dem Fanggeld für Frevler.

Ein Stein des Anstoßes war hiebei auch der Wald der sogenannten Rathsbruderschaft. Diese war eine seit uralter Zeit bestehende Stiftung, von der die ältesten Urkunden beim Stadtbrand zu Grunde gegangen sind und zur Zeit der Beschwerde nur noch

---

**) So besitze Gg. Schneider ein Stück an der städtischen Grenze gegen Neckargemünd, den sogen. Schnedenbuckel; Prinzcarlwirth Scherer von dort habe sein Eigenthum in den städtischen Wald hinein ausgedehnt; auf dem Bufenbrunner — oder Kohlhof seien seither nur zwei Bestänber gewesen, jetzt 18, so sehr viel Wald habe man hier ausgestockt. Dazu sei zur Versteigerung der Allmente in der Gegend vor dem obern Thor bis an den Wolfsbrunnen, vom Klingenthor bis an den Seegarten keine Regierungsgenehmigung eingeholt und auch die Versteigerung nicht öffentlich bekannt gemacht worden.

wenige Akten und Jahresrechnungen vom 18. Jahrhundert vorhanden waren. Zu dieser Bruderschaft gehörte der gesammte Rath, nämlich der Stadtdirector, die 12 Rathsherrn, der Stadtschreiber, Registrator und die vier Viertelmeister. Jeder von diesen hatte bei seinem Eintritt einen Ducaten oder 5 fl. zu erlegen. Der älteste der Bruderschaft ist jeweils Brudermeister und Rechner, wofür er jährlich 14 fl. bezahlt. Die Einkünfte der Bruderschaft sind: 1) 6 fl. 37 kr. 4 Heller ständige Bodenzinse, die auf verschiedenen hiesigen und Schlierbacher Häusern nach uralten Kaufsbriefen mit dem Ausdruck haften: „zur hiesigen Rathsbruderschaft mit jährlichem beständigen Bodenzins." 2) Jährliche Zinsen von etwa 700 fl. Capital. 3) Die Beitraggelder der Bürger, von denen Jeder bei seiner Aufnahme als Bürger 10 Kreuzer zu erlegen hatte. 4) Etwa 21 Morgen Kastanienwald, dessen Fruchtertrag jährlich unter die Glieder der Bruderschaft so vertheilt wurde, daß die Vierer nur halb so viel Kastanien erhielten, als die Uebrigen; seit vielen Jahren aber wurde dieser Wald in Zeitpacht gegeben und die Zinsen vertheilt. — Dieses Verhältniß war ohne Zweifel aus dem Gedächtniß der Bürgerschaft geschwunden, denn die Beschwerde derselben gab vor: „der Stadtrath maße sich einen besondern District Wald an, unter dem Namen Bruderschaftswald oder Kastanienwald, unter dem Vorwand, daß der Rath eine Bruderschaft sei." — Daß die Regierung den Rath in seinem alten Herkommen schütze, bedarf wohl nur der Erwähnung.

20. Die Beschwerdeführer machten weiter geltend, die Bürgerschaft habe früher das Recht des Verkaufs bei allem auf dem Lauer aufgestellten Gehölz von Morgens 8—11 Uhr vor den Auswärtigen gehabt; dieses Recht sei seit einigen Jahren außer Uebung. Als hierauf der Stadtrath entgegnete, er wisse von einem solchen Verkaufsrecht nichts, so beriefen sich die Beschwerdeführer auf eine landesherrliche Verordnung vom 13. März 1719, deren § 2 das Recht feststellt. Der Stadtrath erwiederte, damals als diese Holzordnung erlassen worden sei, sei auch ferner zum Besten der Stadt verordnet gewesen, daß jeder Holzhändler drei Tage hier Markt halten müßte und durchaus nicht an der Stadt vorbeifahren durfte. „Diese und andere Privilegien seien mit der Residenz nach Mannheim gezogen." — Die Beschwerde wurde abgewiesen.

21. Das Weinumgeld, das in früheren Zeiten 15 fl. für das Fuder betrug, ist neuerdings auf 18 fl. erhöht worden; dieses sowie der Umstand, daß die Bürger ein sogenanntes Pfortengeld bezahlen mußten, erhöhte die Abgaben der Bürger in diesem Betreff um die Hälfte des Zolles, den die Fremden zu bezahlen hatten. Es war dieses eine Anordnung des Hofkammerraths. Die Beschwerde führte aus, daß, da der Wirth diese Abgaben auf den Wein schlage, nothwendigerweise das Publikum benachtheiligt werde. Die Regierung änderte aber deßhalb an der Abgabe und dem Pfortengeld nichts.

22. So lange der Heidelberger Fruchtmarkt bestand, war es Verordnung, daß die städtischen Müller und Bäcker, ob sie in den Mühlen, in der Stadt oder auf der Schriesheimer Zent, z. B. in Ziegelhausen und Handschuhsheim gemahlen haben, den Fruchtaccis in der Stadt lösen mußten. Weil die Stadt einen großen Antheil an dem Accisertrag hatte, so war der Umstand, daß die Müller und Bäcker seit etwa einem Jahre da wo sie mahlen den Accis bezahlen mußten, für die Stadtkasse etwas bedenklich; denn ihr entging durch diese Anordnung der Hofkammer das, was die Churfürsten seit undenklichen Zeiten der Stadt als Privilegium verliehen hatten. Der Stadtrath erkannte diese Beschwerde für ganz billig; die Müller seien gezwungen auswärts zu mahlen, weil ihre Mühlen durch die letzten Eisgänge ganz unbrauchbar geworden waren. Die Regierung ordnete auch die alte Uebung wieder an.

23. Der schmale Streif Landes vor dem obern Thor gen Schlierbach zu, beim Hausacker, hatte seit den ältesten Zeiten dazu gedient, daß die Metzger die von ihnen gekauften Schlachtschafe hier waiden lassen durften. Der Stadtrath hatte nun in letzter Zeit diesen District urbar gemacht, wodurch die Schafwaide verloren ging. Die Beschwerde tadelte die Urbarmachung nicht, verlangte aber einen andern Platz für den genannten Zweck. Der Vorschlag des Stadtraths, die „Wingertsgasse", ein städtisches Allmentstück, hiezu zu verwenden, wurde von der Regierung genehmigt.

24. Seit 1784 war für die Richtigstellung der Gewichte ein eigenes Münzwardein-Amt zu Mannheim gegründet worden. Dieses Amt begleitete der Münzwardein Eberle; bei seiner Bestallung

am 28. Mai 1784 wurde ihm zur Pflicht gemacht, gegen bestimmte
Gebühren alle Gewichte des Landes, besonders der drei Hauptstädte
Heidelberg, Mannheim und Frankenthal, von Zeit zu Zeit „abzuziehen." ⁴⁵) Außerdem mußte eine Rathsdeputation bestehend aus drei
Rathsherren und zwei Polizeidienern verordnungsgemäß zu bestimmter Zeit die Gewichte visitiren, wofür jeder Gewichtbesitzer 4 kr. erlegen mußte. Diese letztere Anordnung schien um so nothwendiger,
als dem Münzwardein bei seiner Visitation, die er auf dem Rathhause
vornahm, nur solche Gewichte an denen nichts fehlte, aufs Rathhaus
gebracht, die Fehlerhaften, zu Leichten zurückbehalten und im Gewerb
benützt worden sein mögen. Gegen die zweifachen Kosten richtete sich
die Beschwerde und die Regierung verordnete in Folge davon, daß
nur für diejenigen Gewichte an den Münzwardein die Gebühr zu bezahlen sei, die fehlerhaft sind; im Uebrigen blieb die Einrichtung bestehen.

25. Vom Mehlwaggeld bezüglich der Früchte und des Mehls
zur Hausconsumtion waren die Bürger durch die Stadt-Privilegien
befreit; erst seit 1770 führte der Mehlwagbeständer Porzel es ein,
daß auch von den Bürgern, wie von den Fremden dieses Geld erhoben würde. Da die Bürgerschaft das Privilegium für sich hatte,
so konnte die Regierung nur zu ihrer Gunst entscheiden.

26. Die mannigfache Beeinträchtigung der bürgerlichen
Gewerbe bildete eine der Hauptbeschwerden. Von vielen Nichtbür-
gern, welche also die bürgerlichen Lasten nicht zu tragen hatten, wur-
den bürgerliche Gewerbe betrieben. Hierher wurden gerechnet I.
Solche, die mit Wein flaschenweise handeln, nämlich Professor von
Obercamp, ⁴⁶) die Hofkammerräthe Schleß ⁴⁷) und Heym, ⁴⁸) der Koch

---

⁴⁵) Für ein großes Gewicht mußte fl. 1, für ein kleines 30 kr. bezahlt werden, auch wenn nichts fehlte.

⁴⁶) Obercamp gestand den Handel mit Wein zu, jedoch habe er rothen Wein
nur verkauft, um darin Chinarinde aufzulösen, den Champagner zu fl. 1. 37 kr.,
den Burgunder zu 48 kr. die Flasche.

⁴⁷) Schleß bekannte, mit Bacharacher Wein in Fässern und Flaschen gehandelt zu haben ohne zu wissen, daß dies verboten sei.

⁴⁸) Heym sagte, er gebe nur den bei ihm wohnenden Studenten, das sei
nicht verboten.

Canbó;⁴⁹) Zitronenhändler Baber;⁵⁰) die fremden Handelsleute, die auch außer der Meßzeit italienische Früchte in der Stadt feilbieten, Busjaeger und Milleret.⁵¹) 2. Die Frankenthaler Wollenfabrik,⁵²) die seit sechzehn Jahren sämmtliche Monturstücke der Kanzleidiener der geistl. Administration, des Kirchen- und Stadtraths, des Oberamts, Ehegerichts und Consistoriums liefere, die ihrerseits ihre Tücher von der Aachener Fabrik bezog, wodurch viel Geld außer Land kam. 3. Die Wachsfabrik des Ernst, welche auch Unschlittlichter und Seife zur Beeinträchtigung der Seifensieder fertigte, und dazu überdies vom Zoll durch Privilegien frei war; da diese Fabrik alles Unschlitt bei den hiesigen Metzgern kaufte und zwar den Zentner zu 108 Pfund, dem Publikum aber den Zentner Lichter zu 104 Pfund verkaufte, während die Seifensieder 108 Pfund geben mußten, dieselbe auch an keine Taxe gebunden sei, dazu Personalfreiheit für ihre Arbeiter, Accisfreiheit und Freiheit von Umgeld für 3 Fuder Wein hatte, so befand sie sich allerdings im Vortheil. Ferner wurde der Fabrik Schuld gegeben, sie mische jährlich 3000 Pfund Unschlitt in das Wachs, wodurch das Publikum betrogen wurde und endlich, der Tochtermann des Ernst, Namens Penner haubte nebenbei mit Tabak, Käs u. s. w., ohne darauf verschätzt zu sein. 4. Das Hausiren auf dem Lande mit Messern, Siegellack u. dgl. 5. Die Anlage von 3 bis 4 Lederfabriken⁵³) in der Gegend war für die Rothgerber eine Beeinträchtigung und 6. klagten sämmtliche Zünfte über Nichthandhabung ihrer Privilegien. 7. Das Hausiren der Juden.⁵⁴) — Der

---

⁴⁹) Canbó wendete ein, er habe nur Ein Mal den Versuch gemacht, französische Weine zu verkaufen, habe aber wenig abgesetzt und dadurch viel verloren, weshalb er den Handel eingestellt habe.

⁵⁰) Baaber (und Saamweber), Tyroler.

⁵¹) Belbe, aus Mittenwald an der Isar, waren in Heidelberg zünftig und hatte jeder von ihnen als Ausländer fl. 50, für seine Frau fl. 25, für seine Kinder je fl. 5 an die Handelszunft bezahlt.

⁵²) Der Fabrikant hieß Sperrer und hatte ein Privilegium auf 25 Jahre.

⁵³) Diese waren vorzüglich die Fabriken des Brel auf dem Haarlaß und des Koch in Wiesloch. Die Beschwerde bittet um Verbot des Rindenverkaufs im Neckarthal.

⁵⁴) Die Beschwerde verlangte Reducirung der Juden in Heidelberg auf drei Familien, wie es die Rescripte des Churfürsten vom 21. März 1698 und 5. März

Bescheid auf diese Beschwerden lautete: ad 1. Den Herren von Obercamp, Schieß, und Heym wird der Weinhandel untersagt, was er auch für einen Namen habe. Da Zitronen keine Spezereien seien, so wurde die Klage gegen Baber verworfen. Dem Busjaeger und Millerei wurde aufgegeben, binnen Jahresfrist ihre Wohnung und ihr Waarenlager in Heidelberg aufzuschlagen. Bezüglich des Punktes 2 wird die Beschwerde abgewiesen. Zu 3 dem Penner wird sein Handel untersagt; sonst wird die Klage gegen die Wachsfabrik abgewiesen. 4. Das Hausiren der Christen und Juden ist verboten. 5. Die Klage der Rothgerber wird verworfen. 6. Auf Verminderung der Judenfamilien ist Bedacht zu nehmen.

An diese Beschwerde wegen Beeinträchtigung der bürgerlichen Gewerbe schloß sich die gegen die sogenannten Pfaffenkeller an. Durch das Universitätsstatut vom 2. Dezember 1588 ward bestimmt: „letzlich ihnen und einem jeden Professoren kraft angezogenen Privilegii zuzulassen, jährlichs zwey Fuder Weins ohne Geld auszuschanken"; durch die Statuten vom 14. October 1786 wurde dieses Privilegium bestätigt: „§. 18. Wir belassen es bei der jedem professori ordinario zustehenden Befugniß eines sogenannten Pfaffenschanks, das ist, zwischen Ostern und Pfingsten zwei Fuder Wein ohne Abgab verzapfen zu mögen, worüber der Universität in corpore aber ein unbeschränktes Recht zukommt, und diese Befugniß kann auch an andere abgegeben werden." — Die Beschwerde weiß nichts von letzterer Bestimmung; sie gibt vor: die Pfaffenkeller würden an Bürger verkauft, das sei verboten. Das ganze Institut sei eine Benachtheiligung der Wirthszunft, da „viele Weingäste dieses oder jenes Wirthes sich verlieren". Zudem seien diese Keller die Pflanzschulen für die beständigen und eigentlichen Wirthe, durch deren Vermehrung die jetzt schon Vorhandenen benachtheiligt werden. Es würden von diesen Kellern Weine verkauft, „die kaum dieses Namens würdig sind". Wenn sie aber nicht an Andre übertragen werden

---

1699 vorschrieben; ferner war am 20. Februar 1745 verordnet worden, daß der in 8 Personen bestehenden Judenschaft der Landesschutz bestätigt und ein Schutzbrief ausgefertigt sei, dagegen ist denen, die keine Schutzbriefe und kein Vermögen haben, das Schutzgeld zu zahlen, der Aufenthalt gekündigt und die Zahl der Judenfamilien nicht über 8 zu erhöhen.

könnten, so wären sie unschädlich, da die Professoren selbst sie nicht halten könnten. Daher die Bitte: diese Uebertragung zu verbieten. — Die Regierung schlägt jedoch die Bitte ab.

27. Wie sehr es die Absicht des Churfürsten sei, führt die Beschwerde aus, das Emporkommen der Stadt zu fördern, das beweist, daß derselbe zu dem schon verliehenen Fruchtmarkt einen Viehmarkt zugesagt habe, dessen Einführung aber vom Stadtrath gehindert werde. Dieser machte dagegen geltend, daß er selbst höchsten Orts um einen Viehmarkt gebeten, aber bis jetzt keine Antwort erhalten habe; er selbst werde die Bitte wieder in Erinnerung bringen.

28. Der Vertheuerung des Brots, meinte die Beschwerde sowie der Erhöhung der Fruchtpreise müßte dadurch vorgebeugt werden, daß 1. nicht bloß alle Monate nur ein Mal, und zwar am Schluß des Monats die Brottaxe gemacht werde, da die Bäcker absichtlich am letzten Monatsmarkte hohe Fruchtpreise bezahlten, um eine hohe Brottaxe zu erzielen; — sondern jede Woche. 2. Die Fruchtpreise sollten nicht bloß den Bäckern, sondern auch von der Fruchtmarktcommission dem Stadtrath angezeigt werden 3. Die jede Woche regulirte Fruchttaxe soll sofort den Bürgern eröffnet werden. 4. Das Gewicht von Schwarz- und Weißbrot soll am Rathhaus angeschlagen werden; der Bäcker soll eine richtige Wage haben und das Brot dem Verkäufer auf Verlangen vorwiegen. Diese sämmtlichen Anträge wurden genehmigt.

29. Seit dem durch den Eisgang von 1784 die Neckarbrücke weggerissen worden ist, wurde vom Stadtrath angeordnet, daß kein Fischer oder Schiffer mehr hiesige Bürger oder Einwohner über den Neckar führen dürfe, was allein dem Brückenbeständer Jakob Baumann zugestanden wurde. Dagegen beschwerten sich die Fischer und Schiffer, da ihnen das diesfallsige Recht bis 1784 zustand. Der Stadtrath erwiderte hierauf, daß seit den ältesten Zeiten Brückenverordnungen das Ueberfahren eine Stunde ober und unter der Brücke verboten haben; doch habe man erlaubt, daß die Fischer solche Leute, die vom Brückengeld befreit waren, überführten. Damit sich aber Niemand wegen Unbequemlichkeit zur Zeit des Brückenbaues habe beschweren können, so wurde dem Brückenbeständer auferlegt,

ein Jahr am Magazin und eines am magern Hof zu halten. — Hiernach wurde die Beschwerde als unbegründet abgewiesen.

30. Die Erhebung und Verwendung der **Fruchtmarktgelder** betraf die letzte Beschwerde, die übrigens von den Vorbringern selbst zurückgenommen wurde. Die seitherige Uebung, wonach der Fruchtmarktaufseher von jedem Malter Frucht, das auf dem Markt verkauft wird, für sich und die Mitterer 2 Kreuzer erhob, wurde dahin abgeändert, daß diese Gelder an die Stadtkasse abgeliefert werden, aus der dann dem Marktpersonal die taxmäßige Taggebühr bezahlt werden solle.[35])

„Nur durch gründliche Abhilfe dieser Beschwerden kann dem gänzlichen Zusammensturz des städtischen gemeinen Wesens, der bürgerlichen Thätigkeit und Nahrung, der Gewerbe und des Handels, der Sicherheit des Lebens und Eigenthums vorgebeugt werden". So hatte die Beschwerdeschrift vom 27. Oktober 1789 geschlossen. Die meisten Beschwerden waren schon am 17. April 1791 verbeschieden[36]); wenige zogen sich noch einige Jahre hinaus.

Kosten der Verhandlungen: Die der Beschwerdeführer ad fl. 720. 32 kr. wurden auf fl. 425. 22 kr. reducirt; die der Commission betrugen fl. 730. 1 kr., wovon dem Commissarius Drebe fl. 363. 45 kr., dem Actuar fl. 305. 43 kr., dem Commissionsboten fl. 60. 33 kr. gebührten. Die Gesammtkosten betrugen also fl. 1155. 43 kr. Hieran hatten zu zahlen: der Schatzungsempfänger Weiß fl. 24. 3 kr., Quartierschreiber Lehmann fl. 18. 42 kr., sämmtliche Rathsverwandte fl. 1. 12 kr., Stadtschreiber Sartorius, Collector Sieben und die übrigen Rathsverwandten fl. 7. 26 kr.; die übrigen fl. 1104. 25 kr. mußte die Stadtkasse zahlen.

Aber auch nach ergangenem Bescheid vom 17. April 1792 hörten weder die Beschwerden auf, noch löste sich die Deputation der Beschwerdeführer auf. Eine am 22. Mai 1793 abgefaßte und an den Churfürsten abgesandte Beschwerde, daß immer nur zwei Deputirte zu den Verhandlungen

---

[35]) Fruchtmarktaufseher war in dieser Zeit: Schleicher. Die Beaufsichtigung der Mitterer lag dem Collector Sieben ob, welchem dafür für jeden Wochen-Fruchtmarkt 48 kr. zuflossen.

[36]) Wir haben die Bescheide, um Weitläufigkeiten zu vermeiden, jedes Mal den Beschwerden angefügt.

berufen würden, die auch nach ergangenem Generalbescheid noch schwebten, z. B. die über die Casernenfrage, benützte der Stadtrath, um seinem Herzen Luft zu schaffen, und den Churfürsten von der wahren Sachlage und von der Gefahr der jetzt noch bestehenden Deputation und deren täglich wachsenden Anmaßungen zu unterrichten: die ganze Beschwerdeführung sei ein Ausfluß des **französischen Revolutionsgeistes**. Nachdem die Untersuchung beendet sei, daure die Deputation, aus 23 Bürgern bestehend, noch fort; sie bilde eine Art von Revolutionstribunal, führe das Wort bei den Zunftversammlungen, versammle sich nach Belieben, schmiede allerlei Pläne gegen Regierungs- und Stadtrathsverordnungen. Darnach müsse der gemeine Mann glauben, Alles hänge von der Deputation ab und daher komme es, daß die Leute erst bei ihr sich Raths erholen und sich bei ihr über den Stadtrath beklagen, wodurch dessen Stellung lächerlich werde. Die ganze Sache sei eine Nachahmung des französischen Revolutionssystems. Der Stadtrath trägt hierauf auf Aufhebung der Deputation, Verbot ihrer Zusammenkünfte und darauf an, daß die Zunftmeister aufs Neue bestätigt werden; aus diesen seien sodann zwei Deputirte zu wählen, welche wie einst die zwei Bürgermeister von der Gemeinde bei Verwaltung der städtischen Einkünfte und dgl. mitzurathen wenn auch nicht mit zu entscheiden hätten.

Hierauf beschloß nun der Churfürst am 2. Juli 1793 die Auflösung der Deputation,[37]) da die Beschwerde erledigt war; ihre Ver-

---

[37]) Sie bestand aus den Deputirten der Handlungszunft: Wilh. Baffermann und J. R. Würzbach. Professionistenzunft: Baumüller und Rühler, Schuhmacher. Grau und Schneider, Schreiner. Scholl und Morelet, Seurer. Weilart und Hemberger, Fischerz. Hirschel und Fries, Schifferz. Rammel und Dörzenbach, Bauernz. Jac. Treiber, Metzgerz. Ernst und Hirt, Spanhauerz. Weber und Landfried, Rothgerberz. Heinlein und Simon, Mehngärtnerz. Molz und Lösch, Mehlhändler- und Müllerz. Riemer und Leiß, Barbierz. Knapp, Weberz. Ropp und Unholz. Diese wählten aus sich acht Vertreter, welche den Berathungen über die städtische Oeconomie anwohnten, ebenso der Schatzungscommission; sie wurden beeidigt am gewöhnlichen öffentlichen Schwörtage, waren also bis zur Regelung der Beschwerdeangelegenheiten die gesetzlichen Vertreter der Gemeinde. — Schon unterm 14. Januar 1791 hatte der Churfürst gestattet, daß die Beschwerdeführer in der unter Ihnen errichteten **Lesegesellschaft** zusammenkommen dürften, welche Erlaubniß ihnen jedoch schon am 19. Mai desselben Jahrs entzogen wurde

sammlungen wurden verboten und die Zunftmeister aufs Neue bestätigt. Dagegen mußten von nun an, nach dem Vorbilde Mannheims, von der ganzen Bürgerschaft 6 Deputirte gewählt werden, von jeder Religion zwei, welche dann die Regierung zu bestätigen hatte. Diesen Bürgerausschuß hatte aber der Stadtrath zu allen städtischen Oekonomiegeschäften mit berathender Stimme beizuziehen.

Hiegegen beschwerten sich die Deputirten und brachten es wenigstens dahin, daß für das laufende Jahr jene von der Regierung beliebten sechs Deputirten aus ihrer Mitte gewählt werden mußten.[64]

XXIV.
Zur Toponomastik und Topographie Bergheims und des Gäusberges.
(Als Nachtrag zu XVIII.)

Die oben S. 99 besprochene Bezeichnung „Alt-Bergen" wird zuerst von Freher aufgeführt, der schon 1565 geboren ist, und 1614 starb (die Lebensbeschreibung desselben steht in Schreiber's Vaterländischen Blättern vom Jahr 1812. S. 161 ff.). — Seine origines palatinae erschienen zum ersten Male 1599[1]) und hierin bereits wird cap. VII gesagt: Bergeheim, Berchcim etc. hodie „Alt-Bergen". Denselben Namen wiederholt Freher in cap. X, worüber auch Dumbeck „geographia pagorum" p. 151 und 169 zu vergleichen ist, der die Urkunden über unsere Gegenden treffend zusammenstellte.

Was nun den Namen Bergheim, der im Volksmund wie gewöhnlich zu „Bergen" abgeschliffen ist, betrifft, so kann es keinem Zweifel unterliegen, daß derselbe der Lage an den Bergen seinen Ursprung verdankt und mithin dem Worte „Berg" (im Mittelalter berc geschrieben) entnommen ist, nicht minder wie die heutige Schloß-

---

[64]) Die ganze Darstellung der „kleinen Bürgerrevolution" beruht auf 74 Aktenfaszikeln des Großh. Generallandesarchivs zu Carlsruhe. 14. 35. 343 329. 346—375. 419—426. 430—464.

[1]) Die zweite Auflage erschien 1612—13; die dritte nach Freher's Tod 1686; eine vierte wurde 1748 von Reinhard ausgegeben.

bergstraße, welche „der Berg" genannt wird, oder die Bergstraße und die zahllosen Bergheime, deren urkundliche Schreibungen Förstemann in seinem für Sammler urkundlicher Ortsnamen unentbehrlichen „Namenbuche" II, p. 240 ff. zusammenstellt. — Mit dem Worte „Burg" hat Bergheim gar nichts zu schaffen; die Analogie mit Labenburg, das vom Volke „Labenberg" genannt wird, ist durchaus nicht stichhaltig, denn in letzterem ist das „Berg" blos eine Pfälzische Aussprache für das umgelautete „Bürg". So heißt z. B. die Stelle wo bei Neckarburken ein römisches Kastell stand, noch jetzt die „Bürg" vulgo „die Berg oder Berk". Dies nur beiläufig, um die radikale Verschiedenheit des im Pfälzer Mund*) durch Umlautung von Burg in Bürg entstandenen Labenberg im Gegensatz zu der organischen Stammsilbe „Berg" in Bergheim zu zeigen.

Was die Entstehung des Namens Labenburg betrifft, so läßt sich dieselbe urkundlich aufs Genaueste verfolgen, aus dem keltisch-römischen Lopodunum wurde nämlich von den Franken Lobodun — Lobeden — endlich Lobdenburc und durch die gewöhnliche Vokalisirung des b in u seit dem 11. Jahrhundert Louden- schließlich Laudenburg, welche Bezeichnung das ganze Mittelalter hindurch verblieb und erst in neuster Zeit im Pfälzer Volksmunde in Labenburg (resp. — berg) abgeflacht wurde. Der Vorgang ist ganz derselbe wie z. B. in dem Worte „Baum" (im Mittelalter boum) den der Pfälzer in „Baam" zusammenzieht.

Einen gänzlich verschiedenen Ursprung hat der Name des Dorfes Laudenbach an der Bergstraße, welches früher Lütenbach hieß und bei dem der Diphtong au deßhalb auch nie im Volksmunde zu aa gedehnt wird, was nur dort der Fall ist, wo im Mittelhochdeutschen ou stand, wie eben z. B. in Loudonburg.

Was ferner den Ortsnamen Gowinberg anbelangt, so kommt er ganz einfach von dem Worte Gau ab, das altdeutsch gouwi, gouwe, göu hieß. (So kommt z. B. auch bei Zwiefalten in Württemberg urkundlich ein Gouwiberc vor). Das Wort lautet heute in Pfälzer Mundart „Gäu" und ist besonders gebräuchlich in der Redensart

---

*) Auf gleiche Weise wird hier aus einem Türken ein „Derk", aus einer Birke „eine Berke", Hirsch zu „Hersch" u. s. w.; es ist dies eine allbekannte Umwandlung des i und ü zu e bei folgendem r, was in allen fränkischen Dialekten stattfindet.

„aufs Gäu gehn" für über Land oder Feld gehen; eine andere Form dieses Wortes hat sich in dem gleichfalls pfälzischen Ausdruck „es goowettelt" erhalten, d. h. es ist Wetter wie auf dem Gau, b. h. dem Lande (es schneit und regnet durcheinander); es ist dies derselbe Vorgang nach dem aus „blau, grau, Pfau" pfälzisch „bloo, groo, Poo" wird. Höchst wahrscheinlich hat auch der in der Gemarkung des Dorfes Gäuberg, beim Lingenthaler Hof gelegene Goosberg sich unter dieser dialektischen Form versteckt, und hat das Dorf von ihm den Namen; er ist wohl derselbe, der 1369 genannt wird: „Zu Angellachen [b. h. Gau-Angelloch] unter dem Geüberg". — Siehe Widder I, S. 386. —

Der Name des Dorfes Gäuberg ist formell aber noch in höherem Grade derselbe wie der des bekannten Gansberges bei Heidelberg, dessen Etymologie nur durch verkehrte Schreibart verwischt wird, die bis zu dem sinnwidrigen „Geisberg" fortschreitt, wofür auf gleiche Weise Gäusberg herzustellen ist, wie Gäuberg statt Gaßberg.[3]

Eine andere Frage dagegen ist die, was für eine Oertlichkeit unter den urkundlichen Bezeichnungen Gowinberch und Gouinberg (die am Richtigsten beide Gouwinberc zu schreiben wären) zu verstehen ist? Die bisherige Annahme war nach Frehers Vorgang (welcher cap. VII sagt: Gowinberch, locus in Dergeheimero marca, hodie Göwberg) es sei das Dorf Gäuberg gemeint (wie auch Widder I, S. 376 noch richtig statt des jetzt gebräuchlichen Gaßberg schreibt, sich dabei auf eine Urkunde von 1369 stützend, worin das Dorf Geüberg genannt wird). Ihm folgten die Topographen Lamey in den Actis Acad. Palat. I, S. 229 und Dumbeck in seinem oben erwähnten Werke S. 163, welche annahmen, es sei wenigstens in der einen der beiden maßgebenden Urkunden des Lorscher codex die im Archiv S. 74 unter Nr. 22 [nicht 21 wie verdruckt ist] angeführt ist, unter Gowinberch das Dorf zu verstehen. Mit Recht dagegen

---

[3] In ähnlicher Weise wird der Name des Dorfes Bäuerthal bei Bleckloch entstellt, welches jetzt Bairrthal geschrieben wird, obwohl es urkundlich Büridal lautet, was ganz derselbe Name ist wie Bürsfelden im Odenwald, woraus später Bauer — Bäuerfeldern wurde, endlich durch gänzliche Abschwächung unter Betonung des zweiten Wortteiles derselben, durch die Schrift verunstaltet in Beerfelden, wie niemals gesprochen wird.

macht S. 80 des Archivs geltend, daß die in beiden Urkunden unter Nr. 22 und 23 erwähnten Weinberge und der Umstand, daß sie beidemale in die Bergheimer Gemarkung verlegt werden (die doch kaum auch noch das Dorf Säuberg umfaßte), darauf hinwiesen, daß in beiden Fällen der Säusberg gemeint sei, und zwar die gegen das Rheinthal gelegenen Abhänge desselben, wo allein Weinbau möglich und bis heutigen Tags ununterbrochen fortgetrieben worden ist. Ganz dieselbe Oertlichkeit ist wahrscheinlich auch in einer Nachricht vom Jahr 1389 verstanden, wo es heißt „Ein halber Morgen Wingerts an dem Geißberg zu (gränzt) an den Wald, obwendig Jütten Senderin". — Wie man nun diese Frau Jutta Sender in der Badenia II, S. 419 mit dem Jettenbühl in Verbindung bringen kann, wie doch nach der bestimmten Versicherung des Leobius blos der Schloßberg ehemals genannt worden sein soll, der als auf der Nordseite gelegen, gewiß niemals mit Wein angepflanzt war[1] — dies ist kaum abzusehen, wenn schon wir zugeben, daß alle die Fabeln über eine Wahrsagerin Jetta, die Leobius nicht einmal selbst gehört, sondern in einem alten Manuscript gelesen haben will, erst durch den Namen Jettenbühl hervorgerufen wurden, den man personifizierte, bei welcher Manipulation man aber übersah, daß ein altdeutscher Personalname Jetta gar nicht existirt; ob aber eine fränkische Herzogin Namens Jutta (letzteres ein häufig vorkommender Name) auf jene sagenhafte Benennung des untern Schloßhügels einen Einfluß hatte, mag füglich dahingestellt bleiben.

Aus der Schreibung „Geißberg" in der oben erwähnten, von

---

[1] Es dürfte vielleicht von Interesse sein, bei dieser Gelegenheit auf eine an diesem Orte ehemals verbreitete Pflanze aufmerksam zu machen, die man gegen die jetzt so sehr um sich greifende Hundswuth anwandte. Es hatte nämlich, — so berichtet Landau in seiner Geschichte der Jagd (Kassel 1849) S. 98 — ein hessischer Landgraf von Kassel seine Jagdhunde an jener Krankheit eingebüßt und wandte sich deßhalb anno 1601 an den Pfalzgrafen [also wohl an Johann Kasimir] ihm ein am Heidelberger Schloßberg wachsendes Gegenmittel — spatula foetida — zu schicken, um es in Hessen anzupflanzen. Landau meint, dies wäre „Wanblaustraut" — was ein Druckfehler ist für sogenanntes Waldlausstraut — pedicularis silvatica, die in Pollich's „flora Palatina" II. p. 149 zwar aufgeführt ist, jedoch ohne Erwähnung dieses ehemaligen Standortes.

Mone, Zeitschrift XI, S. 43 ff. edirten Urkunde von 1369 ¹) geht übrigens hervor, wie alt der Irrthum ist, der Name käme von den Geißen, worauf man allerdings zuerst verfallen mußte, als man die alte Bedeutung des Wortes und seinen wahrscheinlichen Bezug auf die Angelegenheiten des Gau's nicht mehr verstand. Auch später übersetzt Melissus bei Freher orig. Pal. I, cap. IX: „Contiguus quidem mons, valle amoenissima ad sinistram distinctus, vulgo Gaisberg vocatur, id est caprarum mons". Hieraus geht zugleich ziemlich sicher hervor, daß Melissus von Heidelberg ausgehend den äußersten Gipfel der Bergkette meint, den wirklichen vordern Gaisberg, nicht den sogenannten „kleinen Geißberg", den Freher cap. IV mons caprarius nennt, dabei den Vorhügel des Königstuhls verstehend, worauf das alte Schloß (die jetzige Molkenkur) stand. Auf diesen ist der genannte Name aber offenbar erst übertragen, und derselbe in der Folge als „kleiner", von dem eigentlichen, als großem Gaisberg unterschieden worden.

Dieser Unterschied ist schon in Kayser's Chronik S. 19—21 durchgeführt, ebenso auf dem, dem Werke beigefügten alten Stadtplane ersichtlich, wo dem größeren Berge der Name beigeschrieben ist ²).

---

¹) In derselben Urkunde wird auch das Dorf „Geisberg" — also mit derselben Schreibung wie in der andern oben erwähnten gleichzeitigen Urkunde genannt. —

²) Kaum einer Widerlegung bedarf, was der, jedweder Kenntnisse deutscher Sprachgeschichte baare Dumbeck auf Seite 59—60 seines Werkes beibringt, der Zellenbühl und Gäusberg seien lokal und sprachlich identisch! Der Umstand, daß dieser letztere schon zur fränkischen (Karollager) Zeit Gouwinberg hieß, zu welcher Zeit das Wort „Geiß" (Ziege) schon geiz oder gaiz lautete, beweist hinlänglich, daß der Name nicht von dem letzteren Worte abstamme, denn sonst müßte der Berg damals Geizberg geheißen haben. Dies ist aber weder der Fall, noch würde der Name Zellenbühl, der zudem erst im 16. Jahrhundert vorkommt, damit die geringste Verwandtschaft haben. — Auch dem Friesenberg wird von Dumbeck ein viel zu weiter Begriff beigelegt; so heißt bekanntermaßen nur der östlich vom Schloßhügel bis zum Karlsthor hin sich erstreckende wilde Abhang, von dem schon Melissus richtig bemerkt, er habe seinen Namen von seiner rauhen, kalten Lage („rigoris mons"); derselbe kommt nämlich von dem Worte „friesen", der älteren Form von „frieren", — und die Bezeichnung „kaltes Thal", welches die Wand des Friesenbergs bildet, ist nur eine Uebersetzung von Friesenthal. Die Vermengung aller dieser Bergnamen ist umso auffallender als

Hinsichtlich der Lage des alten Bergheim möchte noch die nachträgliche Bemerkung am Platze sein daß die Mühle nicht das einzige Ueberbleibsel des Ortes ist, sondern daß auch ungefähr 200 Schritte unterhalb derselben ein Hohlweg unter dem Namen „Kirchgasse" an den Neckar hinunterzieht, neben welchem auf steilem Hochufer ein mit einer alten Mauer eingeschlossener Garten liegt, der unter dem Namen „Kirchhöfel" bekannt ist, und an dem angebaut, noch die Trümmer einer alten Kapelle oder auch nur eines Beinhäuschens zu erkennen sind, woran das Bruchstück eines altrömischen Grabsteines eingemauert ist, den ein gewisser Paternus seinem Vater setzen ließ. Die Erwerbung desselben für das Heidelberger Stadtarchiv wäre gewiß eine dankenswerthe Aufgabe, umsomehr als sich bereits ein anderer römischer Grabstein aus dem Gebiete Bergheims in der Heidelberger Bibliothek befindet. Dieser letztere wurde schon früher zwischen der Speierer Landstraße (die früherhin in der Nähe des sogenannten Speierer Brunnen noch römisches Pflaster zeigte) und dem alten Rohrbacher Vicinalwege in der Nähe der heutigen Gasfabrik ausgegraben. Es ist dieser Feldweg ebenfalls eine altrömische Straße welche die Mannheimer Chaussée durchschneidend, kurz oberhalb der Mühle als sogenannte Ländengasse in den Neckar ausmündet. Hier zieht sich die bekannte Furt durch den Fluß bis an's jenseitige Neuenheimer Ufer, wo ein korrespondirender Feldweg unter dem, gleichfalls an die einstige Fähre erinnernden Namen „Furchgasse" den römischen Straßenzug fortsetzte. x.

---

auf den älteren Ansichten von Heidelberg allen diesen Höhen der Name gewöhnlich beigeschrieben ist; so steht z. B. der Name Geißberg nicht allein auf dem erwähnten, auch in Kayser's Chronik übergegangenen Merianischen Plane, sondern bereits auf der ältesten aller vorhandenen Abbildungen, in Münster's Cosmographie aus der Mitte des 16. Jahrhunderts. — Bei dieser Gelegenheit wollen wir übrigens nachträglich erwähnen, daß Weinberge in der angeführten Urkunde von 1369 als am Ziegeltrieb vorkommend genannt werden. — Es war dies aber eine ehemalige Ziegelei in der Nähe der Wolfenlucke. — Vergl. Leonhards Heidelberger Fremdenbuch S. 175. So könnten auch die der Jutta Sender gehörigen, „gegen den Geißberg zu" gelegenen Reben an dem westlichen Gehänge der Sternschanze beim Judenkirchhof gelegen gewesen sein, also in der Klinge — (der Ausdruck Klingenthal — oder = Trich ist eine Tautologie).

XXV.

Zur Topographie der Hexenzusammenkünfte und die Tell-sage in der Pfalz (als Nachtrag zu XIX).

1) Es wurde die Vermutung aufgestellt, die Versammlungsorte der Hexen „Angelgrube und Kurnau" seien einerseits im Gebiete des Angelbachs (deren es übrigens zwei gibt, die je von Gau-[1]) und Waldangelloch herabfließend, sich bei Wiesloch in die Leimbach ergießen) — andererseits in der Umgegend von Osterburken zu suchen, wo allerdings die Kürnach, der durch das dortige Wiesenthal fließende Bach dieser Ansicht Vorschub leistet.

Wenn wir nun die Bedeutung dieses Namens untersuchen, so finden wir, daß Kurnau oder Kürnau nichts weiter bedeutet als Mühlau, denn Kurn oder Kürne heißt im Mittelhochdeutschen (der Sprache des Mittelalters) einfach „die Mühle." Hiervon konnten aber gar viele Oertlichkeiten genannt sein, und müssen wir gestehen, es scheint, daß ein Versammlungsort der Hexen von Heidelberg näher bei diesem Orte, wohl in der Gemarkung selbst, zu suchen sein möchte.[2]

---

[1]) Gau-Angelloch bei Gauberg gelegen, nahm diese Vorsilbe bloß zur Unterscheidung an; — Gau bedeutet einfach „Feld" — im Gegensatz zu Wald.

[2]) Für Osterburken könnte indessen wieder der Umstand sprechen, daß in dem Thale gegen Adelsheim zu, eine jetzt versiegte Quelle unter dem Namen „der heilige Brunnen" zu Tage trat, von der uns an Ort und Stelle eine Menge Sagen von Wassernixen berichtet wurden, die hier ehemals hausen sollen. Unter andern kursirt über diesen Brunnen in Osterburken ganz dieselbe Geschichte, die ohne nähere Ortsangabe in Chezy's Handbuch für Reisende nach Heidelberg S. 145 unter dem Titel: „die drei Jungfrauen aus dem See" erzählt wird. — Meerfräulein seien des Abends in die Spinnstuben gekommen, um

2) Im Anschluß an die S. 101 des Archivs vorkommende Erwähnung des 1487 zum ersten Male herausgegebenen malleus maleficarum dürfte es von Interesse sein, auf einen soeben erschienenen Aufsatz des Professors Rochholz aufmerksam zu machen: „Tell als Zauberschütze" in Pfeiffer's Germania 1868 S. 39 ff.

Derselbe verbreitet sich ausführlich unter Mitwirkung des bekannten Pfälzer Historikers — Pfarrer Lehmann — über die durch jenen Hexenhammer erzählte Geschichte eines Freischützen Namens Punker, der aus Rorbach, wormaciensis dioecesis gebürtig gewesen sein soll. Hierunter verstand schon Mone in den Schriften des badischen Alterthumsvereines, Band I (1846) S. 260 Rohrbach bei Heidelberg, was allerdings das Wahrscheinlichste ist, indem dies in kirchlicher Beziehung zum Wormser Sprengel in territorialer Hinsicht zur Pfalz gehörte und Punker sich im Gefolge des Pfalzgrafen Ludwig des Bärtigen (gestorben 1436) befand. (Dennoch wäre aber auch Rohrbach bei Sinsheim zu erwähnen gewesen, welches zwar

---

10 Uhr, jedoch immer wieder verschwunden, eine habe sich aber einmal verspätet, worauf sie niemals wieder gekommen seien und habe man am nächsten Morgen eine Blutlache auf den heiligen Brunnen schwimmend angetroffen.

In dem erwähnten „Handbuche" ist zwar aus dem Brunnen ein See geworden, was daher seine Erklärung findet, daß der niederst gelegene Theil des Wiesenthals der sich an der Kürnach hinzieht, noch jetzt die Seewiesen heißt, auch ist Osterburken selbst, gegen einen angeblich ehemals daselbst befindlichen See auf der Westseite durch den sogenannten Seedamm geschützt, dessen Namen, sowie die im ganzen Thale sich findende Torfschichte ebenfalls darauf hinweisen.

Wahrscheinlich war zur Römerzeit eine Ueberschwemmung des Wiesenthals zum Schutze des Römerkastells organisirt, welches eben jetzt durch den Mannheimer Alterthumsverein bloßgelegt wird. Es lag dasselbe westlich von Osterburken am Bergabhange; noch weiterhin in dem Thale gegen Adelsheim zu entsprang der genannte heilige Brunnen, dessen von den Römern herrührende steinerne Fassung unter dem Wiesenboden noch vorhanden ist. Gerade über ihm liegen die noch erkennbaren Reste eines römischen Vorwerkes, unter dem Namen „die Heidenkirche" bekannt, an einer Erhebung des Weges, von wo eine freie Aussicht über das Thal möglich ist. —

Die erwähnten Sagen nun hängen wahrscheinlich viel eher mit dem Aufenthalt der Römer in dieser Gegend zusammen, als daß sie einen Bezug hätten auf mittelalterliche Hexenzusammenkünfte. Wir haben dieselben daher hier auch nur beiläufig erwähnt. —

reichsritterlicher Besitz war, woselbst aber auch kurpfälzische Leibeigene wohnten; S. Widder II, S. 144f. und 152. — Acta Ac. Pal. VI, p. 93. In kirchlicher Hinsicht gehörte darnach Rohrbach bei Sinsheim ehemals zwar zum Wormser, später indessen zum Speierer Sprengel. (Ein drittes Rohrbach — bei Eppingen — kann hier gar nicht in Betracht kommen, denn es gehörte in weltlicher wie geistlicher Beziehung zu Speier). Hinsichtlich des Freischützen Punker selbst, glauben wir übrigens hinzufügen zu dürfen, daß sein Name ein für seinen Stand allgemein gebräuchlicher gewesen zu sein scheint. Es soll nämlich nach einer Sage auch der Schwedenkönig im dreißigjährigen Kriege durch die Freikugel eines dafür dem Teufel verschriebenen Scharfschützen Namens Punker gefallen sein, der aber zum Lohne dafür unmittelbar nach vollbrachter That auch seinerseits den Tod gefunden habe. — Es dürfte hiernach wenig nützen, in den alten Rohrbacher Ortsbüchern Nachforschungen nach einem solchen Namen anzustellen. — Die mit der Tellsage auffällig übereinstimmende Geschichte des Punker'schen Freischusses zu besprechen, ist hier nicht der Ort. Dieselbe ist, wie gesagt, von Rochholz aufs Eingehendste beschrieben und kann im Originale auch im Herenhammer selbst nachgelesen werden, von welchem auf der Heidelberger Bibliothek 3 Ausgaben vorhanden sind: zwei Nürnberger Originalausgaben von anno 1494 und 1519 (sie stehn auf Schrank 305 sub nr. 170 und 170a) und eine von Dassaeus 1582 zu Frankfurt veranstaltete Ausgabe (Schrank 169, nr. 51), in welcher die Punkersche Geschichte B. 1 S. 368 ff. steht. (In einer Randbemerkung gibt Bassaeus hier irrthümlich Eberhard im Bart für den im Text genannten bärtigen Rheinfürsten aus, was durch Rochholz in der Germania Seite 50 verbessert wird. — Die Entstehungsgeschichte des Herenhammers gibt Rochholz ebendas. S. 46f.) —

x.

Archiv
für die Geschichte
der
Stadt Heidelberg.

Eine Vierteljahresschrift

herausgegeben

von

Hermann Wirth,

ev. prot. Pfarrer in Handschuhsheim, Chronist der Stadt Heidelberg.

I. Jahrgang. IV. Heft.

Heidelberg.
Buchdruckerei von G. Mohr.
Im Selbstverlage des Herausgebers.
1868.

Inhalt des vierten Heftes.

	Seite
Zu Adam Neufers und Johannes Sylvanus Verfolgungsgeschichte	201
Zur Geschichte des Schlosses, im Besondern des Friedrichsbaues	203
Eine Schlägerei. 1601	206
Das Karrchei	208
Mordversuch auf Friedrich IV.	209
Herzog Carl III. von Lothringen in Heidelberg	211
Vorzeichen	213
Das Turnier zu Heidelberg, 1482, und zwar	
A. aus Rüxners Turnierbuch	214
B. aus Pirckhammers Turnierbuchordnung	232

Wohllöblicher Gemeinderath!

Hochverehrteste Herren!

Der erste Band des „Archivs für die Geschichte der Stadt Heidelberg" ist nun vollendet und es will sich für mich geziemen, im Rückblick auf die Entstehung und den Fortgang dieses Werkes, Ihnen für die mannichfache Förderung desselben meinen verbindlichsten Dank auch öffentlich auszusprechen. Zu diesem Zwecke habe ich mir am 20. September b. J. die Erlaubniß erbeten, Ihnen diesen ersten Band des „Archivs" widmen zu dürfen und Sie haben unterm 2. Oktober b. J. mir erklärt, daß Sie, als Vertreter der Stadt, diese Widmung gerne annehmen.

Es war im Juli 1864 als ich Sie um gefällige Mittheilung der auf dem Rathhause der Stadt beruhenden Urkunden und Akten, zum Behufe einer historisch-topographisch-statistischen Beschreibung der Stadt Heidelberg bat. Sie erklärten sich gerne hiezu bereit, mit dem Bemerken jedoch, daß sich „aus dem Vorhandenen kaum etwas Erhebliches entnehmen lassen werde. Die vorhandenen Grundbücher reichen nicht weiter als bis 1690 zurück, da alle älteren Bücher durch den Stadtbrand vernichtet worden zu sein scheinen: die Lagerbücher sind noch weit später erst angelegt."

Die Wahrnehmung, daß eine der hervorragendsten Städte unseres Landes, freilich ohne ihr Verschulden, fast ganz ohne urkundliche Nachweise ihrer Vergangenheit sei; die Ueberzeugung, die ich aus der Erfahrung bei Bearbeitung anderer Ortsgeschichten (Haßmersheim, Mosbach, Eberbach und Neckargemünd) gewonnen hatte, daß die Haupturkunden nicht bloß einmal, sondern oft zwei- und mehrere Male, theils in Original, theils in Abschriften vorhanden seien;

endlich die Hoffnung, bei gründlicher Ausnützung aller einschlägigen Archive, das durch die kriegerischen Ereignisse des 17. Jahrhunderts für die Stadt Heidelberg verloren Gegangene — wenn auch nur in Abschriften — beizuschaffen, und dadurch, wie der Geschichtsforschung überhaupt, so ins Besondere der über Heidelberg, einen Dienst zu leisten; alle diese Dinge bewogen mich, an Sie, hochverehrteste Herren! das Ansuchen zu stellen, unter Ihrer Autorität die zerstreuten Urkunden zu sammeln und so die Stadt Heidelberg wieder mit einem Archive zu versehen, — welchem Ansuchen Sie zu entsprechen die Güte hatten.

Da es aber offenbar am Tage lag, daß damit nur ein Theil meiner Aufgabe gelöst sei, indem ja nur die Vergangenheit wieder aus Licht gezogen, keineswegs aber die Kenntniß der gegenwärtigen Verhältnisse der Zukunft überliefert würde, so beehrten Sie mich mit dem weitern gütigen Auftrage, die Chronik d. h. die Zeitgeschichte der Stadt aufzuzeichnen.

Im Laufe von vier Jahren habe ich mich bemüht, meiner doppelten keineswegs so leichten Aufgabe gerecht zu werden. Vierteljährlich schloß ich die Chronik ab und überlieferte Ihnen dieselbe in Jahrgängen; drei solcher Jahrgänge sind bereits in Ihrem Besitze und der vierte ist seinem Abschlusse nahe.

Jene vier Jahre haben mich zum Zwecke der Sammlung von Urkunden-Abschriften in verschiedene Archive in der Nähe und Ferne geführt. Das sehr ausgiebige Generallandesarchiv zu Karlsruhe, wohl die Hauptquelle für die Geschichte unserer Stadt, hat in seinem Besitz mehr als tausend Urkunden in Original und Abschrift, dazu noch eine große Menge von Regierungsakten; etwa 600 Originalurkunden habe ich, je nach ihrer Wichtigkeit, theils copirt, theils ihrem Hauptinhalte nach bloß ausgezogen. An Aktenfascikeln habe ich bis jetzt nahe an 400 ausgezogen. Aber es ruht hier noch mancher historische Schatz. — Auch im Königl. Staatsarchiv zu München konnte ich recht dankenswerthe Funde machen, ins Besondere Details über die Verhältnisse des 30jährigen Krieges. — Die Hofbibliothek in

Darmstadt bot mir, wie in diesem ersten Bande des „Archivs" des Weiteren ausgeführt ist, vieles Schätzenswerthe. — Die Heidelberger Universitätsbibliothek endlich lieferte bis jetzt wesentlich wichtige Beiträge zur Urkundensammlung. — Auf dem internationalen Congresse für Alterthumskunde und Geschichte, der vom 14.—21. September d. J. in Bonn abgehalten wurde, und wohin Sie die Güte hatten mich abzuordnen, benützte ich die Anwesenheit zahlreicher Geschichtsforscher, mit ihnen Verbindungen einzugehen und hatte meine Reise nach Bonn den Erfolg, daß mir von Seiten mehrerer Archivdirectoren die Zusage wurde, daß sie in ihren Archiven nach Heidelberger Nachrichten forschen werden. Bezüglich der Archive zu Coblenz und Düsseldorf wurde mir eine Ausbeute in Aussicht gestellt. — Auch der Rest der Palatina, welche im Vatican zu Rom beruht, enthält des Interessanten Manches, wie ich aus einem Inhaltsverzeichniß ersah; ich habe Schritte gethan, auch diese Schätze mir zugänglich zu machen.

So bin ich denn, wie ich glaube, auf dem besten Wege, Alles, was über die Geschichte der Stadt Heidelberg noch irgendwo zu finden ist, aufzutreiben und aus dem massenhaften Material, das sich jetzt schon bei mir angehäuft hat, aus dem, was der sichern Ausbeute harret, darf ich die Ueberzeugung schöpfen und Ihnen die Versicherung wiederholen, daß unsre Stadt ihr einst so unselig verloren gegangenes Archiv in der Hauptsache wiedererhalten wird, ein Archiv, mit welchem sie sich in dieser Beziehung wieder anderen glücklicheren Städten, die eine so gründliche Zerstörung nicht zu beklagen haben, würdig an die Seite stellen kann.

Ich darf mit dem Bekenntniß nicht zurückhalten, daß, seitdem es öffentlich bekannt geworden ist, womit ich mich in Ihrem Auftrage beschäftige, ein allgemeineres Interesse, wie unter den Männern der Wissenschaft, so auch und ins Besondere in der Bürgerschaft Heidelbergs für die Geschichte unserer Stadt erwacht ist. Diese Wahrnehmung hat mich bewogen, mit dem bereits Gewonnenen in die Oeffentlichkeit zu treten; um jenem Interesse entgegenzukommen, erscheint das von mir in Vierteljahresheften herausgegebene „Archiv für die Geschichte der Stadt Heidelberg." Alles bereits Bekannte, sowie die neuen Funde sollen in diesem „Archiv" abgedruckt werden, so daß dasselbe eine urkundliche Geschichtsquelle auch für weitere Kreise bildet. Daß ich diese Form der Veröffentlichung wählen mußte, wird Jeder einsehen, der weiß, daß Vieles in der Geschichte Heidelbergs noch unaufgehellt ist und daß nur auf diesem Wege die breite und sichere Grundlage für eine Geschichte der Stadt gewonnen werden kann.

Hochgeehrteste Herren! Wenn ich den ganzen Gang meines Unternehmens, von seinen ersten Anfängen an bis jetzt, wo bereits sichere Resultate und werthvolle Schätze gefunden sind, überdenke, so kann ich mich der Wahrnehmung nicht verschließen, daß mir ein so weitschichtiges Unternehmen nicht, oder doch gewiß in diesem Maße nicht gelingen konnte, ohne Ihre intelectuelle, moralische und materielle Unterstützung. Sie dürfen es nicht als eine leere Redensart ansehen, wenn ich Sie versichere, daß ich bei Instandsetzung des Unternehmens, sowie bei dessen Fortgang nicht bloß ein sehr reges Interesse, sondern ein tiefes Verständniß für das Wesen desselben bei Ihnen gefunden habe. Ich veröffentliche die Worte, welche Sie mir unterm 22. März 1866 zukommen ließen, um dies darzuthun, mit Freude: „Ihre überaus fleißige und von warmem Interesse für unsere Stadtgeschichte zeugende Arbeit fand bei Allen denen, welche bisher Einsicht davon nahmen, ungetheilten Beifall. Namentlich hat man sich bei Durchlesung des Urkundenbuchs gestehen müssen, daß die Arbeit besseren Händen nicht leicht hätte können übertragen werden. Es sind viele höchst interessante Stücke darunter, die den bisherigen Geschichtschreibern Heidelbergs unbekannt geblieben waren, weil sie in deren Werken nicht erwähnt sind, während sie im Falle des Bekanntseins wegen ihrer Bedeutung für die Geschichte und Entwicklung der bürgerlichen Verhältnisse unserer Stadt hätten unfehlbar erwähnt werden müssen." Eine solche Schätzung meiner Arbeit, wie sie auf einem richtigen Verständnisse derselben beruht, hat mir eine sehr große moralische Unterstützung gewährt. Wer nur Ein Mal sich mit einer ähnlichen Arbeit beschäftigt hat, der wird die großen, oft unüberwindlich scheinenden Hindernisse und Schwierigkeiten kennen, die man auf dem Wege findet; der wird begreifen, wie willkommen und fördernd eine solche Anerkennung ist, die sich in dem genannten Schreiben in den Worten gipfelt: Sie werden „in der Freude, die Ihnen die geschichtlichen Studien bereiten und in dem Bewußtsein, ein gemeinnütziges Werk zu schaffen, dessen Werth die gegenwärtige und künftigen Generationen Heidelbergs stets dankbar erkennen werden, den besten Theil der Belohnung finden."

Es bedarf ja wohl nur dieser Auseinandersetzung, um Jedermann zu überzeugen, daß das Unternehmen und sein Fortgang zum großen Theil Ihr Werk ist und daß ich selbst nur das Organ bin, das Ihren Willen ausführt. Laßen Sie mich deßhalb Ihnen meinen aufrichtigen Dank wiederholen, den ich Ihnen im Namen der Wissenschaft, im Namen der Geschichtsfreunde unsrer Stadt und besonders aus dem tiefsten eigenen Herzen darbringe.

Genehmigen Sie, Hochgeehrteste Herren, den Ausdruck vorzüglichster Hochachtung und höchster Werthschätzung, mit der ich die Ehre habe zu sein

Haßmersheim, am 14. Oktober 1868.

Ihr

ergebenster

H. Wirth,

Chronist der Stadt Heidelberg.

Inhaltsanzeige des I. Bandes.

		Seite
	Einleitung	1
I.	Die Privilegien und Gerechtigkeiten des Burggerichts auf dem Schloßberg	5
II.	Historischer Kalender auf das Jahr des Heils 1568	15
III.	Der Künstler des Ottoheinrichsbaus	18
IV.	Geschichte der Buchdruckerkunst in Heidelberg	21
V.	Weinzettel für das Hofgesinde, 1610	25
VI.	Gleichzeitige Berichte über die Ereignisse des 30jährigen Krieges in Heidelberg	26
VII.	Das Muttergottesbild auf dem Kornmarkt	33
VIII.	Churfürst Ludwig V. zieht in den Bauernkrieg Mai 1525	36
IX.	Das Stift der Heiliggeistkirche verkauft die Krambuden zwischen den Wandpfeilern der Kirche an die Stadt Heidelberg, 25. Juni 1487	38
X.	Ordnung zu Heidelberg, Wehr zu tragen und auf der Gasse zu gehen 1466	43
XI.	Die Stadt Heidelberg kauft den Bierhelderhof 29. April 1737	50
XII.	Die wallonische Gemeinde zu Heidelberg	53
XIII.	Das reformirte Pfarrhaus in der Kettengasse	58
XIV.	Der Judenkirchhof 1702	60
XV.	Jagdrecht der Studenten, 1665 und 1671	61
XVI.	Pfalzgraf Ludwig III. bestellt den Steinmetzen Hans Marx zum Werkmeister der Stiftskirche zum hl. Geist 1428	63
XVII.	Alterthumskunde	64
XVIII.	Das deutsche Bergheim, bis zu seiner Vereinigung mit Heidelberg, 500—1892	66
XIX.	Hexenverbrennung zu Heidelberg	99
XX.	Mordversuch auf Churfürst Friedrich V.	113
XXI.	Beschaffenheit der Erdoberfläche der Heidelberger Gemarkung (Geognosie)	119
XXII.	Sagen vom Heidelberger Schloß	132

		Seite
XXIII.	Der Thesaurus pictararum	139
	a. Beilager und Hochzeil zweier Adeligen zu Hof, 1600.	
	b. Ermordung eines Buchdruckergesellen, 1600.	
	c. Ermordung des letzten Herrn von Handschuchsheim, 1600.	
XXIV.	Heidelberger städtische Verhältnisse und Zustände im 18. Jahrhundert	142
	a. Der Stadtrath.	
	b. Eine kleine Bürgerrevolution am Schlusse des 18. Jahrhunderts.	
XXV.	Zur Cosonomastik und Topographie Bergheims und des Gaisbergs (Nachtrag zu XVIII.)	192
XXVI.	Zur Topographie der Hexenzusammenkünfte und der Teufsage in der Pfalz (Nachtrag zu XIX.)	198
XXVII.	Zu Adam Reusers und Johannes Sylvanus Verfolgungsgeschichte	201
XXVIII.	Zur Geschichte des Schlosses, im Besondern des Friedrichsbaues	203
XXIX.	Eine Schlägerei, 1601	206
XXX.	Das Kärchel	208
XXXI.	Mordversuch auf Friedrich IV., 1603	209
XXXII.	Herzog Carl III. von Lothringen in Heidelberg	211
XXXIII.	Sorgzichen	213
XXXIV.	Das Turnier zu Heidelberg, 1482, und zwar	
	A. aus Rüxners Turnierbuch	214
	B. aus Pirckhammers Turnierbuchordnung	232

XXVI.

Zu Adam Neusers und Johannes Sylvanus Verfolgungsgeschichte.

Der thesaurus pictuarum [1]) erzählt diese Verfolgungsgeschichte unter dem Titel: „historia Adami Neusori et Johannis Sylvani" in folgender Weise: Nachdem Ottheinrich und Friedrich III. das Pabstthum in der Pfalz abgeschafft, wendeten sich etliche der arianischen Lehre [2]) zu, besonders Neuser, Pfarrer zu hl. Geist und Sylvan, Inspector in Ladenburg, welche beide Anhang hatten. Sie widersetzten sich der Einführung der strengen calvinischen Kirchenzucht. Sie suchten mit den gleich gesinnten Unitariern in Siebenbürgen Verbindungen anzuknüpfen; ja man beschuldigte sie, die Pfalz an die Türkei zu verrathen und sich dabei auf Siebenbürgen, Polen u. s. w. zu stützen, wo der Arianismus im Schwange ging. Als 1570 der Fürst von Siebenbürgen seine Gesandten auf den Reichstag zu Speier schickte, so benützten Neuser und Sylvan dessen Anwesenheit zur Unterhandlung und überreichten ihm ein Schreiben an den Sultan. Der Fürst aber ließ das Schreiben an den Kaiser überliefern, der es dann an den Churfürsten Friedrich III. gelangen ließ. [3]) Friedrich gab von Speier aus, wo er sich auf dem Reichstag befand, an den Fauth und

---

[1]) Volumen I. Nr. 20.
[2]) Was unter dieser Lehre zu verstehen sei, geht aus dem Schluß dieser Erzählung hervor; im Allgemeinen war der Arianismus die Leugnung der Gottgleichheit Christi.
[3]) Häußer (Gesch. der Pfalz Band II. Seite 47 kennt diese Art, wie das Schreiben an den Churfürsten gelangte, noch nicht. Das Schreiben selbst findet sich bei Struve R. Gesch. S. 229—234. Häußer a. a. O. und Sierstl Gesch. der Reformation in Baden II. 476 ff. haben einige abweichende Einzelheiten.

die Amtleute in Heidelberg Befehl, Selbe zu verhaften. Sylvan wurde auf Margarethentag (Samstag) 1570 zu Ladenburg verhaftet und nach Heidelberg geführt.

„Als er aber dahier nahe zur Neckarbrücken kommen undt allda einen Studenten, der Ihm bekant gewesen, ansichtig worden, hat er denselben in Lateinischer Sprach gebetten, Neusero sein Sylvani gefengnüs ahnzukünden undt denselben zu warnen, welches auch der Student unverzüglich verrichtet." Neuser hat sich alsbald den Bart abgeschoren, sich in Landsknechtskleider verstellt, ist aber doch zu Amberg verhaftet, von da nach Heidelberg gebracht worden, wo er bis Juni 1571 saß. Die Abwesenheit Friedrichs III. beim Gespräch mit den Wiedertäufern in Frankenthal benützten seine Freunde („wozu noch eine vornehme Person: D. H. H. F. z. H. geholfen") und befreiten Neuser, der in die Türkei entkam und zu Constantinopel in einem Roßstall Anstellung fand um 3—4 Asper Taglohn. Er starb hier in bejammernswerthem Zustand.

„Sylvanus aber, ungeachtet er seinen Arianismus erkannt, bekannt und auch widerrufen gehabt, ist uff zuvor bei underschiedlichen In- undt ausländischen fürnemen Theologen undt anderen gelärten leuthen uff Universitäten undt sonst gepflogenen geniessamen Rath, von wegen obangeregter Verrätherei, insonderheit gantz greulicher erschrödlicher Lesterungen, die nit zu gedenken, viel weniger zu melden seind, wider den Herrn Christum und Seine ewige Gottheit den 23. Decembris Anno 1572 zu Heydelberg offentlich vor Recht gestellt undt als ein Gottslesterer undt Verräter peinlich angeclagt, auch mit seinen eigenen lester undt anderen Schriften, die er mit eigenen Handen geschrieben gehabt, genugsamlich überzeuget, und daß wegen selbigen tags nach dem Morgenessen zwischen 12 und 1 Uhr daselbst zu Heydelberg uff offenem Marck vor dem Rath haus uff einem Sande, so den vorigen tag dahin gefüret gewesen, vermöge des Ihenigen Urtheils, welches Churfürst Friedrich desselben morgens selbs gefassen undt mit eigener Handt uffs Papyr gebracht gehabt, in angesicht Seiner zween Jungen Söhne, die man Ihnen zur gedechtnus undt Exempel zu Ihme in den Kreiß gestellt gehabt, mit dem Schwert vom leben zum tode gerichtet worden; wie dann dem Adamo, da er nit entkommen, auch widerfaren were."

„Es ist aber Sylvanus chriftlich geftorben und hat kurz vor seinem Tode auf dem Richtplatz dem Kirchendiener Herrn Johann Reden, der Ihme zuzusprechen zugeordnet gewesen unbt deffen er sonderlich vor andern begert gehabbt, bekennet, das er glaube, daß der Herr Jesus Christus der Eingeboren Sohn Gottes von Ewigkeit unbt in einer ungetrennten Person zugleich warer ewiger Gott, dem Vatter, am Wesen, Macht unbt Herrlichkeit durchaus gleich unbt auch ein rechter natürlicher Mensch sei, unbt uff solche Bekäntnus gestorben."

Diefer Erzählung beigefügt ist ein Aquarellbild, die Enthauptung Sylvans darftellend. Den Hintergrund bildet der untere Stock des Rathhaufes mit zwei Thoren und über biefen ein in gothifchem Stile gehaltener Altan, der am ganzen Bau fich hinzieht. Im Vordergrund kniet Sylvan in schwarzem Talar, mit langem Schnurr-, Knebel- und Backenbart, die Augen verbunden, die Hände mit einem Stricke zusammengebunden und unter der Bruft gefaltet; hinter ihm der Scharfrichter mit gezücktem Schwert, deffen Scheide er anhat. Der Scharfrichter ift ohne Kopfbedeckung, bekleidet mit rothem Wamms, kurzen violetten Hofen und rothen Strümpfen.

XXVII.

Zur Geschichte des Schloffes, im Besondern des Friedrichsbaues.

Anno 1601. Nachdem allhie zu Heydelberg in der Hofcapellen eine große dicke starke Eiferne Stang entzwei gebrochen, und die Capel mit dem Newen Baw baruff fich dermaffen gesenkt, das man fich des Einfallens unbt bannenhero entstehender großer gefar beforgen müffen, zum theil weil derselb oberbaw gar zu schwer unbt dan zum theil auch das fundament zu schwach unbt ungenügsam versehen gewesen, wie ingleichen die große dicke balken, so tragen und heben sollen, meistentheils verfaulet gewesen, hat man anfangs eine zeit lang beruhschlagt, wie der fachen zu thun, alba gleichwol widerwertige meinungen sich gefunden, etlicher die es nit für so gar geferlich undt abzubrechen nöttig gehalten unbt benn andern, die es für eine hohe undt die eußerste Natturft geachtet, gestalten es sich bann hernacher im abbrechen mehr als gennugsam undt das es hohe Zeit bamit gewesen, augenscheinlich befunden. Ist derowegen für gut angesehen worden, das Ire Churf. Gn. mit der Hofhaltung bis das obgemelt Gebew abgebrochen undt wiederumb aufzubawen angefangen, ghen Alzei ins Gaw verrücken undt allda sich verhalten solle, · Auch die anstellung gemacht gewesen, das uff den 31. Martii solche Translation der Hofhaltung eigentlich vorgenomen werden solle.

Weil aber der Alte Graf von Erpach, den Ire Gn. auch darunder befragen lassen, solche Translation, umb Ersporung Unkostens undt andern Ursachen undt bedenken uher widerrathen undt dafür gehalten, da Ire Churf. Gn. alhir zugegen, Es belde mitt dem Abbrechen undt widerausbawen fertiger naher ghen undt ein großes erspart werden würde, ist sie bis uff den 17. Aprills hernacher eingestellt worden. (Am 17. April brach der Churfürst mit Gemahlin, dem jungen Herrn, sämmtlichen Fräulein und dem größten Theil der Hofhaltung auf und zog nach Alzei.) Umb dieselb Zeitt hatt aus Irer Churf. Gn. Befelch der Stadtrath alhie **Eine Mauer hinder dem Schloß her, durch das hinderste Theil der Pfled bis gegen den trutzkapser zu**, zu Erweiterung der Stadt Heydelberg, uffzuführen angefangen, dadurch etlichen von Iren Häußern und Gärten in gemelter Pfled gelegen, ein merklicher abgang geschehen ist, zu welcher Mauern dann alle Churf. Räth, Canzlei, undt Universitet Verwante, Ein jeder nach seinem Wolgefallen contribuirt undt gesteuert haben. (Am 20. August zog die Hofhaltung von Alzei weg und kam am 21. nach Heidelberg zurück; der Churfürst und der meiste Adel schon etliche Tage vorher.)

Nachdem aber das hieuorgemelte Alte gebew im churf. Hauß abgebrochen undt das fundament zum Newen gegraben gewesen, haben Ire Ch. Gn. Mittwuchs den 3. Junii hernacher selbs persönlich zugegen den Grundstein legen lassen, in Beisein der Eltern undt Jungen Graven von Erbach, wie auch der beiden Graven Otten undt Phillipsen

---

*) Diese Nachricht findet sich auch im thesaur. pictur. Palat. II. Nro. 20.

von Solms, Claus Heinrichs von Eberbach, Ihrer Churf. Gn. Cantzlers, Görg Conrad von Helmstadt, b. 3. Churf. Marschalls (deren jeder mit einem eisernen Hammer einen streich uf den Stein gethun) beineben sonst noch etlicher anderer Herren, vieler vom Abel undt Hofdiener mher.

Derselb Stein ist gewesen 4 Schuh lang, 4 Schuh hoch undt 3 Schuh breit undt oben dareiu gehawen ein kasten uff ein Schuh tief, in welchen von dem Churfürsten undt den genanten Herren gesetzt undt gelegt worden seint zwei cristallinene Gläser, eins mit weissem, undt das ander mit Rotem Wein, Item ein Hand vol korn, Ein Handt vol Weltzen oder Spelzen, Ein Handt vol Gersten undt ein Handt vol Habern, mit einer beigelegten verzeichnus was der Wein undt jede deroselbigen frücht damals golten. Es haben auch ferner Ire Churf. Gn. Ir Biltnuß in Golt, so erst denselben 3. Junii New gemacht gewesen, dahineingelegt sampt einem zinnen Täfelin, darein gegraben ist eine Schrift mit Irer Churf. Gn. Name, Rheime „Regiere mich Herr nach Deinem Wort" undt der Jarzal.

Oben uf denselben Stein ist gelegt worden noch ein anderer Stein, 9 Schuh lang undt 7 Schuh breit, der ihn bedecket undt gleichsam zugeschlossen hatt. Endlich ist der gantze Stein mit einander mit dicken Eisenen stangen und gerembsten kreitzen verfasset und vergittert, fürters daruff gemauert undt also damitt derselb Newbaw ulgefürt worden.

Nota. Krantz der Stebler ist auch einer gewesen von denen, die den Grundstein haben legen helffen. So hat auch dieser Stebler Junker Wolff Crantz von Geispitzheim neben den obgemelten Graven, Cantzler, Marschalk undt anderen, so bei legung des Grundsteins zugegen gewesen, jeder zur gedechtniß einer solchen Einen Ducaten gelegt zu dem Jhenigen so wie oben erzelt, der Churfürst darzu thun lassen. So hat auch Ir jeder mit Einer hölzenen Klippsel undt mit einem eisenen Hammer, drei streich uf den vielgedachten Stein gethun.

Eigentlicher Abriß undt ware Contrefaictur des nechst hieuor angeregten Newen Baws im Schloß zu Heydelberg, welcher Anno 1604 im frühling Auswendig under das Loch gebracht undt unlängst hernacher das Loch in solcher Form als hierin verzeichnet, daruf gesetzt: wie auch von tag zu tag der Inbaw zum schönsten zierlichsten köstlichsten undt herrlichsten verfertigt, bis er entlich nach ungeferlich anderthalb Jaren allerding ausgemacht worden ist. (Das hierzu gehörige Aquarellbild ist genau und schön.)

XXVIII.

Eine Schlägerei. 1601.*)

Anno 1601 Dominica quarta trinitatis, den 28. Junii hatt sich Abents zwischen 8 undt 9 Uhren alhie zu Heidelberg ein Schlaghandel begeben zwischen etlichen Studenten vom Adell aus Polen undt anderen, Mit Hansen Seuerit, der Churf. Pfaltz. Trabanten Haubtmann, in Melchior Beckers, des großen Schneiders auf dem Neuenmarckt*) behausung, bei welchem Schneider dieselben Studenten ihre habitation undt wohnung gehabt, Alda sie dann den gemelten Haubtmann ohne einigen Inen selbigenmals dazu gegebenen ursach, sondern aus zuvor wider Jhn gefaßten unwillen, mit Maulstreichen, Gläser vol Wein ins Gesicht werffen, Abgürten seiner Wher undt Dolchen, sambt vielen schmeworten, vast übel tractirt, auch als der damals gewesene Schultheus Reinhardt Packofen vonn Cölnn, Nachdem Jhnen solches vorkhommen, etliche derselben Studenten Ambtshalbenn darüber in Hafft genommen, die andere Studenten hin undt her in der Stadt, da sie es erfarenn, Rumorisch worden, mit gewerter Haundt dem Schultheußen vor sinn Hauß gelauffen, die verhaffte Studiosos mit gewalt wieder loszugeben begert undt aber er Schultheus sich dessen geweigert, Jhn, sein Weib und Khinder zum eußersten geschendet unnd geschmehet, Auch sonsten sich gewaltig uffrürisch unnd unruwig erwiesen habenn. Erst volgenden Montags solcher Hanndel an die churf. hohen Rhäte inn die Cantzley bericht unnd von denselben beschieden worden, das die verhaffte Studenten

---

*) Thesaur. pict. Vol. II. Nro. 29.
*) Vor dem Rathhaus. Der alte Markt war in der Ketteugasse.

dem Rectori Universitatis, welcher damals gewesenn Lupoklus Esthius Medicinae Doctor unnd Professor, in seine Gewarsam gelieffert werden, Unnd derselb zugleich auch uff die andere schuldige inquiriren unnd sie ebenmeßig einziehen sollte. Allda zugleich auch ein Churf. Manbat offentlich angeschlagen worden, das bei hoher straff hinfüro khein studiosus mehr, wer auch der sein, abents nach 10 Uhren sich auff der gassen betretten lassen solle, neben besßgleichen anderem mehr, so demselbigen einverleibt gewesen, welches Manbat aber ermelter Rector alsbalden vonn den studiosis, die Ihnn beßwegen mit ihren Wheren heufftig zu Hauß gelauffen, genöttiget, wider abnemen müssen.

Als nuhn solches der Churfürst, welcher dieselbige ruch von Altzey, da seine Churf. Gn. damals Hoff gehalten, hierauff thommen war, inn erfarung gebracht, ist er daruber hefftig erzürnet unnd hat den grosen Schneider, in dessen Hauß der Lermen sich erhaben, auch er den Studenten beigestanden, oder in zum wenigsten nicht abgeweret, stracks gefenglich einziehen, auch ihn ghen Hoff in's Kärchell ¹) spannen lassen hette, da er nicht durch einen Hofnarren erbetten worden were, wie auch Ire Churf. Gn. zugleich einen starcken Unwillen uff die Studenten und Universitet geworffen, unnd gegen deroselben sich etlicher ungnädiger reden vernemen lassen haben, Innmittelst sein die verhaffte Studenten zum Theil in carcere universitatis gehalten worden, etliche andere aber aus dem Arrest entwichen, die man hernacher sub poena relegationis wieder citirt unnd volgendts den 10. Septembris Irer Vier so mehrgemelten Tumults fürnembste uhrheber gewesen, ad tempus relegirt, Auch under denselben drey, die den Haubtmann geschlagen und geschmehet gehabt, Ihnen einen Widerruff zu thun, Unnd dan noch einer, ein schlechter geringer Baccalaureus, welcher Ihnen das Wehr abgegürttet unnd genommen gehabt, 50 Thaler straff zu erlegenn condemnirt wordenn, die übrigen aber, die wir oben erzelt, dem Schullheußen vor das Hauß gelauffenn, deren eener ober 16 gewessen, so man in erfarung gebracht, hatt jeder 10 unb under denselben einer vom Abell 15 Reichsthaler pro mulcta erlegen, Auch dem Haubtmann seinne Costen unnd Schaden erstatten müssen, Unnbt seint also damit den 19. Septembris uff Ire

---

¹) Ueber das „Kärchell" siehe den nächsten Aufsatz.

vonn sich gegebene underschriebene unnd versiegelte Reuers wider erlebigt worden. Daraus aber hernacher dieses eruolgt, das die fürnembste unnd meiste Studenten vonn hinnen mitt grossem unwillen weg gezogenn, Unnd andere so sich alhero begebenn wöllen, auch abwendig gemacht habenn, dahero dann die löbliche uralte churf. Universitet alhie, welche vonn den vorigen Pfaltzgrauen Churfürsten, jeder Zeitt für ein sonderliches Kleinot unnd Zier der Churf. Pfaltz hoch geachtet, Auch von Ihnen Ihrem bestem vermogen nach befürdert underhalten unnd gehannthabt, sehr geschwecht worden ist unnd einen grossen Riß bekhommen hatt. Wie auch fürters der Kirchen Schall sambt der Kirchen umb andern gemeinen Schulen in Veracht unnd abnemen gerathen, Alles zum anfang beß entlichen völligen undergangs der waren reinen Christlichen Religion in Churf. Pfaltz, vonwegen unserer vielseltigen, überheussten, täglich wachsenden, zunemenden Sünden, ubermachten sicherheitt, Unnd gantz erschredlicher undanckbarkeit. Gott erbarme unnd bessere es gnediglich. Amen.

XXIX.

Das Kaerchel.

Anno MDXCVI ist das Kärchle*) im Schloßgraben zu Heidelberg, darinn die Mishandler, so das Leben nicht verwürckt, gespannet unnd durch iren Treiber zu Stein unnd Sandt füren unnd dergleichen arbeit gehalten, angestellt worden. Darinnen also ein jeder die nach seinem verbrechen Ihme ufgesetzte Zeitt bei geringer kost büssen müssen. Es seint auch etwa Faule Betler die nitt schaffen mögen, darinn gesetzt worden.

*) Thesaur. pictur. Vol. II. Nro. 18. Der Nachricht ist ein sehr schönes Bild eines solchen Delinquenten, der einen Karren schiebt, in Aquarell beigegeben.

XXX.

Mordverfuch auf Friedrich IV.

1603. *)

Anno 1603 ben 12. Septembris mitten im Herbst hatt Pfaltzgraff Friedrich ber IIII. eine Hasenjacht bei Norbach nicht weitt vorm Heidelberg gelegenn, angestellt, Alba Hans Eysengreinn ein Gemeinsmann daselbsten, so die gantze Zeitt seines Lebens ein gottloser verruchter Mensch gewesen, mit fluchen, schweren unnd sonst aller üppigkheit, der sich auch bem Theuffel ergeben, Mit seinem Blubt aus der Nasen, seiner eigenen anzeig nach mitt seinem Haundtzeichen, einer Neben Hexen, weil er nicht schreiben khan, verpflichtet, unndt denselben für seinen guten freundt helt unndt rhümet, zugefahren unnd hat anfenglich mit einer seher scharyffen Plauten ¹⁰) die er erst drey tag zuuor zu Heidelberg new khaufft gehabt, die im Feldt uffgespannte Leine oder Seiler unnd Tücher entzwey gehautt, er wölle bem Fritzen eins anmachenn unnd Jhn lehren über seinen Acker reitten, Wie er dann lang zuuor seiner selbs eigenen bekhendtnus nach Jhm fürgesetzt gehabt Jhre Churf. Gn. umbzubringen, mit vermeldenn, bas ber Theuffel Jhn geheissen, er Eysengreinn auch es ihm bem Sathan also ins werk zu richten versprochen, Auch noch inn ber Gefengnus sich verlauten lassen, bas er recht baran gethan hatte unnb es auch noch thuen wolte, ba er wiber lebig würbe unnb bergleichen viel mehr zu uerstehen gegeben, barzue mitt gantz bebechtlichen verstenbigen reben, wiewol er babeuor etwa im Haubt verruckt gewesenn ist.

Daruff hat er Jhre Churf. Gn. Jm Feldt verwartet, Als Sie selbigenn tags zwischen 3 unnb 4 uhren gegen abendbt mitt Jhren Cammer Junkern unnb etlichen anderen bienern baher khommen unnb

---

*) Thesaur. pictor. Vol. II. Nro. 32.
¹⁰) Eine Art Faschinenmesser.

uber fein Eysengreinns Rüdenacher geritten, Ihre Churf. Gn. allein
mitt wenig Knechten, die Junckern aber und andere Diener etwas
ferner vonn Ihrer Churf. Gn. uff einer seitten, hatt er gefragt, wo
der Churfürst reitte Unndt Zillart, einer aus den Cammer Junckern
seines Eysengreins vorhabens unwissendt ihm Ihre Churf. Gn. gezeigt, ist er stracks uff dieselb gantz trutzig unnd grimmig zugelauffen, mitt bedecktem Haubt Sie butzent gerechtfertiget, was Sie
ihme uber seinen Acker zu reitten unnd daß sein zu verderben hetten,
da er doch dem Rheyser schatzung geben, unnd Ihren Churf. Gn.
alle beschwerungen leisten muste, Auch Ihre Churf. Gn. mitt fluchen
unnd vielen schändlichen üppigen worten für einen solchen Herren
geschollen, der seine Underthanen verderbe, das Lanndt beschwere,
viel unnütz verthue unnd verschenke unnd also damitt Ihrer Churf.
Gn. Pferdt an den Zaum gefallenn, dasselb vest gehalten, zu Ihrer
Churf. Gn. gesagt Nuhn steig eilendts vom Pferdt herab unnd gib
eß mir, oder du must vor meinen Augen sterben, Auch also bald an
seine Plauth gegriffen, dieselb auffgezogenn unnd damitt einen streich
uff Ihre Churf. Gn. gethan Alda dann Ihre Churf. Gn. nach ihm
geschossen, aber sein verfehlt haben.

Daruff ist des Faldhners Conesky Knecht, Görg M. aus dem
Würtenberger Lanndt bürtig ein starcker redlicher, dapferer Kerle,
so nechst hinder dem Churfürsten geritten herfür gerückt, Ihm Eysengrein in den Streich gefallen unndt denselben vom Churfürsten ab-
gewendet, welcher uff ihn Görgen gangen, Ihm ein grosse wunde
in seinen Hutt unnd in den lincken Arm gehawen unndt da der Hutt
nicht etwas dick gewesen, auch sonderlich die beide darub, auch er
Görg also ein gros Haar gehabt hette, Ihm der streich durch den
Khopff ganngen oder da er dem Churfürsten gerathen were er Ihr
Churf. Gn. über den schlaf her zu todt gehawen hette, Wie wol Ihre
Churf. Gn. auch etwas am lincken Arm unnd an einem finger verwundet worden seindt.

Nach diesem ist der gemelt Görg alsbalden von seinem Pferdt
abgestiegen, hatt den Eysengrein mit gewaldt vonn Ihrer Churf.
Gn. gerissen unnd zu bodemm geschlagen. Als er nuhn gelegen,
seindt die Junckern unndt andere diener, so sich zuvor nicht wagen
wöllen oder dürffen, alle herzugerennet, haben in ihn Eysengrein

hawen unnbt stechen wöllen, welches Ihnen der Churfürst gewere
unnb es vilgemelten Görgen befohlen, Ihnn zu binden, wie er dann
auch gethan unnb Ihn zwischen zwey Pferdt gespannet unnd gehn
Heidelberg in Selten lehr [11]) füren hat lassen.

Alba er volgents in der Hoff Cantzley Examinirt worbenn, auch
uber Alles, so er gefragt worbenn, gar richtigen verständigen bescheidt
geben hatt, Unnd nachdem er ein Zeitlang in gefengnüs gehaltten,
endtlich also abgeschafft worben, das er althie nicht mehr ans liecht
oder zu scheln khommen ist.

Das bieser Erzählung beigefügte Bilb steltt ben Eysengrein bar,
wie er eben bem Churfürsten in bie Zügel fällt; neben baran ist
bargestellt, wie ihn Görg niederschlägt.

XXXI.

Herzog Carl III. von Lothringen in Heidelberg.

1603.

Im Jahre 1603 zog Carl III., der alte Herzog von Lothringen,
nach München, um hier seinen Tochtermann Max zu besuchen, besuchte auf seiner Rückfehr Stuttgart und Heidelberg. [12])

Bonn bannen (Stuttgart) hatt er sich nach Heidelberg begebenn,
Alba seinen Herren Vettern ben Churf. Pfaltzgraven Friedrich IV.
auch anzusprechen, Ist also Mitwochs den 26. Oktobris abendts
gegen fünnff uhren, als es schon zimlich tuncfel gewesenn, mit un-
geserlich in allem 200 Pferbenn in beleittung beß Hertzogen vom
Würtenberg jüngsten Söhn einer, daselbst zu Heilbelberg einkhommen.

Alba bann Höchstgedachte Ihre Churf. Gn. Pfaltzgraff Friedrich
Ihme mit 360 zum stabtlichsten außgerüsten unnd zum schönsten ge-
ziertem unnd geschmucktenn Pferben sambt vielen Grafen, Herren

---

[11]) „Seltenler" ein Ausbruck für das „selten leere" Gefängniß.
[12]) Thesaur. pictur. Vol. II. Nro. 33.

unnd einer grossen anzahl vom Adel Ihrer Churf. Gn. hierzu beschriebener Lehenleute etliche stunden zuvor gantz ansehlich, herrlich unnd Mayestetisch entgegen geritten unnd haben Ihn im freien feldt zwischen Rorbach unnd Heidelberg uff einem Platz, dahin den tag zuvor 20 stückh feldt Geschütz gefürt unnd 1500 Schützen aus dem Ausschutz verordnet gewesen, mit freuden schüssen unnd grosser Ehrerbieitung empfangen unnd nachdem beide Herren einander, vonn ihren Pferden abgestiegen, mit tiefer Reuerentz gegrütet gehabt, Ihnn ghen Heidelberg eingeleitet unnd zu Hoff in ein fürstlich statlich zugerüst gemach einlosiert, Auch die gantze Zeitt uber Er alda gewesen, mitt schönen Schawessen unnd mancherley köstlichen Trachten unnd Getrenndt über fürstlich tractiren unnd niemants als nur Grafen unnd Herren Ihme zu Tafell dienen unnd uffwartten, wie auch sonderlich nach den morgen Malzeitten Stübelstechen, Jachtenn, Metzlerstechen, fechtschnelen, unnd andere Kurtzweil haltten unnd anstellen, Ja befollen das man niemandts einigen mangel lassen, sonnderlich menniglich, auch seinem mit gebrachten gesindt gerung unnd was sie begeren würdenn, von essen und trincken Wein oder Bier, geben und unweigerlich reichen sollte, gestalt dann auch nichts gespart unnd täglich 200 tisch im Schlos gespeiset worden.

Also das vielgedachter Hertzog selbsten unnd alle seine fürneme Leuthe so er bey sich gehabt es gerühmet unnd austrücklich gesagt habenn, das sie in Teutschland an kheinem Orth unnd bey kheinem Herren da Sie hinkhommen, so statlich, herrlich ehrlich unnd freundlich empfangen tractirt unnd gehalten worden sein als zu Heidelberg.

Dem mutwilligen, unnützen losen gemeinen gesindt aber, so er mit gebracht, ist der Wein zu sauer unnd das Brodt zu schwartz gewesenn, berowegen sie es under die Tisch geworffen unnd über die tractation gekhlagt habenn.

Wie es nuhn an dem gewesenn, das Er von Heidelberg wieder weichen wöllen, hat er begert, kürtze des wegs halben, Ihme durch die Newenstadt unnd Kheyserslauthern seine Reis nacher Haus zu nemen, welches Ihme aber aus bedenndlichen Uhrsachen höfflich abgeschlagen unnd verweigert worden.

Ist derowegen Montags den 31. Oktobris morgens umb 8 uhren zu Heidelberg uffgebrochen, nacher Werfaw gezogen, daselbst zu morgenn gessen unnd abendts ghen Ubenheim zum Bischof vonn Speyr khommen.

Der Herzog hatte auf seiner Reise einen eigenen Provosen und Henker mit einem eisernen Galgen bei sich, den man von einander legen konnte, daran er diejenigen seiner Diener, die gestohlen u. bgl. hatten, heimlich henken, wegwerfen oder in die Erde verscharren ließ. So geschah es in Stuttgart an 2 Dienern, die am Hof Silber gestohlen hatten.

Der Erzählung beigefügt ist ein Holzschnitt, den Herzog Carl vorstellend.

XXXII.

Vorzeichen.

Der Thesaurus picturarum erzählt solche Vorzeichen, welche für fürstliche Personen und ihre Geschicke als vorbedeutend angesehen wurden:

1) Ehe Kaiser Maximilian II. zu Heidelberg war, fiel dessen Bild in Churfürst Friedrichs Gemach von selbst von der Wand, worauf dieser sagte: „Wie machst du es, Kaiser, willt du nicht mehr da pleiben?" Kurz vor Friedrichs Tod sind zwei starke hölzerne Säulen im neuen Schloß in des Churfürsten Gemach von selbst umgefallen; worauf Kaiser und Churfürst bald gestorben. 1610. [14])

2) Am 29. August 1591 ist über dem Schloß eine zweispitzige feurige Ruthe gestanden; ferner ist ein Tabulet im großen Thurm eingefallen; auch haben Sturmwetter am 5. Juli 1591 im Wieblinger Forst große starke Bäume zerspalten, entwurzelt und weggeführt. Ferner biß der Löwe die Löwin todt; erfterer starb selbst bald darauf. Schon 1589 war eine „unerhörte verborgene und ganz

---

14) Thes. pict. V. 1. Nro. 29.

ungewöhnliche Krankheit der armen Waisenkinder zu Handschuchsheim
und derselben Inwohnenden paroxismis unnachläſſiges Dräuen mit
den Fingern." — Bald darauf ſtarben Johann Caſimir und Herzog
Chriſtian von Sachſen. [14])

XXXIII.
Das Turnier zu Heidelberg.
1482.

A.

Nach Rürner's Turnierbuch [15]) wurde das 30. Turnier in Heidelberg gehalten im Jahre 1481, veranſtaltet von der Ritterſchaft vom
Rheinſtrom. Die Beſchreibung dieſes Turniers lautet, der Hauptſache nach, wie folgt:

Der durchlauchtigſt Fürſt und Herr Phillps Pfalzgraue bei
Rein u. ſ. w. hat in ſeiner gnaden ſtat Heydelberg*der löblichen

---

[14]) Thes. pict. V. II. Nr. 11.

[15]) Der vollſtändige Titel des Buchs heißt: Anfang, Urſprung und Herkommen
des Turniers in deutſchen Landen. Wie viel Turnier bis auf den letzten in
Worms; auch wie und an welchen Orten ſie gehalten und durch welche Fürſten,
Grafen, Herren, Ritter und vom Adel ſie jederzeit beſucht worden ſind. Mit Kai-
ſerlicher Freiheit in ſechs Jahren nit nachzubruden. 1532. — Carl V. ertheilte
nach abgedruckter Urkunde dem Hieronimus Bobler, ein Buch „von dem ehrlichen
und löblichen Ritterſpiel des Turniers, ſeinen Anfang und Herkommen" u. ſ. w.
allein zu druden (Privilegium) auf 6 Jahr gegen Strafe bei Nachdruck. Dieſes
Buch, das im Nachlaß des Erzbiſchofs Johann von Magdeburg, eines Pfalzgrafen
bei Rhein ſich vorfand, hat Georg Rixner (genannt Hieruſalem) Herold, daſſelbe
dem Pfalzgrafen Johann bei Rhein, des genannten Erzbiſchofs Johann Brudera
Enkel, zum Geſchenk gemacht, nachdem er es vervollſtändigt hatte. — Das Turnier
fand 1482, nicht 1481 ſtatt, wie weiter unten bemerkt werden wird. Am Anfang
der Beſchreibung des Turniers ſteht der Wappen der Stadt Heidelberg: Der pfälzer
Löwe. Die Beſchreibung iſt mit weiteren 8 Holzſchnitten geziert, die jedoch ſich
auch bei der Beſchreibung der andern Turniere befinden.

gesellschafft des Esels [14]) eyn Thurnir gehalten und wie sölichs uff gemeltem Thurnir gehalten worden ist, volgt alles in geschrifften hernach.

---

[14]) Ueber diese Gesellschaft theilt Geh. Hofrath Dr. Bähr in Heidelberg in den „Schriften des Alterthums- und Geschichtsvereins zu Baden und Donaueschingen. 3. Jahrgang. II. Bandes 1. Heft. Carlsruhe 1849, Folgendes mit: Im Sommer 1843 wurde zu Waldhilsbach bei Heidelberg ein kleiner, aus reinem Gold gearbeiteter Esel gefunden, an dem ein Ring angebracht war, aus dem man sah, daß das Ganze als Decoration getragen worden war. Am Ringe steht die Inschrift: S. N. Cr, Gau. 1612. b. h. Societas Nobilium Craichgau oder Adelige (Ritter- und Turnier-) Gesellschaft des Esels, welche im Craichgau ihren Sitz hatte. Der Eigenthümer dieser Decoration hat sie erst 1612, dem Jahre der Wahl und Krönung des Kaisers Matthias in Frankfurt machen lassen. Ueber die Entstehung dieser, sowie anderer Gesellschaften bemerkt Bähr: Bei den Wirren der deutschen Zustände in der Zeit nach den Hohenstaufen verbanden sich Städte, wie Fürsten und Ritter zu Gesellschaften zur Erhaltung des Landfriedens und zum Schutz ihrer Mitglieder; sie übten sich in Ritter- und Turnierspielen auf den ernstlichen Kampf ein und es entstand unter den einzelnen Gesellschaften ein edler Wettstreit. Wie jeder Ritter, so hatte jede Gesellschaft ihr Abzeichen, welches der Gesellschaft den Namen gab. Diese Verbindungen gaben zu der später in die einzelnen Kreise getheilten Reichsritterschaft die Veranlassung; aus ihnen ging, zuerst in Schwaben und Franken, dann auch am Rhein (1486) die Reichsritterschaft der 3 Kreise (schwäbischen, fränkischen und rheinischen) hervor, und es ward damit der Grund zu einem ritterschaftlichen Staatskörper im deutschen Reiche gelegt, der bis zum Untergang des Reiches fortdauerte. Gegenseitiger Schutz und Wahrung gemeinsamer Rechte waren demnach der Zweck dieser adeligen Vereinigungen, die auch in der Kreiseintheilung noch fortbestanden. Die Gesellschaften fanden sich bei den Turnieren und Waffenspielen ein in vollem Glanz der Rüstung und mit den alten Abzeichen versehen, pflegten auch zu solchen ritterlichen Spielen sich gegenseitig einzuladen in feierlicher, herkömmlicher Weise. Die Ritterschaft des schwäbischen Kreises hatte 4 Abtheilungen: die vom Hegau, vom Kocher, von der Donau und vom Neckar; 1545 kam dazu der Canton Craichgau, der bis dahin zum rheinischen Kreis gehörte. — Es gab zwei Gesellschaften zum Esel: in Franken „die Gesellschaft im obern Esel"; im Craichgau „im undern Esel." Letztere war eine der bedeutendsten und angesehensten. Den Esel hatte sich die Gesellschaft wohl gewählt im Hinblick auf seine symbolische Bedeutung: Arbeitsamkeit, Häuslichkeit, Gottesfurcht. Mit ihrem Abzeichen erschien die Gesellschaft bei den Turnieren. 1482 und 1485 gab sie glänzende Turniere in Heidelberg; wir besitzen noch die damals von dieser Gesellschaft erlassene Turnierordnung in Lünig: deutsches Reichsarchiv XII. S. 2 ff. — Die andern Gesellschaften hatten andere Namen, wie „im Einhorn, im Wind u. s. w." siehe oben.

— 216 —

Diesen Thurnir haben die Ritterschafft, der löblichen gesellschafft des Esel denen in den vier Landen zugeschrieben, als ihren Herren und gutten freunden, den auch nach ordnung im Reich beruffen und verkünden lassen, das männiglich, so bemelten Thurnir besuchen wölt, mächt uff negst Suntag nach sant Bartholomeustag zu Heydelberg an der Herberg erscheinen, da wölt man des Montags uffitragen, des Dienstags beschawen und sich bereitten, und danach uff den Mittwochen den Thurnier halten, bänd ausgeben und was zu solchen eren gehört.

Dise nach geschrieben Fürsten, Grauen, Herre, Ritter und vom Adel haben gemelten Thurnir besucht und seindt selbst geritten: Philips Pfalzgraue bei Rein, Churfürst, Albrecht, Marggraue zu Baden, Heinrich Graue zu Bitsch, Heinrich Graue zu Lupffen, Philips Graue zu Hanaw, Krafft Graue zu Hohenloy, Bernhard Graue zu Ebersteyn.

Die löblich gesellschafft des Esels: Erbinger von Rotenstenn, Künig der gesellschafft des Esels, Herr Engelhard von Neitperg, Blepler Landschad von Steinach, Hans von Rotensteyn, Herr Götz von Aletzheym, Hans vom Hirschhorn, Reinhard vom Schaueburg, Hans und Wilhelm von Neitperg, Martin und Hans von Sidingen, Schweicker von Sidingen, Hans, Herr Matheisser Eüne von Helmstat, Hans von Helmstat zu Grunbach, Philips von Genuningen, Georg und Rarius von Venningen, Hartmann von Hentschuchsheym, Michel von Erlidheym, Michel Rüd von Büdicheym, Eberhard von Neitperg, Ludwig von Sidingen, Schweiker von Schawenburg, Georg Güler zu Rauensperg, Tielher und Otl von Genuningen, Hans von Venningen, Dam von Hentschuchsheym, Georg von Erlidheym, Conrad von Frandensteyn.

Herzog Georg von Bayern bracht mit im von Bayern: zusammen 61 Grafen, Freiherrn, Ritter u. s. w.[17])

---

[17]) Sie heißen: Sebast. Graf zu Orienberg, Wilh. Graf zu Kirchberg, Sigmund Graf zu Lupfen, Wolfgang Graf zu Oting, Philipp Graf zu Kirchberg, Conrad Freiherr zu Heybed, Siegmund von Froberg, Freiherr zu Hag, Marquard von Schellenberg, Hans Staucher von Sünching, Ludwig von Paulsdorf, Caspar von Bestenberg, Wilh. von Wolfstein, Christofel von Ratner, Ulrich von Breitenstein, Egolf von Rietheim, Wolfg. von Walderd, Hans von Bodmann, Gilg

Die der durchlauchtig Fürst, Herzog Ott von Bayern mit im
bracht 32 Grafen und Ritter. [16])

Die der durchl. Fürst und Herr, Herr Friedrich Marggraue
zu Brandenburg mit im bracht 67 an der Zahl. [17])

Marschall von Obernborf, Hans von Frauenhoven, Georg von Priffing, Contz
von Rietheim, Georg Rolhaft zu Wernberg, Einer von Ellerbach, Ulrich von
Rirtheim, Heymeran Rolhaft, Erasmus von Sriboltsdorf, Ein Auer von Brenberg,
am Schulvatz, Jägermeister des Stifts Freising, Georg von Clauffer, Ludw. von
Sandicel, Leonhard von Gumpenberg, Stephan von Hahlang, Hans Herr zum
Degenberg, Hans von Wolfftein, Poppelin vom Stein, Ludwig von Hasperg, Hans
von Freundsberg, Andre von Schwarzenstrin, Georg von Buchberg, Hans von
Bienzenau, Georg von Frauenberg, Beit von Rechberg, Heintz von Schaumberg,
Hans von Rechberg, Lorentz von Bibra, einer von Billabach, Stephan von Schaum-
burg, Seitz von Dling, Lorentz von Westerstetten, Moritz Sanbiceller, Heinrich von
Paulsdorf, Hans von Clauffer, Achatz von Rutzberg, Georg von Gumpenberg,
Heinr. von Paulsweil, Wolfgang von Wreichs, Georg von Hohenrein, Hans von
Hahlang, Eitel von Stolzhelm, Hans von Hohenred, alle Ritter.

[16]) Sie heißen: Balthasar Graf zu Schwarzburg, Albrecht Slaufer, Tristrant
Zänger, Lamprecht von Erdendorf, genannt Rheinhofer, Alexander vom Wilden-
stein, Ott von Nördach, Conz von Helmstall, Niclas Pflug, Reinwart von Alsperg,
Wolf Druchfeß von Summersfelden, Wolfg. Rabensteiner zum Loch, Friede. von
Sarlberg, Darius von Hesperg, Hans Zänger, Jobst von Egloffstein, Rarius von
Dling, Georg von Mistelbach, Ludwig von Eib, Jobst Zänger, Georg von Walban,
Sebastian von Waldau, Christofel Mürcher, Hans Rornstetter, Anselm von Eichelz-
heim, Hans Marschall von Biberbach, Dietz von Thüngen, Thoman Rüd von
Kollenberg, Marschalch, Burkard von Nordach, Georg von Sahrahowen, Fritz von
Rebwitz, Caspar Pflug.

[17]) Es sind: Hans Graf zu Zollern, Mang Marschall von Hohenrieden, Wil-
helm von Stadion, Eberhard von Grunbach, Alex. Marschall von Pappenheim,
Hans Druchseß von Wetzhausen, Leonh. Marschall von Hohenrieden, Fritz von
Bichsenstein, genannt Blankenselsen, Hans von Stadion, Michel von Freiburg,
Beit von Walerod, Beit von Rotenhan, einer von Fröbenberg, Sebastian von
Lastretz, Ludwig von Seinsheim, Heintz von Wentheim, Ott von der Kern, Georg
Weichler, Christofel Schenk zu Geiern, Opel von Erdendorf, Reidhard von Wolf-
markhausen, Welrvart von Frauenstrin, Caspar von Zelitz, Burkard von Stadion,
Burkard von Ellerbach, Heintz von Zebitz, Georg von Reitzenstrin, Hans von
Eatenborf, Georg vom Egloffstein, Wilh. von Leberburg, Ludwig von utern, Dam
von Reitzenstein, Moritz von Egloffstein, Georg von Grunbach, Martin vom Eglof-
stein, Heintz von Lrinel, Bernhard Fuchs, Ruprecht von Strittberg, Heintz von
remrod, Rarius Zobel von Gibelstadt, Dietz Druchseß zu Wetzhausen, Ludwig von
Ulrichshausen, Phil von Walmarshausen, Stephan von Wolmarshausen, Sixt von

16

Hernach volgt die löblich geselschafft, in der Kron, 4 Ritter.[20]

Hernach volgt die löbliche geselschafft, im Fisch und Falcken, 80 Ritter.[21]

Die löbliche geselschafft im Eynhorn, 68 Ritter.[22]

[20] Seckendorf, einer von Crolzheim, Erasmus Scheschinger, Hans Fuchs, Albrecht Fortsch von Dürnau, Erlinger von Seinsheim, Heinz von Rodendorf, Friz von Seckendorf, Hans von Gilzling, Hans von Gundelsheim, Michel von Ehenheim, Erlinger von Rechberg, Conz von Witzenthau, Conz Burger, Veit von Zebiz, Christof von Haulen, Friedr. von Reitzenstein, Hermann von Sachsenheim, Michel Groß zu Drockau, Adam Thunun von Aruburg, Christof Groß zu Drockau, einer von Wilzelmsdorf, einer von Redwiz, Friedr. von Seinsheim, Egloff von Seckendorf, Peter Esel, Conz von Grunbach, Jobst von Hutten, Ulz von Anöring, Berniger von Luchaw, Melchior von Seckendorf, einer von Sternberg, Hans von Seckendorf.

[20] Es sind: Sigmund von Freiburg, Wang von Hasperg, Diebolt von Hasperg, Clauß von Stabion.

[21] Es sind: Hans und Jacob, Grafen zu Mörß und Sarwerden, Hans Jacob zu Bodmann, Herm. von Epting, Ludwig von Epting, Bernh. von Reinach, Diether Humel von Staufenberg, Heinz von Zullehard, Hans von Entzberg, Rudolf Pfau von Rielzerg, Dietrich Reich von Reichenstein, Wilh. Böcklein aus dem Entringer Thal, Dietr. von Blumened, Hans von Landenberg, Caspar von Landenberg, alle Ritter, Friedrich und Fall von Weitingen, Beringer von Landenberg, Erasmus von Weier, Hans von Laubenberg, Lotter von Bernfels, Jacob von Epting, ein Schenk von Winterstetten, Jacob von Winbed, Heinrich von Randeck, Arnold von Rotberg, Hartmann von Anbelau, Albr. von Klingenberg, Hans von Reischach, Hans Friedr. vom Hauß.

[22] Sie heißen: Erasmus von Rosenberg, König der Gesellschaft, Michel Graf zu Wertheim, Wilhelm Orbel genannt von Tottenheim, Friedr. von Sich, Georg von Waldenfels, Georg von Felberg, Georg von Schaumberg, Heinz von Erd, Hans von Rosenberg, Conz Marschall von der Schneid, Veit von Schaumburg, Kilian von Schaumberg, Heinz von Gulemberg, Martin von Redwiz, Martin und Philipp von Guttenberg, Conz von Rosenberg, Diether Rübe, Wolf von Lottenheim, Wendel von Kindern, Hans Georg von Absperg, Christofel Marschall von Rauened, Daniel von Rauened, Conz von Rabenstein, Balth. vom Stein, Ernfried von Selbened, Clauß Zobel, Christofel von Sparneck, Hieron. von Liechtenberg, Hans von Hezperg, Bal. von Bibra, Michel von Schaumburg, Wolf und Heinrich von Luthau, Friedr. von Rosenberg, Carius von Westenberg, Heinz von Walerod, Heinr. von Wälerodorf, Wilh. von Bibra, Burk. von Woßmarshausen, Phil. von Kindern, Conz von Bibra, Conz von Rothenhan, Paul von Absperg, Hieron. von Rosenberg, Tiz und Conz von Künsperg, Arnold von Hesperg, Peter von Redwiz.

Hernach volgt die löblich geselschafft im Braden und Krantz, 17 Ritter. ³⁰)

Die löblich geselschafft im Leybpracken ³⁴), 20 Ritter.

Hernach volgt die löblich geselschafft im Wolff, 25 Ritter. ³⁵)

Hernach volgt die löblich geselschafft im Wind, 9 Ritter. ³⁶)

Hernach volgt die löblich geselschafft des Steynbocks, 19 Ritter. ³⁷)

Phil. Zabel, Georg von Rosenberg, Andr. von Hetzberg, Crast von Wollmarshausen, Diether und Georg von Rauenal, Arnold und Contz von Rosenberg, Götz von Wolmarsdorf, Georg von Belberg, Heintz von Klingenberg, Caspar vom Stein, Ott von Liechtenstein, Eberhard von Münster, Wolf Gotzmann, Reinh. von Affigheim, Hans von Russetz, Gotschall von Nürnberg, Jobst von Luchau.

³³) Braden — Hammel, ein Leitbraden — Leithammel. Es sind die Ritter im Braden und Krantz: Hans Spedt, Wolf von Westerstetten, Erlinger von Trüchtingen, genannt Mittelburger, Heintz von Schilling, Hans und zwei andere von Spedt, einer von Akwart, Conrab, Bernhard, Marquard, Conrab und ein weiterer vom Stein, Wolf von Bernau, Wolf von Dachenhausen, einer von Türrwang, einer von Westerstetten, ein Schilling.

³⁴) Ludw. Graf zu Helffenstein, Hans von Ahelsingen, Hans Hoffwardt, Simon und Hans von Liebrastein, Georg von Neuhausen, Hans und Georg von Sundheim, Bernh. von Schaumburg, Werner Rolhaft, Anton Röder, Burk. Sturmfeder, Georg von Rechberg, Reinh. von Sachsenheim, ein Ochs, einer von Rolyau, die Vogt von Salzburg, Peter von Hürnheim, Anselm von Jberg, ein Ochs.

³⁵) Phil. von Dalberg, König der Gesellschaft, der junge Rheingraf, Friedr. von Falberg, Hans von Flersheim, Hans von Spanheim, Rud. Bayer von Bopparten, Phil. Beutzer von Engelheim, Eberh. Frei von Großboltzheim, Brendel von Löwenstein, Stephan von Jeselheim, Heinr. Bayer von Bopparten, Phil. von der Leyen, Jacob von Ratzumhaus, Hans von Landsberg, Ryas und Hans vom Stein, Jacob von Fleckenstein, Adam Wolf von Spanheim, Wolf von Spanheim, Friedr. von Jeselheim, Phil. von Allenthann, Philipp und Hans von Oberlirch, Jacob Kranich.

³⁶) Johann von Eltz, Georg von der Leyen, Peter und Contz von Eltz, Heinrich Scherd von Winterstetten, Heinr. von Pirmont, Damm von Falland, Hans von Hohenstein, Johann von Birnzfeld.

³⁷) Hans von Kronenberg, König der Gesellschaft, Heinr. Graf zu Nassau, Herr zu Beilstein, Ott Graf zu Solms, Bertram und Wilh. von Nesselrob, Berthold von Pletirnberg, Joh. Greiffenclau, Phil. Alb von Kolberg, Rapold von Pletienberg, Hans von Uben, Joh. von Hohenstein, Eradmus Schenk Freiherr zu Erpach, Friedr von Moderßbach, Phil. von Breübach, Phil. Blind, Joh. von Breuenstein, Phil. Wolfslele, Heinr. Brümser, Franck von Kronberg.

Die erſten beiſitzer: 11 Grafen und Ritter. ²⁶)
Die andern beiſitzer: 6 Perſonen. ²⁹)

Wen die von den vier landen, zum theylen geben haben: 36 Ritter, nämlich die vom Rhein 11 ³⁰); die von Franken 9 ¹¹); die von Bayern 8 ³²); die von Schwaben 8 ³³). Jeder dieſer Ritter hatte eine beſtimmte Abtheilung von Rittern unter ſich, deren Anführer er war.

Zu dieſem Thurnir wurden volgend Vier zu blat getragen d. h. waren oberſte Ritter und Schiedsrichter der vier Lande (für dieſes Turnier): Mang Marſchald zu Hohenrichen von der Schwaben wegen; Berthram von Neßelrod, Herr zu Erenſtein, des Herzogthums zu dem Berg Erbmarſchalch, von der Rheinländer wegen; Mans von Seckendorff von der Franken wegen; Wolffgang von Walbeck von der Bayern wegen.

Welche uff den Suntag nach mittag gerendt und geſtochen haben, als man an die Herberg kame.

Uff den tag haben Graue Sigmund von Gleichen und Stephan von Schaumburg gerendt, da iſt der Graue gefallen.

---

²⁶) Graf Phil. zu Hanau, Jacob und Bernhard Beyer, Gottfried von Stock-
heim, Phil. von Büches, Peter Echter, Galifr. von Elern, Heinr. von Aarben,
Spechl von Bubenheim, ein Junger von Dorfelden, Hans Jud vom Stein.
²⁷) Heinrich und Oswald Groſchlad, Wolf von Barſperg, Heinr. von Baben,
Albr. von Ereberg, Hans von Weiler.
²⁰) Die vom Rhein: Bleicker Landſchad, Hofmeiſter, Hans von Kronberg, Jacob
von Fleckſtein, Damm von Pallandt, Georg von der Leyer, Erkinger von Rotenſtein, König, Berthram von Neſſelrod, Phil. Römerrr von Jalberg, Phil. Wolf-
feie zu Dollenburg, Phil. Rüd von Koleberg, Joh. von Elz der jüngere.
³¹) Die von Franken: Erasm. von Roſenberg, Gg. von Schaumberg, Ott von
Liechtenſtein, Reithard von Wolmarshauſen, Eberhard von Grunbach, Hans Fuchs,
Wett von Walerod, Dietz von Thüngen, Hans von Seckendorf.
³²) Die von Bayern: Alex. von Wildenſtein, Albr. Staufen von Günchingen,
Heinr. Ekron von Wildenberg, Georg Rothaft von Wernberg, Wolf von Walbeck,
Hans von Wolffſtein, Friedr. von Bauſperg, Georg von Fraunberg.
³³) Die von Schwaben: Mang Marſchall zu Pappenheim, Hans Jacob von
Bodmann, Sigmund von Freiburg, Burkard von Stanion, Wilh. von Rechberg,
Ulr. von Lieſterſtetten, Marquard vom Stein, Diethr. Spetl.

Uff ben tag, hat Friedrich von Dalberg mit eym vom Stegn gerendt, seindt bede gefallen.

Uff den Montag darnach rendt meyn Gnedigster Herr Pfaltzgraue Philips und Hertzog Georg mit eynander, trafen wol und seind bede gefallen.

Uff den tag, hat Graue Balthazar von Schwartzburg und Wolff von Barßperg gerendt und seindt bede gefallen.

Uff den tag haben auch Hans von Tral und Heintz von Schaumburg gerendt und seindt bede beseffen.

Helmtheylung. Uff den tag, haben die von den vier landen die Helm gelheylt[34]) und etlich Helm zum Thurnir gelaffen. Dabei mußten 19 Ritter „ihr Beibringen thun, ehe sie zugelaffen wurden" d. h. sie mußten darthun, daß sie turnirfähig[35]) waren. 18 Ritter „haben nicht genugsam beigebracht und ist ihnen aufgegeben, das zum nächsten Turnier zu thun"[36]); 4 wurden „ausgesetzt" d. h. abgewiesen.[37])

---

[34]) Die oben genannten vier Schiedsrichter theilten die Helme d. h. die für die sechsenden Ritter in ihre Abtheilungen.

[35]) Wer turnierfähig war, siehe unten. Es waren: Heinr. vom Ende ist zugelaffen, das er die Kron auf seinem Helm füren behalten mag, wie in das der römisch Kaiser gebessert hat, Leupold von Bernfels, Calp. Zorn von Bulach, Georg von Hohenrein, Hans Friedr. von Hertingshausen, Hans von Peffenhausen hat seine Ahnfrau bewiesen, wie ihm im nechsten Turnier zu Meintz aufgelegt worden ist. Sontz von Rabenstein, Wolf von Dachenhausen, Ludwig von Elreichshausen, Anselm von Eiberg, Hans Jud vom Stein, Arnold von Stolberg, Götz und Heinr. von Wülversdorf, einer von Raueneck, Veil vom Rabenstein, Diether Hummel von Staufenberg, Peter Schler, Georg Sack.

[36]) Friedr. zum Rein, Hermann von Ubenheim, Daniel von Müllheim, Hans Schobl, einer von Bubenhoven, ein Gebsattel, Arnold von Blankenberg, ein Ehinger, Friedr. von Rüdisheim, Heinr. von Seyn, Peter von Frielstein, Hermann Metzler, ein Lottenbach, ein Stieber, Hans Heinr. von Baden, Wilh. von Reibenbuch, einer von Reuneck, Georg Boit von Saltzburg.

[37]) Jacob vom Stein, einer von Bübigheim, einer von Rotenstein, ein Vogt von Reineck, genannt von Gmünden.

Hernach volgend die ordnung und Artikel des Thurniers:

Kund und wissen sei allen und jegllichen, von der Ritterschafft Thurnirs genossen, in was würde ober stands die seind, als die geselschafft des Esels, uff den negst gegeben band des Thurnirs zu Würtzburg, eyn Thurnir gen Heydelberg fürgenommen hat, laut ires außschreibens, uff negst Suntag nach Bartholomei ann der herberg zu sein, des sich dieselb geselschafft, uff die vorigen Thurnirsordnung zu Würtzburg und Meintz, mit rath etlicher von andern geselschafften, inen uff Ir bedte zugeschickt, sich eyner ordnung vereynbt und vertragen, und die gesetzt und gemacht, wie hernach volgt.

Wer getheylt wird und dem die Schranken offen sein sollen. Zum ersten, sol keyner getheylt oder im Thurnir zugelassen werden, er sei dann von sein vier annen, vater und mutter Edel wappensgenoß und eerlich herkommen, und das es landkündig unnd offenbar sei, das er oder seine vorältern, seins stammes hinvor in den vier landen, eyner oder mer gethurnirt haben, und zu lassen seien oder ob es nit offenbar were und am tage lege, das er das mit zweyen oder dreien redlichen thurnirßgenossen, der namen und stammen getheylt werden und gethurnirt hetten, wissentlich beibringen möge, anderst sol er (weder) geteylt noch zugelassen werden.

Welcher auch nit getheylt und doch in die Schranden zu thurnirn einbringen würde, derselbig sol sein Roß und Thurnitszeug verloren han und den freiheyten und stangenknechten gegeben werden auch weitter zu ewigen zeitten des Thurnirs beraubt sein, es sol auch niemandt derselben keynen annemen, den hinnein zu füren, wer das übersehen würde, der hett eynes Pfaltzgrauen gleyd gebrochen und stünd In seiner gnaden straff.

Von den Edlen Burgern. Es sol auch keyner, der in den Stetten geburgert ist, zum Thurnir zugelassen werden, er hab dann sein Burgerschafft zuvor zugesagt, und ob der selb nach gehaltnem Thurnir wider burger würde, der sol hinfüro zum Thurnir nymmermer zugelassen werden.

Tiß hernach seind die Artickel, darumb man eyn jeden Im Thurnir straffen sol.

Zum ersten, der eynen wissentlichen meyneydt gethan oder falsch zeugknuß geben hat.

Item der eyner Veldgefengknuß meyneydig und trewloß wird oder worden ist, und sein handgelübt nit gehalten hat.

Item der sein eygen Brieff und Siegel mutwilliglich verachtet und nit gehalten hat.

Welcher eyn Veldflucht gethan hat, darumb er nit zu eren oder antwurten darff oder wil kommen.

Welcher Frawen oder Junckfrawen, ir eer mit worten oder werden benommen hat, und sich des berümpt oder solichs mit gewalt thut.

Alle offen wucherer und fürkauffer.

Item alle die sich in trem standt des Adels, mit straßenrauben, mörderei, und ander boßheyt verhandelt haben, also das sie sölichs mit eren nit verantwurten oder darumb fürkommen mögen oder dürffen, an was stücken eyn jeglicher schuld hat, darnach mag man eynem sein straff zu legen.

Alle die freuentlich Kirchenbrecher oder zerstörer der Kirche und Gotsheuser sind, auch der Kirchen das ir unbillich vorhalten.

Alle die wissentlich verketzer des heyligen Christenlichen glaubens seind, und ketzerei treiben, brauchen oder fürnemen.

Auch alle berümpt und offenbar Ehbrecher und die offenbar an der unee sitzen.

Alle die, so jemandt das sein nemen, oder beschedigung zuschieben, unbillich oder an vhede nidergeworffen oder eyn gefangen hellen.

Alle die sich unerlich beweiben, auch auß dem Adel greifen.

Auch alle die von tren Eltern zum Thurnir geritten seindt und von inen nit besucht, sonder nider gelegt worden, und doch nun suchen wollen, ob die getheylt würden, möchten sie dannoch nichts desto minder gestrafft werden.

Alle die, so nit in der Ehe geborn seindt, sol man nit theilen noch zulassen.

Alle die vom Adel Kauffschlag oder Hendel treiben, als ander gemeyn Kaufleut (die nit vom Adel seind) thun und fürnemen.

Auch ist fürbaß geordnet,

Daß sich niemandts im Thurnir, mit keyner schweiffung einschließen oder besesten lassen soll, anderst dann inn freien Sattel, und sich schlechter Steigleder gebrauchen.

Auch das man die Thor an den Schrancken bestellen soll, keynen einzulassen, der nit getheylt sey.

Es sol auch keyner seyn Helm in den theyl tragen, der nach inhalt der Artickel abgestellt ist, uff das er sich selb nit schmehe.

Ob eynem sein Roß angewonnen würde, ist er ein Fürst, Graue, Ritter oder Knecht, sol eyn jeglicher nach seinem stand lösung thun, als von alter herkommen und gewonheyt ist.

Es sol auch keyner keyn zügel über breiter finger breyd, an zäumen füren, oder stehelin Stirn verdeckt noch offenbar, dazu am Sattel streystleder, auch an seinem Roß oder leib, keyn zeug haben, der schneid oder stech, das gefärlich zu brauchen, damit jemandt verletzt möcht werden.

Es sol auch keyner keyn waffen haben oder füren, deßgleichen knecht, anders dann ime zum Thurnir zugelassen ist, Nemlich im rechten Thurnir die Kolben, im nachthurnir die Schwerdt, als hernach volgt.

Nach dem und obgemelt, warumb man eyn jeglichen der zum Thurnir reitten will, und strafbar ist, strafen sol, das sol man also thun, die selben mit dem Kolben und keyner andern waffen suchen, doch unberhalb des Sattels, als das gesäß windet, da er bloß und nit mit der platten gedeckt ist, sol man ime keynen schlag zufügen oder thun, und ob eynem der zu straffen fürgenommen, sein harnisch damit er bewapnet were, vom Leib geschlagen würde, so sol man denselben (wo man inn alleyn schimpflich entpfahen, und nit umb boßheyt straffen will) an bloßen enden mit weiter suchen.

Welcher wider eer gethan hette, darumb er zu straffen fürgenommen würde, dem mag man sein Roß abgewinnen, derselb sol auch mit dem Sattel uff die schranken gesetzt werden, und daruff bleiben sitzen, biß zu ende des Thurnirs.

Item man wil keyn schwerdt zulassen, es sei dann drei oder vierthalben finger breydt, und sonderlich an der spitzen, da es auch stumpf abgeschliffen sein sol, das es daran nit schneide oder stech, und sol keyner keyn anber schwerdt oder waffen in dem Thurnir füren ober brauchen, bann ime zum Thurnir zugelaffen ift, von ben jhenen barzu georbnet zubefehen, welche man zulaffen fol, unb eyns jegtlichen fchwerbt, follen mit ben Cleinetten ober theplhelmen, uff bas Hauß zu bem thepl getragen werben, bie alsbann zu befehen und zeychnen, und welches nit gezeychnet ift, fol bei bes Thurnirs ftraff nit zugelaiffen werben.

Unb fo man gethurnirt hat und uff bläst, fo mag eyn jegtlicher fein fchwerbt ziehen unb gegen fein Thurnirsgenoffen verfuchen, fein Cleinet **) abzuhaven, mit bem er fich vermag, und bas felbig an niemanbts ba er bloß ift, mit Stechen ober haven brauchen, unb nit anberft.

Es fol auch teyner, fo zu bem Thurnir reiten würbet, eynichen unwillen, fo er mit eynem anbern hat, in bem Thurnir fürnemen, fonber alleyn zu Thurnirn umb bie Artidel hie vorgefchrieben, benen nach zu hanbeln, unb nit anberft in keynerley weiß.

Welcher ber obgemelten ftück eyns ober mer, ber man im Thurnir nit gebrauchen, nach teyner gegen ben anbern fürnemen fol, über- füre unb verbreche, bes felben Roß unb zeug fol verlorn, unb in ben thepl verfallen fein, auch von allen Fürften, Grauen, Herrn, Rittern unb Ebeln veracht unb von ihnen verfchmecht werben.

Ob fich auch begäb, bas eyner gefchlagen würbe, ber vermeynbt bas im unnrecht gefchehe, ber mag ben ober bie jhenen bie in ge- fchlagen hetten, fürnemen, für eynen ber viern im blat getragen, auß bem lannb berfelb ober biefelben weren, barumb erkennen zu laffen, ber bann zwen ober vier unpartheylich zu im nemen fol, unb wie berfelb von ben viern, nit bem fo er zu im nympt, barumb iren entfcheyb thun werben, habei foll es auch ftracks bleiben, unb bem nachfommen, jeboch follen biefe zween Artickel fteen, uff verbefferung ber anbern auß ben oler lanben.

Item bie zu bem Thurnir reitten wöllen, follen fich biefer ordnung halten.

Es fol eyn Fürft brei knecht haben, Eyn Graue ober Freiherr zwee, Eyn Ritter ober eyn Ebelknecht eynen.

**) Kleinob b. h. Abzeichen ber Familie, ober ber Gefellfchaft.

Dieselben knecht sollen bei iren Herrn oder Junckherrn nit anders thun, dann welchen man schlahen wil, den mögen sie mit seinem zaum leytten und sunst keyn hülff thun.

Es sollen auch dieselben knecht, leyner seyn andere, bann seinen Herren oder Junckherrn zcumen, oder eym anndere um sein zaum greiffen oder fallen noch hinweg leyten oder füren.

Dieselben knecht sollen auch von allen Thurnirn gefreit sein, das sie niemand weder mit Kolben noch Schwerdten schlag oder verletze, nach gefärlich darunder stoßen oder bringen sol.

Als nun alle sachen uff den Mittwoch zum Thurnir geschickt waren, und man Thurnirn soll, da theylt man die Helm in zwee Thurnir, umb mänge willen, da man vierhundert Sechßundfünffzig Helm zu theylen hat, also ward der erst Thurnir vormittag, und der ander nach mittag gehalten.

Im Ersten Thurnir vormittag reydt zum Thurnir ein Georg der Reich, Pfaltzgraun bei Reine, Herzog in Nibern und Obern Bayern und sein oheym Ott Pfaltzgraue bei Rein, Herzog in Bayern, mit nachuolgenden Grauen und Herren. **)

Mit diesen Grauen und Herren, auch andern, die inen von der Ritterschaft zugetheylt wurden, biß uff zweyhundert zweeundzwantzig Helm, seind die beyd Fürsten in die Schrancken geritten und haben den ersten Thurnir angefangen vormittag und denen löblich vollendt.

Diese hernach geschrieben seind im ersten Thurnir vormittag geschlagen worden. **)

―――

**) Sebastian Graf zu Ortenberg, Wilh. Graf zu Kirchberg, Phil. zu Kirchberg, Conrad Herr zu Heydeck, Sigmund von Fronberg, Herr zum Hag, Balth. Graf zu Schwartzburg, Wolf Graf zu Oting, Sigm. Graf zu Lupfen, Hans Herr zum Degenberg.

**) Es sind: Engelhard von Berlaching ist auf die Schranken gesetzt worden, Mang von Haßpurg, Jacob Beger von Geispolzheim, Seitz von Thöring, einer von Gutenberg, einer vom Schwarzenstein, einer von Weilen, einer von Andlau, Caspar Zorn von Bulach, Popplein vom Stein, einer von Reipersstein, einer von Hohenrein, einer von Windeck, ein Reich vom Stein, einer von Staufenberg.

Zum erſten Thurnir haben zwiſchen den Seylu gehalten:
4 Herren. ⁴¹)

Zum anndern Thurnir nachmittag haben nachuolgende Vier
zwiſchen den Seylen gehalten. ⁴²)

Hernach volgt der ander Thurnir der nachmittag
wardt gehalten.

Im andern Thurnir nachmittag reybt zum Thurnir ein Herr
Philips Pfaltzgraue bei Rein, Hertzog in Bayern, des heyl. Röm.
Reichs Ertzdruchſeß und Churfürſt und mit im Friederich Marggraue
von Brandenburg u. ſ. w. Auch Albrecht Marggraue zu Baden mit
6 Grauen und Herrn. ⁴³)

Mit dieſen Grauen und Herrn, auch andern, die inen von der
Ritterſchaft zugetheylt wurden, biß uff zweyhundert Acht und zwantzig
Helm, ſeindt die drei Fürſten in die Schrancken geritten und haben
den andern Thurnir nachmittag angefangen und den nach Thurnirß
freiheyt löblich vollendt.

Die hernach geſchrieben ſeind im andern Thurnir nachmittag
geſchlagen und empfangen worden. ⁴⁴)

Zu beyden Thurniren, ſo vor und nach zu Heydelberg verordnet
wurden zu halten, hat man ob Sechßhundert man, in gantzem harniſch
geſchickt, umb die ſchrancken zu ſten, ſo lang der Thurnir weret, dieſelben zu befriden, und ufzuſehen.

Es iſt auch verordnet, das an eyner jeden porten, ſoll eyn
Reyſiger Zeug halten vor den Schrancken, ob ſich eyn unwil begebe-

---

⁴¹) Die Eingänge zum Turnierplatz waren mit Seilen abgeſperrt, die von denen,
welche zwiſchen den Seilen hielten, entzwei gehauen wurden, ſobald das Zeichen zum
Turnier gegeben ward. Die 4 Herren waren: Mang Marſchall zu Hohenriechen,
Reinh. von Schaumberg, Engelh. von Heidelberg, Bleikard Landſchad.

⁴²) Berthram von Neſſelrod, Erkinger von Rotenſtein, Aßrig in der Geſell-
ſchaft des Eſels, Wolfg. von Waldeck, Hans von Seckendorf.

⁴³) Phil. Graf zu Hanau, Kraft Graf zu Hohenlohe, Bernh. Graf zu Eberſtein, Joh. Graf zu Zollern, Heinr. Graf zu Bilſch, Heinr. Graf zu Lupfen.

⁴⁴) Conrad von Berlachingen, Ritter ward geſchlagen und auf die Schrancken
geſetzt, Burk. Beger, Hans Jud vom Stein, zwei von Liechtenſtein, einer von
Bankweiler, einer von Heimſtadt, Caris von Ottheim, ein Pfau von Rietberg, ein
Walfeckle, Hans von Dachenhauſen.

daſſelb in alweg nider zu legen, in beyden Thurnirn vor und nach mittag.

Also wurden zu diesen zweien Thurnirn getheylt und zugelassen: Fünff Fürsten, Zwantzig Grauen, Vier Freiherrn, Sechtzig und neun Ritter, Dreihundert fünfftzig und acht Edele. Summa Summarum vierhundert Sechßundsechtzig Helm.

Zu diesem Thurnir haben uff die Durchleuchtig Fürstin mein Gnedige Fürstin, die Pfaltzgräuin gewardt. Erstlich irer gnaden frawenzymmer, nachmals irer gnaden Stifftel und Freundine. Zum dritten irer gnaden Landsassine. Zum vierden alle die Edlen Frawen und Jungkfrawen, die ir Fürstenliche gnad mit iren dienſten eeren wolten, wie nachuolgt: zusammen 117 Damen.⁴⁴)

---

⁴⁴) Erſtlich meine gnd. Fürſtin die Pfaltzgräfin mit ihrer Gnaden Frauenzimmer; je eine Gräfin zu Ehrenstein, Schenkin zu Erpach, Hofmeiſterin, von Stauffen, Schilwatz, Herett, von Dottenheim, von Schrotzberg, vom Wolfftein, von Hohenstein, vom Stein, Frülinger. — Andere Fürſtinnen, Gräfinnen, Freyinnen, Frauen und Jungfrauen, die auf meine gnd. Frau gewartet haben: Herzog Otten Schweſter, Graf Heinr. von Bitſch Gemahlin, Schenl Kämma von Erpach Gem., Götz von Alephelm Gem., Götz von Seckendorfs Tochter, Engelh. von Reitpergs Hausfrau, Eg. von Werningers Hausfrau, Conr. von Hutten Tochter, Eg. von Helmſtadts Gem., Georg von Rechbergs Gem., Joh. von Hohenſteins Gem., Eg. von Rosenbergs Gem., Arnold von Rosenbergs Gem., eine von Wilt, eine von Dottenheim, eine von Blankenfels, eine Heybedin, Killan von Berlachins Gem., Friedr. Stuffens Gem., eine Landschabia, Elisabeth Helmstetterin, eine von Dottenheim, Damm von Landſchuchsheims Gem., Jacob von Windecks Gem., Bernh. von Schaumburgs Gem., Neithard von Hornecks Tochter, Bernh. Kalbs Gem., Marg. von Siebien, Kart. von Helmſtadts Tochter, Wilh. von Berneisbergs Gem. und Tochter, Otten von Seckendorfs Gem, Hans von Sidingens Gem., Diether Landſchabs Gem., Ludw. von Eldingen Gem., Urſula ſeine Tochter, Marbi. von Sidingens Tochter, Michel von Rosenbergs Gem, Hans von Kotenhaus Gem., die Landgräfin von Leuchtenberg, die Jung von Hanau, Bernh. von Baden Gem., Phil von Dalbergs Gem., Friedr. von Dalbergs Gem., Friedr. Blieden Gem., Berchtold von Thurns Gem., eine Luchinger, eine von Rotenhan, eine Bündlin, eine Kautwirin, Eringer von Kolenſteins Gem., Phil. v. d. Leyen Gem., Diether Landſchabs Tochter, die von Hohenſtein, genannt Güſſin, Maritha Helmſtetterin, Wilh. von Thurns Gem., ihre Tochter Marg von Sidingen, Georg Gölers Gem., Endlein von Eldingen, Hans vom Hirſchhorns Schwinger, Jacob Krancken Gem.,

Uff bonerstag nach Bartholomei hat mein gnebigster Herr Pfalzgraue die Fürsten, Herrn, frawen und Jungkfrawen, Rüter und
Edlen zu der morgen malzeit uff das Schloß zu Tisch geladen
und seind gesessen, wie hernach geschrieben steet.

Am ersten Tisch sassen: Philips Pfalzgraue bei Reine, Albrecht
Marggraue zu Baben, der Teutschmeyster unser lieben frawen ordens,
Hans Grafen zu Wertheym.

Am andern Tisch sassen: Otto Hertzoge in Bayern, Georg
der Reich Hertzog in Bayern, Friederich Marggraue zu Brandenburg,
Jobst Graue zu Zollern, Johans Graue zu Nassau, Herr zu Beilsteyn.

Mer waren fünfftzig Tisch besetzt mit andern Grauen, Herrn,
Rittern, Edlen, der namen vorgeschrieben sind.

An meiner gnebigsten Frawen, der Pfaltzgräuine Tisch
sassen: Mein gnebigste Fraw Pfaltzgräuin, Ir Dochter die von Leuchtenberg, Hertzog Otten Schwester, die von Reineck, Eyn Gräuin
von Bitsch.

Nachmals seind fünff und zwantzig Tische, mit Gräuine, Frel-
frawen, Edelfrawen und Jungkfrawen besetzt worden, der namen man
alle vorgeschrieben findt.

Auch seindt ob Neuntzig dienst Jungkfrawen zu Tisch gesessen.

Zu solcher malzeit hat man ob des fürsten und fürstine Tisch,
zwentzig essen uffgetragen und fürgesetzt, darunder ein gut theyl ver-
gülter Essen waren.

---

seine Schwester die Fuchsin, Johann vom Steins Gem., Thoman von Rüb Gem.,
eine Laubingerin, eine Lengfelderin, eine Pfauin, Hans von Hrinstabts Gem. und
ihre Mutter, Joh. von Helmstabts Gem., Jacob von Helmstabts sel. Tochter und
ihre Mutter, Joh. von Helmstabts Schwester, Joh. von Eltz Gem., Reinh. von
Helmstabt Gem., Diether von Dalheims Gem., Sigm. von Arnchingen Gem., Eberhard von Neiperg Gem., eine von Sternfels, Diether van Gemmingen Gem., Peter
Harants Gem., Phil. von Seckendorf Gem. und Tochter, eine von Liebenstein, Magd.
Heffingerin, Berth. von Gemmingen Schwinger, eine von Halfingen, Phil. von
Sachsenheim Gem., Carius von Menningen Gem., Conr. von Frankenstein Gem.,
eine von Kronberg, eine Bettendörferin, Marg. von Sickingen, eine Spedlin, Erhard von Helmstabts Gem., Georg von Bachs Gem., Bilh. von Neiperg Gem.,
eine von Thüngen, eine von Waldenfels, eine von Sternfels, Otten von Gem-
mingens Gem., Bernhard von Grumingens Gem., Hans von Menningen Gem.,
Georg von Sternfels Gem., eine von Handschuchsheim.

Von Grauen, Herren, Rittern und Edlen waren vier und vierzig Tisch besetzt.

Es waren auch von Trummetern, Pfeiffern und andern Spielleuten Acht Tisch besetzt.

Herr Johann Schenck Freiherr zu Erbach stund vor der Credentz.

Bei dieser Credentz wurden gesehen zwey und viertzig stuck an grossen Silberin Fläschen, Kannen, Scheurn und Köpffen und hundert stuck an Schaln und Bechern.

Alles Rennen und das gestech, so uff den Donnerstag nach mittag gehalten warb.

Philips Pfaltzgraue bei Rhine hat mit Graue Wolffgangen von Oting eyn gut Rennen gethan und seind beyde gefallen.

Siegmund Graue zu Lupffen hat mit Schenden von Seckendorf eyn gut Rennen gethan und seind beyde gefallen.

Herrn Georg von Welberg und Seitz von Thöring haben eyn gut Rennen gethan und seind beyde gefallen.

Graue Balthazar von Schwartzberg hat mit Eberharden von Brandenstein eyn gut Rennen gethan, seind beyde gefallen.

Wolffgang von Narsperg und Conrad von Helmstadt haben wol gerendt und seind beyde gefallen.

Wilhelm vom Wolffsteyn und Stephan von Schaumburg haben fast eyn gut Rennen gethan und seynd beyde gefallen.

Marggraue Friederich von Brandenburg und Graue Crafft von Hohenloe haben eyn gut Rennen gethan und ist der Marggraue alleyn gefallen.

Erasmus von Seibolßdorff und Georg von Welberg seind ungerendt von der ban gezogen.

Herr Ludwig von Beyern, Freiherr zu Scharpffeneck und Wolff von Buchaw haben eyn gut Stechen gethan und seind fast ritterlich gefallen.

Nach dem Rennen und Stechen, auch nach dem Abentmal, uff dem gemellten Donerstag zunacht, fing mann den Dantz an, da waren zwo und breißig Kertzen oder Windtlichter verordnet, den Fürsten am Dantz vorzutragen.

Den erſten Dantz gab mann dem Reichen Hertzog Georgen von
Beyern mit ſeiner Schweſter der Pfaltzgräuin.

Den andern Dantz gab mann Pfaltzgraue Philipſen dem Churfürſten, mit der Landgräuin vom Leuchtenberg, die Hertzog Otten
ſchweſter dochter war.

Den dritten Dantz gab mann Hertzog Otten von Beyern, mit
ſeiner ſchweſter der von Reineck.

Den vierten Dantz gab mann Marggrauen Frieberichen von
Brandenburg mit Hertzog Otten ſchweſter, der von Hanaw.

Marggraue Albrecht von Baden hatt ſunſt eyn vertrag gehabt,
mit eym frewlin von Erpach.

Hernach volgend ſtend die vier bänd, ſo den vier landen
in gemeltem Thurnir gegeben wurden.

Den erſten band bracht Erkingers Haußfraw von Rotenſteyn,
Herr Wilhelmen von Rechberg, als eym Schwaben, der ließ ſeinen
Thurnir gegen Stutgarten beruffen, uff Sontag nach ſanct Bartholo-
meustag, im Tauſent Vierhundert zwey und achtzigſten jar.

Den andern band bracht Jacob von Helmſtadts Dochter Dammen
von Palland, als eym Reinländer, der ließ ſeinen Thurnier gen
Cöln am Rein beruffen, uff Suntag in der groſſen Faßnacht über
eyn jar, im Tauſent Vierhundert drei und achtzigſten jar.

Den dritten band bracht Herr Engelbrechts Haußfraw von Neitperg, geborne fraw von Slöſſel, Herrn Eraßmußen von Roſenberg
als eym Franden, der ließ ſein Thurnir beruffen gen Nürnberg,
uff Suntag nach Pfingſten über drei jar, im Tauſent vierhundert
und vier und achtzigſten jar.

Den vierdten band bracht Hanſen von Sickingens dochter Herrn
Albrechten Stauffern, als eym Beyrn, der ließ ſein Thurnir beruffen
gen Regenſpurg an die Thonaw, uff Suntag nach Pfingſten über
vier jar, im Tauſend vierhundert fünff und achtzigſten jar.

Und nach außgegebenen bänden bantzten vil Grauen, Freiherrn,
Ritter und Edlen, mit den Frawen und Jungfrawen, gar züchtigllich
und in gutter ordnung, damit das löblich Ritterſpiel ſein end an
dem ort auch erreychet.

Auch was verbotten uff diesem Thurnir, das niemandt vor oder nach dem Thurnir uff den tag solt Rennen oder Stechen, dann die Thurnirer, die gethurnirt hetten und anderst nit, dann in hohen zeugen, under irem Cleinet.

Was die Fürsten und Herren zu gemeltem Thurnir an Volck und Pferden gespeist haben.

Mein gnedigster Herr der Pfalzgraue hat an Grauen, Freiherren, Rittern und Edlen gespeißt und über houe gefüttert Acht hundert und zwantzig personen und Pferde.

Hertzog Ott von Beyern hat über houe gespeißt und gefüttert zweyhundert und fünfftzig Pferde.

Hertzog Georg von Beyern hat uff gemeltem Thurnirhoue gespeißt und gefüttert Siebenhundert drei und zwantzig person und Pferd.

Marckgraue Friderich von Brandenburg hat uff gemeltem Thurnirhoue gespeißt und gefütert ob Acht hundert und sechß person und Pferde.

Marckgraue Albrecht von Baden hat uff gemeltem Thurnirhoue gespeißt und gefütert ob hundert person und Pferde.

[Weiter seind ob Achthundert Pferden in Heydelberg zu gemeltem Thurnir die in seyns Herrn kost noch futerung gewesen, auch selbst nit gethurnirt haben.

Summa Summarum aller Pferd ist Dreitausent Vierhundert Neunundneuntzig.

Also ist menigklich wider heym zu hauß geritten und seind geschenden, als gut Herrn und freunde.

B.

Diese in Rüxners Turnierbuch gedruckte Beschreibung des Heidelberger Turniers erhielt in der neusten Zeit eine sehr werthvolle Vervollständigung und Illustration.

Herr Rath Mays zu Heidelberg nämlich hatte im Laufe des Monats August d. J. das Glück, durch die Vermittelung des berühmten Buchhändlers Nicolaus Trübner in London, eines gebornen

Heidelbergers, von einem Antiquar in London sich eine „Thurnir-buchordnung von Pirckhammer anno 1486" zu erwerben. Die von Herrn Rath Mays aufgewendeten Kosten, so bedeutend sie für einen Privatmann sind, schwinden vor dem großen antiquarischen und Kunstwerth dieses Buches. Wir machen von der Erlaubniß des genannten jetzigen Eigenthümers gerne und mit Freuden Gebrauch und lassen die Beschreibung des Turniers durch Pirdhammer, einem Bedienstelen des Hans von Seckendorf, den er verherrlichen will, hier wortgetreu folgen, indem wir die eingefügten wunderschönen Zeichnungen gelegenheitlich erklären.

Das ist der Thurnier zu Heidelperg so der durchleuchtigst fürst und Herr, Herr Phillipp Pfalzrave bey Rhine, Churfürst, Herzog in Beiern, des hl. röm. Reichs Erztruchseß ꝛc. anno 1482 uff Bartholo-mäilag hat ausschreiben und verkunden lassen. Do seind erschienen uiel fürsten, grauven, freyherrn, ritter, unnd eble knecht, und seind gewest bey die 600 helm, ohn die knecht buben und ander gesind. Es seind auch erschienen uiel eble frawen, wittibenen und Jung-frawenen, baß war ain pracht ungleichen, unnd weret der thurnir vom 24. tag des Augustmonats bis zum lezten, do fang das frey-schießen an unnd weret auch acht täg. **)

Unnd hat mein gnediger Herr, Herr Hans von Seckendorf die besten Rennen und Treffen gethan, wie ich Jost Pirdhammer gemalt unnd verzeichnet hab.

Dem hoch und wohlgebornen Herrn, Herrn Hannsen vonn Secken-dorf, Ritter, meinem gnebigsten gönner unnd herrn. Gnediger Herr! Nit vermeinend, als wöllet ich durch meine schwache kunst den ruhm eines so werniglichen ritters, wie Ewer Gnaden, uermehren, oder der nachkommenschafft auffbewahren, als uielmehr ich weiß, baß Ihr ain so großer uerehrer deren uerschiedenlichen künste und wissenschaften als ain frommer manlicher Degen seyd, als hab ich zur fürderung

---

**) Am Rande ist biesem Titel die jedenfalls ganz in neuer Zeit geschriebene Bemerkung beigefügt: „Nach Rügners Turnirbuch wäre dieser Turnier schon 1481 gehalten worden, da aber sowohl die Personen, als auch die andern Angaben mit Pirdhammer gleich sind, so ist gewiß, daß Rügner eine falsche Jahreszahl gesetzt hat, zumal auch Burgmeier in seinen Turnierwerken sagt, daß 1482 fünf Fürsten zu Heidelberg turnierten."

Ewer lust und kurzweil lezt vergangen thurnier, in welchem Ewer gnaden die besten rennen unnd treffen gethon, gemallt, unnd was sonsten bey demselben verhandelt wurd, getrewenlich verzeichnet, unnd was sich uff der Heimfahrt zugetragen dazue gefueget. So Gott will, hoffe ich, daß Ewre Gnaden noch viele Beweisstücke ihrer kraft unnd ritterlichen gewandtheit darthon mügen, wie Ihr es allzeit in manichem strauß auch zu ernst bewiesen habet. Unnd so ihr sollet abermalen wieder in händel unnd kampf verwickelt, unnd hinnaingezogen werden, was in gegenwertigen verwirrten Zeiten wol müglich, so wolle Gott unnd ewer schutzpatron euch gnediglich schützen und für schaden bewahren, was ewer getrewer knecht aufrichtiglich wünschet unnd hoffet, mit dem gedanken, es mûge ewer wolgefallen an dieser meiner geringen arbeit mein bester lohn seyn, unnd dieselbe ainen kleinen blatz inn eweter gnaden bibliotheca finden. Ewer gnaden unterthänigster Diener unnd bereitwilligster knecht Jost Pirckhammer, Maler. Alles mit Gott unnd nichts ohne ihn, bleibt mein gedanke und mein sinn."*)

Wie der Turnier ist ausgeschrieben worden.

Der durchlauchtigst Fürst und Herr, Herr Philipps Pfalzgrave bey Rein, Churfürst unnd Herzog in Baiern, hat in seine gnaden stadt, Heidelberg uff Sontag den 24. tag des augustmonals, als sanct Bartholo-

---

*) Neben der Ueberschrift links vom Leser befindet sich das Wappen Pirckhammers, ein schräg liegender Schild, dessen oberes Feld roth, das untere grün ist. Im ganzen Schilde ist ein Hammer. Schreib- und Ausdrucksweise wie Rechtschreibung des Titels und der Widmung thun augenscheinlich dar, daß dieser Theil des Textes nicht 1486 verfaßt ist, sondern etwa Ende des 16. oder Anfang des 17. Jahrhunderts. Der Widmung sind beigefügt drei prachtvolle Aquarelle: 1) „Mein gnädiger Herr, Herr Hans von Seckendorf" zu Pferd in Gala, jedoch ohne Rüstung; die Rüstungsgegenstände sind einzeln beigefügt; außerdem enthält dies Bild das Wappen des Ritters. 2) „meine gnädige Fraun, Frau Elisabetha Johanna aine geborne Freyin vonn Dorfell", auf einem gezierten Schimmel; neben ist ihr Familienwappen. 3) „Der durchleuchtigst Pfalzgrau Philipp Churfürst, Erztruchseß unnd Herzog"; ein Brustbild mit Purpurmantel und Hermelin; den Kopf bedeckt eine mit Hermelin verbrämte Purpurmütze; die rechte Hand hält den Reichssephl, die Linke das Schwert. Unter dem Bilde steht der Wahlspruch des Churfürsten: „Herr nach deinem Ehrn." Der Rahmen des Bildes besteht aus Rüstungsgegenständen, Trommeln, Paulen, Trompeten, Kanonen und Kugeln.

meitag einen thurnier laſſen ausſchreiben unnd im Reich verkünden, daß männiglich ſo benielten thurnier beſuchen wölli, mächt uff negſt ſuntag zue Heidelberg ann der herberg erſcheinen, do wölt man ufftragen, des menilgs beſchawen, uff den mitlichen thurnieren, bänk ausgeben unnd was zue ſolchen eren gehört.

Wie die Ritter einzogen und ankommen ſeynd.

Uff den mittichen vor Bartholomä ſeynd ankommen Albrecht Margraue zu Baden, Heinrich Graue zue Hohenlohe, Bernhard graue zu Eberſtein mit 230 Helm. Darnach ſeind ankommen Herzog Georg von Bayern mit 62 Helm. Der durchleuchtigſt Fürſt Herzog Ott von Bayern mit 23 Helm. Der durchlenchtigſt Fürſt Marggraue zue Brandenburg bracht mit 210 Helm und kamen bis uff den ſamſtag noch viel Fürſten unnd Herren nacher.[48]

Uff den Samstag iſt ankommen mein gnädiger Herr, Herr Hans von Sedendorf unnd hat mit dem durchleuchtigſten Marggrauen von Brandenburg aufftragen laſſen. Item der gnädige Herr Schencken von Sedendorf, der ließ uftragen mit Herzog Georg vonn Bayern.[49]

Am ſechs unnd zwanzigſten tag des auguſtmonats iſt der thurnier verkündigt worden unnd ſeynd die thurniersfreyheiten unnd die ordnung durch den herolden in der Statt ausgeruſen worden. Darnach ſeind die thurniervögte, die zwiſchen die ſaile unnd die Griesswertel erwehlet worden. Der durchlauchtigſte Pfalzgrau ließ auch an jedweder porten vor den ſchranken ain reyſigen zeug uffſtellen, wenn Streit were, die partheyen zue empfahn, unnd was ſonſten zue guter

---

[*) Dem „Ausſchreiben" und der „Ankunft" ſind beigegeben 2 Aquarelle auf 1 Seite: 1) Oben: wie ein Bote dem an einem grün bedeckten, mit Schreiben beſchäftigten Herrn von Sedendorf (im Schlafrock mit Pelz verbrämt) einen Brief überreicht. 2) Unten: der Einzug durch ein Thurnithor: voraus drei Trompeter zu Pferd, dann drei Ritter in Gala zu Pferd; den Schluß bilden geharniſchte Ritter mit Lanzen. Neben dem Thurm ragen über die Stadtmauer zwei Dachgiebel empor. Die Schrift des Textes iſt, wiewohl anders geartet, doch aus derſelben Zeit, wie das Obige.

[**) Letzterer Herr in Gala mit Turnierlanze zu Pferde, ſowie deſſen Wappen bildet die Beigabe zu dieſem Einzug.

ordnunge gehört. Zur selben Zeit ist Herr Hans Jacob vonn Bobmann Rennen unnd Gestochmeister gewest. [50])

Herr Conz von Erbach Ritter ist oberster Turniervogt gewest. [51])

Wie der Thurnier ist eingetheilt worden.

Von wegen der Menge ist der thurnier inn zwee Theile getheilt worden unnd thurnierete der aine theil morgens, der andere Abends. Auch mag ein iber nach seiner kurzweil sich mit scharfrennen teutschstechen oder sonsten belustigen bis zum Donnerstag, wo in hohen gezeugen gestochen wird, hernach geschlagen unnd die kleinöder abgehauen.

Bey diesem thurnier sind zue blatt getragen worden, der Marschall von Pappenheim, der Herr vonn Walbeck, der Herr vonn Sedendorf, unnd Bertram vonn Neßelrode, alle Ritter. Die zwischen den sailen zu halten verordnet wurden, seind mir nit wissend worden. [52])

Zue beiden Thurnieren seind ob die sechshundert burger im ganzen Harnisch geschickt worden, umb die Schranken zuston, so lang der Thurnier weret, dieselben zuefrieden und uffzusehen, auch in der Statt zue scharwachen und was sonst zuer ordnung ist. [53])

---

[50]) Beigegeben ist das Ritterbild des von Bobmann in völliger Rüstung, dessen rechte Hand eine Fahne mit den Farben schwarz und gelb hält, von welchen Farben auch die Helmfedern sind; auch das Familienwappen steht dabei. Der Text zu diesem Blatt ist offenbar auf eine ältere Schrift, die da und dort noch wahrnehmbar ist, wohl weil sie unleserlich geworden war, mit ganz schwarzer Tinte aufgetragen. Jene ältere Schrift kann wohl aus dem Ende des 16. Jahrhunderts herrühren.

[51]) Das Bild des von Erbach in voller Galarüstung zu Pferd mit Turnierlanze bildet die Beigabe.

[52]) Der Text ist ziemlich neu, vielleicht erst aus dem Schluß des 18. Jahrhunderts. Beigegeben sind das Wappen der Pfalzgrafen bei Rhein, umgeben von den Wappen der vier oben genannten Herren. „Im hohen gezeugen stechen" heißt stechen mit Helmen, auf denen die Wappenthiere oder sonstige Familiabzeichen angebracht sind.

[53]) Der Text ist wie der vorige. Beigegeben ist das Wappenschild der Stadt mit dem pfälzer Löwen mit je einem Bürger auf den Seiten in voller Rüstung; Unterschrift: „der Statt Heydelberg wappen"; unter dem Bild ist neu zugefügt: „und zween Burger im Harnisch." Dieses Bild ist wegen der Ausrüstung der Bürger, welche es darstellt, sehr interessant.

Uff den Sontag nachmittag haben scharf gerennt der Graue von Gleichen Sigmund unnd Stephan vonn Schaumburg, do ist der Graue gefallen. Hernach hat Fridrich vonn Dalberg mit ainem vonn Stein gerennt unnd seind bed gefallen.

Druff hat mein gnediger Herr, Herr Hans vonn Seckendorf mit Hans vonn Stein gerennt unnd drey ritt gethon unnd den ersten ritt vollbracht, wie hier umb uerzeichnet ist, den zwoten ritt hant die Herren bed gevehlt, im dritten seind die Darzen hinweggegangen. ⁵⁴)

Hernach hat mein gnediger Herr mit Balthas von Schwarzburg gerennt, unnd drey ritt gethon. Im ersten ritt seind die Herren bed besessen, im zwoten ritt hat der von Schwarzburg die Darzen verloren, im dritten ritt seind die Herrn bed gefallen, wie hieumb uerzeichnet ist. ⁵⁵)

Hernach haben noch uiel Herrn thurniert, darunter der durchleuchtigst Pfalzgraue selbsten, auch mein gnediger Herr hat noch drey rennen gethon, unnd fast obgesieget. Druf ist der Abendtanz gehalten worden, worauf sich ain iber in seine herberg begabe.

Uff den montag wurd ain umritt in der Statt gehalten, unnd sah man uiel prächtiger Decken unnd Rüstungen, unnd das frauenzimmer prunktete in kostenlichen schauben, uff prächtigen rossen.

Item uff den Zinstag ist ain Scharffrennen im Armelin gehalten worden und haben gerennt der durchleuchtig Pfalzgraue Philipps unnd Herzog Georg unnd seind bed gefallen.

Hernach haben Hans von Drat unnd Heinz vonn Schaumburg ain gut rennen gethon, unnd seind bed sizen blieben.

Item mein gnediger Herr unnd Wolff von Barsperg. Unnd hat der von Barsperg gewankt, mein gnediger Herr aber ist sizen blieben.

Item hat mein gnädiger Herr mit einem von Berlachingen gerennt unnd hat der von Berlachingen die bügel uerloren, meinem

---

⁵⁴) Das beigegebene Bild zeigt, wie Seckendorf den von Stein abwirft und wie diesen sein Diener auffängt. Daryen sind die Schilde, welche noch über den Brustharnischen angeschnallt wurden. Die Lanzen hatten bei diesen Rennen vorne scharfe Spieke, welche durch jene Schilde drangen und sie wegriffen.

⁵⁵) Beide Herren liegen mit ihren zerbrochenen Lanzen am Boden neben ihren Pferden. Der Text zu beiden Bildern ist neuer.

gnebigen Herren aber ist die stang gebrochen, wie hieumb uerzeichnet ist. ⁵⁶)

Uff den nachmittag ist teutschstechen gewesst unnd hat mein
gnebiger Herr 5. ritt gethan. Den ersten ritt hatt mein gnäbiger
Herr mit Wilhelm von Gebsattel gethan und seind die Stangen
brochen. Den zwoten Ritt mit Erhard Gebsattel und seind die
Stangen brochen, den britten unnd uierten ritt mit Jörgen vom
Rozperg unnd seind die Stangen prochen, den fünften unnd letzten
ritt Matthels vonn Giebelstatt, unnb ist der von Giebelstatt gefallen,
mein gnebiger Herr aber sitzen blieben, wie hieumb uerzeichnet ist. ⁵⁷)

Uff den mittlichen ward Schaw unnd Helmtheilung unnd ist ain
groß feuerwerck uff die nacht abebrennt worden. Auch wurd die
statt uon der burgerschaft fast schön beleuchtet, unab was ain groß
fröhlichkeit unter dem pöfel, das weret bis in die spat nacht, do
heiten die schaarwachen uiel henkel unnd raufen zu weren, auch gab
es uiel blutige Köpf.

Item. Als der tag woll anbrechen wurd uon den constable
ain ganze stund lang aus ben Studen geschossen, daß die fenster er-
zitterten, auch wurden uon hundert Rohrschitzen fünf salven uff dem
Schloße abebrennt, unnd zogen dieselben unter tommen unnd pfeiffen-
schall durch die Statt, worauf sie sich zur linken seiten uor den
schranken uffstelleten. Zuer rechten seiten stunden ob die brethundert
burger im ganzen harnisch mit fahnen unnd heiten ihr haubtleut
und leutnambt Pirett mit weiß unnd blawen federn. ⁵⁸)

---

⁵⁶) Enthält das Bild dieses Rennens. Als Anmerkung ist am Rande des
Textes ganz in neuer Zeit beigefügt: „Im Anhang findet man die verschiedenen
Arten von Stechen deutlich gezeichnet, wodurch man erst den rechten Begriff von
der Art und Weise der Alten zu turniren bekommt. Rügner in seinem 86. Turnier
spricht sich nicht aus, oder beschreibt eigentlich die Turniere nicht, er zählt uns blos
eine Menge Namen von Adelichen für, ohne weiteres von ihren Thaten zu schreiben."

⁵⁷) Die Zeichnung enthält die Darstellung dieses letztern Rennens. Am Rande
des Textes steht die ebenfalls in neuer Zeit beigefügte Bemerkung: „Wahrscheinlich
ist das Teutschstechen die älteste Art von Turnierabewaffnung gewesen, und früher
die allein übliche Art zu thurnieren in Deutschland und den Nachbarländern."

⁵⁸) Barette mit weißen und blauen Federn. Beigegeben ist die Darstellung
der Schau- und Helmtheilung: Vor einer Schranke steht ein Schiedsrichter, dem ein

Am 28zigsten tag des Augustmonets 1482 haben 5 fürsten zue Heidelberg im hohen Zeugen thurnieret, mitt sambt andern Graun, freyherrn, Rittern, unnd edlen knechten, unnd seind geweßt 520 helm, darunter Pfalzgrauo Philipp Churfürst, Herzog Jörg vonn Baiern Landshut, Herzog Jörg von Baiern Simmern, Marggraue Friderich vonn Brandenburg unnd Marggrauo Ludwig vonn Baden. Uund seind ob die drey stund geritten des vormittags und drey stund nachmittags.

Des vormittags haben unter andern gerennt der Pfalzgrauo Philipp unnd Grauo Wolf von Oetting, unnd seind bed gefallen. Grauo Sigmund von Lupfen mit meinem gnedigen Herrn, unnd seind bed besessen.

Truf Marggrauo Fridrich vonn Brandenburg mit Grauo Krafft von Hohenlohe unnd ist der Marggrauo gefallen.

Hernach haben gerennt Herzog Ludwig von Baiern unnd der Freiherr vonn Scharseneck unnd seind bed gefallen.

Nachdem uiel stangen brochen waren, unnd die kolben zu schlagen, song man an die Klinöter abezuhauen, dieß weret ob ainer stunden, do hat mein gnediger Herr sein Klinot bis zu end gedeckt.

Hernach seind die bänk ann die vier lande außgetheilt worden, do erhielten die, so mit dem Marggrauwen von Brandenburg aufftragen lassen, den zwoten banck.†)

Truff ist der abendtanz gehalten worden, unnd hat mein gnediger Herr zwen Reigen mit der durchleuchtigsten Pfalzgrävin gethon. 50)

Ritter seinen Helm zur Schau übergibt; hinter der Schranke stehen drei Damen, welche die Helme auf verschiedenem Bänken aufstellen.

† Der Dank bestand in einem „Kränzlein, zuweilen mit einem angehängten Kleinod oder Häßlein." Rüxner. 18.

50) Das beigefügte Bild ist sehr von Bedeutung. Es stellt das Ritterspiel dar: innerhalb der Schranken reiten im Vordergrund zwei Ritter im gewöhnlichen Turnier gegeneinander, die Lanze des Einen ist gebrochen. Im Hintergrunde versuchen 6 Ritter sich mit Kolben die Kleinoblen abzuhauen; außerhalb der Schranken befinden sich 4 berühmte Musiker, 3 Trompeter und 1 Pauker; auf der Seite Bürger als Zuschauer, die ein Helebardist von der Schranke zurückdrängt. Der Hintergrund des Bildes zeigt drei Häuser, an denen zwei Ballone sich befinden, die von zuschauenden Herren und Damen angefüllt sind: ein überaus bunt belebtes Bild.

Bey diesem thurnier hat mein gnediger Herr mit Pauel von Menkwitsch Handel bekommen, do haben sie sich uff den freytag inn aller frhü uff der rennpahn geschlagen, wie hieumb uerzeichnet ist.⁶⁰) Nachdem sie vier gäng mit ainander gethan, ohn ainer den andern zue schädigen, geboten ihn des Pfalzgrauen trabanten friede, do haben sie sich dohin uertragen, sich gen Hall zu stellen nach jahresfrist, unnd ist dieser handel später durch den Burgrauen von Nürnperg unnd den Grauen von Württenneberg beigelegt worden, auch ist nicht lang nacher der von Menkwitsch gestorben.

In diesem thurnier ward geschlagen unnd uff die schranken gesezt Conrad von Berlichengen, Hans von Stein, zween von Liebenstein, ainer vonn Paulsweiler, ainer vonn Helmstatt.

Item. Uff den nachmittag ist auf die schranken gesezt worden Cartus von Oitinger, ain Pfaw von Ritperg, Sigbert vonn Wolfskele, unnd Hans Dachenhauser zu Dachenhausen.⁶¹)

Uf den freytag ward über das Diel gestochen, do haben ob die dreihundert theil genomen, unnd waren all mit kostenlichen federn uff den helmen gezieret. Auch die gäule brangeten mit uiel farbenen prächtigen deckten. Nachdem die Articulsprief uerlesen, bliessen die Trompter uff unnd die Ritter stelleten sich jeglicher ann seinen platz. Do hat zuerst gerennet Grauw Sigmund vonn Lupfen mit Schiken vonn Sedendorf, unnd seind die stangen prochen. Hernacher hat mein gnediger Herr, Herr Hans vonn Seckendorf mit Wilhelm vonn Brandenstein drey ritt gethan, do ist beim dritten ritt der vonn Brandenstein gefallen, mein gnediger Herr aber ist sitzen blieben.

Darauf hat mein gnediger Herr mit ainem vonn Egloffstein gerennt, unnd seind die stangen prochen, haben noch zwen ritt gethon, unnd seind nit gefallen.

---

⁶⁰) Die zwei Herren sind auf dem Bild, mit Harnisch und Helm versehen, mit Dreinhauen vermittelst zwei Händlern rüstig beschäftigt. Das Ganze erinnert lebhaft an ein Studentenduell in vollem „Paukwichs"; jedoch fehlen Secundanten und Unpartheiischer.

⁶¹) Eine bildliche Darstellung vom Schrankensetzen und Schlagen ist beigefügt. Ein Ritter sitzt auf den Schranken des Turnierplatzes; zwei Diener ziehen ihm die Rüstung aus, deren einzelne Stücke mit dem Schwerte auf dem Boden zerstreut liegen. Im Hintergrund sind zwei berittene Diener mit Stöcken.

Item that mein gnebiger Herr brey ritt mit Dietern Sturmfeber, do hat mein gnebiger Herr den ersten Ritt gescheucht, der
Sturmfeber aber gefehlt, den zwoten ritt haben die Herren bed troffen
unnd seind die Stangen prochen, im dritten ritt aber seind sie beb
gefallen, wie hieumb uerzeichnet ist. **)

Uff den nach mittag hielten noch uiele Herren ain geschift
Scheibenrennen im Balnharuisch unnd thet mein gnebiger Herr
sieben ritt. Den ersten mit Niclas Nothaften, do seind die stangen
prochen. Den zwoten mit aim vonn Bibra, unnd hat der vonn
Bibra die scheiben gefehlt, mein gnebigen Herrn aber ist die slang
prochen. Den dritten ritt mit Fritzen vonn Finnbigen, do seind bed
gefallen, wie hieumb uerzeichnet ist. *³) Den ulerten unnd fünfften
mit Niclas von Sinting unnd seind die stangen prochen. Den sechsten
ritt mit Heinz von Bobmann und seind die stangen prochen. Den
siebeten mit Hans vonn Dachenhausen unnd haben bed gefeelt. *⁴)

Hiemit endigt sich der ganz Thurnier, unnd gieng das Scheibenschießen mit rohren unnd ambrösten an, auch ward auff die Nacht
ain fast schön fewerwerck gegeben. Darnach was Panckt unnd
abenbtanz. *⁵)

Uf den ersten tag des Septembris, als ain sontag, zohen nachmittags die Rohrschitzen mit spielleut uff die schlesstatt, unnd ward
die ganz woch geschossen. Es haben auch viel Herrn so bey dem
Thurnier seind gewest mit geschossen. Absonderlich mein gnebiger

---

**) Zwei Bilder zeigen die Dielenschranken, die das Roß ganz und den Reiter
bis an die obere Brust schützen. Das erste Bild stellt den zweiten, das andere
den dritten Ritt dar. — Der Text ist neu, aber über einem älteren aufgetragen.

*³) Dies Bild stellt dar 1) wie beiden Rittern die Stangen gebrochen sind.
2) Wie Beide gefallen sind. Auf der Brust jedes Ritters befindet sich eine runde
Scheibe, welche getroffen werden mußte.

*⁴) Am Rand des Textes steht die ganz neuerdings hinzugefügte Bemerkung:
„Die Bobmann sind heutiges Tages meistentheils im Badischen begütert. Auch
stehen einige in Würtenbergischen Diensten. So steht gegenwärtig einer beim K.
Infanterieregiment als Leutenand."

*⁵) Von der gleichen Hand wie aub Anmerk. 5 ist beigefügt: „Diesem nach
verstanden die alten schon mit dem Pulver Dumheiten zu treiben."

Herr, als ain gar großer liebhaber des büxenschließens, thät viel guete schütz. Aber ain schneider von Engelheimb gewann das Haupt. [66]) Das sinnd 100 gulden geweft, das wolleten die von Heidelberg im nit ausfolgen; bo nam sich mein gnediger Herr sein an, woruff sie sich betwemeten unnd der schneider zue seim recht komen ist. Des was ain knecht des vonn Roßperg übel zufrieden, der machte deshalb ain anschlag uff unß, der ihm aber übel bekam, wie ich hieunnd verzeichnen will. Mein gnediger Herr aber thät das zwote beft bekomen. Das was aine kuhe, die überließ er dem Engelheimer schneider mit dem beding, daß er uff ihr aus der stall ritt, was er auch zue gar großer luft des volks vollbruugen. [67]) Do nu alles guet abgeloffen, verabschiedeten wir unß von Heidelberg unnd zogen am achten tag des monets Septembris der heimat zue.

Wie wir im Obenwalt von etlich schnaphenen seynd überfallen worden.

Es begabe sich aber, do wir durch den Obenwalt zogen, daß mein gnediger Herr seinen helm unnd rennspieß mir gabe, unnd ain piret [68]) uffsezzete, auch ain stück vorausritt, bo ward er aines Reuters ansichtig der mit bloßem schwert uff in zukame, ehe ich ihme den helm unnd spieß reichen konnt. Auch wischeten ettliche schnapphäne aus dem busche uff mich unnd Gotthatten vonn Eyb, den schildtnappen herzue, bo rennete ich ainem, der mit der hellebart nach mir schlug den speer durch den leib, unnd Gotthart schlug ainen mit dem schwert den hellebatenschafft entzwey unnd gab im ainen hieb über die schulter, mein gnediger Herr aber hat bald sein schwert vom leder unnd stieß es dem Reuter unnter dem helm ins gesicht, daß er ohnmächtig vom gaule fallen thät. [69])

---

[66]) Der Hauptpreis.

[67]) Das Bild hat 3 Theile: der obere stellt einen Schützenzug nach der Schießftatte dar; der mittlere ein Scheibenschießen; der untere den auf der Kuh reitenden Schneider, die Scheere in der Linken, die Büchse auf dem Rücken; Bürger, Weiber und Kinder äußern ihre Freude.

[68]) Barett.

[69]) Diese ganze Scene im Walde stellt das beigegebene Bild dar.

Was sich welter zuetragen.

Do die andere schnapphäne ersahen, daß ir Hauptmann erligen thät, flohen sie all, wir aber zohen ihm den harnisch aus unnd namen sein roß an unß Do mein gnediger Herr sahe, daß er noch lebete, unnd in ine des Roßpergers knecht erkante, der in Heidelberg beim schneiber die 100 gulden wöllet stretig machen, befahl er unß ine zue binden unnd gefangen anzunehmen. Es begab sich aber, daß ain bawer des wegs uff ainem esel boher ritt. Der uerklagete den uerwundten knecht gar sehr, unnd sprach, gestrenger Herr, das ist des Roßpergs knecht unnd geselle, den man den gleißen Clas heißt, der macht schon lang die hertstras unsicher unnd schint die bawren unnd armen leut, so hat er uor sechs wochen mir ainen sack mit spelz abgenommen, den ich gen Bischofsheim bringen sollt unnd dort gilten.[10]) Truff sprach der gnebig Herr: dafür soll ihm sein straff werden, ich will ihn in Würzburg dem halßgericht überantworten, das soll in straffen wie recht ist.

Dessen wöllet dem bawten nit gefallen, sondern sprach: gebet mir, uff das ich mich an ihme baß rechen mag unnd ihme sein recht anthue zu nutz unnd freud des ganzen Reueers. Do sprach der gnebig Herr, so nim in hin unnd thue, wie du gesaget hast. Do nahm er ainen strick uon seinem Esell, schürzete aine schlaufen unnd warf sie dem gleißen Clas umb den Hals, sprechend zue ihm, bet ain Vater unßer Gottes Gericht hat dich erreicht, der aber sprach nichts, sondern bekreuzete sich unnd ergab sich in sein schicksal. Der bawer aber zoh in an ain baum, warf den strick über ainen ast unnd erheuckte in.

Druff holete er auch den erstochenen landsknecht herzue unnd hendete ihn daneben. Demnach dies geschehen zog er sein messer aus der Schaide schnit drey kreuz in den baum unnd steckel sein Messer bazue, bruf stieg er uff seinen esel unnd ritt ohne ain weiteres wort davon, wir aber sahen ainander stumm an unnd bekreuzeten uns, denn wir merketen wol, daß der bawer ain wissender des heimlichen Gerichts seye, doch zogen wir denne kerlen die Stiefel aus unnd durchsucheten ihre schubsäcke, wo wir aber auser alt silberen

---

[10]) gilten d. h. als Gilt abliefern.

Rosenkrantz nichts gefunden. Druf eileten wir hinweg um us dem walb zu kommen eh die Nacht einbrach. Do wir ain lebig roß unnd harnisch hetten, also warb mein gnediger Herr, Herr Hans von Seckendorf, in Sinsheim ain knecht an, den harnisch aber gab er mir, also waren wir nu unser ulet wohl gewapnet reutere unnd gelangeten sonder gefehrde wieder in die heimat, nachdem wir fünf wochen von boheim weck seind gewest, Unnd was mein gnediger Herr wol zufrieden mit dieser fahrt, was mafen sie durch die errungen beut gebedct warb.

Das Roß was ain schöner fur unnd zahlete alle kosten, denn in der satteltaschen fanden sich 100 mainzer gulben unnd ain gulben ketten, die uerehret mein gnebiger Herr seinem liebsten gemahel. So warb denn die ganze fahrt glück- unnd freudenlich beschlossen. [1])

Als Anhang ist dieser Beschreibung des Heidelberger Turniers beigegeben eine Reihe von Federzeichnungen, welche die Turniersrüstungen darstellen, unter dem Titel:

Das ist das gezeugen und gewaffen der löblichen turnier und ritterspiel, wie es seit Hainrichs I. zeiten bis diesen tag brauch ist und hats verzeichnet Lenhard Janutzer.

Uff haisen des gnebigen Herrn, Herrn Hans von Seckendorf hats copirt unnd in riß gebessert — Jost Pirchammer Maler unnd Architectus.

Dieser Anhang hat 6 Papierblätter, und 8 Pergamentblätter; sie enthalten:

1) Das erste: „Ain sattel zum Scharpfrennen; zum hohen zeugen; zum Dielenstechen; zum Schelbenstechen. Das Brustslück für ain gaul; das kammstück."

---

[1]) Diese ganze Erzählung ist auf einer ältern verblichenen Schrift von neuer Hand aufgetragen. Doch ist deutlich wahrzunehmen, daß die verblichene Schrift dasselbe enthält wie die neue. Die verblichene Schrift aber stammt aus dem Ende des 16. Jahrhunderts. — Angeschlossen ist ein Bild: die Begrüßung des heimgekehrten Herrn durch seine Gemahlin.

2) Das zweite: „Das ist ain rennbiß zum Scharpfrennen unnd teutschstechen; das biß ist zum stechen im hohen Zeugen auch anderen thurnier. Ain stirnblat für ain gaul. Ain Stegraiff" (Steigbügel).

3) Das dritte: „Das seind die Helm: zum scharpfrennen, zum scheibenstechen, teutschstechen unnd welschrennen, zue felb, zum hohen zeugen. Die Schild ober Darzen zum Scharfrennen, zum teutschstechen. Knieschild zum Scharfrennen, zum Welschrennen. Armschild zum welschen und teutschrennen rechts und links."

4) „Das ist das juestthurnier, mit spießprechen über die schranken und schlagen mit dem Schwerdt."

5) „Das ist das Scharpfrennen im Armetin, es prechen die stangen ober sie mügen fallen. Ist gar besorglich."

6) „Das ist das gemein Scharpfrennen. Sie mögen fallen ober die Darzen ganz hinweg."

7) „Das löblich gemein teutschstechen, sie mügen fallen oder es prechen die Stangen."

8) „Das ist das selbstthurnier, oder teutschstechen im Armetin. Dieß ist ain gar besorglich Stechen."

9) „Das geschist Scheibenstechen im bainharnisch, ist ain gar besorglich stechen und wird meist zur Ernst gebraucht."

10) „Das Dielenstechen, auch welschrennen genannt, wird viel zue gesellenstechen braucht."

11) „Das stechen im hohen zeugen, mit spiesprechen kolben-schlagen und kleinober abhawen. Das ist heint zue tag der gebraulichst thurnier."

12) „Der polisch ober moslawitisch thurnier, mit tact werfen, darnach mit säbeln ainander angreiffen."

13) „Das ist das kübelrennen im bauschwammes uff ungesattelt gäulen."

14) „Das ist der new thurnier, wie ihn der glorreich Held Maximilian erfunden."

Aus dieser letzten Bemerkung läßt sich wohl am Richtigsten die Entstehungszeit und Art der vorliegenden werthvollen Schrift entnehmen. Ist nämlich „der glorreich Held Maximilian" der erste deutsche Kaiser dieses Namens, der den Titel eines „glorreichen Helden" wohl verdient und ist der von ihm herrührende Turnier der

„neuerfundene", so liegt auf der Hand, daß die Zeichnungen, welche die Turnierrüstungen darstellen, also der ganze „Anhang" spätestens kurz nach dem Tode dieses Kaisers (1519) gemacht worden sind Dieses stimmt mit unserm früheren Urtheil überein, daß das eigentliche Turnierbuch zu Ende des 15. Jahrhunderts abgefaßt, die verblichene Schrift aber später aufgefrischt und in der gleichen Zeit auch an den Bildern da und dort eine Verbesserung vorgenommen worden ist. Es liegt sonach kein Grund vor, die Ueberschrift, welche die Abfassung des Buchs auf 1486 festsetzt, als unrichtig anzuzweifeln. Jedoch dürfte so viel feststehen, daß die Blätter, welche auf ihrem Hintergrund jene älteste Schrift tragen, die ursprünglichen sind und wahrscheinlich zuerst das ganze Buch ausgemacht haben; auf die andern Blätter wurde der Text erst später nachgetragen, während die dazu gehörigen Bilder schon lang vorhanden waren. Die Meinung eines englischen Katalogs, als ob das Ganze nur die Copie eines noch irgendwo verborgen liegenden Originals sei, fällt somit hin. Wer freilich der Jost Pirckhamer, der sich „Maler und Architect" nennt und in den Diensten des Hans von Sedendorf stand, sei; ebenso wer Leonhard Janutzer sei, der den Anhang verfaßt hat, muß vorerst dahingestellt bleiben.

Druckfehler.

Seite 6 Zeile 15 von Oben lies: Gerüht vor'm Schloßberg, statt G. „vom" Schl
„ 12 Anmerkung lies: Oberrheins statt „Alterthume".
„ 18 Zeile 4 von Oben lies: Wilhelm statt „Philipp".
„ 39 „ 8 „ Unten lies: Dazu soller doch nicht verbunden sein.
„ 40 „ 14 „ Oben lies: Zucht statt „Zeit".
„ 70 „ 6 „ Unten lies: pascuis statt „pasclus".
„ 72 „ 11 „ „ „ bobas statt „babas".
„ 74 „ 2 „ Oben lies: 22 statt „21".
„ 77 „ 2 „ Unten lies: welchen statt „welchem".
„ 80 „ 5 „ „ „ mochten statt „möchten".
„ 86 „ 8 „ „ „ in der Anmerkung schalte hinter unsres Oheims das Wort Siegel ein.
„ 103 „ 10 „ „ „ müssen statt „muß".
„ 112 „ 10 „ Oben lies: ihrer statt „ihre".
„ 114 „ 13 „ „ „ von Schwendi statt „am Schw."
„ 120 „ 17 „ „ „ streiche Thiel
„ 121 „ 16 „ „ „ seinem statt „seistem".
„ 121 „ 19 „ „ „ den statt „der" zweimal.
„ 122 „ 8 „ „ „ Philomelae statt „Philomelae".
„ 126 „ 14 „ „ schalte nach gefunden das Wort „von" ein.
„ 128 „ 17 „ „ lies: große statt „größte".
„ 140 „ 18 „ „ „ patiantur statt „patiantur".
„ 140 „ 22 „ „ „ admonitionum statt „admonitionem".
„ 141 „ 4 „ „ „ Kornward statt „Kornwart".
„ 150 „ 11 „ „ „ Geschichten statt „Geschäften".
„ 153 „ 16 „ „ „ verliehenen statt „verliehene".
„ 158 „ 11 „ „ „ in statt „im".
„ 163 „ 14 „ „ „ Bierer statt „Bieren".
„ 164 „ 22 „ „ „ Kassen statt „Klassen".
„ 166 „ 21 „ „ streiche das Wort bis.
„ 168 „ 11 „ „ in der Anmerkung lies die Stellen statt „die Stelle".
„ 171 „ 6 „ „ lies Rathsstellen statt „Rathsstelle".
„ 173 „ 1 „ „ streiche sich.
„ 184 „ 8 und 12 von Unten lies Vorlauf statt „Verlauf".

Archiv

für die Geschichte

der

Stadt Heidelberg.

Eine Vierteljahresschrift

herausgegeben

von

Hermann Wirth,

ev. prot. Pfarrer in Handschuhsheim, Chronist der Stadt Heidelberg.

II. Jahresband.

Heidelberg.
Buchdruckerei von G. Mohr.
Im Selbstverlage des Herausgebers.
1869.

Inhaltsanzeige des II. Bandes.

Die Schicksale Heidelbergs im dreißigjährigen Krieg 1
Zur Topographie des Hexenwesens 36
Das Sommertagsfest in der Pfalz 39
Heidelberg huldigt dem Churfürsten Karl Friedrich von Baden, 27. Juni
1803 42
Goldschmiedordnung von Heidelberg, 1563 63
Die Schicksale Heidelbergs im dreißigjährigen Kriege. (Fortsetzung.) . 63
Das Lustjagen in Neckargemünd 1788 94
Bierordnung der Stadt Heidelberg 1603 103
Das pfälzische Oberamt Heidelberg 106
Freiheiten und Ordnungen der Stadt Heidelberg unter Friedrich dem
Siegreichen 122
Erbordnung zu Heidelberg 1467 146
Heidelberger Stadtordnung 1471 149
Die Schicksale Heidelbergs im dreißigjährigen Kriege (Fortsetzung) . 162
Erstürmung Heidelbergs durch Tilly 1622 191
Die Schicksale Heidelbergs im dreißigjährigen Kriege. (Fortsetzung.) . 195
Städtische Urkunden aus der Zeit Ruprechts des Aeltern und Jüngern 237

I.

Die Schicksale Heidelbergs im dreißigjährigen Krieg.

A. Die Jahre 1621 und 1622.

Indem wir in den folgenden Blättern die Schicksale Heidelbergs im dreißigjährigen Kriege nach urkundlichen und gleichzeitigen Aufzeichnungen veröffentlichen, will es uns nöthig erscheinen, zur Orientirung einiges Allgemeingeschichtliche vorauszuschicken und sodann die Heidelberger Nachrichten mit den Ereignissen des Kriegs überhaupt zu erläutern.

Politische Ereignisse riefen den dreißigjährigen Krieg hervor; der Religionshaß hatte ihn vorbereitet und erleichtert; der religiöse Fanatismus machte ihn langwierig und verderblich für ganz Deutschland, besonders für die Pfalz und unser Heidelberg.

Im Mai 1618 erhoben sich die evangelischen Bewohner von Böhmen zu einem Aufstand gegen das Haus Oesterreich, indem sie behaupteten, durch die Jesuiten aufgestachelt habe Kaiser Matthias sich Eingriffe in die ihnen verbriefte Religionsfreiheit erlaubt. Als Matthias im März 1619 kinderlos starb, wurde sein von Jesuiten erzogener Vetter, Erzherzog Ferdinand, dem jener die böhmische Krone versprochen hatte, von den Böhmen als König nicht anerkannt. Vielmehr trugen die Böhmen ihre Krone dem jungen Churfürsten von der Pfalz, Friedrich V. an und dieser nahm, wiewohl Ferdinand im Sommer 1619 auch zum deutschen Kaiser gewählt worden war, das Anerbieten an. Dieses Ereigniß, zu welchem die pfälzischen Unterthanen keineswegs gut sahen und welches die in Heidelberg gebliebene Regierung mit der Angabe zu rechtfertigen suchte, daß Friedrich den bedenklichen Schritt nur gethan habe, um den Evangelischen in Böhmen, Schlesien u. s. w. zu Hilfe zu kommen, hatte das engere Bündniß der katholischen Fürsten (Liga) nur befestigt; und die evangelischen Fürsten konnten diesem Bündnisse nur das sehr lose geknüpfte Band der Union entgegensetzen. Friedrich ließ den Pfalzgrafen Johann von Zweibrücken als Regenten in der Pfalz zurück und zog nach Böhmen. Das Volk sah ihn, das Unglück ahnend, ungerne scheiden; seine Mutter, Juliane von Oranien brach bei seinem Auszug aus dem Stammschloß zu Heidelberg in die verhängnißvollen Worte aus: Ach, nun zieht die Pfalz nach Böhmen!

Am 4. November 1619 wurde Friedrich in Prag als böhmischer König gekrönt. Die protestantische Union versammelte sich bald darauf in Nürnberg, zeigte sich dem mächtigen Kaiser gegenüber jedoch nur schwankend; ein entschiedenes Verfahren, das einzelne Glieder beantragten, wurde abgelehnt.

Dagegen hatte die katholische Liga, die Anfangs Dezember in Würzburg tagte, sich zu ganz entschiedenem Vorgehen geeinigt und Herzog Max von Baiern erhielt den Oberbefehl über die Truppen der Liga, die sich sogleich zum Angriff rüstete. In Böhmen wurde Friedrichs Stellung sehr bald dadurch bedenklich, daß seine calvinische Umgebung das Volk und die Geistlichkeit durch eine wahre Bilderstürmerei tief verletzte. Dazu waren Anarchie und Zuchtlosigkeit durch den jahrelang währenden revolutionären Zustand herrschend geworden; man tadelte die Pracht des Hofhalts.

Im Juli 1620 zog Max von Bayern nach Böhmen; Unterhandlungen mit Friedrich zogen die kriegerische Entscheidung jedoch hinaus; aber am 29. Oktober wurde das böhmische Heer auf dem weißen Berge bei Prag gänzlich geschlagen und hierdurch Friedrichs Schicksal entschieden: er floh nach Schlesien, Brandenburg, Wolfenbüttel, dann nach Holland, der Heimath seiner Mutter.

Während dieser Zeit drang der spanische Marschalk Spinola von Belgien aus gegen die Rheinpfalz vor; von Süden aus unterstützte ihn Erzherzog Leopold, der Verwalter der vorderösterreichischen Lande. Spinola eroberte nacheinander Kreuznach, Alzey, Oppenheim im August und September 1620. Das unionistische Heer versuchte vergeblich, diesem Siegeszug entgegenzutreten; an seiner Spitze standen der Herzog von Württemberg, die Markgrafen von Ansbach und Baden-Durlach; diese nahmen bei Frankfurt a. M. Position; aber ihre Kriegführung lockerte alles Vertrauen und sie mußten sich immer weiter vor Spinola zurückziehen. Ebenso vergeblich suchte der Prinz von Oranien den Weg nach dem Rheine zu gewinnen; die Spanier hatten die holländischen Grenzen besetzt.

Diese Zustände entmuthigten Alles; eine Flugschrift sagte: in Heidelberg sei ein solcher Schrecken in die Leute gefahren, daß die höchsten Häupter vom Hof, aus der Kanzlei und viele der Vornehmsten davon liefen. Die Churfürstin Wittwe, Beamten und Professoren flüchteten sich und vermehrten dadurch die Muthlosigkeit des Volkes.

In dieser Muthlosigkeit traf noch die Nachricht von der Schlacht auf dem weißen Berge ein; bald folgte (Februar 1621) die Achtserklärung über den Churfürsten; im April 1621 entsagten auf Anrathen des Landgrafen von Hessen-Darmstadt, Würtemberg und Ansbach der Union im Vertrag zu Mainz, was die Auflösung der Union zur Folge hatte, 24. April.

Der Krieg machte zwar jetzt seinen Gang fort; in der Oberpfalz standen Mansfeld und Tilly einander gegenüber (Juni); ersterer erfocht mehrere Vortheile, im Ganzen aber geschah nichts Bedeutendes. Da traf Herzog Max von Bayern selbst auf dem Schauplatze ein und Mansfeld mußte ihm im Oktober 1621 weichen.

Auch in der Unterpfalz am Rheine war der Krieg weiter vorgerückt. Spinola hatte in Ferdinand Gonsalvo von Cordova einen Nachfolger erhalten; die Truppen der Pfälzer, meist britische Söldner, standen unter dem Befehl des Engländers Horace de Veer; die wenigen eigentlichen Pfälzer befehligte der Oberst Obertraut. Spanier und Pfälzer wetteiferten in Verwüstungen der Ländereien und Ortschaften; jene besonders an der Bergstraße.

Eben als die Spanier Frankenthal, das sich ritterlich vertheidigte, belagerten, kam die Nachricht, daß Mansfeld aus der Oberpfalz am Rheine angekommen sei und seine Truppen mit denen de Veer's in Mannheim vereinigt habe. Die Spanier flohen von Frankenthal, die Stadt war gerettet. Hierauf besetzte Mansfeld das Speierische Gebiet und den Brurhein, wo er plünderte und brandschatzte. Währenddem kam Tilly den Taubergrund und die Bergstraße herab, nahm Bensheim, Weinheim, Labenburg, wo er eine Brücke schlug, und

Neckarhausen, das er durch eine Schanze befestigte. Nun schwärmte er den Neckar herauf bis gen Eberbach und Mosbach, berührte auch Neckarsteinach, Schönau und bezeichnete überall seinen Weg durch Plünderung und Zerstörung.

Mannheim und Heidelberg allein waren noch nicht im Besitz Tilly's; ersteres wurde durch be Veer, letzteres durch Heinrich von der Merven geschützt.

Tilly ließ die beiden Städte sowie das ganze Land der Unterpfalz zur Uebergabe auffordern, worauf die Regierung ruhig, der Commandant aber die Forderung rund und energisch abwies. Wir lassen die betreffenden Schreiben sowie die Erzählung des ganzen Hergangs der Belagerung und Eroberung der Stadt Heidelberg hier wörtlich folgen, wie sie in der „Relatio historica postuma obsidionis Heidelbergenais, das ist Warhaftige Beschreibung aller fürnemen und gedenkwürdigen Geschichten, so in Belägerung der churfürstlichen, Pfältzischen Residentz Stadt und Schloß Heydelberg, durch die Keys. Bayerische Armada erobert, sich verlauffen und zugetragen. Sampt angehengten Grundt Riß derselben. Franckfurt bey Sigismund Latomo zu finden. 1622."[1]) — uns aufbewahrt sind. Hier heißt es Seite 3 und 4:

Es hat der Bayerische General Herr Johann Graff von Tylli den 19./29. Oktobris vergangenen Jahrs (1621), durch einen bey nächtlicher Weil zu Heydelberg angelangten Trompetern, dieselbige Haupt- und Residents-Statt, sampt dem noch restirenden Landt schrifftlich auffgefordert, wie folgt:

1. Sonders liebe Herren und Freund: Demnach von der Röm. Keys. auch zu Hungarn und Böheim Kön. Maj. meinem allergnädigsten Keyser, König und Herrn, und der Fürstl. Durchl. Hertzog Maximilian in Bayrn, meines auch gnädigsten Herrn, mir allergnädigst auffgetragen worden, sampt bey dem mithabenden Kriegsvolk, mit dem Don Goncalo be Corbua mich zu conjungiren[2]) und also mit unirter[3]) Macht, gleichwie mit der Obern Pfaltz beschehen, auch

---

[1]) Diese Schrift ist von dem Gouverneur von der Merven ausgegangen und solle wohl als eine Rechtfertigung desselben gelten.
[2]) Verbinden.
[3]) Vereinigter.

bie Unter Pfalß zu bero Keyserl. May. Devotion zu rebuciren,⁴) biemeil ich bann allbereit mit besagtem meinem untergebenen Volck zu solchem Intent⁵) allhero gelangt, als hab ich solches die Herrn gebürender maffen abvisiren,⁶) benebens aber freundlich ermahnen wollen, In so billicher Sach sich keineswegs zu widersetzen, in Bebendtung sie ihrer selbst und des gantzen Landts eufferften Verberbens Ursach sein würden. Bin bermegen getröstlicher Hoffnung, die Herrn werden des besten sich resolviren,⁷) allerhöchsternanter ihrer May. allgehorsamst sich unterwerffen und In dero allergnädigsten Devotion und Gnab allerunderthänigst ergeben, da entgegen thun ben Herrn so wol ihnen als ben Ihrigen im Namen allerhöchstgebachter ihrer May. alle Securität⁸) und Sicherheit verspreden, auch darob zu sein, baß von unsern unberhabenben Solbaten einige molestia⁹) und Unfug ihn nicht zugefügt werben soll, allermassen alsbald die Unberthanen ber Obern Pfalß nach befdhehener Submission¹⁰) gegen aller Ungelegenheit seynd beschüst worben. Im widerigen Fall und ba bie Herrn wider verhoffen offt allerhöchstgebachter ihrer Keyf. May. zu gehorchen sich weygerten, würb ich alsbann sampt obangeregten Don Gonçalo be Corbua ben obgebeuten allergestrengsten mir auffgetragenen Keyf. Befelh allergehorsamst nachzukommen, und mit besagtem Kriegs Volck In die Unter Pfalß (unangesehen sie ohne bas zimlicher maffen ruinirt und baher berselben womöglich gern verschonen wolle) fortzurucken gebrungen werben, Allbieweil ich aber ganstlicher meynung bin, bie Herrn werben burch die schulbige Submission, nicht allein sich, bie ihrige und bas gantze Landt vor Verhergung¹¹) erhalten, sintemal bie Keyf. May. ewere Herrn barburch viel eher zu Gnaben anzunemmen bemegt werben möchten, also und ba bie Herrn solches wohl in acht zu nemmen, und sich selbften hieran nicht schulbig machen wollen unb bin hierauff ber reblichen Categorischen Resolution¹²) in kurtzen schrifften burch zeigere biesen abgefertigten Trommetern gewärtig, Uns hiemit allerseits göttlicher Protection empfehlend. Groß Rohrheym, ben 28. October 1621.¹³)

⁴) Zur Unterwerfung unter ben Kaiser zurückzuführen. ⁵) Absicht. ⁶) anmelben. ⁷) entschließen. ⁸) Gefahrlosigkeit. ⁹) Beschwerben. ¹⁰) Unterwerfung. ¹¹) Verherrung. ¹²) bestimmte Rückäußerung ober Entschließung. —

¹³) Dieses Schreiben findet sich auch In Londorp „ber Röm. Kayf. Maj. und

2. Antwort von der Regierung auff beß Monſ. Tilli Schreiben.

Wohlgeborner inſonders lieber Herr. Es iſt in dieſer vergangenen Nacht ein verſchloſſen Schreiben von einem Trommetern vor allhießige Churf. Reſidenß Statt gebracht, welches vor der Pforten von ihm abgenommen und uns in Hand geſtellt worden, auß Verleſung des Inhalts haben wir vernommen, was geſtalt wir uns in Nahmen Keyſ. May. alsbald gutwillig ergeben ſolten, und uns dagegen Securität und Sicherheit, allermaſſen ſolche der Obern Pfalz verſchafft worden, widerfahren ſolle, ſampt was im widrigen Fall bedräwentlich angedeutet und man zu gewarten haben würde, und ſolchem nach eine Categoriſche kurtze Erklärung von uns erfordert wirdt, Mögen demnach freundlich nicht verhalten, daß uns ſolches unverſehenes und zumal fremdbes Begeren gantz beſchwerlich vorkommen, und weil in unſer Macht und Gewalt nicht ſtehet, auch unſern Pflichten nicht gemäß were, die Regierung dieſer Landen, ſo von unſer gnädigſten Herrſchaft uns anvertrawt, in andere Händ zu ſtellen, alſo geleben wir der zuverſichtlichen Hoffnung, der Herr werde uns nicht allein für ſein Perſon für entſchuldigt halten, ſondern auch, daß wir uns ſolchem frembden Anmuthen nicht bequemen, noch begerter maſſen willfahren können noch mögen, an gehörige Orth gelangen laſſen, ſind aber urbietig und geneygt¹⁴) dieſe Ding hochgedachter unſer gnädigſten Herrſchafft alsbald zu notificiren¹⁵) und gehorſamlich zu erwarten, was uns von derſelben darauff vor eine Reſolution und Befehl kommen werde, unterdeſſen verhoffen wir der Herr werde dieſen Landen mit Feindſeligkeiten zuzuſetzen nicht begeren, wollen wir dem Herrn begerter Erklärung hiemit fr. vermelden, dem wir ſonſten angenemen Willen zu erzeigen urbietig ſind. Geben Heydelberg, den 30. October 1621. beß Herrn dienſtwillige Churpfalz Verordnete Regierung daſelbſt.¹⁶)

Dieß vorgeſetzt Schreiben der Regierung iſt von dem Herrn

---

des Hl. röm. Reichs Geiſt- und Weltlicher Stände, Chur- und Fürſten, Graffen, Herren und Städte acta publica und ſchriftliche Handlungen ꝛc." Franffurt in Berlag Joannis Baptiſtae Schönwetter. 1668. II. 517.

¹⁴) Erbötig und zneigt. ¹⁵) zu melden. ¹⁶) Londorp II. 518.

Gubernator auffgehalten, weil es nicht allerdings nach seinem humor gestellt, und nachfolgendes dem Monſ. Tilli zugeſandt worden.

3. **Antwort ſo der Gubernator von Heydelberg an Monſ. Tilll geſandt.**

Wohlgeborener Herr, etc. E. G. Brieff an ihrer Kön. Maj. in Böhmen Cantzley geſchrieben, iſt mir geſtern doch wider allen Kriegsgebrauch, beß Nachts ungefehr umb 9 Uhrn durch Ihren Trommeter gehändigt worden, benſelben ich geleſen und wol examinirt, hab darauß mit groſſer Verwunderung vernommen, daß E. G. von beroſelben Cantzleyherren begeren, daß ſie ſich in ihrer Kyſ. Maj. Willen accomodiren[17]) ſollen, und ob wal ihnen die Land Regierung von meinem allergnädigſten Herrn anbefohlen und auffgetragen iſt, ſo können E. G. doch als ein verſtändiger leichtlich abnemmen, daß es in ihrem Vermögen noch Macht nicht ſtehet, ſich darinn zu accomodiren, noch viel weniger einer oder der ander ohne Conſens[18]) von meinem gnädigen Herrn dem General Veer, in ſolchen wichtigen Sachen nicht zu disponiren, umb beſto mehr, weil ihre Kön. Maj. ſeine Excellentz meinem Herrn General die Chur Pfaltz auffgetragen und mir wider von denſelben Herrn die Kön. Reſidentz Statt vertrawt und anbefohlen iſt, die ich auch mit der Hülff Gottes, biß an den letzten Tropfen meines Bluts vor allem Gewalt gedenck zu beſchützen. So nun E. G. oder jemand anders Luſt oder Appetit möchten haben, hievon ein Prob zu nemmen, ſollen dieſelben befinden und vernemmen, daß die Guarniſon in dieſer Kön. Reſidentz Statt nit weniger von courage iſt, als die Frankenthaler 'geweſen ſeyn. Zum Beſchluß ſollen E. G. hiemit das für ein Categoriſche Antwort belieben zu nemmen von demjenigen, der nach gelegenheit bleibt

E. G. dienſtwilliger

Heinrich von der Merven.[19])

Heydelberg, den 30. October Anno 1621.

Hierauff iſt zwar damahls wegen andern Urſachen nichts gegen die Statt würklich vorgangen, biß endlich Herr General Tylli nach wider Einnemmung der Statt Ladenburg und Mannsfeldiſchen Abzug

---

[17]) Fügen. [18]) Erlaubniß. [19]) Relatio S. 6 und Londorp II. 513.

auß dem Reich Lufft und platz bekommen, obbesagtes sein Vorhaben gegen dieser Statt ins Werck zu richten, als ist er den 21. Juni (1. Juli) biß lauffenden 1622. Jahrs mit seiner unberhabenden Armada vor dieselbe uff jenerseits beß Necker von der Bergstraßen hergerückt und nachdem er sein Quartier in dem nächsten Flecken Handtschuchsheim genommen und vermerkt, daß er nicht allein der Statt, sondern auch dem Schloß, von dem gegenübergelegenen nahen Berg, der heillige Berg genandt, grossen Schaden thun könnte, als hat er sich bemühet, gemeltes Bergs meister zu werden, gestalt dann sein Volck der Außenwercken eins, vor der Statt uff gemeltem Berg, nemlich die eusserste Schantz, welche zwar auß gewissen Ursachen schon etlich Monat lang zuvor von den Belägerten verlassen und lehr gestanden, eingenommen, besetzt und auß deroselben, wie auch auß dem unden daran und strack gegen der Statt über am Neckar gelegenem verbrannten Dorf, Neuenheim genandt, zu offtermahlen die übrigen besser herabwärts gelegene Schantzen der Statt doch vergeblich angefallen, mehrentheils auch auff dem Berg hin und wieder gestreift, viel hundert Musqueten Schütz in die Statt, auff die Wähl[²⁰]) nd Posten deroselben und dann in die Häuser gethan, welches sie auch den folgenden Tag 2,22. dito mit noch mehreren ernst continuirt. Folgenden 8/23. dito haben sich die Bayerlsche Hauffen weiß oben am Berg herüber der Neckarbrucken genähert, viel Schütz in die daran gelegene Schantze und Corps do garden³¹) gethan, da sie dann von den darinn liegenden Soldaten mit Musqueten, von dem Schloß aber mit dreyen halben Cartaunen wiederumb abgewiesen worden. Darauff sie eine große Anzahl Büschel und Schantzkörb oben auff die Höhe zusammengebracht, umb sich vor gemelten Cartaunen Schüssen zu versichern.²²)

———

Ehe wir in der Erzählung der Belagerung der Stadt fortfahren, müssen wir einiges zu deren Verständniß hier einschieben.

Während Cordova bei Alzei, Creuznach, Oppenheim sich herumtrieb und Tilly die Neckarpfalz bedrängte, hauste Mansfeld zu gleicher Zeit — in den ersten Monaten des Jahres 1622 in den speyerischen

²⁰) Wälle. ²¹) Wachstube. ²²) Relatio S 6 u. 7.

Befitzungen des Elfaffes. Alle drei wetteiferten mit Plündern, Zerstören und Verbrennen.[13]) Schon im Januar hatte Tilly die Feste Dyberg genommen; um Heidelberg zu bemaskiren, griff er dann zu dem graufamen Mittel, erst alle umliegenden Dörfer zu plündern und wo nöthig auch abzubrennen. So ward der Elfenzgau, namentlich Hilsbach, verheert, und die fich wehrten, getödtet; fo ward Neckargemünd am 4. April mit Sturm genommen, und weil fich die Befatzung nicht ergeben, fondern ihre Pflicht gethan hatte, wurde fie fammt vielen Bürgern, deren Weibern und Kindern meiftens niedergehauen und ausgeplündert.[14]) Auf der pfälzifchen Fefte Dilsberg befehligte Bartholomaeus Schmidt von Seban. Am 6. April erfchien Tilly vor derfelben und begann in der Nacht mit den Ausgelefenften feiner Mannfchaft den Sturm. Fünf Stunden dauerte der furchtbare Angriff und viermal ließ Tilly die Ermatteten durch frifche Schaaren ablöfen, aber vergebens; alles was Tilly erlangte, war ein Waffenftillftand, am Morgen feine Todten zu begraben. Nach deffen Ablauf begann der Sturm auf's Neue und die Bayern fchoffen 8 Stunden lang gegen die Fefte, bis fie Brefche gefchoffen hatten. Auf die Aufforderung Tilly's, fich zu ergeben, bat fich Schmidt 3 Tage Bedenkzeit aus, die ihm Tilly auch bewilligte. Schmidt fandte den Feldprediger David Forgeon nach Heidelberg und Mannheim, ob wohl Hoffnung auf Entfatz da wäre. Forgeon kehrte am 14. April nicht nur mit der frohen Botfchaft des Entfatzes zurück, fondern brachte auch die unerwartete Nachricht, Churfürft Friedrich V. fei wieder im Lande. Das fteigerte den Muth der Belagerten; Tilly, auf diefe Nachricht, fteckte fein Lager in Brand, ließ Vorräthe und alles Andere im Stich und zog fich eilig nach Einsheim zurück.

Friedrich V. war wirklich am 12. April im Lager Mansfeld's plötzlich erfchienen und kam eben zur rechten Zeit, diefen wankelmüthigen aber tüchtigen Feldherrn fich zu erhalten. Ueberall hatte die Nachricht von des Churfürften Rückkehr Freude unter den Pfälzern erweckt; man kann wohl fagen, daß feine Ankunft allein das Gewicht einer gewonnenen Feldfchlacht hatte.

[13]) Wir folgen hier der fehr genauen Erzählung Häuffer's in feiner Gefchichte der Pfalz II. 378 ff. [14]) Theatrum Europaeum L 621.

Am 14. April, an demselben Tage, da Tilly den Dilsberg verließ, rückte Mansfeld bei Germersheim über den Rhein. Markgraf Georg Friedrich von Baden-Durlach, der seine Mißbilligung über den Abfall einiger protestantischer Fürsten von der Union nicht verhehlt hatte, stand noch treu zu der Sache des Pfalzgrafen und schloß sich jetzt an Mansfeld an. Vereinigt rückten Beide gegen Wiesloch, wo Tilly Standquartiere hatte und schlugen diesen bei Mingolsheim 17./27. April. Mansfeld zog nun gen Ladenburg und bewog die hier liegenden Spanier zur Uebergabe. Der Markgraf aber zog dem Neckar zu und lagerte sich bei Wimpfen. Tilly, der sich mit Cordova unterdessen vereinigt hatte, besiegte ihn hier am 26. April (6. Mai) und der Markgraf entrann nur durch den Todesmuth seiner 400 Pforzheimer.

Churfürst Friedrich und Mansfeld waren nach kurzem Ueberfall Darmstadts und Gefangennahme des Landgrafen Ludwig nach Mannheim gezogen.

Herzog Christian von Braunschweig war unterdessen aus seiner nördlichen Heimath den bedrängten evangelischen Fürsten im Süden entgegengezogen. Unter Brandschatzen, Brennen und Morden war er bis Höchst gekommen; hier wurde er aber von Tilly und Cordova, die ihm von Roedelheim entgegengezogen waren, am 10./20. Juni vollständig aufs Haupt geschlagen. Mit dem Reste seines Heeres zog Christian an die Bergstraße und vereinigte sich hier mit Mansfeld. Die beiden feindlich einander gegenüberstehenden Heere waren jetzt ziemlich gleich stark und die Sache des Churfürsten deßhalb nichts weniger als verloren. Da vermochten es die versprechensreichen Diplomaten des Kaisers bei dem Churfürsten, den Widerstand aufzugeben; er entließ seine Feldherrn und Hauptleute, gutmüthig hoffend, aus diesem Opfer von seiner Seite werde als erste Frucht — der Friede hervorgehen.

Bitter hatte sich Friedrich getäuscht; man hatte jenes Opfer von ihm nur verlangt, damit die Spanier und Bayern um so ungehinderter die Pfalz besetzen konnten. Von Sedan aus, wohin er sich begab, schrieb Friedrich an seine Gemahlin: er glaube, daß er ein leeres Spiel sei. Die Pfalz war jetzt entblößt und Tilly konnte die Eroberung derselben vollenden. Es waren noch die Hauptplätze, die der pfälzischen Sache als Stützpunkte dienten: Heidelberg, Mannheim und Frankenthal. Und da Mansfeld und Braunschweig die Pfalz verlassen, der Markgraf von Baden zu den Neutralen übergegangen war, so fehlte dem Lande, außer den Garnisonen in den Städten, jeder kriegerische Schutz.

Ohne Schwierigkeit nahm deßhalb Tilly Ladenburg ein und rückte sodann gen Heidelberg, in dessen Nähe er am 1. Juli 1622 anlangte.

Wie oben schon nach unsrer Geschichtsquelle (Relatio historica etc.) angegeben ist, nahm Tilly sein Hauptquartier in Handschuchsheim und suchte von da aus der Stadt gegenüber feste Positionen zu gewinnen. Auf dem heiligen Berg waren verschanzte Vorwerke gewesen, die waren aber verfallen und seit Monaten verlassen; das am Fuße des Bergs gelegene Dorf Neuenheim lag bis auf ein Paar Mauern in Asche, so daß Tilly ohne Widerstand die Höhe besetzen und sich der Stadt gegenüber, nur durch den Neckar getrennt, aufstellen konnte. Von dort aus begann er die Stadt und ihre äußersten Vorwerke zu beschießen.

Nun lassen wir unsre Geschichtsquelle selbst wörtlich weitersprechen.*) Montags 4/24. Dito (Juli) da sie sich abermal gemelter Brücken genähert, ist daß Scharmutziren zwischen ihnen und den Belägerten, vornemlich aber zwischen fünffen und sechs Uhren gegen Abend wider starck getrieben worden, da dann der Gubernator der

---

*) Zur Orientirung bei der Erzählung der Belagerung Heidelbergs ist die der „Relatio" angehängte Karte von großer Wichtigkeit. Heidelberg war weniger durch Befestigung der Stadt selbst oder durch deren Lage gefährlich, als durch die Vorwerke, die sie auf allen Seiten begränzten; das obere Thor, wie die Neckarbrücke waren durch Schanzen gedeckt, das Speirer Thor von 4 tüchtigen Bastieen umgeben, auf dem Berge aber, an dem sich die Stadt anlehnt, war nicht nur das herrliche, weitausgedehnte Residenzschloß mit Thürmen und Redouten versehen und einzelne Theile, z. B. der Fasanengarten, ganz in Schanzen umgewandelt, sondern oberhalb des Schlosses lag ein drohendes Bollwerk an der Stelle, wo das alte Schloß gestanden hatte und auch dieses war wieder durch drei nahe gelegene Redouten geschützt. Am Geisberg aber dehnten sich gegen Westen die bekannten Forts, der Trutzbaier und Trutzkaiser, aus und neben ihnen lagen zwei kleinere Schanzen, das Krähennest und das Hornwerk. Leider waren aber die höchsten Punkte, namentlich der Königstuhl frei gelassen, und deßhalb die Möglichkeit nahe gerückt, von den Berghöhen aus die Stadt zu beschießen und zu erstürmen. Häußer, II. 396.

Statt durch etlich Capitain und eine gutte Anzahl Solbaten ein Außfall auff sie thun lassen, also das die Außfallende unnachlätzlichen Fewer geben, in Gestalt eines halben Mons,⁹⁶) gleichwie man etwan auff den Jachten das Wildt auffzutreiben pflegt, die Büsch und Bäum, hinter welchen die Bayerischen zu zweyt, dritt und mehr uff obgemeltem Berg gelegen, durchgangen und sie nit allein zu Hauff und zurückgetrieben, sondern auch wider aus der berryt von ihnen besetzten Schantz und also entlich gar uber den Berg hinabgejagt. Doch haben die Außgefallenen solch Glück und die Schantz nit lang behaupten können, weil alsobald die Tyllschen in gar zu starcker Zahl zurückkommen, mit Macht und Gewalt auffs newe angesetzt und jene wiberumb darauß getrieben, auch folgenden Dinstag, Mittwoch und Donnerstag auff offtberührtem Berg, sowol Nachts als Tags continuirlich mit den Belägerten scharmutzieret, daruber dann beyderseits zimlich bliben und verwundt worden, aus welcher Ursachen auch Herr General Tyll, bevorab weil er gesehen, daß auff dieser seiten nichts außzurichten, Freitag morgens den 8./28. dito in aller frühe auffgebrochen und zu Labenburg über die unter bessen verfertigte Brücken passirt und also auff der ander seitten auff die Statt zu, gezogen, Quartier in den nächsi umbgelegenen Dörffern genommen, sich vor der Statt offtermalen in voller Schlachtordnung präsentirt, viel Dörffer und viel Früchten auff dem Feldt in den Brandt gesteckt und fast täglich mit der Statt Reissigen strack vor den Weingärten an derselben scharmutziren lassen, da sich dann sein Volck also nahe hinangewagt, daß sie auch offt der Statt Außwachten in die Flucht gejagt, gleich die Belägerten ihren Wachten wider gethan. Es hat auch General Tyll diesem nach sein Geschütz von Labenburg heruber nachher Laymen ins damalige Hauptquartier bringen lassen. Unterdessen aber, weil er diesseit deß Neckers gelegen, hat sich Don Corbua mit der Spanischen Armada⁹⁷) jenseit hart an Labenburg gelägert, auch baselbst verharret, biß er endlich dem Mannsfeldter nachzusetzen Ordinantz⁹⁸) bekommen. Mitler weil hat sich die Tyllsche Armada allerdings still gehalten und außerhalb der Blocquirung gegen die Statt nichts weiters tentirt.⁹⁹)

⁹⁶) Monds d. h. sichelförmig. ⁹⁷) Armee. ⁹⁸) Befehl. ⁹⁹) beabsichtigt, vorgenommen.

Den 17. Juli (7. Auguſt) iſt auff Ordinantz Herren Generaln Beers von den Meganiſchen. Reuttern Rittmeiſter Dalbigs Compagnii in die Statt ſicher einkommen.[10]) Am 19/7. dito zu Abend ſeind die Bayeriſche in ſtarcker Anzahl wieder in Neckargemünd ankommen.

Den 20/10. Tag umb 11 Uhr Mittags haben ſich die Bayeriſchen vor der Statt am Geltzberg an zweyen Orthen herüber gethan, nemlich beym Trutz-Bayer, da ſie der Statt Mewrer[31]) die eine newe redouten[32]) machen ſollen, verjagt, aber wider durch die Beldgerten zurückgetrieben worden, und dann hinder dem alten Schloß oben am Kammer Waldt uber der Klingen, da ſie ſich unterſtanden etlich Blehe, welches mitten am Berg geweidet, wegzutreiben, welches ſie aber nicht ins Werck richten können, diewell die Soldaten auff dem alten Schloß alſoſehr Fewer auff ſie geben, daß ſie ſich wider allgemach uber die Höhe hinauß rettirirt.

Den 22/12. Abendts hat General Tylli das Dorff Handtſchuchsheim widerumb mit Volck belegt und angefangen ſeine Schildwachten biß faſt an das Dorff Newenheim zu ſtellen.

Den 23/13. iſt den gantzen Nachmittag uber theils Bayriſch Volck von Rohrbach nach Wiblingen marchirt, alſo dann General Tylli das Hauptquartier genommen und zwiſchen dieſem Dorff und der Statt das Läger und die Zelten auffſchlagen laſſen.

Den 24/14. haben ſich die Bayriſchen in das Cloſter Newenburg, in das Dorff Schlierbach und in Graff Johannen Schantz (welche zwar mehrentheils wider geſchleifft), wie auch in die Ziegelhütte, beym Haarlaß genandt und dann in die Fiſchersheuſer zum Hausacker, welche Orht alleſampt nechſt oberhalb der Statt am Waſſer gelegen, loſirt, ſich darinn anfangen zu vergraben, auch mit der Belägerten Auffwachten vor der Neckerbrücken und auff dem Faſanengarten[33]) hinder dem Schloß ſcharmutzirt, ſonſten haben auch dieſen Tag die Bayriſche zwey groſſe und drey kleine Schiff wie auch folgenden Tag noch 14 Humpelnachen alle mit Bort,

---

[30]) Ohne Zweifel von Mannheim aus. [31]) Maurer. [32]) Feldſchantze. [33]) Der Faſanengarten, der gantz mit Schantzen bedeckt war, lag hinter dem Pommerantzengarten, an dem Weg zum Wolfsbrunnen.

Sailern, Nägeln, Balden, Äxten, Hämmern und allerhand dergleichen zugehör und Materialien, auch mit etlich Proviant beladen, vor der Vestung Dilsperg voruber nacher Neckargemünd und Newburg herabführen wollen und von 200 Soldaten Convoyren³⁴) laßen, worüber die Garnison gemelter Vestung mit in 50 Musquetirer under dem Commando Capitain Isendores außgefallen, ihrer 20 erschoßen, etlich und zwanzig ersäufft, bey 41 (darunter ein Commißarius und ein Capitain, welch beyde sich gleich wol neben dem Rest, was nicht gefangen worden, mit der Flucht salvirt)³⁵) gequetscht,³⁶) obbemelte Sachen außgeleert, und in die Vestung hinauff geführt, mehrentheils die Schiff in Brand gesteckt und versenckt.

Den 25./15. haben die Bayrische oben auff dem Berg vor dem Fasanengarten angefangen zu approchiren und Lauffgräben zu machen, Nachmittags aber an der kleinen redouten oben über dem alten Schloß, das Affennest³⁷), doch vergeblich angesetzt. Balbi darauff mit groben Stücken nemlich halben Cartaunen, Nohtschlangen und Falkonelen³⁸) mit in dreyßig schüßen vom Gelsberg herab, albaroben sie allernächst bey dem Kammer-Waldl ein Battery und etliche kleine Schantzen von Erd und Büscheln auffgesetzt, die Statt und das alte Schloß zu beschießen angefangen aber niemand als ein Weib, deren die Kugeln zwischen den Beinen durchgesprungen und dann ein Mägdlein an einem Arm verletzt.

Den 26./16. hat deß Herrn General Tylli Trompeter, der vor einem Jahr, wie obbemelt, die Statt auch auffgefordert, dem Herrn Gubernator daselbsten zwey Schreiben eingelieffert, deren eins an die Regierung, das ander an den Herrn Gubernator selbst gestanden, deß Inhalts wie folgt:

³⁴) Bedecken, beschützen. ³⁵) gerettet. ³⁶) verwundet. ³⁷) Das Affennest lag einige hundert Schritte den Berg hinauf östlich vom alten Schloß und sollte zur Deckung des Letztern dienen.

³⁸) Falkonet ist ein etwa 5 Fuß langes leichtes Feldgeschütz, aus dem Kugeln von 2 Pfund geschoßen wurden. Falkonettlein ist kürzer und etwa wie ein Böller. — Nothschlange hieß das Feld- und Belagerungsgeschütz, von denen die ganze Nothschlange 16 Pfund, die halbe 7 Pfund Eisen schoß; jene wog 45 bis 50, diese 20 Centner. Stücke sind grobe Geschütze. Karthaunen sind ältere grobe Geschütze, welche im 17. Jahrhundert ziemlich außer Gebrauch kamen, die aber Kugeln von 12—48 Pfund schoßen.

Copia beß erſten Schreibens Herrn Generals Tylli
an ben Gubernator in Heydelberg.

WohlEdler Geſtrenger Herr Gubernator, nachdem ich etlicher
Sachen halben Mündlich Conferenß mit dem Herrn ober ſeinen
Abgeordneten an Orht und Enb, wo es ihnen beliebig, noch heut
vorzunemmen den meinigen Befehl gebe, als iſt an benſelben, weil
es bem gemeinen Weſen zum Beſten angeſehen, mein Freundtlich
geſinnen mich bey Zeigern dieſen beßwegen abgefertigten Trompeter
unſchwer zu berichten, ob er in der Perſon ober wer in ſeinem Nahmen ſolcher Unberrebung beywohnen werde. Ich will beßwegen bem
Obriſten Freyherren von Herbersdorff Befehl geben und was vor ein
Plaß ich zu ſolcher Unberrebung vorſchlag, hat der Herr unſchwer
von meinem Trompeter zu vernemmen.

Datum Wiblingen, ben 26. Auguſt Anno 1622.

Johann Graff von Tyll.[39])

Copia Schreibens beß Herrn Generals Tylli an die
hinderlaſſene Pfältziſche Directoren Cantzler und
Räht zu Heydelberg.

Eble, Geſtrenge, Ehrnveſte und Hochgelehrte, zu bem Herren
Gubernator in Heydelberg hab ich geſchrieben, jemanbt der ſeinigen
zu verorbnen, ober aber, ba es ihnen beliebig, in der Perſon beyzu-
wohen, Orht und Enb zu benennen, wie ein Mündlich Conferenß
noch dieſen Tag mit einem Deputirten vorgenommen werde. Wann
bann ſolche Conferenß ben Herrn zum beſten angeſehen, als hab ich
ihnen ſolches zu biſem Enbt notificirt, baß ſie auch neben gedachtem
Gubernatori, jemanblen ihres Mittels zu ſolcher Unberrebung abord-
nen. Bin hieruber der Herren Antwort bey bieſem beßwegen Abgefertigten gewärtig.

Datum Wiblingen, ben 26. Auguſti 1622.

Johann Graff von Tyll[40])

Dieſen Abenbt ſeinb wegen beß ſtätigen Schieſſen in bie Stall
Blänbungen in ben Zwerchgaſſen mit Tüchern auffgeſpannt worden,

---

[39]) Relatio, S. 10. Londorp. II. 627. [40]) Relatio, 10. Londorp, II. 627.

und seind die Belägerten auß dem Fasanengarten außgefallen, und die Bayerischen auß ihren Lauffgräben verjagt.

Den 27./17. haben die Bayerische jenseit des Neckers gegen dem Schloß uber, oben uff der Wiesen, auff dem Hügel, uber dem Haarlaß[41]) ein Battery machen wollen, so ihnen aber vom Schloß und Fasanengarten hinuber mit Stücken gewehrt und verschossen worden. Deß Abends umb 4 Uhr ist widerumb mit Stücken vom Geißberg herab in die Statt geschossen, und dieweil obgemelter Trompeter biß noch in der Statt auffgehalten worden, als hat Herr General Tylli noch einen andern Trompeter mit folgendem Anmahnung Schreiben an den Gubernatorn in die Statt geschickt:

Wohledler, Gestrenger Herr Oberster und Gubernator, daß ich gestrigen Tags mit Schreiben, betreffend wie ein Mündtliche abred könbte vorgenommen werden, zu dem Herren meinen Trompeter nacher Heydelberg geschickt, in Meinung derselbige würde mit gewürigen resolution gestern zeitlich wider von selben abgefertigt und bei mir angelangt seyn. Dieweil aber er Trompeter noch nit ankommen, als will ich mich versehen, der Herr werde ihn nit länger auffhalten, sondern mir selbigen mit angeregter resolution alsbald wider zusenden. Wolle dem Herrn freundlich andeuten.

Datum Wiblingen am Necker den 27. Augusti Anno 1622.

Deß Herren Freundtwilliger

Johann Graff von Tylli.[42])

Dieser Trompeter ist also bald vom Herren Gubernator mit folgendem Schreiben an den Herrn General Tylli wider abgefertigt: der erste Trompeter aber noch diese Nacht uber in der Statt behalten worden.

Copia deß Herren Gubernators zu Heydelberg Antwort auff vorhergehendes Tyllische Schreiben.

Wohlgeborner Herr, In dieser Stundt, als eben sein letzter Trompeter angelangt, ware ich im Werck einen endtlichen Schluß wegen angebottener Mündtlicher Unterredung zu fassen. Die Wichtigkeit eines so bedenklichen geschäfts hat mich zwar etwas länger

---

[41]) Die sogenannte Kühruhe. [42]) Relatio, S. 11. Londorp. II. 627.

zurückgehalten, als der Herr vielleicht verhofft. Aber damit ich ihn nit noch weiter auffhalte, so schicke ich den jetzt gemelten Trompeter wider zurück, mit der Versicherung, daß der Herr morgen alsbald der Tag anbricht, unsere endtliche Meynung und resolution empfangen soll. Unterdessen bitt ich umb des gemeinen besten willen, dessen Liebhaber er sich nennet, diesen Verzug in besten zu nemmen und verbleib derweil

Deß Herren Dienst- und Freundtwilliger
Heinrich von der Merven.**)

Heydelberg, ben 17. Augusti Anno 1622.

Den 28./18. Morgens früh ist der obbemelte erste Tyllsche Trompeter mit folgendem Resolution Schreiben widerumb auß der Statt gelassen worden, welches also lautet:

Wohlgeborner Herr, bieweil derselbe mit mir eine freundtliche Unterredung dem gemeinen Wesen zum besten vorzunemmen begierig ist, als hielte ich darvor, daß solche Conferenz, deren mich der Herr würdigen will, zu besto mehrerer Befürderung eines so wohlmeinenden und löblichen Werds, viel füglicher und nützlicher mit dem Herrn Verr als Generaln bey den Kön. Mayestetten in Engelland und Böhmen, unserer gnädigsten Fürsten und Herren, angestellt und alle difficulteteren und beschwerdlichkeiten mit dem hingelegt werden könbten. Also daß dieses deß Herren freywilliges Anerbieten durch solch Mittel der gantzen wehrten Christenheit vielleicht zum besten gereichen möchte. Die Folge und der Außgang dieser unterhandlung wirbt uns den Zweck ewres Vorhabens eigentlich kund machen. In Erwartung seiner Wiberantwort hierauff bey diesem Trompeter, verbleib ich

Deß Herren Dienst- und Freundtwilligter
Heinrich von der Merven.**)

Heydelberg, ben 17. Augusti Anno 1622.

Hierauff hat der Herr General Tylli auberst nicht als diesen gantzen Tag von eilff Uhren an biß gegen Abendt mit groben Stücken

---

*) Relatio, S. 12. Londorp, II, 621. **) Relatio S. 12. Londorp II, 628.

in die Statt geantwortet, darunder drey halbe Carthaunen Kugeln in die Kirch zum H. Geist troffen: die eine oben durch und durch, durch das Chor, die ander in dasselbe hinein und von Churfürst Ludwigs Pfalzgraffen Epitaphio**) ein stück abgeschmissen, die dritte nur von auffen ein steinern Pfeiler zerschmettert. Es haben sich auch deß Nachmittags die Bayrischen oben am Geißberg herüber gethan, mit Musqueten in großer Meng uff den Trutzkeyser Fewer geben und gegen demselben angefangen zu werden, gegen Abendt ist die Garnison auß der Redouten über dem Fasanengarten mit in 40 Musquetirern außgefallen, die Bayerische auß ihren Lauffgräben verjagt, ihrer 8 erschossen und drey gefangen bekommen.

Den 29./19. haben die Bayerische morgens früh umb 3 Uhren der Statt verlohrene Wachten, der nechstgelegenen Bergheimer Mühlen gejagt, und solche in Brandt gestedt, auch umb 5 Uhren hernacher wider mit den stücken vom Geißberg hinein zu spielen angefangen und bald darauf mit Grimm, doch vergeblich am Trutz Reyser angefallen. Diesen abend zwischen 4 und 5 ist ein solch Wetter mit Platzregen Donnern und Sturmwinden eingefallen, daß es in der Statt ein groß stück Tach an der Nederbrücken weggeführt und uff der Fasanen Schantzen alle Corps de garden eingeworffen, darunder zween Soldaten erschlagen und etliche verwundt. Außerhalb aber im Läger fast alle Zelte umbgerissen.

Den 30./20. dito ist das Schießen mit groben Stücken wider starck continuirt**) und aber nit mehr als ein Katz und zwey Hüner erschossen worden.

Den 31./21. dito ist das Glockenleuten und Uhrenschlagen in der Statt abgestellt worden, und haben die Bayerische wider mit Anbruch deß tags durch ihre Stück den Belägerten einen guten Morgen gebotten, und seynd diesen Nachmittag zween Soldaten in der Keltengassen durch eine halbe Carthaunen Kugel die Köpff hinweg geschmissen worden, welche die ersten gewesen, so durch das Geschütz umbgebracht. Nachts umb 10 Uhren wider dapfer mit Stücken Fewer in die Statt geben, folgende 5 tag haben die

---

**) Grabmal. **) fortgefahren.

Bayerische ihre Approchen mit Aufwerffung der Lauffgräben und Linien unden am Berg her zwischen den Weingärten und der Rohrbacher Straß gegen der Statt zu und gegen dem Ed'bollwerck bey dem blauen Thurm unnachläßlich continuirt und zimlich nahe kommen, ungeacht die Belägerten der ends zu unterschiedlichen mahlen außgefallen und sie von dannen getrieben.

Den 5. Sept./26. Aug. beß nachmittags haben die Bayerischen mit etlich Trouppen Reysigen und in 200 Musquetirern die Kinder, Weiber und Mägd, so allernechst vor der Speyerer Pforten gegraßt, übereilt, deren viel gefangen, verwundt, etliche nidergehawen und under andern etlich Soldaten von der Statt verlornen Wachten erschossen und verwundt, seynd aber alsobald durch ein Außfall und durch das Geschütz wiederumb abgetrieben worden. Sie haben auch zugleich starck am Trutz Bayer und Trutz Keyser scharmutzirt, aber unverrichter sachen wider abweichen müssen. Sonst haben die Belägerten gegen Abendt, als sie den Wind zum Vortheil gehabt, etlich Hecken und Büsch oben über dem Schloß, darinn sich die Bayerische zu halten gepflegt, angezündt und verbrennt.

Den 6./27. dito umb den Mittag haben die Bayerischen wider sehr mit stücken vom Geißberg in die Statt und uffs alt Schloß Fewer geben, da sie dann bald hernach an gemeltes alt Schloß angesetzt und scharmutzirt, gegen abend aber ein stück oben uff den höchsten Gipfel gemeltes Bergs über dem Trutz Bayer und Trutz Keyser gebracht, damit sie fast täglich in die Vorstatt und uff die Ausswerck vor dem Speyerer Thor geschossen.

Den 7./28. dito Vormittag haben sich die Bayrischen oben uff dem Berg, der Königstul genannt, angefangen zu verschantzen, sonderlich fast nahe an das Affennest approchirt, Nachmittag seyn die Belägerten von der Fasanen Schantzen den Berg uffwerts außgeloffen, sich jedoch anfangs ihrer mehr nicht als 60 Personen sehen laßen, uff welche alsbald in die 150 Bayerische mit grossem Geschrey den Berg herab zugeeylt, in dem der Außgefallenen Hinderhalt sich herfürgethan, uff sie loß gebrennt, 7 oder 8 erschossen und sie also wider den Berg hinauff gejagt. Aber da haben die Bayerischen ihre Approchen gegen den Trutz Keyser und Bayer zu wider starck continuirt, auch folgenden 8./29. bilo vor der Speyerer-

pforten über den Speyerer Weg hinein gegen dem newen Ravelin[*])
zu, approchen zu machen angefangen. Und seyn biß uff diesen Tag
inclusive 308 Schüß auß grossen Stücken in die Statt und deroselben Außwerck geschehen.

Den 30./9. August-September haben die Belägerten angefangen,
ein Battery vor der Speyerer Pforten uffzusetzen, den 31./10.
August-September zu Nachts haben die Bayerischen das Schäntzlein
unden an dem Trutz-Keyser, das Krähen Nest genannt, eingenommen und besetzt, und weil die darin gelegenen Soldaten von der
Guarnison zu zeitlich darauß gewichen, als hat ihnen der Gubernator ufferlegt bey straff decimirens, das ist, daß der zehende soll gehenkt werden, solches wider zu erobern, darauff sie dann den Nachmittag in 20. starck außgefallen, die Bayerischen wider auß dem gemelten Krähen Nest außgetrieben, und ihren Capitain der ends
beneben in zwantzig Knecht erlegt. Weil sie sich aber verschossen
gehabt, auch das Fewer in das Pulver, so ihnen durch etlich ihrer
Doppelsöldner in den Hütten zugetragen werden sollen, gefallen,
daßselbige entzündet, die Bayerischen solches gesehen und sich wider
gewendet, als haben jene den Platz uffs newe verlassen nnd verloren geben müssen.

Den 1./11. Sept. bey Anbruch beß Tags seyn die Belägerten
auß dem alten Schloß außgefallen, die Bayerischen auß iren
Lauffgräben oben über dem Affennest getrieben, ihrer in 60 Mann
erlegt, und einen Leutenant beneben in 15 Knechten gefangen bekommen, auch ein gut theil der Lauffgräben wieder zugeworffen und
geschleifft, weil aber die Bayerischen die ihrigen, so bereit geflogen
gewesen, wider mit frischem Volck in gar starcker Anzahl entsetzt, hingegen niemands die außgefallene secundirt[**]), als haben diese wieder
weichen müssen und darüber auch erstgemelt Schäntzlein das Affennest verloren. Und hat dieses Treffen von 5 biß 8 Uhren gewehrt,
darauff alsobalden die Bayerischen daselbst droben ein Batterie uff-
geworffen und Stück hinauff bracht: Umb den Mittag aber haben
sie mit grossem Geschrey und Tumult über der Brucken die Schantz
angefallen, doch ohne einige Berichtung, als daß sie der Garnison

---

[*]) Ein Vorwerck. [**]) unterstützt.

Außwachten auß ihrem Vortheil uff dem Berg verjagt, seyn aber von den Belägerten, so außgefallen, wider mit Verluſt etlicher Befelchshaber und Soldaten abgetrieben worden.

Folgende drey tag iſt nichts ſonderlichs vorgangen, als daß die Bayeriſchen ſich jenſeit Neckers von Reuben[49]) herabgethan und in den Wieſengrundt, die Dar ß bach genannt,[50]) gelangt, ein ſtücklein oben gegen der Statt uber uff dem Berg gepflanzt, und damit uff die Mühlen und Brucke flancquirt und dann daß ſie vor der Speyerer Pforten uber obberührte Batterie noch eine andere verfertigt und etlich mal gar ernſtlich am Trußbayer, aber ohne Succeß,[51]) angefallen, darneben theils ihrer groſſen Stück nechſt oben uber den Truß Keyſer gebracht, und alſo mit vielem Schieſſen von oben herab die Außwerck und den Wahl vor der Speyererpforten ſehr unſicher gemacht.

Donnerſtags den 5./15. Sept. gegen abendt (als die Bayeriſchen dieſe tag uber zimlich ſtill geweſen, ausgenommen daß ſie zu unterſchiedlichen mahlen, einmal 14, die andere mal etlich mehr und weniger Fewerkugeln und Grenaden, aber ohne Schaden, in die Statt geworfen) haben ſie, nachdem ein Trommeter uff der Spitze des Geißbergs eine Loſung geblaſen, mit groſſer furi[52]) zugleich an allen Kanten und Schantzen der Statt angeſetzt, aber allenthalben ritterlich abgewieſen worden, außgenommen an den zwo Schantzen jenſeit Neckers bey Newenheim gelegen, welche ſie mit Leitern erſtiegen und einbekommen, darinnen auch uff der Belägerten ſeyten der Oberſt Leutenant Mont vom Pöblitziſchen Regiment todt geblieben, beß andern morgens frühe den 6./16. Sept. mit dem Tag, als den Abendt zuvor der Herr General Tilli noch mehr Stück und Volck von Wimpfen, Landaw, Eibenheim, und beſonders aus dem Zeughauß zu Speyr und andern Orten hero bekommen gehabt, hat er mit ſolchem Ernſt angefangen zu ſchieſſen und daſſelbe den gantzen Tag uber biß gegen Abendt ungefehr umb 5 Uhr alſo unnachläſſig an allen Orten continuirt, daß allein dieſen Tag uber die 1000 halbe und gantze Carthaunen und andere Schütz auß groben ſtücken in die Statt gangen und dardurch das Mawrwerck am Truß

---

[49]) Von Newen. [50]) Die Hirſchgaſſe. [51]) Erfolg. [52]) Wuth.

Keyfer und Trutz Bayer ziemlich verschoffen und ruinirt worden, darauff umb gemelte fünffte Stund der Generalsturm zugleich an allen Kanten und schantzen der Statt mit viel hundert Leytern und stetiger Erfrischung und Secundirung der Stürmenden wiederumb angangen, der in die zwo stund lang gewehret und haben sich zwar die Belägerten dapffer gewehret, besonders die Engel- und Niederländer uff dem Fasanengarten (da der dritte Sturm abgeschlagen und auch darüber der Englisch Major Sir Gerhardt Herbert Ritter und Gubernator des Schlosses, ritterlich sechtende todt blieben) und dann die Niederländer und Teutschen uff dem alten Schloß, da die Bayerischen auch etlich mal abgeschlagen worden, also daß sie an diesen zweyen Orten gäntzlich ablassen und weichen müssen, wie nit weniger uff der Batterie am Neckar vor der Speyerpforten, da sich die Landschabische Company⁵³) also bapffer gehalten, daß sie nicht allein die Bayerischen vom Wahl ab, sondern auch mit einem Außfall weit ins Feldt hinauß getrieben und verfolgt hat. Underdessen haben die sechs Bayerischen Companien, so den Trutz Bayer gestürmpt und endlich uberwältiget, sich von oben herein dem Trutz Keyser, andere demselben von unden herauff genähert, auch unden uff der Ebene den Wahl an allen Orten daselbst herumb und an der Speyerpforten erstiegen, mit 4 gantzen und 2 halben Carthaunen von vornenhero uff dem flachen Feldt und dann mit 18 Stücken von der seiten und hinden hero vom Gebirg herab also geschossen, daß kein Mensch sicher uff den Wehren und Werden stehen oder fechten können, also die Belägerte der ends, weil sie insgemein zu so weitläufftiger Statt und Fortificationen zu schwach, auch durch unnachlässiges langes Wachen gantz ermattet gewesen, und kein Entsatz oder Umbwechsel gehabt, theils erlegt, theils verjagt worden und die Bayerischen sich dergestalt aller Außenwerden vorgemelter Speyerpforten und der Vorstatt allerdings bemächtigt, da dann der Gubernator, als er gesehen, daß seine Soldaten auß dem nächsten Rauelin vor gemelter Pforten zurück in die Statt lieffen, fürchtende, daß die Bayerische mit zugleich mit ihnen in die Statt hineindrungen, eylete er dem kleinen Thürlein und Haspel⁵⁴) zu, ließ die zuschlagen,

---

⁵³) Die Compagnie des Obersten Pleikard Landschad von Steinach. ⁵⁴) Neben dem eigentlichen Speyerthore, unmittelbar links neben demselben, von der

und als ihm ungefehr ein unbekandte Person mit einer Partisan begegnet, rief er im zu, was Volck? der geantwortet: Sancta Maria; stieß er ihn also bald zurück und ward von seinem Lakeyen, als er nach ihme Gubernatorn ein Stich führete, todt geschossen, worauff er Gubernator vernehmende, daß die Reuter und Trabaten jenseit Reckers hielten und durchsetzen wollten, ist er geschwind mit etlich Musquetirern dahin geloffen und sie mit Verlust in 12 ihrer Pferdt und Mann abgehalten, weil aber nichts desto weniger die Bayerischen unverbeissen mit Gewalt in die Vorstatt eingebrochen, als hat er sich nothwendig in die alte Statt retiriren müssen, welche aber von den Bayerischen ohne Verzug angegriffen, und, weil mehrtheils Bürger, welche der Gubernator hin und wider uff die Mawren und an die Pforten gestellt, dieselbe verlassen, und uff ihr Zunfftstuben und zu beltbetiren zusammen geloffen,[36]) auch erobert und uberwältigt worden ungeacht der Gubernator alsobald durch ein ausgeschickten Trommenschläger neben einem Capitain zweyen Cantzley-, zwey Universitäts- und zwey Stall-Verwandten umb zu Verhütung der Plünderung und Niederhawung beß Volcks zu parlamentiren sich anerbotten, denen aber die Antwort worden, warumb mans nit eher gethan heite, das Volck were nun in der furi und unmöglich zurückzuhalten, Ist also das plündern, mit Massacrirung und Vergiessung vieles unschuldigen Bluts; mit Däumelung, Knebelung, Brügelung, Peinigung und Rantzionirung der Inwohner mit Hinwegführung der Weiber und Jungfrawen, mit Abbrennung vieler Gebäw der Statt, sonderlich beß vornembsten Hospitals, den man den reichen Spital oder das Predigerkloster nennt, und dergleichen so der Sturm und sieghaffte Eroberung mit sich bringt, biß in den dritten Tag hinauß continuirt worden. In wehrendem Sturm

---

Statt aus gesehen, befand sich ein kleineres Pförtlein mit einer Fallbrücke, die durch einen Haspel auf- und abgelassen werden konnte.

**)Gegen diesen Vorwurf vertheidigte sich die Bürgerschaft in einer besondern Druckschrift „Kurtze und doch gründliche Verantwortung etc.", die wir um so mehr alsbald nach dem Schluß gegenwärtigen Berichts aus der „Relatio" veröffentlichen werden, als sie ganz Wesentliches zur Erzählung des ganzen Hergangs, besonders aber zur Kenntniß der innern Verhältnisse der Stadt in diesen schweren Augenblicken beiträgt.

hat der Gubernator von Eibenheim Herr Geraldin mit seinem angehörigen Speyrischen Volck die Schantz vor der Neckarbrucken, sampt dem Bruckenthor erobert und eingenommen, under dessen hat sich beneben dem Gubernatorn der Statt das restirende Volck von der Besatzung alle ins Schloß retirirt, zu benen beß andern morgens frühe der Herr General Tilli Herrn Obersten Montagne hinauff geschickt und was ihre Intention sei? fragen lassen, woruff Gubernator von der Merwen einen Capitain mit ihme zurückgeschickt und beß Herrn Generals Tilli Excell. andeuten lassen, sein Intention were, wenns müglich were, das Schloß noch 10 Jahr zu besenbiren, möchte zuvorderst von Ihr. Excell. wissen, was deroselben Intention und Begeren were, doch möchte er gerne seinen General Herrn Horatium Veer zuvor gen Mannheim beß zugestandenen Unglücks berichten, alsbann haben zu vernehmen, was ihm weiter zu thun seyn würde, hat also Herr General Tylli erstangeregtem Capitain, zwar nicht ohne langes Difficultiren³⁶) einen Trommeter nacher Mannheim mitgeben.

Nachdem er nun folgenden Sontags ben 8. Septemb. uff welchen Morgen der Herr General Tylli die erste Meß vor der Kirchen zum H. Geist in der Statt halten lassen, wiederumb zurück und im Schloß angelangt, bem Gubernatori sampt seinen Kriegsräthen des Herrn General Veers Antwort und Resolution angedeutet, daß nemblich er alles dieß falls in beß Herrn Gubernatoris Händ stellete, der möchte thun, was ihm am rahtsamsten dünckte und er zum besten bey Gott, bey dem König und seinem eigenen Gewissen zu verantworten getrawte, ist in bemeltem Kriegraht berahtschlagt worden, was zu thun und vorzunehmen, und ob das Schloß noch zu halten were? biewiel aber vom Herrn General Veer kein Vertröstung einiges secours³⁷) beschehen, auch viel andere Ungelegenheiten, Difficulteten³⁸) und mangel, besonders an Kraut, Loht und Materialien im Schloß sich eräuglen, das Volck zuvorderst mehrtheils unwillig und zur Meiterei inclinirten, und in Summa allerhand mehr Bedencken, (die hier nicht zu melden) vorfielen, auch Herr General Tylli uff die

---

³⁶) Einwand machen. ³⁷) Hilfe oder Entsatz. ³⁸) Schwierigkeiten, auch Unannehmlichkeiten.

Ergebung gebrungen, als ist uff der Belägerten selten dahin geschlossen, ein ehrlichen Accord zu treffen, welches dem Herrn General Tylli eußerlich angeregt worden, der also bald folgende Articul den Belägerten vorhalten lassen:

Articul, darauff Ihr Exc. Herr General Tilly das Schloß zu Heydelberg von dem Gubernator daselbst auffgefordert.

1. Solle Gubernator das Schloß sampt allen dessen zugehör, Mobilien und allem kleinen und großen Geschütz und Munition, nichts davon außgenommen, neben allen Fähnlin und Obergewehren in Nahmer Ihr. Kayf. May. zu Handen beß Herrn Generals einliessern und daneben hierzwischen sein fleißige Obacht haben, darmit das wenigste nicht darvon entwendt, verwüstet oder verderbt werde.

2. Solle Gubernator sampt allen seinen unterhabenden Soldaten nach dem Abzug an einigem Ort der Pfaltz sich weiters nit betretten lassen.

3. Solle Gubernator wider Ihre Kayf. May. und dero gehorsame Stände, weder vor sich selbsten, noch durch seine unterhabenden Soldaten in Kriegswesen oder anderm sich nimmermehr gebrauchen zu lassen versprechen.

4. Solle ihm Gubernatorn zum Abzug für seine Person 3, jedem Hauptmann aber 2 Pferdt passirt werden.

5. Solle Gubernator dem Herrn General solche annehmliche Gißlen, welche als lang und viel biß obbesagte Articul von ihme Gubernatorn würcklich geleistet, allda bey Herrn Generaln verbleiben sollen, liessern und stellen.⁵⁹)

Weil aber diese Articul dem Herrn Gubernatori etwas frembd und unreputierlich⁶⁰) vorkommen und er sich gegen dem Herrn Obersten Montaigne erklärt, lieber zu sterben und sich eher in tausendt Stücken zerhauwen zu lassen, ehe er solchen Accord eingehen wolte, und da man ihn sogar uffs eusserste bringen würde, daß er auch nicht mehr würde fechten können, were es ihme nur umb eines Daumens lang Lunten zu thun, sich und das Castell vor Schimpff

---

⁵⁹) Relatio S. 20. Londorp II, 628.   ⁶⁰) schimpflich.

und Unehr zu bewahren und zu retten, Als hat er Herrn Generaln Tilli folgende Articul hinwiderumb vortragen lassen:

Articul, Worauff der Herr Gubernator Heinrich von der Merven das Schloß zu Heydelberg, mit sampt dem Geschütz, Munition, Mobilien und anderer Zugehör uffzugeben gemaynt.

1. Daß alle diejenige Personen, so sich in die Statt begeben wollen, ferner Plünderung gefreyet seyn, ihnen sicher Geleit gegeben, und sie in ihrem Gewissen und ihrer Religion nicht beschweret werden.

2. Daß allem demjenigen Volck, so sich anjetzo auff dem Schloß befindet, es seyen geworbene Soldaten, Officierer oder gemeine Knecht, oder aber Unterthanen, Auditeurs, Conneftabels, Conducteurs, Prediger, Cantzley Verwandten oder andere Pfaltzdiener, Männer oder Weiber und Jungfrawen, frey ohne Entgelt mit den ihrigen, wo es ihnen beliebet, ab- und hinzuziehen frey stehen soll, auch deßwegen sicher Geleit mitzutheilen und da sie noch etwas an Fahrnussen in der Statt, oder bey sich hetten, solches beneben Weib und Kindt, zu und mit sich zu nemmen.

3. Die Soldaten mit fliegenden Fahnen, Kugeln im Mund, brennenten Lunten, Ober- und Undermehr, mit Sack und Pack sicher lassen abziehen, und biß nacher Mannheim convoyren und zu begleiten.

4. Vor den Herrn Gubernatorn, die Capitain und andern Officierer und vor Weib und Kinder fünff und zwantzig Wagen mit Pferdten biß nacher gemeltem Mannheim herzuleihen, die dann alsobald von dannen wider zurück kommen sollen.

5. Das alle Gefangene möchten ohne Rantzon*) loßgelassen werden.

6. Die Krancke und gequetschte Soldaten zu Land oder Wasser auch nacher Mannheim zu liefern.

7. Der Königlichen Tochter auß Groß Britannien ihre restirendt Fahrnussen auff dem Schloß folgen lassen.

8. Keinen Officierer, Soldaten, oder einigen andern von ober-

---

*) Rantzion = Loßkauf.

zehlten abziehenden Personen oder auch deroselben Güter einiger Schuld halben allhier in Arrest zu halten.

9. Daß nit allein Denen, die noch etwas allhier zu verbleiben Willens, sondern auch Denen, die sich bereit hinweg begeben, erlaubt seyn solle, innerhalb Jahresfrist hier zu verharren, daß ihrige zu genießen, zu verleihen, zu verlauffen, und also nach verflossener Jahresfrist hinzuziehen wo sie wollen.⁶²)

Auff diese Articket ist dem Herrn Gubernatorn in Herrn Generals Namen zuvorderst etlichen Puncten halben Mündtliche Andeutung beschehen, als nemlich beym ersten, sein Exc. begerte vor Ihre person niemandt bießfalls zu beschweren, aber könnte auch wegen der Religion oder Veränderung derselben das geringst nit versprechen, dann solches alles allein in Kays. May. Händen bestände, beym dritten, daß die Pforten zu Mannheim schon gesperrt und selbiger Ort bereit belegt, also kein Acceß mehr dahin sey.⁶³) Beym 7. aber, daß alles was auff dem Schloß sey, daruff bleiben müste, solte aber Kön. Würden in Groß Britannien etwas an ihr Exc. bißfalls begeren lassen, würde es deroselben unabgeschlagen seyn, Seyn also diese drey Puncten außgesetzt, auff die übrigen aber den Beläg erten überreicht worden folgende Schriftliche

Gegen Erklärung Ihrer Excell. Herrn Generals Grafen von Tilly, uber die von Herrn Gubernatorn Heinrichen von der Merven übergebene Articul, wegen Uebergebung deß Schloßes zu Heydelberg.

1. Solle Herr Gubernator das Schloß sampt allem Geschütz, Munition und hierzu gehörige Instrumenta bellica⁶⁴), wie auch alle Prouiant, mobilien, briefliche urkunden und documenta, Kleinobien, was JJ. G. Herrn Pfalz Graffen und Prinzessin dero Gemahlin zuständig, außerhalb was Herr General folgen zu lassen sich verwilligt, unverrudt und ungeendert ihm Herrn General in Nahmen Keyf. May. einhändigen, die Bürger und andern Pfältzische Diener sollen in diesem Tractat, weil man mit ihnen absonderliche Handlung zu pflegen, nicht begrieffen seyn.

---

⁶²) Relatio S. 21. Londorp II, 628. ⁶³) Zugang. ⁶⁴) Kriegsmaterial.

2. Solle ihme Herrn Gubernatorn, allen dessen Obristen, Haupt-Leuten und gemeinen Soldaten mit fliegenden Fahnen, brennenden Lunden, Ober- und Unterwehren, auch ihrem Sack und Pack, doch in alleweg daß selbige Sachen jedweders eigen und weder geraubt, noch den Bürgern angehöriges Gut sey, freyer Paß vergönnet, und zu dem Abzug sicher Geleidt gegeben, dann zum widrigen Fall fremb-des Gut bey einem oder dem andern gefunden, solches ohne Mittel confiscirt werden soll.

3. Solle er Herr Gubernator sampt den Soldaten an Orth und End, wo sie sich hin zu retirieren Vorhabens, doch ausserhalb der Pfaltz, sicher begleitet und convoyri werden.

4. So viel dem Herrn Gubernatorn, Capitain und Officirs belangt, denen sollen ihre eigenen Wägen mit sich zu führen gleichfalls zugelassen werden.

5. Was frembde Gefangene hohe oder niedere Officirs, auch andere Soldaten, die dem Röm. Reich nit unterworffen, sollen ohne Rantzion ledig gelassen, dagegen aber auch unser seits Gefangene, ohn allen entgelt auff freyen Fuß gestellet werden.

7. Soll niemandt Schulden halben arrestirt oder wider die Gebühr auffgehalten werden.

8. Den 9. Puncten ihrer prätension betreffend, wird der Tractat mit der Bürgerschafft erleutern.

Weil man nun auff der Bayerischen Seiten, wie obgemelt, von dem Puncten wegen der Religion und dann wegen Mannheims nichts hören wollen, als hat der Gubernator Convoy nacher Frankenthal begert, darauff ihm aber mit der Antwort begegnet worden, gen Frankenthal abzuziehen möchte man ihm wol gestatten, aber nit rathen, sintemal die Crabaten daselbst herumb legen, welches ein solch Volck wehre, daß obschon Ihr Exc. Quartier versprechen, jedoch sie nicht versichern könnte, ob gemeltes Gesindlein den Abziehenden solchs halten würden, und auch weil der Orth bereit blocquirt wehre, wolte der Herr General ihn sampt seinem Volck nicht darinn haben. Ist hierauff nach vielem unterhandlen und unterreden endlich dieser beständige Accord geschlossen worden:

Accordo und Capitulation.

Darauff Herr Gubernator Heinrich von der Werden das Schloß zu Heydelberg ihrer Excellentz Herrn Generalen Graffen von Tylli in Nahmen der Kayl. May. übergeben und cediret.

1. Solle Herr Gubernator das Schloß sampt den Geschütz, Munition und hierzu gehörige Kriegs-Instrumenten, wie auch alle andern uebrige Proviant, Mobilien, Brieffliche urkundten und Documenten, Kleinodien, was J. G. Herrn Pfalzgraffen und Princessin dero F. Gemahl zuständig, außer was Herr General folgen zu lassen verwilligt, unverrückt und ungehindert, ihme Herrn Generaln in Nahmen Kayl. May. cediren und einraumen.

2. Solle ihme Herrn Gubernatorn, allen dessen Obristen, Hauptleuten, Officirn, Ingenieur, Regiments und andere angehörigen, auch gemeinen Soldaten, mit fliehenden Fahnen, brennenden Lunden, Kugeln im Mund, Ober- und Underwehr, auch ihrem Sack und Pack, doch in alle wege daß selbige Sachen jedwedert eigen, und weder dem Schloß, oder den Bürgern gehörigs Gut sey, freyer Paß vergünnt und zu dem Abzug sicher Geleit auch ein General Paßzettel vor alle andern Orht, besonders die Vereinparthe Catholische Stände gegeben werden, im wibrigen Fall da bey einem oder andern frembdes, besonders nach Einnehmung der Stadt geraubtes oder anders ihme nit gebürendes Gut gefunden würde, solches ohne Mittel confisciret werden soll.

3. Solle Herr Gubernator, sampt den Soldaten, und oberzehlten Personen, so wol nacher Franckfurt als auch an andere Orth und End wo sie sich sampt und sonders hin zu rettiriren Vorhabens wehren, doch außerhalb der Pfaltz sicher geleitet und convoyrt werden.

4. Demnach der Herr Gubernator, die Capitain und Officirer mit keinen Wagen versehen, sollen ihme dero etliche, zu Abführung ihrer Bagagien vorgeliehen werden.

5. Was frembde, als Niederlandische, Frantzösische, Englische und andere dergleichen Außländische Gefangene hohe und nieder Officirer, auch alle andere Soldaten ins gemein betrifft, die sollen (welche anders dem Röm. Reich unmittelbahr nit underworffen) ohne

Ranzion und kosten ledig gelassen, dagegen auch anderseits Gefangene ohne allen entgelt auf freyen Fuß gestellt werden.

6. Den Kranken und andern beschädigten Knechten soll ein gewisser Orth sampt Notturfftigem unterhalt gegeben und ihnen nach erlangter Gesundtheit gebürender Paßzettel ertheilt werden.

7. Soll niemand Schulden oder einiger andern Sachen halben, so etwa hiebevorn in wehrendem Krieg passirt seyn möchte, an Leib oder Gut arrestiert oder auffgehalten werden und biß alles solle Morgen den 20./10. Septembris mit dem Tag compliri und effectuirt⁵⁵) werden.

Deß zu urkund und Bekräfftigung seind dieser Capitulation zwey gleichlautende copiae geschrieben, beydes theils unterschrieben und von ihrer Excell. wie auch Herrn Gubernatorn verfertigt, eim und andern theil zu handen gestelt worden.

Datum Heydelberg den 19. Sept. Anno 1622.

Johann Graff von Tilly.

Paßzettel vor die Abziehenden.

Wir Johann Graffe Tserrlaes von Tilly Freiherr zu Morbeis, Herr zu Balastre und Montigny etc. der Röm. Kays. auch zu Hungarn und Böhmen Kön. May. und J. D. Hertzog Maximilian in Bayern General Leutenampt, Rath und respective Cammerer etc. thun kund hiemit männiglich, Nachdem der Wohledle und Gestrenge Herr Heinrich von der Merven, gewesener Gubernator zu Heydelberg, nach Eroberung selbiger Statt auff gepflogene Traction das Churpfältzische Schloß daselbsten, in der Röm. Kays. May. devotion und Nahmen uns vermög auffgerichter capitulation cedirt und übergeben, war dagegen ihme, seinen Capitain, Officirern und unterhabenden Soldaten frey sicherer Paß und Abzug zugesagt und versprochen. Demnach ersuchen wir hiemit alle und jede Chur und Fürsten, auch — alle andern Stände beß Heiligen Röm. Reichs, Geistlich und Weltlich, was Würden und dignitelen die seind, unterthänig, dienst- und freundlich, sie wollen obgedachten Herren Heinrichen von der Merven sampt allem bey sich habenden Volck und Sachen durch dero Land, Graff-, Herrschafften und Güter frey sicher und ungehindert

---

⁵⁵) Erfüllt und außgeführt werden.

paſſiren (auch alle Beförderung und Assistentz)[66]) thun laſſen.
Welches wir umb deren jedwedern den ſchuldigen gebür nach unterthänig, dienſt- und freundtlich zu verdienen, beſchulden und zu erkennen urbietig. Geben in Heybelberg den neunzehnden Monats
Tag Septembris biß ein tauſendt ſechshundert zwey und zwantzig-
ſten Jahrs.

Tilly.

Hierauff nun den 10. 20. Septembris (als den Abend zuvor,
und auch dieſen Morgen, durch den Herrn Gubernatorn von der
Merven, dem Herrn von Metternach Dechant von Wimpffen, als
Tilliſchen Abgeordneten, die Liefferung aller Sachen auff dem Schloß
beſchehen, auch gemeltter von Metternach auß Befehl Herrn Generals
ihme Gubernatorn zu unterſchieblich mahlen, was ihme an Mobilien
und anderem in dem Schloß gefalle, zu verehren anpräſentirt,[67]) der
ſich aber deſſen zum höchſten bedanckt und im geringſten nichts accep-
tiret)[68]) iſt die Garniſon mit zehen fliegenden Fähnlein und offenen
Trommenſchlag, dem Accord gemeß, und mit etlich und dreißig Reiſ-
ſigen von Rittmeiſter Dalbigs Company, auß dem Schloß durch die
Statt abgezogen, ihnen aber ins gemein von den Bayriſchen, die
auff beyden Seiten in der Gewehr geſtanden, das Quartier ſehr
ſchlecht gehalten und ihnen viel Gewalt geſchehen, vor allen andern
aber den Engellendern, die ſie dann beneben ihrem König nit allein
mit allerhandt Schmehewortten, ſondern auch thättlich angelaſtet, ſie
geplündert, die unter und Obermehr vom Leib abgeriſſen, etliche auff
ein Seil genommen, und ihnen Riemen auß dem Leib geſchnitten,
dem Gubernatori ſelbſt ein Pferdt, Mantel und dann etlich Pack
und Sachen von den Wägen geraubt und Preiß gemacht, und in
Summa bißhalbs alſo Unſoldatiſch gehandelt, daß ſich männiglich
*abziehenden theils anders nichts als einer endtlichen Niederhauwung
und Maſſacrirung getröſtet,* die auch gewißlich nicht auſſen blieben
wehre, wenn nicht Herr Graff Tilly endlich mit bloſſem Degen an
etlichen Ortten ſelbſt abgewehrt, und einen alſo bald auffzuhenden
befohlen hette, auch hernach den Abziehenden in der Perſon das Geleit biß gen Weinheim, zwo Meil Wegs under Heydelberg gelegen

---

[66]) Unterſtützung. [67]) angebotten. [68]) angenommen.

gegeben und underwegs etlich hundert Reißigen, so Crabaten gewesen seyn solten, und dann etlich Fußvolck, so den Abziehenden bey Hentesheim in den Büschen auff den Dienst gewartet, mit blossem Degen wider zurück zur Statt hinein gejagt und folgendts offtgemelte Abziehende mit etlich Cornet Reutern biß gen Franckfort am Mayn helle convoyren lassen, Underdessen als er nechst bey Weinhelm seinen abschiedt vom Gubernatorn genommen hat er denselben erinnert, warumb er sich nicht lieber Kayserlicher Mayestet als der Rebellen Dienst auffhielte? ihn darneben sehr gelobt, mit vermelden, daß er bey seinem Gubernament gethan hab, wie ein redlicher tapfferer Cavallier thun solle, und daß er solchen seinen fleiß und Tapfferteit allenthalben, wo es zu Paß kommen werde, Zeitlebens rühmen wolle. Darauff ihm der Gubernator geantwort: Er hab zwar sein bestes gethan, und sey ihm sehr leydt, daß ers nicht noch länger thun können, sonst Kayserliche Mayestet betreffendt, wann dieselbe einen Zug wider den Erbfeind vornemme, wolte er sich glückselig achten, deroselben under dem Commando eines so braven Generals, als seine Excellentz wehren, doch mit Consentz deß Herrn Printzen von Oranien und der General-Staaden, zu dienen, Aber wider sein Vatterlandt, Religion und eigen Gewissen zu streiten, wolt er eher lieber todt seyn. Es haben sich auch beym Abzug mehrtheils Bayrischer Soldatesca sehr über die geringe Anzahl der Abziehenden verwundert und etlich mahl mit unwillen diese Wort außgestossen: Daß es ein Schand wehre daß sie sich von so einer handvoll Volcks so lange Zeit über hetten auffhalten und quelen lassen.

Im Uebrigen hat der Gubernator wegen deß gefangenen Obristen Landtschaden Erledigung sich sehr sollicitando**) bemühet, so aber nichts helffen wollen, auß dem Vorwandt, weil er Kayserlicher Mayestet Vasall wehre, also ihm wider dieselbe zu dienen nicht gebüret hette, stünde es nicht beim General, hierin zu disponiren, sondern müste alles zuvor an Kayf. May. berichtet werden. Und dieses ist also die kurtze unpartheysche Erzehlung der langwierigen Belägerung, und darauff erfolgter gewaltiger Einnemmung der Churpfaltzresibentz Statt Heydelberg, daruber man jeden unpassionirten

**) bittend.

Lefer bey sich selbst urtheilen läßt, ob sie durch mangel Volcks und zu schwach Besatzung, als etliche davorhalten, sey causirt⁷⁰) worden? (sintemahl, obschon der Englisch Thresorier⁷¹) von dem 5. Augusti an 2700 Soldaten bezahlt, darunter aber 500 Kranken und ungesehr passavolants oder blinde Ramen, auch vom gemelten 5. August biß auff den 6. Septembris wohl über die 400 Todten und gequetschten in der Statt abgangen, die ganze Garnison auf den Tag deß generals Sturms und der Eroberung nicht wohl über fünffzehenhundert streitbarer Mann starck sein können) oder aber ob sie durch die Brüssellsche Tractation und dannenhero rührenden Mansfeldischen Abzug auß dem Reich, oder aber durch heimlichen Verstandt und Beratherey verursacht worden? wie etliche, auch der Herr General Veer selbsten, dannenhero muthmassen, weil etliche von den Belägerten, als gesagt wird, ihre Posten allzufrühe verlassen, auch sonsten unmöglich geschätzt wird, so viele starcke Werck und Forten oder Schantzen allzumahl in einer so kurtzen Zeit zugleich zu erobern? ferner daß auch ausserhalb von etlichen Spanischen, Bayrischen und deren zugethanen fast zeit und Stundt dieser Einnemmung und der ersten darinnen gehaltenen Meß schon etlich Tag ja Wochen zuvor praedicirt⁷²) worden und dann endtlich, daß ein Frantzoß, ein Fendrich unverdient auff dem Trutz Bager, welchen die Bayrischen zu allererst erobert, tobtgebliebenen Capitain Vermeer stracks deß andern Morgen bey den Bayrischen ein Capitainschafft bekommen haben soll etc.

28. — Folgt ein Verzeichniß derjenigen von der Garnison, so in wehrender Belägerung und bey Eroberung der Statt von Tillischen gefangen worden.

Befelchshaber.

Oberster Pleicard Landschad von und zu Steinach.

Under Landschaden Hauptleut:

Philipps Samson Sohn zu Eltz.

Otto Fridrich Quad von Landskron.

Under Pöblitzen Hauptmann:

Hieronymus Oberrieb von Basel.

⁷⁰) Verursacht. ⁷¹) Schatzmeister. ⁷²) vorhergesagt.

Capitain von der Garnison:
Dietrich von Krinbach, Niederländischer Regiments Capitain.
Gilbert von Haulsens Leutenant Maior der Garnison.

Fenbrich:
Peter Schwein von Uleport Unter Hauptmann Daniel Crochey Landschaden Regiments Fenbrich.
Georg Weigenav von Dirmstein under Hauptmann Sprenger Fenbrich.

Leutenant:
Hans Burckhard von Heydelberg under Hauptmann Sprenger Pöblitzer Regiment.
Johann Condres von Grönningen unter dem Niederländischen Regiment, under Hauptmann Niclas Vormeer Leutenant.
Leutenant Thomas Schmidt von Dressen under Hauptmann Heinrich von Jsenthorn Freyfäublein.
Peter Seim von Lautrecken under Landschab reformirter Leutenant.
Hans Vorjagba von Eintzen under Hauptmann Quad reformirter Leutenant.

Feldwäbel:
Rudolff Burkhard von Straßburg under Sprengel Feldwäbel.
Leonhard Krönninger von Araw under Hauptmann Hieronymus Oberrieb Pöblitzlichen Regiments Feldwäbel.
Johann Lieber von alten Stettin auß Pommern under Hauptmann Jsenstorn.
Christof Menfleisch von Jria auß Böhmen.
Melchior Fleck von Eintzen under Hauptmann Quaben Leutenant.
Hans Caspar Schald von Schaffhausen under Oberieb, Felbscherer.
Abraham Gelden von Basel under Hauptmann Oberieb Corporal.
Georg Seitsch von Anspach under Landschaden Corporal.
Hans Cremer von S. Lambrecht under Landschaden Gefreiter.

Gemeine Knecht under Capitain Quaben:
Jacob Willre von Wanfrot.
Lorentz Droplz von Dessen.
Martin Hillbrand von Wieseporn.

Bartel Linfer von Allendorff.
Martin Hohendorff von der Schwelnitz.
Peter Reif Schneider von Gehlhausen.
Peter Weil von Relfenberg.
Hans Eicher von Gifpach.
Wilhelm Rot von Meiningen.
Hans Heiß von Eihmigen.
Gersten Praniha von Lautepurg.
   Unber Hauptmann Ellz:
Helnrich Willer von Straßburg.
Conrabi Schmit von Ofthoffen.
Philipps Pruß von Dirmsteln.
Philipps Steiff von Freinsheim.
Elmon Weber von Liebenau.
   Unber Lanbschaben:
Nickel Krämer von Hetschehausen.
Phllipps Abinell.
Nickel Krämer von Lamperten.
Hans Sirl Hoffmann von Winfelt.
Peter Stirl von Gallen.
Peter Kintzel von Reukirchen.
Hans Frand von Walbmichelbach.
Georg Welbach von Sanbhofen.
   Unber Eifenborn.
Hans Falder von Mospach.
Georg Weber von Laubebach.
Kaspar Wetzel von Waßperoba.
Niclas Pech von Alftatt.
Diebolt Jung von Meschen.
Hans Heinrich Schleicher.
   Unber Hauptmann Starckeburg:
Simon Sauermann von Rohe.
Philipps Preitwiffer von der Lohe.
Wendel Hotz von Seharabel.
   Unber Hauptmann Crahey.
Hans Pruder von Bar.

Jakob Kiehört von Sellershausen.

Holländisch Regiment, unber Hauptmann Niclas Vormeer.

Sleffan Nobiß von Hamburg.
Georg Schneider von Sinterfor.
Hans von Find von Alzey.
Veltin Zwel von Grossassen.
Peter Hill von Sunnau.

   Unber Sprenger.
Sebastian Dumber von Hamburg.

Pöblitz Regiment unber Christoph Mundler Oberst-leutenanten.

Hans Horel von Hort.

    (Fortsetzung folgt.)

II.

Zur Topographie des Hexenwesens.

Im Archiv I, XXV verbreiteten wir uns über die von Mathias von Kemnat erzählten Fahrten der Heidelberger Walpurgis Nachts Besen-Amazonen auf die Angelgrub und Kurnau — bei Hofmann, Quellen zur Geschichte Friedrich des Siegreichen I, S. 117.

Daß unter dem erstern Orte nicht wohl ein Punkt im Gebiete der Angelbach zu verstehen sei, sprechen wir schon an jener Stelle aus, was wir hier nun zur Gewißheit erheben müssen, indem derselbe Ort zur selben Zeit nochmals genannt wird von Michel Böhm in seiner Reimchronik — bei Hofmann II. S. 156 wo es heißt, daß wegen der durch den Erzbischoff Diether von Mainz und Andere an den Kurfürsten Friedrich I. erhobenen Ansprüche (a. 1451) ein Tag nach Speier berufen worden sei, durch welchen aber diesem letzteren die angefochtenen Rechte und Besitzungen durch Rechtsspruch ungeschmälert erhalten blieben. Dieselben werden folgendermaßen specialisirt:

Sonberlich Allerheiligenberg
Unb das Gewälb in bem Gemerk [b. h. Grenzlanb.]
Bis hin uber bie Angelgrüb
Gebirg, Täler er mehr behüb
Suft anber Nutzung vile
Der Ich nit nennen wille.¹)

Faſt mit benſelben Worten ſpricht ſich ſchon vorher Kemnat bei Hofmann I. S. 26 — über die bem Pfalzgrafen burch ſein energiſches Vorgehen burch die Tage zu Speier, Worms unb anbere — (vergl. hierüber auch Kremers Geſchichte dieſes Fürſten S. 30 f.) erhaltene Beſitzungen aus: Durch Recht behielt er vil Lands, Gegend, Herrlichkeit und Andres, ſonderlich die Almentgewälde, die über Allerheiligenberg [b. h. ben Heiligenberg bei Heibelberg] in den Odenwald ziehen unb vil andere Nutzung —

Hierbei iſt bie Angelgrub nicht genannt, aus jenen Verſen des Michel Böhm geht indeſſen, im Verein mit ben Worten bes Kemnat zur Genüge hervor, daß dieſelbe nörblich vom Neckar und zwar irgendwo am Ende der Schriesheimer Cent Almendswalbung gelegen geweſen ſein muß. — Der Umfang dieſer letzteren begriff aber damals (benn ſpäter verminberte ſich berſelbe bebeutend) noch ben ganzen zum Lobbengau gehörigen Theil des Odenwalds; die Gränze der Almentwalbung zog bemnach von Weinheim bie Bergſtraße herauf bis Neuenheim, von ba mit bem Neckar hinauf bis gegen Eberbach unb von hier quer burch ben Odenwalb bis wieber nach Weinheim.

Da nun aber ferner bie „Kurnau" wohl bei ber Angelgrube lag, ſo wirb ſie auch in bemſelben Bezirke zu ſuchen ſein, wovon aber bie Kürnach bei Oſterburken im Bauland weit abliegt, alſo kaum in Betracht kommt, ſelbſt wenn man erwägt, baß unfern bes Urſprungs bieſes Baches ein Ort Angelthürn liegt.²)

---

¹) Behüb iſt bas praeteritum bes alten Zeitworts behebm, b. h. behalten; — Suft iſt bie ältere Form für ſunſt (jetzt ſonſt) — altbeutſch ſus; — Angelgrüb könnte auch eine kurfürſtliche Angelfiſcherei geweſen ſein, ſo wirb z. B. in derſelben Reimchronik Vers 73 von des Pfalzgrafen Wildfang und Angelweibe, b. h. Angelfiſchfang geſprochen.

²) vulgo Angeldorn — alſo von „Thurn" — der Abſtammung nach ganz verſchieden von Wald-Dürn, das gewöhnlich fälſchlich „Wallbürn" geſchrieben wird.

Die ganze Bauländer Gegend gehörte aber damals zum Kurmainzischen Theile des Odenwalds, während der Pfalzgraf bereits anno 1430 zum obersten Herrn der Sachsenheimer oder Schriesheimer Cent ernannt wurde (Vergl. Widder I, 239 ff.).

Wenn wir nun aber die Angelgrüb und Kurnau [letzterer Name gehört, wie wir bereits gesagt zum altdeutschen quirn, später Kurn, Kürn = Mühle] nicht in eine von Heidelberg allzu weit ab liegende Gegend versetzen dürfen, so kann doch aber nach Obigem ebensowenig die nächste Umgebung Heidelbergs in Betracht kommen, und muß die von andrer Stelle geäußerte Vermuthung gänzlich zurückgewiesen werden, es möge einerseits die Engelswiese gemeint sein, die oberhalb des sog. Philosophenwegs bei der alten Judenhütte liegt (und zwar in dem durch seine Umlegung in die Hirschgasse gebildeten, ummauerten Winkel) andrerseits die Kühruhe,[3]) die man, obwohl ihr Name nicht die geringste etymologische Verwandtschaft hat mit dem der Kurnau, ebenfalls hierher ziehen wollte und die jener Engelswiese gerade gegenüber auf der Spitze des die östliche Seite der

---

[3]) Zu erwähnen ist hier, daß der Name Kühruhe (eine Viehweide mit dabei liegenden Trögen zur Tränkung) auch in der Heidelberger Waldung existirt, so z. B. im Thale hinter dem neuen Kirchhof, bei den 3 Eichen. — Auch in Mone's Zeitschr. XI. S. 48 wird eine solche a. 1435 bei Schlierbach genannt. Pfalzgraf Ludwig der ältere wollte nämlich damals in dortiger Gegend ein Kloster gründen, und bestimmte, wennschon die Ausführung unterblieb, den Platz, wo dasselbe errichtet werden sollte, folgendermaßen: „An dem Gemerke [d. h. Grenze, Grenzgebiet, angrenzendes Land] als man über die Kuweruewe bey dem Rollenbronnen hinuß geet über den Wall gein unser Frauwen Capellen zu Gemünden werts, an zu zelen nach der Länge bis zu dem Neder hinab 240 Schuh etc." — Wir heben hier das Wort Kühruhe fast noch in ungeschwächter älterer Form — in vollem Mittelhochdeutsch müßte es Küewe-ruowe lauten. — Rollenbronnen — heißt soviel wie Molchbrunnen (dieses Thier — eine Art Salamander, altdeutsch der mol, molle führt mundartlich noch denselben Namen — wir wollen nur an den pfälzischen Ausdruck Mollenkopf erinnern): Die erwähnten Oertlichkeiten lagen, wie gesagt in der Richtung gegen die vor Neckargemünd gelegene ehemalige Kapelle zu „Unsrer lieben Frauen", worin die Pfalzgrafen eine Altarpfründe zu verleihen hatten (Bergl. Widder I. S. 359) — also wohl in der Nähe des sog. Gut-leuthofs, eines ehemaligen Spitals mit einer alten Kapelle des heiligen Laurentius (Widder I, 145), bei welcher der sog. Linsenbrunnen, eine ehemalige Kur-Mineralquelle (Mone, bad. Archiv I. S. 318) dicht an der Landstraße hervorbricht.

Hirschgasse bildenden Hammelsbuckels liegt. Am südlichen Abfalle dieses letzteren liegt noch eine dritte Wiese ungefähr über dem Haarlaß — Küblerswiese genannt, die sonderbarer Weise von Heidelberger gedruckten „Fremdenführern" in der Regel mit der am Heiligenberg gelegenen Engelswiese verwechselt wird.

III.
Das Sommertagsfest in der Pfalz.

Die Natur-Religion der alten Germanen verlegte bekanntlich ihre größeren Festtage in die Periode der Sonnen-Gleichen und Sonnenwenden, was der christlichen Kirche bei Aufstellung ihrer Festtage sehr zu Statten kam. So fiel nun das altgermanische Fest der Wintersonnenwende mit Weihnachten zusammen und konnten auf diese Weise die heidnischen Gebräuche unter christlichem Mantel sich forterhalten. Aber auch das Fest der Sommersonnenwende, an welchem die alten Germanen Brand-Opfer in Menschen und Thieren bestehend, darbrachten, hat beim Volke in vielen Gegenden noch tiefe Wurzeln geschlagen. Bekannt sind ja die Sagen, welche in jener sogenannten Ghanstagsnacht [eigentlich Gehanstag für Johannistag¹)] vom Neckar erzählt werden und von Nadler in einem Gedichte mitgetheilt sind. Und immer noch lodert in jener Nacht am Flußufer das Ghansfeuer auf, wenn auch keine Menschen mehr darauf geröstet werden dürften!

Ebensowenig ist aber in der Pfalz das Andenken an die altheidnische Feier des Frühlingseinzugs verschollen, welche auf den sogenannten Sommertag fiel, eine Bezeichnung, die daher kommt, daß die Germanen das Jahr nur in Sommer und Winter theilten und als Anfänge dieser beiden Jahreszeiten galten der Sommer- und Wintertag, die astronomisch genommen, auf die Aequinoktien, den 21. des März und September fallen.

Wie sich nun aber die Feier des Wintertags mit der des Herbstes, d. h. der Traubenlese verschmolzen hat (was offenbar der Grund

---

¹) So heißen auch die Johannistrauben und Johannswürmer hier Ghanstrauben und Ghansvögel.

war, daß das ganze Wintertagsfest der Vergessenheit anheim fiel) — so wurde das Sommertagsfest auf einen kirchlichen Feiertag verlegt und eben dadurch erhalten. Es ist dies der Sonntag Laetare, der immer 3 Wochen vor Ostern fällt, also ein sogenanntes bewegliches Fest ist.

An diesem Tage nun wird in der Pfalz und dem Odenwald von den Kindern der bekannte Umzug unter Absingung*) des Sommertagliedes gehalten, wobei alle mit Stöcken versehen sind, deren Rinde mehrmals zu Büscheln zusammengeschabt ist und die mit bunten Bändern umwunden sind. An der Spitze sind sie mit immergrünen Sträußen verziert und oben durch Pretzeln und in diesen wiederum durch ausgeblasene Eier gesteckt.

Sie deuten demnach, wie Düringsfeld bemerkt, symbolisch nicht nur das frische Saftbekommen der Bäume, sondern auch das Wiedererwachen der zeugenden Naturkraft und den Wiederbeginn des neuen Sonnenlaufes an, deren Sinnbilder die Bretzel, das Ei und die junge Rinde sind. —

Mit diesen Stöcken in der Hand folgen die Kinder zwei großen kegelförmigen Gestellen, die im Innern von größern Knaben getragen werden, und den Winter und Sommer vorstellen sollen. In Folge dessen ist das Gestell des Sommers mit Tannenzweigen, Buchs und Epheu umwunden, während der Winter nur eine Strohpyramide darstellt.

Nach Absingung des schon erwähnten alten Pfälzerliedes, das ein Ausdruck der Freude über den dahin geschwundenen Winter und erwachenden Sommer ist, wird der Winter vom Sommer verjagt und schließlich verbrannt, nachdem der ganze Zug erst von Haus zu Haus gezogen ist, um durch seinen Gesang Geschenke zu erlangen.

Die ganze Ceremonie ist abgebildet in der Leipziger Illustrirten Zeitung 1865, 25. März Beschrieben ist dieselbe ebenda von Reinsberg-Düringsfeld, ebenso in dessen Werke „Das festliche Jahr" S. 78. Derselbe theilt dabei auch ähnliche Gebräuche in andern Gegenden Deutschlands mit, seine Darstellung bedarf jedoch mehrfacher Berichtigung, so z. B. findet der Sommertag in allen Pfälzer Orten

---

*) Die Melodie soll enthalten sein in Erk's deutschen Volksliedern Band II, Heft 2 Nr. 36.

— 41 —

und so auch in der Hauptstadt an Laetare statt, nicht aber am ersten Sonntag im März, welches allerdings zufällig Laetare sein kann, wie es dieses Jahr (1869) gerade zutrifft. Ferner ist die ebenda enthaltene Angabe zu berichtigen, der sogenannte, oben beschriebene Sommerstock hieße „Staabaus". Ja in der Bavaria, „bairische Rheinpfalz" S. 375 f. wird dieser Ausdruck — der Anfang des Liedes — komischer Weise von einem Stabe hergeleitet, ein Wort, das im Volksmund gänzlich unbekannt ist! — Weiß doch Jedermann, daß Staab in Pfälzer Mundart soviel wie Staub ist, und der höchst prosaische Sinn also das Ausklopfen des Winterstaubes!

Was nun das Lied selbst betrifft, so ist dasselbe in den verschiedensten Versionen außer an den genannten Stellen auch in Simrods deutschen Volksbüchern IX. S. 298 ff. enthalten, ebenso schon viel früher in verschiedenen Werken, in Erlach's Volksliedern IV. S. 413 ff. und in Firmenich's Germanischen Völkerstimmen II. S. 34. Nirgends finden wir jedoch das Lied genau so aufgezeichnet, wie es in Heidelberg lautet, nämlich:

   1) Summerdag, Schlaab aus!
      Em Winter gehn die Aagen aus!
      Feile mer die Blumme
      Holle mer de Summer.[3]
      Striß, Strah, Stroh
      Der Summerdag is do,
      Helt iwers Johr
      Do simmer widder do!

   2) Hört Schlüssel klinge,
      Wollen uns was bringe!
      Was dann?
      Route Wein,[4] Bretzle nein

---

[3] Feile mer etc. d. h. feilen wir die Blumen, holen wir den Sommer! Feilen, ein altes, jetzt verschollenes Zeitwort hieß sowohl feil sein, als auch, wie hier, etwas erstehn, erkaufen. — Wahrscheinlich weil dies Wort nicht mehr verstanden wird, singt man in manchen Gegenden nun: „Die Beilen (d. h. Bellchen) und die Blumen, bringen uns den Summer!"

[4] Statt rothem Wein wird an andern Orten auch gesungen Gillewein, d. h. Wein für einen Gulden.

Was noch darzu? — Paar neue Schuh!
Stroh, Stroh, Stroh ꝛc.

Wenn die Jugend nun auf dieses Lied hin nichts erhält, so fingt fie wenig ästhetisch weiter:

Hossebannel, Stockfisch!
Wann ich kumm, gibst mer alle Johr nix!

IV.

Heidelberg huldigt dem Churfürsten Carl Friedrich von Baden, 27. Juni 1803.[1]

Die Reichsdeputation in Regensburg hatte den Markgrafen Carl Friedrich von Baden zum Erben des pfälzischen Churfürstentitels und der rechtsrheinischen Lande der alten Churpfalz erklärt. Am 7. Juni 1803 nahm er zu Mannheim von den Deputirten des neuangefallenen Landes den Huldigungseid entgegen. Bei dieser Gelegenheit sollte auch Heidelberg den neuen Landesherrn in seinen Mauern begrüßen dürfen.

Am 14. April 1720 hatte Churfürst Carl Philipp die seitherige Residenz seiner Väter, das gute Heidelberg mit der Drohung verlassen, daß nie wieder ein Beherrscher der Pfalz hier übernachten sollte; er siedelte nach Mannheim über, hier seinem Geschlechte eine neue Residenz zu gründen, da seine Vorfahren doch durch fünf volle Jahrhunderte in Heidelberg gewohnt hatten. Das gänzlich ungerechtfertigte Verlangen, die Reformirten sollten ihm und den Katholiken die seit 1705 unter beide Confessionen getheilte Heiliggeistkirche allein überlassen, welchem Verlangen die Reformirten mit Entschiedenheit entgegentraten, hatte die Uebersiedelung nach Mannheim veranlaßt.

---

[1] Wir folgen bei dieser Erzählung der gleichzeitigen, wohl officiellen Schrift: „Erinnerungen an die Feierlichkeiten bei dem ersten Einzuge Sr. Churf. Durchl. von Baden als Regenten der Rheinpfalz zu Heidelberg, am 27. Juni 1803, und höchstdessen zweitägigem Aufenthalte daselbst. Heidelberg bei Adam Mayer, Universitäts-Buchbinder. 1803."

Mit dem Churfürsten waren alle Beamtungen nach Mannheim gezogen. Die Universität wurde vernachläsigt und verfiel allmählig, da sie durch den Verlust der linksrheinischen Pfalz beinahe alle ihre Einkünfte eingebüßt hatte: Die beiden Hauptnahrungsquellen der Stadt, der Hof mit seinen Beamtungen und die Universität, waren versiegt.

Hatte das alte Fürstenhaus unsrer Stadt die schmerzlichsten Wunden geschlagen, so mußte ihr durch ihren Anfall an Baden ein neuer Hoffnungsstern aufgehen.

Diese lebendige Hoffnung auf Besserung ihres Geschickes beherrschte die Bürger und Einwohner unserer Stadt, als ihnen der Besuch ihres neuen Landesherrn angekündigt wurde; sie ahnten es, daß der Fluch des Pfälzer-Fürsten durch den allenthalben hochgeachteten Fürsten aus dem Hause Baden sollte aufgehoben werden. Sie hofften nicht vergebens: Carl Friedrich wurde auch für die altehrwürdige Stadt Heidelberg der Gerechte, Gute und Gesegnete.

Der 27. Juni 1803 war zum feierlichen Einzuge des Churfürsten Carl Friedrich festgesetzt. Am Vorabend um 8 Uhr verkündigten 50 Kanonenschüsse vom Schlosse aus und das Geläute aller Glocken eine Stunde hindurch den festlichen Tag. Der Himmel, der seit 3 Monaten fast unaufhörlich Regengüsse herabgeschüttet hatte, so daß der verzagte Landmann einem Mißjahre entgegensah, heiterte sich am Morgen des Festtags auf; die einzelnen Wolken wurden von der höher steigenden Sonne zerstreut.

Unweit Wieblingen, an der Grenze des Stadtgebietes, war eine Ehrenpforte mit Laubwerk und Blumen auf der Landstraße errichtet, über deren Bogen man die Worte las: Sei herzlich willkommen, geliebter Landesvater! und über ihnen wehte eine roth-gelbe Fahne. Hier bewillkommte eine Stadtrathsdeputation, bestehend aus dem Reg.-Rath und Stadt-Director Tillmann, dem ältern Rathsbürgermeister Gerd und dem Stadtschreiber Sartorius den Ankommenden; die berittene Bürgergarde war auf beiden Seiten der Straße aufgestellt. Stadt-Director Tillmann hielt die Ansprache, in der er u. A. sagte: „Die aufrichtigste Liebe, die zärtlichste Anhänglichkeit empfängt Höchstdieselben hier auf der Grenze; ein einstimmiges Frohlocken und Freudengefühl begleitet Sie und allgemeiner Jubel jedes

Standes, jedes Geschlechtes und jedes Alters erwartet Höchstdieselben in der Stadt."

Eine Abtheilung der ältern berittenen Bürgergarde und das für diese Feierlichkeit neu errichtete bürgerliche Husarencorps eröffnete jetzt den Zug; diesem folgte die Deputation des Stadtrathes in 2 zweispännigen Wagen; hierauf eine andre Abtheilung der bürgerlichen Reittercompagnie; dann der Churfürstliche Stallmeister zu Pferde. Ein Wagen, von 6 Pferden gezogen, dem zwei Laufer vorausgingen, führte den Churfürsten selbst mit dem Churprinzen und dem Prinzen Ludwig. Darauf folgte der Wagen der Erbprinzessin und Prinzessin Wilhelmine, dem die der Hofdamen, der Minister und der Cavaliers folgten; eine dritte Abtheilung der Bürgerreiterei bildete den Schluß des Zugs.

Zwischen 12 und 1 Uhr kam der Zug am Mannheimer Thore an, wo der Stadtrath, achtzig Deputirte der Bürger- und Judenschaft den neuen Landesherrn empfing. Anwaltschultheiß Schned überreichte dem Churfürsten die Schlüssel der Stadt mit einer Anrede, in der er u. A. versicherte: „Heidelbergs Bürger werden durch Treue, Liebe und Gehorsam beweisen, daß auch sie würdig waren, Unterthanen eines Fürsten zu werden, dessen weise und gütige Regierung schon Enkel und Urenkel seiner ältern Unterthanen beglückt hat. Lange lebe Churfürst Carl Friedrich!"

Am Eingang in die Stadt empfingen den Wagen des Churfürsten vierzig Knaben von 9—12 Jahren in dunkelblauen Collets mit hellblauen Aufschlägen und seidenen Schärpen von gleicher Farbe über die Achseln, und vierzig Mädchen, 9—12 Jahre alt, weiß gekleidet mit rosafarbenen seidenen Schärpen. Fünf Paare derselben, die den Auftrag hatten, den Herrschaften Gedichte und kleine Geschenke zu überreichen, hatten weiße seidene Schärpen. Die 40 Knaben hielten eine um die Arme der Mädchen geschlungene Rosenguirlande und umgaben so den Churfürstl. Wagen. Die Mädchen streuten aus kleinen Körbchen Rosen und andre wohlriechende Blumen.

Vom Mannheimer Thore an stand das Bürgermilitär zu Fuß Spalier bis an den großen Rathhausplatz. Dieses Militär bestand schon seit lange aus 8 Infanterie-Compagnien, einer Artillerie- und einer Schützen-Compagnie. Dazu kamen, besonders für die Empfangsfeierlichkeiten des Churfürsten neu gestaltet, eine Grenadier-Compagnie aus jungen verheiratheten Bürgern und eine solche aus ledigen Bürgerssöhnen und eine Compagnie Knaben von 10—14 Jahren in geschmackvoller Uniform. Die Bürgerstöchter der Stadt hatten die Compagnie der Bürgerssöhne mit einer Fahne beschenkt, deren Vorderseite auf einem runden mit einem goldnen Löwen in schwarzem Felde gezierten Säulenstuhle das Brustbild Carl Friedrichs darstellte, dem Germania, gestützt auf die Insignien der römischen Herrschaft, den Churhut aufsetzt. Am Postament der Büste stand in einem aufgeschlagenen Buche links das Wort: „Staat", rechts „Religion". Am Gesimse des Postaments waren die Worte: „Einer für Alle", am Säulenstuhle oben: „Alle für Einen," unten „Alle durch Liebe vereinet"; am Fuße des Säulenstuhls: „Stark in Verbindung." Die Hinterseite der Fahne trug in einem Eichenkranze die Inschrift: „Dem Gesetze Gehorsam, dem Churfürsten Treue, dem Vaterland Liebe." — Auch die Compagnie der verheiratheten Bürger hatte eine neue Fahne; sie zeigte auf der vordern Seite das badische Wappen mit dem Churhute, von einem Eichenkranz umgeben, auf der hintern in einem Kranz die Inschrift: „Heidelberger Bürger-Grenadier-Compagnie, gestiftet bei der Vereinigung der Rheinpfalz mit Baden 1803." In dem Bande, das die beiden Kranzzweige knüpfte, standen die Worte: „Philipp Simon, erster Grenadierhauptmann und Stifter der Fahne".

Während diese Compagnien Spalier standen, schloß sich die Schützen-Compagnie dem Zuge selbst an, der unter dem festlichen Geläute aller Glocken und dem Donner der Kanonen vom Schloß her sich in folgender Ordnung durch die Stadt bewegte: Das Husarencorps der Bürgerssöhne; eine Abtheilung der bürgerl. Reiter-Compagnie; die Deputirten der Bürger und Juden; der Stadtrath; die Deputation des Stadtraths in 2 zweispännigen Wagen; eine zweite Abtheilung der bürgerl. Reiter-Compagnie; der Wagen des Churfürsten, umgeben von den 40 Paar Knaben und Mädchen unter Bedeckung der Grenadier-Compagnien der Bürger; der Wagen der Frau Erbprinzessin; der Wagen der Damen, Minister und Cavaliers; die bürgerl. Schützen-Compagnie; die dritte Abtheilung der bürgerl. Reiter-Compagnie, welche den Zug schloß.

Eine zahllose Menge einheimischer und fremder Zuschauer war auf der Straße, in den Fenstern, selbst auf den Dächern. Feierliche Stille herrschte überall.

Der Zug bewegte sich bis zum Marktplatze. Von hier bis zum Kornmarkt standen die Schulkinder der drei christlichen Confessionen mit ihren Lehrern und Lehrerinnen auf beiden Seiten Spalier. Hier angekommen, wurde der Churfürst von den Kindern mit Hochrufen begrüßt.

Am Eingang in die Straße zum Kalten Thal, am süd-östlichen Ende des Kornmarkts[1]) war eine zweite Ehrenpforte mit Laubwerk und Blumen errichtet. Hier paradierte die Compagnie der Knaben. Hier angekommen, schlossen die den Wagen umgebenden Kinder vorn denselben ein und sperrten so den Weg. Sechs Knaben und Mädchen traten jetzt von beiden Seiten an die Wagenschläge und stimmten ein von dem ehemaligen kaiserl. Officianten Gutmann verfaßtes Lied an, in dessen Refrain[2]) immer der Gesammtchor der Kinder einfiel.

Hierauf ging der Zug durch die Ehrenpforte bis zum churfürstlichen Palais, dem vormaligen Oberamthause, vor dem einerseits eine Escadron churf. Chevaurlegers, anderseits die bürgerliche Artillerie nebst der Grenadiercompagnie der Bürgersöhne, die hierher vorausgeeilt war, aufgestellt stand. Eine zweite Deputation des Stadtraths in den Personen des Stadtrathsassessors Hein und der Rathsverwandten Sieben und Mays empfing hier den Churfürsten durch eine Anrede des Erstern, in welcher er u. A. sprach: „Freue Dich, liebes Heidelberg, die Morgenröthe Deines Wohlstandes bricht an; hebe Dein Haupt empor, ehrwürdige Ruperta. Dein neuer Stifter und Begründer ist erschienen."

Im churf. Palais angelangt, wurde der Churfürst in dem Hauptsaale vom hiesigen Adel, der Universität und den Staatsbeamten empfangen. Das sämmtliche Bürgermilitär zog unterdessen vor dem

---

[1]) Auf dem jetzigen Karlsplatz stand damals noch das Franziskanerkloster, welches den Zutritt zum Kalten Thale von hier aus unmöglich machte.

[2]) Derselbe lautet: Gott erhalte unsern Fürsten
    Lange noch für's Vaterland!«

Palais vorüber und zerstreute sich dann. Die Musik des Bürgermilitärs spielte während der Mittagstafel vom Schloßaltan aus, wohin die Aussicht des Speisesaales geht. Weiter unten, dem Palais näher, spielte abwechselnd eine andre Musik und dazwischen erscholl der Donner der Kanonen vom Schlosse her.

Nach aufgehobener Tafel besuchte der Churfürst die Staatswirthschafts-Hochschule. Abends war die ganze Stadt beleuchtet. Unzählige, zum Theil recht sinnige Transparente leuchteten. Carl Friedrich selbst fuhr die Hauptstraße entlang zur Besichtigung derselben, ja er ging zu Fuß in einige Nebenstraßen, um sich deren Transparente u. s. w. näher anzusehen. — Wir lassen am Schluße dieser Darstellung die Beschreibung einiger Verzierungen, Transparente u. s. w. folgen.

Am 28. Juni Morgens wohnte der Churfürst und die ganze hohe Familie der Doctorpromotion der Candidaten Schwarz und Martin in der Aula bei und besichtigten dann die Bibliothek und das physikalische Kabinet; hatte er ja doch durch das 13. Organisations-Edict sich das Rectorat der Universität vorbehalten.

Von da ging der Churfürst in die weibliche Arbeitsschule im ehemaligen Pauliner-Nonnenkloster, wo ihn die 12jährige Tochter des hiesigen Oberamtsschreibers Steinwarz mit einer deutschen, die Tochter des Abministrationsraths von Mieg mit einer französischen Anrede begrüßten.

Nachmittags wurde dem Churfürsten der Stadtrath vorgestellt, der den Dank für die schon erwiesenen Wohlthaten durch den Mund des Stadtdirectors Tillmann aussprach und im Namen der Bürgerschaft folgendes Gedicht überreichte:

Festlich stiegst Du herab, sehnlich erwarteter
Friede! lächelnder, denn da Du der Erde entflohest,
Von der Bossen Geldse
Auf zum hohen Olymp verscheucht.

Und die Donner des Krieges waren vor Dir verstummt;
Und der Schrecken, die Furcht wichen vor Deinem Blick;
Und die tröstende Hoffnung
Hob uns wieder die freye Brust.

Doch noch schlossest Du sie, Deine zum Segnen sonst
Stets geöffnete Hand; lange verbargest Du
   Deine edleren Gaben;
     Und es schmerzte die Wunde noch.

„Soll nie wieder ersteh'n, was die verderbende
„Hand des Krieges zerbrach? Waltet Verwirrung stets?
   Soll die scheußlichen Trümmer
     Noch der spätere Enkel seh'n?"

Also jammerten wir. Aber der ewige
Vater, der Dich gesandt, hielt noch die richtende
   Wage; reichliche Gaben
     Wog uns segnend der Vater zu.

Wer die hehre Gestalt, die an des Friedens Hand
Dort von sonniger Höh' zu uns herrnieder wallt?
   Kraft und Milde vereinen
     Sich im Antlitz. Der Führer spricht:

„Daß die Wunde nicht stets blute, so sandte mich
„Euch der Vater; doch daß heilender Balsam auch
   „Ihre Schmerzen euch stille,
     „Daß die Fülle der Gaben, die

„Euch der Ewige wog, euer auf ewig sei,
„Ist Carl Friedrich erseh'n, Angst mein erwähltester
   „Freund und euch nun ein Vater,
     „Gleich im Wohlthun dem Ewigen.

„Lange nannt' ihn sein Volk — euch nun ein Brudervolk —
„Vater! Schöpfer des Glücks! Reife Erfahrung schmückt
   „Seine silbernen Locken.
     „Wo er wallet, da bin auch ich.

„Hebt den trunkenen Blick! Daß sich Germania
„Seiner Weisheit erfreu', strahlet ein neuer Schmuck
   „Ihm vom Haupte. Sein Name
     „Schallet festlich nicht euch allein."

So der Friede. O seht, wie um des holden Freund
Und der Menschheit schon rings alles sich ordnet, wie
   Glück nun blühet und Freude,
     Wahrheit siegt und Gerechtigkeit!

Ruperts Tochter! Dir blüht wieder die alternde
Wange jugendlich schön. Deiner Erneuung freut
Sich der Zögling der Weisheit —
Freut der staunende Bürger sich.

Heil dem Vater des Volks! Heil dem Gegebenen!
Lange Wne sein Nam' unter den Lebenden!
Noch der Enkel Geschlechter
Feiern dankend, was er gethan!

Nach der Vorstellung des Stadtraths überreichte eine Deputation der hiesigen Judenschaft ein Lied, das die Letztere am vorigen Abend in der Synagoge gesungen hatte und das von dem Hauslehrer Friedlaender bei Flegenheimer verfaßt war. Schutzjude David Zimmern hielt hiebei die Ansprache, an deren Schluß er sagte: „Wir empfehlen unsre Glaubensgenossen der Gnade eines Fürsten, dem es süß ist, alle seine Kinder ohne Unterschied mit gleicher Zärtlichkeit zu umschlingen."

Hierauf wurden die Kinder, welche am Einzugstage den churf. Wagen umgeben hatten, dem Churfürsten vorgestellt. Der Sohn des luther. Pfarrers Pfeiffer, Georg Jacob, übergab ihm hierbei ein Gedicht, das den ehemaligen Senior des Sapienz-Collegiums, jetzigen reform. Pfarrer Lepique zum Verfasser hatte. Darnach überreichte die Tochter des Handelsmanns Urich, Amalia, dem Churfürsten einen Lorbeerkranz. Der Frau Reichsgräfin von Hochberg wurde nebst dem Gedicht ein Blumenstrauß, den jungen Grafen und Gräfinnen kleine Gedichte in Stammbuchsform überreicht.

Die Kinder zogen von hier in das von Bolnhardt'sche Haus in der Vorstadt zur Frau Erbprinzessin, wo sich auch der Churprinz befand. Diesem überreichte die Tochter des Rothgerbers Reinig, Franzisca einen Kranz von Rosen und Myrthen, und der Sohn des Beckers Müller am Schloßberg, Johann David, das dem Churfürsten von den Kindern gewidmete Gedicht. Den Prinzessinnen wurden Gedichte und Blumensträuße gegeben.

Abends wohnte der Churfürst einem Concerte im Wibber'schen Saale bei. Nach demselben hielten die Studenten einen Fackelzug vom Paradeplatz bis zum Palais, wo die „Chapeaux d'honneur" derselben, die Studenten: Fürst Ernst von Ysenburg-Büdingen, Ger-

harb Friedrich, Ludw. Henking (von hier) ein von Friedrich verfaßtes
Gedicht überreichten. Der Fackelzug ging hierauf zum Quartiere der
Erbprinzessin in der Vorstadt, wo dasselbe Gedicht übergeben wurde.

Am 29. Juni nahm Carl Friedrich vom Adel, der Universität,
Beamten und Stadtrath Abschiedsbesuche entgegen und reiste um 10
Uhr nach Schwetzingen ab. Das bürgerliche Militär zu Fuß para-
dirte dabei, die Cavallerie begleitete unter Kanonendonner vom
Schlosse her, den Churfürsten bis an die Stadtgrenze.

Im Ganzen prangten in der Nacht des 27. Juni 68 Inschriften an verschiedenen Häusern der Haupt- und Nebenstraßen. Die
übrigen Häuser waren einfach beleuchtet durch Lampen. Manch:
Fenster hatten Guirlanden, Blumenkörbchen u dgl. Wir heben einige
Verzierungen hervor:

In der Neugasse hatten die Weingärtner einen Triumphbogen
mit der Inschrift errichtet: Erneuerte Schöpfung von Carl Friedrich,
Churfürsten von Baden. Heidelberger Weingärtner. 1803.

Am Hause des Taglöhners Melnigheim standen die einfachen
Worte: Ein frommes Herz fürs Vaterland ist besser, als viel Oel
verbrannt.

An der Wohnung des Chirurgen Köhler stand:

  Zugpflaster, Schröpfen, Aderlaß,
  Injectionen, Kataplas,
   Und alles Operiren
  Sei niemals für Carl Friedrich!
  Nur laß er hundert Jahr noch sich
   Gesund und froh rasieren!

Das Seyergäßchen, welches hinten keinen Ausgang hatte,
sondern nur ein Thor in die churf. Reitschule, hatte am Eingang
eine beleuchtete Ehrenpforte mit der Inschrift:

  Wir zündeten gern mehr Lichter an,
  Allein, wir fürchten, das Gäßchen brennt an.
  Vor Feuersgefahr sei Gott davor!
  Denn wir haben nur ein Thor.
  Wir hoffen noch eins von fürstlicher Huld
  Freilich schon lange mit großer Geduld,
  Bei Maximilian Josef zwar. —
  Bei Carl Friedrich wirds werden wahr!

Schön und sinnreich war das Haus des Professors und Apothekers Mai verziert; Transparente, den Churfürsten im Chur-Ornat, sitzend unterm Thronhimmel, mit dem aufgeschlagenen Gesetzbuch, vor dem die Rheinpfalz knieend Treue schwört, auf dem einen; — den Churfürsten, von einem Genius zu einem flammenden Altare geführt, woran die Inschrift war: „Bürgerliebe", auf dem andern Bogenfenster der Apotheke prangten mit poetischen Umschriften.

Von der Thurmspitze des Mittelthores am Parabeplatz leuchtete des Churfürsten Namenszug, die Thorbogen waren auf beiden Seiten beleuchtet und mit Brustbildern des Churprinzen und der Erbprinzessin geschmückt.

In der Krämergasse waren acht Bogen gespannt und mit 400 Lampen erleuchtet; am Ende der Gasse stand ein Altar mit der Inschrift: Dank dem Geber! Heil dem Gottgegeb'nen!

Der Laden des Rathsverwandten Mays stellte einen erleuchteten Tempel dar. Vor dem Bilde des Churfürsten stand ein kleiner Altar, an dem zwei Mädchen als Priesterinnen, das eine Rosen streute, das andere Rauchwerk in die Opferflamme warf.

An der Henking'schen Apotheke, die ein churfürstl. Lehen war, war oben das ganze churf. Wappen mit deutschen und lateinischen (horazischen) Versen.

Vor den Häusern des Fräuleins von Mariot, der Geh. Räthin von Wrede, des Stadtraths-Advocaten Maehler und des Regierungsraths Tillmann im Kaltenthale standen 12 transparente Pyramiden, jede 16 Fuß hoch, perspectivisch aufgestellt; in den 12 Medaillons der Pyramiden waren die 12 Buchstaben des Namens Carl Friedrich vertheilt und die Fußgestelle enthielten je kleine Inschriften.

Der pfalzbairische Geh. Rath und Prof. medic. Franz Mai ließ an seinem Haus zum Andenken an die Feier eine Laterne zur steten Beleuchtung errichten.

Am Hause des Hafners Joh. Mich. Langenberg waren alle Fenster mit Transparenten geziert. Ueber der Hausthüre war der Mond, unter diesem die strahlende Sonne, zu beiden Seiten transparente Pyramiden mit den churfürstl. Wappen und Namenszügen.

Bei Bierbrauer Hieron. Landfried am Mittelbadbrunnen stand das Brustbild des Churfürsten mit Hopfen-Guirlanden, darunter die

Braugeräthschaften. Zwei Genien riefen zu beiden Seiten aus: „Landfriede!" — Unten stand die Inschrift:
>Hundert Jahre vier und zehne,
>Unter Sturm und Kriegsgetöne,
>Wohnen nun Landfriede hier.
>Himmel, ach! wir danken dir!

Am Universitätsgebäude gegen die Grabengasse zu stand ein bis zum 2. Stock reichender Tempel, mit Lampen innen und außen hell erleuchtet. Ueber dem Gesimse der Halle prangte die Inschrift „Serenissimo electori Carolo Friderico Rupertae restauratori." — Auf der Seite der Universität gegen den Paradeplatz stand ein 32 Fuß hoher Obelisk mit 500 gläsernen Lampen erleuchtet, errichtet von Geh. Rath Mai.

In der Semmelgasse waren drei beleuchtete Bogen gespannt, die Seiten der Straßen mit Maien geziert; Kränze trugen Inschriften. Das gleiche war in der Fischergasse der Fall.

Die hl. Geistkirche war an den Thüren mit Inschriften versehen.

Am Hause des Rothgerbers Werle stand:
>Es lebe lang Carl Friederich!
>Vor hundert Jahr soll er nicht sterben.
>Wer dies nicht redlich wünscht, wie ich,
>Dem möcht' ich gern die Haut durchgerben,
>Bis er zugleich mit mir ruft aus:
>Es lebe Churbadens Fürstenhaus!

Am untern Ende der Judengasse, vor dem Thor des Lauers, war eine beleuchtete Säule mit der Inschrift: Vivat Carl Friedrich! Unten war ein Gemälde auf Holz, das einen hiesigen Kärrner vorstellte, der einen Karren Holz vom Lauer führt und alle Kraft anwendet, das Pferd fortzutreiben und fortzuziehen. Seine Schwester schiebt am Rade; aus ihrem Munde gehen die Worte: „Bruder, fahr zu; der Churfürst kommt!"

Das Rathaus war in der Mitte, um den Balkon, transparent erleuchtet. Zwei Säulen, jede zwei Stockwerk hoch, die eine mit dem Namenszuge „Carl Ludwig", die andre mit „Amalie Friderica" geziert, trugen ein Fronton mit dem churf. Wappen; unter diesem die Inschrift:
>„Erst kurz seine Kinder; und schon hat er uns
>Seine Vatergüte erwiesen! — Welch schöne
>Aussichten öffnet uns die Zukunft!"

Zwischen den beiden Säulen hielt ein in der Höhe schwebender Genius das Brustbild des Churfürsten. Drunter war ein Altar. Heidelberg, in einer edlen weiblichen Gestalt, ward von der einen Seite an ihn zu Huldigung geführt. Auf der andern stand Minerva. Unter diesem Hauptgemälde nahmen auf einem kleineren die, andern deutschen Reichsfürsten zugefallenen, Pfälzer Abschied von den durch den Churfürsten regierten; unter letztern stand: „Schwestern! unter den Zähringern werden wir glücklich sein!"; unter jenen aber: „Wie hoffen es auch zu werden; aber warum können wir nicht vereint bleiben?" Zwischen beiden Inschriften: „Ewig scheiden ist schwer." — Der Brunnen auf dem Markte war von 8 erleuchteten Bogen umgeben; über ihnen ragte der restaurirte Hercules hervor.

V.

Goldschmiedordnung von Heidelberg. 1563.

Diß ist der goltschmidlordnung zu Heydelberg, so inen[1]) durch den durchl. Hochgeborn Pfaltzgraf Friedrichen (III.) Churfursten in Anno sechßig brey gegeben worden.

Erstlich soll ein jeder goltschmidt, der allhie in Heydelberg meister will werden, globen und schweren[2]), das er die nachfolgende ordnung getreulich halten und derselbigen in allen puncten und allen artickeln, so lang er meinster ist, geleben und nachkommen wölle. So man auch rathwahl[3]) hielt und die embter[4]) besetzt, sollen die goltschmidt zusammen erfordert und sie irer hervorgethanen eyde erinnert, und wider uff's new[5]) handtpflicht von ihnen genommen werden, welches man gehorsam thun pflegt zu nennen.

1. **Vom Silbergewicht.** 1. Zum ersten soll er khein ander Silbergewicht, weder zum khaufen noch zum verkhaufen gebrauchen, dann das gemein silbergewicht, so zu dieser zeit zu Franckfurt und in

---

[1]) ihnen = denselben. [2]) geloben und schwören. [3]) Stadtraths-Wahl. [4]) Aemter d. h. Gemeindeämter, deren Besetzung alle Jahre geschah. [5]) aufs Neue.

Heydelberg⁵) im gebrauch ist; und als lang inen ander maß oder ordnung nit geben würdt, thein silber verarbeiten wöllen, die marck halt dann am feinen halt⁷) vierzehen lot, also das es uff dem streichstein einen guten weißen lieblichen strich gebe und darzu weiß aus dem Fewer⁸) ghee⁹); auch außer seiner gewalt nicht geben, also mit dem strich und Stich¹⁰) bestanden.

II. Vom Zeychen. 2. Zum andern soll thein goldschmidt sein arbeit, die er von silber macht, das vier lot oder mehr wigt, von handt nicht geben, es habens dann zuvor die verordneten Schawmeister¹¹), ehe dann's vergült wird¹²), besehen und bestochen, und so sie darin die prob recht finden, als dann soll dieselb arbeit mit der statt¹³) zeichen, welches jeder zeit dem eltisten¹⁴) meinster zu bewaren zugestellt werden solle, bezeichnet werden. neben des meisters zeichen, der die arbeit gemacht hat, damit ein jeder über nacht zu finden sey, und sollen die geschwornen meister besondern fleiß haben, und keinen zu lieb oder zu leyd bestechen und zeichnen und niemand unrecht oder zu kurtz thun.¹⁵)

3. Und wa¹⁶) der geschworen meister den stich nicht deutlich erkhennen kann, soll er den andern geschwornen zu ime¹⁷) fordern, die alsbald, wie sich gebürt, bestechen, besehen, und so sie den stich nicht erkhennen, soll es auf ein capellen¹⁸) probirt werden, und alsdann so solche arbeit zu gering und dem gehalt, wie obsteet¹⁹) ungemeß were, soll es unverzeychnet bleyben.²⁰)

4. Doch wa es ungefehrlicher weise²¹) beschehe, so soll niemand

---

⁶) Das Heidelberger und Franckfurter Silbergewicht kommt dem Kölner Mark gleich; alle drei Städte halten fast ganz gleiches Münzgewicht, was jene Annahme rechtfertigt. ⁷) Gehalt. ⁸) Feuer. ⁹) gehe. ¹⁰) D. h. durch die Probirnadel. ¹¹) Meister zum Beschauen (des Silbers). ¹²) vergoldet. ¹³) Stadt. ¹⁴) ältesten.
¹⁵) Dieser zweite Artikel gab Anlaß zu Streitigkeiten zwischen dem Stadtrath und der Goldschmiedzunft, welche durch Churfürst Friedrich IV. am 3. Dezember 1600 dahin entschieden wurden, daß einer der ältesten Rathsherren, der kein Goldschmied war, das Controlzeichen der Stadt verwahren und damit die richtig befundene Arbeit stempeln sollte.
¹⁶) wo. ¹⁷) ihm. ¹⁸) Dieses Wort stammt wohl aus dem lateinischen capella, Ziege, womit man ohne Zweifel ein Instrument bezeichnete, das zum Prüfen des Silbers diente. ¹⁹) Oben stehet. ²⁰) Ungezeichnet, ungestempelt bleiben. ²¹) ungefähr oder zufällig.

am fein hallt[20]) unnd ein quintlein gesart[23]) fein, unnd wa sie geringer gefunden wurd, soll dieselb arbeit von stund an zuschlagen[24]) werden.

5. Unnd was dann bestochen und bezeychnet wurd, soll ein jeder ein pfennig von einem jeden stuckh geben, und das in eine büchsenn[25]) thun und jeder geschworn meister ein schlüssel dazu haben, und alle vierteljahr sollich gelt under einander theyllen.

6. Unnd damit diß obgemelt sovil mehr auffrichtig sonder gefahr zu gee[26]), so soll der rathsperson, hiezu verordnet, von den geschwornen schawmeistern goltschmidt-handtwerckhs der schaw und proben halb notturftiger unterricht beschehen, damit er sowol als sie der proben erkhanntnus[27]) haben möge. und soll sollche unterricht ime zuvor und ehe er hiezu verordnet und das zeychen geantwurt wurd[28]), beschehen und soll das zeichen, so jetzt im anfang der rathspersonen geantwortet wurd, ein A sein, und so zu jahr ein anderer geordnet wurdet, soll der ein B, der dritt ein C, und fürter hinauß biß zu ende des alphabets die Buchstaben jerlich verendert werden.

7. Gleicher gestalt soll der schawmeister, der das werckh[29]) besicht und besticht, auch ein sonder Zeichen, nemblich den ersten buchstaben an seinem namen und zunamen haben, und sollches auch neben die andere Zeichen ufschlagen.

III. Vom Umbgeen. 8. Zum dritten soll auch zu ungewonlicher zeyt, so oft und wann sie wöllen, die selbe geschworne meister vor die leben[30]) der goltschmidt umbgehen und auf dem Brett[31]) oder aus der buchsen ein schrot oder stuckh silber, das zu verarbeiten bereit ist, nemmen, darauff mit einem steffi[32]) desselbigen meisters namen schriben, und mit ihnen heimtragen, besehen, bestechen, damit man desto mehr fleiß habe, auf die prob zu arbeiten und in kheinen Weg ein geringer silber zu verarbeiten gestattet noch gebulbet werden.

IV. Unrecht befunden. 9. Zum Vierten. Wann einer an der schaw oder prob unrecht befunden, soll er zum ersten mal der zunft zween gulden, und zum andern unrecht befunden, der statt fünf gulden verfallen sein.

---

[20]) Am feinen Gehalt. [23]) im Verdacht. [24]) zerschlagen. [25]) in eine Büchse. [26]) um so aufrichtiger und ohne Benachtheiligung zugehen. [27]) Erkenntniß. [28]) überantwortet oder eingehändigt. [29]) Die Arbeit. [30]) Läden. [31]) Ladentbrett. [32]) Nadel.

10. Doch soll in alle wege gut vleißigs auffsehens³³) beschehen, das es nicht malefitzisch³⁴) verwürckungen, bann dieselbig der Pfaltz nach erwegung und gelegenheyt der Ueberfarung³⁵) zu straffen gebüren.

V. **Werckh-golb.** 11. Zum fünften sollen sie niemals thein golb für werckh-golt³⁶) verkhauffen oder verarbeiten, das unber achtzehn graten hell, doch soll das Remidium³⁷) ein gren³⁸) sein und nicht darüber.

12. Und sollen sie auch gar thein messing vergülden, doch mögen sie fürsten, graven, freiherrn und andern glaubhasten vom abel, babei man sich theiner gefar zu besorgen hat, so das grob arbeit ist, den messing wol vergülden, aber messings baumen und glubtring und auch halßtelten und bergleichen messenmüntz sollen sie unvergült lassen.³⁹)

13. Auch bei iren eyden thein glaß, boblet, noch bösen stein in golt versetzen.

14. Sie mögen auch frei das tupfer vergülben und versilbern, dann darunder thein betrug zu besorgen ist.

15. Und wa in disen puncten ober articteln einer, wie obgesetzt, strafbar erfunden würbt, soll er nach verbrechunge⁴⁰) der ordnung gestraft werden.

VI. **Meister werben.** 16. Zum sechsten. Welcher allhie meister will werben, der muß zuvor zwey jar lang bey einem oder zwey meinstern arbeiten, damitt er etlicher massen erkannt werbe, und nicht mehr meister habe, auch nicht under den zweyen jahren hinweg ziehen, bei verlierung seiner gearbeyten zeyt.⁴¹)

VII. **Meisterstück.** 17. Zum siebenden, das auch der, so meisterstück zu machen vorhabens were, allein ohne hilf bey der geschwornen meister einem das meisterstuch solle machen, nemblich ein gebechkt

---

³³) Fleißige Auffsicht. ³⁴) betrüglerisch. ³⁵) Uebertrettung. ³⁶) Gold, das zum Verarbeiten gebraucht wird. ³⁷) Wohl = fremder Zusatz. ³⁸) Gran.

³⁹) Die Schmucksachen und besonders kostbare Trinkgeschirre waren bamals in vielerlei Art im Gebrauch. In Heidelberg war das Goldschmiedhandwerk schon im 15. Jahrhundert im Schwung und von Bedeutung. Vgl. Mone Anzeiger VII, 174 und IV, 255 f.

⁴⁰) Ueberlretung ober Berletzung. ⁴¹) Bei Verlust der Zeit, in der er gearbeitet hat, so daß sie ihm nicht angerechnet wird.

geknort brinkgeschirle⁴⁸) am gewicht anderhalb ober zwo marckh, weiß vnd vnvergült, darzu ein gulden ring, darin ein bemant ober robin versetzt, sambt einem silbern sigillo mit schilt vnd helm.⁴⁹) Das alles sammenthaft soll er den geschwornen meistern vnd der gantzen zunft vnd besehen lassen, die dann folgendts zu erkennen haben, ob es genugsam vnd recht, alß dann soll er zum meister zugelassen werden.

VIII. **Zünftig werden.** 18. Zum achten, wann er sein werckhstatt uffthut, nach dem er meister worden, soll er auch besselbigen tags burger vnd zünftig werden, vnd allermassen wie ein anderer, so vor ihm zünftig worden, sich gepürlich⁴⁴) halten.

19. Auch soll er von ehrlichen ehelenten sein geboren, vnd, wa von nöthen, sein geburts- vnd abschiebs-brief der zunft verlesen vnd hören lassen, vnd alß baldt der zunft sechs gulden geben vnd ein viertel weins den zunftgesellen zu vertrincken, vnd eines zünftigen sins soll drei gulden geben vnd ein viertel weins zu vertrincken.

IX. **Die lehrknaben.** 20. Zum neundten soll khein meister vnder den goltschmiden ein lehrknaben vnder vier jahren das handtwerckh zu lernen annemen, vnd das auch der knab ehrlich geboren sexe, sonst in khelnen weg zum goltschmidt-handwerckh zu gelassen.⁴³)

21. Auch so einer würt zugelassen vnd angenommen, soll er der zunft vier batzen uffzuschreiben geben, wie von alter hero.⁴⁶)

X. **Gesellen halten.** 22. Zum zehenden soll khein meister mehr dann zween gesellen halten, sampt eynem oder zweyen lehrknaben, vnd khein gesellen nichts bey seiner weil⁴⁷) zu machen geben, bey straf zwey pfunt heller, soll er dem handtwerckh vnd gantzen zunft verfallen sein, so er wurd gebrechlich⁴⁸) erfunden, es sei klein aber groß arbeit, damit khein falsch silber vnder sollichem schein verarbeitet werden, sonder in aller gleichheit gehalten, das sich der arme beym reichen auch bleyben vnd ernehren möge.

---

⁴²) Ein Trinkgeschirr mit Deckel von getriebener Arbeit (geknort). ⁴³) Ein silberner Siegel mit Wappenschild und Helm. ⁴⁴) Wie sich's gebührt, gebührlich.
⁴⁵) Die Bedingung der ehelichen Geburt sollte eine Gewähr sein für die Richtigkeit der Geschäfte, die dem Handwerk übertragen wurden, weil man bei ehelicher Geburt eine geordnete, sorgfältige und christliche Erziehung eher voraussetzen konnte, als bei einer unehelichen.
⁴⁶) 4 Batzen Einschreibgebühr (in die Zunftliste), wie von Alters her.
⁴⁷) So lange er bei ihm weilt. ⁴⁸) fehlerhaft.

23. Es soll auch kheiner khein gesellen, der von seinem herren mit unwillen⁴⁹) khoumbt, zu arbeiten geben, es sey dann des andern meisters guter will.

24. Doch soll den meistern, die von der churfürstlichen Pfalz jeder zeyt zu derselbigen gescheften und notturft gebraucht, in diesem Fall der gesellen oder jungen halb khein maß gegeben werden, welche meister und gesellen aber hierunder auch khein geferde gebrauchen oder suchen sollen.

XI. Falschmünz. 25. Zum ellfften. Were es, das einem gollschmid, wer der were, solche falsche münz fürkheme, die gűldenn, silbern, kupfern oder von messing weren, soll er ein loch darin schlagen und ob der, so die münz brecht⁵⁰), der münz argwenig und verdächtig were⁵¹), soll er sollches der obrigkeyt anpringen bey dem eyd.

XII. Versetzung kleinater, wappen und anderring.⁵²) 26. Da würdet in zerbrechung alter kleynater und ringe befunden, daß die kästen⁵³) etwa dief, weyt und groß (obgleich die stein nicht dick darnach seindt) mit wachs-treiben⁵⁴) ausgefüllt werden, also das mancher an einem kleinot im zuwiegen wol umb etlich kronen khönnbte vernachteylt oder überforteylt werden; in dem soll es also gehalten werden: wann der oder die stein in das kleinat oder ring justirt⁵⁵) seindt, soll dasselbig kleinot oder ring einem dar gewegen und hernach, wenn der kasten gefült ist, nicht; oder aber soll der meister sich sollcher wachs-treiben gewichtshalb, bey sein pflichten mit einem leben der pflichkeyt gemeß zu vergleichen und im abzug zu thun schuldig sein.

XIII. Underkhaufere.⁵⁶) 27. Zum zwölften sollen auch die underkhaufere allhie kein gulden oder silbern arbeit, gemacht oder ungemacht, es sei ring, brincksgeschirr oder anders, nichts ausgenommen bey ihren eyden nicht verkhaufen, es sey dann zuvor durch die

---

⁴⁹) Mit Streit. ⁵⁰) brüchig. ⁵¹) Der den Argwohn erwecken und verdächtig wäre, die falsche Münze entweder selbst gemacht zu haben oder wissentlich als solche zu veräußern.

⁵²) Fassung von Kleinodien (Edelsteinen), Wappen- und andere Ringe.

⁵³) Fassung. ⁵⁴) Mischung von Wachs und Kreide. ⁵⁵) abgewogen.

⁵⁶) Wiederverkäufer oder Handelsleute mit Gold- und Silberwaren.

verordnete beschauwer besichtiget und was dann durch die beschauwer erkannt würd, das es werth seyn, demnach und nicht höher sollen sie es verkhaufen.

XIV. **Frembde siegel- und bettschaftgreber** [57] **belangend.** 28. Wann dieselbigen in der churfürstlichen Pfaltz hinderseßen[58]) seynd, soll inen uff den gewonlichen jahrmerckhen nie acht tag, und under dem jahr ein tag oder zwen ungeferlich und nicht lenger allhier zu arbeiten gestattet und nachgelassen und sonsten kheinem ausslendischen sollichs vergönnet werden, als dann sollliches in vilen stetten und orten breuchlich und gehalten würd, zu verhüeten allerhanbt betrugs und gefar.

29. Das auch die frembden goltschmib und silberkremer, so uff den jahrmerckhten und underm jahr allhie pflegen feyl zu haben, mit irem werckh nit sollen zu verkhaufen zugelassen werden, es sey dan, das soliche ihre war der hiesigen prob grob gleichmessig befunden wurdet, und auff's wenigst vierzehenbt halb lot an sein halte und khein fluckh, das über vier lot hielt, und obgemelter prob nicht gleich gefunden wurde, verkaufft werden solle, alles bey straf fünfftzehen gulden, davon der Pfaltz zehen gulden und die andre fünf der zunft gepüren sollen, wie dann sollichs den schauwmeistern jeder zeyt fleissigs auffsehens zu haben, mit ernst besolchen werden solle.

30. Es sollen auch die geschwornen meister alle jahr zum wenigsten ein mal unverseheners bing herumbgheen, und die gewichter durchauss bey allen meistern aufziehen[59]), damit ein jeder verursacht werde, dasselbig, wie sich gepürt, gerecht zu halten, bey unnachlässlicher straf, da eines gewicht unrecht befunden wurdet.

XV. **Geschworne zu wölen.** 31. Zum breyzehenden sollen die burgermeister alle jahr ein andern goltschmibt, der darzu tugllich, aus der zunft wölhen[60]), denselbigen zwey jahr lang darzu ordnen und setzen, der mit pflicht und eyden beladen, als den geschwornen gepürt; der soll dem eltsten ein jahr das ambt helfen tragen und soll allweg der eltist besteehen und die zeichen in beysein der rathspersonen, so das zeichen in verwarung hat, uff schlagen.

32. Doch ist in allen und jeden puncten und artikeln, so ver-

---

[57]) Siegel- und Petschaftstecher. [58]) überhaupt wohnen. [59]) abwägen. [60]) wählen

ſteen, enderung und verbeſſerung fürzunemnien oder die gar abzuſchaffen, der churfürſtlichen Pfalz in allweg vorbehalten.

33. Und ſoll dieſe ordnung uff nechſtkhünftig oſtern ihren anfang haben, und obcrzehltermaſſen durch die meiſter und verordneten in würckliche volleziehunge treuwlich gerichtet und gehalten werden.

Actum et datum den dritten Martij Anno ut supra, under unſer Pfaltzgraff Friederichs anhangendem Secret.⁴¹)

Der Hauptſache nach enthält obige Goldſchmiedsordnung folgende Punkte: Die Ordnung mußte jeder Meiſter beſchwören, überdieß mußte ſie jedes Jahr bei Neubeſetzung der Gemeindeämter den verſammelten Goldſchmieden vorgeleſen werden, worauf ſie handgelübdlich wieder verpflichtet wurden. Zum Ein- und Verkauf von Silber mußte das Frankfurter und Heidelberger Silbergewicht gebraucht werden. Nur Silber außer die feine Mark zu 14 Loth durfte verarbeitet; und nur ſolches, das auf dem Prüfſtein einen weißen Strich gibt und aus Feuer weiß hervorgeht, verkauft werden. (1.) Jeder Goldſchmied muß ſein Silber, ehe es vergoldet wird, dem Schaumeiſter zur Probe vorlegen Der Schaumeiſter hat beim richtigen Befund das ſtädtiſche Zeichen darauf zu machen. Dieſes Zeichen hatte der älteſte Meiſter in Verwahr. Außerdem hatte der Beſchaumeiſter ſein eigenes Zeichen dazu zu machen. (2.) Kann ein Schaumeiſter die Probe nicht finden, ſo ruft er den andern dazu; iſt das Silber zu gering, ſo bleibt es ungeſtempelt. (3.) Iſt der feine Silbergehalt um ein Quentlein weniger, ſo muß das daraus gearbeitete Stück ſofort zerſchlagen werden. (4.) Von jedem geſtempelten Stück zahlt der Eigenthümer einen Pfennig Stempelgebühr, welche die Schaumeiſter in einer Büchſe ſammeln und vierteljährlich theilen. (5.) Die zum Beſchau abgeordnete Rathsperſon muß über Erkennungszeichen vorher unterrichtet werden. Dann erſt wird ihm der ſtädtiſche Stempel eingehändigt. Dieſer Stempel beſtand in den Buchſtaben des Alphabets, die ſich der Reihe nach jährlich ablöſten. (6.) Der Stempel des beſchauenden Meiſters beſteht in den Anfangsbuchſtaben ſeines Vor- und Zunamens. (7.) Beide geſchworene Schaumeiſter haben

⁴¹) Siegel. — Dieſe Urkunde ſteht im pfälziſchen Copialbuch zu Carlsruhe Nr. 35. fol. 189 ff. Vgl. Mone Zeitſchrift III. 161 ff.

auch unter der Zeit in den Läden der Goldschmiede nachzusehen, das Silber, das verarbeitet werden will, nach Hause zu nehmen und da zu prüfen. (8.) Das unrecht befundene Silber muß das erste Mal mit fl. 2., das zweite Mal mit fl. 5. bestraft werden. (9.) Handelt sich's um einen offenbaren Betrug, so hat die Regierung einzuschreiten. (10.) Gold zum Verarbeiten soll immer 18 Karat haben, erlaubt ist nur 1 Gran fremder Zusatz. (11.) Verboten ist das Vergolden von Messing; mit Ausnahme von großen Gefäßen für adelige und sonst glaubhafte Personen; kleine Waare von Messing, darf nicht vergoldet werden. (12.) Verboten ist das Fassen von Glas und falschen Steinen in Gold. (13.) Erlaubt ist das Vergolden von Kupfer. (14.) Jeder Uebertreter ist straffällig. (15.)

Wer hier Meister werden will, muß zuvor 2 Jahre als Geselle gearbeitet haben, um seine Zuverlässigkeit zu erproben. Zieht ein Geselle unter diesen 2 Jahren fort, so hat er die schon ausgehaltene Arbeitszeit verloren. (16.) Das Meisterstück besteht in einem Deckel-Trinkgeschirr von getriebener Arbeit von 1½ bis 2 Mark Gewicht, unvergoldet, in einem goldnen Ring mit einem Diamanten oder Rubin und in einem silbernen Siegel mit Wappenschild und Helm. Diese Stücke sind bei einem der geschwornen Meister zu fertigen; die Zunft hat dann über die Aufnahme zu entscheiden. (17.) Meister kann nur werden, wer Bürger und zünftig ist. (18.) Er soll ehelich geboren sein und seinen Lehrbrief vorzeigen. Für die Aufnahme in die Zunft zahlt er fl. 6 und ein Viertel Wein den Zunftgesellen; der Sohn eines Zünftigen zahlt nur fl. 3 und ein Viertel Wein. (19.) Die Lehre dauert immer 4 Jahre. (20.) Als Einschreibgebühr in die Zunftliste zahlt er 4 Batzen. (21.) Kein Meister soll mehr als 2 Gesellen und 1 oder 2 Lehrlinge haben, welche Letztere jedoch nichts zum Verkauf verarbeiten dürfen, damit unter diesem Vorwand kein Unterschleif geschehe. (22.) Kein Meister soll einen entlaufenen Gesellen annehmen, ohne des ersten Meisters Wille. (23.) Den Meistern, die für den Hof arbeiten, wird die Zahl der Gesellen und Jungen nicht beschränkt; doch soll kein Unterschleif geschehen. (24.) Kommt einem Goldschmied eine falsche Münze zu Gesicht, so hat er in sie ein Loch zu schlagen; ist der Besitzer der Münze verdächtig, so soll er der Obrigkeit überliefert werden. (25.) Würde beim Zerbrechen von Ringen x., in die Steine gefaßt sind, es sich herausstellen, daß die Steine die Oeffnung nicht ganz ausfüllen, das Fehlende aber mit einer Wachs-Kreide ausgefüllt ist, so hat der Meister Ersatz zu leisten. (26.) Wiederverkäufer von Gold- und Silberwaaren dürfen nur nach Besichtigung derselben durch die Beschauer verkaufen und zwar nach Schätzung der Beschauer. (27.) Pfälzische Siegel- und Petschaftstecher dürfen auf den Jahrmärkten 8 Tage und unter dem Jahr 1—2 Tage hier arbeiten; ausländische gar nicht. (28.) Fremde Gold- und Silberkrämer dürfen erst verkaufen, wenn ihre Waare übereinstimmend mit der Heidelberger Probe befunden worden ist; bei fl. 15 Strafe, wovon fl. 10 der Regierung, fl. 5 der Zunft zufallen. (29.) Jährlich ein Mal wenigstens sollen die geschwornen Meister unverhofft die Gewichte bei allen Meistern visitiren. (30.)

Die Bürgermeister wählen jährlich einen Goldschmied aus der Zunft, der beeidigt wird und zwei Jahre als geschworner Schaumeister dienen muß, zuerst ein Jahr gleichsam als Gehülfe des ältern Geschwornen, dann wenn dieser nach 2 Jahren abtritt, selbstständig. Nur der älteste der 2 Geschwornen macht die Proben und die Stempelzeichen im Beisein des dazu abgeordneten Rathsverwandten, der das Rathszeichen für das Jahr in Verwahrung hat. (31.) Die Regierung kann diese Ordnung ändern oder ganz abschaffen. (32.) Dieselbe tritt auf Ostern 1563 in Kraft. (33.)

VI.

Die Schicksale Heidelbergs im dreißigjährigen Kriege.

A. Die Jahre 1621 und 1622.

(Fortsetzung.)

Die unter Nr. I. dieses 2. Bandes des „Archivs" enthaltene urkundliche Darstellung der Ereignisse vor und während der Belagerung, sowie der Ereignisse bei und nach der Eroberung der Stadt Heidelberg durch Tilly, welche aller Wahrscheinlichkeit nach von dem Gouverneur von der Merven zu seiner eigenen Rechtfertigung veranlaßt und herausgegeben worden war, enthielt des Anzüglichen für die Stadt und ihre Bürger zu viel, als daß diese darüber hätten schweigen können. Wir finden deßhalb bei Londorp[1]) eine Vertheidigungsschrift, die in den nachfolgenden Blättern veröffentlicht werden wird. Sie führt den Titel und lautet:

Kurze und doch gründliche Verantwortung der Chur- und Residenz Statt Heydelberg Einwohner, wlber die in jüngster Herbstmesse Anno 1622 außgegangene vermeynte Historische Relation der Statt Heydelberg Belägerung und Eroberung betreffend. Männiglich zu rechtem und wahrem Unterricht, aus beweglichen Motiven, auch in Truck gegeben und der vermeynten Relation entgegengesetzt durch P. P.

---

[1]) Der Römischen Kayserlichen Mayestät und des Heiligen Römischen Reichs, Geist- und Weltlicher Stände, durch Chur- und Fürsten, Grafen, Herren und Städte Acta Publica und Schriftliche Handlungen ꝛc. ꝛc. durch Michael Casparum Londorpium, Historiographum, mit Fleiß colligirt und zusammengetragen. Zweiter Theil 1668. Frankfurt am Mayn. Im Verlag Ioannis Baptistae Schönwetters.

An den Stadtrath zu Heidelberg.

Ehrsame, Wohlweise, Vorsichtige Herren und gute Gönner. Als nach ausgestandenem großen Elend bey Eroberung der Stadt Heydelberg, ich mich von dannen anhero begeben und Ruhe suchen wollen, ist mir beß zu Heydelberg gewesenen Gubernatores Heinrichs von der Merven zu Franckfurt bei Sigismundo Latomo anno 1622 gebruckte Beschreibung der Belägerung selbiger Stadt ohngefehr zugeschickt worden, auß welcher ich mit betrübtem Hertzen vernommen, daß er vorgeben dörffen, wie der mehrertheil Bürger, welche er hin- und wieder auff die Mauren und an die Pforten gestellet, dieselbe verlassen auf ihre Zunfftstuben umb zu deliberiren, zusammengelauffen und dadurch die Vorstadt und Stadt erobert und überwältiget worden. Sintemal mir das Gegenspiel, und biß wol wissend, daß zu dem Unheil er vielfaltig Ursach gegeben, also nachfolgende Pünctlein zu Rettung der euch anvertrauten Bürgerschafft zu Papyr bringen. E. E. und W. zu schreiben und offentlichen Truck außgehen lassen wollen, nicht zweifelnd, sie diese meine einfältige Gedanken in gutem vermerken werden, damit x.

Datum St. den 2. Martii Anno 1623.

E. E. und W.

dienstgeflissener
P. P.

Die Klage ist von Anfang der Welt geführet worden, daß die Wahrheit sich bey denen, die darumb wenig Wissens haben, leichtlich muß anfeinden und verdunkelen lassen: Auch ist es fast gebräuchlich, daß diejenigen, so die Unwahrheit außgesprengt, ihren Zweck erlangt zu haben vermeynen, wann man das Falsche vor eine Wahrheit glaubt, und die, wider welche sie solch Gifft außgeflossen, bey allen Menschen, mit Haß beschweret, und in Unglimpff gebracht worden. Und ob wol solches männiglich bekaubt, so haben doch die arme Einwohner der Churfürstlichen Pfaltz Residentz Stadt Heydelberg in der That, mit sonderlichem Schmertzen vernehmen müssen, daß kurtz nach außgestandenem ihrem eussersten Elend und Eroberung der Stadt, ihr gewesener Guvernator, Heinrich von der Merven, auß Frießland Oberster über sieben Compagnien zu Fuß Niederlänbischen Volds, sich unterstehen dörffen, in seiner vermeynten Apologia, so er Relationem historicam postumam obsidionis Heidelbergensis intituliret, und in verschiedener Franckfurter Herbstmeß bey Sigismundo Latomo, zu Franckfurt in öffentlichen Truck außgehen lassen, alles entstandene Unheil, dessen Ursach und Schuld auff die arme, unschuldige und gantz verderbte Burgerschafft, welche ihre Posten und Stadtmauren sollen verlassen und auff ihre Zunfftstuben umb zu deliberiren zusammengelaufen seyn, offentlich (wider besser Wissen und Gewissen) legen und außschreyen dörffen: Und hätte es zwar dieser Deduction ¹) gar nicht bedürffet, auch die Einwohner der Stadt Heydelberg bey diesen zumahl betrübten Zeiten und Weltkündiger Notorietet ²) einiger Defension ³) nicht von nöthen gehabt, und sich dieser außgepresten Apologiae ⁴) bey ihrem ohne das grossen Betrübnuß und Elend gerne gefreyet gesehen; damit sie jedoch nicht vor Veräther ihres eigenen guten Leymuths gehalten, von andern prostituiret ⁵) und verachtet, ihre getreue unterthänige Affection, ⁶) so sie gegen ihre Herrschaften von Anfang biß zu End getragen, in einigen Zweiffel gezogen werden, und dann männiglicher sehen möge, wie sie ein gantzes Jahr hero sich bey der Soldatesca gelitten, und was zu erfolgtem ihrem Untergang Ursach und Anlaß gegeben, auch frommen und redliche Leute in der falschen Beredung nicht stecken liessen.

So haben zu ihres Gubernatoris offentlichem calumniren, sie nicht stumm seyn können, sondern wie auffrichtigen Leuten gebühren will, sich dieses Manns Aufflagen und Bezüchtigungen entschütten, ihre Unschuld mit Bescheidenheit und beständigem Grund der Wahrheit retten und vertheidigen, auch auff dasjenige, so ihnen offentlich verwiesen wird, hiewieder offentlich und mit Bestand antworten, und und nachfolgende Puncten an Tag geben müssen.

Bedingen ihnen jedoch bevor, daß alles dasjenige, so sie in dieser kurtzen Deduction-Schrift nothwendig der Welt vortragen müssen, nicht auß einigem Neyd oder Haß hergeflossen, oder auch injuriandi

---

¹) Auseinandersetzung. ²) Bekanntsein. ⁴) Vertheidigung. ⁵) Widerlegung, ⁶) gebrandmarkt. ⁷) Zuneigung.

animo *) geschehen, sondern, daß alles einig und allein zu Rettung ihres guten wohl hergebrachten Namens gemeynt, sie der lieben werthen l'ostiritet,⁹) den in der historischen Relation gesetzten Fähler entziehen und benehmen und daß ihres gewesenen Gubernatoris vermeynte Apologia solche erlaubte Gegenwehr, außgewnngen und gedrungen habe.

Dem Werck also einen Anfang zu machen: Als im verschienenen 1621 Jahr, der 12. Septembris Herr Horatius Veer, bestellter General über die Pfältzische Armada, gegen allerhandt erheblichen Ursachen, und beß Feindes Angesicht auß dem Feld gewichen und in die noch wenig übrige Chur-Pfältzische Städte, als Heydelberg, Mannheimb, Franckenthal und Germerßheim mit seinem Volck sich retirirt: Ist gedachter Oberster Merven naher Heydelberg zu einem Gubernatore verordnet und bestellet worden, wie er dann auch stracks darauff mit seinen und mehr andern Compagnien dahin kommen und männiglichen verhofft, weil er ein alter versuchter Soldat, bey dem Kriegswesen herkommen, und von vielen sehr gerühmt worden, es würde diese Chur- und Residentz Stadt, mit so ansehnlichem Mann, wol versehen und verwahret seyn, weil sonderlichen er mit guten und glatten Worten, dem gemeinen Mann und Pöffel ¹⁰) zugesprochen, auch sich aller guten Affection und vertraulicher Correspondenz gegen männiglichen beß Orths vernehmen lassen.

Es hat sich aber, leyder Gott erbarme es, bald das Widerspiel erzeuget, dann nachdem er kaum in die Stadt, und sein Gubernament eingetreten, hat er sich unterstanden, alle Ordnungen durch einander zu vermischen, die von so vielen hundert Jahren hero wollbestellte Kantzeley, zu seinem Gehorsamb, zu ziehen, unbefragt und unangeklopfet in dem hohen Geheimen Rath sich einzudringen, ihn mit schmählichen Worten in Beyseyn vieler Officirer- und Capitain anzufahren, unmögliche und unerschwingliche Dinge von ihnen außzupressen, und in Summa gleich Anfangs bei männiglichen in allen Orthen und Enden der Stadt, die hochansehnliche hinterlassene Regierung, und die sehr alte vornehme Herrn Räthe despectirt, ¹¹)

*) In der Absicht zu beleidigen. ⁹) Nachkommenschaft, Nachwelt. ¹⁰) Pöbel. ¹¹) geringschätzig behandelt.

veracht, ihnen sehr schimpfflich begegnet, alle Einwohner spöttlich gehalten, dadurch allen Respect und Gehorsamb der Obrigkeit, so viel an ihme gewesen, entzogen, und sich an den gemeinen Pöffel gehengt. Daher nothwendig erfolgt, daß er mehrertheil Räthe, Diener, Professoren und andere Einwohner, welche gern bey dem lieben Vatterlandt, als gute Patrioten, Gut und Blut auffgesetzt und demselben mit Rath und That gegenwärtig beygesprungen wären, zu Verhütung größeres Unheils, weggezogen und sich anderst wohin salviret: Wie alles auß seiner selbst eigenen Relation pagina 2 abzunehmen, denen er der Regierung, welcher gleichwol die Landen und Stadt Heydelberg, eben so wol und mehr als ihm anbefohlen gewesen, glimpflicher Schreiben unterdrucket und seinem eigensinnigen Kopff nach ein scharffes und so stichigten Schreiben an den Herrn General Tylli abgehen lassen.

Ist auch unlaugbar war, daß der Gubernator selbsten, den 7. Decembris 1621 auff dem Rathhaus zum höchsten sich beklaget, wie ein gemeynes Geschrey seyn, zu Straßburg, Heilbronn, Wimpffen und anderswo, daß er die Leut zu Heydelberg mit Gewalt anßtriebe, und der Stabt¹¹) nicht wol vorstehe.

Also unter andern Puncten wider solche Außlagen der gesampten Stäbe Attestation begehret, welches sie gleichwol, auß Betrachtung, es der Wahrheit nicht gar entgegen gewesen, damahlen umbgangen und an seinen Orth bewenden lassen.

Als nun ein guter Theil der Einwohner weggewesen, hat er den frommen Herrn Kantzler, weiland Johann Christof von der Grün nunmehr selbigen (dessen Sanfftmuth und Moderation¹²) in allen Actionibus¹³) und Verrichtungen, jedermann, so mit ihm zu thun gehabt, bekandt und der Feind selbsten an ihm höchlicher rühmen müssen) müde und laß zu machen, alle Neuerungen auf die Bahn gebracht, viel unnöthig Bauen angefangen Geld zu allem Ueberfluß und mit grosser Ungestüm außgezwungen, ben Solbaten allen Muthwillen zugelassen, alle über Solbatesa klagende Partheyen von ihm ab, und zu sonderlichem Verdruß, an ehrengedachten Herrn Cantzlern, so jedoch wider die Solbaten nicht helfen können, gewiesen.

---

¹¹) Beamtungen in Heidelberg. ¹²a) Mäßigung. ¹³) Handlungen.

Und demnach zum dritten der Herr Cantzler allen obliegenden Geschäften, so damals häuffig zugefloffen, nicht abzuwarten vermöchl, der Gubernator die klagende Partheyen nicht hören wollen, die Garnison der Stadt Heydelberg fich fehr gestärket und von den Einwohnern mehrertheils unterhalten werden müffen, ist von der damahls hinterlaffenen Regierung wie auch dem Gubernatore felbsten, eine unabgängliche Nothurft geachtet worden, daß zu Einquartirung der Soldaten, Hinlegung der zwischen der überhäuffter und gantz ungleich gehaltener Garnison und dem der hiesigen Stabt Einwohnern, Bürgern und gefeheten Leuten, vorfallender Streit und Irrthumben zu Handhabung guter Ordnung, bey so überaus grosser Menge Volks, zu Verhütung aller confusion [14]) und besorglichen Untergang, der Chur- und Residentz-Stadt Heydelberg ein Conses [15]) von denen dreyen Stäben, als der Cantzelei, darinnen der Hoff begriffen gewesen, der Universität und der Stadt auch etlichen Kriegsofficirern, geordnet und angestellet, und gleich zu Anfang des Novembris Anno 1621 etliche zum Kriegs-Wesen deputiret, denen über obigem noch dazu das Proviant Wesen, und die Unterhaltung der gantzen Guarnison, wie auch das nothwendige Fortification Wesen, Aufficht auff die Spital, und allerhand Special Polizey Ordnung, nach Gelegenheit der Zeit, in Obacht zu haben, aufferlegt und mit völligem Gewalt niedergesetzet, auch nach der Hand bey der Ankunfft ihrer gnädigsten Herrschafft, von derofelben nicht allein gut geheißen und alle ihre Verrichtungen confirmirt, sondern auch den deputirten Personen, ohngeachtet sie sich folches beschwerlichen Lastes zu erlaffen, offtmahlen auch schrifftlichen sub dato Heydelberg den 27. April 1622 unterthänigst gebetten, die Continuatio [16]) sub dato Darmstabt den 25. May 1622 gnädigst anbefohlen worden.

Und ob man zum vierdten anfänglich aus folchem augenscheintlich gespüret, daß dadurch den Soldaten das Ihrige ordentlicher verschafft, und den armen Einwohnern die Justitia in etwas gebeyen wollen, auch die hohe Officirer dem Rath fleißig beygewohnet und der mehrertheil fich rühmlich und mitleydentlich erzeigt, so hat jedoch

---

[14]) Unordnung, durcheinander. [15]) Gemeinschaftliche Sitzung und Berathung. [16]) Fortsetzung.

— 69 —

solcher Anstalt fallen müssen, indeme bald nur gemeine Officirer von der Guarnison zum Deputations Rath verordnet worden und dahero dem consessui sein gebührender Respect bey den Soldaten gefallen: bald die hohen Officirer deß Raths billiche Bescheyd nicht in gehörige Obacht nehmen wollen, und man auch bey dem Gubernatore (der jederzeit von den Stäben ersucht worden ihm aber an allerley Entschuldigungen nie gemangelt,) einige wirkliche Execution der den letzten Dezembris 1622 wegen eines kranken Soldaten, den 26. Januarii 1622 wegen nachtlicher Weile vorgangenen Angriffs der Burgerlichen Wacht, am inneren Speyer-Thor, den 2. Februarii wegen eines gestohlenen Pferdts, den 9. ejusdem wegen eines auff den Todt verwürckten Bruders, und vieler andern gantz wichtig gefällten Urtheil, ob sie auch schon offtmahl verheissen, 6. Februarii 1622 auch in der Guarnison Kriegsrath geschlossen gewesen, erhalten mögen.

Allerley Confusion vorzukommen und gantzlichen Auffstand zu verhüten, seynd zum fünfften, vielmahle bey dem Gubernatore der Unterthanen höchsten Beschwernussen, und der Soldesca grosse Insolentien und Tyrannisiren vorgetragen worden: Als nemblichen, daß die Knecht hauffenweise das Weingart und Laubenholtz auch die Zäune und Gelender unnützer weise in und außerhalb der Statt abgebrochen, verbrannt, alle Gewächs zertretten und dardurch ein unwiderbringlichen Schaden verursachet: daß die Forierer [1]) vor sich selbsten, der außgegangenen Ordnung zu wider, der Soldaten Quartir veränderten, und denjenigen, denen sie feind und abgunstig gewesen, böse halßstarrige Gesellen auffgebrungen, andere aber, so ihnen Geld gegeben, befreyet und der Soldaten entlediget: Daß alles Schänden, Schmähen, Pochen, Fluchen, Gotteslästern gar überhand genommen: daß die Soldaten ihre eigene Haußvätter und Kostherrn mit unleydenlichen Schmachreden angelastet, zum ärgsten an Ehren außgeschändet, mit gebloßten Degen überloffen, und allerhand außgepresset, auß ihren eigenen Haußern gejaget, sie geschlagen, Thür und Thoren auffgetretten, alles so ihnen anständig gewesen, eigenthätiger weiß herauß gestohlen, den Wein mit Kübeln auß den Kel-

---
[1]) Fourrire-Quartierschreiber.

lern getragen, die Bett den armen Kindern im kälteſten Winter entzogen, die Eſſenſpeiſen und Haußmannskoſt verachtet, auff die Erd geſchüttet, Schüſſel mit den Eſſenſpeiſe hinter die Thür geworffen, ſie mit Gläſern und Kandlen an die Köpff geſchlagen, mit Füſſen getreten, auff die arme Leuth (anſtatt des Dancks vor die Koſt) geſprungen, in den offentlichen Wirths- und Gaſthäuſſern, die gekochten Speiſen vom Feuer weggeriſſen und entwendet, das Bethwerk muthwilliglich verwüſtet, den armen eingeſtehnen¹⁵) Leuthen ihre Faß und Kiſten in den Quartieren aufgeſchlagen, das ſo darinnen geweſen, ohne Entgelb entzücket, das Korn von den Speichern mit Hauffen abgeführt, die Pferdt den Bauern auß den Stellen bey offentlichem Tag gezogen, die Ampt- und andere Herrſchafft Häuſſer verwühlet, die Thor, Schlöſſer und was nur Eiſen, abgebrochen, die Acten zerriſſen, die Oeffen außgehoben, Weiber und Männer mit ihrem abſcheulichen zuſetzen alſo erſchrödet, daß ihrer viel, ſonderlich aber ſchwangere Weiber, davon Tods verfahren: Ja daß ſie den Einwohnern die gemeine Huren an Tiſch und Wohnung unverholen auffgetrungen, und die Fenſter auß pur lauterem Muthwillen außgeſchlagen, in ſumma ſo gehauſſet, daß eine gantze Gemein am Schloßberg den 3. Januarii 1622 ſupplicirt, und die Soldaten gleichſam vor den Feind halten müſſen.

Nachdem aber all dieſes Klagen bey dem Gubernator nichts verfangen wollen, iſt es nothwendig an andere Orth angebracht und er ſeines Ampts, wie billich erinnert worden: Welches leyder nichts anderſt verurſachet, als daß der Gubernator den Stäben feind worden, und von Tag zu Tag je länger je mehr ſehen laſſen, daß er ihme oder auch den klagenden Partheyen die Hülffliche Hand zu bieten nicht geſinnet: dann ob er wol auff der Herrſchafft abgegangene Befehl zum Kriegs-Rath hoher Officirer von neuem verordnet, ſeynd dieſelbe doch nicht erſchienen, und von ihm ſelbſten entſchuldiget worden, dahero der Soldaten Inſolentz ſo groß worden, daß ſie weder nach Gott noch nach der Obrigkeit gefragt und ungeſcheuet, auch ohne Entgelb der Herrſchafft Räth, Diener und die ſamptliche Stäbe, offentlichen ſchmähen, ſchelten verſpotten, und wol den Anweſenden in ipso consessu ¹⁵ᵃ) und Rathſitz, den Todt trauen dürffen, wie

---

¹⁵) hereingeflohenen ¹⁵ᵃ) In jener Verſammlung.

solches alles die an die Regierung, an den Grafen von Mansfeld und den Gubernatorn, den 8. Dezemb. 1621, den 6. und 19. Februarii 1622 abgegangenem Bericht, mit mehreren außweißen, und keinem darauff doch die geringste satisfuction nicht geschehen. Daran es auch nicht genug gewesen, sondern es seynt in gleichem keine Malefitzsach, ob sie schon zwischen der Soldatesca selbst vorgangen, gestrafft worden, ein oder zwey Exempel zu geschweigen, da ein Quartiermeister in dem Monat Novemb. 1621 einen Soldaten in öffentlichem Wirthshauß in der Statt, ohne einige gegebene Ursach umgebracht, und zu Ende des Januarii 1622 ein Feldbalbirer, einen Löwensteinischen Soldaten gegen Abend, auff der offentlichen Gassen in der Vorstatt todt geschlagen, ist dieser nicht einmal in Arrest genommen, der ander ohne einige Straff loßgelassen worden, und könnten dergleichen Exempel mehr beygebracht, so kürtze wegen jetzo umbgangen werden.

Es ist auch zum sechsten so viel kommen, daß der Gubernator neben den Obersten anbracht, wie die Officirer nicht mehr geneigt, daß die Stritt zwischen Burgern und Soldaten, in dem genannten Deputations-Rath vorgenommen, sondern wollen sie selbsten den Einwohnern Recht schaffen und sie klaglos stellen: Welches wie es männiglichen zu Anfang erwünscht zu seyn gedunkt, also hat man bald darauff sehen müssen, daß aller Muthwillen bey den Soldaten gewachsen, das Stehlen überhand genommen, daß dem armen Bauersmann das Seinige, was er dem Feind aus dem Rachen gezogen, und in die Statt, entweder zu Fristung seines Lebens flöhen, oder aber zu offentlichem seylem Kauff bringen wollen, mit Gewalt abgedrungen und da ers auch verborgener Weise, bey den Wachten durch und in die Statt gebracht und bißweilen ein Zehrpfennig darauß erlöset, hat er allererst die Gefahr auff sich gehabt, daß ihm das wenig erlöste Geldt, sowohl bey den Wachten, als von den streifenden Soldaten, wie offtermahlen geschehen, möchte abgenommen werden, welches dann der arme Mann gern dahinden gelassen, wo er nur der harten Schläge und gänzlichen Plünderens und Außziehens, hätte mögen geübriget bleiben. Welches dann verursachet, daß die tägliche Victualien der Statt abgeschnitten, und aus Forcht vom Bauersmann solche an andere obliegende Ort dem Feind zugebracht worden.

Ob nun wohl die armen Leut bey den Officierern umb Hülff und Recht angehalten, und durch ihre ordentliche Obrigkeit bey dem Gubernatore selbsten gesucht, auch je bisweilen zum Schein den Betrangten Vorschreiber an die hohe Officirer mitgetheilt worden, hat alles jedoch das geringste nicht verfangen, auch der Gubernator mit Vorwendung der Fortifications-Geschäften, die Partheyen gäntzlich von sich abgewiesen, und man noch darzu sehen müssen, daß die hohe Officirer, so andern billich abwehren sollen, die Hand selbst angelegt, Ochsen, Kühe, Rinder, Schwein und was sonsten vorhanden gewesen, niedergehauen, die Keller mit Gewalt eröffnet und allen Ueberfluß von den Unterthanen ohne Scheu erzwungen.

Als nun zum siebenden, diese unerhörte Inconvenientien verspürt worden, und die Stäbe den Jammer nicht mehr zusehen können, haben sie es, jedoch zum allerglimpflichsten, an ihre Herrschaft berichtet, und umb gnädigste Linderung unterthänigst gebetten, darauff dann ernstliche Befehl an den Gubernatoren abgangen, aber gleich wol den armen Nothleidenden mehr nicht als zuvor die Justitia gedeyen wollen, dann der Gubernator wie vor keine Kriegs Officirer, oder etwa einen der geringsten, oder auch welcher der Teutschen Sprach unerfahren gewesen, denne vor allen Stäben verordneten Kriegs-Rath beygesetzt und wann so große Missethaten vorgegangen, welche nicht ungestrafft gelassen werden können, hat er die Stäbe, durch allerley Ränk dahin bringen wollen, daß sie bey der Herrschafft oder auch ihm selbsten, eine Vorbitt einlegen müssen, und da sie solches mehrertheils abgeschlagen, seynd die von den Regimentern verbampte Uebelthäter, jedoch fast jederzeit ohne Straff entlediget worden.

Und da vor's achte, alle Unordnungen, sonderlich das offentlich Stehlen und Rauben, auch Auffbrechen der Backhäuser, dem den 11. Julii 1622 außgegangenen Decret zuwider, überhand genommen, das Fressen und Sauffen mehr als das Wachen gewehret, eine einzige Persohn samt seinen Sauffgesellen in einem Tag seinem Haußherrn in sechzig, siebenzig, hundert, ja wohl hundert und sechzig Maß Weins, wie das Protokoll, den 17. Novembris und deß Gubernatoris den 11. Dezembr. 1621 in Beyseyn der Capitain Lieutenant und Fendrich auff dem Rathhauß gethaner Vortrag und der Bericht, an den Graffen von Mansfeld, sub dato den 8. Dezembris 1621 abgangen außweiset ablauffen dorffen, die Soldaten ihrem Belieben nach, ihre Posten versehen der Gubernator nur zum Schein viel und mancherley Gebott machen und anschlagen, aber das geringste nicht, als sein Schantzen vollführen und exequiren laßen, ist es bey der gemeinen Soldaten Insolents nicht verblieben, sondern es haben etliche der hohen Officirer die Einwohner und Bürger unmenschllschen tractirt, die Quartier ihrem eigenen Lust und Begierde nach der publicirten Ordinantz schnurstracks zuwider vielfältig verändert, wo noch etwas übrig gewesen, aller Möglichkeit nach auffgerieben, Keller und Speicher mit Gewalt eröffnet, (laut Bericht den 9. Martii Anno 1622 abgangen) wider gethanen Versprechen, eröffnetem Edict, und vor die Soldaten der Guarnison gemachter lendentlicher Taxt in Victualien, in Wein und Fruchten, die Steigerung mit ihrem theuren Verkauffen verursachet, wie solches den 24. Junii geklagt worden, auch einer und der ander der Mägden und Gesinde also mit Gewalt zugesetzet, daß dieselbe zu Rettung ihrer Ehr und Lebens, sich auß dem Hauß thun, und den Abschied nehmen müßen, die Bürgerliche Wachten verspottet, mit Ungestüm angefallen heßlich tractiret, und bey der ohne das sehr bedraengten Burgerschafft großen Verdruß caufirt,[18]) ja ihre Haußvätter, welche gleichwol alles was sie im Hauß gehabt, auch was sie nur begehrt, aufftragen müßen; schröcklich geangstiget, schäublich geprügelt, in die Eysen eingeschmiedet und sich auß allerley wol gesuchten und falschen Scheinen, zu unbilliger Rantion gezwungen.

Es ist auch mit ihrer Furi so weit kommen, daß sie der Stadt Gefängnußen mit Gewalt eröffnet, die von der Obrigkeit wegen allerley Mißhandlungen eingesetzte Burger ihres Gefallens loßgelaßen, und auff offentlichem Markte noch connivente in omnibus Gubernatore,[20]) damit stoltziret und praviret,[21]) auch die Obrigkeit zu solchem allem stillschweigen müßen.

Es waren zum neunden, in die fünf Spital von der Herrschafft angeordnet und dieselbe mit allerhand Victualien, Medicamenten

---
[19]) verursacht. [20]) indem der Guverneur bei Allem ein Auge zudrückte. [21]) großgethan.

und Lägerungen wol und nach Notlurfft versehen, wurden auch täglichen von den Medicis und Balbierern ersucht, alles zu dem Ende, damit die Kranke, Gequetschte und Verwundete sonderlich aber diejenigen Soldaten darein gelegt werden sollten, welche mit der damahlen regierenden Seucht und ansteckender Hauptkrankheit beschaffen waren, darmit die Stadt, so leichtlich in allen Häusern angestecht werden können, von der Jnfection*) aller Möglichkeit nach befreyet würde: Deme zu entgegen haben erstlichen etliche Capitain ihre kranke Soldaten und Knecht den Einwohnern ohne einige Discretion**) auffgedrungen, auch der Gubernator solchem Unwesen nur zu Verdruß der Leuthen zugesehen, und die kranke Soldaten in den Häusern der Bnrger sich so gehäuffet, daß endlich die Hauptkrankheit und Rotruhr überhand genommen, von den Einwohnern bald der halbe Theil, und in dem verschienen Monat Julio bey die 1000 Personen gestorben, deren der mehrer Theil nur arme Wittwen und kleine Waysen hinterlassen, also die Burger und Einwohner sehr abgenommen, der Last andern wenigen mit unerträglicher Beschwernuß zugewachsen, und völlig die defensio der Stadt hierdurch zumal geschwächt worden.

Als auch vor's zehende der Gubernator eine extra ordinaire Besoldung und tägliche Unterhaltung uad vor seine Regiments-Officirer ein Tractament von den Stäben haben, und selbige mit sehr nachtheil- und schmählichen Worten, auch Beträwungen außpressen wollen, sie sich aber derowegen gegen ihm entschuldiget, und mit seiner Forderung an die Gnädigste Herrschaft und an den Herrn General Beer auch an den Herrn Canzler selbsten gewiesen, auch auff sein Gubernatoris Begehren intercessionales den 4. und 5. Januarii, den 17. Juni, den 3. Juli und den 3. Augusti abgehen lassen, hat er darauff die arme klagende Einwohner, weil ihme nicht stracks willfahrt worden, von sich ab, und mit ganz schimpfflichen Worten an ihren König an die Deputirte und an Schultheißen, die ihnen helffen sollten, und gleichwol nicht gekönt, gewiesen, mit vorgeschützten Worten, sie ihme nicht ein Bissen zu essen geben.

Und damit er ja, vors eylffte, den gemeinen Mann wider seine

---
*) Ansteckung. **) Unterschied.

Obrigkeit reizete, derofelben allen gebührenden Respect benehme, und an sich zöge, hat er den Herrn Cantzler, als Cantzeley- und Universitäts-Verwandten, und den Stabtrath nicht allein sehr schimpflich gehalten, von denselben bey männiglichen übel geredet, und sie verdächtliche Scribers geheissen: Sondern auch öffentlich auff dem Marckt, auf dem Rathhauß, bey den Gastereyen und auff den Schautzen, sonderlich aber den 3. Juli, ohne die geringste gegebene Ursach, die von den gesambten Stäben Deputirte zu sich hinauß gefordert, in Beysein hoher Officierer' und einer ziemlichen Anzahl des gemeinen Volks verkleinerlich angefahren, zu seiner Unbescheidenheit nach gebaukt, mit schlagen bedrohet, den Stab über sie gezückt, alle Einwohner ohne Unterschied Schelmen, Dieb und Verräther gescholten, sie bey Ankommen des Feinds fornen an die Spitzen zu stellen, unter die Mußquetaben zu führen, und mit blossem Degen drunter auffzuhalten öffentlich angemasset: Und ob er sich wol nach der Hand, wegen der vielen außgestossenen Caluminen bißweilen privatim entschuldiget, ist doch solches bey den Officirern und Soldaten, auch Einwohnern eingewurzelt, habens ihnen zum Exempel genommen, und hat er es bald selbst darauff ärger als zuvor gemacht, also seiner Beständigkeit sich gegen Gubernatorn zu versehen gewesen.

Und ist es zum zwölfften, bey der Englischen Bezahlung, so alle Bocken richtig gefallen, nicht besser hergangen, ohngeachtet der Gubernator zu Anfang und jederzeit den Geldmangel, welchen gleichwol er und seine Regiment, mit der Wahrheit fast niemals vorwenden können, vorgeschützet, sintemahl, der ordentlichen Lehnung ungeachtet, die außgesogene Einwohner den Inquartierten Soldaten an warmen Speissen die Fülle, deme von der Herrschafft den 11. May 1622 und deß Gubernatoris den 2. Julii ejusdem außgegangenen Edict schnurstracks zuwider, reichen sollen, und gleichwol die Gärten, daher sie das Gemüß haben können, der Obrigkeiten inständigem Anhalten, flehen, auch endlichen, eyfferigen schrifftlichen protestiren sub dato den 28. Juli 1622 entgegen, müssen verwüstet, Obs, Kraut, und ander Köchsel, öffentlich von den Officirern mit Wägen eingeführet, von der Soldaten Weiber auff dem Marckt, ohne Scheu und Straff, verlaufft, das Holtz auß den Weinbergen genommen, die Stöck auff der Erden abgebrochen, die Weingärten in Grund verterbet, die fruchtbare große Bäume abgehauen, die junge Zweyglein zerhackt, die Läuben niedergerissen, solches alles auß purlauterm Mutwillen von den Soldaten auch den Wachten selbsten vorgenommen und die armen Leute beß ihren gäntzlichen beraubt worden, da kein Klagen geholssen, sondern die Leuth seynd mit großen Bedräuwungen, als wann mit so schlechten Sachen ein Gubernator nicht zu bemühen were, abgewiesen worden.

Was dann beym dreyzehnden vor eine gute Affection und Respect er gegen seiner gnädigsten Herrschafft getragen, ist dahero abzunehmen, daß er zu unterschiedlichen mahlen, in Beysey vieler Officirer über der Taffel, die an ihne, von deroselben geschriebene Brieff uneröffnet, andern dargereicht, und ob Geld darinnen sey, zu rathen gegeben, auch wol offentlichen sich erklären dörffen, daß er nicht dem König, sondern andern zu gefallen diene, und sich in Gubernament zu Heydelberg auffenthalten.

Und demnach zum vierzehenden das Schantzenbauen immer gewähret, und es den Einwohnern unmöglich und viel zu schwer fallen wollen, auch durch große Conniventz die Soldaten, ja die Wachten selbsten, alles und sonderlich die Doppelhacken auff den Thürmen, wie der den 22. Februar Anno 1622 Bericht außweiset, verterbet, theils vernägelt, theils die Schantzschrauben herauß genommen und also zugerichtet, daß solcher viel im geringsten nicht mehr zu gebrauchen gewesen, auch an vielen Orten der Stadt, sonderlich aber an dem genanten Trutz-Kayser, sich Mangel erzeiget, haben die Stäbe guter Meynung, ihrem geringen Verstand nach, solches gemeiner Stadt zum Besten, und obliegenden Ambts halben, die Notturfft höfflichen ihme den 22. und 28. Februar 1622 erinnert und remonstriret:[14]) Solche gutherzige Erinnerungen aber seynd nicht allein zum ärgsten auffgenommen, sondern hat er sich deren noch zum höchsten beschweret, und vor den Kriegs-Officieren dieselbe Erinnerungen, durch allerley gesuchte Schein, zu höchster der Stäbe Verkleinerung verspottet und außgemacht.

Es ist zum 15. an einer Obrigkeit sehr löb- und rühmlich, wenn sie mit allem Fleiß dahin bedacht, wie der Unterthan sich er-

---

[14]) beansprucht.

halten, und Nahrung finden möge: Sonderlich aber stehet bey Kriegs-Zeiten einem Gubernatorn trefflich an, wird auch solches bey den Historienschreibern vielfaltig gelobt, da er den ihme anbefohlenen Leuten ihre Handthier-Nahrung aller Möglichkeit nach befördert und mann sonderlich nichts mehr als das geringe Viehe übrig, dasselbige auff die Weyd begleitet, mit guter Wacht versehen und dardurch der Orthe, so ihme zu befenbiren oblieget, mit der täglichen Notturft versorgt werde: dieses aber hat unserm Gubernatore gar nicht gefallen wollen, ungeacht die Leut flehentlich darumb geschrieen, die Obrigkeit auch Münd- und Schriftlich sub dato 2. May 1622 solches begehret, und die hohe Officirer ihr Viehe täglicher, biß kurz vor Eroberung der Statt, auf der Gemeinde Allmeyne außgetrieben: Ja es haben die armen Unterthanen nicht allein ihr Viehe den ganzen Sommer durch daheim stehen und vergehen lassen müssen, sondern auch Niemands fast vom Gesind hinaußschicken, und auff ihrem Eigenthumb Fütterung vor dasselbe machen, oder holen dörffen, die Wachten an den Thoren seynd zugefahren, solches ihnen abgenommen, und entzogen, also die arme Leuthe, so kein Brod offt in vielen Tage gehabt, bey der großen Theuerung und Erschöpfung aller Victualien, auch den Nutzen, welchen sie vom Viehe haben können, schwinden lassen, dabei, vor Hunger und Kummer sterben und verschmachten müssen, wie solches alles die tägliche vielfaltige Leichten den ganzen Sommer durch an Tag geben und ist auch zumahl beschwerlich gefallen, daß da dem Feind etlich Viehe abgenommen, zu Heydelberg vor der Statt feyl gebotten und in einem leyblichen Kauff von sämptlichen nothleydenden Einwohnern an sich gebracht werden können, der Gubernator sich in den Viehlauff eingeschwungen, die feylbietende Soldaten mit allerhand Träuungen**) dahin getrungen, daß sie ihme das Viehe allein verkauffen und die Einwohner das Nachsehen haben müssen, welches er den folgenden Tag, in höchstem Preyß, wieder offentlich begeben, selbst verkaufft und ein großen Wucher mit solchem Verlauff und Monopoliren getrieben.

Zum sechszehenden, hat der Gubernator zum Schantzenbau

**) Drohungen.

mehrertheil seine Claubiten **) gebraucht, benen er Aempter außgetheilet, besondere hohe Bestallungen ⁸⁷) gemacht und die Sachen zum höchsten verliehen, bergestall, daß mans balb an ihren mit Gold und anderst verpfrembten⁷⁸) neuen Klaybern sehen, auch an Haltung vieler Pferd abnehmen können: Und ohngeachtet dem Gubernator vielmalen die Unmöglichkeit, der ins Jahr fast blocquirter Statt und lang betraengter Burgerschafft, so durch Haltung der Soldaten sehr abgenommen, vorgetragen worden: hat doch ein gering Geld nicht erklecken offt wochentlich in zehen und mehr tausent Gulden zum Schantzenbau allein beigebracht werden müssen, deren Aufgabe sich gleichwol gestalten Sachen nach nicht zu verwundern, weil die Soldaten mit eins Schnchsbreyt,⁸⁹) wie sonst in belägerten Stätten wol brauchlich, vergebens gearbeitet, sondern ein jedweder beß Tags etliche Gulden, ohne sonderliche Mühe gewinnen können. So ist auch ihme, Gubernatorn alle Wochen ein ziemliche Summa Gelds zur Kundschafft gereicht worden, welches aber viel anderst verwendet, und den armen, auch bettenden Soldaten, überflüssig und gantz freygebig davon, und nicht von dem seinigen, gereychet, sonsten außgegeben, auch gegen denjenigen, so etwas ihrem Beruff nach, geandet,³⁰) harte Träuwort außgestoßen, also männiglichen durch solche Ungestümme abgeschröcket worden.

Man pflegt, zum siebenzehenden, in allen wolbestellten Collegiis und Consiliis ³¹) nicht ohne Protocoll zu seyn und trägt ein aufrichtiger Biedermann kein Abscheuen, daß seine Reden und Anschläge, sonderlich in Regimentssachen, mögen auffgezeichnet und zur Posterität gebracht werden: Dieses hat dem Gubernatorn zu Heydelberg gar nicht zuschlagen oder gefallen wollen, sondern wegen seiner großen Unbescheidenheit, und bösen außgestoßenen Worte, hat er einig protocollum: wenn er zugegen gewesen, weder in der Cantzley, noch auff dem Rathhauß, noch auch in seinem Quartier nicht leyden wollen, und daßelbe in Beysein beß Herrn Cantzlers müssen zerrissen werden.

²⁶) Invaliden. ²⁷) Besoldungen. ²⁸) verbrämten. ²⁹) eines Schuhes breit. ³⁰) gestrhlt. ³¹) Berathende Zusammenkünfte der Regierungscollegien, des Stadtraths und der Stabsofficiere.

Als auch zum achtzehenden, den 28. Aprilis Anno 1622 von der Mansfeldischen Armade die Statt Ladenburg eingenommen worden, und dieselbige bald von dannen gewichen, auch dem Obristen Merven das Commando über Ladenburg gegeben und dardaneben das Plündern abzuschaffen anbefohlen worden, so seynd doch in die 14 Tag und alle Tag die Kriegs Officirer von der Garnison auß Heydelberg hoch und niederig, unter Obristen Merven, wie auch ein daselbst bestellten Commandeur mit Wägen, Kärchen, Schiffen und andern dahin gefahren, den armen Leuten, so wegen Wüten der Soldaten außreißen müssen, alles biß auff den geringsten Heller genommen, Fenster und Öfen außgeschlagen, was fortbracht werden mögen, auffgepackel und ohne Scheu mit grossem der Underthanen Beklagen und Zittern zu Heydelberg einbracht, auch dargegen von keiner Obrigkeit das Maul dörffen aufgethan werden.

Es seynd auch, zum neunzehenden, die Einwohner mit dem continuirlichen Wachen und Buschelmachen [32]) die gantze Zeit seines Gubernaments beschweret gewesen und ist ein guter Theil gestorben, fast der halbe Theil krank gelegen, auch ihrer viel junge Mägdlein und Buben zum Schantzenbau, so fast Tag und Nacht gewehret, schicken müssen, und hat der Gubernator solches zum ärgsten auffgenommen, die mit Soldaten hart bedraengte Burger und andere Einwohner, so ihren Verrichtungen bey der Cantzeley und sonsten deß Tags abwarten müssen, da er einen ungefehr auff der Gassen angetroffen, schmählich angefahren, auch wol mit Schlägen, als Sclaven [33]) tractiret, die Leuth an ihrer Devotion [34]) verhindert, sonderlich den 25. Augusti 1622 mit Pferden in die Kirch geritten, die Kirch mit Reutern umbstellet, Frauen, Jungfrauen, Männer und Kinder auff die Schantzen hinauß mit blossen Degen verglichen gejagt und doch wegen des Feinds Schiessen wieder nach Hauß lassen müssen: Ja alle Mängel der Obrigkeit, als wenn sie daran Ursach und Verräther wären, zugemessen, die jungen Mägdlein und Buben vor das Rathhauß gebracht und zu deren Schimpff, mit Sackpfeiffen und anderem Narrenspiel allerley vorgehen, auf Heinrichstag [35]) dem schantzenden Gesindlein 2 Fuder Weins auß der Herrschafft Keller

---

[32]) Büschelmachen für die Schantzen. [33]).Sclaven. [34]) Hier Gottesverehrung
[35]) 15. Juli. Der Namenstag des Gouverneurs.

schenken, etlich Brob von Proviant austheilen und darbey auff den Wellen [a)] in deß Feinds Angesicht dantzen und springen lassen.

Als nun die arme Einwohner, vor das zwantzigste, mit Tägund Nächtlichem Schantzen, in welchem Stuck der Gubernator eintzig und allein Fleiß angewendet, gantz außgemattet, und den 25. November 6. und 16. Febr. 2. May begehrt worden, daß doch der unnütze Droß (da ein gemeyner Soldat wol zwo Huren und etliche Jungen halten dörffen, damit die Einwohner, so Essen und Trinden hergeben müssen, hart beträngt, die blocquirte Statt von Tag zu Tag überhäufft, die Quartier und Notturfft andern Soldaten gesperrt und entzogen, auch beßwegen viel beschwerliche Klage vorkommen) an Huren und Buben und andern, wo nicht abgeschafft, wie gleich wol den 26. November 1621 den 6. und 7. Januarii Anno 1622 schrifftlich dergestalt verheißen worden. Die Huren belangent, hätten die Offizierer sich erkläret, daß viele Soldaten solche Frauen Menschen etliche Jahr, ob sie schon nicht getrauet, bei sich haben, mit denselben verträglich leben, ja etlich Kinder mit einander gezeuget, wann sie dieselben auß der Statt jagen solten, würden die Soldaten nachfolgen: Was aber gemeine Huren, die von einem zum andern lauffen, wollen sie dieselben alsbald fortschaffen: Manches doch nicht geschehen, also den 28. Februar gebetten worden, daß zum wenigsten dieselbe (gleich zu Ladenburg, von den Spaniern und Bayerischen geschehen) zum Schantzenbau auch in etwas möchten gebraucht werden: Ist man mit solchem Begehren höhnisch und mit nachfolgender schriftlichen Antwort den 22. Martii abgewiesen worden: Wann die Huren zu arbeiten Lust gehabt hätten, würden sie andern Leuthen gedient haben, sollte man sie zwingen, würde es bey den Soldaten vielerhand Unwillen verursachen, dann in keinem Ort niemals gesehen, auch nicht bräuchlich, daß weder der Soldat, noch sein Anhang, in den Wercken umbsonst arbeiten, wolte man dem Gesind Geld geben, würden sie solches übel verdienen, were also mit ihnen nichts außzurichten.

Da es zum Treffen kommen, und vors ein und zwantzigste, die Statt Heydelberg belägert worden, ist der Gubernator zugefahren und den 10. Augusti 1622 vor sich selbsten und ohne Zuziehung der

---
[a)] Wallen.

Regierung, die Capitän, Kriegsofficirer, etliche Canzeley Verwandten auch der Statt Rath, unverfehens vorgefordert, ihnen einen Eid aufferlegt, deſſen ſie ſich nicht beſchweren dörffen, ſondern ihme alsbald ohne Verzug abſtatten und leiſten müſſen: In gleichem hat er beß Herrn Generals Tylli Schreiben, ſo gleich wol an Herrn Canhler und Räthe auch dem Statt-Rath dirigirt [36]) geweſen, wie in ſeiner Hiſtoriſchen Relation pag. 10 von einem Accord zu ſehen, ohne derſelben Vorwiſſen, faſt [37]) kurz und ſchimpflich beantwortet, dieſelbe beß communicirens nicht würdig geachtet, von einem Accord zu reden, bey Verluſt Leib und Lebens, auch aller Güter, deſſen er doch nicht Macht gehabt, allen Obrigkeiten und Unterthanen verbotten, und ſie noch den 4. und 14. September 1622 im Namen des Herrn Generals Veers, eines gewiſſen Succurs [38]) in wenigen Tagen, wider Wiſſen und Gewiſſen, wie er dann in der Hiſtoriſchen Relation, pag. 19. ſelbſt geſtehen muß, ſicherlichen vertröſtet.

Demnach dann, zum zwei und zwanhigſten, eine geraume Zeit mit Einloſier- und Bezahlung der Soldaten große Mißbräuch vorkommen, indem die Officirer viel Soldaten und ſtarcke Compagnien angaben, nach der Hand aber ſich groſſer Mangel auff den Poſten und Wachten befunden, ſolches der Statt zu höchſter Beſchwernus und Schaden, wie leyder der Außgang bewieſen, der Herrſchaft auch zu ſonderlichem Nachtheil in der Lehnung [39]) gereichen wollen, und auff der Stäbe ſchriftliches Begehren sub dato den 20. Junii 1622 der Herr General Veer befohlen, auch etlich mal ein Confiſtorium dahin geſchicket, das Volck der Guarniſon zu muſtern; zweifelsohn, bannenhero abzunehmen, wie die Statt verſehen und ob ſelbige gegen ſo ſtarckem Feind, baſtand [40]) und des Volcks genug ſeyn möchte: So iſt jedoch ſolch beß Herrn Generals Veers Beginnen von dem Gubernatore, durch allerhand geſuchte Praetext, [41]) hinderſtellig gemacht worden, und als bey wachrender Belaegerung, etliche Perſonen zum muſtern von neuem deputiret worden, hat es ihme doch nicht gefallen wollen, ſondern dabey verbleiben müſſen, daß die Capitän bey Treu und Glauben die Anzahl ihrer Soldaten anzeigen,

[36]) gerichtet. [37]) lehr. [38]) Hülfe. [39]) Löhnung-Sold. [40]) wohl von dem Provinzialismus baſten-überwältigen d. h. ſtark genug ſein. [41]) Vorwand.

und darauff Geld, Brot und Wein empfangen solten: Wie aber bey dem mehrer Theil seyn verfahren worden, ist darauß handgreifflich abzunehmen, daß die 2785 gemeiner Soldaten wöchentlicher ihrer bey wahrem Glauben und Treu übergebenen Roll nach, bezahlt, das Commiß so starck gereicht, den armen Einwohnern das liebe Brodt und also folglich vielen die Fristung ihres Lebens, wegen wenigen Mühlen, und deß vor Augen schwebenden Mangels und Nothurft halben, entzogen worden, sich jedoch kaum 1500, wir wollen viel sagen, auff den Wachten und in den Spitälen gefunden, und obwol dem Gubernatorn vielmahle vorbracht worden, daß theils Capitäln ihre Soldaten, nachdem sie bey Treu und Gewissen ihre Anzahl angezeigel, abgeschafft, wie die noch vorhandene Bericht, sub dato den 19. Julii 1622 mit mehrerm außweißen, und daß einer oder der andere nur dreyssig oder wenig mehr Soldaten hätte, der doch auf neunzig und mehr Lehnung und Proviant nehmen, auch der Capitän sub dato den 29. Augusti 1622 so viel fordern, und ihme gereicht werden müsse, ist alles mit Stillschweigen übergangen, und nicht der Gebühr geandet, auch in der Bezahlung nicht das geringste in acht genommen worden: Also da es zum Treffen kommen, seynd die weitleuffige Werck leer gestanden, die Posten nicht verwahrt gewesen, die Soldaten unwillig worden und haben die Bürger, Bürgersöhne, Handwerckßgesellen, Bauern und Gaufferien, auch endlichen die Cantzeley- und Universitätsangehörige, die Waffen in die Hand nehmen, die Posten versehen, und das beste thun müssen: deren theils auch biß in die Nacht, da die Statt schon von den Soldaten verloren geben worden, auff den Posten zu ihrem grössten Schaden verblieben.

Und ist sich zu verwundern, wie der Oberste Merven in seiner Historischen Relation im 27. Blat noch vorgeben dörffen, obschon der Englische Thresorier*) von den 5. Augusto an 1700 Soldaten bezahlet, daß darunter 500 Krancken, 200 blinde Rahmen, und vom gedachten 5. Augusto biß den 6. September über die 400 Todten und Gequetschten abgangen, dann einmal gewiß ist, daß die letzte Lehnung auff 2785 Soldaten alle hohe und gemeine Officirer auß-

---

*) Schatzmeister.

geschlossen, noch geraicht, und vermög der, unter des Obersten Merven selbsten eigener Handschrifft, übergebener Verzeichnuß, biß auff die letzte Stund der Belägerung, etlich und zwantzig hundert gesunden Soldaten, Wein Brot haben müssen gegeben werden, deren er doch anjetze nur 1500 setzet und kaum 1200 gewesen: So seynd auch in den Spittälen nicht viertzig, so in die Guarnison gehöret, krancke und gequetschte Soldaten zu Eroberung der Statt gelegen, und hat der Todtengräber laut übergebener täglicher designation den gantzen Augustmonat durch mehr Soldaten nicht als 77 begraben, wie mag dann daß Gubernatoris gesetzte Computatio⁽ᵃ⁾ bestehen können: Allein wird sich in der That ein grober Fehler und grosser Mangel dabey erregen, sintemahl nur zwölffhundert und kaum soviel Soldaten ihr Posten versehen, nicht wol hundert hin und wieder in der Statt in den Spitälen kranck und gequetscht gelegen, 70 oder 80 mögen zum Höchsten den letzten Monat durch gestorben seyn, und also in der Wahrheit sich über die 1400 blinde Namen und Lufftspringer befinden, welche dem Feind nil widerstehen können; Annenhero und nirgend anderst her, freylich die Soldaten durch Connivents⁽ᵇ⁾ deß Gubernatoris zu so weitläufftiger Statt und Fortification, seiner eigenen Bekandtnuß nach pagina 17 zu schwach, und die Posten mit Soldaten übel versehen gewesen.

So hat es auch vors drey und zwantzigste, an Feuerordnung und andern nöthigen Anstalt, zu Abschlagung eines Sturms, auch Stillung des Feuers jederzeit in der Statt gemangelt: und obwol solche etlich mahl, sonderlich zu Anfang seines Gubernaments; er dem Statt Rathe, der sich dessen nicht erinnern können, eine Feuerordnung übergeben. Weil er aber selbige verlohren, köndte er damit, wegen vieler Geschäften nicht auffkommen, also aller nothwendiger Anstalt ersitzen blieben, und dem Feindt, der sich den Wercken und Mauwren genähert, nicht der Gebühr, noch mit einigen Feuerkugeln, grossen Balcken, Pechkräntzen und dergleichen begegnet, und derselbe abgetrieben werden können.

In gleichem ist der Mangel daran, vors vier und zwantzigste gewesen, daß nach beme der Gubernator den 21. Junii offentlich

---

⁽ᵃ⁾ Zusammenstellung. ⁽ᵇ⁾ Nachsicht, Gleichgiltigkeit.

anschlagen und den 10. August von neuem ausruffen laffen, daß bey währender Beldägerung kein Officirer oder Soldat von seinem Posten gehen, sonderlich aber bey der Nacht, sich in der Statt nicht auffhalten solle, bey Leib- und Lebens Straff, auch alle Obrigkeiten und Einwohner den 24. ejusd erfuchet diejenigen Soldaten, so darwider handeln würden, mit allem Fleiß anzuzeigen, oder dergleichen Straff gewertig zu seyn, So hat jedoch solch Edicte, gleich dem andern, daß kein Soldat in den Wirthhäufern sich auffhalten solle, kaum einen Tag gewehret, und man beffen Eingang niemahlen sehen können, sintemal die Officirer sowol als die Soldaten, täglich in der Statt herumb getretten, deren viel sich ihres Gefallens, in der Statt auffgehalten, in den Wirthshäufern die Zeit vertrieben und in ihren Quartiren schlafen dürffen: Und da man solches schon zu Verhütung eigener Ungelegenheit, bey dem Gubernatore anbringen müssen, ist jedoch mehr nicht erlangt worden, als daß die jenigen, so es pflichen halben nicht verschweigen können, aller Neyd und Haß auff sich geladen, sich in Gefahr Leib und Lebens gesetzet, und die gantze Soldatesca so sicher verfahren, daß es zu einem Generalsturm, an allen Ohrthen der Statt und deß Schloffes kommen, die Posten, so ohne das schwach besetzt gewesen, nicht versehen, die Soldaten hin und wieder in der Statt spatzieren gangen und sich mit Essen und Trincken gefüllet: Auch da sie vernommen, daß der Feind in die Vorstatt gedrungen, nicht dem Feind, sondern dem Schloß zugelauffen, und alles verlohren geben.

So ist, vors 25. nicht aufser acht zu laffen, daß an aller Munition, sonderlich an Pulver, zu Defendirung der Statt, ein stattlicher Vorrath gewesen, welcher sich in wenig Tagen häuffig verlohren, daß männiglich sich verwundert, wo das Pulver hingebracht, und von den Soldaten verwendet werden möcht, und es seynd auff deß Obersten Zeugmeisters Begehren, unterschiebliche Gebott und Verbott deß Pulvers halben außgangen, auch alle Häuser der Statt visitirt worden, und als bey den Einwohnern sich nichts finden wollen, auch biß auff etlich wenig Centner auß deß Gubernatoris Befelch, der Vorrath an Pulver außgetheilet und verpartirt gewesen, ist nothwendig erfolgt, daß man der Bayerischen Armada ihre Batterien im geringsten nicht anfechten oder verhindern, wie sonst leichtlich hätte geschehen können, noch mit dem Geschütz einigen Abbruch thun dörffen, sondern das noch wenig im Zeughauß restirende Pulver hinkommen, und wer zum Verluste der Statt Beförderung gethan, ist dahero abzunehmen, daß nach Eroberung der Statt bey etlichen Capitainen der Garnisonen in die fünffzig und mehr Centner Pulver gefunden, hin und wieder auß derselben Quartieren der Statt zusammengebracht, und von den Bayerischen ins Zeughauß wieder geführet worden.

Wie auch zum 26. ein unverantwortlicher Fehler darinnen erschienen, daß weder die Burger noch die Soldaten, einige retirada⁴⁵) nicht gewußt, der Gubernator selbst gleich Anfangs also bestürzt worden, daß er zu einiger Salvirung⁴⁶) beß Volcks oder Statt, weder Rath noch That geben mögen, dahero dann auch das wenig verbliebene Volck und sonderlich die Soldaten, welche nicht auff ihren Posten gewesen, sondern in der Statt herumb getretten, der Vorstatt und Stadtmauren nicht geachtet: sondern allein dem Schloß zugeeylet, und wäre, in der Wahrheit, mit der Hülff Gottes zu hoffen gewesen, wo die noch übrige Knecht sich auff die Mauren gethan, den noch streitenden Burgern, deren eine gute Anzahl todt verblieben, daroben beygesprungen die Mauren selbigen Abend noch erhalten, die Bayerische Knecht solche nicht überstiegen, viel weniger die wenig Reuter etwas effectuirt haben, und würde die Statt, beneben der Vorstatt, zu einem leydlichen Accord kommen seyn.

Und welches, zum sieben und zwanzigsten, am meisten als durch grosse Connivenz beß Gubernatoris die Soldaten gar insolent,⁴⁷) die Einwohner, durch vielfältig beß Gubernatoris calumniren,⁴⁸) an ihrer vorgesetzten hohen Obrigkeit fast mißtrauig, die Capitän auff den Gubernatoren nichts geben, wie er dann den 4. Aug. 1622 dessen sich auff dem Rathhauß selbst beklagt, die hohe Officirer mit dem Gubernatorn in Uneinigkeit und offentlichen Wiederwillen gelebt, der gemeine Soldat gegen seinen Befehlshaber wenig Respects getragen, auff alle obergehlte grobe Exorbitantien,⁴⁹) andern zum Abscheuen, nicht ein einig Exempel statuiret worden, ist alles zu

---
⁴⁵) Rückzugsorte. ⁴⁶) Beschützung, Rettung. ⁴⁷) stolz, anmaßend. ⁴⁸) Falsch beschuldigen, auch chicaniren. ⁴⁹) Unregelmäßigkeiten, Gehässigkeiten.

einer puren anarchie gerathen, keine Justitia [30]) den Einwohnern gedeihen wollen, die Soldaten seynd ohne Furcht von ihrem Posten gewichen, da ist kein rechter Gehorsamb gewesen, es hat kein strenge Disciplin, so in solchen Fällen nothwendig seyn muß, bey eusserster Gefahr mehr fassen, noch bey den disciplinirten Soldaten hafften wollen: Sondern alles in ein mehrer Confussion außgebrochen, und seynd alle Posten, sonderlich aber der Trutz-Kayser, so mit Brob, Wein und Munition auff etliche Tag wol versehen, keine Bresche oder Loch, so durchgangen, geschossen gewesen, auch der Wahle nach dem blauen Thurn zu, stracks bei zunahendem Feind verlassen, demselben zum Anlauff Raum und Platz gemacht, Thür und Thor eröffnet und gleichsamb alle Soldaten auff die Schlachtband gelieffert worden: dahero dann die Bürger, so auff der Vorstatt Mauren gute Gegenwehr gethan, und deren viel ihr Blut, zu Erhaltung deß Vatterlands auffgesetzet, haben sich nicht zu Anfang, wie in der Historischen Relation pag. 17 gantz fälschlichen und ohne einigen Grundt, nur der armen Bürgerschafft zur sonderlichen Verkleinerung vorgeben worden: Sondern gar spath, da die Nacht eingefallen, da alle Soldaten gewichen, und der Mehrertheil erlegt gewesen, da die Bayerische Reuterrey schon in der Vorstatt umbgeritten, die äusserste Thor eröffnet gehabt, und das Fuß-Volck in- und ausserhalb der Vorstatt sie von allen Seiten auff den Mauren angegriffen, niergend mehr von keinem Soldaten der Orths Widerstand geschehen und kein Fechten mehr helffen wollen, von den Mauren in der Vorstatt hin und wieder, nicht auff die Zunfftstuben: sondern so gut sie gekönnt, etliche in die Statt, etliche ins Schloß, viel auch an andere heimliche Orth auserhalb retiriren und verkriechen, mit Verlust vieler, die übrigen ihr Leben salviren und deß Feinds Gnad und Ungnad erwarten müssen.

Und ob wol, zum 28. dem Gubernatori zum offtermahl vorkommen, daß der Neckar an vielen Orthen, bey der damahls vorhandenen dürren Jahreszeit gar nieder seye, und daß er nicht allein mit Pferden beritten, sonder auch wol das Fußvolck ohne Gefahr durch waden könnte: Zu denen auß den Historien und sonsten allen

---

[30]) Gerechtigkeit.

Vernünfftigen bekanndt, daß die leichte Reuterey durch große Wasser und Flüß zu setzen und durch zu schwimmen pflegen: Auch Stabt kündig wäre, daß die Bayerische Armada mit Crabaten erfüllet und der Coffaggen ⁵¹) viel Tausendt allbereit von Belägerung der Stadt Heydelberg, in der Pfaltz ankommen, und männiglichen vor Augen schwebte, daß die Vorstadt den ganzen Necker hinab offen gestanden, mit keinen Schanzen oder Mauren beschlossen, noch mit einiger Besatzung oder Volck versehen gewesen: So haben doch alle solche und andere Motiven nicht genug nach Bastandt seyn wollen, daß sie den Gubernatorn: (der sonsten an vielen Orthen wol dreyfach und überflüssige Außwerck mit höchster der Unterthanen Bedrängnuß auffgeworffen) dahin bewegen mögen, daß er am Neckar die Nottdurfft hätte machen und die Vorstadt in etwas verwahren und fortificiren lassen, dahero, in wehrendem Sturme, die Crabaten und andere leichte Pferdt von Neuenheim herüber neben dem rothen Thürnlein ⁵²) durch den Neckar gesetzt, unversehens in die Vorstadt kommen, den Gubernatoren, laut seiner eigenen Historischen Relation pag. 17 in die Stadt gejagt, die eusserste Thor eröffnet, daß Fußvolck eingelassen, dardurch viel Inwohner in der Vorstadt erschlagen, auch darin an 3 Ortheu durch Fenersbrunst etlich und 40 Häuser neben dem Spittal und Kirche ⁵³) hin weg genommen und ein solcher Schröcken verursachet worden, daß alle Defensionswerck gefallen und gesunken.

Es ist, vors 29. männiglichen bey Eroberung der Vorstadt der Hoffnung gewesen, es würde zum wenigsten mit guter Ordnung, die Stadt noch erhalten und ein Accord mit dem anlauffenden Feind getroffen werden: zu welchem End dann die Burgerwacht auf dem Thurn, ⁵⁴) alsbald den Schußgattern niedergelassen, und von dem und anderen Thürmen herab mit Doppelhacken die Ankommende begrüssen wollen: dagegen hat der Gubernator gebotten, daß sie mit solchem Beginnen in halten sollen: Auch seynd die fliehende Soldaten nit zu halten gewesen, haben alles Flehen und Bitten der In-

---

⁵¹) Kroaten und Kosacken. ⁵²) Der Befestigungsthurm unten am Neckar in der Gegend des Winterhafens. ⁵³) Das reiche Spital nebst Kirche, früher das Dominikanerkloster, jetzt die Anatomie. ⁵⁴) Der Mittelthorthurm am Paradeplatz.

wohner außer Acht geschlagen, sich in das Schloß gethan und daselbsten gesamblet, und da man nach der Hand den Schutzgattern niderlassen wollen, ist er allbereit von den Bayerischen unterstützet⁵⁵) gewesen, also geschehen, daß leyder auch die Stadt-Pforten, und sonderlich die im Zwinger darneben stehende Garten Thür, welche auß Fahrlässigkeit des Gubernatoris, und daß niemand sonsten ihme das geringste remonstriren,⁵⁶) oder guter Meinung in etwas, auch zu Erhaltung der Statt vor sich selbsten oder von Obrigkeit wegen, vor nehmen dörffen, schlecht versehen gewesen, von den Bayerischen seynd auffgehauen, eröffnet, übernöthiget, und die Statt ohne einigen Schuß, noch denselbigen Abend eingenommen, geplündert, ihnen ihr Religions-Exercitium ⁵⁷) gänzlich abgestellt und in das eusserste Verderben gesetzet worden.

Und ist der Gubernator, vors 30. auch daran nicht ersättiget gewesen, sondern als der Herr Obriste von Montaigne, General über die Artigleri ⁵⁸) bey der Bayerischen Armada, den andern Morgen nach Eroberung der Stadt, ins Schloß kommen und vernehmen wollen, was der Gubernator zu thun gesinnt, und derselbe zu accordiren ⁵⁹) sich erkläret, diejenigen auch, so zu Rettung ihres Leibs und Lebens von der Cantzeley, Hoff und Burgerschafft, auch Pfarrherrn und Bauern, in das Schloß sich salviret, theils darinnen als Hoffdiener ihre häußliche Wohnung gehabt, theils auch von ihren Posten, so sie hinter dem Schloß wol und tapffer verthädiget,⁶⁰) abgefordert, und ins Schloß sich zu retiriren, von Gubernatorn commendirt wurden, offtgedachten Gubernatoren gebetten, wie er ohne das auch schuldig gewesen, ihrer nicht zu vergessen, sondern in dem Accord zu Verhütung großer Ungelegenheit mit einzubegreiffen, darauff alsbald nachfolgend Articul Litera A. und weil der Herr General Tylli von denen allein so in der Stadt, und in seiner, die zweyte Litera B., verfasset durch den Gubernatoren, dem Herrn Obristen von Montaigne, wie ingleichem durch die Abgeordnete ihrer

---

⁵⁵) Das Unterstützen der Schutzgatter verhinderte dessen Herablassen: das Thor war hierdurch vollkommen offen und vertheidigungslos. ⁵⁶) widersprechen, einwenden. ⁵⁷) Haltung des Gottesdienstes der Reformirten. Hiermit wurden die katholischen Gottesdienste eingeführt. ⁵⁸) Artillerie. ⁵⁹) Ueber die Uebergabe des Schlosses zu unterhandeln. ⁶⁰) vertheidiget.

Excellenz, dem Herrn General Tyll überreichen laſſen, unb von dem Gubernatorn auff ihr inſtändiges, flehentliches Begehren, gute Vertröſtung empfangen, daß er nicht geſinnet, das geringſte wegen der Solbateſca Abzug einzugehen, es ſeyen bann alle die jenige, ſo ſich im Schloß auffenthielten, in Sicherheit geſetzet, und in den Accord, wie er ihn ſelbſten in ſeiner Hiſtoriſchen Relation pagina 20 angezogen, eingeſchloſſen: Ob nun wol männiglichen darauff ſein Datum geſetzet, hat man doch balb erfahren müſſen, daß deme ſchnurſtrads zuwider, der Gubernator durch ſein Abgeordnete Crea˖ tur, ben Capitain Villers, ſo weil im Tracliren [*1] heimlich ver˖ fahren, baß die Solbaten ſo im Schloß geweſen, unb die außlän˖ diſche Officierer allein in den Accord, die andere alle aber ins Schloß geflöhele [*2] Pfälziſche Räthe, Diener und Pfarrherrn, auch dahin von ihme Gubernatorn ſelbſten commanbirte Bürger und Bauern, in gleichem viel andere in der Stabt gefangene Teutſche, Abeliche Obriſten, Officirer und beß Regiments Seelſorger, auch die im Schloß wohnende Hoffbiener per expressum, [*3] wie in ſeiner Hiſtoriſchen Relation pag. 22. artic. 1. und pag. 23. art. 2. zu ſehen, außge˖ ſchloſſen und dem Feind uad ſeinem Belieben heimgegeben, dahero erfolgt, baß als bie von der Cantzeley, Hoff, und Burgerſchafft umb Satinfaction, [*4] und zu letzt auch nur umb einen freyen Abzug an andere frembde Orth, bey ihrer Excellentz, dem Herrn General Tylli angehalten, und bemühigſt umb Begnadigung gebetten, ſie wieder denſelben, noch ſonſten das Geringſte Beſtändiges erhalten mögen, und iſt er Gubernator wider gethane Pflichten und wiederholte Zu˖ ſage, mit ſeinen Solbaten, ſo zu vor, ungeſcheut, die Fürſtliche Gemach aufgebrochen, die armen Bauren im Schloß geplündert, und deren etlich biß auffs Hembb außgezogen, von dem Schloß abgeren˖ ſet, und an dieſem allem noch nicht erſättiget geweſen, baß er bie Statt und Vorſtabt in ein ſo jämmerlichen Zuſtanbi geſetzet, auch die ins Schloß ſalvirte arme Leuth, mit denen er, als welcher ſein bagngo ziemlicher Maſſen zuſammen geführet, billich ein chriſtliches Mitleyden tragen ſollen, umb Haab und Gut gebracht, ſondern er

---

[*1] Unterhandeln. [*2] gefloßene. [*3] abſichtlich, expreß, außdrücklich. [*4] Genugthuung.

hat sein rachgieriges und gantz niedriges Gemüht noch ferner darinnen müssen sehen lassen, daß er die Burgerschafft, als ob dieselbe wider seinen Willen die Uebergebung der Statt gehindert, da sie doch vorangedeuteter Urfachen halber nichts davon haben reden dörffen, die Brieff auch, welche beßwegen den vorigen Tag einkommen, betrieglicher Weise hinderhalten, beschuldiget und etliche von der Cantzeley, als sollen sie viel Geldt und Gut, so der Herrschafft zuständig, noch hinder sich haben, im Abzug bey dem Herrn General Tylli, fälschlichen angeben und verleumbdet, auch die ins Schloß geflöhete commandirte und wohnende Leuthe, ohngeachtet sie das ihre schon in der Statt verloren gehabt, in sein Accord (wie gleichwol ohne einige Mühe geschehen können, indem noch keine sonderliche bringende Gefahr vorhanden, und an Proviant, auch Munition, wie die gehaltene Inventation [65]) auß weiset, kein Mangel gewesen) nicht eingeschlossen, sondern gar im Stich und beß Feinds Discretion hinderlassen, wie sie solches nach der Handt wol empfunden, indeme der mehrertheil Bauern nacher Mannheim zum schantzen geschickt und die von den übrigen geforderte starke, jedoch nach der Handt auß sonderlicher Barmhertzigkeit und auff Intercession [66]) der Herren Commissarien gelinderte Rautzion [67]) am helllichten Tag gibt. Seynd also die arme Inwohner der Statt Heydelberg in den Unfall gerathen, welchen der Gubernator der ihme auch hiebevor anvertrauter Burgerschafft in der Stott Lautern vielmahle gewünschet, über welcher Statt Eroberung dann er dapffer gefroloket, welchen gleicher Gestalt er sampt vielen seiner Capitän und Creaturen, die armen Leuthen in der Statt Heydelberg offt mahlen, wie sie alles zu ihrem Schlemmen und Demmen zu Ueberfluß entwann nicht gutwillig, der Schuldigkeit zuwider, heraußgeben wöllen, getrohet und vorgemahlet.

Beylag Lit. A.

Erstlichen, die Plünderung alsbald abzuschaffen, und ins künfftig zu verhüten.

2) Das Brennen einzustellen.

---

[65]) Aufnahme der vorhandenen Gegenstände. [66]) Vermittelung. [67]) Loskauffsumme, Contribution.

3) Einem jedem sein Religion und Gewissen frey zu lassen, auch das öffentlich exercitium wie bißhero zu verstatten.

4. Einem jeden, so sich in der Statt befindet ein freyen Abzug sammt ihren Gütern zu verstatten und ein sichern Convoye*) auff Begehren zu geben.

5. Alle Stäbe und Corpora**) bey ihren Privilegien und Gerechtigkeiten handzuhaben.

6) Alle Diener auff ihr Begehren zum wenigsten ein Jahr lang bey ihren Dienstverrichtungen zu lassen, freye Commercien [7]) den Inwohnern und Unterthanen, das ihrige zu verkauffen, zu erstatten.

7) Das jenige, was von allen Stäben zu Defension dieser Statt vorgenommen worden, zu ratificiren und gut zu heissen.

8) Diese Statt mit schwerer Garnison und einiger Contribution, wie die Namen haben möchte, nicht zu beladen.

9) Die jenige Müntz, wie bißher gemacht und gaugbar gewesen, zum wenigsten ein Jahr lang zu lassen.

10) Deß Churfürsten Archiv, wie auch der Bibliothecae allerdings zu verschonen, und nichts darvon zu entwenden.

Bey der Kayserlichen Majest. und der Fürstl. D. in Bayern die Ratification hierüber außzubringen, und niemals einiger gestalt zu gefahren. Sig. den 7. Sept. An. 1622.

Beylag Lit. D.

1) Es wolle Ihre Excellenz eine Kirch zu ihrem Religious exercitio den sämptlichen Inwohnern, Cantzeley verwandten, Dienern, Burgern der Statt, gnädig verstatten, und sie in ihrem Gewissen einiger gestalt nicht beschweren.

2) Alle die jenige Personen, so sich anjetzo auff dem Schloß befinden und in die Statt begehrten zu ziehen, von allem Plündern befreyen, und ein sicher Geleyd ihnen mittheilen, daß sie von niemanden, wer der auch seyn möchte, mit Worten oder Wercken, zu Weg und Steg, an keinem Orth, in oder ausser der Statt, bey Tag oder Nacht angegriffen werden.

---

*) Geleite. **) Beamtungen und Körperschaften. [7]) Handel und Wandel.

3) Alle die jenige Personen, so noch auff dem Schloß seind, es seyen Cantzeleyverwandten, Hoffdiener, Burger, Bauern, Studenten, oder wie Namen haben möchten, frey ohne Entgeld, mit den ihren, und wo es ihnen beliebt hinzuzieben, zu verstatten, auch beß wegen sicher Gleyd und Convoy, auff eines jeden Begehren, ertheilen, und da sie noch etwas an Mobilien in der Statt, oder auch bey sich hälten, solches beneben Weib und Kind, zu und mit sich nehmen, oder sonsten zu ihrem Nutzen zu gebrauchen erlauben.

4. Keinen under obigen abziehenden Personen, oder auch deroselben Güter einiger Schuld halben allhie in Arrest zu nehmen.

5) Mit allein dem jenigen, so noch allhie eine Zeit lang zu verbleiben willens, sondern auch denen, die sich bereit vor diesem hinwegbegeben, erlauben, zum wenigsten einer Jahres frist hier zu verharren, das ihrige zu geniessen, zu verleihen, ihren Diensten, Handthierungen, Commercien, Feldbau ungehindert, und wie zuvor abzuwarten, auch ein- und abzuzlehen, wohin sie wollen.

6) Sie mit einiger collect[71]) contribution, ranzion oder anderer Beschwernuß, under was praetext[72]) es immer seyn möchte, nicht belegen, oder ihnen auffzubringen verstatten. Signatum den 8. Septembris Anno 1622.

Und hat diesem allem nach, auch ein Ringverständiger[73]) leichtlich abzunehmen, wie er Gubernator, zeit seines Gubernaments gehauset, was zu aller Unordnung, confusion und Untergang der bedrückten und gantz blüenden Chur- und Residentz-Statt Heydelberg, Ursach und Anlaß geben, wer causa prima[74]) gewesen, woher das Unheyl ursprünglich hergeflossen. Und ob der Obriste Merven (so zeitlich bey dem inneren Speyer-Thor sich sehen und im Schloß finden lassen, der keine disciplin gehalten, alle Musterungen verhindert, guten Ordnungen sich widersetzet, die Obrigkeit verspottet, die armen Innwohner in stich gelassen, alles Justitias Wesen ver-

---

[71]) Gesammelter Beitrag. [72]) Vorwand. [73]) Gering- oder Wenig-Verständiger. [74]) erste Ursache, Haupturfache.

hindert, seines eigenen Heeres nicht geachtet, alle gute Erinnerungen in Wind geschlagen) an allem Unheyl so rein und sauber sei? Zu wünschen wäre, daß in wehrendem seinem Gubernament er nicht in allem seinem Wesen und actionibus seine Affecten und Zuneigungen zu den sämptlichen Inwohnern hätte sehen, und ihnen nicht mit so viel Uebel bedräuen lassen; aber er ist in allen ihren Betrübnissen und Jammer, wie hochschädlich und schmerzlich sie den armen Leuthen auch gefallen, mit Hertzens Lust und Freude geschwebt, seinen Ehrgeitz, der in solcher Leuthe Schooß saufft ruhet, hat er wol ersättiget, darzu die Taschen, darum es dann fast zu thun gewesen, tapffer gefüllet, welches dann auch nicht die ringste Ursach dieses eusserften der Statt Heydelberg Verderbens gewesen, daß die Inwohner ihme in seinem vielfältigen, Geltgierigen Begehren nicht willfahren, und mit hohen erforderten Recompensen seiner unersättlichen und unziemlichen Begierden noch nicht begegnen können: beme sie jedoch nach der Hand den 25. Augusti, als die Statt rings umbher von der Bayerischen Armada umbringt gewesen, sich bequemen, ein extra ordinari Collect anstellen und ihme eine guldene Ketten mit einem Brustbild machen lassen müssen, als einzig und allein zu dem Ende, damit sein Wille erfüllet, seine Begierden ersättiget, und sie des hoch beschwerlichens Läfterens, Calumnirens, und der schröcklichen Dräuungen, geübrigt sein möchten. Die guldene Kette ist ihme aber nicht zu theil, sondern von den Bayerischen Soldaten bey dem Goldarbeiter genommen und geplündert worden.

Mit diesem warhafften Bericht nun, und sehr kurtzen Defension-Schrift, soll der Inwohner und Burger zu Heydelberg, von ihren Gottseligen Voreltern anererbte Ehr nnd Redlichkeit sampt ihrer Unschuld und der Wahrheit, wie ehren Leuthen zu thun von Rechts wegen vergönnt und zugelassen ist, nach Nothurft gerettet und verantwortet, auch dem Gubernatorn Henrichen von der Merven, seine Fahrläsigkeit nnd böse Affection heimgewiesen, zugleich seine außgeflossene Unwahrheiten retorquirt [76]) sein. Ungezweifelten Versehens, ein jeder unpartheyischen Verstands werde hierauß unwidertreiblichen vermerden, daß diesem Mann sein auffgeblasenez

---

[76]) Abgewiesen.

Ehr- und Geldgeiz zum Fallstrick, auch daß an ihme wahr worden seye, was die Welsen angedeutet und gelehret, da sie mit Vernunfft geschrieben und gesagt: Nemo laeditur nisi a se ipso, das ist, es werde unter den Menschen niemand verletzt, weder ein jeder von sich selbsten. Geben zu St. den 25. Febr. styl. vet. Anno 1623.

VII.
Das Lustjagen in Neckargemünd.
15. Juli 1788.

Karl Theodor hatte sogleich bei seinem Regierungsantritte (1743) und in den ersten Jahren seiner Regierung seinen ernstlichen Willen, die Pfalz materiell und geistig zu heben, in mehrfacher Weise bethätigt. Dem jugendlichen Churfürsten war es mehr um friedlichen Glanz, als um das kostspielige Soldatenwesen zu thun. Er fing mit Ersparnißen in seinem Hofhalte an, die Falkeniere wurden abgeschafft, die Hälfte der Leibgarde entlassen, die Marschallstafel aufgehoben, die Hofhaltung auf das Nothwendigste beschränkt, mehrere nutzlose aber theure Hofämter mit den angesehensten Staatsämtern vereinigt.

Die gleichen Grundsätze der Sparsamkeit pflegte er dann anfänglich auch in seinem Lande: Der materielle Wohlstand des Landes, gegründet auf Wissenschaft und Kunst erschien ihm als das höchste Regentenziel. Der Landbau, die Industrie wurden durch besondere Verordnungen und Begünstigungen zu heben gesucht; Bergwerke, Salinen, Gesundheitsbrunnen wurden unterstützt: Neue Futterkräuter und Handelspflanzen eingeführt, als Hopfen und Krapp. Die Cultur der Südfrüchte, Manden, Nüsse und Kastanien u. dgl. wurde aufgemuntert und die Straßen mit diesen Bäumen umgeben. Bequeme Landstraßen sollten den inneren und äußeren Verkehr unterstützen.

So bot die Pfalz ein erträgliches Bild von Wohlstand und

und Thätigkeit und das weitverbreitete Lob, das dem Churfürsten deßhalb gezollt wurde, wäre in der That gegründet gewesen, wenn alle diese Thätigkeit nicht das Gepräg des durchaus Gekünstelten zu sehr an sich getragen hätte. Nach dem Muster aller glänzenden Despotien des 18. Jahrhunderts wurden Industrie, Luxus, Schöpfungen des Auslands mit Geldopfern künstlich gefördert, während man die sicherste und einfachste Stütze eines gesunden Wohlstandes, den Ackerbau, unter der Last des Feudalwesens, drückender Abgaben, des Privilegienwesens, der Jagdlust u. s. w., fortwährend seufzen ließ.

Bald jedoch erkaltete der erste Eifer des Churfürsten. Beherrscht von jesuitischen Rathgebern, von seinen Maitressen und ihren Bastarden, sank er nach und nach immer tiefer in völlige Gleichgültigkeit um das Wohl seines Landes und Volkes. Das Klagen und Murren desselben hörte er nicht, denn seine Umgebung sorgte dafür, daß er vom Weihrauchdufte des Lobes betäubt sich der Meinung hingab, es seie Alles glücklich. Die hohen und niederen Beamten, welche sich bey dieser Sachlage am Wohlsten befanden, sorgten überdies dafür, daß der schwache Fürst getäuscht wurde, indem sie durch bezahlte Volksfeste die scheinbare Zufriedenheit des Volkes ihm vor die Augen führten.

Zu den kostspieligsten Genüssen des Hofes gehörte von jeher die Jagd, die mit raffinirtem Luxus getrieben wurde; den Schaden, den die Hegung eines übermäßig zahlreichen Wildstandes dem Wohlstand des Bauern zufügte, achtete man nicht oder man suchte nur scheinbar und auf kurze Zeit dem Uebel Einhalt zu thun. Wer diesen Genuß förderte, wurde durch fürstliche Gunst reich beglückt.

Durch den Tod des Kurfürsten Maximilian von Bayern am 30. Dezember 1777 war die jüngere Linie der Wittelsbacher ausgestorben und durch vorher schon geschlossene Staatsverträge war die Erbfolge geordnet: Karl Theodor wurde nun auch Herzog von Bayern; am 2. Januar 1778 zog er bereits in seiner neuen Residenz München ein: alle, die vom Hof und seiner Verschwendung gezehrt hatten, jammerten und der Churfürst versprach, bisweilen seine Pfalz wieder zu besuchen.

Seine Unbeliebtheit in München, seine Mißverhältnisse mit der münchener Bürgerschaft erweckten in Carl Theodor aufs Neue die

Sehnsucht nach seiner friedlichen, unterthänigen Pfalz, wo das Volk seine blühende Zeit angestaunt und die Beamten in loyaler Verzückung ihn als einen glänzenden und großen Regenten gepriesen hatten. Um ihn in der Pfalz zurückzuhalten, bot man alles auf, was ihm seinen zeitweiligen Aufenthalt recht angenehm machen konnte. Und was konnte man zu diesem Zwecke besseres thun, als der alten Leidenschaft des Jagens beim Churfürsten zu fröhnen und ihm dabei durch den künstlichen Jubel der Bevölkerung die Erwägung nahe zu legen: daß er in der Pfalz doch besser wohne.

Der künstliche Wohlstand der auf Hof, Luxus und Industrie gebaut war, brach durch den Weggug des Hofes im Jahre 1778 zusammen; die große Kälte und der hohe Eisgang des Neckars in der Mitte Januar 1784 hatte ins Besondere das Neckarthal aufs Graulenhafteste heimgesucht. Lange Jahre noch fühlte man die zerstörenden Folgen. Die Anwesenheit des Churfürsten 1788, sein Zwiespalt mit den Münchenern gab der Hoffnung Raum, denselben ganz wieder für die Pfalz zu gewinnen und bessere Zustände zurückzuführen.[1)]

Zu den Mitteln, diesen Zweck zu erreichen, gehörten ohne Zweifel auch die Feierlichkeiten des am 15. Juli 1788 bei Neckargemünd abgehaltenen Lustjagens, das dem Churfürsten von den Unterthanen des Oberamts Heidelberg veranstaltet wurde.[2)]

Den ganzen Plan der Feierlichkeiten entwarf der Geh. Reg.-Rath und Landschreiber des Oberamts Heidelberg, Ferd. Jos. Wrede; nach seinen Befehlen wurde er auch ausgeführt. Die architectonischen Vorstellungen und Verzierungen erfand und besorgte Hofbaumeister Schlicht von Mannheim; die Malerei der Hofmaler Hubert Willwerth;

[1)] Vergl. Häusser, Gesch. der Pfalz. II., 909, 921, 923, 927, 932 und folgende 977 f.
[2)] Die nachfolgende Darstellung schöpften wir aus der offiziellen „Beschreibung" der Feyerlichkeiten an dem Ufer des Neckars, welche bei Gelegenheit eines von Seiner Churf. Durchl. zu Pfalz in dem Ellenybacher Thale bei Neckargemünd am 15. Juli 1788 gehaltenen Lustjagens und zu Wasser genommenen Rückkehr von den Unterthanen des Oberamts Heidelberg veranstaltet wurden. Heidelberg, gedruckt mit Wiesens Schriften.

die Aufschriften Lieder u. s. w. gingen vom Secretär an der Hofbibliothek zu Mannheim, Rath Wigard, aus.

Als Ort und Festlichkeit hatte Obristjägermeister Freiherr von
Haacke das Wiesenthal gewählet, welches sich nahe am Thore von
Neckargemünd rechts öffnet und sich rechts und links von der
Elsenz etwa eine Viertelstunde weit hinanziehet.

Gleich beim Eingang ins Thal links, oberhalb der Stadt auf
einer Anhöhe, auf den verfallenen Grundmauern der Burg Reichenstein war ein Thurm mit einem Gebäude errichtet, aus welchem
die Herrschaft mit Kanonenschüssen begrüßt wurden. Weiter oben
im Thale, am linken Ufer der Elsenz, an einer weit ins Thal hervorspringenden Waldecke prangte der wohl geschmückte Jagdschirm,
auf Stufen erhöht; hier hatte der Churfürst schon 1749 am 15.
Juni einen Hirsch erlegt. Dem Jagdschirme gegenüber auf der
rechten Seite der Elsenz, oben im Wald: der Hollmut genannt,
stand das ausgefangene Wild, 130 Stücke; hier also war nach der
Jägersprache der Bogen, von welchem das Wild zwischen dem auf-
gespannten Zeug den Berg herab, über die Elsenz in die Waldecke
neben dem churfürstlichen Schirme, als dem Abschießplatze, herabge-
trieben wurde. Weiter oben im Thale, nahe an einer Wallmühle,
auf einem Hügel, der den Kessel des Thales schließt, war ein altes
Ritterschloß aufgeführt und zwischen ihm und den Jagdschranken
war eine Bauernwirthschaft angebracht, an welcher die junge Mannschaft der Stüberzent sich gegen das alte Schloß zu ausbreitete.
Ebenso parabirte auf der andern Seite des Wildlaufes, gegen Neckargemünd zu, die Medesheimer Zent. Beide Zenten waren mit
Böllern ausgerüstet, die während des Abschießens des Wildes beständig losgebrannt wurden und an dem Bauernwirthshause schallte
türkische Musik. Oberhalb der beiden Zenten, zu beiden Seiten des
Wildlaufs, den Abhang des Berges herunter waren Bühnen für
die Zuschauer errichtet, deren sich viele Tausende theils in denselben
theils auf dem freien Berge niederließen. Dicht neben dem churfürstlichen Schirme und dem Wildlauf gegen Neckargemünd zu an
beiden Ufern der Elsenz waren zwei Bühnen für Zuschauer von höherem
Range aufgerichtet.

So hatte Kunst und Natur das ganze Thal zu einem ergötzlichen Anblick geschaffen.

Jetzt tönte das Zeichen der Jagd; die aufgezogenen Schranken des Bogens fielen und das eingeschlossene Wild, froh einen Ausgang zu finden, sprang der Oeffnung zu. Beim Anblick des von Menschen ganz erfüllten Thales stutzte es anfänglich und wollte in den Bogen zurück; allein die Fallthüer waren wieder aufgezogen. Nun setzte das Rothwild über die nach Linien gezogenen grünen Hecken oder sogenannten Hoppasse; durch die am rechten Ufer der Elsenz angebrachten Einsprünge in diesen Fluß und ebendahin stürzten auch durch die in die Hecken gemachten Läufe die Wildschweine; von da mußte das gesammte Wild am churfürstlichen Schirme vorbei auf den eingefaßten Abschießplatz, wo es vom Churfürsten und seiner Gemahlin erlegt wurde.

Nach beendigter Jagd begaben sich die Herrschaften, unter dem Jubel des zahlreichen Volkes nach Neckargemünd, wo sie im Gasthaus zur Pfalz in dem neuerbauten großen Saale mit dem zahlreichen Hofstaat das Mittagsmahl einnahmen.

Abends nach 6 Uhr wurde die Reise durchs Neckarthal nach Heidelberg angetreten und jetzt begann, anf Anordnung des Ministers Freiherrn von Oberndorf das eigentliche Volksfest.

Als Wegweiser ging dem churfürstlichen Schiffe voran das Schiff des Oberamtmanns; diesem zur Seite fuhren andre Schiffe, mit Musik und Böllern besetzt. Die herrschaftlichen Personen fuhren in einem Saale, der auf zwei Schiffen aufgebaut war, denen es an reicher Blumenausschmückung nicht fehlte.

Beim Einsteigen in das Fahrzeug kamen 24 Mädchen aus dem Amte Dilsberg als Schnitterinnen gekleidet, welche der Herrschaft im Namen des ganzen Amtes für die Erlegung des die Felder und Fluren verheerenden Wildes und für den dem Ackerbau gewährten Schutz, durch Absingen eines hierauf bezüglichen Liedes dankten. Die Mädchen bestiegen einen Nachen und schlossen sich singend dem churfürstlichen Schiffe an.

Dem herrschaftlichen Schiffe folgten zwei mit grünen Zweigen geschmückte Schiffe für die Beamten und Angehörigen des Hofes. Diesem schloß sich eine große Anzahl von Nachen an, angefüllt mit den Tausenden der Menschen, welche der Jagd zugeschaut hatten. Der ganze Neckar schien auf eine weite Strecke hin nur Ein Schiff zu sein. An der Mündung der Elsenz schloß sich dem herrschaftlichen Schiffe ein Nachen mit Fischer- und Schiffer-Mädchen an, weiß gekleidet mit blauen Schärpen, welche einen frohlockenden Gesang anstimmten. Der Mündung der Elsenz gegenüber, jenseits des Neckars, in dem zu einer steilen Wand ansteigenden Steinbruch oben hatte das Amt Dilsberg eine künstliche, mit Moos und Schilf ausgestattete und mit Muscheln bedeckte Grotte hergestellt, in deren Eingang Neptun auf seinem mit Wasserpferden bespannten Wagen sich zeigte, in der einen Hand den Dreizack, mit der andern den neben und unter ihm sich auf eine Urne stützenden Neckar den Befehl ertheilend, die Herrschaften glücklich zu geleiten. Neben der Grotte sah man Tritonen, die auf Muschelhörnern zu blasen schienen. Unterhalb der Grotte paradirte die Mannschaft des Oberamts Dilsberg unter grünen Bögen, unter Böller- und Kleingewehrfeuer, sowie bei schallender Musik. Man wollte dadurch den Dank bezeugen, welchen man der Regierung schuldete für die Hebung der Landwirthschaft und der Viehzucht, wodurch der Werth des Geländes von 100 auf 600—800 fl. der Morgen gestiegen ist; für die Anlage schöner Straßen u. dgl. Ein Denkmal gab diesem Danke Ausdruck mit der Inschrift: „Karl Theodor besserte durch Kleebau unsre Viehzucht und Felder, hob durch Straßenbau unser Gewerbe, unsern Mangel zum Wohlstand. Ihm sei Lob und Segen.

Da wo sich die steile Wand des Steinbruches in einem abhängigen grünen Hügel verliert, an einem dichten Gebüsche hatte die Stadt Neckargemünd ein altdeutsches Ritterschloß aufgeführt; in vielen Schlössern im Neckarthale hatten die Pfalzgrafen das Oeffnungsrecht, wie in der Burg Reichenstein; nach und nach fielen sie ganz an die Pfalz. Hierauf deutete die Inschrift über dem Thor des künstlichen Schlosses: „dem Edelsten weichen hier die Edeln; Ihm öffnet sich Thor und Herz." Am Ufer des Neckars brachte man die Inschrift an: „Karl Theodor gab Leben dem Handel, Absatz den Gewerben, Marktrecht der Stadt, Reichthum den Bürgern. Es danket ihm ewig die Stadt Neckargemünd."

Etwas weiter unten, wo der Neckar eine kleine Bucht bildet,

hatte die Zent Schriesheim einen runden Tempel nach römischem Geschmack gebaut, dessen flaches Dach auf marmornen Säulen mit vergoldeten Kapitälen und Füßen ruhte; eine Treppe führte in den Tempel, über ihm stand: „Volksliebe." Auf den Seiten der Treppen standen Gruppen und Genien. Im Tempel selbst und um ihn herum waren die Angehörigen der Zent versammelt: sie hatten auf zwei Altären die geschmückten Bilder des Churfürsten und seiner Gemahlin gesetzt und sangen ein Danklied.

Auf der weiter unten nicht weit vom rechten Neckarufer entfernten Insel hatten die Zentsoldaten des Oberamts Heidelberg in Uniform ein Lustlager aufgeschlagen. Zur Seite stand ein Marketenderszelt, unter dem die junge neugeworbene Mannschaft mit den Soldatenweibern tanzte. Bei Herannahen des Festzugs sammelte sich Alles am Ufer, schwang die Hüte und rief ein Vivat. Die Zentsoldaten gaben eine dreifache Salve und lösten ihr kleines Geschütz.

Auf der nächstfolgenden Insel befanden sich die Fischer des Neckarthales in ihrer Tracht, beschäftiget mit ihrem Gewerbe, die Netze ausspannend, dieselben trocknend und am Ufer in den Nachen die Fische sondernd. Bei Ankunft des Zuges riefen sie: „Es lebe Carl Theodor und Elisabetha Augusta, die Freude der Pfälzer."

Die Stadt Schönau, in der einst die aus Frankreich vertriebenen Voreltern der jetzigen Bewohner von Churpfalz Zuflucht und Schutz gefunden hatten und Tuchmanufactur trieben, blieb in der Ehrenbezeugung nicht zurück. Durch ihre Industrie wurden jene Voreltern so berühmt, daß viele davon nach Preußen gezogen wurden. Von den wenigen Zurückgebliebenen wuchs unter dem Schutze Carl Theodors wieder eine Colonie heran, die im Stande war, die Menge seiner Diener und Soldaten mit ihrer Arbeit zu versehen und sich und ihre Familien zu ernähren. Die Schönauer stellten die zwei Brustbilder der Herrschaften mit der Inschrift auf: „Aufnahme vertriebener Voreltern preiset, thätigen Kunstfleiß der Enkel beweiset, kräftige Unterstützung hoffet beim treuen Schönau. Heil dir und Ruhm."

Auch ein Haufe Zigeuner, der sich unter Carl Theodor im Odenwald niedergelassen und sich an bürgerliche und häusliche Ordnung gewöhnt hatte, kam an das Neckarufer und stellte seine ursprüngliche Lebensart in der ehemaligen Kleidertracht und passenden Gebräuchen vor. Auf der Fahne, die sie schwangen, stand: „Wilde zu Menschen, Landstreicher zu Bürgern, Räuber zu Kindern, schuf deine Vaterhand. Lebe ewig!"

Da, wo das Gebirge dem rechten Neckarufer wieder näher tritt und sich zu einem ungeheuren Steinbruch erhebt, war ein künstliches Dörfchen mit Kirche, Wirthshaus, Strohhütten und Gärten, wie dies sich im Odenwald zeigt. Mit allen üblichen Lustbarkeiten wurde hier von dem Volke ein Kirchweihfest gefeiert. Ein Theil tanzte bei Flöten und Schallmeien, ein Theil unterhielt sich mit Kegeln und Würfeln, ein Theil handelte an einer Bude mit dem Krämer. Da erklingt im Thürmchen die Glocke, das Nahen des Landesherrn verkündigend; alles verläßt seine seitherige Thätigkeit und eilt zum Ufer und ruft sein Lebehoch! Ausgewählte Jugend rudert in einem Nachen an das herrschaftliche Schiff und überbringt einige Kuchen und dabei zum Feste, bezügliche Lieder singend.

Auf dem jetzt breiter werdenden grünen Ufer prangte weiter unten eine Ehrenpforte mit Pyramiden: die Stadt Wiesloch, ehemals Sitz der Pfalzgrafen, hatte sie errichtet aus Dankbarkeit für die neue Straße durch ihre Thore, welche Nahrung und Gewerbe in ihren Mauern zur Blüthe gebracht und die Einwohnerzahl so vermehrt hat, daß man einen besondern Platz zu neuen Wohnungen abstecken mußte, wo mit Erlaubniß des Churfürsten eine Vorstadt angelegt ward. Die Ehrenpforte trug deßhalb auch die Inschrift: „Lebhaftes Gewerbe, blühende Nahrung, vermehrte Bevölkerung, erweiterte Wohnsitze, gab deine Weisheit mit der Heerstraße dem ehemals verwaisten Wiesloch. Heil dir!"

An der Mündung der sogenannten Bärenbach in den Neckar versammelten sich die Müller aus der in der Bergenge stehenden einsamen Mühle, und begrüßten die Herrschaften durch Zurufe.

Nahe an dieser Mühle auf einem Vorhügel zeigte sich der Schacht eines Bergwerkes, aus welchem die Knappen hervorstiegen, vom Berg herab zum Ufer eilten, sich hier unter bergmännischer Musik in Reihen stellten. Eine Denkschrift sagte: „Du sahest was Keiner vor dir, auch im Schooße der Erde Reichthum des Landes, förderteſt ihn weislich zu Tage zum Wohl des Staates. Dich ſegnet dein Volk!"

Am Fuße des Berges weidete eine Heerde Schafe, von Schäfern gehütet, die den Churfürſten mit Muſik und Zurufen begrüßten. Ein Denkmal zeigte die Inschrift: „Dem Erhalter beſtrittener, aber weislich mit dem Ackerbau zum Nutzen des Landes vereinbarten Schafstriften bringen die Schäfer höchſten Dank!"

Jetzt folgten am Ufer die Gemeinden Schwetzingen, Brühl und Oftersheim an der von ihnen errichteten Denkſäule, welche die Inschrift trug: „Bewundere, Fremdling, Pracht der Städte in Dörfern, Gedeihen in- und ausländischer Pflanzen auf Sand, Paradieſes Luſt auf mageren Feldern, und preiſe den Urheber in allen Landen."

Die Gemeinde Ziegelhauſen hatte ſich am Ufer unter den ſchattigen Obſtbäumen verſammelt und bezeugte durch den Klang der Glocken, durch den Knall der Kanonen dem Churfürſten ihre Ergebenheit.

Die Gemeinde Seckenheim und Neckarau hatten ein Monument errichtet, das mit den Bildniſſen der Herrſchaften geziert war. Es ſollte die Begünſtigung des von Carl Theodor ſelbſt eingeführten Kleebaues in der Pfalz verherrlichen durch die Inschrift: „die Folgſamen belohnt, die Schläfrigen erweckt Carl Theodors Behendbefreiung des Kleefeldes."

Die Zent Leimen ſtellte einen Ehrenbogen auf, mit einer ſchönen Colonnade verſehen. Wohlſtand hatte in dieſe Gegend der neu eingeführte Anbau von Grapp, Reps und andern Gewächſen gebracht. Auf dem Denkmal ſtanden deßhalb die Worte: „Erweiterter Feldbau durch fremde Producte bringt den Pfälzern Schätze des Auslandes, dir, Carl Theodor, Bewunderung und Liebe."

Feudenheim, Sandhofen, Käferthal, die dem Churfürſten die Umwandlung ihrer Gemeinde-Viehweiden in Fruchtfelder verdankten, hatten auf Ehrenſäulen die Bildniſſe des Churfürſten und der Churfürſtin mit der Unterſchrift aufgeſtellt: „des Gütigen Fürſten kluge Satzung befolget mit Vortheil der lenkbare Pfälzer."

Am grünenden Hügel des Stifts Neuburg hatte die Stadt

Weinheim einen griechischen Tempel errichtet, über deſſen Eingang man las: „der Unſterblichkeit." Rings um den Tempel ſtand die Bürgerſchaft der Stadt, am Ufer die Jugend mit den Prieſterinnen in ihrer Mitte, weiß gekleidet, mit Blumen bekränzt und die Bildniſſe der Herrſchaften hoch haltend. Beim Herannahen des Schiffes rief das geſammte Volk: Es lebe Carl Theodor und Eliſabetha Auguſta! Die Prieſterinnen ſtimmten ein Huldigungslied an und ſtellten die Bildniſſe im Tempel der Unſterblichkeit auf.

Jetzt näherte ſich die Waſſerfahrt ihrem Ende. Ein ſparſam geſchmückter Nachen kam heran, begleitete das Schiff und verkündigte durch ſein Anſehen das Leid, das die in ihm dahinfahrenden Senten des Oberamts Heidelberg in einem Abſchiedsliede bezeugte. Bei jetzt einbrechender Nacht ſtiegen in der Nähe des Harlaſſes Feuerſonnen und Raketen. Die Herrſchaften ſtiegen aus und in die bereit ſtehenden Wagen; unter jubelndem Lebehochrufen fuhren ſie dahin.

VI.

Bier-Ordnung der Stadt Heydelberg,

in Anno 1603 uffgerichtet.

Wir Friderich von Gottes Gnaden Pfalzgrafe bey Rhein, des Heyligen Römiſchen Reichs Ertz Truchſeß und Churfürſt, Herzog in Bayern ꝛc. bekennen und thun kund offenbahr hiemit dieſem Brief. Alß uns für kommen, welcher geſtalt wegen vieler mißwachſender Jahr und dannenhero in unſern hieniedigen Landen erfolgter Weintheuerung, das Bierbrauen und Verkaufen etwas gemein werden wolle, und in ſelbigen, ſonderlich aber in Unſerer Statt Heydelberg allerhand beſchwehrliche Unordnungen und ungebührliche Vortheil geſpühret und geklagt worden, daß wir demnach ſolchem zu Vorkommen für nothwendig und nützlich angeſehen, nachbeſchriebene Ordnung darunter zu geben, darüber Unſerm Schuldheißen, Burgermeiſtern und Rath mit sonderm Fleiß und ernst zu halten hiemit gnädigst befohlen wird.

Nemblich und Erstlich soll niemands, wer der auch seye, macht haben, Bier allhie uff den Verkauf zu brauen, er hab sich dann zuvor bey den Burgermeistern und Rath Unßerer Statt Heidelberg angeben und deßen erlaubnuß erlanget, welche dahin zu sehen, und keinem Bierbrauen zulaßen sollen, er habe dann, das er daßelbe gelernet, zimblicher maßen geübet und Prob thun können angezeigt und dargethan, in deme dann auch die Bescheidenheit zu gebrauchen, daß deren nicht zu Vill werden. Und demnach ihren dieser Zeit zehen seind, die sich mit Keßeln und geschirr zum Bierbrawen gefaßt gemacht,¹) sollen dieselbe gleichwol bißmal alle passirt, aber so bald deren einer abgehet, oder sonsten nachleßt, kein anderer anstatt genohmen biß es uff Sechs kombt, so Viel und mehr Bierbräuer nicht allhie zu Heidelberg gedultet werden. Doch wo jemand allein, für sein gesind und Haußhaltung und gar nicht zum Verlauff bier brawen wolle und könnte, soll es demselben unverwehrt sein.

Zum Andern soll niemand, es seyen Bierbräuer oder andere, denen das Bierbrawen zugelaßen, bey sonderbarer Straff zehen Gulden und furnemblich bey entsetzung des Bierbrawens und Verlierung des gemachten Biers nicht mehr dann diese drey Stück, Gerstenmaltz, Hopfen und Waßer nemmen und gebrauchen, (doch da einer von Weitzen oder Speltzen bier brauen wolte, solle es ihme unverwahrt sein, allein daß ers anzeige) soll auch zue ieden Sommer und Winters Zeit dem Bier sein gebührlichen Sud und Kuelung²) geben, sonderlich das Vorbier vier- und das Nachbier sechs Stund zum wenigsten sieden laßen, damit ein gut Bier gebrauet werde, und sollen zu einem solchen Fuder guten Biers, zum wenigsten fünf malter gersten, oder aber an Speltzen Acht halb malter, oder Weitzen Viert halb malter nehmen und es gebührlich höpfen,³) das sich's halten möge. Es soll auch ein jeder Bierbräwer vom Hopfen gefragt werden, und anzuzeigen schuldig sein, woher er denselben und wie viel habe. Item der Burgermeister und Rath ie zu Zeiten im

---

¹) d. h. eingerichtet sind. ²) Kühlung. ³) d. h. mit Hopfen versehen.

Jahr der Bierbräwer Dörr besichtigen, damit dannenher desto weniger Feuersgefahr zue gewarten.

Zum Dritten, demnach bißher das Bier ohne Unterschied und zu Unzeiten im Jahr gebrawen worden, so entwann zu Verderbung der Frucht und anderer Zugehörung gereichet: So sollen Unßere Burgermeister und Rath zu Heidelberg achtung geben und darüber halten, das furbas⁴) allein von Michaelis biß Georgy bier gebrawet werde, bey Verlust des gebräws und dazu fünf Gulden Straff, so der Verbrecher unnachläffig zu erlegen, oder da man ie im Sommer frisch Bier zu brawen ein nothurft befinden solte und der Rath von den Bierbräwern darunder angelangt würde,⁵) möge sie nach Befindung etwas zu brawen erlauben, doch dieser Ordnung allerdings gemäs.

Zum Vierten sollen die Bierbräwer und andere, denen also uff den Kauf bier zu brawen erlaubt wirb, fehrlichen mehrgedachten Burgermeistern und Rath allhie an Eidsstatt angeloben, Vor und nach dem Satz das Bier auf keinerley weg zu ringern,⁶) noch mit Zusätzen, die dem Menschen nachtheilig, zu vermischen oder zu verfälschen, sonderlich an statt Hopfens nicht andere dem Menschen an seiner gesundheit schädliche Sachen zu gebrauchen, bey Vermeidung unßerer ernstlichen Straff, Leibs und guts.

Zum Fünfften, Ordnen und setzen wir hiemit, das hiefüro die Winterbier von Michaelis biß Georgy ein maß des guten oder besten umb zehen pfenning, und das Sommerbier, so von Georgy biß Michaelis gebrauet werden solte, ein mas des guten oder besten umb zwölf pfenning, und höher nicht verschendt werden, bei Straff fünf Pfund Heller, so ein ieder Verbrecher biß unßers gebotts, so offt er strafbar befunden, seiner gerichtlichen Obrigkeith bezahlen sol, darneben die Bierbrauer auch mit pfählen beladen werden, daß sie nach beschehener asstimation⁷) kein Bier ringern wollen, dazu sollen Unßere Burgermeister und Rath sonderbare siegel haben, und wie hoch ein jedes Bier geschätzet worden, uff das Faß zeichnen und siegeln.

---

⁴) in Zukunft. ⁵) angegangen, ersucht würde. ⁶) verringern, ohne Zweifel durch Zuguß von Wasser. ⁷) Schätzung.

Zum Sechßten, damit sich solcher Tax umb so viel weniger jemands zu beschwehren, sollen Unßerer Statt Heidelberg Burgermeister und Rath alle jahr nach gelegenheit und wolfeilung oder theurung der frucht und hopfens, jedoch jederzeit mit Vorwißen Unßer oder Unßerer Räthe ein newe Tax uff- ober absetzen: deren nach und nit höher das bier ausgezäpfet werde, darneben aber auch drob und daran sein, das die Bier jedes in seiner ordnung gut und der geordneten Tax wol würdig und werth gebrawet werden. Item es sollen die Bierbräuer den jenigen, so sie Bier ins Faß geben, dieselben recht, gleich dem Wein zu füllen und nicht den schaum daraufflaßen, oder da einer in Widerspiel betretten wirb, unablässig gestraft werden.

Zum Sibenden sollen sie auch in ober außerhalb der Statt einig ungesigelt Bier nicht verkaufen.

Zum Achten, damit obigem allem umb so vil besser gelebt*) werde, sollen sonderbare Bierköster geordnet und mit pflichten belaben werden, die ein jedes Bier, so man es Uffthun will, zuvor versuchen und kosten, da es gut, uff obbeschriebene ober andere verordnete Tax, da es aber zu gering und berührter Tax nicht werth, alßbann auch wolfeiler schätzen, uff den Fall es aber ungerecht und mit andern stücken oder Zusätzen vermischt befinden, sollen sie es alß balb der Obrigkeit anzeigen, damit solch Bier auf offenen platz geführet, den Faßen die Böden eingeschlagen, fürter die Bierbräwer oder Würth, welcher dieser Uebertrettung schuldig ober Theilhafftig, mit obgesezten poen,9) oder in andere ernstlichere weg, an leib oder gut, nach gestalt des Verbrechens, gestrafft werden.

Zum Neunbten, wann obgemelte Schätzer oder Koster die bier schätzen, soll der Umbgelter 10) mitgehen, und ein Verzeichnuß halten, wo und wie Biel bier bey einem jebem gewesen, damit, wann er das nechste mahl wiber dahin zu schätzen kombt, der Biersieder gefragt werden könne, wohin Er das abgeschätzte und zu ring gefunbene Bier gelifert, welcher es ihm auch anzuzeigen schuldig sein solle, und uff den Fall besunden wird, daß es den leuten höher, als es geschätzt, aufgetrungen worden, mit gebührender Straff angesehen werden möge.

*) nachgelebt.   9) Strafe.   10) Accisor.

Wann auch einer ein Bier bekommbt, so er des gelts nicht werth sein vermeint, der mag die Schätzer berufen und vier pfennig zu Lohn geben, die sollen es versuchen, und da sie ein betrug oder falsch finden, denselben zur Straff anzeigen.

Item es sollen die Bierbräuer von jedem fuber Bier, so bald nach verrichtem Sud, Vier Pfenning zuvorderst entrichten, und dann ferner von einer jeden Ohm, so in die Faß alhier wohnender verlaufft zehen pfenning, was aber außer der Statt verführt wirb, von jeder Ohm ein bazen zu erlegen schuldig sein.

Zum Zehenden soll von allem und jedem Bier, so zum Verlauf außgezapft und verschenckt, Item außerhalb unseres gebiets in die Reichs- und andere Städt, Flecken oder Dörfer, unß nicht angehörig, verführt wirb, die Zehende maß verumbgeltet, solches Umbgelt neben dem Akin umbgelt erhoben, und Unß, auch Unßerer Statt Heidelberg, iedem sein gebührend theil davon gefallen und gelifert werden, Es soll aber dasjenige, so wir zum gebrauch Unßeres Hofstabens iederweil bedörfen und gebrauchen werden, so vil das Umbgelt und andere vorgemelte beschwehrden anlangt, in dieser ordnung nicht gemeint oder begriffen sein.

* Was dann von frembdem Bier in Unßerer Statt Heidelberg verschenkt oder verlaufft wirb, davon soll Unßerer Statt Heidelberg die Zehende maß, vermög ihrer pivilegien zu Umbgelt allein einzunehmen, unverweyret sein.

Letztlichen und zum Eilfften behalten wir Uns bevor diße Unßere jetzt gegebene Ordnung, ie nach gelegenheit und erforderung der nothurfft, fürfallenden bewegnussen, zu mindern, zu mehren oder zu endern.

Zur Urkund haben wir Unßer Secret zu und Ufftruckhen laßen: Geben zu Heidelberg den britten Monathstag January, Nach Christi Unßers lieben Herrn und Heilandts geburth, im Sechzehenhundert und dritten Jahre. ¹¹)

---

¹¹) Diese Urkunde findet sich in Abschrift im Generallandesarchiv zu Carlsruhe, Fascikel: „Bierordnung wie zu Heydelberg. Mannheim. Gewerbe. Brauordnungen. 1603. Bierbrauer in Mannheim. 1663—9. 509.

VII.
Das pfälzische Oberamt Heidelberg.

Die Geschichte unserer Stadt in ihren mannigfachen Zweigen steht in so vielerlei Beziehungen zu der des Oberamtes Heidelberg, daß zur besseren Orientirung in jener eine genauere Kenntniß der Einrichtung und Beschaffenheit des Letzteren nothwendig ist. Auch auf die Geschichte der Entstehung desselben müssen wir hier einen flüchtigen Blick werfen.

1. Gleich nachdem der Frankenstamm in Folge der Schlacht bei Zülpich (496) von unseren Gegenden Besitz genommen hatte, finden wir einen ansehnlichen Theil derselben in fränkisches Königsgut verwandelt. Dieses Königsgut gewann mit der ganzen Gegend an Bedeutung, als die Karolinger den fränkischen Königsthron bestiegen; denn jene hielten sich meist hier auf und verliehen dadurch der Gegend einen besondern Glanz und besonderes Ansehen.

Das rheinische Franken, wie das ganze Frankenreich war in Gaue abgetheilt; die Gauen, aus denen später das rheinpfälzische Gebiet sich bildete, waren diesseits des Rheines: der Kraich-, Garbach-, Neckar-, Elsenz-, Lobben-, Mainz- Gau; jenseits: der Speier-, Blies-, Worms-, Nahe-, Einrich-Gau. Ueber alle Gaue der rheinischen Franken waren Königsbeamte gesetzt, welche die Stelle von Herzogen vertraten. An der Spitze jedes Gaues standen Grafen, welche Stellvertreter dieser königlichen Beamten in ihren Gauen waren, wie diese Stellvertreter des Königs bezüglich der ganzen Gegend und allen Gaun: Verwaltung und Rechtspflege war ihr Geschäft. In der zweiten Hälfte des 11. Jahrhunderts ging die Grafschaft über den Lobbengau an das Domstift zu Worms über, gemäß dem auch sonst lebhaften Streben der Kirche, die Grafengerichtsbarkeit in den sich in dieser Zeit allmälig auflösenden Gauen an sich zu ziehen. Die Kirche erreichte vielfach ihren Zweck, da die Könige in der Erhaltung des Erworbenen nicht allzu vorsichtig waren. Dessen ungeachtet waren es noch schöne Besitzungen, welche bei Heinrichs V. Tod (1125) an das verwandte Geschlecht der Hohenstaufen das die fränkischen Salier sich als Nachfolger im Besitz heranzogen übergingen.[1]) Heinrichs V. Sohn, Friedrich Herzog in Schwaben,

---
[1]) Vgl. Haeusser, Gesch. der Rhein. Pfalz. I. 87.

hinterließ zwei Söhne, von denen der ältere, Friedrich III. das Herzogthum Schwaben behielt und 1152 deutscher König wurde; von denen der zweite, Conrad, Erbe der rheinpfälzlichen Besitzungen und Pfalzgraf ward, 1155. Das Amt des Pfalzgrafen war die Verwaltung des königlichen Richteramtes, zugleich aber war der Pfalzgraf Cameralbeamter (procurator fisci), als welcher er die Kronregalien zu schützen und über die königlichen Kammergüter die Aufsicht zu führen hatte.

2. Mit der Erhebung Conrads von Hohenstaufen zum Pfalzgrafen bei Rhein (1155) begann sich aus dem königlichen Beamten ein selbständiger Fürst zu entwickeln; aus den verwalteten königlichen Besitzungen wurde nach und nach das pfälzische Territorium. Von einem zusammenhängenden Territorium in unserer Gegend war in jener Zeit jedoch noch keine Rede; das spätere pfälzische Gebiet war vielmehr noch unter die geistlichen und weltlichen Dynasten in der Nähe getheilt.*) Mainz besaß den größten Theil der Bergstraße; Speyer und Worms waren am Rhein und im Neckarthale begütert. Jedoch waren die Schirmrechte in allen Speiergau, Wormsgau, die Kirchenvogteien und die Grafenrechte ein treffliches Mittel, sich allmälig auszubehnen: was geistliche und weltliche Dynasten theils dem Reiche, theils dem Erbgute seiner Ahnen entfremdet hatten, suchte Conrad auf dem Wege der Gewalt wieder zu erlangen. So ward ein innerer Zwist des Bisthums Worms mit der Bürgerschaft benutzt (1149), dem Bisthum die wohlgelegene Besitzungen im Neckarthale wegzunehmen. Durch Conrads Gemahlin Irmengard war an ihn auch die Vogtei über die Abtei Lorsch übergegangen; auch dieses Recht mußte, bei rascher Auflösung der Abtei, zur Vermehrung seines Besitzes beitragen. So bildet sich der Kern der pfalzgräflichen Besitzungen in unsrer Gegend; wenn auch die Abrundung zu einem geschlossenen Ganzen den Nachfolgern Conrads vorbehalten blieb. Insbesondere aber lag es zunächst im Interesse der Pfalzgrafen deren Wohnsitz seit Conrad auf dem Jettenbühel bei Heidelberg lag, sich hier zu arrondiren, was ihnen auch, seitdem die Wittelsbacher mit Ludwig I., 1214, Pfalzgrafen geworden waren, mit immer glücklicherem

---

*) Häußer a. a. O. X. 52. 6 f.

Erfolge gelang. Dazu darf mit besonderem Nachdruck gerechnet werden, daß das Wormser Bisthum, wie einst den Pfalzgrafen Conrad, so jetzt Ludwig I. mit dem Schloß und der Stadt Heidelberg und mit dem Landstrich an der Bergstraße, der den Namen der Grafschaft Stalbühel führte, belehnte (1225.) Seinem Nachfolger Otto dem Erlauchten wurde von König Heinrich VII. Waldorf geschenkt.³)

Ludwig der Strenge benutzte sodann die hohe Gunst, in der er bei dem Kaiser stand, das pfälzische Gebiet in unsrer Gegend zu erweitern; um 300 Pfund Heller erwarb er sich von den Herren von Weinsberg neben Anderem auch den Antheil am Schlosse Wiesloch⁴) um 1277; vom Markgrafen von Baden kaufte er das Amt Lindenfels im Odenwald; vom Grafen von Lichtenau 1256 Nußloch; vom Bisthum Speier für 600 Pfund Heller die im Bruchrhein gelegenen Dörfer Reilingen, Hockenheim und den Werfauer Hof; und die Herren von Strahlenberg traten ihm ihren Antheil an Hochsachsen ab. Neckarau hatten die Pfalzgrafen längst von Worms zu Lehen.

Im Jahre 1288 machte Pfalzgraf Ludwig der Strenge einen Gütertausch, indem er die Morgengabe, welche seine Gemahlin Mechthilde von ihrem Vater erhalten hatte, Wolfsberg, Winzingen und Wachenheim der Verlobten seines Sohnes Ludwig versprach und dafür seine Gemahlin mit einer Reihe von Ortschaften an der Bergstraße und mit der Belehnung von Heidelberg selbst entschädigte. In der betreffenden Urkunde⁵) werden die Orte aufgeführt, in denen der Pfalzgraf Besitzungen und Rechte hatte: Weinheim, Laudenbach, Hemsbach, Müler, Hege, Hochsachsen, Großsachsen, Birnheim, Walstall, Gerolbsheim, Sandhofen, Käferthal, Feidenheim, Ilvesheim, Neuenheim, Seckenheim, Neckarhausen, Wiesloch, Bergheim, Rohrbach, Leimen, Nußloch, Grafenbrunn, Meusbach, Waldorf, der Hof Schwetzingen, Edingen, Epelheim, Blankstadt.

Unter den Pfalzgrafen Rudolf II. und Ruprecht I. wurde 1347

---

³) Freher, Orig. pal. p. 102. ⁴) Tolner, Cod. dipl. p. 75. ⁵) Oefele, II. 109.

von Ritter Siegfried von Strahlenberg Schriesheim und die Strahlenburg gekauft. Kurfürst Ruprecht I. benützte die Geldbeengungen des Reichsoberhauptes, die früher schon von Kaiser Ludwig IV. an die Pfalzgrafen verpfändeten Besitzungen durch völligen Kauf an sich zu bringen, dazu gehört besonders Mosbach, Sinsheim, Bretten und Neckargemünd und Weinheim. Von Ladenburg, wo seit dem 12. Jahrhundert die Pfalzgrafen als Schirmvögte des wormser Stifts festen Fuß hatten zu gewinnen gesucht, und das damals zwischen Worms und den Grafen von Sponheim getheilt war, erwarb sich Ruprecht I. 1386 die letztere Hälfte. Eldingen, Flehingen und Gimpern wurden einem Herrn von Stralenberg 13 68abgekauft; von Weingarten kam 1370 die Hälfte um fl. 5760 an die Pfalz.

In der Theilungsurkunde, durch welche Churfürst Ruprecht III. deutscher König, im Jahre 1410 seinen Besitz unter seine Söhne vertheilte, wird dem ältesten Sohne Ludwig III. mit der Kurwürde das alte Stammland der Pfalzgrafen am Rhein und Neckar zugesprochen.

Unter Kurfürst Friedrich dem Siegreichen ward Handschuchsheim, Dossenheim mit der Schauenburg von Erzbischof Diether von Mainz (auf Wiederlösung) um fl. 20,000 verkauft, 1461.

Der Besitz der Churfürsten in unserer Gegend zur Zeit Friedrichs des Siegreichen wird durch eine Urkunde bezeichnet, durch die Friedrich 1472 über die Besitzungen der Pfalz verfügt;*) hier sind verzeichnet: Mannheim, Heidelberg, Ladenburg, Schwetzingen, Weinheim, Dilsberg, Neckargemünd, Stoljeneck, Horrenberg, Kirschgartshausen, Rheinhausen, Leimen, Neckarau, Wersau, Rellingen, Hockenheim, Rothenburg, Handschuchsheim, Dossenheim mit der Schauenburg, Schriesheim mit der Strahlenburg.

3. Friedrich der Siegreiche war es erst, unter dem die Eintheilung des gesammten Länderbesitzes in Oberämter an den Tag trat: es waren deren 18. links vom Rhein: Germersheim, Neustadt, Lautern, Alzei, Oppenheim, Kreuznach, Stromberg, Caub, Bacherach und Wangenburg im Elsaß, auf dem rechten Rheinufer: Heidelberg,

---
*) Kremer Urkundenbuch, S. 454 ff.

Bretten, Oßberg, Meckmühl, Neustadt a. d. K. Löwenstein, Wertheberg und Orienberg. Später kam Norberg als 19. Oberamt hinzu.

Er war es auch erst, welcher der Verwaltung und Rechtspflege in der Pfalz eine bestimmte Gestalt verlieh. In ältesten Zeiten hatte jedes Dorf sein eigenes Gericht. Die Gaugrafen hielten öffentliche Dingtage in ihren Sprengeln, wobei sie jedoch nur den Vorsitz ohne Stimmrecht führten; das von den Gerichten gesprochene Urtheil hatten sie zu vollziehen. Im Gebiete des späteren Oberamts Heidelberg waren zwei solcher Grafschaften; die Grafschaft über den Lobdengau und die über den Kraich- und Ellenzgau, jene hatte den Eichböckel, diese den Dilsberg als Gerichtssitz. Als aber die Gauverfassung im Laufe des 12. Jahrhunderts sich auflöste und die Pfalzgrafen anfingen, sich in unserer Gegend größeren und erblichen Besitz zu erwerben, blieb doch die Grundlage dieser Verfassung bestehen: Schultheißen und Schöffen hielten die Ortsgerichtstage; aber die Rechte der Gaugrafen gingen allmälig an die Pfalzgrafen über.

Neben den Gaugerichten bestanden von der frühesten Zeit an sogenannte Zentgerichte, d. h. Gerichte, welche nur einen kleineren Complex von Ortschaften umfaßten und die deßhalb innerhalb der Gaugerichtssprengel ihr Dasein hatten. Manche wollen die Einrichtung dieser Zentgerichte auf die Römer zurückführen, hinweisend darauf, daß man unser Land selbst das Zentland geheißen habe. Allein die Art und Weise der Zentgerichte weist auf durchaus deutsche Sitte hin. Mir scheint die Sache einfacher so aufgefaßt werden zu sollen, daß der Gau in mehrere Unterämter abgetheilt war, die man Zenten nannte; das Ortsgericht verwaltete die Gerichtsbarkeit in geringen Fällen, das Zentgericht bei schweren Vergehen und Verbrechen; das Gaugericht verwaltete die königlichen Hoheitsrechte, und hatte die Aufsicht über das Gesammte Kriegswesen, welches königlicher Vorbehalt war. Diese Annahme wird unterstützt durch die Thatsache, daß auch nach Auflösung der Gauverfassung und nachdem die Pfalzgrafen in sich die sonstigen Rechte der Gaugrafen vereinigten, doch die Zentgerichte königliche Institutionen blieben, welche noch im 14. Jahrhundert von den deutschen Königen verpfändet und zu Lehen gegeben wurden. Die königliche Oberherrlichkeit, welche von den Gaugrafen repräsentirt worden war, haftete nun, nachdem Letztere abgegangen, an den ehemaligen Unterbeamten desselben, die man dann auch Zentgrafen nannte. Es würde zu weit führen, diese an den vier Zenten nachzuweisen, welche später das Heidelberger Oberamt bildeten. Doch können wir uns den Nachweis an der Grafschaft Dilsberg nicht versagen. Auf Dilsberg wohnten die Grafen des Elsenzgaues als Stellvertreter der Könige. Als die Gaugrafen abkamen und die Pfalzgrafen ihre Rechte in unsrer Gegend in Besitz nahmen, setzten diese ihre Beamten auf Dilsberg, welche die Verwaltung und Rechtspflege im ganzen ehemaligen Elsenzgau innehatten; der Gau selbst hatte jedoch zwei Zenten, die Meckesheimer und Stüber, über welche der pfälzische Beamte auf Dilsberg gesetzt war; und dieser Letztere verwaltete alle Hoheits-, Polizei- und bürgerliche Fälle. Die Meckesheimer Zent wurde aber noch im 14. Jahrhundert (1330) von König Ludwig dem Baier seinen Vettern, den Pfalzgrafen Rudolf und Ruprecht mit Stadt und Burg Neckargemünd; und die Stüberzent wurde 1360 von Karl IV. an Engelhard von Hirschhorn verpfändet, welche Pfandschaft Ruprecht 1378 löste, wodurch er auch in ihren Besitz gelangte.

Auf den Schlössern der Pfalzgrafen saßen pfälzische Burgmannen aus den angesehensten Adelsgeschlechtern, ursprünglich bloß zum Schutze der Schlösser und ihrer Zugehörungen, darnach aber in ruhigeren Zeiten auch als pfälzische Verwaltungs- und Gerichtsbeamte; sie hießen jetzt Vögte, Fauthe, urkundlich advocati. Sie wurden die pfälzischen Oberbeamten, denen mehrere Zentgerichtssprengel untergeordnet waren; sie hatten dieselbe Stellung den Pfalzgrafen gegenüber, wie ehedem die Gaugrafen gegenüber den Königen. Sie waren die Erben der Gaugrafen geworden, wenn auch mit veränderten Sprengeln. Auch auf dem Schloß Heidelberg hausten Burgmänner in Zeiten der Abwesenheit der Pfalzgrafen von ihrem Wohnsitz; sie wurden die Fauthe oder Vögte im 13. Jahrhundert. Es läßt sich aber leicht denken, daß der Vogt in der pfälzischen Residenz bald alles Andre überragen mußte. Der Beamte auf dem Dilsberg mit seinen zwei Zenten unter sich wurde ihm untergeordnet; die Grafschaft Stalbühel, mit der die Pfalzgrafen belehnt waren und die sich über den ganzen Lobdengau erstreckte, schrumpfte dadurch, daß der Gau zu verschiedenen

Territorien gezogen wurde, für die Pfalz in ein kleines Unteramt, in eine Zentgrafschaft zusammen, deren Gericht man erst nach (Groß-) Sachsenheim und darnach nach Schriesheim verlegte, nachdem dieses im 15. Jahrhundert pfälzisch geworden war. Auch in Kirchheim war ursprünglich eine Gerichtsstätte. Der Name des Ortes deutet darauf hin, daß derselbe der kirchliche Mittelpunkt der umliegenden Orte war, an den man auch den Gerichtssitz verlegte; dieser Ort gab dem Gerichtsbezirk den Namen und er behielt denselben, wiewohl das Gericht in späteren Zeiten nach Leimen verlegt wurde.

Der Oberbeamte stand unmittelbar unter dem Pfalzgrafen; er war sein Stellvertreter bei dessen Abwesenheit, was im vierzehnten Jahrhundert sehr häufig vorkam und wurde deßhalb in dieser Zeit **Vicedominus, Vizdum**, genannt. Als jedoch die Pfalzgrafen seit dem 15. Jahrhundert wieder bleibend in Heidelberg sich aufhielten, so kehrte man zu dem alten Namen „**Vogt oder Faulh**" zurück. Noch später nannte man sie Oberamtmänner, welche jedoch, weil sie adelige Herren waren, die Dienstobliegenheiten nicht selbst besorgten, sondern den Landschreibern als ihren Stellvertretern überließen. Dieses Verhältniß thun dar die Namen dieser Beamten und ihre Titel:

1214—1242. Sigbobo de Bergeheim, Advocatus.
1262. Conrabus de Winheim, Advocatus in Heidelberg.
1277. Henricus de Sachsenhausen, Advocatus.
1287. Henricus dictus Schwibelbinger, Advocatus.[1]
1295. Herbegen de Grinbelach, Vicedominus Provinciä.
1307. Gottfried der Peuler oder Pauler (Puller) Vicedom. juxta Rhenum.
1324. Conrad Haspel, Vicedom an dem Rhein.
1343. Heinrich von Erlikheim, Vizdom.
1381. Conrad von Rosenberg, Ritter, Vizdom.
1395. Werner Kolb von Wartenberg, Vogt zu Heidelberg.
1398. Hans von Venningen, der Einäugige, Faut.
1405. Reinhard von Sickingen, der Schwarze, Faut.

[1] Dieser ist der erste, der 1287 Vicedominus heißt und zugleich Hofmeister ist. Er hat seine Erhebung und seinen Titel gewiß dem Umstande zu verdanken, daß der Wohnsitz der Pfalzgrafen in diesem Jahre abbrannte, wodurch sie genöthigt wurden, wegzuziehen, aber einen Stellvertreter zurückzulassen.

1412. Raban Grimmer von Gemmingen, Faut.
1422. Hans von Venningen.
1438. Hans von Venningen des vorigen Enkel.
1452. Conrad von Helmstatt, Vogt.
1457. Jeremias von Oberstein.
1460. Engelhard von Ripperg.
1462. Simon von Balshofen.
1487. Philippi Forstmeister von Gelnhausen.
1508. Zeisolf von Abelzheim.
1513. Wendel von Abelzheim, Vogt.
1517. Wilhelm von Habern, Faut.
1537. Hans von Gemmingen.
1550. Nicolaus Schenk von Schmibburg.
1557. Adam von Hoheneck, Faut.
1569. Hartmann Hartmanni von Eppingen.
1585. Wolf Wambold von Umstatt, Faut.
1587. Johann von Elz.
1589. Johann Reyprecht von Rübingen.
1600. Heinrich von Schwerin, Faut.
1608. Hippolytus a Collibus, zugleich Hofrichter.
1613. Johann Engelbert von Lautern, Faut.
1616. Heinrich Dietrich von Schönberg, Faut.
1650. Joh. Friedrich von Landas.
1680. Carl Ludwig Graf von Sayn und Wittgenstein.
1683. Ludwig Casimir von Bernstein.
1697. Joh. Wilhelm, Freiherr von Efferen.
1724. Ferdinand Freiherr von Hundheim.
1734. Franz Moritz Freiherr von Hundheim.
1740. Ferdinand Philipps Freiherr von Hundheim.
1743. Franz Josef Graf von Wieser.
1756. Franz Carl Freiherr von Hale.
1780. Anton Freiherr von Perglas.

Zur Handhabung der Leibeigenschaftsverhältnisse wurde ein eigener Ausfaut oder Meißenfaut bestellt. Die Erhebung der Geldeinkünfte, besorgte der Gefällverweser; zur Aufsicht über die churfürstlichen Kammergüter und zur Sammlung der Wein- und Getreide-Gefälle hatte man sogenannte Keller. Zentgrafen gab es innerhalb des Oberamts Heidelberg vier, welche den vier Zenten, der Kirchheimer, Schriesheimer, Neckargemünder oder Meckesheimer und der Reichartshäuser oder Stüber-Zent. vorstanden; jede Zent eine Anzahl von Ortschaften in sich fassend. Ausgeschlossen von den Zentgerichten waren die Städte, weil sie eigenen Gerichtsstand besaßen.

Zum Oberamte Heidelberg gehörte noch ferner die Kellerei Walbeck. Die Burg Walbeck bei Heilig-Kreuz-Steinach samt den dazu gehörigen Orten Heiligkreuzsteinach, Eiterbach, Lampenheim, Bersbach, Hohenöd, Vorder-Heubach wurde 1357 von Sigfrid von Stralenberg an Ruprecht den Aeltern verkauft, der diesen kleinen Bezirk durch einen eigenen Beamten verwalten ließ, den man Keller nannte und der zunächst nur den Einzug der herrschaftlichen Gefälle besorgte, später aber auch Gerichtsbarkeit ausübte.

4. Damit aber war das Oberamt Heidelberg noch nicht ganz gebildet. Die der Pfalz eigenen Dörfer und Orte lagen nicht ununterbrochen neben einander, sondern es befanden sich dazwischen viele Ortschaften, welche der, besonders im Kraichgau und Elsenzgau sehr zahlreichen Reichsritterschaft angehörten.

Diese ritterschaftlichen Orte gehörten in der Zeit der Gauverfassung in die Gaupringel; nach Auflösung der Gauverfassung aber suchte gestützt auf die der Reichsritterschaft gewährten Freiheiten, diese sich der neu entstehenden pfälzischen Gewalt zu entziehen, und sich nicht bloß der ihnen eingeräumten niederen Gerichtsbarkeit zu bedienen, sondern auch die Oberhoheit anzueignen d. h. jeder Reichsritter wollte auf seinem Gebiete dieselben Rechte haben, welche der Pfalzgraf in seinem Territorium besaß. Das gab zu vielen Streitigkeiten Veranlassung, denn die Pfalzgrafen konnten sich dieses Emporstreben der Reichsritterschaft nicht wohl gefallen lassen, ohne von ihrem ursprünglichen Recht, das sie von der Zeit der Gauverfassung her, noch besaßen, und ohne ihr Ansehen und ihren Einfluß einzubüßen. Erst im Jahre 1560 wurde ein gütliches Uebereinkommen getroffen, welches im Allgemeinen bestimmte, daß die Reichsritter als sogenannte Vogtsjunker die niedere Gerichtsbarkeit in ihren Orten handhaben sollten, daß sie aber durch Unterordnung ihrer Orte unter die Zentgerichte, in schwereren Gerichtsfällen die Landeshoheit der Pfalzgrafen und Churfürsten anerkannten.

Dieses Uebereinkommen ist wichtig genug, daß wir dasselbe seinem Hauptinhalte nach kennzeichnen müssen.*)

1. Die Junker haben das Recht, in ihren Dörfern Schultheiße und Gericht zu setzen und zu entsetzen, wie sie es von Alters hergebracht haben. Doch müssen sie solche Personen nehmen, die Garantie bieten für Handhabung der Gesetze. In jedem Orte sollen jährlich 3 bis 4 Rug-Gerichte gehalten werden, um die Sachen, welche vor das Zentgericht, d. h. vor das Landesgericht gehörten, dahin zu verweisen.

2. Vor das Zentgericht gehörten: Mordgeschrei, Diebstahl, hiebbare Wunden, falsch Gewicht, Maaß und Meß, Nothzucht, Mord, Brand, Räuberei, Zauberei und alles, was das Leben berührt;*) ferner Auswerfen der Mark- und Schiebsteine; vorsätzliche Blasphemien und Gotteslästerungen; falsches Spiel und alles, was durch den Nachrichter zu strafen ist; endlich alle Sachen, die Ehre und Glimpf, auch Injurien betreffen. Also die sogenannte fraisliche oder Malefiz-Gerichtsbarkeit.

3. Das Landesgericht hat durch seine Beamten die Missethäter gefänglich einzuziehen allein das Recht; die von diesem Gericht ausgesprochenen Geldstrafen bezieht allein das churf. Aerar; die Vogtsjunker dürfen keine Nachstrafen erhöhen

4. Zur Gerichtsbarkeit der Vogtsjunker gehörten die geringen Verbrechen in Civil- und bürgerlichen Sachen. Die Strafen dürfen in Geld betragen 3 Pfund und 5 Schilling Häller, oder die Junker durften strafen mit Thurm oder Ploch, doch mit Maaß und Ziel, daß sie es vor Gott und dem Churfürsten verantworten können. Denn der Churfürst, als oberster Zent-, Schirm- und Schutz-Herr darf gegen den Mißbrauch einschreiten, nicht jedoch die Amtleute zu

---

*) Vgl. „Gemma juris palatini oder die der Churpfalz in den vogteilichen Dorfschaften des Oberamtes Heidelberg oder des Amtes Dilsberg zustehende Landeshoheit. Vertrag von 1560." Von Seiten des Churfürsten Friedrich III. nahm an den Verhandlungen Theil: der churf. Großhofmeister und Kanzler Eberhard Graf zu Erbach, Erasmus von Minkwitz und andere churf. Räthe; von Seite des Adels war eine Deputation gegenwärtig. *) Mord, Brand, Diebstahl, Nothzucht wurden „die vier hohen Bände" genannt.

Heidelberg. Außerhalb seiner Zent darf niemand gefänglich eingesetzt werden.

5. Wildpret-, Fisch-, Holz- und Feldbiebe sollen außer der Strafe für die That zum Ersatz des Schadens angehalten werden; wenn ein gütliches Uebereinkommen vor dem Ortsgericht nicht erreicht wird, so soll die Zent darüber sprechen.

6. Die Reichs- und churfürstlichen Landesordnungen sollen den Vogtsjunkern zur Verkündigung zugeschickt werden. Die Strafe für Uebertretungen derselben durch die Unterthanen der Junker gehören halb der Pfalz, halb den Junkern.

7. Zum Wolfs-Jagen können die vogteilichen Unterthanen durch die Pfalz aufgeboten, jedoch nicht aus dem Zentbezirk geführt werden. Freiwilliges Jagen gegen die Wölfe in benachbarten Zenten ist erlaubt. Etliche Bewohner sind aber immer in den Dörfern zu lassen, damit diese in Feuersnoth u. dgl. nicht ganz verlassen sind.

8. Die Reise (Pflicht, die reisenden fürstlichen Personen durch ein gewisses Gebiet zu begleiten) die Musterung, Besetzung der Wehr und ihre Besichtigung, Verproviantirung und was dazu gehört, haben die Zentunterthanen in Vogtsdörfern ebenso zu leisten, wie in pfälzischen Dörfern. Dieses bedeutet die pfälzische Oberhoheit; die Zent bildete ein Banner d. h. alle Zentangehörige mußten, beim Aufruf des Churfürsten, zur Vertheidigung gegen äußere und innere Feinde, ausziehen und waren für Aufbringung weiterer Hilfsleistungen sammtverbindlich.

9. Die Pfalz hat das Recht, die Unterthanen in den Zentdörfern mit allen Reichsanlagen zu belegen. Diese Anlagen waren solche Besteuerungen, welche die Reichsversammlungen beschlossen, auf die einzelnen Reichsstände (Staaten) ausschlugen, deren Fürsten sie dann auf ihr Land repartirten und zwar ämterweise und dann ortsweise; so z. B. die Türkensteuer ꝛc.

10. Von den Vogtsgerichten findet Appellation Statt entweder an die beiden Vogtsjunker Hirschhorn und Helmstatt, die dieses Appellationsrecht von Alters her halten, oder an das pfälzische Hofgericht und von da an das kaiserliche Kammergericht. Das Zentgericht duldet keine Appellation.

Auf diese Punkte bezogen sich dann auch die **Weisthümer**

der Zenten. Die pfälzischen Amtleute zu Heidelberg und Dilsberg begaben sich an den Ort der Zentgerichte und ließen vor Notar und Zeugen diese Punkte verlesen, zu denen sich die Zentschöffen bekennen mußten und auf die sie beeidigt wurden. Jeder Ort schickte nach seiner Bevölkerungszahl einen oder mehrere Schöffen zum Zentgericht.

Zu den landesherrlichen Rechten der Pfalzgrafen und Churfürsten gehörten der Gulden- und alte Land-Zoll. Von den in die Pfalz eingeführten Victualien mußten die in den Vogteiörtern wohnenden pfälzischen Unterthanen den alten Zoll; von der Ausfuhr den Guldenzoll bezahlen. Die aus den Vogteiorten in die Pfalz ziehenden pfälzischen Leibeigenen werden dadurch von der Leibeigenschaft frei; die aus der Pfalz in die Vogteiörter Ausziehenden, bleiben Leibeigene und mußten bei ihrem Tod für das hinterlassene Vermögen von jedem fl. 100 je fl. 1. 30 bis fl. 3 bezahlen. (sogenanntes Best-Hauptrecht.) Stirbt ein vogteilicher Leibeigener in einem pfälzischen Zentdorf; so wird von ihm nur „ein Schillingspfennig über den Gattern" erhoben.*)

Zu den landesherrlichen Gefällen, welche der Amtmann zu Dilsberg erhob, gehörten die Verpachtung der Vogelhörden b. h. des Fangs von Haselhühnern und Schnepfen, welche der Pachtende um einen bestimmten Preis an die herrschaftliche Küchenschreiberei in Heidelberg zu liefern hatte; ferner die Verpachtung der Waldbienen; die Gültfrüchte der Mühlen, die Lieferung von je 1 Fastnachtshuhn und Erntehahn an die Herrschaft von jedem Hause in der Zent. Alles zog der herrschaftliche Gefällverweser ein.

5. Die Art, wie das Zentgericht gehalten wurde, war in der Hauptsache überall die gleiche. Kam in der Zent eine zentbare That vor, so durfte der pfälzische Beamte unbekümmert um die besondere Vogtherrschaft des Ortes den Verbrecher ergreifen lassen und die Voruntersuchung führen. Der Zentgraf ließ sodann durch den

*) Diese Bezeichnung hat folgenden Ursprung: die Leiche einer in einem vogteilichen Orte gestorbenen, dem Junker leibeigenen Person wurde in den Haus-Eren gestellt; sodann wurde auf die vor Zeiten an den Bauernhäusern sehr gebräuchliche Gatterthüre ein Schillingspfennig gelegt und die Thüre zugeschlagen. Fiel der Pfennig auf die Straße, so gehörte er dem Junker; fiel er ins Haus, so erhielt dieser Nichts.

Zentsüttel, den Rechtstag in der Zent verkünden, den Vertheidiger des Verbrechers (gewöhnlich ein Rechtsgelehrter von Heidelberg) und den Nachrichter bestellen. Die Zentschöffen versammelten sich in frühester Zeit unterm freien Himmel, später im Rathhause des Zentgerichtsorts.[10])

Der klagende (Staats-) Anwalt hielt vor versammeltem Gericht nochmals Untersuchung mit dem Verbrecher. Nach Entfernung des Letzteren begann der Procurator die Vertheidigung. Hierauf beriethen die Schöffen die Sache und fällten das Urtheil ab. Währenddem wurde der Verbrecher vom Geistlichen zur Reue ermahnt, auch in den Wirthshäusern gespeist. Der Verbrecher wurde jetzt wieder herbeigeführt und der pfälzische Beamte, der das Gericht leitete, d. h. der Zentgraf läßt durch den Zentschreiber das Urtheil verkünden. Lautet dieses auf „Tod", so wurde der Verbrecher alsbald zur Richtstätte geführt und das Urtheil vollzogen und zwar in Anwesenheit des ganzen Gerichts. Zu diesem Zwecke hatte jede Zent ihren Galgen. Wurde der Angeklagte freigesprochen, so erfolgte alsbald seine Entlassung.

Bei einer Verurtheilung erhielten die Schöffen keine Belohnung; die Kosten für Zehrung und Unterhalt des Verbrechers, Procurators, öffentlichen Anklägers, Nachrichters u. s. w. bestritt in diesem Falle das pfälzische Aerar. Erfolgte eine Freisprechung, so mußte der Freigesprochene alle Kosten tragen. Konnte er dies nicht, so trug auch sie die Herrschaft.

G. Bezüglich der Bevölkerung und der Größe des Oberamtes Heidelberg im vorigen Jahrhundert entnehmen wir aus Widders Beschreibung der Pfalz, daß dasselbe nicht bloß das älteste, sondern auch das größte in der Pfalz gewesen sei; denn da es die Städte Heidelberg und Mannheim in sich begriff, so machte es den fünften Theil der Gesammtbevölkerung der Churpfalz aus. Es zählte 1784: 13,737 Familien, 79,033 Seelen, darunter 18,804 Männer, 15,021

---

*) Die Reichsortshäuser Zent hieß daher die obere „Stuberzent", weil das Gericht in der obern Stube des dortigen Rathhauses gehalten wurde; die Neckargemünder hieß auch „die untere Stuberzent," weil das Gericht in der untern Stube des Rathhauses dort stattfand.

Weiber, 14,752 Söhne, 15129 Töchter, 3993 Handwerksgesellen, Bediente und Knechte, 4766 Mägde; 67 Haushaltungen Mennoniten und 428 Juden. Es hatte 147 Kirchen und Klöster, 84 Pfarrhäuser, 138 Schulen, 6980 bürgerliche und 198 Gemeindehäuser, 3774 Scheuern und 132 Mühlen.

Es grenzte östlich an das Amt Lindenfels und Mosbach; südlich an Speiertsches und ritterschaftliches Gebiet des Kantons Kraichgau; westlich an den Rhein; nördlich an Wormsisches Gebiet und an das mainzische Amt Heppenheim.

a. Die Kirchheimer Zent, aus lauter pfälzischen Orten bestehend, schließt in sich die Orte: Rohrbach, Kirchheim, Leimen, Sandhausen, St. Ilgen, Nußloch, Oftersheim, Wallbork, Dersau, Reilingen, Hockenheim, Schwetzingen, Brühl mit Rohrhof, Blankstatt, Neckarau, Seckenheim, Friedrichsfeld, Ebingen, Wieblingen, Eppelheim (örtlich auch Wiesloch, Mannheim und Heidelberg.) Der Galgen der Zent stand zwischen Kirchheim und dem Pleikartsförster Hof.

b. Die Schriesheimer Zent (aus lauter pfälzischen Orten: Ziegelhausen, Stift Neuburg, Neuenheim, Handschuchsheim, Dossenheim, Schriesheim, Leutershausen, Ursenbach, Oberflockenbach, Steinklingen und Wüstmichelbach, Rippenweiler, Riebenweiler, Heilig-Kreuz oder Aßmannsweiler und Hüllenban, Groß-, Hoch- und Ützel-Sachsen, Ilvesheim, Hebbesheim, Feudenheim, Wallstatt, Käferthal, Sandhofen, Scharrhof, Kirschgartshäuserhof. (Örtlich auch Weinheim, Schönau, Ladenburg.) Der Galgen der Zent stand zwischen Schriesheim und Leutershausen. Die Enthauptungen geschahen auf den zwei „Amts oder Scholzenäckern." Die Zent hatte einen großen Wald, den „Zentalmendwald," aus dem alle Kosten derselben bestritten wurden.

c. Die Meckesheimer Zent: 1. pfälzische Orte: Dilsberg, Neckargemünd, Wiesenbach, Langenzell, Bammenthal, Neilsheim, Hülsbach, Galberg, Baierthal, Lobenfeld, Waldwimmersbach, Mückenloch, Meckesheim. 2. Vogteiorte: Mauer, Schatthausen, Münchzell, Ungeloch, Spechbach, Eschelbrunn, Dalsbach, Zuzenhausen. Der Galgen der Zent stand unterhalb Neckargemünd.

d. Die Reichartshäuser Zent: 1. pfälzische Orte: Haag, Schönbrunn, Mosbrunn, Schwanheim, Schwarzach, Neunkirchen,

Katzenbach, Guttenbach, Reichenbuch, Breitenbronn, Asbach, Epfenbach; 2. Vogteiliche Orte: Aglasterhausen, Daubenzell, Bargen, Flinsbach, Helmstatt, Reichartshausen und Michelbach. Der Galgen stand auf dem sogenannten Stiefelberg, eine Viertelstunde von Reichartshausen. — Nachdem die Burgen Minneburg und Schwarzach wieder zu den pfälzischen Kammergütern gezogen und daraus eine besondere Kellerei errichtet worden, hat man die Zentgrafenstelle dem Keller übertragen.

e. Die Kellerei Waldeck, lauter pfälzische Orte: Heiligkreuzsteinach, die obere Gemeinde mit den 4 Wellern: Lampenheim, Bersbach, Hohenöd und Vorderheubach; Euterbach, Neudorf, Wilhelmsfeld, Hebbesbach, Schönau.

VIII.
Freiheiten und Ordnungen der Stadt Heidelberg unter Friedrich dem Siegreichen.

Schon bei Veröffentlichung der Ordnung Friedrichs des Siegreichen „Wehr zu tragen und auf der Gasse zu gehen" vom Jahre 1466 [1]) haben wir darauf hingewiesen, daß die zahlreichen Kriege, welche dieser Fürst geführt hat, Zucht und Ordnung in unserer Stadt aufzulösen drohten. Aber nicht bloß die öffentliche Sicherheit nahm Schaden, so daß strenge Vorsichtsmaßregeln ergriffen werden mußten, sondern auch das bürgerliche Leben, welches vorher in bestimmter und geregelter Ordnung verlaufen war, drohte sich aufzulösen und außer Rand und Band zu gehen. Es waren noch die Zeiten patriarchalischer Herrschaft, in denen der Fürst in seinem Lande und in den einzelnen Gemeinwesen, wie ein Vater in seiner Familie, alle, auch die kleinsten und geringsten Verhältnisse ordnete: in diesen Zeiten der Unmündigkeit des Volkes mußte sich sein Leben in bestimmten,

---
[1]) Archiv I. Seite 43 ff.

genau begrenzten Kanälen verlaufen, bis es zur perſönlichen wie bürgerlichen Freiheit herangezogen war und ſich dann das Leben in einem gemeinſamen Strome fortbewegen konnte. Die Kriege aber, welche Friedrich führte und zu deren Führung die Stadt Heidelberg mit verpflichtet war, hatten dieſelbe zu außerordentlich großen Opfern und Leiſtungen in Anſpruch genommen. Die Stadt hatte einen nicht unweſentlichen Theil an den glänzenden Erfolgen und Siegen, deren einer 1462 bei Seckenheim erfochten wurde, ſo ſollte ſie auch, was das Leben des Friedens betraf, mit beſonderer Gunſt angeſehen und behandelt werden. Vor Allem fand ſich Friedrich veranlaßt, die Freiheiten und Privilegien der Stadt, die ſie von ſeinen Vorfahren her ſchon genoß, zu beſtätigen, zu denſelben jedoch noch neue und wichtige hinzuzufügen. Das Beſtreben Friedrichs, das bürgerliche und perſönliche Leben in der Stadt, nach dem Begriff und Bedürfniß damaliger Zeit, recht ordentlich und behaglich zu ſchaffen, erweiſt ſich an den zahlreichen Ordnungen, die derſelbe gab und welche wir jetzt veröffentlichen wollen *). Zunächſt ſetzen wir hierher.

1. Der von Heidelberg Friheit.

Wir Friberich u. ſ. w. bekennen und tun kont offenbar gegen allermenniglich, die diſe Schrift ymer angeſehent leſent und horent leſen. Wann wir erkennen die gnade, die almechtig got gnebiglich an uns gelegt, in der Hoffnung und getruwen,¹) das ſie durch ſin milte gute in ſinem lobe und nucʒbarlicher erung merung⁴) uns und unſerm Fürſtenthumb der pfalʒgravenſchaft by Rine in Zit diſer welt ſeliglich zu nemen ſolle, der billich bangber⁵) und daby die ſelbe gnade den chriſtlichen menſchen und allerfurberlichſt den,

---

*) Dieſe und die weiter folgenden Urkunden finden ſich theils in den pfälziſchen Copialbüchern zu Carlsruhe, theils in einem dortigen Actenfascikel: „der Statt Heidelberg Privilegia item confirmationes 1368—1613." 816. — Alle Urkundenabſchriften ſind beglaubigt von „Chriſtof Wachholder, kaiſerl. geſchworner Notarius und Procurator zu Heidelberg in praemissorum fidem manu propria", unterm 21. Merz 1629, nachdem ſie mit den Originalen verglichen worden waren. — Die obige zunächſt hier veröffentlichte Urkunde „der von Heidelberg Friheit" ſteht im Copialbuch Nr 18 fol 307 bis 315, desgleichen in dem eben genannten Faſcikel. ³), Vertrauen. ⁴) nützlicher, ehrbringender Vermehrung. ⁵) dankbar.

die uns und unserm furstenthumb obgenant angehörig, gewant⁶⁾ und undertane mitteile sin; demnach wir mit unsern trefflichen reten,⁷⁾ bischoffen, prelaten, graven, herrn, ritter und knechten angesehen und betracht han die getruwen,⁸⁾ willigen und unverdrossen dienst, gehorsame hulf nnd stuer,⁹⁾ so die ersamen unser lieben getruwen burgermeister, rale und gancze gemeinde unser stat Heidelberg ye und ye¹⁰⁾ unser alten vorfordern und sunderlich den hochgebornen Fursten und lieben Herrn und vatter Herczog Ludwig und unserm lieben Bruder Herzog Ludwigen, loblicher und seliger gedechtnis, und uns getan haben und furbaß uns und unserm lieben sone herzog Philipps pfalczgrave by Rine und unser beider erben, die Pfalzgrafen by Rine, des heiligen römischen richs erczdruchsessen und kurfürsten sin, tun sollen, und umb das sie und ir erben und nachkommen solichs besto stattlicher zu tun, auch das die obgenante stall Heydelberg mit Burgern und inwonnern sich besser¹¹⁾ furberlicher gebessere und an ere und gute zunemen und offgeen,¹²⁾ und das ire in werbungen,¹³⁾ handel und wandel fröhlich und unverborgen gebruchen, geüben und gearbeiten mogen: so haben wir mit guter vorbetrachtung und flissigem bedechtlichem gemüte und zittigem vörate¹⁴⁾ fur uns und den obgenannten unsern lieben sone herzog Philipps und unser bey der vorgeschrieben erben, die pfalczgraven by Rine des heiligen romischen richs erczbruchsessen und kurfürsten sin, den obgenannten burgermeister, rat und gemeinden unser stat Heydelberg, iren erben und nachkommen darin ein ordnung und frühung¹⁵⁾ gegeben und geben inen die unwiberruflich in craft dies briefs, wie dann das alles von wort zu wort hernach lutet und usswisel.¹⁶⁾

1. Zum ersten secsen und orben wir, das ein iglicher becker und ein iglicher burger und inwoner zu Heydelberg von egnem malter korns oder weißen,¹⁷⁾ das er zu brobe werden oder machen lesset, ein schilling pfennig zu ungelt¹⁸⁾ und ein pfennig davon zu wieggelb¹⁹⁾ geben solle.

2. Es solle auch keynn becker oder burger oder anber in-

---

⁶⁾ zugewandt. ⁷⁾ Räthen. ⁸⁾ getreuen. ⁹⁾ Steuer. ¹⁰⁾ je und je. ¹¹⁾ desto ¹²⁾ aufgehen-gedeihen. ¹³⁾ Geschäften. ¹⁴⁾ Vorberathung. ¹⁵⁾ Befreiung, Freiheit, Privileg. ¹⁶⁾ lautet und ausweist. ¹⁷⁾ Waizen. ¹⁸⁾ Verbrauchsteuer. ¹⁹⁾ Wieggeld.

müller zu Heydelberg einich korne, kernt oder weiffen[29]) in der müle[21]) einer oder ime zu Heydelberg oder darumb gelegen malen, noch die becker backen laffen, es werde dann vor an die melewage[22]) bracht und darin und wider baruß gewegen.[23])

3. Es solle auch ein iglicher burger und inwoner zu Heydelberg von eynem malter gerften, das er zu malen but,[24]) vier pfenning, und von eynem malter habern oder einkorne dry pfennig zu ungelt geben.

4. Item die becker zu der Slierbach, zu Bergen,[25]) auch in Conrat Sommers mulen[26]) malen und gein[27]) Heydelberg faren, follen by iren eiden[28]) in obgeschribener maffe verungeltten alle frucht, die fie malen oder backen und vor fich felbft bruchen oder verkaufen den burgern zu Heydelberg oder nöhtm das fey, inmaffen die becker zu Heydelberg tunt,[29]) und foll ir iglicher off den eidt den andern rugen,[30]) und iglicher alle montag fin ungelt felbft off das rathus[31]) bringen.

5. Item es folle nyemant, er fey geiftlich oder weltlich, koren noch ander frucht malen laffen, es fey dann zuvor an der melewage geweft und das wieggelt davon gefallen, und das follen alle müller zu Heidelberg und ire knecht und darumb obgeredt alle jare globen und schweren.[32])

6. Item es foll nyemant, er fel geiftlich oder weltlich, eynichem becker oder andere perfonen fonen mit mele oder brote,[33]) fondern mit gelte oder koren.[34])

7. Item alle müller follen alles das korn und frucht, das fie für fich, ir wibe, kinde und gefinde[35]) gebruchen, es falle von molter oder in ander wege,[36]) alle wochen verungelten, als andere becker thunt.

8. Item was frember becker brob gein Heydelberg faren zu feylem[37]) kauf, das folle man schetzen und anschlagen[38]) und nach

[19]) Korn, Kernen oder Walzen. [20]) Mühle. [21]) Mehlwage. [22]) gewogen. [24]) zum malen thut. [25]) Bergheim, Bergheimer Mühle. [26]) Conrad Sommers Mühle. [27]) gen, nach. [28]) bei ihren Eiden. [29]) wie die Heidelberger Becker dies auch thun. [30]) rügen, anzeigen. [31]) Rathhaus. [32]) geloben und schwören. [33]) Mit Mehl oder Brod lohnen, bezahlen. [34]) mit Geld oder Korn. [35]) Weiber, Kinder und Gefinde. [36]) die Frucht rühre vom Moller oder fonft wo her. [37]) feil, öffentlich. [38]) schätzen und anschlagen.

anzale ungelt davon gegeben werden als [39]) von andern mele unb
brot, das in unser stat zu Heidelberg, Schlierbach, Bergen oder
darumb gemalen oder gebacken wirdet, und solle ein iglicher thor-
warter, [40]) so ine dieselben becker bekommen, [41]) glubte [42]) von ine
nemmen und bescheiden, kein brob zu verkaufen, es sey dann zuvor
an die melewage bracht und verungelt worden.

9. Item welcher burger und inwoner in unser stat Heydelberg
win schenkt, [43]) der in dieser ordenung begriffen ist, der solle den
achten pfennig davon zu umgelt geben.

10. Item welcher burger oder inwoner zu Heydelberg ein fuder
wins, myner oder mee, [44]) in seinem huß brindt, der solle von einer
iglichen ame [45]) ein schilling pfennig, das ist von eynem fuder ein
pfund heller zu hußungelt [46] geben.

11. Item sollen die wirte und ander burger oder inwoner,
die gastung halten, [47]) von den winen, den sie in iren husern mit den
gesten oder sich mit irem gesinde brinden, ungelt geben, als von
den wenen, den man verschendt ungeverlich.

12. Item welcher eine wyne ansticht oder uf böt zu schenden [48])
was oder wie vil wins in dem vaß ist, so er das off büt, als
vil wins solle er verungelten, wie er ine ofgetan hat, er gange
us oder nit. [48])

13. Item wolt sich ymant wins-schendens nach dieser ordenung
hie zu Heidelberg gebruchen, dem solle auch der rate zu gebieten
han, win zu schenden, wann des not ist, doch ungeverlich; und
welcher des nit gehorsame sin wolt, der solle fortan keyne win hie
schenken.

---

[39]) mle. [40]) Thorwärter. [41]) wenn ihm solche Becker vorkommen. [42]) Ge-
lübde. [43]) Wein ausschenkt, einen Weinschank hat. [44]) weniger oder mehr. [45])
Ohm [46]) Hausungelt. Hiernach sind zwei Heller 1 Pfennig, denn das Fuder-
maß 10 Ohm. [47]) Einwohner, die Gäste halten, Kost geben. [48]) Wer ein Wein-
faß ansticht oder zum Schänken öffnet. [48]) Er werde ausgetrunken oder nicht.

(Schluß folgt im nächsten Hefte.)

(Fortsetzung.)

14. Es soll auch nyemant, er sei geistlich oder werntlich,¹) keynen andern wyne uß seczen zu versuchen,²) bann bes vaß wins, das er off getan hat zu schencken, by verliesung³) alles wins, so der selbe in sinem keller ligende hat.

15. Des gleichen und by derselben penen⁴) solle auch nyemant, er sei geistlich oder werntlich, keinen andern win ußgeben, bann bes vaß wins, das er zu schencken offgetan hat; auch keynen andern wine schencken oder anstechen, das erste vaß wins sy bann zuvor uß; es wäre bann, das der selbe, des der wine ist, die selbe oleybe⁵) vor sich und sin gesinde behalten wolte, er solle auch dieselbe oleybe darnach nit wieder schencken und auch nit unber andern win mischen und forter verschencken by verliesung der obgemelten penen.

16. Item es sollen auch die vor dem Berge zu Heydelberg⁶) und die zu Numenheim⁷) ungelt geben als ander burger zu Heydelberg, und das by iren eiben alle montag off das rathus zu Heydelberg in das gemein⁸) antworten.

17. Item wurden wir ein zolle oder ungelt seczen off den wine, der off dem Necker an! dem staben,⁹) da Numenheym ligt, geladen und zu berge gefurt wirdet, derselbe zolle und ungelt solle auch in das gemeine off das rathhus fallen.

18. Item welcher, der nit vor ungelt gefriet¹⁰) ist, ein fuder wins inlegt, der solle ein pfund heller davon zu leggelt¹¹) geben, und ob eyn ander das banach kaufet, der solle keine legegelt davon geben.

19. Item was wins den geistlichen personen, die zu Heydelberg gepfrunbet sin,¹²) off iren gutern zu ihren pfrunbten gehörig wechßt,

---

¹) wertlich. ²) Versuchen um ihn danach schätzen zu können, um welchen Preis er verzapft werden darf. ³) Verlust. ⁴) Strafe. ⁵) Rest mit Bodensatz. ⁶) Bergstabt. ⁷) Neuenheim. ⁸) gemeinschaftliche Kasse. ⁹) Gestade, Ufer. ¹⁰) vom Ungelt befreit ist. ¹¹) Steuer für den zum Handel eingelegten Wein. ¹²) eine Pfründe innehaben.

ober von iren pfrunben wirbet in eyner mile wegs, was sie bas in iren husern mit irem hußgesinbe, ober obe sie fry persone[13]) zu coste geen helten, gebruchent, bavon sollen sie ungelts unb leggelts lebig sin, und obe ir eyner ober mee baran ichts wins[14]) uber bliebe, ben mag ein iglicher, obe er will verkeufen ober schencken unb solle bavon ungelt unb keyne leggelt geben unb sollen sust keynen anbern winschanke haben.

20. Unb nachbem bie priesterschaft nit kaufmanschaft triben sollen, so solle keyne geistlicher off win, ben er forter verkaufen ober iwe selbst behalten unb anber sins gewechs an bie stat verläufen welt, lihen[15]) ober kaufen; unb welcher bas barüber bete,[16]) ber solle legegelt bavon geben unb etwas me bazu, bas solle an uns unb burgermeister unb rate steen[17]) ungeverlichen.

21. Item was wins bie priesterschaft, bie zu Heybelburge gepfrunt sinb unb huselich ba siezen, in iren huser nmit irem gesinbe brincken unb verbruchen, bavon sollen sie hußungelts unb leggelts lebig[18]) sin.

22. Doch obe ungeverlich ein geistlich persone ober me ir wonung zu Heibelberg haben unb huselich ba siezen wurben, was bie in iren husern mit trem gesinbe brincken, bavon sollen sie keyne leggelt ober ungelt geben unb sollen sich keyns wins-schancks gebruchen.

23. Item bes gleichen solle es mit ben ebelluben,[19]) bie zu Heibelberg gesessen sin, auch gehalten werben mit bem wine, ber ine off bem iren wechst ober von iren zehenben wirbel, in eyner mile wegs umb Heybelberg ungeverlich: ober ob ir eyner ober me nil gewechß ober zehenben helte, was sie bann kaufen unb in iren husern brincken mit ben iren, bavon sollen sie hußungelt unb leggelt geben unb sollen sust keynen anbern wyne-schanck hie han.

24. Item was persone in ber ebelluben huser siezen, bie in ber ebellube eygen cost nit sin ungeverlich, was wins bie vor sich selbs haben unb brincken ober 'anbere, bie bas male by ine essen ober zechen, gebent, bie sollen leggelt unb hußungelt bavon geben; werben sie aber ben schencken, so sollen sie schenkungell bavon geben unb leggelt.

---

[13]) Vom Angelb befreite Personen. [14]) Etwas Wein. [15]) leihen. [16]) thuts. [17]) zustehen. [18]) befreit. [19]) Edelleute.

25. Item es solle der apt noch convent ober das closter Schönau kynen weyne zu Heydelberg schencken, dann der off des closters Schönau eygene guttere in eyner mile wegs umb Heydelberg gewachsen ober von irn zehenden in derselben mile wegs umb Heydelberg gewachsen ober von iren zehenden in derselben mile wegs gefallen ist.

26. Item es solle alle andere inwonere zu Heydelberg, die mit unsern burgern daselbst nit reysen, wachen, huben und ander beswernis liden,*) keynen win schancke han, ußgenommen was ine off dem iren wirdet in einer mile wegs umb Heydelberg ungeverlich.

27. Item alle studenten, die vor studenten in geschriben, und um studirens willen hier zu Heydelberg sin und ir lection zur wochen geburlichen hören und andern personen coste gebent, die sollent von dem wine, den sie in iren husern mit den studenten und geistlichen personen, die fry sint, gebruchent, keyne legegelt und hußungelt geben. Ob aber eyner leyen ¹¹) in die cost neme, oder wine uß dem huse gebe, davon soll er leggelt und schenckungelt geben.

28. Item in allen burischen ¹²) und wo studenten in coste sind, die den win sunderlich bezahlen mussen und die cleyne maß geben wirdet, da solle der, der den win bargibt, das hußungelt darvor geben, darum bwile ¹³) er die groß maß nit gibt.

29. Item es sollen die ußlute ¹⁴) keynen winschanck zu Heidelberg han, dann in massen diese ordnung inhelt, so ferre ¹⁵) wins eyne notturft, um ein zimlich gelt zu Heydelberg geschenckt wirdet.

30. Item was auch von Malvasie, Reynfall, welsch win, Muskatel der des gleichen fremde wine in unser stat Heydelberg, geschenckt ober verkauft werdent, davon solle derselbe, der solich wine verkaufet ober jeder zit, die zwölft maße zu ungelt geben, dan die maß so vil cleyner gemacht ist, das eyn iglicher solich ungelt darin findet.

31. Item und von dem byer ¹⁶) des glich die zehende maß zu ungelt geben.

32. Item was wyne usser Heydelberg gefûrwet ¹⁷) und darin gefurt werden in Heydelberger, Heutschußheimer und Rorbacher

---

*) reisen, hier mit dem Fürsten in den Krieg ziehen; Wachdienst thun, die Hut und andere Beschwernis leiden. ¹¹) Laien, Weltliche. ¹²) Bursen, Convicten. ¹³) darum weil. ¹⁴) Auswärtige. ¹⁵) soferne. ¹⁶) Bier. ¹⁷) gebaut, gepflanzt.

marck und nit wyler, davon soll man an dem herinfuren keyne portengelt³⁸) und auch keyne leggell geben, was aber derselben win uß Heydelberg verkouft oder neben furgefurt werden, davon soll von yeder ame 6 ₰. gefallen.

33. Item was wingarten in oder uß Heydelberg nit gebuwet und doch der wine in Heydelberg gefurt wirdet, ist der selbe win inwendig einer mile wegs umb Heidelberg gewachsen, so solle an dem herinfuren von yeder ame zu portengell gefallen 6 ₰. und an dem wider ussen faren von yeder ame auch 6 ₰.

34. Ist aber der wine gewachsen ußwendig eyner mile wegs von Heydelberg so solle davon an dem herinfuren von yeder ame zu portzengelb gefallen ein schilling pfening und an dem hinuß faren von yeder ame 6 ₰.

35. Item were mel-ungelt oder wyne-ungelt, wie das genannt ist, geverlichen³⁹) verhilte oder ungetrulichen darmit umb geet, der solle in unser und der stat Heydelberg straf gefallen sin.

36. Item was zigel, gebacken stein oder kalcke durch die bruden zu schiff off den Rine oder sust³⁰) usser Heydelberger marcke geet,³¹) davon soll von yedem hundert, es sy zigel oder steyne, gegeben werden 6 ₰. und von yeder multe kalcks auch 6 ₰.

37. Wollen oder wurden aber wir yemanden zolle von kalck, zigel oder stein faren lassen,³²) das mogen wir tůn,³³) doch das es der stat an irem teile unschedelich sy.

38. Item was frembdes vihes³⁴) von ochsen, kuwen,³⁵) swyne³⁶) hemel oder schaffe zu Heydelberg zum obern oder untern thore uß oder in geet, soll von yedem hundert vier pfening gegeben werden zu weggelt, ist es aber mynner,³⁷) solle gegeben werden nach anzale ist aber das solich viehe über die bruden geet, sollen von eynem ochsen oder kuwe eyn pfenning, von eynem swyne ein heller und von einem hamel oder schaff ein heller zu zolle gegeben werden.

39. Item soll von smalze, bottern, unslit, hanf, wollen, ysen³⁸) und anders das an die wage gehört, ye von einem gulden gegeben werden zween pfening.

²⁷) Pfortengelb. ²⁸) betrüglich. ²⁹. sonst. ⁴¹) geht. ⁴²) betreten. ⁴³) thun. ⁴⁴) Vieh. ⁴⁵) Kühen. ⁴⁶) Schweinen. ⁴⁷) weniger. ⁴⁸) Schmalz, Butter, Unschlit, Hanf, Wolle, Eisen.

40. Item was auch also von smalze, bottern, speckfleisch, salcz, unslit, wollen, isen ober anbers in unser wag her geyne³⁹) Heydelberg kompt, solle kein verkeufer ober hocken⁴⁰) von manns- ober frauwenbilde des kaufen ober beklagen,⁴¹) es sey bann, das sollich ware zuvor offentlich in der wage ober kaufhuse zu Heydelberg eynen halben Tag feyle gewest sey und dann barnach so mogen dieselben furkeufer ober hocken das kaufen, so vil sie wollen.

41. Doch obe eyn burger ober ein anber Inwoner zu Heidelberg kerne und teyle baran haben wolle, in seinem huse zu gebruchen⁴²) ee⁴³) bann es usser der wage ober kaufhuse bracht wirdet, bann sollen sie teyle geben in dem werbe sie das kauft haben und sollichs solle gehalten werden by der pene fünf pfunt pfening.

42. Item was von olhe in der stat ober marckt zu Heydelberg, verkauft wirdet, soll von einem yeden ochsen ober rint gegeben werden sechs pfening, von eynem swine zween, item von einem hamel ober schaff einen pfening.

43. Item es solle auch off alle geware,⁴⁴) wollen tüch, lynen tuch, arris, sogeltuch, wachs, bly, zynn, kopfer, kessel, hering, stockfisch, blatisen und alle anber brucken und nasse geware, die hievor nit gemelt sint; an ungelt gesecst werden, was das im kauf geben wirdet; nemlich off ein gulben ober so vil gelts, als ein gulten gilt, 2 D. gesecst und genommen werden und das soll der verkeufer geben.

44. Item es solle der rate zu Heydelberg den gelt- und goltwechsel zu Heidelberg zum hochsten verliehen⁴⁵) und was bavon gefellet, bas soll auch in bie gemeyne, als obstet gefallen.

45. An ben vor- und nachgeschriben ungelt, feilen,⁴⁶) penen und offsecsung und was zu busse gefalle nwirdet, solle uns herczog Friderich obgenant und nach unserm lobe bem vorgenanten unserm lieben sone herczog Philips und unsern vorgeschrieben erben bru teil⁴⁷) fallen und unser Ral Heydelberg bas vierteilwerben zu stuer,⁴⁸) bamit ber

---

³⁹) gen. nach. ⁴⁰) Borkäufer und Hocker; Jene kauften en gros ein und trieben Handel mit dem Gekauften; diese kauften und verkauften im Kleinen. ⁴¹) in Beschlag und Besiß nehmen. ⁴²) Theil am Kaufe haben wollte für seinen Hausbedarf. ⁴³) ehe ⁴⁴) Waaren. ⁴⁵) An den Meiftbietenben vergeben. ⁴⁶) Gefällen. ⁴⁷) brei Theile. ⁴⁸) Steuer.

ſtat gulttn⁴⁹) und zinſe auch ſtatmuwer, zwinger, thorne, porten, ſtatgraben und andere bůwen, ⁵⁰) auch wege, ſtege, brucken in weſen, wachter⁵¹) und andere der ſtat biener und zu der notturft davon uszurichten und zu halten.

46. Item by den welben, almenden und weyden⁵²) zu der ſtat Heydelberg, gehörig, daby ſolle die ſtat verliben⁵³) und ſollen die hegen und hegen⁵⁴) zu dem nuczlichſten und beſten und ſich der in ire und ſtat notturft gebruchen.

47. Item was uszlude oder inwoner zu Heydelberg, ſie ſint geiſtlich oder werntlich, guter zu Heydelberg haben oder hernachmals uberkomen, die von alter her nit geſriet ſin, es ſin hůſere, eckere, wiſen, wingarten, baumgarten ꝛc. die in der bede⁵⁵) herkommen ſin und mit unſern burgern nit reyſen, wachen oder ander fronbinſt tůn, wiewol die uns ſolich obgemelt wiele- und hůß-ungelt oder auch losegelt geben, off die ſoll zimlich⁵⁶) bebe geſetzet werden, die ſie auch geben ſollen; als ſie vorgetan han.

48. Item obe eyne burger der ſtat gebot verbreche,⁵⁷) und ungehorſame were zu wachen oder zu andern fronbienſten, das dann burgermeiſter und rate by der pene zehen phunt heller den ſelben burger ſtrafen ſollen ſo dicke⁵⁸) er ungehorſame iſt und die pene unleſlich nemmen, und ob er das gelt nit bezalen mochte, in darumb an dem libe⁵⁹) zu ſtrafen, nachdem er dann verwirkt helt.

49. Wer es aber, das ein burger zu reyſen uß gekorne⁶⁰) und ungehorſame were und nit uszziehen wolt, ſo ſollen die burgermeiſtere ein andern an ſin ſtatt beſtellen, dem ſolle dann der, der vor uszkorn und ungehorſame geweſt iſt, lonen und darzu von zehen pfunt heller verfallen ſin.

50. Wer es aber ſache, das unſer burger eyner oder me mit worten oder werden gegne⁶¹) unſere burgermeiſtere oder rate zu Heydelberg eynem oder me mißhandelt oder ubergebe, denſelben mogen die yetzgenannten unſer burgermeiſtere und rate darumb ſtraffen,

---

⁴⁹) Gülten, ſtändige Gefälle oder Einkünfte. ⁵⁰) Stadtmauern, Zwinger, Thürme, Pforten, Stadtgräbern, und andere Gebäulichkeiten. ⁵¹) Wächter. ⁵²) Wälder, Almende, Waiden. ⁵³) verbleiben. ⁵⁴) hegen und pflegen (benützen). ⁵⁵) Grundſteuer. ⁵⁶) geziemend, geſchlich. ⁵⁷) gegen der Stadt Gebot verſtoße. ⁵⁸) ſo oft. ⁵⁹) am Leibe. ⁶⁰) auszgewählt, auszgeruſen. ⁶¹) gegen, wider.

nach dem er dann verwirkt und verschuld hette; und her widerumb sollen burgermeister und rate die andere burger und gemeinde auch in zimlichen eren⁴⁹) halten und zu unschulten⁶⁰) nit übergeben.

51. Wir haben auch unser stat Heidelberg den bruckenzolle, als sie den von unsern altern⁵¹) gehabt han, gelassen, das sie daby bliben sollen, nach lut⁵²) der brife ine vormals darüber gegeben, darumb sollen sie die Brucke in rechter breybe, büwe und weien⁵³) halten off iren costen.

52. Es sollen auch furbaß burgermeister und rate unser stat Heydelberg alle jare von allen sellen, die sie von der stat wegen innemen ober ußgeben, rechnung tun uns herczog Frieberich obgenant und nach unserm tode unserm liben sone herczog Philipps vorgenant und unser vorgeschrieben erben oder unsern reten,⁵⁴) die zu den selben zitten bazu georbent werbent, barby auch allwegen ein anzale⁵⁵) von der gemeinbe zu Heidelberg sin ungeverlich.

53. Es sollen auch burgermeister und rate zu Heidelberg baran sin, das unser vorgegeben ordnung von unelichen bywonen⁵⁶) und andere gehalten und die penen davon inbracht und nyemand nachgelassen werden.

54. Item sie sollen auch unfure⁵⁷) und mißhandelung unter burgern und gemeinde strafen und waruff nit pene geseczt ist, furberlich zimlich pene seczen und wane die verbrochen, das sie auch inbracht werden.

55. Item sie sollen auch nyeman verunrechten⁵⁸) laffen, sunder baran sin, das yederman recht wiberfahre und sin friheit gehalten werbe, so vil an ine ist, alles ungeverlich.

56) Und herumb so haben wir herczog Friderich obgenant für uns und obgenanten unsern son herczog Philips und unser vorgeschriben erben und nachkommen, die selben unser liben, getruwen burgermeister, rat und gancze gemeynde und alle inwoner in der ege-

---

⁴⁹) in gebührenden Ehren halten. ⁵⁰) unschuldig. ⁵¹) Eltern, Vorfahren. ⁵²) Nach Wortlaut. ⁵³) Bereitschaft, Bau und guter Beschaffenheit. ⁵⁴) Räthen. ⁵⁵) Eine Anzahl. ⁵⁶) Unehelichen Zusammenleben, wilde Ehe. ⁵⁷) Händel, Streitigkeiten. ⁵⁸) vergewaltigen.

nanten unſer ſtat Heidelberg und alle ir nachkomen uber ſolich vorgeruri ungelte und felle, das uns dann nach oſſetzung und ordenung in derſelben unſer ſtat gegeben werde und gefallen ſolle, von ſunderlichen gnaden gefriet und frien ſie auch in craft bieß briefs alſo, das ſie und all ir nachkomen in der egenanten unſer ſtat Heidelberg der ſchetzung des zwentzigſten pfennigs, bet, hilf und ſtuer und ander beſwerniß, in maſſen obgeſchriben ſtet, in kunftigen zilten und tagen und nū fürbaß me[72]) gantz frų und ledig ſin und der nit me geben in dheyne wiſe;[73]) es were dann, das von unſerm fürſtenthum der pfalzgraveſchaft by Ryne ein dochter zu ee vermahlel[74]) und hingeben, oder ob ein herr des Fürſtenthums der pfalzgraveſchaft gefangen oder das ein felt ſtryl[75]) verloren wurde, das der allmechtige got nach ſiner gnaden verhüten wolle; und welcher der ſachen ein oder me ſich alſo begeben, ſo mogen wir hertzog Friederich, oder obe wir in leben nit weren, der obgenant unſer ſone hertzog Philips und unſer vorgeſchriben erben und nachkomen ine nach gelegenheit der ſachen und der obgenanten unſer ſtat Heydelberg noiturft eyn zimlich ſtuer heiſchen, offetzen und nemmen und ſoll darnach, ſo oft das geſchicht, diſe unſer friheit gleichwol ungeſchwecht[76]) bliben und widder gehalten und nū überfaren[77]) ſin noch werden.

57. Wir haben auch fur uns und den obgenanten unſern ſone hertzog Philips und unſer vorgeſchriben erben die obgenanten unſer lieben, getruwen, burgermeiſter, rat und inwoner unſer ſtat Heidelberg und ire nachkomen gefriet und frelen ſie auch in craft diß briefs, das wir ober nyeman von unſere wegen keinen burger oder inwoner in der egenanten unſer ſtat Heydelberg und ir nachkomen itzunt oder hernachmals an iren lieben und guiern nit ſchedigen, angriffen, thornen oder blochen[78]) ſollen, es ſy dann vorhin durch unſern rat und gericht der ſtat zu Heidelberg daſelbſt mit recht erkannt; uſzgeſchiben ob es were, was der ſelbe burger oder inwoner zu Heidelberg umb die ſelbe verhanblung nit burgen[79]) hette oder gehaben mochl, daſelbſt zu recht zu ſteen und dem nachzukomen.

58. Auch uſzgeſchiben, daß die gedate[80]) und mißhandelung der

---

[72]) fernerhin niemals. [73]) in keiner Weiſe. [74]) zur Ehe vermählet. [75]) Schlacht. [76]) ungeſchwächt, unangetaſtet. [77]) übertreten. [78]) einthürmen oder in Block thun. [79]) Bürgen, Bürgſchaft. [80]) Thätlichkeiten.

lip ober unfer wirbe und ere⁸¹) berurt, ober das berfelbe unfer amptman, knecht ober biener were, und sich in solchem ampt etwas mißhandelt ober verfumet hette, barumb mogen wir und nach unferm tobe unfer sone hertzog Philips und unfer vorgeschriben erben und die unfere ben ober biefelben barumb strafen lassen, nachdem fie verschult haben.

59. Auch so frien wir fie hiermit, erlauben und gonnen auch bazu benfelben unfern burgern und Inwonern in ber obgenanten unfer stat Heydelberg mogen ziehen, wonen und kommen, wo inen bann bas eben und fuglich⁸²) ist und auch mann ober wip nemmen,⁸³) wann und wo fie wollen, one intrag!, widerfprechen und hinberniß unfer, unfers sones hertzogs Philips, unfer vorgeschriben erben und nachkomen und aller meniglichs⁸⁴).

60. Wir haben auch benfelben unfern liben, getruwen, burgermeister, rat und gemeinde unfer stat Heydelberg umb ermerung⁸⁵) und befferung willen berfelben unfer stat die graben, umb die felben unfer stat geen⁸⁶) gegeben. Die zu haben und mit fischen zu befegen und ber zu genyeffen, off bas fie die felben statmūren, zwynger, thorner, pforten und graben besterbaß⁸⁷) in bůwe offgehalten und in wefen bliben mogen.

61. Auch so ernuwen und confirmiren⁸⁸) wir hertzog Friderich obgenant for uns und den obgenanten unfern sone hertzog Philips, unfer erben und nachkomnen, die pfalzgraven by Rine und kurfursten fin, in craft dieß briefs die obgenanten unfer liben, getruwen, burgermeister, rate und die gancze gemeinde unfer stat Heydelberg by almenden, weyden und welben, wie vorgefagt ist, und by allen ben rechten, friheiten und guten gewonheiten und alten herkommen, die fie bann by unferm vater, bruber ober voraltere feligen und uns mit briefen ober fust hergebracht und noch hant und fie baby zu verliben lassen alfo, bas die felben unfer lieben, getruwen, burgermeister, rate und gericht unfer stat Heydelberg regirn, ufrichten, gebieten und verbieten zum nuczsten und beften zu

---

⁸¹) Würde und Ehre, Majestät. ⁸²) recht, erwünscht und füglich. ⁸³) Mann ober Weib nehmen. ⁸⁴) Jedermann. ⁸⁵) Vermehrung. ⁸⁶) gehen. ⁸⁷) besto besser. ⁸⁸) erneuern und bestätigen.

geben zu, so sich das geburt und not,⁸⁹) wie bann herkomen ift, off das sie iren eyden, ⁹⁰) bie sie bann barüber getan han, gnug tun und vorgesin mogen ungeverlich.

62. Und wir hertzog Friderich obgenant geben und versprechen für uns und den obgenanten unsern son hertzog Phlips und unser vorgeschriben erben und nachkomen by unsern furstlichen truwen und wirben, bie vorgemelten burgermeistere, rate, gemeynde und in woner der stat Heybelberg und ir nachkomen by diesen vorgeschriben stucken, puncten und articteln, und auch by andern obgemelten friheiten, gewonheiten und herkommen zu handhaben, zu schuern, zu schirmen und darin nit zu legen noch bragen sollen oder wollen durch uns selbst, unser amtlube oder yemant von unsern wegen und nyemant, welchs stats der ist, wibber biese obgeschriben unser frihung, ungelt-orbenung und nuwerung⁹¹) zu frien, ußgenomen unser canczler, prothonotarien⁹²) und secretarien, so ye zu zten in unser canzly⁹³) sind, doch das solicher personen nit über acht sin, und das die selben kein furkauf mit winschand tun ungeverlich.

63. Item off solich obgemelte selle, offsetzung und frihung solle und mag ein yglicher unser burger oder inwoner zu Heydelberg sin gewerbe mit gewar uß und in Heydelberg triben und furen und die stat mit in und ußlassen gancz oder offen sin, es were bann, bas des in der stat Heydelberg beborflich und not were.

64. Und wir hertzog Friederich han uns und unsern obgenanten sone und unsern vorgeschriben erben herein vorbehalten unser furstlich herligkeit, reisen, nachfolgen und ander gerechtigkeit, doch also, das die wibber obgemelte ordenung und frihung nit sin und der keine abbruche oder betrenden⁹⁴) bringen oder thun solle in dheine wege.

65. Und heissen und gebieten auch vor uns und unsern sone hertzog Philips und unser vorgeschrieben erben allen unsern amtluben, vogten, schultessen, lantschribern und allen andern die itzunt zu Heybelberg sint oder

---

⁸⁹) nothwendig. ⁹⁰) Eiden. ⁹¹) Neuerung. ⁹²) Protonotarien, Hofrichter. ⁹³) Regierung. ⁹⁴) Kränkung, Verletzung.

die hernach dorthin gesetzt ober gemacht werben, das sie by iren eyden und pflichten, die sie uns getan han und tun werden, die obgenanten unser liben getruwen, burgermeister, rat, burger und in woner der stat Heydelberg und unser nachkommen by diesen vorgeschriben altmenden und welben und by allen obgemelten fryheiten, guten gewohnheiten und herkommen verliben lassen und nit da rin legen, hindern, tun ober tragen, es sy mit worten ober wercken, sunder sie baby getrulich von unsern und ampts wegen schuern, schutzen, schirmen und handhaben, als liep ine sy, unser swere ungnabe zu vermeyden. [95])

66 Und in dieser vorgeschriben unser fryhung, gnaben und verschribung haben wir ußbehalten und solle auch unschedelich und unvergriffen sin solicher gnaden und fryhelten, so unser unversitet und studio und der Rift zum heiligen geist zu Heydelberg von unsern altfordern, vater und bruder (seliger) gebechtniße und uns hievor gegeben ist, auch herbracht han, nach inhalt der besigelten brief, darüber ußgangen.

67. Auch so ordnen und setzen wir hertzog Friderich obgenant, das unser liben getruwen, burgermeister, rate, gemeinde und in woner unser stat Heydelberg und ir nachkommen nach unserm tode dem obgenanten unserm sone hertzog Philips unsern vorgeschriben erben ober nachkomen mit hulben, [96]) globen noch schweren sollen, es sy dann das der selbe itz genant unser sone hertzog Philips pfalzgrave by Rine, die selben unser erben und nachkommen der egenanten unser liben getruwen burgermeistere, rate, und gemeinde der stat Heydelberg und iren nachkomen zuvor verschribe, sie by disen vorgeschriben fryhelten, altherkommen und guten gewonheiten, in massen vorgerutt ist, verliben zu lassen, und sie baby schuern, schirmen und handhaben wollen one alle geverde.

68. Und dwile burgermeister und rat unser stat Heydelberg durch diese unser ordenung und fryhung, auch vorgegeben ordenung und ander der stat sachen vil mühe und arbeit und doch nit so vil davon ha-

---

[95]) so lieb es ihnen ist, unsere schwere Ungnade zu vermeiden, bei unserer hohen Ungnade. [96]) hulbigen.

ben, als sie des iren versumen,*) so behalten wir herin, ine etwas besunder zimlicher nuczung von der stat teyle zu zu orden, off das sie der Dinge bester slißiger furberlicher und baß gewarten und bearten mugen.

Und das zu worem urkunde so han wir unser maiestät ingesiegel mit rechter wissen heran dun hencken an eign syden snüre, die durch diese sechs bletter gezogen ist. Datum Heydelberg off montag nach unser liben frouwen tag assumptionis zu latin genant, anno Domini 1465.

Die vorstehende Stadtordnung erstreckt sich über folgende Punkte:
1. **Frucht- und Mehlaccis.** Jede Frucht, Korn und Kernen oder Walzen, welche, sei es von Beckern oder sonstigen Bürgern und Einwohnern der Stadt, verbacken werden soll, hat eine Verbrauchssteuer zu zahlen, und zwar das Malter ein Schillingpfennig. Das Quantum der so verbrauchten Frucht wurde dadurch ausfindig gemacht, daß dieselbe in die Wage, welche sich im untern Raume des Rathhauses befand, gebracht werden mußte. Hier wurde sie im Beisein der hierzu besonders angestellten Wieger abgewogen und die Frucht sowohl, als das davon erhobene Wieggeld, sowie das Ungeld oder die Verbrauchssteuer mußten in besondere Register eingetragen werden, damit am Ende jedes Abrechnungstermines der Herrschaft und der Stadt je ihr Antheil an der Steuer recht zugetheilt werden konnte, die Accisgelder flossen in eine gemeinsame Kasse, die deßhalb „das gemeine" hieß. Jedes Malter Frucht zahlte einen Pfennig Wieggeld, welches ebenfalls in einer Büchse gesammelt und zur Belohnung der Wieger verwendet wurde. (1)

Der Fruchthandel war unter genauer Aufsicht und Controle. Kein Becker, Bürger oder Einwohner der Stadt durfte in einer Mühle in oder bei Heidelberg etwas malen, kein Becker Mehl verbacken lassen, das nicht zuvor in der Wage gewesen und da versteuert worden war. Und damit ja kein Unterschleif getrieben werde, wurde

---

*) versäumen.

die Controle beim Einbringen in die Wage und beim Verbringen aus derselben vollzogen. (2) und darüber ein Schein ausgestellt. Jedes Malter Gerste zahlte 4 Pfennige, jedes Malter Hafer oder Einkorn drei Pfennige Ungelt. (3)

Die Becker zu Schlierbach, auf der Bergheimer Mühle und in Conrad Sommers Mühle sollen bei ihren Eiden alle Frucht, die sie nach Heidelberg führen, veraccisen, wie die Heidelberger Becker, sei es, daß sie für sich selbst malen oder backen oder Frucht und Mehl an die Heidelberger Bürger verkaufen. Jeder ist eidlich verpflichtet den Andern anzuzeigen, wenn er hiegegen verstößt. Der Accis ist jeden Montag von den Beckern selbst aufs Rathhaus zu bringen. (4) die Müller zu Heidelberg und ihre Knechte müssen alle Jahre schwören, keine Frucht zu malen, es werde ihnen dann ein Wiege-Schein vorgezeigt. (5.)

Niemand darf den Müllern Mehl oder Brod zum Lohn geben, sondern Geld oder Korn. (Molter) (6.) Und die Müller haben jede Frucht zum Hausgebrauch, rühre sie vom Molter her oder sie sei sonst erworben, wöchentlich zu veraccisen, gerade wie die Becker. (7.)

Das Brod, welches fremde Becker zu öffentlichem Verkauf nach Heidelberg bringen, muß geschätzt und sein Mehlgehalt ausgerechnet werden; nach diesem Maßstabe wird dann der Accis festgesetzt, wie von jedem Mehl oder Brod, das in Heidelberg Schlierbach, Bergheim ꝛc. gemalen und gebacken wird. Die Thorwärter haben jene Becker zu verpflichten, kein Brod zu verkaufen, das nicht in der Wage gewesen ist. (8.)

2) Weinaccis. Jeder Weinwirth hat von seiner Einnahme den achten Pfennig als Accis zu geben. (9.) Jeder Bürger oder Einwohner — Nichtwirth — hat für ein Fuder Wein zum Hausverbrauch ein Pfund Heller Accis zu bezahlen, das macht von einer Ohm einen Schilling pfennig. (10.) Die Roßgeber haben von dem in ihren Häusern verbrauchten Weine denselben Accis wie die Wirthe zu bezahlen. (11.) — Wenn ein Faß angestochen wurde, so mußte sein ganzer Inhalt veraccist werden, werde er ausgetrunken oder nicht. (12.)

Der Stadtrath hat das Recht, einen Wirth zum Weinschänken

zu zwingen und den Ungehorsam mit Entziehung des Schankrechts zu strafen. (13.)

Ehe der Wirth ein Faß Wein zum Ausschank bringt, muß dieser von dem Sachverständigen versucht und nach Erfund tarirt sein, um welchen Preis er verzapft werden darf. Zapft ein Wirth einen andern Wein, als den, der versucht wurde, so verliert er allen Wein in seinem Keller. (14.) Das Gleiche gilt auch von den Nichtwirthen welche Wein verzapfen. Das angestochene Faß muß in der Regel ganz ausgezapft werden, ehe ein anderes angestochen wird; doch kann der Rest auch für den Hausbedarf genommen, aber nicht zur Mischung mit dem im Verzapfen begriffenen Wein gebraucht werden, bei derselben Strafe. (15.)

Die Bewohner des Schloßbergs und von Neuenheim haben wie die Heidelberger Bürger Accis zu zahlen und jeden Montag denselben auf dem Rathhaus in die gemeinschaftliche Kasse zu liefern, — nach ihrem Eide. (16.) Auch der Zoll und Accis von dem Wein, der auf Neuenheimer Seite geladen und zu Berg geführt wird, — wenn ein solcher Zoll oder Accis von der Herrschaft beliebt würde, — muß in diese Kasse geliefert werden. (17.)

Wer vom Accis nicht befreit ist, muß von jedem Fuder Wein, den er einlegt, ein Pfund Heller Leggeld oder Lagergeld bezahlen; verkauft er ihn wieder, so ist der Käufer vom Lagergeld frei. (18.)

Die gepfründeten Geistlichen Heidelbergs sind von Accis und Lagergeld frei, bezüglich alles Weins, den sie aus ihrem Pfründegut ziehen oder der ihnen als Weingült oder Naturalzins zukommt in einer Meile im Umkreis, sei es, daß sie selbst und ihr Gesind ihn verbrauchen, oder daß sie solche Personen in Kost haben, die vom Accis befreit sind. Dagegen muß der Ueberrest, wenn er verzapft oder im Ganzen verkauft wird, veraccist werden, aber ohne Lagergeld. Außerdem aber sollen die Geistlichen keinen Weinschank haben. (19.) Handel mit eigenem oder fremdem Wein aber darf die Priesterschaft nur treiben gegen ein erhöhtes Lagergeld. (20.) Vom Wein für den Hausgebrauch hat die bepfründete Geistlichkeit kein Hausungeld und Leggeld zu entrichten. (21.) Andere, nicht bepfründete Priester in Heidelberg sind vom Accis und Lagergeld für Wein zum Hausgebrauch befreit. (22.)

Edelleute, die in Heidelberg angesessen sind, haben eigenes Gewächs oder ihren Zehntwein von einer Meile Wegs in der Umgegend nicht zu veraccisen und kein Lagergeld zu zahlen, wie die Geistlichen; aber vom gekauften Wein zum Hausbedarf. Weinschank dürfen sie selbst keinen haben. (23.) Die bei den Edelleuten wohnenden, aber nicht in ihrer Kost stehenden Personen, oder solche, welche bei ihnen Kost haben, müssen Lagergeld und Hausaccis bezahlen; schänken sie aber Wein so müssen sie Lagergeld urb Schänkaccis entrichten. (24.) Das Kloster Schönau darf in der Stadt nur solchen Wein schänken, der auf des Klosters Gütern in einer Meile Umkreis gewachsen oder im selben Umkreis ihm als Zehnten gefallen ist. (25.) Ebenso alle Einwohner, die keine bürgerlichen Beschwerden tragen, als in den Krieg ziehen, Wachen, Hüten u. s. w. (26.)

Studenten, welche andere Studenten in Kost haben, dürfen von dem für sich, für die Kostgänger, sowie für die gefreiten geistlichen Personen verwendeten Wein, weder Lagergeld noch Hausungeld bezahlen. Nehmen sie aber Nichtgeistliche in die Kost, oder geben sie Wein außer Haus, so müssen sie davon Lagergeld und Schenkungsgeld entrichten. (27.)

In den Bursen oder wo sonst Studenten in Kost sind, welche ihren Wein besonders zahlen müssen, zahlt der Kostgeber für den gereichten Wein das Hausungeld, weil er dadurch einen Vortheil hat, daß er die kleine Maß statt der großen verabreicht. (28.)

Nichtheidelberger dürfen in der Stadt keinen Weinschank haben, außer es wird vom Stadtrath für nöthig erachtet; der Wein soll dann taxirt und um einen billigen Preis verzapft werden. (24.)

Ausländische Weine, Malvasier, Rheinwein, italienischer Wein und Muskateller*) u. s. w., zahlen beim Verkauf zu Accis die zwölfte Maß, weil die Maß kleiner ist und der Verkäufer dadurch Vortheil hat. (30.)

Bier zahlt die zehnte Maß Accis. (31.)

Heidelberger, Handschuchsheimer und Rohrbacher Gewächs zahlt bei der Einfuhr in die Stadt kein Pfortengeld und Lagergeld. Wird solcher Wein aus Heidelberg verkauft oder an der Stadt vorbeige-

---

*) Diese fremde Weine wurden meist aus Venedig bezogen.

führt, so zahlt jede Ohm 6 Denare. (32.) Wein, innerhalb einer Meile um Heidelberg gewachsen, zahlt ebenfalls von jeder Ohm 6 Denare bei der Ein- oder Ausfuhr. (33.) Außerhalb diesem Umkreis gewachsener Weine zahlt die Ohm bei der Einfuhr einen Schillingpfennig, bei der Ausfuhr 6 Denare. (34.)

Wer Mehl- oder Weinaccis besraubirt, der soll von der Stadt gestraft werden. (35.)

3. Waarenzölle. Das hundert Ziegel und Backsteine zahlt, wenn es unter der Brücke außer Heidelberger Markt geht, 6 Denare; die Mutte Kalk ebensoviel Ausgangszoll. (36.) Die Herrschaft kann diesen Zoll, jedoch ohne Nachtheil für die Stadt, welche ¼ davon bezieht, erlassen. (37.)

Frembes Vieh, Ochsen, Kühe, Schwein, Hämmel u. Schafe zahlen beim Einführen oder Ausführen durch das obere oder untere Thor, das Hundert vier Pfennige Weggeld (Pflastergeld.) die ungerade Anzahl zahlt nach Verhältniß. Geht solches Vieh über die Brücke, so zahlt ein Ochse oder eine Kuh einen Pfennig, ein Schwein, Hammel oder Schaf einen Heller Brückengeld. (38.) Schmalz, Butter, Unschlitt, Hanf, Wolle, Eisen u. dgl, sowie Alles, was an die Wage geführt werden muß, zahlt von jedem Gulden Werth zwei Pfennig, (Guldenzoll) (39).

Keine Waare, die in die Wage geführt werden muß, darf von Vorkäufern und Hockern (Mann oder Frau) vorweggekauft werden; denn jene muß zuvor einen halben Tag in der Wage oder im Kaufhause zum Verkauf öffentlich aufgestellt sein: erst hiernach können Vorkäufer oder Hocker sie kaufen. (40.) Außerdem aber müssen die Vorkäufer und Hocker den Heidelbergern von der so gekauften Waare auf Verlangen um den Kaufpreis abtreten, bei Strafe von 5 Pfund Heller. (41)

In der Stadt oder auf dem Markt verkauftes Vieh zahlt der Ochse oder das Rind 6 Pfennige, das Schwein 2, der Hammel oder das Schaf 1 Pfennig. (Kaufaccis.) (42).

Alle sonstige Waare, Tücher, Leinwand, Wachs, Blei, Zinn, Kupfer, Kessel, Häringe, Stockfische, geschlagenes Eisen, sowie alle trockene oder nasse Waare, zahlt vom Gulden Werth 2 Denare (Guldenzoll), vom Verkäufer zu entrichten. (43)

4. **Geldwechsel.** Der Stadtrath verpachtet den Geld- und Goldwechsel an den Meistbietenden; das erzielte Geld kommt in die Gemeinschaftskasse. (44)

5. **Theilung der Gefälle zwischen der Herrschaft und der Stadt.** Von allen diesen, sowie von den nachfolgenden Einkünften, Gefällen, Strafgeldern bezieht die Herrschaft ³/₄, die Stadt ¹/₄, zur Vermehrung ihres Einkommens und um daraus die Stadtmauern, Zwinger, Thürme, Thore, Stadtgräben und andere öffentliche Bauten, ferner die Straßen, Wege, Brücken in gutem Stand erhalten, und auch die Wächter und andere städtische Diener besolden zu können. (45)

6. **Gemeindbegüter. Allmente.** Alle solche Güter, Wälder, Aecker und Waiden sollen der Stadt verbleiben und zum städtischen Nutzen verwendet werden. (46.)

8. **Bürgerpflichten.** Wer seiner Bürgerpflicht, zu wachen, zu frohnen u. s. w., nicht nachkommt, wird vom Rathe mit 10 Pfund Heller unnachläßig bestraft; ist einer zahlungsunfähig, so wird er nach Verhältniß eingesetzt. (48) Ist ein Bürger zu einem Kriegszug ausgehoben und er reißt aus, so stellt der Rath einen Stellvertreter der aus des Ausgerissen Vermögen bezahlt wird; außerdem muß eine Strafe von 10 Pfund Heller bezahlt werden. (49.)

Verunglimpfungen und Mißhandelungen der städtischen Vorgesetzten soll der Rath nach Gebühr strafen; dagegen sollen die Vorgesetzten auch die Bürger in Ehren halten und nicht unschuldig strafen. (50.)

9. **Brückenzoll.** Die Stadt bezieht den Brückenzoll, nach alten Urkunden, allein; hat aber dafür die Brücke in gutem Stand zu halten. (51.)

10. **Stadtrechnung.** Alle Jahre hat der Rath Rechnung abzulegen über die städtischen Einnahmen und Ausgaben und zwar einem Collegium, das aus churfürstlichen Räthen und Bürgern zusammengesetzt ist. (52.)

11. **Sittenpolizei.** Wilde Ehen hat der Rath gesetzlich zu

ſtrafen. (53.) Ebenſo Streithändel und Mißhandlungen; (54.) dagegen Jedermann zu ſeinem Rechte zu verhelfen. (55.)

12. **Freiheit der Heidelberger Bürger und Einwohner.** Dieſe ſind als ſolche befreit von der Schatzung des 20 Pfennigs, Grundſteuer u. ſ. w. d. h. von aller directen Steuer, für alle Zeiten. Ausgenommen iſt, wenn eine churfürſtliche Prinzeſſin heirathet, oder wenn eine Perſon aus dem Churhauſe gefangen iſt oder wenn eine Schlacht verloren geht; in dieſen Fällen können die Churfürſten von der Stadt eine angemeſſene Steuer erheben; dann aber ſoll dieſe Freiheit wieder eintreten. (56.)

13. **Perſönliche Freiheit.** Alle Heidelberger dürfen an ihrem Leib und Gut nicht geſchädigt, nicht gefangen genommen und eingeſetzt werden, außer Rath und Gericht haben ein beßfallſiges Urtheil geſprochen; aber der Bürger muß Bürgſchaft leiſten. (57.) Mißhandlung aber und Majeſtätsverbrechen, ſowie Vergehen der Beamten und Diener hat die Herrſchaft zu ſtrafen das Recht. (58.)

14. **Freizügigkeit.** Heidelberger Bürger und Einwohner dürfen ſich überall (in der Pfalz) ungehindert niederlaſſen. (59.)

15. **Ueberlaſſung der Stadtgräben und ihre Benutzung an die Stadt.** Die Stadtgräben erhält die Stadt zur Benutzung für Fiſchweiher. (60.)

16) **Erneuerung und Beſtätigung aller Privilegien. Befreiter Gerichtsſtand.** Die Stadt erhält beſtätigt den Beſitz der Allmenden, Waiden und Wälder, alle ihre Rechte und Freiheiten, gute Gewohnheiten und alles Herkommen nach ihren älteren Freiheitsbriefen, wonach Bürgermeiſter, Rath und Gericht die Stadt zu regieren, Gebote und Verbote zu erlaſſen haben, gemäß ihres Eides. (61.)

17. **Beſchränkung der Accisfreiheit.** Vom Accis ſind frei nur der Kanzler, Hofrichter und Räthe, aber nicht mehr als im Ganzen acht Perſonen. Im Uebrigen verſpricht der Churfürſt für ſich und ſeine Nachfolger, die gewiſſenhafte Handhabung der gegenwärtigen Ordnung. (62.)

18. **Freier Handel.** Die Bürger und Einwohner der Stadt dürfen ungehindert ihrem Gewerbe und Handel nachgehen und un-

beschwert in der Stadt ein- und ausgehen, es wäre denn, daß die Stadt geschlossen werden müßte (63.)

19. **Fürstliche Oberhoheit.** Kriegsdienst, Heerfolge und andere Gerechtigkeiten, welche die fürstliche Oberhoheit ausmachen, bleiben vorbehalten. (64.)

20. **Handhabung der Ordnung.** Die churfürstlichen Beamten, Vögte, Schultheißen, Landschreiber in Helbelberg find bei ihren Eiden verpflichtet, diese Ordnung zu handhaben und die Bürger und Einwohner dabei zu schützen. (65.)

21. **Ausnahme der Universität und des Stifts zum hl. Geist.** Beide sollen bei ihren verbrieften Rechten und Freiheiten, unbeschadet dieser Ordnung, erhalten werden. (66.)

22. **Verpflichtung der Churfürsten auf diese Ordnung.** Der Rath, die Bürger und Einwohner Heidelbergs sollen erst dann einem neuen Churfürsten huldigen, wenn dieser zuvor ihnen einen schriftlichen Revers ausgestellt hat, daß er die Ordnung halten wolle. (67.)

23. **Besoldung des Raths.** Da die Stadträthe und Bürgermeister durch diese neue Ordnung neue Mühen auf sich nehmen und wohl ihre eigenen Angelegenheiten dadurch vernachlässigen, so behält sich der Churfürst vor, ihnen aus dem städtischen Antheil an den Gefällen eine angemessene Besoldung zuzuweisen, damit sie ihr Amt um so eifriger handhaben. (68.)

Um das Wesen und das Gewicht dieser Ordnung besser übersehen zu können, fassen wir das Ganze in wenige Punkte zusammen.

1. Frucht-, Mehl-, und Weinaccis, Lagergeld, Waarenzölle, Goldwechsel-Bestandgeld, Grundsteuer der Ausmärker und Hinterlassen, Brückenzoll, Weggeld, Pfortengeld, Kaufaccise und Guldenzoll für Vieh, sowie Strafen — floß Alles in die gemeinschaftliche Kasse. Die Einnahmen derselben waren sehr bedeutend. Die Stadt hatte davon ¼, das churfürstliche Aerar ¾. Das Brückengeld bezog die Stadt allein, ebenso das Wieggeld. Dazu kamen die Einkünfte aus dem Stadtwald, Allmenden und Walden und die Benutzung der Stadtgräben.

2. Aus diesen Einkünften bestritt die Stadt ihre allgemeinen

städtischen Ausgaben, Herstellung der Befestigungswerke, Brücke, Straßen, sowie die Besoldung ihrer Diener.

3. Die Bürger waren von aller directen Steuer befreit (56) mit alleiniger Ausnahme bei Vermählung einer Prinzessin, Gefangenschaft einer Person aus dem Churhause, und bei Verlust einer Schlacht, und auch da nur für den einzelnen Fall; den städtischen Antheil aber mußten sie zahlen. Dagegen hatten sie Kriegsdienst zu thun und die Stadt zu bewachen. Aber sie genossen unbedingte Freizügigkeit und freien Handel.

4. Die Stadt hat einen eigenen Gerichtsstand, Schultheiß mit Schöffen, welche über alle Vorkommnisse in der Stadt Recht sprachen, mit Ausnahme der Körperverletzung, Majestätsbeleidigung, Vergehen der Beamten, welche die Herrschaft bestraft. Kein Bürger darf ohne Urtheil des Stadtgerichts ergriffen oder gefänglich eingezogen werden, die genannten Fälle ausgenommen. Die Sitten- und niedere Polizei verwaltet der Stadtrath.

5. Die Stadtrechnung muß jährlich abgehört werden.

6. Die Stadt huldigt nicht eher einem neuen Churfürsten, bis dieser vorher schriftlich versprochen hat, die städtischen Rechte und Freiheiten zu halten und zu schützen.

2. Erbordnung zu Heidelberg.
1467

1. Item nachdem unser gnediger herre pfalczgrave vom rate zu Heydelberg off dieß nachgeschriben artikel unterrichtung begert, obe ein manne und frauwe elich libs-erben mit einander haben und vater oder muter der eins abgeet,[1] wie es dann mit den kindern gehalten wirdet, obe das lebende mit den kindern teilen muß oder nit, und wie es mit ligenden und farenden gutern gehalten wirt hie in der stat und dieser Zugehörung, da mit sonder gedinge oder berebung[2] in kegral beschehen sint.

Hat man es also gehalten, wann zweye zusammen komen one

---

[1] d. h. Anderlos ist.   [2] Ehevertrag.

gebinge unb libs-erben mit eynanber gewynnen, geet ber elich gemahel eins abe, fo blibt bas anber ficzen bey allen ben gutern,
fie find ligenbe ober farnbe, bie fie bann han, bie mag es nuczen
unb nieffen unb bie finbe bamit neren unb weren, fie ußfeczen unb
beraben nach ber eren *) unb ift nit ſchulbig mit ben kinbern zu
teilen unb bie liegenbe gutere follen in ziemlichem gutem buwe, in
bache unb fwellen **) gehalten werben. Diefelben gutere mogen one
ber kinbe wiffen unb willen nit verfeczt, verkauft, veruffert ober
veranbert werben; aber mit ber farnbe habe mag eins tun unb
laffen nach feinem willen one intrag finer kinber unb meniglichs.

2. Item wann ſchulb ba were, ober bie ligenbe guter nit in
zimlichen buwen gehalten wurben, wie es bann gehalten werben
folle?

3. Item fin gnabe auch zu unberrichten, wann man unb frauwen nit libs-erben hant ober kegnen laffent ⁵) unb etwas ober nichts
zu häuf bracht, ⁶) ober etwas by einanber gewynnen ober ererben
unb ir eins abgeet, wie es bann mit ihren gutern gehalten wirb,
ob eyns bas anber erbt an ligenben unb farnben gutern, unb
wann baſelbe auch ſtirbt, wo bann follich gut hinfellet, obe es ben
letften erben allein blibt aber fins abgangen gemahels erben auch
teil barzu haben, unb wie folich teylung fy umb zubracht ⁷) ober
ererbt gut.

Iſt blefi unberrichtung: wann zwey zufammen kommen unb
etwas zuſammen bringen an ligenben gutern unb nit libs-erben mit
einanber gewynnen, geet bann ber elich gemehel eins abe, fo blibt
bas anber aber ficzen bij allem bem, bas fie zufammen bracht han,
unb wann bas lefte auch abgeet, fo gefellet iglichs gut an bie neh-
ften erben, ba es herkommmen ift; unb mit ber farenbe habe mag
es tun nach finem willen, wie vorftet.

Unb bwille beibe elich gemehel by einanber in leben fin, fie
haben libs-erben ober nit, fo mogen fie folich gutere, bie fie zufam-
menbracht han, verfeczen, verkaufen unb bamit tun unb laffen nach

---

*) b. h. anſtänbig verheiraithen unb ausſteuern. ⁴) in gebührenb gutem Bau,
in Dach unb Fach (Schwellen) gehalten werben. ⁵) b. h. keinen Leibeserben hin-
terlaffen. ⁶) b. h. erſparen, erhauſen. ⁷) zugebrachtes.

trem willen; und wann der elich gemehel eins abgeet und nit libs-erben leßt, ist dann des selben abgangen ligende gut etwas furhanten,⁹) so blibt das ander lebende by solichem gute sitzen sin leptagen⁹) und nach des abgangen (tode) felt es wibber hinder sich uff des erßten abgangen erben. Ist es aber, da sie libs-erben mit einander gehabt hetten, die abgestorben weren, so ist das leste, das in leben blibt, aller der gutere mechtig, die sie zusammen bracht, by einander gewonnen und ererbt han.

Obe sie aber nichts zusammen brechten und etwas by einander gewonnen ober ererbten, get dann der gemehel eins abe, so erbt das ander gemehel die gutere und mag damit tun und laßen, nach sinem willen; und es ist solich gut nit widderseßlig off des erßten abgangen erben.

Item wenn zwey eliche gemehel zusammen komen und nit libs-erben mit einander haben oder gewonnen mogen, so mogen die selben eliche gemehel, obe sie wollen, einander vor rate oder gericht erben,¹⁰) wann eins dem andern das sin ofgtt,¹¹) met mont, hant und halme,¹²) geet dann der elich gemahel eins abe mit tobt, so mag das ander mit dem verlaßen gůt tun und laßen nach allem sinem willen und ist keine gůt widderseßlig uff des abgangen nehst erben.

Item wann zwey elich gemehel zusammen kommen und der eins mit tot abe geet und schuld.ba were, so solle das, das in leben ist, die schult von der farende habe bezahlen.

Und obe die ligenden gutere nit in zimlichem buwe gehalten wurden, so mogen die erben, dem, der die gut besitzt, mit Recht zusprechen, will er dann die gutere nit im buwe halten, so solle er die gutere den erben ligen laßen.

Und diese ordenunge und gesetze soll off die heiligen ostern nechst kompt angeen und forter also gehalten werden.

Zu urkunde haben wir unser ingesießel an diesen brief tůn hencken. Datum Heydelberg off Dienstag nach san Sebastianstag anno domini 1467.¹³)

---

⁹) vorhanden. ⁸) Lebtage. ¹⁰) d. h. gerichtlich als Erben einsetzen ¹¹) übergiebt. ¹²) mit Mund, Hand und Helm. ¹³) Die Urkunde steht im Pfälzer Copialbuch Nr. 13 fol. 318.

Die Bedeutung dieser Erbordnung ist folgende:

Churfürst Friedrich der Siegreiche begehrte vom Stadtrathe Nachricht über einzelne Bestimmungen der Erbordnung und erhält jene, wie folgt:

Wenn zwei Personen ohne Ehevertrag heirathen und Kinder zeugen, so erhält beim Todesfall des Einen der überlebende Theil die Nutznießung aller Güter, der liegenden und fahrenden, mit der Verpflichtung, die Kinder zu ernähren, sie anständig zu verheirathen und auszusteuern. Doch müssen die Güter gut erhalten und dürfen ohne der Kinder Willen nicht versetzt, verkauft oder verändert werden; dagegen hat der überlebende Theil über die fahrende Habe freie Verfügung.

2. Stirbt ein Ehetheil ohne Leibeserben, so hat der überlebende Theil lebenslängliche Nutznießung aller Güter, dem beigebrachten und erworbenen; beim Ableben auch dieses Theils fällt der Besitz an die beiderseitigen Erben zurück. Ueber die Fahrnisse können beide Theile nach Gutdünken verfügen. So lange beide Ehetheile leben, haben sie Kinder oder nicht, so haben sie über ihr Vermögen freies Verfügungsrecht. Hatten die Eheleute Kinder, aber diese sind gestorben, so bleibt der überlebende Ehetheil im Eigenthum aller Güter. Haben die Eheleute nichts eingebracht, aber etwas erworben oder geerbt, so behält der überlebende Theil die Güter zu Eigenthum, und fällt dasselbe nicht an die Erben des Gestorbenen zurück.

Sind Eheleute kinderlos, so können sie einander gerichtlich zu Erben einsetzen.

3. Sind beim Tobe eines Ehetheils Schulden da, so hat der Ueberlebende die Schuld aus der fahrenden Habe zu bezahlen.

Ist ein Theil nachlässig, die Güter im guten Stand zu halten, so können die Erben ihn gerichtlich dazu zwingen oder zur Abgabe der Güter nöthigen.

---

3. Heidelberger Stadtordnung.
6. April 1471.

Wir Friedrich ꝛc. bekennen, das uns die Ersamen unser lieben getreuwen Burgermeister rathe und gemeinde zu Heydelberg etlich ge-

prech¹⁴) furpracht.¹⁵) han, daruber ordnung in unser ſtat
Heydelberg zu machen notturftig ſey, und wir ſelbſt ſonderlich
geneigt ſeyn, den gemeynen nutz zu furdern¹⁶) und uffzurichten,
haben wir zu nutz und notturft der unſern ein ordnung furgenommen und geſetzt, orden und ſetzen auch mit dieſer unſer ſchrifft das
es hinfur gehalten werden ſolle in maſſen von puncten zu puncten
hernach geſchrieben ſtet. Und behalten uns und unſere erben, ſollich
ordnung zu meren zu mindern und zu ſetzen, zu eyner idlichen¹⁷)
Zeit wie uns beduncdt für den gemeynen nutz fuglich und nutze ſein.

I. Zum erſten orden und ſetzen wir, das hinfur von nyemant
were der ſy einicher win zu ſchencken uffgetan werde, er ſy dann zuvor durch die geſwornen winſchecczer¹⁸) und den ungelter verſucht
und geſchetzt, wie hoch man den ſchencken oder geben ſolle. 2. Item
das ſolichs uffrecht und gehalten werde, ſo ſollen burgermeiſter und
ratte zu Heydelberg alczit ſetzen und beſchriben zwene oder dry glaup-
hafftig erber menner,¹⁹) die mit einem ungelter zu iglicher zit ſolich
win die man offthun und ſchencken will, zuvor ſchetzen und beſchriben, das iglicher win nach ſinem werde und nit hoer²⁰) gegeben
werde. 3. Item dieſelben 2 oder 3 ſollen auch daruber globen und
ſweren, das ſolle ein eydt begriffen werden von burgermeiſter und
ratte. 4. Item des Winſchecczens ſolle ſich auch nyemant in Heidelberg, er ſei geiſtlich oder wernclich edel oder unedel geſriet oder ungeſriet,²¹) widdern,²²) ſo ferre er win zu Heidelberg ſchencken will.
5. Item welcher auch alſo win ſchencken will, er ſei geiſtlich oder
wernclich, edel oder unedel, geſriet oder ungeſriet, der ſolle auch ge-
horſame ſin zu ziten ſo man offhort²³) ſchencken und wenig win
ſchenckt, wann an ine geſonnen wirt win zu ſchencken, das er ſolichs one alle weigerung thue.

II. Von der beder wegen. 1. Item es ſollen brotbeſe-
her geſetzt werden die morgens und abents, wann ſie wollen ſie fuglich beduncdt, ein iglich brot beſehen und ſie darin getrulich halten²⁴)
gein dem armen als gein dem reichen — und ſundern fliß²⁵) da-

---

¹⁴) Gebrechen, Mängel. ¹⁵) vorgebracht. ¹⁶) den gemeinen Nutzen zu fördern.
¹⁷) jeglichen. ¹⁸) Weinſchätzer. ¹⁹) zwei oder drei glaubhafte, ehrbare Männer.
²⁰) nach ſeinem Werthe und nicht höher. ²¹) geiſtlich oder weltlich, adelig oder
nicht, befreit oder nicht (von Schatzung u. ſ. w.) ²²) weigere. ²³) aufhört. ²⁴) treu
verhalten. ²⁵) beſondern Fleiß.

— 151 —

rinn haben, daß das mererteil ⁴⁶) brots nit ungewegen ⁴⁷) verkaufft werde. 2. Item sollen dieselben brotbescher globen und zu den heiligen sweren, inhalt des eydts der daruber gemacht ist oder werden solle von burgermeister und ratte. 3. Item uff denselben eibt sollen sie einem igliche backe brobs, ⁴⁸) es sy heller oder zweyer pfennig wert oder ander brot ein brot off snyben ⁴⁹) und besehen obe das wol gearbeit gnug gebacken und nach siner geburde ³⁰) von rechtem melwe ³¹) gemacht sy, und wan sie anders funden, dann ein iglichs brot sin solle, das sollen sie für einen schanbbacken ³²) erkennen, und vor allen dingen, so es an dem gnugbacken gebreche hat, ³³) das solle auch für einen schanbbacken gebusset ³⁴) werden. 4. Item wan aber an dem gecz ³⁵) gemelten fluden nit gebreche funden ist, so sollen die brodwiger dasselbe brot darnach wigen, finden sie dann ein hellerwecke oder ein hellerbrod ein lot oder anderthalbs ungeverlich zu licht, ³⁶) das mogen sie ungestrafft hingeen lassen, ist es aber zwy lott zu licht, so solle der becker zu busse geben ein pfunt heller und solle ein virdenteil ³⁷) desselben brotbacks umb gots willen geben werden ³⁸) 5. Item ist es aber bryer lott zu licht, so solle er geben zwey pfunt zu busse und solle zwey teil des gebacks umb gots willen gegeben werden und den brittentheil mag der becker in die gemeyne verkauffen fur sinen wert als funf brob vor viere oder vier fur brey oder brey fur zwey nach bescheit ³⁹) der gesworen brotwiger. Ist es aber vier lott zu licht, so solle er bry pfunt zu busse geben und den ganczen gebacken verloren haben, der soll halp umb gots willen gegeben werden nnd das ander halpteil solle für sin wert verkaufft und in der statte nucze gewandt werden. ⁴⁰) 6. Item von der pfisterwecke ⁴¹) wegen, da einer zwene pfennig gilt, orden und sezen wir, welcher becker pfisterwecke backen will, dasselbe brod solle ganz semel und gegrißt darin kein bollen ⁴²) lassen und wol gebacken sin, und am gewicht so mag dasselbe brod han vier lot mynner dann sust

---

⁴⁶) das Mehrtheil oder Meiste. ⁴⁷) nicht ungewogen. ⁴⁸) jede Backel Brob. ⁴⁹) aufschneiden. ⁵⁰) nach seiner Gebühr. ⁵¹) Mehle. ⁵²) Eine Schandbackel, d. h. Brot, das nicht taugt. ⁵³) nicht genug gebacken ist. ⁵⁴) gestrafft. ⁵⁵) jetzt. ⁵⁶) zu leicht. ⁵⁷) das Viertheil. ⁵⁸) Um Gottes Willen, d. h. den Armen geben. ⁵⁹) nach Angabe. ⁶⁰) d. h. in die Stadtkasse fließen ⁶¹) Semmel. ⁶²) Vollmehl.

zweyer pfennig wert weckbrot,⁴³) bwlele es semelbrot sinn solle, wer es aber das über die vier lot solicher pfisterweck ein lot ober anderthalbs zu licht funden wurde, das mag hingeen, ist es aber zwey lot über solichs zu licht, so solle der becker ein pfunt heller mit verlierung des brots verfallen sin und damit gehalten werden, wie vorgemelt. 7. Item mit den leyben ⁴⁴) die zwene pfennig gelten wan die wie obgemelt nach dem off snyte ⁴⁵) recht und wolgebacken funden und darnach gewiegen werden, so sollen sie mit zwey lotten mynner, dann die offsaczung ist, unstrafbar bliben, haben sie aber dru lott mynner, so solle die straff sin ein pfunt heller mit verlierung des brots u. s. w. 8. Item wann aber ein becker ein schandbacke tüt, so soll er das brot alles verloren han und soll das halbteile umb gots willen gegeben und den drittenteil mag der becker in die gemeyne verkaufen für sinen wert als fünf brot vor viere u. s. w. und er solle ein monat im selbs und andere ungebacken sin ⁴⁶) 9. Item werden aber off ein zit me dann ein schandbacke funden, so solle desselben brots ein teil was zimlich ist umb gots willen gegeben und den drittenteil mag der becker in die gemeyne verkaufen für sin wert als fünff brot vor vier u. s. w. 10. Item wann auch also die becker straffbar funden werden, davon soll den wigere von eine iglichen gebacks iglichem wiger von den hellerbroten ein pfennig wert und von dem zwey pfennig wert ein brot werden und gefallen, damit das sie beste flissiger zulehen und wigen und irs versumen etlicher masse erstat werden, und bedücht dann den ratte, das solicher lone den wigere für ir arbeit zu clein were, so sollen sie mit willen und wissen unseres hußhoffmeisters yn zu zitten im den lone bessern. 11. Item welcher becker off diese ordenung in bracz⁴⁷) oder forteil still steen und nit backen woll, der solt auch forter zwene monat oder off ein abtragt ungebacken sin ime selbst und andern luten. 12. Item bwile ⁴⁸) sich die gemeinde erbotten hat, einem hußbecker ⁴⁹) wollen den hußzins bezalen, sollen burgermeister ratte und burgermeister von der gemeinde nach einer bequemlichen behusung einen hußbecker und einem

---

⁴³) vier Loth weniger, als ein Zweipfennig-Weck. ⁴⁴) Laiben. ⁴⁵) nachdem es aufgeschnitten und untersucht worden ist. ⁴⁶) er soll einen Monat lang weder für sich noch für Andre backen. ⁴⁷) Troz. ⁴⁸) weil. ⁴⁹) Gemeindebecker.

ober me frommen erbern beckern befelhen bie alfo beftellen, biefelben hußbecker follen gefriet werben unb barzu nit pflichtig fin zu backen, bann allein ben, bie mit ber ftat libe unb leybe liben ⁵⁰) ohne unfer funberlich erlaubung ⁶¹) unb foll man von ber ftat welben ⁶²) einem folichen becker mit einem halbhundert holcze zu ftuer kommen ⁵³) 13. Item ift auch gut, welcher alfo zu einem hußbecker zugelaffen wirbet, das bem fin zimlich lone von bem malter von ber firntzel unb auch von bem fymmern gefaczt unb gemacht werbe. 14. Item biefelben hußbecker follen einem iglichen bas fie backen unb wibbergeben umb bes willen, bes fein irrrung barinne falle, bas bann alle jare ober welche zit es im jare nott ift, ein verfuche gefcheen mit fruher unb nuwer frucht ⁵⁴) off bas man warlich wiffe wie vil brots unb mit was gewichti bie zit bas malter ober firnczel ertragen moge. 15. Item biefelben hußbecker follen auch einem iglichen, ber bas begert, fin beick ⁵⁵) in finem huß ober in bem backhufe in bywefen ⁵⁶) fins gefinbs, bie er baby haben will, machen. 16. Item bes ftiffts becker zum heiligen geift ber foll nyemant backen ban ben herrn off bem ftifft, will aber fuft yemant anbers umb lone unb bes pfennigs wert backen, fo foll er in ber orbenung ber anber becker wie vorgefchriben ftet, auch begriffen fin. 17. Item bwile verfehelich ift, bas man bie behufung unb bie hußbecker nit fo balbe bekommen unb haben mag, fo folle ben beckern zu Heibelberg itzunt gebotten werben, bas fie einem iglichen gemeinsmann, ber bas von ime begert, finn eigen mele backen unb ime auch bas fin wibber geben follent, wie es off bie hußbecker gefaczt ift. 18. Item folle auch ein iglicher hußbecker einem iglichen ber erfte ift mit finem mele auch zum erften backen. 19. Item es folle auch hinfür ein iglicher becker jars macht han zu ber erften zucht zehen fume ⁵⁷) unb zu ber anbern zucht acht fume inzulegen unb nit me, wer es aber, bas ir einer me fume zu einer iglichen zucht halten unb inlegen wurbe, bas foll berfelbe becker von einer iglichen fume, bie er über bie obengenannten fume ingeleget hat, bry pfunt hellerzu pene ⁵⁸) verfallen fin bie unab-leßlich zu geben.

⁵⁰) welche ber Stabt Laften unb Befchwerben tragen. ⁵¹) Erlaubniß. ⁵²) aus bem Stabtwalb. ⁵³) zu Hülfe kommen. ⁵⁴) früher unb neuer Frucht. ⁵⁵) Teig. ⁵⁶) Beifein. ⁵⁷) Saue. ⁵⁸) Strafe.

III Von der müller wegen. 1. Item so wollen wir zuvor an mit unserm müller schaffen und bestellen, das der globen und zu dem heiligen sweren solle ein iglichen, der das an eine ine begert, zu maln so man gemalen mag, und welcher der erste ist, das er dem auch zum ersten malen und einen iglichen sin Frucht in mele wieder geben und nit verändern solle. 2. Item er soll auch slißtün das einem iglichen das sin getrulich und recht gemalen werde. 3. Item wo sich erfunde das ein müller welcher der were das nit bette,[50]) der soll dem jhenen dem er schaden getan hatt sinen schaden beseren und darzu in unser straff und der statt gefallen sin. 4. Item es soll auch ein iglicher muller dem jhenen, der zu malen by im gesinne, sin frucht in derselben huse holen und das mele demselben in sin huß ober in des beckers huß antworten, dahin er ine bescheidt. 5. Item es solle auch ein iglicher muller dem, dem er malen soll, sin frucht an die wage furen und wigen lassen und auch das mele wibber an die wage furen und aber wiegen lassen, off das einem iglichen das sin wibber werde, und von der wagen in die behusung, wie er als vorstet bescheiten wirt furen. 6. Item so sollen burgermeister und ratte bestellen das der massen in der Monichmule, Ingelnheims mule und zu Bergen auch globen und sweren, das also zu halten. 7. Item sie sollen auch ein malebeseher setzen der getrulich zusehe, das die muller das mele recht und auch nutzlich malen. 8. Item es soll auch ein iglicher muller nit me dan vier swine zu iglicher zucht inlegen und halten und woe er me inlegen wurde, so solle er von einem iglichen swine dru pfunt heller zu pene verfallen sin.

IV. Von den buweholcz[60]) wegen ist unser meynung, dwile die holczmenger[51]) bißher buwe holcze gein Heidelberg gefurt han, die andern herrn zu steent,[52]) das dan gutlich mit denselben holczmengern geredt und ine die beswerung furgehalten[53]) werde und das sie furbasser daran sin, das iglich holcze und borte sin rechte lenge habe, nemlich was zwenczig schuwe[54]): han solle das es dieselben

---

[50]) thäte. [51]) Bauholz. [51]) Holzhändler. [52]) d. h. aus anderer Herrn Gebiet kommt, wo anderes Maas gilt. [53]) Die Beschwerde vorgestellt. [54]) zwanzig Schuhe.

— 155 —

habe, besglichen auch die 40, 50 oder 60 schuwig sin solle, das es auch dieselben lenge habe, besglichen auch die bort und das soliche ine in warungswise⁶³) gesagt werde, das wir in dieser ordenung also furgenommen haben, was unter 30 schuwen lang sy, das es nit höer dann fur 30 schuwe bezahlt, und also auch der andere leng halb und auch mit den borten gehalten werde.

V. Von den brenholczs wegen. 1. Wir setzen und orden auch von des brenholcz wegen das allen holczflotzern hinder unserm vetter herczog Otten,⁶⁶) dem abt von Schönau, dem von Hirschhorn, zu Gemonden⁶⁷) und zu Heidelberg gesessen verkunt werden solle, das sie furbaß das brenholcz in rechter lenge und groß hauwen sollen als das von alter herkommen ist, das solle auch fur finen wert geschaczt und dermassen verlaufft werden. 2. Item als unser gemeinde hie zu Heidelberg angibt, das sie gancze uß der stat welbe geslagen sin sollen⁶⁸) und das ine bhein brenholcze stieffel truber oder offerelegen⁶⁹) darum gegeben werden und dann baby gesagt wirt, das die welde vast⁷¹) abgeen und verhauwen sin, da wollen wir uff diesmale unsern hußhoffmeister oder anber die unsere orden⁷²) mit den zweyen ratsburgermeistere und mit zweyen uß der gemeinde der stat welbe beriten und besehen und ratslahen⁷³) ein ordenung machen sollen, wie die welbe offzubringen⁷⁴) und sorter gehauwen und was und wiewil zu iglicher zit und an welchen enden⁷⁵) daruß gehauwen werden soll und daruber auch mit den fursten,⁷⁶) als obgemelt ist, ein ordenung begriffen und die an uns bringen, darum soll auch angesehen und bedacht werden das holcze so den ratspersonen zu Heidelberg wurdet und auch die offterslege her sich die burgermeister underzichen, wie es damit soll gehalten werden. 3. Item von der forster eybt⁷⁷) wegen wollen wir, obe der nit nach notturft geseczt were, das der nach aller notturft begriffen und geseczt

---

⁶³) warnungsweise. ⁶⁴) Holzflößer, die Herzog Otto's, welcher zu Mosbach regierte, Unterthanen sind ⁶⁷) Neckargemünd. ⁶⁸) daß sie ganz aus den Stadtwaldungen mit Holz versehen werden. ⁶⁹) und daß ihnen kein Brennholzstiefel (Stumpen), Truber d. h. Stangenholz, — oder Afterschlag d. h. Boberreisach. ⁷¹) beauftragen. ⁷²) beriten, besehen und berathschlagen. ⁷³) in guten Stand zu bringen. ⁷⁴) an welchem Ort. ⁷⁵) nämlich Herzog Otto in Mosbach, Abt von Schönau, Herr von Hirschhorn. ⁷⁶) zugetheilt wird. ⁷⁷) Försterrid.

werbe. 4, Item in der waltordnung solle auch gesetzt werden, wenn der stat welde oder etwas davon verkaufft solt werden, were dabn und mit sin solle. 5. Item in derselben ordenung auch zu versorgen, ob es anders vor nit gesorgt ist, wann ein slage[78]) ußgehauwen wirdet, das dan ein zitlang das vihe[79]) nit in denselben slag getrieben werde biß das die ußschußling[80]) zu rechter maß wieder gewachsenn sint.

VI. Von der brucken wegen. Item wir orden und setzen, was holtze zu der brucken geordent gekaufft, gehauwen oder gegeben ist oder würit, das solle by der brucken bliben und darzu gebruchi werden, so lange es darzu tuglich ist, wann aber einig holtze an der brucken untuglich worden und nit me darzu tuglich oder zu gebruchen ist, und doch an andern enden zu verbuwen tuglich were, es were zu rymen[81]) burgen zu werren[82]) oder anderm das solle verkaufft oder in der stat nucze verbuwet werden, was aber in der gestalt nit nutzlich oder tuglich were, das soll den burgermeistern gefallen, als es auch vormals gehalten worden ist.

VII. Von des mists wegen. Item von des mists wegen uff dem marckt[83]; wollen und setzen wir, wann derselbe miste in der stat coste offgeslagen wirt, so solle er auch der stat sin. wenne ine aber die burgermeister off iren costen offslahen lassen, so solle er auch ir sein.

VIII. Von reisen. Wir orden und setzen auch, das hinfure, wann uns die von Heidelberg reisen, das der solt und reysegelt off die liegenden gutter in stat und in marcke gelegen off einen iglichen nach dem er gutter hat gelegt und hette einer nit ligend gutter, so soll off sin hantnarung[84]) und gewerbe gesetzt und keiner unbillich beswert werden, doch hintangesetzt die theuwen die des gefriet sint und des schln darlegen.[85])

IX. Von der hockern wegen: setzen und orden wir, dwile Rotermel angezogen wirt, das er den gemeine nucze mit den zufuren die zu Heidelberg verhindern solle,[86]) das er und ander, die burger

---

[78]) Schlag. [79]) Vieh.) [80]) das frisch ausgeschlagene Holz. [81]) Rahmenschenkel. [82]) Burgen wehrhaft zu machen. [83]) Viehmarkt. [84]) Handwerk. [85]) und darüber einen Schein vorlegen. [86]) diese Stelle ist unklar. Wir können sie uns aber folgendermaßen zurechtlegen: Früher war ein Stadtknecht angewiesen, die

unb lanıferer fin wollen, globen unb fweren, das nit zu tůn, noch schaffen gelan werden, und das fie furberlich furberung tůn wollen gene allen fure luten, profande herzubringen⁸⁷) unb wo fie das verhinderten das fie darumb in fwere ſtraff gefallen fin follen.

X. Von der andern hodern wegen: die alle bing verkeufſent bann fie nach der ordenung tůn ſollen, das da der ratte den ſtallfnechten und allen muttern⁸⁸) off ir eyde bevelche und das er desgleichen dem großen Claußen in funderheit auch off finen eybt von unſern wegen bevolhen werbe, welche hodere verläuffl ober befletzt⁸⁹) bann fie lun follen, das bann derſelbe baſſelbe gekaufft gut verloren habe und ein pfunt heller zu pene gebe; da ſolle das gekauffl gut uns und das pfunt heller der ſtat werden.

XI. Von der metzler wegen. Das fie ſmere und unßlitt⁹⁰) ußer der ſtat verkauffen das foll forter verforgt,⁹¹) bas bas nit me geſchee, es fy bann, das die hantwerdsſtube oder anber zu Heydelberg bas nit läuffen oder haben wollen, doch also das berſelbe der ſmere oder unßlitt hat fein büerung mit geverben⁹²) darinn mache oder thue.

XII. Von der ziegler wegen orden und feczen wir, das die

Zufuhr von Bictualien in die Stadt durch Auswärtige aus dem Grunde zu hindern, damit die privilegirten Hodter d. h. Bictualienhändler in der Stadt, welche eine Art Zunft ausmachten, ihren Handel unbeſchädigt treiben konnten. Das Recht der Zufuhr hatten nur Heidelberger Bürger, welche auf das Land fuhren und dort ihre Einkäufe machten, d. h. Landfährer waren. Daburch wurde aber der „gemeine Nutzen" d. h. die ſtädtiſchen Einkünfte geſchädigt, weil die Auswärtigen Brücken-, Pforten-Geld u. bgl. zu zahlen hatten. Jener Stadtknecht oder Polizeidiener hatte als Abzeichen eine rothe Binde am Aermel, weßhalb er ſelbſt „Rothärmel" genannt wird. Das wird nun aufgehoben; ja der Rothärmel, ſowie alle aufs Land fahrende Bürger mußten ſchwören, daß fie die Auswärtigen mit ihren Bictualien in die Stadt ziehen laſſen wollten; im andern Falle würden fie ſchwer geſtraft. ⁸⁷) daß fie eifrige Förderung gegen alle Fuhrleute beweiſen ſollen, Proviant herzubringen; es find alſo hier unter den Hodern die Bictualienhändler auf dem Markt verſtanden. ⁸⁸) Marktauffehern. ⁸⁹) Vorkauft oder Beſchlag legt, nämlich auf einen zum Markt geführten Gegenſtand. ⁹⁰) Fett und Unſchlitt. ⁹¹) vorgeſorgt. ⁹²) keine Theuerung abſichtlich.

hinfur kein swartzen ober wissen kalcke⁸³) ober gebacken steyne⁸⁴) off ben Rine⁸⁵) furen sollen.

XIII. Von der wachl wegen orben und seczen wir auch, das brissig uß ben tuglichsten im ratte ben burgermeistere uß der gemeinbe uß ben zunfftmeistern und uß anbern rebelichen uß der gemein bas ber 30 zusamen sint georbent werben, ber allwegen 4 bes nachts scharwacht.tun sollen, ben auch gefolgt unb geacht werben solle als ben burgermeistern,⁸⁶) bie auch stißig umbgeen und wol zusehen sollen, bas recht und wol gewacht werde und barum sunbern stiß haben.

XIV. Von ber stal rechnung wegen seczen unb orben wir, bas ber rat, wann bie gescheen solle, ber gemeinbe solichs zu wissen tün, ymants von ber gemeinbe wegen baby zu orben unb zu haben solich rechnung zu horen.

Datum et actum off Samstag ben heil. Palme abent. anno Domini millesimo quadringentesimo septuagesimo primo.

Diese Stabtordnung bestimmt im Wesentlichen Folgendes:

Die Schänk-Wirthe haben ihren Wein vor bem Verzapf burch zwei ober brei, vom Rath ernannte, beeibigte Weinschätzer im Verein mit bem Accisor versuchten und seinen Verzapfpreis festsetzen zu lassen; bieser Anordnung haben sich alle zu unterwerfen, seien es Weltliche ober Geistliche, Abelige ober nicht, Gefreite ober nicht, so ferne sie Wein schänken wollen. Auch solle sich Keiner von biesen weigern, Wein zu schänken, wenn man es an sie begehrt.

Kein Brot barf unbesehen und ungewogen verkauft werben; zu biesem Zwecke sind eigene Brobbeschauer vom Stabtrath bestellt unbj beeibigt, bamit sie jeben Morgen und Abend und sonst, wann es ihnen nöthig scheint, ihr Amt verrichten. Von jeber Backet Brob haben sie einen Laib aufzuschneiben und zu sehen, ob er recht gebacken und vom gehörigen Mehl sei. Finden sie im einen oder anbern Stück das Brob fehlerhaft, so haben sie das sämmtliche Brot als keinen Schanbbad zu erklären und bie gesetzliche Strafe aussprechen.

---

⁸³) schwarzen oder weißen Kalk. ⁸⁴) Backsteine. ⁸⁵) auf bem Rhein. ⁸⁶) benen man gehorchen und die man achten solle wie die Bürgermeister.

Ist das Brod aber tadellos, so sollen die Beschauer es wiegen; fehlt an einem Hellerweck oder Hellerbrod 1 bis 1¼ Loth Gewicht, so bleibt das ungestraft, fehlen aber 2 Loth, so hat der Becker 1 Pfund Heller Strafe zu zahlen und der vierte Theil des Brotes wird den Armen, auch in die Spitäler und dgl. ausgetheilt; fehlen 3 Loth Gewicht, so zahlt er 2 Pfund Heller Strafe und zwei Theile werden den Armen ꝛc. gegeben, den dritte Theil aber darf der Becker um den festgesetzten niederen Preis verkaufen, nämlich 5 Brote für 4, 4 für 3, 3 für 2, wie es die Brotwieger ansetzen. Ist das Brot um 4 Loth zu leicht, so wird der Becker um 3 Pfund Heller gestraft und die Hälfte der Backet wird den Armen ꝛc. gegeben, die andere Hälfte aber zum Nutzen der Stadt verkauft. Semmelbrod zu 2 Pfennig das Stück darf kein Vollmehl enthalten, aber 4 Loth weniger wiegen, als das andre Weck-Brod zu 2 Pfennig; 1 bis 1½ Loth Gewichtmangel bleibt ungestraft, dagegen, wenn 2 Loth fehlen, wird der Becker um 1 Pfund Heller gestraft und verliert die ganze Backet wie oben angegeben ist. Die 2 Pfennig-Laibe dürfen 2 Loth weniger als das gesetzliche Gewicht haben; fehlen 3 Loth, so zahlt der Becker 1 Pfund Heller Strafe und verliert das Brod grabweise, wie oben angegeben, nämlich die Hälfte wird den Armen gegeben, die andere Hälfte so verkauft, daß 5 Laibe für 4 u. s. w. verkauft werden; dazu aber soll er einen Monat lang nicht mehr backen dürfen. Werden bei einem Becker zu gleicher Zeit mehrere Schandbacke gefunden; so fällt davon 1 Theil an die Armen, das Andere darf der Becker, wie soeben angegeben, verkaufen. Die Brotwieger haben von der Strafe: beim Hellerbrod 1 Pfennig, beim 2 Hellerbrod ein Laib Brod anzusprechen; doch kann dieser Antheil vom Stadtrath und churf. Haushofmeister erhöht werden Will aber ein Becker wegen der verhängten Strafe trotzen und nicht mehr backen, der solle zur Strafe 2 Monate lang weder für sich noch für andere Leute backen dürfen. Da die Stadt sich erboten hat, Gemeindebecker anzustellen und ihnen freie Wohnung zu geben; so sollen diese von den städtischen Lasten befreit sein und nur denen zu backen verbunden sein, welche die städtischen Lasten tragen, dazu aus dem Stadtwalde jeder derselben ein halbhundert Holz beziehen. Jeder Gemeindebecker erhält seinen Lohn nach der Menge des Mehls, das er verbackt;

er ist verbunden, das aus dem ihm anvertrauten Mehle Gebackene gewissenhaft dem Bestellenden einzuhändigen. Damit dieses geschehen könne, sollen von Zeit zu Zeit mit dem Mehl aus neuer Frucht Versuche gemacht werden, so daß man beurtheilen kann, wie viel Brod aus einem gewissen Maaß Mehl bereitet werden kann. Der Gemeindebecker muß auf Verlangen den Teig im Hause des Bestellenden, oder aber in seinem Backhause bei Anwesenheit des Gesinds bereiten. Der Stiftsbecker zum heil. Geist darf nur den Stiftsherrn backen; wird er aber von sonst jemand zum Backen begehrt, so hat er sich in die Ordnung der andern Becker zu fügen. So lange die Gemeindebecker noch nicht bestehen, sollen die andern Becker ihre Stelle vertreten nach den eben angegebenen Bedingnissen. Beiderlei Becker haben der Reihe nach zu backen, so daß, wer zuerst mit seinem Mehl kommt, auch zuerst abgefertigt werden muß. Jeder Becker darf jährlich zur ersten Zucht 10, zur zweiten 8 Schweine halten; von jedem Schweine mehr zahlt er 3 Pfund Heller Strafe.

Der herrschaftliche Müller soll Jedem, der es verlangt, mahlen und zwar „wer zuerst kommt, mahlt zuerst:" er hat dabei gewissenhaft zu sein. Jeder Müller ist zum Schabenersatz verpflichtet und hat überdieß herrschaftliche und städtische Strafe zu erlegen. Der Müller hat die Frucht im Hause des Mahlenden abzuholen und das Mehl wieder dahin zurück zu bringen oder aber zum Becker, der es verbacken soll. Auch an die Wage hat er die Frucht und darnach das Mehl zu führen, damit jeder das Seine wieder erhalte. Das soll der Stadtrath auch die Müller in der Mönchmühle, in Ingrisheim — und in der Bergheimer Mühle beschwören lassen, der Stadtrath hat ferner einen Mahlbeseher zu setzen: damit alles nach Ordnung beim Mahlen zugehe. Jeder Müller darf zu jeder Zucht 2 Schweine halten; für jedes weitere Schwein zahlt er 3 Pfund Heller Strafe.

Die Holzhändler sollen angehalten werden, dafür zu sorgen, daß alles Bauholz und die Schnittwaaren, die sie nach Heidelberg bringen, die in Heidelberg gesetzliche Länge haben.

Die Holzflötzer, welche Brennholz von nicht churfürstlichen Gebieten nach Heidelberg bringen, sollen angehalten werden, das Heidelberger Maaß einzuhalten; Holz, das die rechte Länge nicht hat, wird abgeschätzt und nach seinem Werth verkauft. Da die Stadtgemeinde mit Brennholz aus dem Stadtwalde versehen werden will, der Wald aber sehr verhauen ist, so soll der Haushofmeister mit den 2 Rathsbürgermeistern und zweien Gemeindsmännern, nach genauer Besichtigung des Stadtwaldes, eine genaue Holzschlag-Ordnung festsetzen, damit der Wald Schlagweise gehauen werde; diese sollen auch feststellen, wie viel die Rathspersonen Holz erhalten und ob den Burgermeistern die Afterschläge zugetheilt werden sollen. Der Stadtförster hat einen Eid zu leisten, daß Alles richtig zugehe. Die Waldordnung hat auch zu ordnen, ob und wann ein Stück Wald verlauft werden darf, nämlich zum Abholzen; ferner, daß die jungen Schläge eine Zeit lang nicht mit Vieh zur Waide befahren werden dürfen, damit die Baumschößlinge nicht beschädigt werden.

Das Holz, welches zur Ausbesserung der Brücke gelauft oder im Stadtwald gehauen worden ist, soll nur zu diesem Zwecke verwendet werden. Wird es aber hiezu untauglich, so darf es auch verkauft oder zu andern städtischen Bauzwecken verwendet werden, etwa zu Pallisaden an Befestigungen u. dgl. das auch hiezu nicht taugliche Holz solle, wie herkömmlich den Bürgermeistern zufallen.

Der Mist von den Viehmärkten gehört der Stadt, wenn er auf ihre Kosten aufgehäuft wird, oder den Bürgermeistern, wenn sie ihn auf ihre Kosten aufhäufen.

Wenn die Heidelberger Bürger dem Churfürsten Reisefolgen leisten, so sind die Kosten hiefür an Sold und Reisegeld auf die liegenden Güter in Stadt und Gemarkung umzulegen; hat Einer solche nicht, so wird sein Handwerk oder Gewerbe nach Verhältniß beigezogen, ausgenommen sind die befreiten Personen.

Die Zufuhr von Victualien in die Stadt soll nicht bloß den aufs Land fahrenden Bürgern, sondern auch den Auswärtigen gestattet sein und weder der Stadtknecht noch irgend ein Bürger darf diese, bei schwerer Strafe daran hindern.

Die mit allerlei Gegenständen handelnden Höckerinnen sollen keinen Vorkauf thun oder Beschlag auf eine (zu Markt gebrachte) Waare legen bei Strafe von 1 Pfund Heller und Verlust der gekauften Waare, das Strafgeld fällt in die Stadtkasse, die Waare gehört der Herrschaft. Die Stadtknechte, besonders Einer, der große

Claus genannt, hatten, wie alle Marktaufseher einen Eid zu leisten, genau hierauf zu achten.

Die Metzger dürfen in Zukunft kein Fett und Unschlitt mehr außer der Stadt verkaufen, es sei denn, daß man in Heidelberg kein solches kaufen wollte; jedenfalls darf durch den auswärtigen Verkauf keine Theurung in der Stadt verursacht werden.

Die Ziegler dürfen keinen ungelöschten oder gelöschten Kalk, keine Ziegel oder Backsteine auf dem Rhein verführen.

Zur Handhabung der Nachtwache sind 30 Personen, aus dem Stadtrathe, den Bürgermeistern, den Gemeindevertretern, den Zunftmeistern bestehend, wozu noch aus der Gemeinde selbst weitere zuverlässige Personen bis zur Zahl von 30 genommen werden sollen, auszuwählen; von ihnen thun je vier des Nachts die Scharwacht d. h. ziehen in den Straßen umher, um die Wachen zu visitiren und sonst Ordnung zu halten. Ihnen hat man zu gehorchen, wie den Bürgermeistern.

Der Stadtrath hat der Gemeinde von der Zeit der Abhör der Stadtrechnung Kenntniß zu geben, damit diese Einen aus ihrer Mitte dazu abordne.

VIII.
Die Schicksale Heidelbergs im dreißigjährigen Kriege.
A. Die Jahre 1621 und 1622.
(Fortsetzung.)

In Thomas Mallingers Tagebüchern finden wir eine kurze Zusammenfassung der Ereignisse der beiden Jahre 1621 und 1622, welche wir der Vollständigkeit wegen hierher setzen müssen; desgleichen den Bericht des Theatrum Europaeum, aus Zeilers Topographie und Daniel Pareus Pfalzbairischer Geschichte, die zur Veröffentlichung manches beitragen.

1. **Thomas Wallinger berichtet:**[1]

September 16. ist Heidelberg von den Bayerischen erobert worden. (1622.)

Von der Belagerung und Einnehmung der Residenz und Hauptstadt Heidelberg Anno 1622.

Es haben sich der bayrische General Joann Graf von Tilly und andre fürnembe commendirte Officier den 29. Oktobris vergangenen 1621 Jahrs im Namen der Röm. kais. Maj: und der fürstl. Durchl. Herzog Maximilian in Bayern durch einen bey nächtlicher Weil zuo Heidelberg angelangbten Trommeter dieselbe Residenz und Hauptstabt sampt dem Schloß und noch restierenden Landschriftlich aufgefordert, darauf General Tilly von der Regierung und dem Gubernator Heinrich von der Merven daselbsten den 30. Octob. gemelten Jars schriftlich gut wort bekommen mit Vermeldung, daß es in ihrem Vermögen und Macht nit Kuonde,[2] sich hierinnen zuo accomodieren, sondern er der Gubernator gedächte, solche Stadt, die ihme vertrauet und anbefohlen, mit der Hülf Gottes bis an den letzten Tropfen seines Bluots vor allem Gewalt zuo beschützen. Hierauf zwar ist damals wegen vllen Urfachen nichts Wirkliches gegen die Stadt vorgangen bis endlich General Tilly nach Einnehmung der Stadt Ladenburg und Mansfeldischen Abzug aus dem Reich abgesagtes sein Vornemen gegen diser Stadt ins Werk gerichtet. Als ist den 1. July dises jetzt laufenden 1622 Jahrs mit seiner unberhabenten Armada vor Hoydelberg auf jenseits des Neckars von der Bergstraßen hergerückt und sein Quartier in dem negsten Flecken Handschuohsheim genommen. Weil er aber vermerkt, daß er nit allein in der Stadt sondern auch dem Schloß von dem gegenüber gelegenen nahen Berg, der heillige Berg genanbt, grosen Schaden thuon konte, als hat er sich gemeltes Bergs bemechtiget, darauf hin und wieder gestrelft, auch viel hundtert Musqueten Schüß auf die Stadt, auf die Mäll und Pasteien derselben und dann in die Heuser gethon, welches sie auch den negstfolgenden Tag noch mit mehrerem Ernst continuiert. Folgenden den 23. dito haben sich die Bayerischen hausseweiß oben am Berg heruber der Neckarbruden genähret, viel Schuß

---

[1] Bei Mone Quellensammlung II. 580. u. f.   [2] künde.

in die daran gelegene Schantz und corps de garden gethan, da sie
dann von den darin liegenden Soldaten mit Musqueten, von dem
Schloß aber mit dreyen Carthaunen wieder abgewiesen worden.
Deren Sachen und dergleichen Scharmitzieren haben sich nach und
nach viel begeben.

September 15. den Donnerstag gegen Abend haben die Bayerischen, nachdem ein Trommeter auf der Spitz des Gaißbergs ein Losung geblasen, mit groser Furi zuogleich mit allen Ranken und
Schantzen der Stadt angesetzt und gestürmbt, aber allenthalben abgetrieben worden. Deß andern Morgens früe

16. mit dem Tag hat Monf. Tilly mit solchem Ernst lassen anfangen zuo schiessen und daßelbe den gantzen Tag bis gegen Abendt
ungefehr umb 6 Uhr also unnachläßig an allen Orthen continuiert,
daß allein dießen Tag über die 1000 halb und gantze Carthaunen
und andere Schuß aus groben Stucken in die Stadt gangen, dardurch das Mauerwerck am Trutz-Kaiser und Trutz-Baier
zimlich verschossen und ruiniert, auch der Generalsturm zuogleich
mit angetretten worden. Sechs Bayerische Compagnien stürmbten
underdessen den Trutzkaiser und übergewältigten den, wie auch den
Trutz-Bayer. Unden auf der Ebene wurde der Wall an allen Orthen daselbst herumb und an der Speyerpforten erstigen und
mit 4 gantzen 2 halben Carthaunen von vornen hero auf dem flachen Veld*) und dann mit 18 Stucken hinden hero vom Gebürg
herab also beschossen, daß kein Mensch sicher auf den Wehren und
Wercken stehen oder fechten können. Hiemit seindt die Bayerischen in
die Vorstadt eingebrochen und retirierte sich Gubernator in die
alte Stadt und endlich in das Schloß. Weil aber kein Entsatz
zuo hoffen, auch allerley Ungelegenheit mit vorfielen, als wurde ein
Accord gemacht, daß nemblich der Gubernator Henrich von der Merven sampt allen dessen obersten Hauptleuthen, Officieren, Ingenieren,
Regiments- und allen andern Angehörigen, auch gemeinen Soldaten
mit fliegenden Fahnen, brennenten Lunten, Kugeln im Mund, ober
und undere Wehr, auch irn Sack und Pack abziehen und er Gubernator das Schloß zuo Heidelberg Hrn. Generalen Tilly im Na-

*) Feld.

men der Röm. Kayf. Maj. übergeben und cediren, auch sampt dem Geschütz, Munition und hierzu gehörige Kriegs-Instrumenten, wie auch alle andre Proviant, Mobilien, briefliche Urkunden, auch Documenten, auch Kleinodien hinderlassen solle. Hierauf ist um den 20. die Garnison mit zehen fliegenden Fähnlin und offenen Trommelschlag dem Accord gemäß und mit ettlich und dreissig Raisigen von Rittmeister Dalbigs Compagnie auß dem Schloß durch die Stadt gezogen, welche Graf von Tilly selbsten in der Person gen Weinheim zwo Meil Wegs under Haidelberg beglaitet, hernach aber vollends biß naher Francfurt convoirt worden. Hierauf wirdt Mannheim belägert und stark beschossen, was darauf erfolgt, eröffnet die Zeit.

(Oktober. 5 ist eine solche Tewerung*) gewesen, ein Seßter Waizen per fl. 4, ein Saum Wein per fl. 4—5, die Maß per 7 Batzen 5 D. und ein Klafter Holtz per fl. 13, ein Pfund Ancken*) per 10 Batzen verkaufft worden, auch andere Sachen in Schüch*) und anderen Wahren, je ein bar Schuo*) per fl. 5 geben worden.)

2. Das Theatrum Europaeum*) berichtet:

Hierauff ist ein Theil beß Leopoldischen Baldes zu Speyer uber den Rhein gesetzt, sich mit dem Tillyschen conjungiert*) und die Statt Heydelberg mit gantzer Macht angegriffen, das grobe Geschütz, so bißhero noch nicht davor gebraucht worden, an füglichen Orten plantiert*) und gewaltig zu beschiessen angefangen. Don Cordua aber ist mit seiner Armada in 12,000 Mann stark durch Saarbrücken dem Mansfelder und Hertzog von Braunschweig nachgezogen, davon wir hernach an seinem Ort fernere Meldung thun wollen.

Demnach und indessen der Bayerische General Johann von Tilly umb Wieblingen sein Hauptläger geschlagen, hat er je länger je näher gegen der Statt Heydelberg aprochiert*) und den 10. August und den Mittag uber den Galßberg an zweyen Orten etlich Com-

---

*) Thewrung. *) ein Pfund Butter. *) Gebüsch-Zuchwaaren, *) ein Paar Schuhe. *) I Band. Seite 645—648. *) verbunden, vereinigt. *) aufgepflantzt. *) sich genähert durch Laufgräben.

pangen, nemlich bei dem Trutz-Bayer, da sie der Statt Möwrer, die eine newe Redut machen sollen, verjagt, aber hernach von den Belägerten wieder abgetrieben worden: Und dann hinder dem alten Schloß oben an dem Cammerwald über der Klingen, da sie sich unterstanden, etlich Vieh, welches mitten an dem Berg geweydet, wegzutreiben, welches sie aber nicht ins Werk richten können, weil die Besatzung auff. dem alten Schloß so stark Fewer auff sie geben, daß sie uber die Höhe wiederkehren müssen, rücken lassen.

Etliche Tag hernach haben zweyhundert Tilly'sche Soldaten fünff Schiff und vierzehen Nachen mit Proviand und allerhand Materialien den Neckar herab convoiren wollen, sind aber von den Pfältzischen auß dem Dilßberg überfallen, viel von ihnen erschossen und ersäufft, die Schiff außgeladen, in Brand gesteckt und versenckt worden.

Den 15. Augusti haben die Tillysche oben auff dem Berg bey dem Fasanengarten angefangen zu approchieren und Lauffgräben zu machen und Nachmittag an der kleinen Redulen und über dem alten Schloß, dem Affennest genannt, angesetzt aber wieder abgetrieben worden: Aber bald darauff mit groben Stücken vom Gaißberg herab, alldaroben sie allernächst beym Cammerwald eine Batterey und etlich kleine Schantzen von Erd und Büschlein auffgesetzt, die Statt und das alte Schloß zu beschießen angefangen

Auff welches den 16. Augusti deß General Tilly Trompeter, so vor einem Jahr die Stadt auch auffgefordert, dem Gubernatorn Merven zwey Schreiben eingeliffert, darin Tilly sich zur Mündlichen Unterredung anerboten: Aber der Gubernator hat ihn an den General Beer nacher Mannheim gewiesen. Nach solchem hat Tilly mit Groben Stucken ohn Unterlaß schrecklich auff die Statt schießen lassen, also daß die Belägerten Blendungen mit Tüchern in den Zwerchgassen auffgespannen, damit sie etwas sicherer wandeln möchten. Es sind bey solchem Schießen halbe Karthannenkugeln in die Kirch zum Heilligen Geist gerathen, dardurch ein Pfeiler zerschmettert, und ein Stuck von Churfürst Ludwigen Epitaphio abgeschmissen worden. Damals sind die Belagerten aus dem Fasanengarten außgefallen und die Tillyschen aus ihren Lauffgräben verjagt.

Den 19. Augusti hat General Tilly, auff vorhergegangenes gewaltiges Schiessen, einen starcken Sturm auff den Trutz-Kayser, aber vergeblich, thun lassen. Gegen Abend ist ein schrecklich Ungewitter erfolgt mit Donnern und Sturmwind, und hat solches ein groß Stück Dach an der Neckarbrücken weggeführt, auch die Corpsdegard eingeworffen und in dem Lager mehrentheils Zellen umgerissen, darauf, den 21. Augusti, wurde das Glockenleuten und Uhren-Schlagen in der Stadt abgestellet.

Mitlerweil sind die Tillyschen je länger je näher mit ihren Lauffgräben gegen der Stadt gerücket, und den 27. Augusti auf den höchsten Gipfel des Bergs grob Geschütz gebracht, daraus, wie auch aus andern, sie förters in die Vorstadt und Aussenwercke vor dem Speyererthor dermassen geschossen, daß sich die Belagerten schwerlich darin erhalten mögen. Und obwohl auch Feuerkugeln und Granaten mit eingeworffen worden, ist es doch ohne sonderlichen Schaden an Leuten abgangen. Bald hernach haben die Tillyschen die kleine Schantz unten an dem Trutz-Keyser, das Krähen-Nest genannt, einbekommen.

Den ersten Septembris sind die Belagerten außgefallen aus dem alten Schloß, die Keyserischen aus den Lauffgräben getrieben, und ihrer in sechzig erlegt.

Den fünfften Septembris haben die Tillyschen gegen Abend, nachdem ein Trompeter auf der Spitze des Gaißbergs eine Losung geblasen, mit grosser Fury zugleich an allen Kanten und Schantzen der Belagerten gestürmt, aber allenthalben mannlich abgetrieben worden, außgenommen zwo Schantzen jenseit des Neckars, so sie überwältiget.

Demnach zu desselbigen Tags mehr Stück in dem Lager ankommen, hat General Tilly den ganzen folgenden Tag über, ohne Aufhören, aus allen Batterien, die Stadt und Aussenwercke heftig beschossen und darauf gegen Abend, abermal einen Generalsturm an allen Kanten und Schantzen mit viel hundert Leytern und stettiger Erfrisch- und Entsetzung der stürmenden in zwo stunden lang, thun lassen, da sich dann die Belagerten in solcher Zeit mehrentheils dapfer gewehret und sonderlich die Engelländischen und Niederländischen in dem Fasanengarten, unter dem Commando des Englischen Ritters Herbert, so das Schloß zu verwalten innen gehabt, und als er in dem dritten Secundiren durch den Kopf geschossen, erlegt worden. Und dann die Niederländer und Teutschen auf dem alten Schloß, allda die Tillyschen etlichemal abgeschlagen worden, und also davon ablassen und weichen müssen: wie nicht weniger auf der Batterey am Keller. vor der Speyer-Pforten, da sich die Landschadische Company so tapfer gehalten, daß sie nicht allein den Feind von dem Wall ab, sondern auch mit einem Ausfall weit in das Feld hinaus getrieben und verfolget hat. Aber unter dessen haben sechs Compannen, so den Trutz-Beyer gestürmet und endlich erobert sich von oben her dem Trutz-Keyser und andere von unten hinauf demselben genähert, auch unten auf der Ebene den Wall an allen Orten barfelbst herum, wie in gleichem an der Speyer-Pforten erstiegen, mit vier ganzen und zwo halben Carthaunen von vornen her auf dem flachen Felde, und dann mit achtzehn stücken von der seiten und hinten her von dem Geblrg herab also geschossen, daß kein Mensch sicher auf den Wehren und Wercken stehen oder sechten können, dahero dann erfolget, daß die Belagerten der Enden, weil sie insgemein zu so weitläuftiger Stadt und Fortificationen zu schwach, auch durch unmäßiges langes Wachen ganz ermattet gewesen, und keinen Entsatz oder Secundiren gehabt, theils erlegt, theils verjagt worden, und also die Tillyschen sich aller Außenwercke bemechtiget. Worauf der Gubernator, als er gesehen, daß die Soldaten aus dem nächsten Ravelin vor genannten Pforten zurück in die Vorstadt gelauffen, aus Sorg, daß die Bayerischen nicht zugleich mit ihnen hinein drängen, zu dem kleinen Thürlein und Haspel zu geeylet, und daselbe zugeschlagen und die Soldaten in den andern Außenwercken im Stich gelassen, die dann von den Tillyschen mehrentheils massacriri worden. In diesem Lärmen haben die Crabaten bald Anfangs, indem die Guarnison und Burger anderswo zu wehren gehabt, mit ihren Pferden durch den Necker gesetzt in die Vorstadt kommen und Feuer an unterschiedlichen Orten eingelegt, da zugleich die andere Tillischen auch stark in die Vorstadt eingedrungen: derohalben der Gubernator (nachdem er zuvor einem von dem Feind, so ihm mit einer Partisan begegnet und sancta Maria die Losung gegeben, niederschlessen. auch in zwölf andre Crabaten erlegen lassen, sich in die alte Stadt retirirt, dem die Bürger von der alten stadt, so auf ihrem Posto sich wacker gewehret, durch das **Mittelthor** auch gefolget.

Die Tillischen aber haben ihr Victori prosequiret [12]) und die alte stadt auch angefallen. Darauf zwar der Gubernator durch einen Capitain und Trummelschläger, beneben zweyer Cantzley-, zweyer Universitäts-, und zweyer Raths-Verwandten, um Abwendung der Plünderung und Verschonung des Volcks, zu parlamentiren sich an-anerboten, aber die Antwort bekommen: Warum ers nicht eher gethan? Das Volk wäre nu in der Fury und unmüglich, zurück zu halten.

Darauf er mit den übrigen Befehlshabern und solbaten, etlichen Personen von der Universität und etlichen Bürger und Weibspersonen sich ins Schloß salviret, und dem Tillischen auch die alte stadt überlaßen, darin es dann an ein jämmerlich Zetergeschrey und Wehklagen, durch Niederhauen, Plündern, und Geld heraus martern, mit Däumeln, Prügeln, Nägelbohren, Schänden und andere dergleichen, gangen, da zugleich die Brunst [13]) in der Vorstadt mächtig überhand genommen und den reichen **Hospital**, das Prediger-Closter genannt, auch angegriffen und ist solch Wüten und Toben des Kriegsvolcks bis in den britten Tag continuiret worden.

Des andern Tags hat General Tilly den Obristen Montigni in das Schloß zu dem Gubernatore geschickt, um zu vernehmen, was sein Intent,[13]) wäre, der dann wieder einen Capitain mit besagtem Obristen heruntergeschickt, und dem General Tilly anzeigen laßen, sein Will wäre, wann es möglich, das Schloß noch zehen Jahre zu defendiren und möchte er zuvörderst von ihm wißen, was seine Intention und Begehren wäre; darneben sollte er ihm vergönnen, seinen Generalen Horatium Veer gen Mannheim des zugestandenen Unglücks zu berichten, darbey zu vernehmen, was ihm weiter zu thun sein würde.

Hierauf hat General Tilly, wie wol ungern, angeregtem Capitain einen Trompeter nacher Mannheim mitgeben. Demnach nu selbigen folgenden Sonntag, als den 8. Septembris, auf welchen

---

[12]) ihrem Sieg verfolgt. [13]) Feuersbrunst. [14]) Absicht.

Morgen General Tilly die erste Meß in der Kirchen zum heiligen Geist halten lassen, wiederum zurück und in das Schloß ankommen, dem Gubernatore sampt seinen Kriegs-Räthen, des General Veers Antwort und Resolution angedeutet, daß nemlich er dißfalls alles in des Gubernatorn Hand stellet, der möchte thun, was ihn am rahtsamsten dünckte, und was er am besten bey Gott, bei dem Könige und seinem eigenen Gewissen zu verantworten getraute, ist in gedachtem Kriegs-Raht berahtschlagt worden, was wol am fuglichsten ist vorzunehmen, und ob das Schloß noch zu erhalten wäre: Weil sie nu gesehen, daß vom General Veer keine Vertröstung eines Succurses geschéen, auch viel andere Ungelegenheiten und Mängel, sonderlich an Kraut und Loht und andere Materialien, im Schloß mit einfielen, das Volck zuvörderst mehren theils unwillig und zur Meutination[15] geneigt war, auch General Tilly auf die Ergebung starck drange, als ist ein Accord folgenden Inhalts geschlossen worden.

1. Solte der Gubernator das Schloß samt dem Geschütz mit allen andern darinn sich der Zeit befindlichen Sachen, so Pfalzgraf Friedrichen und seiner Gemahlin zuständig wären, im Namen Ihrer Kayserlichen Majestät cediren und einräumen.

2. Solte er samt seinen unterhabenden Soldaten und Officieren, mit fliegenden Fahnen, brennenden Lunten, Kugeln im Munde, Ober- und Unterwehren, auch Sack und Pack, abziehen, den Bürgern aber nichts mitnehmen, solte auch ihnen zu solchem Abzug sicher Geleit und ein General-Paßzettel gegeben werden.

3. Sollen sie sowol nacher Franckfurt, als auch an andere Orte und Enden, wo sie hinzuziehen Vorhabens wären, doch ausserhalb der Pfalz, sicher convoieret werden.

4. Solten ihnen etliche Wägen, zur Abführung ihrer Pagagy, mitgegeben werden.

5. Alle Officierer und Soldaten, welche dem Römischen Reich unmittelbar nicht unterworffen, solten ohne Ranzion ledig gelassen, dagegen auch anderseits Gefangene, ohn allen Entgelt, auf freien Fuß gestellet werden.

6. Den Kranken solle bis zu ihrer Gesundheit in der Stadt zu bleiben erlaubt sein.

---

[15] Empörung.

7. Solte niemand schulden oder anderer sachen halben an Leib oder Gut arrestiert oder aufgehalten werden.

Auf diesen getroffenen Accord ist den 10. Septembris die Guarnission mit zehen fliegenden Fähnlein, mit etlichen und dreißig Reutern, aus dem Schloß durch die Stadt abgezogen, da dann theils begierig Tillisch Kriegs-Volck wieder das gegebene Quartier die Außziehenden zu berauben, ja gar niederzuhauen sich unterstanden, also daß General Tilly selber mit bloßem Degen abwehren und bis gen Weinheim, zwo Meylen unter Heibelberg, sie begleyten, auch von dannen mit etlichen Cornet Reutern bis gen Frankfurt convoiren lassen.

3. **Die Zeiler'sche Topographie**[*]) sagt über diese Vorgänge folgendes:

Den 1. Juli neuen Calenders Anno 1622 ist General Graf von Tilly, mit seiner unterhabenden Armee, auf jenseit beß Neckars, von der Bergstraße hergerückt und hat sein Quartier in dem nächsten Flecken, Handschuhsheim genommen und hierauf die äußerste Schantz auf dem heiligen Berg eingenommen und daraus viel Musqueten-Schütz auf die Wäll und in die Stadt, aber ohne Wirkung, gethan; daher er wollen bei Neuenheim, auf einem Bühel, über den Weingarten aus groben Stücken die Stadt beschiessen, so auch dieselbe ruinirt hätte, wann ihnen aus dem Schloß mit Schiessen nicht begegnet worden wäre. Daher er den 8. Julii auff die ander Seiten beß Neckars und den 20. um 11 Uhr. Mittags vor der Stadt am Gaißberg an zweyen Orthen, herüber sich gethan, nemlich beym Trutz-Bayer und dann hinter dem alten Schloß, oben am Cammerwald über die Klingen. Den 25. haben sie oben auf dem Berg, vorm Fasanengarten angefangen zu approchiren und Lauffgräben zu machen. Nachmittag aber an der kleinen redouten oben über dem alten Schloß, das Affennest genant, doch vergeblich angesetzt, bald darauf mit groben Stücken vom Gaißberg herab die Stadt und das alte Schloß so beschiessen angefangen, und

---
[*]) Topographia Palatinatus Rheni et vicinarum regionum, das ist Beschreibung und Abbildung der vornehmsten Stätte, und Plätz der untern Pfalz am Rhein u. s. w. an Tag gegeben und verlegt durch Matthaeum Merian 1645." Seite 43 u. f.

also die Belagerung continuirt und den 6. September S. K. F. ein Stuck auf den höchsten Gipfel des Geißbergs über dem Trutz-Kayser (so nicht jetzo, in dielem Wesen, sondern längst zuvor, bei die 150 Jahr von Pfaltzgr. Churf. Friderico I, weil er viel Krieg geführt und von Kayser Friedrichen dem Vierdten in die Acht erklärt war, auferbaut und Trutz-Keyser genant; aber dermaln Anno 1622 über wenig Tag nach Eroberung der Stadt geschleifft worden ist) gebracht, damit täglich in die Vorstädt und Außenwerck geschossen. Den 16. geschahe der Generalsturm: und haben unterdessen die 6 Bayerische Compagnien, so den Trutz-Bayer gestürmet und überwältigt, sich von obenherein an den Thurm unten am Geißberg vor der Speyerer Pforten gemacht; Andere aber von unten herauff sich demselben genähert und erobert, auch auf der Ebene die Wäll an der Speyerer Pforten erstiegen und endlich wegen starcken Schießens und weil der Widerstandt zu schwach, auch kein Entsatz vorhanden, die Vorstadt mit Sturm eingenommen. Der Gubernator hat zwar etliche an das Kettenthor zu parlamentiren, der Stadt halber, geschickt: Weil aber die von der Stadt die Thorschlüssel vergessen und biß sie mit demselben kommen, fast ein Stundt verloffen; so hatten die Kayser- und Bayerische unterdeß in der Vorstadt schon Alles, auch das Mittel-Thor auffgeschlossen, und seynd also in die Stadt eingebrochen: Darauff dann, nachdem die Wachten besetzt, das Plündern in der Stadt, Däumelen, Prügeln, auch Blutvergiessung (so meistentheils vom Außpressen des Gelds herkommen,) etlich Tag gewähret, es auch ohne Schändung der Weiber und Jungfrauen nicht abgangen seyn solle. Ellich und viertzig Gebäu mußten auch herhalten, so gleichwol nicht durch die Soldaten, sondern eines einzigen rachgierigen Menschen Furi, und weil darnach niemandt löschen wolte oder kondte, geschehen und verbrann damit auch die Kirch und das Kloster zu den Predigern, so damals der Spital war, grösten Theils. Nach Eroberung der Stadt, auch folgender und den zehenden und zwantzigsten beschehener Auffgebung des Schlosses, mit Accord ward Hr. Heinrich von Metternich, deß Ritterlichen Stifft zu St. Peter zu Wimpfen im Thal Stadthalter allhie zu Heidelberg im Namen Kayf. May. und damals fürstl. Durchlaucht in Bayern, als Kayf. Commissarii zum Stadthalter über die Stadt und 4 Äemter, Heydelberg, Mosbach, Bretlheim und Borberg, verordnet, noch alles unter Kayj. Maj. ꝛc. Namen biß An. 1627 ein Kayl. Commissarius die Bürgerschaft zu Heydelberg und in den obengedachten 4 Aemptern, ihres vorigen Eyds erlassen, und sie in neue Pflicht ein- und angenommen; indem er gedachte 4 Kempter Chur-Bayern eigenthumb- und erblich gegen Kriegs-Unkosten eingeraumt; und weilen sich die Unterthanen willig bequemt, so hat ihre neue Obrigkeit ihnen sehr viel, an denen, von etlichen Jahren im gantzen Land außstehenden Schulden gnädigst nachgelassen. Die Religion ist ihnen biß zu derselben Zeit, von An. 1622 und noch ein Jahr gelassen; aber nachmals seynd sie fort und fort zur Catholischen Religion auch endlich ernstlich angehalten oder außzuziehen geboten worden; Da dann etliche Burger (dann andere, so in Diensten waren, allbereit Anno 1621 und 22 außgezogen und haben auch die Professores der Universität lieber die Stadt mit dem Rucken angesehen, dann sich zu der Catholischen Religion accomodiren wollen) sich hinwegbegeben haben. Die übrige so geblieben haben sich zwar äusserlich accomobirt; aber nachmals Anno 1633 gleich nach der andern Eroberung der Stadt, hat sich das Hertz, und wie Ernst es ihnen vorhin gewest seyn, sehen lassen.

4. Daniel Pareus[17]) berichtet:

Fridericus V. — Hispani sedem belli contra Heidelbergenses posuerunt, universum tractum amönissimum, vulgo die Bergstrassen, rapinis atque incendiis infectum reddiderunt, copiolas nostras, nihil minus, quam hostile metuentes, improvisi in patenti campo ad Birstadium, dissiparunt, brevique temporis spatio sine sanguine oppida omnia, Benhemium, Heppenheimium, Weinhemium, Starkenburgensem arcem cum castro novo, Principum Palatinorum ad venationes voluptuario paene ad portas usque Heidelbergonsem suae potestatis fecerunt. Ibi tum Panico terrore omnes in urbe consternari, collegia decentium et discentium solui: professorum et civium

---

[17]) Danieli Parei Bavarico-Palatina. georg. Christ. Johannis recognovit, adnotationibus illustravit et dupplici appendice auxit. Franckfurt a. M. bei Friedrich Wilhelm Förster 1717.

praecipuorum plerique ad tuta loca recipere: Brettam imprimis. Coeperant tunc etiam Heidelbergenses de urbe munienda serio, ut apparebat, cogitare. Jtaque et impositus, praesidiarius miles et mŏnia novae civitatis aliquot annos continuata tunc demum absoluta fuerunt. Coeptus etiam superioribus mensibus novus agger ingentis molis, cum fossa octoginta pedes lata, alta viginti, portae Spirensi optensus, inde a turricula radici occiduae montis caprini imposita, a minis Caesaris Trutzkayser nuncupata ad profluentem Nicrum usque, majore quam hactenus studio ac sumptu, quo nec Academiae parcitum fuit, urgeri: quae tamen molitio, avo mea cellerrimae memoriae D. Davidi Pareo, parum dextri ominis tunc quidem visa fuit: id quod hocce suo prognostico haud dissimulavit: cuius praesaga veritas in colis infesta primum, ipso labente postea decennio divina caelitus operante gratia accidit faustissima. — Jisdem diebus (1621) circumstrepente undique belli formidine, Heidelberga iterum panico terrore paene tota diffugit. Hostis Hispanus, Bavarici militis accessione roboratus, Ladenburgum occupavit et ponte trans flumen excitato, ferroque et flammis transamnana planitie devastata, Heidelbergae per feciales deditionem aliquoties postulavit, qua non succedente mox Rheno iterum transmisso oppida Francothaliae vicina in potestatem suam redegit. — Soluta obsidione Francothaliensi, Mansfeldius comes Manheimium, Mervio et reliquis Heidelbergam (24. Sept. circa) demissis, ipse in ditionem Spirensis Episcopi concessit, ut praedam et pecuniam aliquam extorqueret. Jnterea Bavari, ductore Tillio loca Montana (Bergstrasse) denuo interceperunt. Jnde cum Tillus deditionem urbis Heidelbergae per feciales frustra postulasset, in montano illo tractu haerens, loca omnia ita vastavit, ut pauciores incolas in ipsis amplius, propter summam rerum omnium penuriam, reperientur [16])

---

[16]) Seite 822 f. Ba beuifch: Friedrich V. - Die Spanier bemächtigten sich des Kriegsschauplatzes gegen Heidelberg, verwüsteten die ganze liebliche Strasse,

Eodem tempore (4. April circa.) Bavaricus exercitus, qui ductori Tillio, post occupatum superiorem Palatinatum,

gewöhnlich die Bergstraße genannt, durch Räubereien und Mordbrennen auf feindselige Weise, perturirten unsre wenigen Truppen, welche nichts weniger als Feindseligkeiten befürchteten, unvermuthet auf dem offenen Feld bei Birstadt, und bekommen in kurzer Zeit ohne Blutvergießen alle Städte, Bensheim, Heppenheim, Weinheim, die Strahlenburg mit dem neuen Schloß, dem Jagd- und Lust-Schloß der Pfalzgrafen, saß bis vor die Thore von Heidelberg in ihre Gewalt. Hier in der Stadt wurde Alles in panischen Schrecken versetzt, die Versammlungen der Lehrer und Schüler wurden aufgelöst; die meisten Professoren und vornehmen Bürger flüchteten sich an sichere Orte, vorzüglich nach Bretten. Damals hatten auch die Heidelberger, wie es schien angefangen, ernstlich an die Befestigung der Stadt zu denken. Ebenso auch die zum Schutz in die Stadt gelegte Besatzung und die Mauern der Neustadt, die während einiger Jahre verlängert wurden, wurden damals endlich fertig. Auch wurde in den früheren Monaten ein neuer Wall mit großen Mühen zu errichten angefangen, mit einem 80 Fuß breiten, 20 Fuß hohen Graben; dieser Wall lag vor dem Speierer Thor, von wo er, nämlich von dem Thürmchen (kleiner Befestigung), das auf dem westlichen Abhang des Geißberges gebaut lag, wegen der Bedrohungen des Kaisers Trutzkaiser genannt, bis zum Ufer des Neckars zieht: von jetzt wurde er mit größerem Eifer und Kostenaufwand, mit welchem auch die Hochschule nicht verschont wurde, als bisher in Angriff genommen: welche Befestigung jedoch, zu meines Großvaters David Parrus berühmtesten Andenkens Lebzeiten, freilich in nicht hervorragender Größe mehr gesehen wurde, was er, da er es bestimmt wußte, keineswegs verschwieg. Die Vorstellung von der Wahrheit dieses Sachverhalts war zuerst den Einwohnern unsicher, aber sie stellte sich bei zu Ende gehendem Jahrzehend unter heimlicher Wirkung der göttlichen Gnade glücklich heraus. In jenen Tagen (1621), als die Schrecken des Kriegs überall hausten, floh Heidelberg wieder von panischem Schrecken ergriffen, beinahe ganz. Der spanische Feind, durch Anschluß baierischen Militärs verstärkt, nahm Ladenburg ein, und nachdem er eine Brücke über den Fluß geschlagen und mit Schwert und Brand die Ebene jenseits des Flusses verwüstet hatte, forderte er durch Abgesandte Heidelberg einigermale zur Uebergabe auf, und als dieses nicht erfolgte, kehrte er sofort wieder über den Rhein zurück und brachte die Orte in der Nähe von Frankenthal wieder in seine Gewalt. — Nach aufgehobener Belagerung Frankenthals, übergab Graf Mansfeld die Stadt Mannheim in die Gewalt des Bischofs von Speier, General Mervon und die Uebrigen wurden nach Heidelberg gemorfen (etwa am 24. September), damit er selbst Beute und einiges Geld auspressen könnte. Unterdessen besetzten die Baiern unter Tilly die Bergstraße von Neuem. Nachdem Tilly von da aus die Uebergabe der Stadt Heidelberg durch Abgesandte vergebens verlangt hatte, blieb er an der Bergstraße liegen, und verwüstete alle Orte so, daß nur noch sehr wenig Ein-

inferiori etiam Palatinatui esse infuderat, et Hispaniorum copiis conjunxerat, praefecturis duabus Boxbergensi et Mosbacensi in potestatem redactis, jam ipsi Heidelbergae imminebat. — Tenebatur Heidelberga valido aliquid millium praesidio, cui Gubernator Henricus de Merva praeerat, a quo Bavarus cum urbem sibi dedi frustra aliquoties postulasset, non quidem obsidione, quam difficilem sibi cernebat, sed egestate et fame, ad deditionem compellendam esse ratus, omnes undique accessus, vastationibus barbaricis infestos fecit, expugnatis et occupatis omnibus circumcirca oppidis ac vicis, Leyma, Rorbaco, Wiseloco, Sintzhemio, Hilspaco; nec absque suorum sanguine, cum praesidia plerisque locis imposita se strenuo defenderent. [19])

Pervenio ad luctuosam illam vesperam captae urbis primariae in Palatinatu, quam post primordium sui unam acerbissimam vidit Heidelberga. Haec est discessum Regis Friderici et Comitis Mansfeldii, omnem externi auxilii fiduciam ignorabat, praesidiis intus non firmissimis instructa, foris ambita, periculis infinitis. Exercitus Bavaricus imminebat potens et ab aemulo securus. Aestas remotior a bruma, facies coeli diu blanda, omnia obsidioni opportuna. Tillius itaque Heidelbergae potiundae. cupidus, ei quamprimum copias hostiles admovit, die 21. Juli anno 1622. Antequam certi esse postera-

---

wohner, wegen höchsten Mangels an allen Dinge, in ihnen mehr gefunden wurden.

[19]) Seite 329. Zu deutsch: Zu derselben Zeit (etwa 4. April) zog sich das Bayerische Heer unter General Tilly, nachdem dieser die Oberpfalz erobert hatte, auch in die Unterpfalz. verband sich mit spanischen Truppen, nahm zwei Oberämter Boxberg und Mosbach, wieder und schickte sich an, Heidelberg selbst anzugreifen. Die Stadt Heidelberg aber befand sich unter starkem Schutz von etlichen Tausend Mann, die der Gubernator Heinrich von der Merven befehligte; nachdem der bairische General von ihm etlichemal vergeblich die Uebergabe der Stadt verlangt hatte, wurde demselben klar, daß er sie nicht durch Erstürmung. die ihm schwer dünkte, sondern durch Mangel und Hunger zur Uebergabe zwingen könnte; er machte deßhalb die Zugänge von allen Seiten durch rohe Verwüstungen unsicher, indem er alle umliegenden Städte und Ortschaften erstürmte und eroberte, Leimen, Rohrbach, Wiesloch, Sinsheim, Hilsbach; und zwar nicht ohne Blutvergießen auf seiner Seite, da sich die zum Schutz in die meisten Orte gelegten Truppen ernstlich vertheidigten.

mus, nobis moveri bellum, jam armati Bavari conspiciebantur in monte dextro ad Niorum, quem olim Abrinsberg, hodie sanctum vocant, ubi castellum etiam praesidiumque Romanom olim extitisse certum est. Sed is locus Bavaris cito displicuit, eis flumen in apice et cacumine montis caprarii meliorem sedem aut viam ad nos inventuris. — Quo circa transgressi multis modis vim nobis festinare tentaverunt; sed inter initium tamen obsidionis duo amplius menses interjecti, per quod tempus labor utrinque multus, damna saepe illata, saepe compensata, interceptiones hominum, jumentorum et sarcinarum crebrae, vulnera et mortes neutri parti condonata, plurimum dolores in praefectorum et centurionum jactura, obsessorum eo deterior conditio, quod lue quadam miles defensor rarescere indies, quod propugnatio longe lateque necessaria fatiscebat in paucorum lacertis. Bavari contra in tantis copiis exilia suorum inter nulla momenta censebant, lassitudines autem facile inficem separabant. Jntestinis urbanorum malis sunt qui etiam illud adnumerant, quod Gubernatorem nacti essent inhumanum, avarum et osorem omnium ordinum, praeterquam sui, ut interitum eorum parvi videatur fecisse, quibus universis tam esset infensus. Juterea Tillius oppugnator tormenta in monte Caprino, ant ubi nocendi spes, collocaverat: mox globorum grandium everberatio in urbem, in turres suburbanas, vallum et aggeres fieri, nostri ex locis aequis pelli, postremo ab omnibus angulis sic incandescere violentia, ut sexto Septembris die, ante solis occasum, propugnacula nobis prae muris erepta, speculum et turris antiqua, vocata Trutz-Keyser, a Bavaricis pyropolinicibus expugnata, miles noster partim caesus, partim captus, partim fuga salvus esset. Ut quisque deinde praedae avidissimus ita muris proximus et primus in ascensu. Direptum statim et inflammatum suburbium trucidati passim in viis, in domibus, qui offendebantur, constratum solum mortuis. Ne urbem statim intrarent, porta una Spirensis obstaculo fuit. Ad hanc cum jam secures et ferramenta creparent; pacis demum nostro Gubernatori in mentem venit; sed petentibus a globo victorum responsio data, malam rem sibi haberet pax, impa-

cata ipsis fore omnia. Odit enim turba veniae nomen, cum
praeda intra unam portam nec amplius incerta, et imperium
penes exercitum est. Brevi itaque in ipsam urbem irrumpitur,
caeduntur passim, rapiunturque cives et milites Palatini: non
liberi parentibus, non conjuges maritis relinquntur, virgines
ad stuprum diripiuntur. Miseranda ubique urbis facies. Per eam
hostilis pavor erat, militum discursus, tumultus armorum, bonorum atque hominum rapina. Perbiduum integrum huius
modi direptum manipuli palabantur, noctis et diei eadem in-
quies, idem periculum. Modo hos, modo illos, rapaces Martis
pulli raptabant ad tormenta, aut vulnera. Tandem alique lux
rebus trepidis interfulsit, cum tertio die Tillius licentiam mi-
litare per edictum abrumperet: quanquam ne tunc quidem
propter inobedientiam militum satis tuta respiratio. Sed has
immanitates non persequor et eas miserari in urbe per vim
subacta bellatores injuriam putant. Bavari reliquis in A r c e
Heidelbergensi militibus et civibus Palatines excidium mina-
bantur, ni statim fieret deditio. Victi igitur Palatini necessi-
tate, et destituto omni externo subsidio, pacta salute, se Ba-
variae dediderunt. ¹⁰)

---

¹⁰) Seite 334 u. f. Zu deutsch: Ich komme jetzt zu jenem traurigsten Abend
der eingenommenen Hauptstadt der Pfalz; es war seit ihrer Gründung der herbste,
den Heidelberg sah. Die Stadt war durch den Abzug des Königs Friedrich und
des Grafen Mansfeld preisgegeben, hatte keine Aussicht auf auswärtige Hilfe, war
immer mit nicht sehr starken Schutz versehen, man war vielmehr, unter unendlichen
Gefahren, nach auswärts geflohen. Das Baierische Heer strebte mächtig und vor
Rachstellung sicher vorwärts. Der Sommer war noch sehr entfernt vom Winter,
der Anblick des Himmels durchaus angenehm, Alles war einer Belagerung günstig.
Tilly war deßhalb begierig, Heidelberg in seine Gewalt zu bekommen und legte
vor sie vorerst feindliche Truppen, am 21. Juli 1622. Ehe wir ahnen konnten,
daß uns Krieg drohe, sah man schon bewaffnete Baiern auf dem Berg rechts vom
Neckar, den 'man früher Abrinsberg nannte, der jetzt Heiligeberg heißt, wo
einst ein Castell und eine Besatzung der Römer gewesen ist. Aber dieser Ort
mißfiel den Baiern sofort, sie hofften diesseits des Flusses auf der höchsten Spitze
des Geisbergs einen bessern Platz oder Zugang zu uns zu finden. — Deswegen
strebten sie, nachdem sie auf mancherlei Weise den Fluß überschritten hatten, ihre
Macht uns schleunig auf den Hals zu schicken; aber nach dem Beginn der Belagerung verzingern reichlich zwei Monate, während welcher die Arbeit auf beiden

Als ein besonderes Vorkommniß erwähnen wir die Lebensrettung des gelehrten und eifrigen reformirten Theologen,

Seiten eine sehr große war, Schaden oft beigebracht, oft erwidert wurde, die Wegnahme von Menschen, Zugvieh und einer Masse von Gepäck Statt fand; Wunden und Todesfälle gab es auf beiden Seiten; am meisten schmerzte der Verlust der Befehlshaber und Hauptleute, der aber bei den Belagerern geringer war, weil durch eine grausse Seuche der vertheidigende Soldat von Tag zu Tag sich verringerte, wodurch die überall und immer nothwendige Vertheidigung sich auf die Kräfte weniger beschränkte. Die Baiern dagegen fühlten bei ihrer großen Truppenzahl ihren Abgang unter keinen Umständen, die Ermatteten aber ersetzten sie leicht durch frischen Nachschub. Zu den inneren Uebeln der Bürgerschaft hat man aber auch dasjenige zu rechnen, daß sie den Gubernator als unmenschlich erkannt hatte, als gehässig und jede Anordnung verwerfend, nur die Seinige nicht, so daß er den Untergang derer herbeigeführt zu haben scheint, denen er freilich allen verhaßt war. — Unterdessen stellte Tilly zur Beschirmung großes Geschütz auf dem Galgberg auf, oder wo es sonst Schaden zu thun Hoffnung gab: bald fing er an, große Kugeln in die Stadt zu werfen und in die Thürme der Vorstadt; er warf Wälle und Dämme auf, vertrieb die Unsrigen aus ihren günstigen Stellungen; zuletzt begann er aber von allen Seiten her so heftig zu feuern, daß am 6. September, vor Sonnenuntergang, die vor den Mauern errichtete Schanze, eine alte Befestigung mit Thurm, Trutz-Kaiser genannt, von den Baiern eingenommen ward, unsre Soldaten aber theils getödtet, theils gefangen wurden, theils aber auch durch die Flucht sich retteten. Jetzt war der Beutegierigste, wie der Nächste an den Mauern der Erste im Ersteigen derselben. Die Vorstadt wurde sofort geplündert und angezündet, hin und wieder auf den Straßen und in den Häusern wurden die sich Vertheidigenden niedergemetzelt, der Boden war bedeckt mit Leichen. Daß sie nicht sogleich in die Stadt einbrangen, daran hinderte sie allein das Speicherthor. Als an diesem schon die Aexte und Beile ertönten, da kam unserm Gubernator endlich in den Sinn, Frieden zu machen; aber aus dem Haufen den Sieger wurde den Sittenden die Antwort, der Friede habe seine große Schwierigkeit, weil Alles ihnen entgegen sei. Die Menge haßte nämlich den Namen der Gnade, da die Beute innerhalb jenem einen Thor ihr nicht mehr ungewiß und der Soldat im Besitz der Gewalt war. Daher wurde bald in die Stadt selbst eingebrochen, die Bürger theils getödtet, theils geplündert, ebenso die pfälzischen Soldaten; die Kinder blieben nicht den Eltern, die Weiber den Männern nicht erhalten, die Jungfrauen wurden zur Schändung hinweggerissen. Die Stadt bot überall einen bejammernswerthen Anblick. Es herrschte in ihr Entsetzen vor dem Feind, Hin- und Herrennen der Soldaten, Waffengetöse, Plünderung der Güter und Menschen. Während zweier ganzer Tage schweiften so Haufen von Plünderern umher, bei Nacht wie bei Tag dieselbe Unruhe, dieselbe Gefahr. Bald rissen des Mars Raubthiere diese, bald jene zu Martern oder zu Wunden fort. Endlich begann diesen

D. Alting.[1]) Er saß, als die Stadt eingenommen war, in seinem Arbeitszimmer und riegelte bloß die Thüre zu, als er vernahm, daß der Feind die Stadt plündere. Ein Freund meldete ihm, er möchte sich durch eine Hinterthüre zum Canzler in die Canzlei in Sicherheit begeben, da diese auf Befehl Tillys durch eine starke Wache besetzt sei, um die Vernichtung der Urkunden und Schriftsachen zu verhindern. Alting flüchtete dorthin, aber der wachehabende Oberst Leutenant des Hohenzollern'schen Regiments empfing ihn mit den Worten; „Mit diesem Streit-Kolben habe ich heute zehn Menschen getödtet und wenn ich wüßte, wo D. Alting stedte, sollte er der eilfte sein. Wer bist du?" Alting gab die ausweichende Antwort, daß er ein Lehrer des Sapienzcollegiums sei. Dies rettete ihn, denn der Oberstleutenant schenkte ihm das Leben. Den folgenden Tag mußte die Wache die Ranzlei räumen, da diese den Jesuiten angewiesen worden war. Alting versteckte sich jetzt auf den Speicher, wo ihn ein churfürstlicher Koch fand und ihn aus Tillys Küche mit Speise und Trank versah, bis es ihm gelang, den Versteckten wieder in seine Wohnung zurückzubringen. Hier traf Alting in seiner Studirstube einen Capitain an, der ihm, aus Spott oder Höflichkeit, das beste Buch aus seiner Bibliothek anbot; Alting dankte und meinte, wenn die Bücher dem Capitain gehörten, so wünsche er, daß derselbe sie länger besitzen möchte, als ihr voriger Eigenthümer.

B. Die Jahre von 1623 bis 1629.

Nach der Eroberung Heidelbergs fiel schon am 14. November 1622 Mannheim in die Gewalt Tillys. Nur Frankenthal wider-

---

angeschwollen Dingen ein Licht zu schimmern, als am dritten Tage Tilly der Frechheit der Soldaten durch einen Befehl ein Ende machte: und doch konnte man wegen Ungehorsams der Soldaten auch dann noch nicht sicher athmen. Aber ich will bei diesen Abscheulichkeiten nicht länger verweilen: die Kriegsleute meinen, es sei Unrecht, sonst in einer durch Gewalt unterworfenen Stadt zu bejammern. Die Baiern drohten auch den übrigen Soldaten und Bürgern auf dem Schloß zu Heidelberg den Untergang, wenn sie sich nicht sofort ergeben würden. Die besiegten Pfälzer übergaben sich hiernach aus Zwang und beim Mangel jeder Aussicht auf Entsatz, nachdem sie sich Sicherheit ausbedungen, den Baiern.

[1]) Vgl. Lex. hist. Univ. T. I. p. 138. Kaiser histor. Schaupl. S. 871. Häuffer a. a. O. Band II. S. 399; Andere specielle Erlebnisse werden wir gelegentlich nachbringen.

stand noch. So war die Pfalz für den Churfürsten Friedrich V. verloren, auch in Böhmen war sein Stern untergegangen, nachdem die letzte in seiner Gewalt befindliche Festung Graz, am 28. Oktob. gefallen war.

1. Die kirchliche Reaction.

Nun begann wie in Böhmen, so auch in der Churpfalz eine kirchliche Reaction zum Nachtheile der protestantischen Confession in beiden Ländern. In der Oberpfalz war bald die katholische Religion unter dem Belehrungseifer der Jesuiten und Mönche die herrschende, der Rest der Andersgläubigen wurde genöthigt, den Glauben oder das Vaterland zu verlassen. In der rheinischen Pfalz war schon seit dem Einrücken der Spanier im Jahre 1620 die protestantische Lehre bedrückt und gehemmt worden. Die Lutheraner benahmen sich hierbei so armselig am pfälzischen Ueberrhein wie anderswo; schadenfroh sahen sie zu wie die Reformirten gewaltsam verdrängt wurden — bis dann die Reihe auch an sie kam. — Der spanische Feldherr hatte die geheime Instruction von Madrid aus „die calvinische Ketzerei auszurotten, die Prädicanten zu verjagen, an ihre Stelle reine katholische Priester zu setzen, in Sonderheit Jesuiten" [12])

Die Nachrichten von der Schlacht am weißen Berge, 29. Oktober 1620, von der Erklärung des Churfürsten in die Reichsacht, Januar 1621, von der Sprengung der protestantischen Union im April 1621 steigerten die Angst der Bewohner der Rheinpfalz von Woche zu Woche. In Heidelberg selbst nahm man im Januar 1621 wahr, daß ein Theil der Gemeinde auch nach dem öffentlichen Gottesdienste in den Kirchen zum Gebet vereint verweilte; am Bet- und Fast-Tage im Mai blieben die meisten Leute fast den ganzen Tag in den Kirchen; die Volksbelustigungen wurden zum Verdruß der Soldtruppen, alle eingestellt. Am 9. Merz 1621 klagte Kirchenrath Cellarius sogar darüber, daß die Knaben in Heidelberg trotz der betrübten Zeiten Moos zusammentragen, um auf Sonntag Lätare ihre bei der Wiederkehr des Frühlings gewöhnliche Mummerei vorzubereiten [13]).

---

[12]) Vgl. Vierordt, Gesch. der evang. Kirche Badens II. 167 f. Im Uebrigen folgen wir hier der Geschichtserzählung Häuffer's. [13]) Gleichzeitiges Protocoll des Kirchenraths Sitzung a. a. O. 158. Anmerkung. Auch den 2. Artikel in diesem 2. Jahresbande des Anzeigers „das Sommertagsfest in der Pfalz." Seite 39.

Freilich der confessionelle Hader der Reformirten und Lutheraner dauerte fort; am 24. Januar 1621 mußten drei Heidelberger Prediger erinnert werden, sie sollten auf der Kanzel die lutherische Confession der in pfälzischen Dienst stehenden Officiere nicht mehr beleidigen und noch am 28. Mai 1621 kam in der Kirchenrathssitzung eine Beschwerde des Marschalls vor, über die Aeußerung, man solle nur Reformirte zu Obersten nehmen.

Mit dem Einzuge Tillys in Heidelberg änderte sich aber die Sache rasch. Noch während der Plünderung wurde den Jesuiten die churfürstliche Canzlei zur Wohnung und die Heiliggeistkirche zum Gottesdienst eingeräumt; am ersten Sonntag nach der Einnahme noch ehe die dreitägige Plünderung zu Ende war, sangen sie hier ihr Te Deum laudamus; die Einkünfte des ehemaligen Klosters Lobenfeld wurden ihnen zum Lebensunterhalt angewiesen. Der päpstliche Nuntius Montorio schrieb entzückt nach Rom, daß in der Stadt, „von welcher die Norm der Calvinisten, der berüchtigte Heidelberger Catechismus, ausgegangen sei," die heilige Messe gelesen und der wahre Glaube verbreitet werde. Denn auch die andern Kirchen der Stadt wurden allmälig dem katholischen Cultus in die Hände der Dominikaner und Franziskaner übergeben und schon mit Anfang des folgenden Jahres die protestantischen Geistlichen aus der Stadt vertrieben, 18. Februar 1623.

Zu dem vielen Jammer, den die Eroberung und Plünderung mit allen ihren Greueln der Stadt gebracht hatte, kam nun auch die Klage wegen Bedrückung der Gewissen. Die Bürgerschaft hoffte, daß man sie in Ausübung ihres liebgewonnenen Cultus nicht hindern werde und richtete deßhalb eine Bittschrift an Tilly. Sie lautet:[22])

Herr General Leutenant: Wir arme biß offs bluht erzogene Underthanen,[23]) haben nichts mehr übrig, als unser außgematete glieder, ondt mit ons verzehrtes fleisch, gehen ondt leben gleichsam

---

[22]) Sie findet sich unter dem Titel: „Copia Supplicationis derer gesampter Heidelberger Burgerschafft, an den Bayer. General Graf Tilly," 1. Martii 1623." in der Kgl. Staatsbibliothek zu München, unter den handschriftlichen Collect. Camerar. XLVIII fol. 183. [23]) Biß auffs Blut außgesogenen Underthanen.

nemniglich zum abscheum: ⁸⁶) vnbt gewiß, wo wir Kaine offerstehung vnbt ewiges Leben hofften, würden wir vnß in vnß selbst verliehren. ⁸⁷) Wie groß nun biß onglück, ⁸⁸) wie schwehr vnbt onerbreglich ⁸⁹) dieser Vnfall, ⁹⁰) wie ellend vnbt jämmerlich vnßer Ellenbt vnbt Jammer zeit gewehrter Kriegsonruw ⁹¹) gewesen, ist nicht nur allhier, sondern in der gantzen Christenheit bekanbt, vnbt sofern mit vnß geratzten, daß wir solches weder zu beschreiben noch außzuspræhen, nimmermehr vermögen So herzbrechlich nun bieses Alles sepe, So will vnß armen Vnberthanen zumahl bedrübt vnbt gantz beschwerlich fallen, daß wir anheut vernommen, waßmaßen ⁹²) burgermaister vnbt Rahl allhier ernstlichen besehicht, die übrigen Kirchenbiener ⁹³) biß orts auß der Stadt zu weißen, die wir doch in zuversichtiger hoffnung kraft nach abgestatteter huldigung ⁹⁴) widerfahrner gnediger verbröffstung, über bazumahl in vnberschieblichen Puncten, nemlich besuchung der Kranden: Leichbegängknuß: Einsegnung dero Eheleiten: vnbt Kinberbauffen: fernere conceßsion gewärtig gewesen: aber laiber, wissen nicht auß waß ongleichem berricht, weibt ein anders, vnbt daß, waß gnedig vnß verftattet, widerumb genommen werden will, schmertzlich verneminen. Nun bezeugen wir vor Gott vnbt menschen, wollens auch biß offs eußerste behaupten, daß seit abgelegter Pflichten, ⁹⁵) wir vnß benselbigen bequemet, haimliche Zusammenkunffl nicht gehapt, noch viehl weniger onß mit Worten oder Werden vergriffen, Sondern also gelebt, daß wir täglich in Hoffnung gestanben, wir würden von dag zu dag ie länger ie mehr gnabe habhaft, vnbt enblich der hochbeschwerlichen starcken garnison vnbt onerbräglichen contribution auß gnaden doch erlebiget werden. Wann dann nun biesem in höchster warheit anberst nicht, vnbt vnß onmüglich, ⁹⁶) neben bei der Plünderung so greuwlich außgestanbener marter, verachtung vnbt anderer großer ongelegenheiten, auch erst vnßere Pfarrher, die vnß biß bato in Kranckheiten auß Gottes Wort getröstet, in Leichbegängnußen, vnbt

---

⁸⁶) Jebermann zum Abscheu. ⁸⁷) d. h. verzwzeiflen. ⁸⁸) Unglück. ⁸⁹) unerträglich. ⁹⁰) Unfall. ⁹¹) Kriegsunruhe. ⁹²) daß. ⁹³) Pfarrer. ⁹⁴) bie Bürgerschaft hatte sofort nach Eroberung der Stadt dem Kaiser huldigen müßsen, wobei ihr zugesagt wurde, daß sie in den obengenannten Puncten sich ihres prot. Pfarrer bebienen dürfte. ⁹⁵) d. h. Huldigung. ⁹⁶) unmöglich.

Kinderheußen, die Werck dero chriſtlichen Lieb erwießen, in einleg-
nung dero neuwen Eheleiten zu beſtendiger Ehelicher Liebe vnbt allen
bugenten ⁹⁷) ermahnt, genommen werden wölten: Als fallen E. Excell.
wir zu füßen, pitten ⁹⁸) dieſelbe umb Gottes, beßen gnabe vnbl barmhertzigkeit willen, Sie wollen doch dießen vnßern angebeuten Unfall
gnebig behertzigen, vnbt als ein hochweißer vnbt von Gott hocher-
leuchter Herr, dießes ihr gegeben becretum, die abſchaffung der Kirchenbiener bedreffenbl, gnebig linderen, vnbt ſo viehl mehr, daß wann
wir rundt die Wahrheit bekennen wöllen, Sie nicht vor ſich allein
die weltlich vnbt gaiſtliche vnß vorgeſetzte obrigkeit Ehren, vnbt alſo
mit einem guten Exempel vorgehen, Sondern auch an guter er-
mahnungen nichts erwinden ⁹⁹) laſſen, vnß bahin erpietende, ⁴⁰) wo
einer ober ber andere, es ſey gleich burger ober eingeſeſſener ſich
onbeſcheibenlich wider jetzige regirung vernemmen laſſen ſolte, ſelbſten
ber ſchulbigkeit nach anzuzeigen. E. Excell, zu gnebig williger
reſolution vnß onberthing getroſſt Enipfehlenbe — Nota. Von ben
Heidelbergiſchen Univerſitäts-Verwandten iſt auch vorigen innhalbts
Suppliciret worden, deren Supplication abſchrifft vor bißmahl nicht
zu haben geweßen. Es iſt aber beſſen alles ongeachtet, ben Miniſ-
tris ⁴¹) sub dato beß 8/18. May gantz Ernſtlichen vnbt bey ſtraff
vfferlegt vnbt befohlen worden, innerhalb Acht bagen bie Statt
Helbelberg zu räumen, bemte Sie nachkommen müſſen.

Wie in Heidelberg, ſo geſchah es auch in der übrigen Pfalz;
die reformirten und bald auch die Lutheriſchen Pfarrer wurden außer
Landes geweiſen und zwar in einem Augenblick, wo ihre Beſoldun-
gen fällig waren; in ihren Beſitz traten katholiſche Prieſter und
Mönche; in einem Zeitraume von ſechs bis ſieben Jahren war die
Pfalz katholiſch gemacht. Am 18. Februar 1624 berichtete der chur-
bairiſche Statthalter der Pfalz, Metternich, ſeinem Churfürſten, er
habe fortwährend bisher Meßgewänder, Kelche und Ornate für die
Kirchen zu Helbelberg und auch auf dem Lande in ſo zahlreicher
Menge angeſchafft, als es der betrübte Zuſtand der Kaſſe nur immer

⁷) Tugenben. ⁸) bitter. ⁹) mangeln oder fehlen. ¹) erbietenb. ¹) Kirchenbiener, Pfarrer.

möglich machte; denn „das Land ist sehr verdörbt und ruinirt, die Armuth unter dem gemeinen Mann gar groß, alle Leibesnothurfft in sehr hohem werth."⁴⁸)

Am 23. September 1625 verlangte eine churfürstliche Weisung an Metternich, alle öffentliche Diener protestantischer Confession abzuschaffen, bis herab zu den Meßern, auch die Schulmeister, Schultheißen und die 'Rathsschreiber „wo ihr auch nur einen wenigen scheinbaren Prätext (Vorwand) zu der Abschaffung haben khöndt; doch also, daß es nit einer jehlingen durchgehenden reformation im religionswerdth gleich sehe, und daß ihr diesen unseren beselch gebürend geheim haltet."

Dessen ungeachtet besuchten die Unterthanen nur die Predigt der Priester, „fast wenig die heil. Meß, noch weniger aber gebrauchen sie des heiligen Sakraments des Altars," wie Metternich selbst am 8. Dezember 1626 schrieb. Strengere Maßregeln bewirkten zwar die Fügsamkeit des Landvolks; aber in den Städten, besonders in Heidelberg mußte er zu Strafen schreiten, weil die Prediger ihre neugebornen Kinder durch heimlich herbeigerufene fremde Prediger tausen ließen, oder ihre Frauen vor der Niederkunft in unkatholische Reichsstädte, wie Heilbronn, Wimpfen, Worms und Speier, brachten. Im April 1627 wurden die letzten Calvinisten aus dem Heidelberger Stadtrathe entfernt. Und als vollends am 13. Mai 1627 den auf das Rathhaus berufenen Heidelberger Bürgern durch die Jesuiten unter vielen Verheißungen zugeredet wurde, mit Entschiedenheit zur Kirche ihres Landesherrn überzutreten, erklärten sich ganze Zünfte dagegen: entreißen könne man ihnen ihr zeitlich Hab und Gut, doch ihren Glauben nicht. Die meisten wagten es sogar, bei Metternich um die Erlaubniß zu bitten, sich in dieser wichtigen Angelegenheit an den Kaiser oder doch an den Churfürsten in München wenden zu dürfen. Der Jesuite Bernhard Baumann zu Heidelberg aber sagte in einem Schreiben vom 9. Februar 1628, Metternich sei wachsam gewesen und habe durch die geeignetsten Maßregeln noch vor Schluß des Jahres 1627 es dahin gebracht, daß nun doch die mei-

---

⁴⁸) Aus dem Generallandesarchiv zu Carlsruhe. Fascikel: Generalia, Religion, die Abschaffung der protestantischen Diener ꝛc.

sten Bürger das hl. Abendmahl auf katholische Weise genossen. Möge der erhabene Churfürst Rosenkränze und Gebetbücher unter sie vertheilen lassen, und zwar unentgeltlich, damit sie sich derselben mit um so größerer Lust bedienen. Nur die Weiber seien noch widerspenstig; aber auch sie würden sich bald strengern Maßregeln fügen und so die ganze Pfalz römisch-katholisch sein. Am 24. Februar 1628 befahl Kurfürst Maximilian von Baiern, „mehr Ernst anzuwenden und den Geistlichen mit dem weltlichen Arme reichlicher beizustehen." Ueber den Erfolg dieses Befehls schrieb obgenannter Jesuit Baumann an den Churfürsten: „Es sind in der Stadt 400, außen über 1200 von der Ketzerei befreit worden; an den Festtagen haben wir in der hl. Geistkirche etwa 700 Communicanten gezählt. Wir besorgen die Pfarrgeschäfte allein, besuchen täglich Kranke und Neubekehrte, halten Katechisationen innerhalb der Stadt und auswärts, am Sonntag zwei Predigten. Es sind diese Schaaren mit großer Anstrengung gesammelt worden; denn noch vor sechs Monaten waren die reicheren Bürger so halsstarrig, daß zwei- bis dreihundert erklärten, sie würden auswandern, wenn man sie zum Glauben nöthigte. Zehn Tage vor Pfingsten wurde einzeln geprüft, wer unserm Glaube angehöre; da erklärten ganze Quartiere (sie hatten sich vorher verabredet), sie würden den Glauben ihrer Vorfahren behalten, den könne man ihnen nicht wie andere Güter rauben. Seit nun die münchner Befehle hierher gelangt sind, haben sie unglaubliche List versucht, um sie zu umgehen. Auch wollten sie sich beim Kaiser beschweren, aber die weltliche Regierung, die sich bei allen Wohlgesinnten unsterblichen Ruhm erworben hat, wußte es zu verhindern."

Die Bitten des Jesuiten um strengere Maßregeln, auch gegen die Weiber, wurden sämmtlich bewilligt. Endlich bestimmte der Churfürst zu Ostern 1628 durch die Statthalterschaft als letzten Termin der Bekehrung den September dieses Jahres. Viele der reichsten Bürger wanderten jetzt aus, da man sie gegen Erlegung einer Nachsteuer ziehen ließ; sie mußten in kurzer Frist ihre Häuser an Katholiken verkaufen; da aber dies wegen Mangels an Käufern nicht immer möglich war, so zog sich die Sache bis ins Jahr 1629 hinein. Nun aber befahl Maximilian im November 1629, binnen zweien

Monaten müßten die Verkäufe fertig sein, sonst würden dieselben von Amtswegen erfolgen, denn der Statthalter hatte berichtet von einem „schädlichen Verkehr zwischen den Emigrirten und Zurückgebliebenen."

So weit war die Sache gediehen; als der Kaiser Ferdinand II., unter dem Einfluß des Cardinals Richelieu und französischer Intriguen, zur Vollendung der Katholisirung Deutschlands und der Pfalz am 6. Merz 1629 das Restitutionsedict verkündigen ließ. Hiernach sollten alle katholischen Kirchengüter, die seit 1552 eingezogen worden waren, an die Katholiken zurückfallen, die Zwinglianer und Calvinisten von der kirchlichen Duldung ausgeschlossen werden. Man hielt sich des Erfolges so sicher, daß die zu Anfang des Jahres 1629 zu Heidelberg tagende katholische Liga beschloß, nachdem ihr Zweck erreicht sei, an den Kaiser das Gesuch zu richten, daß er einen Churfürstentag zur allgemeinen Bestellung des Friedens berufen möge. Ferdinand berief auch einen Fürstentag auf das folgende Jahr nach Regensburg; aber eben dieses Jahr, 1630, sollte der Wendepunkt des dreißigjährigen Krieges und der kirchlichen Angelegenheiten werden durch des Schwedenkönigs Gustav Adolf Erscheinen auf dem Kriegsschauplatz.

2. Der Ruin der Universität.

Als Churfürst Friedrich V. am 25. September 1619 von Heidelberg Abschied nahm, versprach er die Hochschule mit derselben Fürsorge, wie es seine Vorfahren gethan hatten, zu bedenken und band deren Wohl dem Administrator, Pfalzgraf Johann von Zweibrücken, auf die Seele.⁴³) Der Administrator sorgte treulich für sie und noch im Jahre 1620 fuhr man fort, alle Lücken eifrig zu besetzen, und bis dahin blieb auch die Frequenz auf jenem Höhepunkt, auf den sie seit Joh. Casimir, als Pflanzstätte des europäischen Calvinismus, gekommen war. Nach 1618 und 1619 wurden aus allen Theilen Europas jedesmal 200—300 Studenten immatriculirt; erst 1620 schwand in Folge von Spinolas Einfall die Zahl der Besucher auf die Hälfte, im Jahre 1620 auf ein Fünftheil herab. Sofort nach Til-

---

⁴³) Häusser, II. 406. Acta Univers. 1617—1619. fol. 510 ff.

Ins Einzug in Heidelberg wurden sämmtliche Professoren der Theologie entlassen, soweit sie nicht vorher schon nebst Professoren aus andern Facultäten geflohen waren. Von den Professoren blieben überhaupt nur zwei Juristen, ein Mediciner, vier Philosophen nebst dem Syndikus, Collector und den Pedellen. Auch sie mußten dem Kaiser den Huldigungseid schwören, wie die Bürgerschaft; am 11. April 1623 mußten sie alle ihre Geschäfte einstellen, die academische Gerichtsbarkeit wurde aufgehoben, alle Professoren und Beamte der Universität wurden entlassen, ein neuer Collector ernannt und die Einkünfte zu andern Zwecken verwendet. Drei Jahre lang blieb die Universität ganz aufgehoben. Erst am 16. Juni 1629 in Folge des Restitutionsedictes erhielt sie wieder ihre Privilegien mit besonderer Gerichtsbarkeit, aber die Anstalt wurde eine ganz katholische. Jedoch wurde die Hochschule nur ganz schlecht besucht, indem jährlich nur 30—60 Studenten immatrikulirt wurden. So blieb es bis 1632. Von da ab aber bis 1. November 1652 fand weder eine Rectorswahl noch eine Immatriculation Statt.[44])

Zu den schwersten Verlusten der Stadt und Universität gehört der der großen Bibliothek. Längst hatte man in Rom die Bibliothek, welche die kostbarste der Welt war, begehrlich betrachtet; auch wollte man dem Hauptsitz der calvinischen Ketzerei die geistigen Hilfsmittel entziehen. Jetzt war der günstige Augenblick gekommen. Der Papst hatte der katholischen Liga bedeutende Geldsummen zur Kriegführung vorgeschossen, durch die Besitznahme der Bibliothek glaubte er am Bequemsten zur Entschädigung zu gelangen. Man schien auf pfälzischer Seite etwas der Art zu besorgen und der Churfürst schrieb aus seinem Exil zu Gravenhaag im Oktober 1621 an seine Beamten in Heidelberg, man möge doch die Bibliothek in Sicherheit bringen; die spanischen Truppen, die ringsum schwärmten, machten ihre Flüchtung unmöglich; aber mit Erfolg wandte man sich an den Kaiser, der an Spinola den Befehl gab, die Bibliothek vor Raub und Verschleppung zu schützen. So war sie vor Spaniern geschützt, aber nicht vor dem deutschen Churfürsten von Baiern, der diese Zierde seines Vaterlandes dem Papst bereits versprochen hatte. Denn

---

[44]) Vgl. Hautz, Geschichte der Universität.

schon vor dem Angriff auf Heidelberg hatte der Papst durch seine Nuntien Carafa und Montorio beim Churfürsten Maximilian gebeten, die Heidelberger Bibliothek „der Weltschaubühne Rom zukommen zu lassen zum Nutzen der katholischen Kirche und der Wissenschaften ebensosehr als zur Verherrlichung des baierischen Namens." Aber während der Plünderung der Stadt nach ihrer Einnahme durch Tilly hatte die Bibliothek von den Soldaten viel Verwüstung erfahren; kostbare Manuscripte wurden zerrissen, ja selbst den Pferden statt des Strohes untergestreut.

Da auch der Kaiser selbst Lust zu der Bibliothek für Wien hatte, so sandte sofort zwei Monate nach Erstürmung der Stadt der Papst seinen Bibliothekar Leone Allacci aus Rom über München. Am 13. Dezember kam er in Heidelberg an. Er brachte dem Churfürsten sowohl als seinem General Tilly Reliquien und Rosenkränze mit Ablaß und apostolischem Segen und die Versicherung, daß andere geistliche Wohlthaten nicht ausbleiben sollten. Auch unter die ligistischen Soldaten in und um Heidelberg ließ Allacci eine Menge mit Ablaß versehener, zu Ehren des soeben vom Papst heilig gesprochenen Ignaz von Loyola geprägter Medaillen durch Ordenspriester austheilen. Dem Tilly überreichte Allacci am 15. Januar 1823 ein päpstliches Dankschreiben, worin es u. A. heißt; „die Trümmer von Heidelberg, dieser Werkstätte des Verrathes, diesem Wohnsitze der Gottlosigkeit, werden nicht nur ein Denkmal für deinen Heldenmuth, sondern auch ein Bollwerk für den rechten Glauben sein, während die geistigen Waffen, die dort bisher der verruchten Ketzerei gedient haben, sofort hier in Rom als Schutzmittel der katholischen Wissenschaft dienen sollen, um in der Hand von Männern, die der Heilslehre kundig sind, sich durch Ausrottung der teuflischen Lüge zu verherrlichen."

Die Bevölkerung von Heidelberg suchte dem päpstlichen Commissär seine Arbeit auf alle mögliche Weise zu erschweren. Kaum hatte er für sich eine Wohnung und für die Verpackung der Bibliothek Arbeiter und Handwerker bekommen können; alle Bedürfnisse, Breter, Packtuch, Nägel und Stricke mußte er mit großer Mühe aus der Ferne beischaffen,[48]) weil sie ihm in Heidelberg und Umgegend

---
[48]) Aus Frankfurt, Speier und Worms. — Nur eine große Packnadel konnte man in Heidelberg auftreiben.

Niemand lieferte. Allacci suchte, nach genauer, ins Detail gehender Anweisung des Papstes, die besten Manuscripte und Druckschriften heraus, überließ von denjenigen Büchern, die er nicht mit fortnehmen wollte, einen Theil, auf des Obersten Albringer Bitten, den Franziskanern, die damals ihr Kloster in Heidelberg wieder aufrichteten; und 3000 Bände schenkte er dem Sapienzcollegium, das sich jetzt in den Händen der Jesuiten befand.⁴⁴)

Allacci suchte in Heidelberg das Gerücht zu verbreiten, er führe den auserlesenen Theil der Bibliothek nur nach München; aber man glaubte ihm nicht; ja er fühlte sich nicht heimisch in Heidelberg und schrieb am 12. Januar 1623 an einen Kardinal: „ich sehne mich, diese Stadt zu verlassen, welche von Feinden des hl. Vaters bewohnt und voll inneren Grimmes ist, daß ihr die Büchersammlung, zumal ein Geschenk für Rom, entrissen werde."

Sobald Tilly bei den nächsten Civil- und Militär-Behörden die nöthigen Pferde, Fuhrleute und Wagen requirirt und herbeigeschafft hatte, brach Allacci am 14. Februar 1623 von Heidelberg auf; er führte, unter Begleitung von 60 Musketiren fünfzig Frachtwagen voll geraubter Bücher und Handschriften in 184 Kisten, mit sich. Sein Weg ging Heilbronn zu; aber so ausgesogen war das Land, daß er in den drei ersten Tagen, die er bis Neckarsulm brauchte, kaum Brod für seinen Hunger und Stroh für sein Lager fand. Von da gings über München, durch Tyrol nach Rom, wo der Zug am 5. August 1623 ankam. So kam der beste Theil der Heidelberger Bibliothek, welche, nach Scaligers Urtheil, selbst die vaticanische an Werth um Vieles übertraf, in den Vatican, wo sie fast ganz unbenützt blieb, — bis Bonaparte im Jahre 1816 einen kleinen Theil derselben nach Heidelberg zurückbringen ließ.

Besser ging es dem Universitäts-Archiv. Dieses rettete P. von Spina der Jüngere, Professor der Medicin, nach Frankfurt, wo es 26 Jahre lang beim dortigen Magistrat blieb. Am 19. Juli 1651 gab dieser es selbst dem Churfürsten zurück.

⁴⁴) Außer der großen Bibliotheca palatina waren auch die Bücher und Handschriften der Universität, des Sapienzcollegiums und die Privatbibliothek des Churfürsten gebrandschatzt worden.

Erstürmung Heidelbergs durch Tilly 1622.
Lithographie von Herrmann.

Nachdem nun in diesem zweiten Bande des Archivs sowohl die anno 1622 im Latomus'schen Frankfurter Meßkalender erschienene, officielle, vom gouverneur von Merven selbst ausgegangene Relatio historica obsidionis Heidelbergensis, als auch die von der Bürgerschaft verfaßte Verantwortung dagegen, aufgenommen ist,[1]) erschien es dringend nothwendig auch das der relatio angehängte, äußerst seltene Kupferstück neu herauszugeben.

Dieser schwierigen und zeitraubenden Aufgabe hat sich Lithograph Herrmann dahier mit größter Präcision unterzogen, indem er bis auf die kleinsten Details genaue Steinabdrücke jenes Kupfers herstellte, sobaß sich dieselben in Nichts vom Original unterscheiden.

Der Grundriß der relatio, unmittelbar nach dem Sturm auf Heidelberg aufgenommen, wurde deßhalb als der zur Erneuerung tauglichste ausersehen, weil derselbe der älteste und ursprünglichste aller vorhandenen Pläne der Erstürmung durch Tilly ist, und die übrigen alle auf demselben basiren.

Ganz besonders ist dies der Fall mit dem mehrere Schuh langen Heyden'schen Belagerungs-Plan der 1629 zu Strasburg erschien und von dem das einzige noch bekannte Exemplar nebst mehreren andern kleinen Plänen der Einnahme der Stadt im Besitz des Hrn. Rathes Mays dahier ist.

Während der Heyden'sche Plan im Wesentlichen nur eine Vergrößerung des Grundrisses der Relatio ist, wurde dieser letztere schon kurz vorher fast unverändert, und nur am Rande etwas verkürzt in Delli östreichischen Lorbeerkranz (Frankfurt 1626) zur Illustration der daselbst S. 673—681 stehenden ausführlichen Beschreibung der Belagerung aufgenommen. —

Der bekannteste Plan dieser Art ist der des berühmten Kupfer-

---

[1]) aus Londorp's Acta Publica II. cap. 194; ebenda cap. 98—100 und 147—154 sind bekanntlich auch die in der relatio enthaltenen Schreiben und Documente abgedruckt.

ſtechers Merian, der im Theatrum Europaeum I. S. 646 enthalten iſt, und dem die gewöhnliche Merianiſche Anſicht von Heidelberg zu Grunde liegt, der die Belagerungswerke und der Sturm einfach beigefügt ſind.

Dies Kupfer wurde um 1830 von Voß auf Stein übertragen, wobei ſich dieſer aber mehrere Ungenauigkeiten zu Schulden kommen ließ, die das Original nicht darbietet. So beſonders hinſichtlich des Affenneſtes d. h. der Erdredoute die zur beſſeren Verwahrung des alten Schloſſes (Molkenkur) ein wenig oben über demſelben gelegen war, wie es in der relatio angegeben wird (S. Archiv oben S. 14), und wie ſie der ihr angehängte Grundriß und darnach die Herrmann'ſche Lithographie unter D. richtig bezeichnet. Dieſe Schanze lag hiernach etwas oberhalb der jetzigen Molkenkur am Plättelsweg, auf dem Merianiſchen Blatte der Belagerung iſt ſie zwar auch erſichtlich, ihre namentliche Bezeichnung aber unterlaſſen. In Folge dieſes Mangels des Merianiſchen Stiches, ließ Voß auf ſeinem Steine den Namen Affenneſt an der richtigen Stelle zwar ebenfalls weg, legte ihn aber nach eigenem Gutdünken ohne die geringſte Veranlaſſung von Seiten Merian's fälſchlich einer ganz andern, bei der Bierſteberſteig hinter dem untern Schloſſe gelegenen Erdredoute bei, die auf unſerm Plane mit L. bezeichnet iſt. —

Den Namen Affenneſt anlangend, deſſen Pendant ein anderes, zum Schutze des Trutzkaiſers errichtetes Bollwerk, das mit Q bezeichnete Krähenneſt iſt, ſo dürfte derſelbe kaum zuſammenhängen mit der „Befeſtigung hinter Affenſtein's Haus" (Vergl. E), die an Stelle des ſpätern Judenkirchhofs beim Klingenthore lag, der in Folge deſſen im Archiv I S. 60 als im Affenſtein gelegen bezeichnet wird. Wohl aber möchte das Affenneſt zu Ehren des Heidelberger Wahrzeichens, des Affen, ſo genannt ſein, deſſen Bild bis 1689 bekanntlich auf der alten Holzbrücke aufgeſtellt war worunter der ſinnreiche Denkſpruch ſtand:

  Was thuſt du mich hie angaffen,
  Haſt nicht geſehen all Affen?
  Zu Heidelberg ſieh hin und her,
  Dort findeſt du wohl meines Gleichen mehr!

Dies einer Wiederſtellung würdige alte Wahrzeichen unſrer Stadt war in ganz Deutschland so bekannt, daß es zu dem ehemaligen Sprichwort Veranlassung gab:

Wem so gefällt Manier als Werck*)
Das ist der Aff von Heidelberg! —

An die Stelle des lustigen possirlichen Affen trat in der Zopfzeit ein fader Nepomuk, der seit Erbauung der steinernen Brücke der klassischen Minerva weichen mußte! —

Für die große Genauigkeit des Latomus-Hermann'schen Planes spricht auch der Umstand, daß sogar noch mehrfache Reste der a. 1622 errichteten Erdwerke erhalten sind. So besonders auf dem rechten Ufer eine Batterie auf der Spitze des sogenannten Hammelsbuckels, die bichl unter einer Neuenheimer Gemeindewiese „Kühruhe" genannt, im Dickicht gegen die Hirschgasse zu heruntergieht. Dieser Erdwall ist zwar unter dem Namen „Schwedenschanze" bekannt, dürfte aber kaum von den Schweden herrühren, denn diese schossen nach Kayser: hist. Schauplatz S. 404 anno 1633 von der, dem Hammelbuckel gegenüberliegenden westlichen Höhe der Hirschgasse auf das Schloß, oder wie es daselbst heißt: „von dem Wischen neben dem heiligen Berge" womit die sogenannten Judenstücker die sich unter dem Philosophenwege bei der „Judenhütte" hinziehen, oder die wirkliche Engelswiese gemeint ist, d. h. dasjenige Stück Feld welches in ganz derselben Richtung mit der Brücke in dem Winkel liegt, der durch die Umbiegung des Philosophenweges bei der Judenhütte in die Hirschgasse entsteht.

So ist die Lage der Engelswiese auch in den allein maßgebenden Neuenheimer Grundbüchern eingetragen und stammt der Name derselben wahrscheinlich von einem ehemaligen Besitzer Namens Engel. Von Lokalunkundigen Heidelbergern wird der Name Engelswiese aber fälschlich einer ganz andern Wiese, der Küblerswiese vindicieret, deren eigentlicher Name freilich nicht so poetisch klingt und mit nichts weniger als mit den Engeln zu schaffen hat, worüber wir uns schon im Archiv oben S. 38 fg. ausgesprochen haben. — Diese Pseudo-Engelswiese d. h. Küblerswiese, die ober dem Haarlasse liegt, dicht un-

---

*) d. h. ein Solcher, dem der Schein, das Manierte ebenso gefällt, als wie das Werck, und das Wirkliche selbst.

ter dem, gegen die Mausbach (die Wiesen oben hinter Stift Neuburg) ziehenden Wege, scheint der Ort zu sein, von dem es in der relatio (S. Archiv oben S. 16) heißt, die Bairischen hätten jenseits des Neckars, gegen dem Schloß über, oben auf der Wiese auf dem Hügel über dem Harlaß eine Batterie machen wollen, woran sie aber durch die im Fasanengarten des Schlosses aufgestellten Geschütze verhindert wurden. Später thaten sich aber die Tillyschen jenseits Neckars von Neuem herab, und legten sich in den Wiesengrund, die Darßbach genannt (früherem Namen der Hirschgasse, zur Karolinger Zeit hieß sie Dagrisbach), pflanzten ein Stücklein (d. h. ein grobes Geschütz) oben gegen der Stadt über auf den Berg, und haben damit auf die Mühlen und Brücke flanquirt (S. 21 oben). Dies ist auf unserm Plane ganz besonders deutlich und ist darauf sogar „das Stücklein" nicht vergessen, welches hier an einem Walle postiert ist, der oben die noch heute sichtbare sogenannte „Schwedenschanze" auf dem Hammelsbuckel bei der Kührube bildet, unfern der Küblerswiese auf welcher der erste aber mißglückte Versuch eine Batterie zu errichten, stattgefunden hatte, nur etwas höher oben im Walde mehr gegen die Hirschgasse zu gelegen. — Wir wollten mit dieser einen Episode aus der Belagerung nur zeigen, mit welcher Genauigkeit unser Plan selbst die geringsten Einzelheiten in der Geschichte jener denkwürdigen Tage von 1622 angibt, in Folge derer die berühmte Heidelberger Bibliothek nach Rom wanderte, und zum Schlusse die Hoffnung aussprechen es möchte das Interesse welches das geschichtsliebende Publicum Heidelbergs an der vorliegenden Arbeit des Lithographen Herrmann nimmt, ein derartiges sein, daß es ihm auch möglich gemacht wird, weitere interessante alte Pläne und Ansichten aus Heidelbergs Vorzeit zu erneuern und so auch in weiteren Kreisen, die durch die Bestrebungen des Heidelberger Schloßvereins, an dessen Mitglieder wir uns besonders wenden, gesteigerte Theilnahme an den Schicksalen unserer alten Pfälzer Musenstadt zu kräftigen.　　　　　C. C.

X.

Die Schicksale Heidelbergs im dreißigjährigen Kriege.

C. Die Jahre von 1630 bis 1635.

So entmuthigend die Lage der Dinge für die Protestanten in Teutschland war, ehe der Schwedenkönig Gustav Adolf thatsächlich für sie eintrat, so rasch nahm mit dessen Auftreten auf dem Kriegsschauplatz der Gang der Ereignisse eine andere Wendung.

Schon nach der Prager Schlacht hatten sich die Augen der protestantischen Fürsten auf Gustav Adolf gerichtet; es wurden Unterhandlungen mit ihm gepflogen, deren Hauptziel die Wiedereinsetzung des Churfürsten Friedrich war; Gustav Adolf wollte, daß Friedrich selbst an der Spitze seines Heeres in sein Land ziehe. Aber die kräftige Unterstützung der Sache Friedrichs durch seinen nahen Verwandten, den Schwedenkönig, war nicht zu vermuthen, so lange dieser mit Polen im Kriege lag, so lange die deutschen protestantischen Fürsten selbst zögerten und so lange die katholische Politik des Königs Jacob von England vorhielt. Dazu starben die Hauptführer der protestantischen Sache in Teutschland rasch hinweg, Mansfeld, Herzog Johann Ernst und Herzog Christian von Braunschweig (1626 und 1627.) Daher konnten es auch die katholischen Fürsten wagen, eine Reaction auf kirchlichem Gebiete rückhaltlos durchzuführen und die Wiedereinsetzung des verjagten Churfürsten in seine pfälzische Erblande an die Bedingungen zu knüpfen, welche sie selbst unmöglich machte. Der Fürstencongreß zu Brüssel, 1627, verlangte von Friedrich katholische Erziehung seiner Kinder; Spanien verlangte offen die Abtretung der Pfalz; und auf dem Congresse zu Colmar wurde verlangt, Friedrich solle dem Kaiser Abbitte thun, die Churwürde an Bayern abtreten, die Kriegskosten zahlen und die katholische Religion in der Pfalz aufrecht erhalten.

Der ganze Zeitraum bis 1630 zeichnete sich aus durch trügerische diplomatische Verhandlungen, zwecklose Unterhandlungen und mißlungene Unternehmungen; währenddessen Friedrich ohne Hoffnung meist im Haag saß, freilich entschädigt durch ein glückliches Familienleben.

Am 25. Juni 1630 landete Gustav Adolf mit einem frischen kräftigen Heere an der pommerschen Küste. Sein Erscheinen in Deutschland begründete eine gänzliche Umgestaltung der Dinge. Sieg auf Sieg erfolgte im Norden. Brandenburg und Sachsen, die eine Zeit lang sich von aller Theilnahme zurückgezogen hatten, schlossen sich an den siegreichen König an und bald waren alle Protestanten unter seiner Führung. Schon im Dezember 1631 stand er am nördlichen Ende der rechtsrheinischen Churpfalz und am Rhein.

Mit feindlichen Truppen tüchtig besetzt waren nur Mannheim und Heidelberg. Die Tilly'schen Schaaren an der Bergstraße zogen sich eilig zurück, als die Schweden von Frankfurt und Darmstadt heraufrückten; von Bensheim bis Ladenburg, wurden die Spanier von den Schweden vertrieben. Am 7. Dezember überschritten die Letztern den Rhein; Oppenheim fiel bald in ihre Hände, Worms und Mainz folgten. Ihr mächtigster Bundesgenosse war der Unwillen der Bürger, die sich beim Herannahen des Befreiers massenhaft in den Städten erhoben. Speyer, Neustadt, Germersheim, Landau und Weißenburg wurden von den Spaniern verlassen. Das spanisch-ligistische Regiment brach überall zusammen.

Am Morgen des 29. Dezember nahm Herzog Bernhard von Weimar Mannheim, die Spanier wurden niedergehauen, die deutschen Soldaten traten zu Bernhard über. Den spanischen Capitain Maraval, sammt seinem Fähnrich, ließ man gegen Lösegeld frei; sie gingen nach Heidelberg und büßten hier ihre Sorglosigkeit mit dem Leben. Am Anfang des Jahres 1632 waren nur noch Heidelberg und Frankenthal von den Feinden besetzt. Auf die Bitten der Pfälzer erlaubte Gustav Adolf die Wiedereinführung des Protestantismus und bald zogen Schaaren von Predigern herzu, die Kirchen wieder zu besetzen, aus denen man sie verdrängt hatte.

Churfürst Friedrich selbst kam voller Hoffnung aus dem Haag in das schwedische Lager auf Einladung des Königs; am 10. Februar 1632 kam er in Frankfurt an; der König empfing ihn auf's Freundlichste und ließ ihn mit Auszeichnung behandeln, aber sein Glaube, er könne sofort und ohne Weiteres sein Land wieder antreten, war ein trüger; denn dieser durchkreuzte die übrigen Pläne Gustav Adolfs. Außer dem Churfürsten befand sich noch der Pfalzgraf von Velbenz-Lauterecken und August von Sulzbach im Gefolge des Schwedenkönigs; Pfalzgraf Christian von Birkenfeld führte ein eigenes Heer für die schwedische Sache. Wie die pfälzischen Fürsten, so nahm auch das pfälzische Volk Partei für den Schwedenkönig.

Die feindlichen (kaiserlichen) Besatzungen in Heidelberg und Frankenthal und Philippsburg machten verheerende Ausfälle: "sie haben der Zeit in den umliegenden Orten, mit Hinwegführung des Viehes, und andern Sachen großen Schaden gethan." "In Heidelberg sind gegen Ausgang des Februarii 7 Compagnien Reuter ausgezogen, über den Rhein bei Philippsburg gesetzt und sicher bis in Hagenau durchkommen, unterwegs haben sie zu Lauterburg die neugeworbene schwedische Compagnie zu Roß und Fuße durch Anbietung und Vorschub der Bürger überfallen und zu Nichte gemacht."[1] Auch die Spanier brachen wieder in die überrheinische Pfalz ein; bald aber bedurfte man ihrer in den Niederlanden, wohin sie auch abzogen.

Kaum aber war von dieser Seite die Pfalz befreit, so zog sich der Krieg aus dem Badischen und dem Elsaß wieder herein. Bretten fiel in die Hände der Kaiserlichen. Der Gouverneur von Heidelberg, Heinrich von Metternich, nahm hierauf Wiesloch,[2] er hat "darzu nicht allein seine in der Stadt Heidelberg liegende Besatzung, sondern auch die Guarnison in Philippsburg, oder Udenheim gebrauchet." Der schwedische Feldmarschall Horn erhielt von diesen Dingen durch den Herzog von Württemberg Nachricht, zog von Mainz über Mannheim zur Hilfe herbei "solchen Ort zu entsetzen. Aber Metternich und la Mulie (wie der Feldmarschall allererst erfahren) allein mit der Heidelberger Guarnison vor selbigen Städtlein gelegen und nachdem sie ziemlich von solchem Anzug avisirt worden, haben sie die Bela-

---

[1] Khevenh. Annal. XII. 221 f. [2] Khevenh. Annal. XII. 224. Auch Theatrum Europ. II. 665. Beide in der Hauptsache gleichlautend.

gerung alsobald aufgehoben, und sich in großer Eil wieder nach Heidelberg retirirt, also daß nur etliche Vortroupp von den Schwedischen ertappt worden." Die den Kaiserlichen zu Hilfe geschickte Reiterei, etwa 1000 Mann stark, wurde zersprengt und floh bei Philippsburg über den Rhein. Dies geschah am 15. und 16. August. Sogleich hiernach rückte Horn gegen das Elsaß und das Badische vor und vertrieb hier die Oesterreicher.

Jetzt fiel auch Frankenthal 3. November, wo die spanische Besatzung einen ehrenvollen Abzug dem unsichern Ausgange einer Belagerung vorzog.

Nur Heidelberg und die benachbarte Feste Dilsberg waren noch in den Händen der Kaiserlichen. Aber auch sie sollten es nicht mehr lange sein. König Gustav Adolf war siegreich in Bayern vorgedrungen und hatte den bis jetzt unbesiegten Tilly am Lech geschlagen und zog im Mai in München ein, wo er dem Churfürsten Friedrich verhieß „es werde wohl nicht lange dauern, so werde er auch wieder in seinem Heidelberg zu Tische sitzen, wie jetzt in München." Aber der Krieg zog das schwedische Hauptheer wieder gen Norden, wo Wallenstein siegreich von Böhmen her eingedrungen war. Am 16. November 1633 erfolgte eine entscheidende Schlacht bei Lützen, in welcher das schwedische Heer zwar siegte, aber seinen König durch den Tod verlor und 13 Tage darnach starb auch, 36 Jahre alt, Churfürst Friedrich V. in Mainz. Im Namen der unmündigen Kinder trat ihr Oheim, Pfalzgraf Ludwig Philipp die Vormundschaft und Verwaltung des freilich noch nicht erworbenen Landes an.

Am 22. Januar 1633 erstürmten die Schweden die Veste Dilsberg. Die Besatzung zog mit Ehren ab; etliche Geistliche aber, welche hier eine Zeitlang eine Zufluchtstätte gefunden hatten, erhielten die Erlaubniß, mit ihrem Eigenthum nach Heidelberg oder sonstwohin sie wollen, zu ziehen."[3]

Dadurch war nun die Heidelberger Besatzung völlig isolirt: in der ganzen Pfalz war sonst kein Ort mehr, der nicht in der Gewalt der Schweden gewesen wäre. Wir lassen über die ferner eintretenden Ereignisse eine urkundliche Nachricht sprechen.[4]

---

[3] Khevenh Annal XII, 684. [4] Theatr. Europ. III. 67—71. Khevenh. XII. 685 ff.

1. Die Schweden nehmen Heidelberg ein.

Mit Heydelberg hat es dieser Zeit solche Gelegenheit gehabt, demnach die Schwedische Heydelberg bißhero ein Zeitlang plocquirt gehalten, und alle Zufuhr gesperrt, als haben sie sich gegen dem Anfang May unter dem Commando Ihr. fürstl. Gn. Pfaltzgraff Christian von Birckenfeld etwas näher und stärker darumbher zusammengethan und hat der Oberste Leutnant Abel Moda am 5. May sich der Stadt ohne Verlust eines Mannes bemächtiget, und weil es gantz plötzlich und unversehens zugegangen als haben sich Pater Coppenstein, der vornehmste geistliche Scribent in Heydelberg, zu samt etlichen Bayrischen Officieren in der Stadt verspätet, also unversehens ertapt und aufgehalten worden, eben auff ihren Pfingst Tag. Vom Schloß haben sie zwar mit großen und kleinen Stücken bapffer geschossen, auch viel Granaten und Feuer-Kugeln geworffen, doch meistentheils ohne sonderlichen Schaden, darumb alle Gassen verdeckt und geblendet worden. Unterdessen ward sehr berathschlaget, ob man das chur fürstliche Hauß allein blocquirt lassen, und nicht mit Gewalt angreiffen wollte, ist aber doch endlich dahin geschlossen worden, es mit der Macht und Gewalt anzugreiffen.

Derowegen kam Pfaltz-Graf Christian mit der übrigen Armada auch an, machte allerhand Anordnung und ließ zu solchem Ende den 19. May nach gehaltener Predigt etliche Regimenter zu Fuß beneben dem Leib-Regiment zu Pferdt gleich vor die Stadt ins Feldt stellen, das Leib-Regiment zu Fuß beneben zwey schottischen über den Berg nach dem Wolfs-brunnen zu, die andern aber in die Stadt, die Posten um das alte Schloß mit den übrigen Truppen, als nemlich den Hohenlohschen und Mobischen zu nehmen, die Reuter aber in ihr Quartier zu marchiren. Gleich den Abend nahm Ihr fürstl. Gn. Regiment und die Schotten ihr Quartier auff der Wiesen bey dem Wolfs-Hauß und nahmen ein Posten auff einen Musquetenschuß nahe an des Feinds Schantze und besetzten denselben, die Schantze hatte mehr hinter sich, als man anfangs von außen jubiciren*) kunte. Die größte Difficultät**) aber bestunde nunmehr darinnen wie Ihr fürstl. Gn. die schweren Stücke (ohne welche nichts auszurichten war) auf den Berg bringen

---

*) beurtheilen. **) Schwierigkeit.

möchte: ward demnach, weil solche über die hohe und unwegsame Berge nicht konnten gebracht werden, resolvirt, dieselbe Montags bey Nacht den Neckar hinauff gegen Neuburg zuzuführen und zu Schlierbach übersetzen zu lassen. Damit aber solches gleichwol in Angesichts des Feindes desto unvermerkter zugeben möchte, wurden die zwey ersten Stück durch Volk gezogen, welches, weil es eben etwas windig und die Mühlen ein Geräusch darneben machten, so glücklich abgieng, daß man ohne Difficultät die übrige Stück und Munitionwägen so bald folgen, mit Pferdten fortziehen, bey anbrechendem Tag über den Neckar setzen und förters den Berg bey dem Wolfsbrunnen hinauff dem Caninchberg oder Fasangarten bringen ließe. Unterdessen approchirte und logirte vorgemeltes Fußvolk, je länger je näher an die Schantz und wurde auff ein Pistolenschuß nahe eine Battery von 4 halben Carthaunen in solcher eyl von Herrn Obersten von der Artillerey Simon Schultetissen, verfertigt, daß man Dinstags um 1 Uhr Nachmittag, mit zwo (dann man auff die Schantze mit mehreren nit spielen wolte) halben Carthaunen zu schießen anfingen: mit den Approschen hatte man guten Vortheil weil die vorige alte Werk, so vor 18 Jahren gemacht, nicht allerdings ruinirt, und man noch allenthalben Bedeckung genug fande. Die Schantze an sich war breiteckigt, oder wie ein Triangel formirt mit der Pointe nach dem Wolfsbrunnen zugerichtet, hoch und wohl gebauet, inwendig mit dreyen Minen, einem Pulverkeller und Corps de Garde versehen: die OberLinie derselben konte auß dem Schloß nicht bestrichen oder flancquirt werden. Als nun wie gemelt, man angefangen auff die Schantz zu spielen, hat der Oberste die Poincte der Schantz, darauff die Blockhäußlein gestanden, am ersten gefaßt, dieselben mit wenig und etwa mit siebentzig Schüssen also ruinirt, daß das Blockhäußlein auff eine Seite sich zu begeben angefangen und dardurch dem Feind seine Musqueten zu gebrauchen, die beste Gelegenheit genommen ward, unterdessen logirten sich die Musquetierer an die Schantz, fingen auch an sich mit Pickeln und Hauen in die Poincte der Schantz zu machen, und Leytern heranzubringen: die in der Schantz wurffen mit Steinen und Granaten, thäten aber (weil man allbereit unter die Pallisaden kommen) damit wenig Schaden, als im Anfang wurden 9 Knecht und Major Troupp, doch keiner gefährlich, mit Steinen verletzt. Gleich umb drey Uhren, und also innerhalb zwo Stunden, als eben ein Musquetirer ein kleines falsches Fähnlein, so der Feind auff die Schantzen gestedl: herunter geschossen, ruffte einer in der Schantz: laufft, laufft: vermeint, daß die Schwedische schier auff dem Wahl,¹) und das Fähnlein mit der Hand weggenommen hätten, fingen also an, durch einen Lauffgraben in den Garten und Schloß zu lauffen und quittirten²) die Schantz, auß welche die am alten Schloß und daherumb nach dem Garten zu logierte Schwedische dapffer Feuer, auch denen an der Schantz logirten damit zu verstehen gaben, daß der Feind die Schantz verlassen hätte, worauff der Major Ordre empfinge, das Volk in der Schantz in etwas zu retoriren, weil man die gewisse Nachrichtung hatte, daß die Schantz minirt wäre, damit dem Volk kein Unglück zusehen möchte. Ist also dieser starke Posten in zwey Stunden ohne Verlust einiges Mannes in der Schwedischen Hände gerathen. In die Schantz ließ man einen Musquetirer, so mit einem Ducaten verehret worden, einsteigen, neben einem Maurer, dieser funde zwo Zünderören zu den Minen, und nahm dieselbe herauß: hernach stiegen mehr hinein, funden etwas Pulfer und Lunden, wie auch zwei Doppelhacken, 2 kleine eyserne Stücklein Elenlang, auch Brod, Wasser, Mäntel und dergleichen geringe Dinge: Man ließ sobald³) die Minen ersuchen,⁴) und befande, daß solche leer und der Zunder verderbt war.: Als solches geschehen, wurden drey Fähnlein, deren eines auff die Schantzen, die andere auff die Approchen bey den Stücken gesetzt, herbey gebracht, der Oberst von der Artillery löste darauff alle Stücke, so auf den rothen verbrannten Glockenthurm gerichtet waren, darin sich der Feind mit Doppelhacken auffhielte: es wurden auch sobald zwo andere Batereyen gleich neben und vor die Schantz gemacht, von welchen man das Schloß desto besser beschließen machte. Unterdessen wie auch zuvor, feuerten die am Alten Schloß und daherumb logirte Soldatesca auch nicht, approchirten so nahe sie kunden und machten zwo Batereyen, darauff zwey zwölffpfündige und 8 Regimentsstücklen gestellt waren, von denselben, wie

---

¹) Wall. ²) verließen. ³) alsbald. ⁴) untersuchen.

auch über den Neckar auff dem Berg neben am Heilligen Berg auff dem Wißgen genannt, wurde mit 2 halben Carthaunen und 2 Regimentsflücklen uff das Schloß ftelßig gespielet. Mittwoch den 22. ward nicht von den Batteryen bei der Schantzen geschossen, sondern vielmehr dahin gesehen, wie man mit den Stücken noch näher und gar in den Schloßgarten kommen möchte, gestalt Ihre Fürstl. Gen. der Herr General selbsten, ob es schon sehr finster und böß Wetter war, einen Posten im Garten, gleich am Feygenhauß einnahmen und 7 Schantzkörbe dahin bringen ließen, auch die gantze Nacht auff der Batterey verharreten. Ermälten Mittwochs schickte der im Schloß gelegene Oberste Leutenant und Commandant ein Herr von Hartenberg, einen Trommelschlager zu Ihr. fürstl. Gn. dem Herrn General, begehrend, I. F. Gn. möchten einen Capitayn sich mit demselben zu unterreden, auffs Hauß schicken, so I. F. Gn. aber abgeschlagen, mit andeuten, da er Commandant etwas zu suchen oder zu begehren, er solches thun und auff I. F. Gn. Parole schicken möchte. Deß folgenden Tages, den 23. bleß, frühe, schickte der Commandant wieder herunter und ward ein Stillstand von Waffen (doch, daß jedes Theils Werck und Arbeit fortgehen solle) gemacht, biß auff Freytag umb 10 Uhr, welches den Schwedischen soweit zu statten kommen, daß sie dieselbig Zeit über in Angesicht des Feinds ihre Batterey im Garten an dem Pomeranzen-Hauß fertig machten und alle Stück dahin brachten. Donnerstags Abends hielte Herr Oberste von der Artillerey und ettliche Oberste Leutenant und Officier ihr Abendmahlzeit im Garten, die im Schloß pfiffen, die Schwedische aber dantzten und machten sich lustig. Freytags schickte der Commandant umb 8 Uhr als man Geissel gegeneinander geben, die Puncten des Accords, welche endlich verglichen worden, wie folgt:

1. Der Oberst Leutnant sampt der gantzen Guarnison allen hohen und niederen Officieren und Soldaten ins gemein, auch diejenige so dem Kriegswesen zugethan, als Commissarius, Regiments Staabspersonen, sollen mit Ober- und Undergewehr, gewaffneter Hand, fliegenden Fahnen, offenen Trommelschlag, Kugeln im Mund, Lunten zu beiden Seiten brennend, nach Discretion deß Ober-Leutenants mit Krauth und Loth versehen und in Ordnung gestellt, abziehen.

2. Zum andern solle der Zeugwarth sampt allen Conſtabeln, Handlangern und allen zur Artollerey gehörigen Perſonen mit ab- ziehen, wie auch zwey Falctonetlein (doch ohne churpfälz. Wappen) deren eines dem Oberſt Leutnant gehörig ſampt drey Tonnen Pulf- fers und nach Abvenant [11]) Lunten mit ſich zu nehmen vergönnet ſeye.

3. Deß Oberſten Leutenants, hoher und niederer Officirer, Sol- daten und obgedachter Perſonen, wie Ingleichen der Außmarchirenden, auch der verſtorbenen Bagage, Weiber, Kinder, Diener und Be- ſtellte, ſollen ſowohl in als außerhalb des Schloſſes und gantzem wöhrendem Marſch frey unauffgehalten, unbeſucht und unviſitirt, paſſiret und zu Führung derſelben, wie auch der Krancken 20 Wä- gen mit Pferdten biß in Hagenau verſchafft, doch daß dieſelbe ohne Abgang wieder zurück geſchickt werden.

4. Deß Statthalters Heinrich von Metternichs Pagagy ſoll gleichfalls (jedoch, daß ſolches, Verdacht zu verhüten und nichts ſo der Pfalz zuſtändig darinnen begriffen ſeye durch gewiſſe Perſonen von beyden Theilen darzu deputirt viſitirt werden) den Abziehenden mit ſich zu nehmen, auch deſſen Dienern ſampt ihren Weibern, Kindern und angehörigen Sachen frey außzuziehen erlaubt ſeyn, denen aber in der Pfalz auff ihren Gütern zu bleiben beliebet, ſolle den- ſelben geſtattet, und ſie als Pfalzeigene Unterthanen beſchützt wer- den. Ingleichen mögen auch alle Geiſtlichen, Jeſuiten, Franziſcaner, Prediger, Caplan, dann auch die adeliche Frau Wittib von Hirſch- horn, alleſampt mit ihrer Pagagy frey, ſicher und ungehindert ab- ziehen: die verrechnete Diener und Beamte ſollen auff der Herrſchafft Koſten inn Monatzeit allhier verbleiben, ihre Rechnung ablegen und gebührende Liefferung thun, nach welcher Zeit Verlauff ſie gleicher geſtalt, ohne einzige ihrer Perſon oder Güter Ranzion von hinnen verreyſen mögen und alsdann mit gehöriger Convoy und Paß- Brieffen verſehen werden ſollen: Mit denjenigen aber, ſo allhier verbleiben wollen, ſoll es wie obgeſetzt mit deß Statthalters bleiben- den Dienern, ihrer Perſon und Gütern halben gehalten werden.

5. Den Reſt der Pagagy, als das Proviant, ſoviel man deſſen

---

[11]) Bedarf.

unter Wegs bedürffen wird, für hohe und niedere Officirer und
Soldaten für ihr Weib und Kinder, sampt anderen ihnen zuständigen Sachen, sollen auff den Wägen vor allen Feinden, die seynd
der Cron und Reich Schweden zugethan, wie auch für Burger und
Bauern, sicherlich, ohne Gefahr geführet, geliffert und convoyrt,
auch unterwegs, wo etwas mangeln solle, mit Vivres [12]) von dem
Landsfürsten und Landsassen nach Nothburfft versehen werden.

6. Mit einer Compagny Pferd, sampt dero zugehörigen fliegenden Standart sol der Oberst Leutenant sampt seiner underhabenden gantzen Guarnison, über Land marchirend ohne Gefahr, wie
auch die abbegriffen seynd, biß uff offtermelltes Hagenau convoyrt,
auch daneben Oberst Leutenant gnugsamer Schriftlicher Paß vor
dem Abzug eingehändiget, und unterwegs mit nothwendiger Vivres
Fouragy, nach gelegenheit der Orten, vor Reuter und andere Pferd
in allen Quartieren gereicht, und die Marche, beß Tages auff drey
Meil genommen, auch die Soldaten zu Tagszelten sollen einquartirt
werden.

7. Alle Früchten, Wein, Pferdt, Mobilien oder dergleichen, so
geraubt, dem Feind und dero Abhärenten [13]) abgenommen worden,
sollen von Niemand, es habe zugestanden, wem es wölle, ansprüchtig gemacht, viel weniger in oder nach dem Abzug wiederumb
abgenommen werden.

8. Es soll kein Soldat auß Feindschafft, oder daß er dem widrigen Theil gedienet, im Abzug nicht uffhalten, weil weniger zu dienen,
verführet noch gezwungen: sondern im Fall einer oder der ander im
Schloß sich heimlich verstecken würde, solle derselbe gesucht und ohne
Dissimulation [14]) wiederumb gefolgt werden.

9. Die Gefangene sollen am Tag deß Abzugs zu beyden Seiten
frey und ledig gelassen werden.

10. In wehrendem Tractat, wie auch am Tag und Stund beß
Abzugs sol nicht zugelassen werden, daß einiger Officier und Soldat, außgenommen diejenige, so zum Tractat deputirt sein, in das
Schloß sich begeben, noch dero Posten sich zu nähern, auch viel
weniger nach Abzug der Guarnison die Posten besetzen, ehe dann

---

[12]) Lebensmittel. [13]) Angehörigen. [14]) Verhehlung.

bemelte Guarnison ein stück Wegs weit vom Schloß und Statt marschirt sey.

11. Es solle auch die Capitulation noch heutigen Tags und zwar vor dem Abzug unterschrieben und bekräfftiget werden, auch darauff übermorgen Sonntags früher Tageszeit der Außzug erfolgen.

12. Der Medicus und Chirurgus, so beyde uff deß Stadthalters Herrn von Metternichs Befehl in das Schloß ziehen müssen, mit Weib und Kindern, auch ihren hierauff gebrachten Medicamenten und Instrumenten, unangefochten, wiederumb hinab zu ihren Officien gelassen werden.

13. Bey Mannheim solle der Oberste Leutenant, sampt der außmarchirenden Guarnison, und allen in dero vorgesetzten Articulen berührten Personen, Pferdt, Pagagy, Weibern, Gesindl, sampt Zugehörigen, unauffhaltlich über den Rhein gesetzt, ihnen im ein- und außmarchiren dasselbsten die Thor alsbalden geöffnet, einzig Ungelegenheit oder Gefährde, von der in der Stadt und Festung ligenden Guarnison nicht zugefügt und von Ihr. FürstlI. Gn. Herrn Pfaltzgrafen rc. ihnen ein Trompeter, oder Trommelschläger, zu deß Obersten Leutenants Trommelschläger zugeben werden, darauß nacher Hagenau zu schicken, umb der außmarchirenden Ankunfft zu avisiren.

14. Sol der Oberste Leutenant das Schloß, das darin befindliches Archiv, Landsangehörige Schrifften, Stück, Munition, Früchten, Wein und alle andere Materialia, wie die Namen haben mögen, und was darin befindlich ist, unverträntt, unversehrt und unverfälscht lassen, wie nicht weniger ein Geissel, biß daß die mitgegebene Wägen und Pferdt restituirt seyn, auch ihnen dagegen einer, welcher alsdann und uff vorgangene Restitution, mit Paß und genugsamer Sicherheit uff Hagenau gefolget und geliefert werden sollen, hinderlassen.

Hierauff sind Sontags den 26. May des Morgens früh zwischen 6 und 7 Uhren, auß dem Schloß in 500 Mann in guter Ordnung und vermög deß Accords abgezogen und somit darmit die Pfaltz von den Kayserl. und Bayerischen gäntzlich wieder befreyet worden.

2. Die Schlacht bei Nürnberg und ihre Folgen.

Nachdem durch die Einnahme Heidelbergs die gantze Pfaltz in den Händen der Schweden und ihrer Verbündeten war, gab man

sich der Hoffnung hin, daß nun die pfälzischen Angelegenheiten geordnet, ins Besondre, daß das angestammte Fürstenhaus wieder die
Regierung bekäme. Ein am 14. April 1633 zwischen dem schwedischen
Oberbefehlshaber Oxenstierna und dem Administrator der Pfalz Ludwig Philipp abgeschlossener Vertrag bestimmte, daß die ganze Churpfalz an die Erben Friedrichs V. zurückfallen und mit allen Hoheits-
rechten angehören sollte; auch sollten beide Bekenntnisse des Protestantismus gleiche Rechte haben und den Lutheranern da, wo sie die
Mehrzahl bildeten, Kirchengüter und Gefälle eingeräumt werden.
Letztere Bestimmung wurde von den lutherischen Schweden in reichem
Maße ausgebeutet. Den Lutheranern in Heidelberg halte der Administrator Ludwig Philipp die Kirche beim reichen Spital einräumen
und auf Staatskosten herrichten lassen; doch damit waren sie nicht
zufrieden und erstrebten eine der größeren Kirchen in der Stadt.

Wie in der Stadt, so begann auch in der ganzen Pfalz unter
dem Segen der vaterländischen Regierung ein Theil des materiellen
Wohlseins unter die Bewohner zurückzukehren, dazu folgte 1634 ein
gesegnetes Jahr an Bodenerträgnissen aller Art. Die ausgewander-
ten reformirten Pfälzer die seit 1623 der katholischen Regierung
gewichen waren, begannen in die Heimath zurückzukehren. Der reformirte Kirchenrath ward unter dem Vorsitze Carl Friedrichs von
Landas (Juli 1633) neu bestellt, die Schulen und Gymnasien be-
völkerten sich wieder; die Universität ward von den Todten erweckt.
Das Pädagogium zu Heidelberg und die Gymnasien zu Kreuznach,
Oppenheim und Neustadt entstanden wieder von Neuem.

Dessen ungeachtet waren die Zustände der Pfalz in Folge des
kriegerischen Druckes noch hart genug; Soldaten und Officiere wetteiferten in frechem Uebermuth, obwohl die Verbündeten auf ihrer
letzten Zusammenkunft in Heidelberg gegen jede Soldatenwillkür strenge
Gebote erlassen hatten: Die Heidelberger Regierung besaß nicht
immer die Energie, ihrer Untergebenen sich anzunehmen; die meisten
Beamten waren abwesend. Niemand gab Geld auf Grundstücke, es
fehlte noch am öffentlichen Vertrauen. Aber dennoch war auch
hierin ein Anfang zum Besseren nicht zu verkennen. [16])

---

[16]) Der pfälzische Staatsmann, Joachim von Rusdorf, der zu Anfang des
Jahres 1634 die Pfalz bereiste, um die Unterthanen der verwittweten Churfürstin

Aber so schnell sollte der durch den langen Krieg niedergetretene Wohlstand nicht wieder aufkeimen. Am 6. September 1634 ward die schwedische Armee bei Nördlingen gänzlich geschlagen; die Trümmer des Heeres eilten in unaufhaltsamer Flucht dem Rheine zu. Durch diese Schlacht ging an einem Tage die ganze Errungenschaft Gustav Adolfs verloren, der Bund der Protestanten wurde gesprengt und die Leitung der Dinge fiel der französischen Regierung zu. Schrecklich waren die Folgen dieses unglücklichen Tages für die Pfalz; sie sah bald eine Zeit, neben der die Leiden der Jahre 1622—1632 als leicht und unbedeutend erscheinen mußten. Die Gerüchte von Johann von Werths Streifzügen in Franken schon vor der nördlinger Schlacht hatten alle Ordnung gelöst. Mit der Nachricht von dem Unglückstag kamen aber jetzt zugleich die zügellosen wilden Schaaren der geschlagenen Schweden und die Truppen von Horn und Bernhard von Weimar verwüsteten Schwaben und die Pfalz, jedes Gesetz lag darnieder: diese Freunde richteten mehr Unheil an, als „jemals irgend ein Feind." [14]) Elend und Jammer erreichten jetzt schon auf der rechten Rheinseite eine furchtbare Höhe; an der Bergstraße hausten die zuchtlosen Reste von 17 Regimentern, sie gaben der Pfalz „die letzte Oelung." [17]) Die Angst vor solchen Verbündeten war so groß, daß Worms und Speier ihnen die Thore verschlossen und der Administrator Ludwig Philipp suchte mit allen Mitteln die linksrheinische Pfalz von ihnen frei zu halten, und derselbe begann einen bittern Briefwechsel darüber mit dem schwedischen Kanzler Oxenstierna. Das pfälzische Volk freilich hatte davon keine Erleichterung; noch heute gedenkt es der „Zeit, da der Schwed im Lande war." Bedrängniß, Elend und Hungersnoth herrschten überall in furchtbarer Weise.

Jetzt aber kamen erst die Sieger! Vor ihnen wichen die Verbündeten furchtsam zurück und man suchte Hilfe bei den Franzosen; ein französisches Heer nahm auch Mannheim, aber nicht für das Stammhaus, sondern für sich, wie dann überhaupt sich jetzt der französische Einfluß auf die Gestaltung der Dinge geltend machte,

huldigen zu lassen, macht hievon eine eingehende Schilderung. Collect. Camer. LXXV, wo sich 89 Briefe an die Churfürstin Elisabeth finden.
[14]) Rusdorfs 2b. Brief vom 18. September. [17]) Ebenda 26. 27. Brief.

Der Kurfürst von Baiern schickte ein Streifcorps unter Johann von Werth in die Pfalz. Am frühen Morgen des 16. Novembers brachen die Feinde von Rohrbach her in der Vorstadt von Heidelberg ein. Wir lassen über die nun folgenden Ereignisse die urkundliche Quelle sprechen: [19])

[19]) Collect. Camer. LXXIV. in München. Die Ueberschung lautet: Kurze Beschreibung von der Belagerung sowohl des Schloffes als der Stadt Heidelberg. Nach der Feier eines Gebetstags (Buhtages) und außerordentlichen Fasten welches den 5/15 November war, begann der Feind den andern Tag, am Morgen des 6/16 November, zwischen fünf und sechs Uhr, sich der Vorstadt zu nähern, nachdem sich eine Truppe gegen Abend vergangenen Tages auf dem Rohrbacher Wege gezeigt hatte; und da die Vorstadt nicht mit Leuten versorgt war und die Wache am Speierer Thor sich alsbald auf die Flucht begab, bemächtigte er sich derselben. Die meisten Einwohner, als sie einen solchen Ansturm sahen, zogen sich in die Stadt zurück, die andern retteten sich, indem sie über den Neckar gingen und bei der Pfistermühl in die Stadt übersetzten. Als das der Feind sah, zog er gerade nach dem Marstall zu und setzte sich dort mit den meisten Truppen fest; von da begann er mit Erfolg die Gräben und besonders das mittlere Thor der Stadt anzugreifen, welches man alsbald verrammelte. Dasselbe thaten die Belagerten sowohl an den Mauern und Thoren der Stadt, als auch am Schlosse mit Kanonen und Doppelhacken; während dem wurde die Vorstadt gänzlich geplündert. Gegen Mittag ließ er durch einen Trompeter sowohl die Stadt als auch das Schloß auffordern, sich zu ergeben; aber nachdem man ihm sein Gesuch abgeschlagen hatte ließ er eine Batterie am Armenspital aufführen, mit welcher er aus 3 halben Stück Kanonen auf das genannte Thor schoß, aber dennoch mit wenig Erfolg, außer daß zwei Bögen, welche am genannten Thore waren, zerschossen wurden. Als nun der Feind sah, daß das Thor zu gut befestigt war und er von dieser Seite nichts ausrichten konnte führte er des Nachts zwei andere Batterien auf, die eine an der Wohnung des D. Pareus, gegenüber dem Marktbrunnenthor, die andern im Garten von Daitherl, gegenüber der Mauer, gegen den Diebsthurm, welchen er auch Tags zuvor durch Muskelenfeuer angegriffen hatte, von der Peterskirche her, von wo er alsbald durch einige Kanonenschüsse vom Schlosse her verjagt wurde; nachdem die genannten Batterien aufgefahren waren, begann er den nächsten Tag, morgens 7 Uhr, an beiden Thoren Bresche zu schießen, und fuhr mit einer solchen Heftigkeit fort, daß ungeachtet der Anstrengungen, welche die Belagerten machten, er die Oberhand bekam, sich da festsetzte und gegen 9 Uhr sich zu einem Sturme anschickte. — Währenddem erschien am Marktbrunnenthor ein Tambour und ein feindlicher Offizier, welcher, nachdem er von dem Oberstlieutenant Senger verhört war, antwortete, daß sobald die in der Stadt sich zu einem Vergleiche verstehen wollten, sie selbst dazu bereit wären; nachdem gemachter

Briefve description du Siege tant du Chasteau, que de la ville de Heidelberg.

Apres la celebration d'un jour de prieres et Jeusne extraordinaire qui estoit le 5/15 de Novemb, L'ennemy commensa le

---

Oberst darauf geantwortet, ersuchte er sie, zu warten, bis er darüber Weisung vom Gouverneur erhalten hätte, welcher auf dem Rathhaus war, was genannter Offizier bewilligte.

Während nun der genannte Oberstlieutenant wegging, um dem Gouverneur über solche Dinge zu berichten, verließen die Soldaten genannte Plätze, auch die des Mittelthors flohen, verließen ihre Plätze und retteten sich in's Schloß; der Feind rückte nach und eroberte die Stadt; den Gouverneur traf man fast noch auf dem Rathhaus; hiernach plünderten sie mehrere Stunden lang, tödteten aber nur 2 Personen. — Ungefähr 150 Soldaten, waren freiwillig in der Stadt geblieben, ergaben sich dem Feinde und nahmen Dienst bei ihm. — Nachdem dies geschehen, kam um 1 Uhr Nachmittags ein Trompeter vor das Schloß, welcher im Namen des Herrn von Metternich und des Obersten von Hartenburg genanntes Schloß von Neuem aufforderte sich zu ergeben, aber man erlaubt ihm nicht einzutreten; vielmehr erklärte ihm der Oberstlieutenant Hungst, daß sie sich als gute Soldaten halten und ihnen mit nichts als mit Pulver und Blei dienen wollten. Auf diese Antwort verlief dieser Tag, wie auch der folgende, der 8/18 November ruhig, außer daß den folgenden Tag gegen Abend der Feind das Wasser der Quelle, welches in den Schloßhof lief, ableitete; gleichfalls verliefen noch ruhig der 9., 10., 11., und 11.: ausgenommen, daß den 12/22 November die im Schlosse mit ungefähr 50 Büchsenschützen einen Ausfall machten, indem sie die feindliche Wache, welche in der Mühle Seiner Hoheit, die Herrenmühle genannt, war, zu überfallen gedachten, aber doch wenigstens einen oder zwei von ihnen zu bekommen, um einige Nachricht durch sie zu erhalten, denn man vernahm auch nicht das Geringste von dem was in der Stadt oder deren Umgegend vorging, bis zum letzten Tag der Belagerung gegen die Vesperzeit den 23. Nov. (3. Dezbr.), wo ein Knabe von Frankenthal anlam. Freilich dieser Ausfall glückte nicht, weil oben im Kanal (der Mühle) ein Hund lag, welcher, das Geräusch der Ausfallenden hörend, bereits zu bellen anfing, daß er die Wachen aufweckte, so daß sich die Ausfallenden zurückzogen, ausgenommen drei, welche, vorsätzlich stehen blieben und mit dem Feinde anfingen. Den 23. Nov. (13. Dezbr.); nachdem sie einige Tage vorher eine Batterie auf das alte Schloß gebracht hatten, fingen sie an das Schloß mit 3 Feldgeschützen zu beschießen; jedoch thaten sie an diesem Tage, wie auch den 11. 12 D./n. keinen Schaden, wie sehr sie sich auch anstrengten, außer, daß sie das Dach an einigen Stellen beschädigten. Am Samstag den 7/1 Nov. Abends nach 6 Uhr, erschien wieder ein Tambour des Regiments von Pappenheim vor dem Schloß und daselbst aufgenommen, überlieferte er dem Gouverneur zwei Schrei-

lendemain au matin am: le 6/16 de Novembre, entre cinq et
six heures, d'approcher le fauxbourg de la ville, apres qu'une

ben, daß eine von Metternich an den Obersten Moba; das andere von dem Feldmarschall Johann von Werth an v. Metternich, der Inhalt des ersten Briefes war, daß der Oberst Moba durch den Brief des Johann von Werth vernommen habe, in welche Grenzen die Unternehmungen der Schweden zusammengeschrumpft wären, und daß im Fall er sich vergleichen wollte, er Metternich sein bestes thun würde, um einen guten Accord zu unterhandeln, außerdem weiter, daß er ihm hiemit melde, daß die Franzosen wirklich versucht hätten über die Brücke zu Mannheim zu gehen, daß sie aber derart zurückgeworfen worden wären, daß die meisten dort geblieben seien und daß der Rest sich gerettet hätte, indem er die Brücke über den Rhein abbrach; zum Schlusse daß er ihn bäte nach Lesung des gegenwärtigen Briefes denselben ihm gefälligst wieder zurückzuschicken. — Der Brief des Johann von Werth an v. Metternich enthielt Folgendes: nämlich, daß er von Reuem, überm Main, einen herrlichen Sieg über den Herzog Bernhard errungen habe, daß, nachdem er dessen Armee geschlagen, er die ganze Bagage Munition und Artillerie genommen habe, und daß man noch nicht wisse, was aus dem Herzog Bernhard geworden sei, weil seine Croaten, welche den Herzog verfolgen, noch nicht zurück wären, und daß die Stadt Frankfurt gewünscht hätte, mit ihm zu unterhandeln, daß er dies aber zurückgewiesen hätte, und daß er entschlossen wäre mit der Armee gegen Heidelberg umzukehren, um das Schloß mit 10 Regimentern Cavallerie und 7 Regimentern Infanterie zu belagern; er hätte zu diesem Zwecke diesen Samstag selbst sein Hauptquartier in Weinheim genommen; wenn der Gouverneur während der Zeit das Schloß noch nicht übergeben hätte, so werde genannter Metternich das Schloß noch ein für alle Mal zur Übergabe auffordern und dann, wenn es sich nach genannter Aufforderung binnen 24 Stunden nicht übergeben hätte, und das zu seinem Heil, er alsdann auch das Kind im Mutterleibe nicht verschonen würde. — Die Offiziere wurden durch diesen Brief darüber sehr aufgebracht, daß Metternich sie für Leute von so wenig Treue und Muth hielt, daß er glaubte, sie würden in einer solchen Festung nachgeben, ohne daß man irgend weder eine Bresche geschossen noch einen Sturm gewagt hätte; daraus gehe hervor, daß dies alles offenbare Lügen wären zum Vergnügen erdichtet, noch mehr (waren sie aufgebracht) darüber, daß sie sich zu ihrem Heile ergeben sollen; und so schickten sie den Tambour, indem sie den Brief des Johann von Werth zurückbehielten und nachdem sie ihm auch Briefe für genannten Metternich mitgegeben hatten, wieder zurück: sie meldeten ihm, daß seine Briefe durchaus nicht die Uebergabe dieses Schlosses bewirkten und daß Papier nicht genüge; daß sie lieber als brave Soldaten sterben wollen als einen Platz von solcher Wichtigkeit wie Neuenen zu überliefern; daß er kommen und versuchen solle, ob das, was sie schrieben, Wahrheit sei; sie wollten es abwarten, so hatten sie es beschlossen; die Tyrannei, welche sie sich rühmten an den kleinen Unschuldigen

trouppe s'estoit monstrée le jour passé sur le soir, au chemin de Rohrbach; et d'autant que le fauxbourg n'estoit pourveu de

---

vor ihrer Geburt ansüben zu wollen, wollten sie abwarten, ebenso Alles das was Gott gefiele über sie zu verhängen, ihren Vorgesetzten anzuordnen und den Frieden auszuüben. Der Tambour wurde mit diesen Briefen zurückgeschickt, die Veranlassung, warum sie den Brief des Johann von Werth zurückgewiesen, war, weil sie durch mehrere Anzeichen daran wahr nahmen, daß er nur ein (mit der Unterschrift von Werths versehenes) leeres Blatt war und daß jene Lügen erst in der Wohnung Metternichs darauf geschrieben wurden. — Auf dieses hin fing der Feind den folgenden Sonntag ½ 2. wieder kräftig das Schloß zu beschießen an, und die Belagerten antworteten ihm von Zeit zu Zeit nachdrücklich. Gegen Mittag ließ sich die ganze feindliche Reiterei, welche nahezu an 2000 Reitern stark war, hinter Neuenheim sehen, wovon die Hälfte bei Wieblingen über den Neckar ging; die Andern zogen sich nach ungefähr 3 oder 4 Stunden nach der Bergstraße in ihre Quartiere zurück. Nach Mittag kam von Neuem ein Trompeter an das Thor, welcher, nachdem er eingetreten war, dem Gouverneur zwei aufgefangene Briefe überlieferte, in welcher ihn der Feind überzeugen wollte, daß es keine Hoffnung nach irgend welche Hilfe gäbe; der eine war abressirt von Seiner Hoheit dem Herrn Administrator an Oberst Moba, in welchem aber nichts anderes stand, außer, daß genannter Moba die 4 Truppen-Abtheilungen des Obersten Schmittberg, welche in Heidelberg einrücken wollten, nicht aufnehmen sollte. Der andere war von einer ungenannten Person an Major Jung geschrieben, des Inhalts, daß die Sachen Heidelbergs schlecht stünden und andere besondere Umstände. Dieser Trompeter wurde leer zurückgeschickt. — Inzwischen hörte man nicht auf, jederseits die Kanonen spielen zu lassen; doch erlitten die Belagerten keinen Schaden, außer daß der Lieutenant des Hauptmanns Heckel am Morgen dieses Tages durch einen Musketenschuß an der Ferse ein wenig verwundet wurde, und daß an demselben Abend eine alte Frau von ungefähr 70 Jahren von einem Steine, welcher von der Schloßkirche durch einen Kanonenschuß vom alten Schlosse her herabstürzte, erschlagen wurde; nun diese Frau war die einzige, welcher diese Belagerung das Leben kostete; denn außer ihr ist während der ganzen Belagerung Niemand getödtet worden. Den 11, 11 selbst grüßten sie sich beide durch schönes Musketenfeuer und Kanonkeu. Am 11 Nov. Morgens 8 Uhr machten 80 Büchsenschützen einen Ausfall, in der Absicht, die feindliche Wache, welche am Eselswege war, zu überfallen, was auch wohl geglückt wäre, da die genannten Wächter alle betrunken waren, wenn der eine der Büchsenschützen, ein Italiener, welcher mit noch einem andern in Philippsburg geblieben war und welcher nach dessen Einnahme auf Seiten der Schweden getreten war, nicht Feuer gegeben hätte, bevor sie nahe genug bei den Wächtern waren; denn die genannten Wächter, nachdem sie den Musketenschuß gehört hatten, flohen, ihre Waffen zurücklassend, als bald, und die obengenannten Büchsenschützen wagten nicht, sie weiter zu verfolgen, indem sie sich zu schwach

15

gens, et que la garde de la porte de Spire donna aussi tost la
suite, il s'en rendit maistre; la pluspart des demeurans, voyans

fühlten; jedoch nahmen sie alles, was sie fanden mit sich auf die Schloßwache.
Denselben Tag Nachmittags, rückten 20 Fahnen Infanterie durch das Speierer
Thor ein, von welchen 6 vom Regiment von Hartenburg in Schillerbach einquartirt wurden; die andern blieben in der Stadt; Donnerstag den 11 Nov. erschien von Neuren ein Trompeter, welcher seitens des Grafen von Gronsfeld, Feldmarschall des Herzogs von Baiern, im Namen des Kaisers das Schloß zur Uebergabe aufforderte, indem er dem Gouverneur und den Soldaten eine gute Capitulation versprach; allein man antwortete ihm kurz schriftlich, daß der Gouverneur und seine Amtsgehülfen sich niemals rechtfertigen könnten, weder vor Gott noch ihren Vorgesetzten und der Nachwelt, einen Platz von solcher Wichtigkeit verlassen zu haben, ohne irgend eine Nothwendigkeit, die sie dazu triebe; in Betracht, daß sie in nichts gefehlt hätten, hofften sie, daß seine Exc. sie für genug entschuldigt halte, wenn sie ihrerseits entschlossen wären, nicht den Namen zu bekommen, als Verräther und Eidbrüchige. — Während dieser Zeit waren es ungefähr 100 Personen, alle weiblichen Geschlechts, welche den Gouverneur Moba ersuchten, ihnen zu erlauben, auszuziehen um in die Stadt zurückzukehren; und wie sehr sich auch der Gouverneur diesem widersetzte, indem er ihnen die Gefahr, in welche sie sich bei ihrem Weggang stürzten, vorstellte; ungeachtet dessen, daß er ihnen ihren gewöhnlichen Unterhalt verschaffte, nicht mehr und nicht weniger als den Soldaten, und nicht allein ihnen, sondern auch wohl mehr als 1000 andern Personen, welche in besagtes Schloß sich gerettet hatten, sowohl Männern als Frauen; ungeachtet dessen, daß er ihnen versprach, sie nie unversorgt zu lassen, so viel und so lange, als irgend welcher Vorrath bleiben würde: Diese Frauen verschlossen allen diesen so heilsamen Warnungen ihre Ohren und wollten dennoch ausziehen: der Gouverneur, da er ihren Eigensinn sah, erklärte ihnen, daß er sie nicht zwingen wolle, weder auszuziehen, noch dazubleiben; was ihn betreffe, habe er sich mit gutem Gewissen seiner Pflicht entledigt; hierauf ließ man sie mit 40 Pferden ziehen, Letztere aus Mangel an Futter. Diese armen Leute, als sie auf den Christweg gekommen waren, wurden alsbald vor den dortigen feindlichen Wachen mit heftigem Musketenfeuer überschüttet, auch mit Steinwürfen und Degenstößen verfolgt, wodurch sie gezwungen wurden, den Weg gegen das Schloß wieder zurückzumachen, nachdem 6 Personen unter ihnen, darunter ein kleines Kind ihr Leben gelassen hatten und mehrere andere verwundet wurden. Am Morgen des andern Tages empfing man sie im Schlosse; dieselbe Nacht errichtete der Feind eine sehr starke Batterie beim Fasanengarten und stellte dort 8 Halbkanonen auf, mit welchen er, wie auch mit denjenigen auf dem alten Schlosse am 21. Nov. Morgens 7 Uhr anfing und den ganzen Rest des Tages fortfuhr mit mehr als 150 Schüssen besagtes Schloß zu beschießen; in der Ueberzeugung, bei dem Platz, welchen man den blauen Hut nennt und bei dem Neubollen-Haus Bresche zu schießen, aber

— 213 —

un tel alarme, retirarent en la ville, les autres, se sauverent passans le Necker, et entrerent vers le Pistermühl en lad'. ville.

Dieses war vergeblich, denn die genannten Oerter wurden durch unaufhörliche Arbeit gänzlich mit Erde angefüllt; und der Hühnergarten wurde durch 6 Querschanzen verschanzt, sowie auch der schmale Weg vom blauen Hut bis an das Thor durch 3 Laufgräben. Inzwischen gab sich der Feind Mühe die Seiten am Hauptthurme zum Schweigen zu bringen, welche gegen jene Plätze etliche Kanonen gerichtet hatten; zu diesem Zwecke beschoß er sie sehr stark und durchbrach sie an mehreren Orten. Samstag den */* Nov. setzte man allerseits die Kanonaden mit Eifer fort, aber aller Schaden, welchen sie dem Schlosse zufügten, wurde sogleich durch die Arbeit der Belagerten wieder ausgebessert. Denselben Tag, Nachmittags, errichteten sie unten am Neckar aus Neuem eine Batterie bei der Wohnung des D Camerarius mit 4 Feldschlangen mit welchen sie den folgenden Sonntag, den */* Nov. anfingen das Schloß oder vielmehr die kurfürstliche Wohnung, sowie auch die Schloßkirche und das Amphitheater zu beschießen; desselbe thaten sie auch von allen andern Batterien aus, sie schossen unaufhörlich das Schloß; gegen Mittag führten sie wohl 2000 Bagagewägen von der Bergstraße vor das Speierer Thor. Auf den Abend zwischen 4 und 5 Uhr kam ein Knabe von 14 Jahren von Frankenthal an, welcher Briefe von Seiner Hoh. dem Administrator brachte, durch welche die im Schlosse die Hoffnung und Versicherung empfingen, unfehlbar unterstützt zu werden. — Gegen Abend entstand in den Ruinen des Glockenthurmes ein Brand, welcher jedoch durch die Gnade Gottes alsbald gelöscht wurde, obgleich er sehr gefährlich war, indem er nahe bei dem Pulvermagazin am Fuße des Waffenhauses war. Nach diesen Dingen überkam die Feinde dieselbe Nacht ein solch panischer Schrecken und so große Angst und Furcht überfiel sie wegen der Franzosen und der Ankunft des Herzogs Bernhard, daß sie Montag den */* A.D. früh morgens zwischen 3 und 4 Uhr anfingen ihre Kanonen zurückzuziehen und Befehl zum Abmarsch zu geben; sie verließen die Stadt, welche sie von Neuem plünderten in solcher Confusion und Unordnung, daß wenn ein einziges Regiment Reiterei sie verfolgt hätte sie gänzlich zerstreut worden wären und sie alle ihre Bagage und Artillerie zurückgelassen hätten; ihre Reiterei stellte sich selbst auf dem Felde bei Kirchheim in Schlachtordnung auf, aber der nämliche Schrecken, welcher die Infanterie ergriffen hatte, ergriff auch sie in gleichem Maße. — So ist das Schloß durch dieses Mittel, indem Gott so wunderbar sorgte, von der schweren und gefährlichen Belagerung, von der es einige Zeit umgeben war, befreit worden: Für das wir dem Ewigen nicht genug danken können und um so mehr, als es ihm auch während dieser berühmten Belagerung gefallen hat, den Belagerten sehr sichtbare Zeichen seiner gütigen Vorsehung und Barmherzigkeit gegen sie zu geben, welcher ihnen allen Zweifel ihrer Befreiung benommen hat. 1) Das erste ist gewesen, daß während

Ce que voyant l'ennemy il tira droict vers L'Escuyerie, et s'y logea avec la pluspart des trouppes, delà il commença d'attaquer à bon escient les fossez et notamment la moyenne porte de la ville, laquelle on fortifia aussi tost, Le mesme firent ceux de dedans tant des murailles et des portes de la ville, que du Chasteau, avec Canons et Doubles hackes; tandis fust le fauxbourg entierement pillé. Vers le midy il fist sommer tant la ville que le Chasteau à se rendre, par vne Trompette, mais apres qu'on luy eust refusé sa demande, il se prinst a dresser vne batterie vers L'hospital des pauvres, de laquelle il tira de bonne façon, avec trois demies pieces de Canons, sur lad' porte, toutes fois avec peu d'effect, sinon que deux bourgeois estant sur lad'. porte, furent tirez. Or L'ennemy voyant que la porte estoit trop bien fortifiée, et qu'il ne pourroit rien entre prendre de ce costè la, il dressa de nuict deux autres batteries, l'une au logis du D. Pareus, vis-

---

der Belagerung Niemand getödtet worden ift, außer der oben erwähnten Frau und drei andern, welche von dem Musketenfeuer verwundet worden find, obgleich fie mehr als 600 Kanonenschüffe in das Schloß gethan haben. 2) Das andere ift gewesen, daß kurz vor der Befreiung, ihnen Gott durch den Ingenieur Joft früher Kammerdiener des verftorbenen Königs von Böhmen, im Schloßgraben, wo die Böten zur Tränke gingen, eine Quelle entdeckt hat, deren Waffer nicht abgeleitet werden kann. 3) Das dritte ift, daß damals als die Flammen in den Ruinen des Glockenthurms fich erhoben, Gott für damals die Feinde verhindert, fie wahrzunehmen, denn es ift zu glauben, daß wenn fie fie gefehen hätten, fie genannten Platz mit folchem Eifer befchoffen hätten, daß Niemand demfelben hätte nahen können, um den Brand zu löfchen und biefer fich alfo vergrößert hätte, und im Falle er bis zum Pulver gedrungen wäre, er einen unfaglichen Schaden verurfacht hätte. Der Ewige fährt mehr und mehr mit feiner Gnade und Barmherzigkeit gegen uns fort. 4) Das Letzte war, daß Gott den Knaben, welchen Se. Hoh. fchickte einen folchen Weg finden ließ, daß er nicht in die Hände der Feinde kam, vielmehr fo führte, daß die Belagerten durch die Briefe welche er trug neue Urfache zur Freude und zur Gnadenbankfagung empfingen, als fie hörten, daß fie unterftützt werden würden; denn die ganze Zeit der Belagerung, wie Oben gefagt, hatten fie nicht das Geringfte hören können, was in dem Lande vorging Und ift biefes hier der kurze Abriß der glücklichen Befreiung von diefer Belagerung. Gott dem Vater, Sohn und heiligen Geift, Haupturheber diefer wunderbaren Befreiung, fei Ehre, Lob, und Preis jetzt und immerdar. Alfo fei es. (Amen).

à-vis de la porte de la fontaine du marché, l'autre an jardin de Datheni, vis à vis de la muraille, vers la tour des Larrons, laquelle il avoit aussi le jour du devant attaquée par mousquetades hors de l'Eglise de S. Pierre, d'ou il fust bien tost chassé par quelques canonades du Chasteau; lesdites batteries estans dressées il commença le lendemain a .7. heures du matin à faire bresche à toutes les deux portes, et continua de telle vehemence, que non obstant les efforts que faisoyent ceux de dedans, il eut le dessus s'y fist place, et s'appresta, vers les .9. heures à donner vn assaut. Tandis il se presenta vn tambour et vn officier des ennemis à la porte de la fontaine du marché, lequel estant interrogué par lo Lieutenant Colonnel Senger, respondit, que moyennant que ceux de la ville voulussent entendre à vn accord, qu'eux y estoyent prests; à quoy led' Lieutenant Colonnel respondant, les requerra d'attendre qu'il en eust receu mandement du Gouverneur, qui estoit sur la maison de ville; ce que le dit Officier accorda. Or cependant que led' Lieutenant Colonnel s'en alloit referer telles choses au Gouverneur, les soldats constituez ésdites places, comme aussi ceux de la moyenne porte, donnerent la fuite, quittans leur postes, et se sauverent au Chasteau; l'ennemy poussa apres, et emporta la ville, trouvant presque encore le Gouverneur sur lad' Maison de ville; apres cela il continuerent le pillage quelques heures durant; et ne tuerent que deux personnes. Il y eust quelques 150 soldats ou environ, qui demeurans de leur bon gré en la ville, se rendirent à l'ennemy et prindrent condition soubs luy. Cela estant fait, il vint à vne heure apres midy devant le chasteau, vne certaine Trompette, laquelle somma derechef led' chasteau au nom du Sr. de Metternich, et du Colonnel Hartenbourg, mais on ne luy permit pas d'entrer, ains lo Lieutenant Col. Hungst, luy declara, qu'ils se vouloyent comporter en bons soldats, et ne leur rien livrer que poudre et bales. Apres laquelle responce, ce iour la, comme aussi le suivant le 8/18. Nov. se passa paisiblement, sinon que le iour susd' sur le soir, l'ennemy detourna l'eau de la fontaine qui saillit en la Cour; semblablement le 9/19, 10/20, 11/21 et 12/22 se passerent aussi coyement, excepté que le 12/22 Nov.

ceux du chasteau firent une sortie d'environ 50 homes harquebuziers, pensans surprendre la garde ennemie qui estoit au moulin de S. A. appelé le Herrnmühl ou au moins un ou d'eux d'iceux, pour pouvoir avoir quelque cognoissance par eux, car on ne pouvoit entendre la moindre chose de ce qui se passoit en la ville, ou és environs d'icelle, iusqu' au dernier iour sur le vespre de l'assiegement, le 23./3. Nov. Dec. auquel il arriva un garçon de Franquendal. Or ceste sortie ne reüssit pas à son effect, a cause qu'en haut au canal, il y avoit un chien couché, lequel oyant le bruict de ceux de lad' sortie, se priut à abbayer en telle sorte, qu'il esveilla les gardes, tellement que les sorties se retirerent, excepté trois qui s'arrestans à tel escient, se mirent au party de l'ennemy. Le 13/23. N. ayans dressé une batterie quelques iours auparavant sur le vieux chasteau, ils commencerent à battre le chasteau avec trois falconetts, toutesfois, ils n'y firent ce iour la, comme aussi le 14/24, 15/25. D. N. aucun dommage, combien qu'ils y firent grand effort, sinon qu'ils percerent le toict en quelques endroicts. Le Samedy 15/25. N. sur le soir apres 6 heures, il se presenta encore vn tambour du Regiment de Papenheim devant le chasteau, et y estát receu il deslivra deux escrits au Gouverneur, l'un du de Metternich au Colonnel Moda, l'autre de Jean de Werth Mareschal de camp, au du de Metternich; la teneur de la premiere lettre estoit, que le Colonnel Moda entendroit par la lettre de Jean de Werth, en quels termes les affaires des Suedois estoyent reduites, et qu'en cas qu'il voulut s'accommoder, luy Metternich feroit son mieux, pour traicter un bon accord, outreplus qu'il luy signifioit, que les François s'estoyent voirement essayez de passer le pont à Manheim, mais qu'ils avoyent esté tellement repoussez, que la pluspart y estoyent demeurez, et le reste s'estoit sauvé, en rompant le pont, oultre le Rhin, au reste qu'il le prioit qu'apres la lecture de la presente lettre, il luy pleust la luy r'envoyer. La lettre de Jean de Werth au du de Metternich, contenoit ce qui s'ensuit, ass: Qu'il avoit derechef obtenu une signalée victoire oultre le Main, sur le Duc Bernhard, ayant battu son armée, et prins tout le bagage, munition et artillerie, et qu'on ne sçavoit encore ce qu'estoit devenu le Duc Bernhard, parce que ses Croates, lesquels poursuivoyent led.˜ Duc, n'estoyent point encore de retour; et que la ville de Francfurt avoit desiré d'accorder avec luy, mais qu'il l'avoit refusé, et estoit resolu de retourner avec l'armée vers Heidelberg, et d'assieger led.˜ chasteau avec 10 Regiments de Cavallerie et 7 Regiments d'Infanterie, et auroit à se suyect ce Samedy la mesme, son quartier capital à Weinheim, et que par ainsy, si le Gouverneur n'avoit encore livré le chasteau durant le temps la, que led˜ Metternich devoit encore une fois pour toutes sommer led˜ chasteau, que s'il ne se rendoit apres lad.˜ somation dans l'espace de 24 heures, et ce à sa mercy alors qu'il n'espargneroit l'enfant au ventre de sa mere. Les officiers furent fort indignez par ceste lettre, de se que Metternich les estimoit gens de si peu de foy et de courage, que de croire qu'ils deussent ceder en un telle forteresse, sans qu'on y eust fait aucune bresche, ni livré aucun assaut, pour en sortir n'estans fondez que sur telles manifestes menteries, controuvées à plaisir, voire encore plus, qu'ils se deussent rendre à leur mercy; et par ainsi r'envoyerent le Tambour, retenans la lettre de Jean de Werth, luy ayant aussi donné des lettres pour led.˜ Metternich, esquelles ils luy mandoyent; que ses lettres n'effectueroyent aucunemt la reddition de ceste maison, et que du papier n'y suffisoit pas, qu'ils aimoyent mieux mourir en braves soldats, que de ceder en poltrons une place de telle importance; qu'il devoit venir, et qu'il experimenteroit que cestoit verité qu'ils escrivoyent, et qu'ils attendroyent, si tant est qu'ils l'eussent ainsy decreté, la tyrannie, qu'ils se vantoyent de vouloir user, envers les petits innocents, avant leur nativité, comme aussi ce qu'il plairoit à Dieu de disposer d'eux, à leurs principaux d'ordonner, et aux annemis de practiquer. Le Tambour fust renvoyé avec lesd.˜ lettres. L'occasion pour laquelle ils retindrent l'escrit de Jean de Werth, fust, parce, que par plusieurs indices ils appercevoyent bien que ce n'estoit que Charta bianca, et que ces mensonges avoyent esté forgez, en la boutique de du Motternich. Sur cela l'ennemy recommença à bon escient, de battre le Dimanche suivant 16/26 n. le chasteau, et ceux de dedains luy respondoyent quant et quant de bonne façon. Vers midy, tout le corps de la chevallerie ennamie si fist veoir derriere Newenheim, qui faisoit à peu pres 2000 chevaliers, desquels la moitié passa le Necker aupres de Viblingen, les autres apres l'espace de 3 ou 4 heures, se retirerent en la Bergstras, vers leurs quartiers. Apres midy il vint derechef une Trompette à la porte, laquelle estant entrée, livra au Gouverneur deux lettres interceptées, par lesquelles l'ennemy luy vouloit persuader, qu'il n'y avoit esperance quelconque d'aucun secure, L'une estoit addressée par S. A. Mar. l'Administrateur, au Colonnel Moda, dans laquelle il n'y avoit toute fois rien autre chose, sinon que led' Moda, ne devoit point resevoir les 4 trouppes du Colonnel Schmittberg, lesquelles vouloyent entrer en Heidelberg: L'autre estoit escrite par vne personne privée, au Major Jung, contenant, que les affaires d'Heidelberg estoyent en pauvre estat, et autres particularitez. Ceste Trompette fust renvoyée a vuide. Cependant on ne cessa de part et d'autre de faire iouïr les canons, combien que ceux de dedans n'on receurent aucun dommage, hors que le Lieutenant du Capitaine Heckel, fust ce iour la au matin, vn peu blessé d'une mousquetade, au talon, et sur le soir mesme, il y eust une angée matrone d'environ 70 ans, laquelle fust assommée d'une pierre qui cheust du temple par vne canonade du vieux chasteau; Or ceste femme, à esté seule, à laquelle ce siege à cousté la vie; car hors elle personne n'a esté tué durant tout le siege. Le 17/27 18/28 de mesme que les autres iours, ils se saluërent l'un l'autre à belles mousquetades et canonades. Le 19,29 Nov. sortirent à 3 heures du matin 30 harquebuziers, pensans surprendre la garde ennemie, qui estoit au chemin des Asnes, ce qui fust aussi bien reüssi, à cause que lesdites gardes estoyent toutes enyvrées, si l'un desd.' harquebuziers Italien de nation, qui estoit demeurée, avec encore un autre en Philipsbourg, apres la prise d'iceluy, s'estant range du party des Suedois, n'eust donné feu avant qu'ils fussent assez proches desd.' gardes; car lesd" gardes ayans ouy led' traict de mousquet, donnerent aussi tost la fuite, delaissans leurs armes; lesquels les susdits harquebuziers n'oserent plus outre pour suivre, se sentans trop foibles, toutefois ils emporterent avec eux tout ce qu'ils trouverent en la maison ou ils avoyent la garde. Ce iour la mesme apres midy entrerent 20 Drappeaux d'Infanterie par la porte de Spire, desquels six du Regiment de du Hartenbourg, furent loger à Schlierbach, les autres demeurerent en la ville; le Jeudy 20 30. Nov. entra derechef une Trompette, laquelle somma le chasteau de la part du Comte de Gronsfeld, Mareschal de camp du Duc de Baviere, au nom de l'Empereur, promettant au Gouverneur et aux Soldats bon accord; mais on luy respondit briefvement par escrit, que le Gouverneur et ses Adjoincts ne pourroyent jamais s'excuser, ni devant Dieu ni devant leurs Superieurs, et la posterité, d'avoir quitté une telle et si importante place, sans qu'aucune necessité, les y poussast, veu qu'ils n'avoyent faute de rien, C'est pourquoy ils esperoyent que Son. Ex. les tiendroit assez pour excusez, si de leur costé ils estoyent resolus de ne vouloir avoir le nom d'avoir esté perfides et faussaires du serment qu'ils avoyent presté; ce temps pendant, il y eust environ 100 personnes, toutes du Sexe foeminin, lesquelles supplierent le Gouverneur Moda de leur permettre de sortir, pour retourner en la ville; et combien que le Gouverneur s'y opposast, leur representant le danger auquel elles se precipiteroyent en sortant, non obstant aussi qu'il leur fist deslivrer leur entretien ordinaire, ni plus ni moins qu'aux soldats, et non seulement à elles, mais aussi bien a plus de mille autres personnes, qui s'estoyent sauvées aud. chasteau, tant hommes que femmes; leur prommettant quant et quant de ne les laisser à despourveu, tant et si long temps qu'il resteroit quelque provision/: ces femmes faisans la sourde oreilles à toutes telles admonitions si salutaires, vouloyent quoy qu'il en fust sortir; le Gouverneur voyant leur opiniastreté, leur declara qu'il ne les vouloit contraindre ni de sortir, ni de demeurer, quand à luy il s'estoit acquité en bonne conscience de son debvoir; sur cela, on les laissa sortir avec 40 chevaux, par faute de fourrage; ces pauvres gens venans iusqu'au chemin des Asnes, furent aussi tost chargées de belles mousquetades, par les gardes ennemies qui y estoyent, qui les poursuivirent à coups de pierres et d'espce, les contraignans de rebrousser chemin vers le chasteau, apres que cinq personnes d'entre elles, desquelles l'une estoit un petit enfant, y eurent laissé leur vie, et plusieurs autres blessées. Le Lendemain au matin on les receust au chasteau. L'ennemy dressa la mesme nuict une batterie bien rude, aupres du jardin des Frisans, et y posa 8 demi-Canons, desquels, comme aussi de ceux sur le vieux chasteau, il commença le matin a 7 heures le 21. Nov., et continua tout le reste du jour à canoner de plus de 150 canonades led. chasteau, se persuadant d'y faire bresche aupres de la place qu'on appelle le bleu chappeau, et de la neuve maison du jeu de la paume, dite en Allemand, Neu Ballen Hauß; mais ce fust en vain, car lesd. lieux furent par continuel labeur remplis tout à fait de terre; et le jardin aux pouilles, fust retranché par 6 traverses, comme aussi l'estroit chemin depuis le bleu chappeau, iusqu'à la porte, par trois tranchées. Cependant, l'ennemy s'efforça d'empescher les flanqs, qui estoyent sur la principale tour, sur laquelle il y avoit quelques canons flancquez vers ces lieux la, à cest effect il la canona bien fort, et la perça en plusieurs endroicts. Le Samedy 22/2 N. D. l'on continua de tous costez les canonades de bonne façon, mais tout le dommage qu'ils firent au chasteau fust aussi tost par le labeur de ceux de dedans, reparéz. Le iour mesme apres midi ils erigerent de nouveau vne batterie em bas au Necker, proche du logis du D. Camerarius, avec 4 pieces serpentines, desquelles, le Dimanche suivant 30/23. Nov.: ils se prindrent à battre la maison, ou plustost la demeure Electorale, comme aussi le Temple et l'amphitheatre, le mesme firent ils de toutes les autres batteries, canonnans continuellement le chasteau; Vers le midy ils emmenerent bien 200 chariots de bagage de la Bergstras, bors de la porte de Spire. Sur le soir entre 4 et 5 heures il arriva vn garçon de 14 ans, de Franquendal, portant des lettres de S. A. Msr. L'Administrateur ésquelles ceux du chasteau receurent espoir et asseurance d'estre infailliblement secourus. Sur les 6 heures il s'esleva vne flamme és ruines de la tour des cloches, laquelle toutefois par la grace de Dieu, fust aussi tost esteincte sans aucun dommage; combien qu'elle fust tresdangereuse, estant proche du Magazin de la poudre, au pied de la maison d'armes. Apres ces choses, il survint ceste mesme nuict vn tel panicus terror entre les ennemis, et si grande frayeur et apprehension à cause des François, et de la venuë du Duc Bernhard, les saisit, que le Lundy 24.4. N. D. de grand matin entre 3 et 4 heures, ils commencerent de retirer leurs canons, et d'ordonner leur marche, quittans la ville, laquelle ils pillerent de nouveau, en telle confusion et disordre, que pourveu qu'un seul Regiment de Cavallerie les eust poursuivis, ils eussent esté entierement dissipez, et eussent de laissé tout leur bagage et Artillerie; Leur Cavallerie se presenta bien voirement sur la campagne auprès de Kirchheim en ordre de bataille, mais la mesme frayeur qui avoit saisi l'Infanterie, les saisisoit aussi bien. Tellement que le chasteau à esté par ce moyen, Dieu y besoignant miraculeusement, deslivré du grief et perilleux siege, duquel il avoit esté quelque temps environné: Dont nous ne sçaurions assez remercier l'Eternel, et ce d'autant plus, qu'il luy à pleu aussi, durant ce fascheux siege, tesmoigner aux assiegez, des signes tresevidents de sa divine providence, et misericorde envers eux, qui leur ont osté tout double de leur delivrance, 1. le premier à esté, que durant tout le temps du siege, personne n'y à esté tué, sinon la femme susmentionnée, et trois autres qui ont esté blessez de mousquetades; combien qu'ils ayent tirez plus de 600 canonades dans le chasteau. 2. L'autre à esté que peu avant la delivrance, Dieu leur à descouvert par l'Ingenieur Jost, ci devant Valet de chambre, du feu Roy de Boheme, une fontaine, és fossez du chasteau, ou souloyent aller les Ours, l'eau de laquelle est imprenable; 3. Le tiers est, que lors que la flamme s'esleva és ruines de la tour des cloches, Dieu empescha pour lors les ennemis, qu'il ne s'en apperceurent point, car s'ils leussent veuë, il est aisé de croire, qu'il eusse canoné ladite place avec telle rigueur, que personne n'en eust peu approcher pour esteindre la flamme, et par ainsi elle se fust augmentée, et en cas qu'elle fust parvenuë jusqu'à la poudre, elle eust causé vn inenarrable dommage. L'Eternel continuë de plus en plus sa grace et sa faveur envers nous. 4. Le dernier fust, que Dieu fist trouver au Garçon que S. A. envoya, telle voye, qu'il no vinst point és mains des ennemis, ains l'adressa en sorte, que les assiegez receurent par les lettres qu'il portoit, nouvelle

matiere de ioye et d'action de grace, entendans qu'ils seroyent
secourus; car tout le temps du siege, ainsy, que susdit, ils
n'avoyent peu entendre la moindre chose de se, qui se passoit
sur le pays. Et c'est icy là briefve delineation de l'heureuse
delivrance de se siege. A Dieu Pere, fils, et S. Esprit, principal
autheur de seste miraculeuse delivrance, soit honneur, louänge et
gloire dés maintenant et à tout jamais. Ainsi soit il.

Eine andere Quelle[1]) sagt über diese Erreignisse folgendes:
Wir kommen nun auff Heydelberg, welches dieser Tagen auch
heftig angegriffen worden, dann Donnerstags 6. 16. dieses kamen
Herr Obrister Jean de Werth, sampt einem von Metternich
und Hartenberg, beß Morgens zwischen 2 und 3 Uhr unversehens
in die Vorstatt zu Heydelberg, eröffneten das Thor mit Gewalt, die
Reyterey ist am Nedar eingebrochen und eingelassen worden, darüber
ein großer Lerme in der Stadt entstanden, und man allenthalben
und in allen Gassen die Bechpfannen angebrennt; Obrister Abel
Moda hat die Prinzipalen [2]) der Stabt zu sich kommen lassen und
sich mit ihnen unterredt: ob sie bey ihme halten wollen und bey ihme
mit einem Mann stehen; so wolle er sich bey ihnen nach Vermögen
in der Statt wehren, bassebige haben sie ihme mit Mund und Hand
versprochen. Darauff die Bürgerschaft neben den Soldaten zur Wehr
gangen, und von dem Thurme mit Doppelhacken und Mußqueten
continuirlich geschossen, und ziemlichen Schaden gethan, also daß
keiner sich blicken lassen dörffen; babey auch mit Stücken von Schloß
stark in die Vorstabt geschossen worden. Es pflantzten die Kayserlichen ihre Stücke in der Vorstabt an der Sandgassen beym
Gießhauß, mit welchen sie baß Mittelthor stark beschossen, und
an dem Thurm großen Schaben gethan, und damit eine mächtige
Forcht in der Stabt gemacht. Freytag den 7. biß schossen sie 2.
Pressen [3]) neben dem Diebsthurm gegen der Sapientz Gasse,
dadurch sie in die Stabt kamen, und dieselbigen mit stürmender
Hand eingenommen, und wie in solchen Fällen zu geschehen pflegt

---

[1]) Theatr. Europ. III. 382. Dgl. auch Khevenh. XII. 13. 36. [2]) Stadtrath.
[3]) Breschen.

sehr übel darinnen gehauset, mit Niederhauen vieler Bürger und anders Volkes, beßgleichen mit plündern, und dergleichen Excessen. Es hat zwar Obrister Abel Moda vor die Bürgerschaft und anwesenden Land- und Bauers Volk accordiren wollen, außer dem Schloß hat aber vom Obristen be Werth nicht angenommen werden wollen es würde dann das Schloß mit eingeschossen, darüber es zur Thätlichkeit wiederumb kommen, und sich die Schwedischen mit Ordnung wieder in das Schloß retirirt. Den 16. diß seynd sie die Kays. Bayer. auff den Berg bey das alte Schloß gezogen und mit groben Stücken in das Schloß gespielet.

Den 17. haben sie die Stücke wiederumb ab und bey das Phasanen Hauß, und in den Garten geführt, das Schloß mit ernstlichen Schüssen angefallen, darauff einen Trommenschläger zum Obristen Abel Moba geschickt und begehrt, er solle das Schloß innerhalb 24 Stunden auff Gnad und Ungnad ergeben, oder sie wollen den äussersten Ernst brauchen und sehen lassen, aber offtermeldter Commandant hat ihm nichts bewilliget, darauff ein mächtiges schiessen Tag und Nacht auff das Schloß erfolget.

Den 18. haben sie etliche Stücke an den Neckar nicht gar weit von der Pfeilß Mühl führen lassen und ein mächtiges schiessen von unten auff wieder das Schloß verbracht.

Den 20. Morgends umb 3 Uhr in der Nacht seyend sie wieder aufgebrochen, die Statt geplündert und hinweg gezogen mit 12 groben Stücken und in mehrender Zeit 900 Schuß auff das Schloß gethan. Den 27. seynd 2 Regim. Schwedische Reuter in die Statt gelegt worden, welche eben wol übel darinn gehauset, und den 2. Dezember wiederumb abgezogen. Darauff ist das Volk, so im Schloß gelegen, hinunter in die Statt gefallen, und dasjenige was übrig geblieben den armen Leuten vollends hinweg genommen, da unterdeß der Obrist und Commandant naher Frankenthal zu der Herschaft verreyst und von allen Verlauff Bericht gethan.

Vorberührten Donnerstags den 6. 16 sind etliche Compagnien, Reuter und Dragoner in Ladenburg gezogen und das Vieh ob der Bergstraße über den Neckar nach ihrem Quartier gejagt. Freytags seynd sie in die Vorstatt zu Weinheim eingefallen, die Stabt auffgefordert, aber wegen beß überauß schnöden übel hausens von Major

Jungen nicht eingelassen worden, bann die Crabaten neben anderen Unthaten auch geringe Kinder und Mägblein von 9 10 und 12 Jahren genothzüchtiget und übel gehauset und bis ans Wormser Jahr gestraiffet.

Allein die Befreiung Heidelbergs von der Belagerung durch die Kaiserlichen dauerte nicht lange. Die Hoffnung auf Hilfe nämlich erwies sich sehr bald als irrthümlich. Die Schweden hatten das Land gänzlich preisgegeben, sie waren wegen der letzten Schritte des Administrators verstimmt; Abneigung und Mißtrauen waren bei Bernhard und Oxenstierna gleich wirksam. Die Franzosen, welche um diese Zeit sich des Elsasses um einen Spottpreis versichert hatten, zogen zwar auf Ludwig Philipps Bitten unter La Forte und De Brezé, Mitte November, heran, aber diplomatische Bedenklichkeiten, wegen des noch nicht erklärten Krieges an den Kaiser, hinderten den Rheinübergang. Sobald dies bekannt wurde, faßten die Kaiserlichen wieder Muth; am 13. Dezember erschien von Neuem eine kaiserlich-baierische Heerschaar in Heidelberg und beschoß das Schloß, dessen Commandant Abel Moda abwesend war.

Heidelberg war der Mittelpunkt geworden, um den sich die Fäden des diplomatischen Netzes spannten. Ueberschritten die Franzosen den Rhein, um Heidelberg zu entsetzen, so war die langverzögerte Kriegserklärung gegen den Kaiser erfolgt. Dies herbei zu führen, brachte endlich Bernhard durch seine zweideutige Aeußerungen und sein schwankendes Benehmen, durch welche er die Schweden und Franzosen in steter Furcht und Hoffnung hielt, zu Wege. Am 23. Dezember endlich zog Bernhard von Mainz nach Mannheim und langte am 24. an der Bergstraße an. Schon am 22. aber war der Vortrab der Franzosen unter Puysegur über den Rhein gerückt und hatte den Weg nach Heidelberg eingeschlagen. Jetzt war der entscheidende Schritt geschehen und der offene Bruch zwischen dem Kaiser und Frankreich vollbracht.

Von dem Commandanten des Schlosses, der wie oben gemeldet, in Frankenthal war, geführt, näherten sich die Franzosen unvermerkt dem Heere der Belagerer und trieben dieses so in die Enge, daß es froh sein mußte, in leiblicher Ruhe abziehen zu dürfen. Unsre Quelle sagt über diesen Hergang [*]:

---
[*] Theatr. Europ. III, 893 und 894.

Auf Teutschland aber unserer Ordnung nach zu kommen, kompt und langs herunter am Rheinstrom am ersten für Heydelberg, welches zuvor quittirt warb, die weil die Kayserischen beß Schlosses nit möchten mächtig werden. Es haben aber die Kayserischen noch einmal ihr Heyl daran versucht: und ist mit dieser letzten Beldgerung es also hergegangen, weil diejenigen berichtet, so in allem mit und babey selbsten gewesen.

Den 3. Dezember seyend die Kayserischen mit großer Macht und vielem großen Geschütz abermahl vor Heydelberg wieder angekommen, denen der Stabt-Rath entgegengeschickt, weil sie sich wider solchen Gewalt nicht haben aufhalten können, umb guten Accord gebetten, die daßelbe zugesagt, aber übel gehalten.

Den 3. Dezember sind sie die Kayl. wiederumb allenthalben umb das Schloß gezogen und innerhalb 8 Tagen, so ein muthiges unaufhörliches Schießen und Feuerwerffen verbracht, welches nicht genugsam zu beschreiben, aber ist aller Gewalt mit Schießen und Feuerwerffen glücklichen, und ohne Schaden abgegangen und nur das Hauß hin und wieder durchlöchert, unterdessen haben Obrist Abel Moda und Oberster Leutenant Hund allen möglichsten Fleiß angewendet, umb einen förberlichen Entsatz und diejenigen Officierer, so das Commando unterbeß und im Abwesen gehabt, allen Fleiß gethan und Mittel gesucht, mit Schanzen und allerhand Wiederstand sich so lange aufzuhalten.

Den 12. kam das Französische Volk und Obrister Abel Moda und Herr Obrist Leutenant Hund, mit 12,000 Mann Französisch Volk und schlug sie umb das Schloß hinweg, bekommenen 12 Stück Geschütz, als nemlich 6 halbe Carthaunen, 3 Feld-Schlangen drey 6 Pfündige und 1 Feuermörsel und blieben zwar der Kayl. auff die 80 Mann, dem Obrist Abel Moda nit mehr dann 6 Mann und hat sich die Kayl. Macht in die Statt retiret, zündeten die Vorstatt an; damit die Franzosen nit solten hinein kommen und verbrandten uff 76 Häuser, und war ein solches Schließen vom Schloß in die Statt, und grosses Feuer, daß männiglich gemeinet hat, die ganze Statt werde zu grund gehen, und viel Leut aus ihren Häusern gelauffen über die Brück, auch Kinder verlohren worden, deren etliche naher Schönau kommen, und inner 8 Tage erkundigt werden.

Den 13. schickten sie einen Trommenschläger zu den Franzosen und Obrist Abel Moba, und ließen umb Accord bitten, welches ihnen uff gewisse Conditiones ward versprochen, als aber solches denen in der Statt nit annemlich gewesen, zogen sie wieder in die Quartier, darauff ihnen angezeigt worden, sich in zweyen Stunden zu erklären, ob sie ausziehen wollen oder nicht, als haben sie abermahl in der Statt geplündert, und deß Nachts umb 10 Uhr über die Brücke den Neckar hinauff ihren Weg genommen.

Darbey auch das für gefallen, daß als bemelten Freytags, war der 12. Dezember die Französische Armee mit dem Obristen Abel Moba so unversehens vor Heydelberg angelangt, und Obrist Moba benebenst vielen Französischen Hohen Officierenn im Vorzug über den Berg bey Rohrbach biß an die Kaiserliche und Bayerischen Battereyen kommen, auch viel nieder gemacht und die Stück erobert, daß solches die Belägerten befrembdet, auch was die Ursach sey, solches der Franzosen Anzugs, da man sich solches der Franzosen Anfalls als Freunds nicht versehen hätte. Als ist ihnen geantwortet worden, daß Ihre Königl. Majest. in Frankreich diesen Ort in Ihre Königl. Protection genommen, sollen derowegen die Belägerung alsbalden quittiren, oder sich des Aeussersten versehen, sollen auch wissen, daß wo sie nicht Kayserliche sondern Lothringische, sollen für keinen Accord haben, dann ihr König den Lothringer als seinen Feind und alle die ihnen Assistenz leysteten, biß auf das äußerste verfolgen wolte. Es war aber der Kayserl. Succurs allbereit biß an die Bergstrassen ankommen, deren sie gern erwartet und derowegen den Abzug verzögerten, die weil aber die große Stück alle angeführt, alle Regimenter an bequeme Ort zum Sturm fertig gehalten, auch die Stück auß dem Schloß alle auff die Statt gerichtet, als haben sie wie gemelt, den Abzug genommen und haben deß vertrösteten anziehenden Succurs nicht erwarten können. Giengen in ziemlicher Confusion fort und zwar der Obrist Mercy gar tödlich verwundet, und auff einem Wagen auß Heydelberg geführet, also daß man auch an seinem Leben zweiffelte.

Den 14. biß seyend Ihr. Fürstl. Gn. Herzog Bernhard mit 10 in 11,000 Pferden und 2000 zu Fuß herbey kommen. Und war der Herzog von Rohan mit einer starken Armee noch in der nähe vorhanden. Unter all solchem Verlauff haben sich die Kayserisch- und Bayerische der gantzen Bergstraße bemächtigt, und daherumb alles in ihrer Gewalt gebracht. U. s. w.

Für die Pfälzer und die Bewohner Heidelbergs insbesondere war diese Besitznahme durch die Franzosen keineswegs ein Vortheil oder eine Erleichterung; „die Franzosen verloren auch ihren Ruf einer bessern Ordnung und Zucht; das Elend steigt in diesem Lande von Tag zu Tag." [5])

Das Jahr 1635 brachte zu diesem Elende noch den Prager Frieden zwischen Sachsen und dem Kaiser; dadurch waren die Protestanten getheilt, die Schweden im Norden gehemmt, Herzog Bernhard von seinem Zug nach dem Maine zurückgedrängt. Der kühne Abel Moda erschien plötzlich wieder am Rhein, nahm Speier, durchzog die überrheinische Pfalz und kehrte erst in Folge eintretender großer Kälte auf das rechte Rheinufer zurück. Die Franzosen und Bernhard mußten sich nach dem linken Rheinufer zurückziehen.

Die diesseitige Pfalz war also gänzlich von Truppen der Verbündeten entblößt; die wenigen Regimenter, die unter Oberst Schmidtberg in Mannheim lagen, die kleinen Besatzungen auf den Schlössern zu Heidelberg und Dilsberg konnten den Zug der herannahenden kaiserlichen Truppen nicht aufhalten.

Der kaiserliche Feldherr Gallas näherte sich mit 20,000 Mann, besetzte Heidelberg und die Umgegend bis Mannheim; am 11. Juni bedrängte er schon zwischen Speier und Philippsburg den Herzog Bernhard, vom Niederrhein her drohte Picolomini. Bernhard versah eilig die festen Plätze mit Besatzungen und zog sich vor der Uebermacht der Feinde gegen die Saar zurück; mit ihm zogen der Administrator und die pfälzischen Räthe, die in Frankenthal eine Art Landesreglerung vorgestellt hatten; sie nahmen auch den Leichnam des Churfürsten Friedrichs V. mit sich: er fand seine endliche Ruhe in fremdem Lande in Metz.

Abermals waren diesseits des Rheins die Schlösser Heidelberg und Dilsberg allein nicht in Feindes Gewalt. Allein ihre Besatzun-

---

[a]) Rusdorf, 61. Brief vom 6. Januar 1635.

gen waren schwach, Hungersnoth und ansteckende Krankheiten brachen aus und der Commandant Abel Moba schloß deßhalb mit dem kaiserlichen Oberst Breuner eine ehrenvolle Capitulation ab, wodurch abermals die Pfalz, mit Ausnahme von Frankenthal und weniger Punkte auf dem linken Ufer, in kaiserliche Hände übergegangen war.

Unsere Quelle berichtet hierüber:[a])

Demnach der Röm. Kayß. auch zu Hungarn und Böhmen Königl. Mayest. durch dero unterhabendes Kriegsvolck, die ex parte der Königl. Cron Schweden und Unbern Pfalz uff dem Schloß Heydelberg und der Vestung Dilßperg liegende Guarnison dermassen ploquirt und eingesperrt, daß ihnen dardurch alle Mittel und Weg zur Provlantirung benommen worden, dahero in Ermangelung deren und allerhand anderer Nothdürfftigkeiten, insonderheit auch weilen sie sich dieser Zeit einigen Entsatzes nicht zugetrösten, noch die wenigste Hoffnung gehabt, selbige beyde Posten, bevorab bey einreissender Infection[1]) länger zu besetziten, ihnen unmüglich fallen wollen, als hat zuvorderst wegen allerhöchstgedachten Kayserlichen auch zu Hungarn und Böhmen Königl. Mayest. dero Kammerer und über ein Regiment Hochteutsches Fußvolck, bestellter Obrister, der Hochwolgeborene Herr, Herr Philips Friederich Breuner, Freyherr auff Stübingen, Flatzmütz und Rabenstein, Erbcammerer in Oesterreich unter der Enß, mit dem Wol-Edel-Hochgebornen Abel Moba der Königl. Cron Schweden, auch Evangelischen Ständen bestellten Obersten, als Commandanten obbemelter beyder Orthen, sich hernach folgenden Accords Puncten verglichen und beschlossen:

1. Sollen beyde auff gemelbten Schlössern Heydelberg und Dilßperg liegende Mob- und Kolbische Regimenter, wie auch die darin sich befindende Pfältzische Compagnyen zu Fuß sampt allen den darin jetzt gemelbt anwesenden Officirern und Solbaten, benebens auch dem Englischen Cavallier Gromville, welcher sich nirgends mit diesem Wesen eingemenget, sondern nur umb Besichtigung dero Landen hiehero kommen, der freye Abzug mit fliegenden Fähnlein, Ober und untergewehr, offenen Trommelschlag brennenden Lunten, Kugeln im Mund,

---

[a]) Theatr. Europ. III. 510 und 511. Vgl. auch Khevenh. XII, 1759.
[1]) Ansteckender Krankheit.

Baggagy, Sack und Pack, auch sich mit einander conjungiren, und
alsdann zugleich abzuziehen verstattet: jedoch in demselben keine ver-
dächtige oder in diesem Accord nicht begriffene Personen, auch dero
Mobilien oder etwas anderes, so ihnen den abziehenden nicht zuständig, eingeschleicht und versteckt werden.

2. Hingegen aber sollen des Züllartischen Regimentsangehörige
und der Zeit anff dem Schloß Heydelberg anwesende Officirer und
Reuter, neben ihren Standarten, in diesem Accord nit begriffen:
sondern hiervon gantz ausgeschlossen seyn.

3. Und den Abzug besto mehr zu honoriren, seynd ihnen zwey
begehrte Feld-Stücklein, zu 2 Pfund, neben zween Centner Pulver
und zween Centner Lunden, und ein Centner Kugeln mitzuführen
bewilligt.

4. Wellen bieser Zeit, weder in der Statt Heydelberg, noch auff
selbiger Landschafft keine Pferdt vorhanden, das löbliche Preunerische
Regiment auch der ihrigen selbst vonnöthen, als hat ihnen mit dem
begehrten Vorspann und Wägen nicht Willfahrt werden können, jedoch ist hiemit abgeredt, daß den hinterbleibenden krancken, auffs
best und müglichst der Verpfleg- und Abwartung halber, Verord-
und Anstellung geschehen solle, damit sie künfftig ihren Compagnyen
zu Schiff wiederumb nachfolgen können.

5. Das begehrte Proviandt hat man von hierauß den abziehen=
den, in Bedendung, daß das Getrayd nun mehr reiff, und sie bessen
hierumb ein Notturfft selbst befinden werden, nicht verwilligen können,
jedoch aber hiemit versehen, daß ihnen unter mehrendem March aller
Orthen die behuffliche Proviandt-Notthurfft gefolget werden solle.

6. Im abziehen berührter beyder Oerter sollen die jenige Solbaten, so sie bevor der Röm. Kays. auch zu Hungarn und Böhmen
Königl. Majest. somol der Katholischen Ligä gedient, sie werden von
den Officirern erkannt oder nicht, beyseyts tretten, auch die ihrem
eygenen belieben nach, ungezwungen Dienst anzunehmen begerten,
niemand außgetauschet, noch außer ihren Trouppen mit Gewalt genommen werden, es wäre dann, daß ein Kayserlicher oder Ligistischer
Knecht erkandt, und hierüber zu kommen sich weygern würde, jedoch
alles in beysein beyderseits Officirer.

7. Die in benandten beyden Schlössern vorhandene Adeliche

Ampt- und andere Perſonen, ſollen an jedwedern Orth, in zwey oder drey Zimmern ſo lange verbleiben, biß man ſich allerſeits informiren und Beſcheyds erholen, alsdann mit ihnen aller Diſcretion nach, gehandelt werden ſolle.

8. Ingleichen ſollen die Conſtabel, Zeugwarter, Mäurer, Zimmer- und andere Handwercks-Leuthe, wie auch alle übrige, anweſende Geiſt- und Weltliche, mit den Bürger- und Bauers-Perſonen, wer die auch ſeyn mögen, umb beſonder Confuſion willen, ſich in drey oder vier Zimmer auff ſolchen beyden Häuſern enthalten und aller Billigkeit zu verſehen haben.

9. Alle Kayſ. gefangene Soldaten, ſowol andre Kayſ. und Chur-Bayeriſche Diener und Unterthanen auff beyden Schlöſſern, ſo vielleicht einiger Aufflag beſchuldigt werden möchten, ſollen ohne einige Ranzion loß gehen.

10. Dann ſolle einen Tag vor dem völligen Auffbruch, die Viſitation auff den Schlöſſern Heydelberg und Dilſperg durch gewiſſe verordnete Kayſ. Officirer geſchehen und alle Munition, Stück, Gewehr und alles anders zur Defenſion gehörig, nichts außgenommen, neben aller Proviandt, wie auch alle Archiven und Prieffliche Documenta, ſo J. Kayſ. Maj. Chur-Pfalz, und andre Benachbarte betreffende, mit einer Deſignation treulich und ohngefehrde überliefert und eingeraumbt: auch darbey alle gebaute Minen, verborgene gantze gelegte Feuer, umb Unfall zu verhüten, gezeigt werden.

11. Die Convoy ſolle begehrter maſſen durch einen qualificirten Kayſ. Officirer, als Oberſten Leutenandt oder Hauptmann, mit ein hundert und fünffzig Tragonern beſtellt: und biß nach der erſten Nieder-Sächſiſchen Armeen ſicherlich begleytet werden.

12. Zur Verſicherung der Convoy: Item wegen der verborgenen gebawten Minen, gelegten Fewer, heimlichen Gängen, Ueberantwortung der Proviandt, Munition, Stück und Gewehr, wie ſolches Namen haben möge, ſolle von den abziehenden, ein Oberſter Leutenant und Hauptmann, oder nach dero belieben zween qualificirte Hauptleuth allhier zu Heydelberg oder bey dem löblichen Preuneriſchen Regiment zu Geiſſeln hinterlaſſen, und dann ebenmäſſig nach deren Convoy ſicher Zurückkunfft von den Kayſerl. zu den ihrigen gleich-mäſſig übergebracht werden.

13. Einen Tag vor dem gänzlichen Abzug, ist ordentlich abgeredt, daß die außziehende den Kayserischen das Ballenhaus biß zu der Pfausen im Schloß, zu ihrem Port würcklich einraumen und abtretten sollen.

14. Und schließlichen, ist zu solchem Abzug der Garnisonen beyder Schlösser Heydelberg und Dilßperg, wie oben specificirt, beschlossen und bestimpt, der nechstkünfftige Freytag, welcher wird seyen der 17. 27. Julii, vormittags dieses jetzt lauffenden Jahrs, alles ohngefehrde und Argelißte.

Zu dessen mehrer Versicherung, auch steth- und fester Haltung, ist dieser Accord mit Ratification beyderseits Capitulanten ordentlichen unterschrieben: und mit Vortruckung ihrer gewöhnlichen Insiegeln confirmirt worden: zu Heydelberg, den 24. 14. Julii 1635.

P. F. Preuner.   Abel Moba.

D. Der Ausgang des dreißigjährigen Krieges.
1636—1648.

Das Glück schien den französischen Waffen untreu geworden zu sein; zehn Tage vor der Uebergabe des Heidelberger Schlosses war auch Kaiserslautern von den Kaiserlichen genommen worden; im Oktober folgte Frankenthal durch Capitulation. Jetzt verließ auch die Besatzung von Mannheim die Stabt: die kaiserliche Herrschaft über die Pfalz war deshalb befestigt. Der Kriegsschauplatz wandte sich nach andern Gegenden; aber die Pfalz hatte durch die zuchtlosen Kriegshorden des erbitterten Feindes, welcher das Land besetzt hielt, furchtbar zu leiden.

Ein Decret vom 14. November 1635 wies „alle calvinischen und lutherischen Prädicanten sammt ihren Weibern, Kindern und Gesinde" aus dem Lande,[a] die Universität und die andern Lehranstalten geriethen völlig in Verfall. „Man mordete aus Genuß und Zeitvertreib", man suchte alle Arten schrecklicher und bis jetzt unerhörter Martern hervor, um das arme Volk zu quälen; Schändungen der Frauen jeden Alters, selbst kleiner Kinder, Plünderungen

---
[a] Struve, Kirchengesch. 678.

sind nur Kleinigkeiten. Selbst der Regent des Landes, Pfalzgraf Ludwig Philipp, seine Umgebung, seine Räthe, konnten sich ohne Bedeckung nicht eine halbe Stunde von der Stadt entfernen, wenn sie sich nicht den Mißhandlungen ihrer „Beschützer" preisgeben wollten. „Das Land ist völlig ruinirt, alle Lebensmittel aufgezehrt, das nicht Verzehrte unbrauchbar gemacht, das pfälzische Land gleicht einer arabischen Wüste; alle Liebe der Unterthanen gegen ihren Fürsten, aller Gehorsam ist dahin, weil sie sehen, daß man sie vor Mord, Druck, Peinigung und barbarischer Gewaltthat nicht schützen kann. Wir selbst hören nichts als tägliches Jammern und Wehklagen, die armen Leute rufen unsre Hülfe bei Gott und allen Heiligen an, aber wir können nichts, als mit Thränen und Seufzen ihnen Trost zusprechen."*)

So hausten die Verbündeten und Freunde; wie machten es erst die Feinde; die Jahre von 1635 und 1636 an sind ganz eigentlich die Zeiten der wilden, herrenlosen Soldatentyrannei, der blinden, planlosen Zerstörung und des unnennbaren Elendes, das die Phantasie sich nicht malen könnte, wenn nicht schlichte Zeugnisse von furchtbarem Gewicht uns die Farben dazu gäben. Alle sittlichen und häuslichen Bande waren aufgelöst, die innere Verwahrlosung der ganzen Generation, die schreckliche Rohheit und wüste Genußsucht, die raffinirte Grausamkeit und alle Greuel eines räuberischen, abenteuernden Soldatenlebens sind Züge dieser Zeit.[10]

An dem Elende, das über dem ganzen deutschen Vaterlande lag, hatte die Pfalz ihren vollen Antheil. Hungersnoth und Pest zeichneten die Jahre 1636—1638 aus; vielfach stillte man den Hunger mit Wurzeln, Gras und Baumblättern; gefallene Thiere vom Schindanger mußten zur Nahrung dienen; ja man mußte Galgen und Kirchhof bewachen, um sie vor dem Diebstahl der Hungernden zu schützen; Leichen der Kinder waren vor der Gefräßigkeit der Eltern nicht sicher, der Leichenfraß war überhaupt nichts Seltenes.

In der Pfalz und im Elsaß, den blühenden Gärten Deutschlands voll überströmender Fruchtbarkeit, zogen die Wölfe heerdenweise

---
*) Nach den Berichten eines Augenzeugen: Rusdorf an Elisabeth, Brief S. 490. [10]) Haeusser, Gesch. d. Pfalz. II. 639. Simplicissimus, IV. Capitel.

durch das Land und wurden hier einheimisch, so daß man nach Beendigung des Kriegs und bei der Rückkehr der Cultur und Civilisation ernstlich an ihre Ausrottung denken mußte. Ein Zeitgenosse behauptet, es seien mehr Wölfe durch das Land gezogen, als Bauern auf dem platten Land gewesen.[11]) Ja, man gab die Zahl der in der Pfalz noch übrigen Landleute auf kaum 200 an: so war durch Morden, Flüchten, Pest und Hunger die Bevölkerung gemindert; das lachende Paradies des pfälzischen Landes sah einem veröden Kirchhofe gleich.[12])

Das pfälzische Land blieb bis zum Schlusse des grauenvollen Krieges allen Schrecken desselben preisgegeben. Die Verwaltung des Landes fügte dem Elende religiöse Quälereien hinzu: der Besuch der katholischen Kirchen wurde 1641 bei Geld- und Gefängnißstrafe geboten. Die Bekehrungen wurden systematisch fortgesetzt. Die Jesuiten, Franziskaner, Kapuziner und Dominicaner in Heidelberg äußerten zwar ihre Ansichten dahin: „bei dem dubio belli statu sei ein mehreres zu thun nicht räthlich". Die noch wenigen Protestanten der Pfalz zogen an Festtagen nach den benachbarten protestantischen Orten; ein Decret von München verbot dies „bei unnachläßiger scharfer Strafe."

In Deutschland jedoch kam nach und nach über die Kriegführenden ein Gefühl der Erschöpfung und schon im Juli 1642 ließ der Kaiser seine Zustimmung zu den aufgesetzten Friedenspräliminarien ausdrücken; aber es mußte noch Härteres kommen, bis alle egoistischen Rücksichten durch die allgemeine Ueberzeugung von der Nothwendigkeit des Friedens für Alle, überwältigt waren; auch der Versuch, auf dem Deputationstag zu Frankfurt die pfälzische Sache zur Entscheidung zu bringen, 1643, war erfolglos.

Erst 1644 versammelten sich die Unterhändler der Großmächte in Münster und Osnabrück; aber die Aussichten auf rasche Erledigung und Ausgleichung waren gering. Man zankte sich um Formen und Formeln in Etikette und Repräsentation; der kleinste, persönliche

---

[11]) Wundt, Gesch. Carl Ludwigs, Zusätze und Beilage I. [12]) Häusser, II. 641 Vgl. auch Kayser, Histor. Schauplatz 428, 435—88.

Egoismus machte sich überall geltend. Die hartgeprüfte pfälzische Fürstenfamilie empfand wenig vom Segen der Friedenshoffnungen. Des unglücklichen Churfürsten Friedrich V. greise Mutter, die 25 Jahre in der Verbannung gelebt und zuletzt bei ihrem Enkel, Friedrich Wilhelm von Brandenburg das Gnadenbrod gegessen hatte, starb im März 1644. Friedrichs V. Wittwe, Elisabeth Stuart, war von Nahrungssorgen bedrängt. Carl Ludwig, der Kurprinz, war auf fremde Gastfreundschaft angewiesen. Die jüngern Brüder fochten unter den Fahnen ihres Oheims für Erhaltung der stuartischen Krone.

Im grellen Gegensatz zu den Vorbereitungen des Friedens stand der Kriegslärm, der jetzt aufs Neue in Deutschland losbrach; auch die Pfalz blieb von ihm nicht verschont. Im September 1644 stürmte d'Enghien Worms, Oppenheim und Mannheim; wenige Wochen darnach freilich mußten diese Städte wieder baierische Besatzungen aufnehmen. Im Jahre darauf, 1645, war der Neckar und Rhein wieder der Kriegsschauplatz. Aus dieser Zeit berichtet eine Quelle:[12])

1645. Juli 12. Hat man wiederumb aus Flandern, daß General Piccolomini wider ein stattlichen Sieg wider die Franzosen erhalten und bey 7000 erschlagen. Hingegen hat man, daß baide Arme, die bayerische und Französische, von einander gezogen, die bayerische sich nach Haitelberg und Mulbrunn begeben. Eadem seind die Erlachische Reiter bis zuor Statt gestraift, allda den Marktleuthen aufgebaßet und bey 30 Bauern mit ihren Früchten, Roß und Kärren gefangen bekommen und die Bauern lassen laufen, die Fruchtsäck aufgeschnitten und die lären Säck allein mit 30 Pferden hinweggeführet.

August 1. Hat man das Anniversarium wegen deren erschlagenen Soldaten am Berg, auch wegen Einnemmung der Stadt, und bishero von Gott vor dem Feind erhalten, zuor Ehr Gottes zwey Aembter von drey Chören mit Trombeten und Heerbauden statlich und musicaliter gehalten in praesentia der ganzen Clerisey Herren Commandanten, aller Officieren, der Universität, des Raths und Bürgerschaft der ganzen Statt.

---

[12]) Thom. Mallinger, Tagebücher bei Mone Quellensammlung II, 600 ff.

Die Verwickelung der Umstände war für die pfälzische Sache sehr ungünstig. Niemand eigentlich war der Wiederherstellung der Pfalz, der Wiedereinsetzung des angestammten Fürstenhauses geneigt; weder der Kaiser, noch Frankreich und Schweden, noch auch insbesondere Baiern waren für die Pfalz gut gesinnt, eigener Vortheil und Länderwucher spornte ihre gesammte Thätigkeit bei den Friedensunterhandlungen an. Die pfälzischen Bevollmächtigten, Joachim Camerarius, Jonas Meislerlin und Philipp Streuf wurden wenig gehört. Da aber die Verhandlungen mehr der europäischen und deutschen Geschichte angehören, so verzichten wir auf ihre Darstellung. Was die Angelegenheit der Pfalz anbelangt, so kam im Friedensentwurf vom April 1645 die Bestimmung hervor, wornach der Pfalz die Oberpfalz entrissen, die erste weltliche Kurwürde gegen die letzte eingetauscht werden sollte, die Bergstraße sollte an Mainz fallen u. s. w. der Katholicismus alle Rechte und Einkünfte genießen, die Klöster und Orden sollten auf Baierns Verlangen erhalten werden. Die Pfälzer machten dagegen entschieden Einwand, freilich stand hinter ihnen Niemand, der ernstlich ihre Partei ergriffen hätte und für sie eingestanden wäre; die protestantischen Reichsstände — meist Lutheraner — unterstützten die Sache der reformirten Fürstenfamilie nur lau. Als man im Juli 1647 die Verhandlungen neu aufnahm, war man schon ziemlich einig geworden, Schweden verlangte für die Lutheraner, Frankreich für die Katholiken freie Religionsübung.

Endlich am 24. Oktober 1648 kam der westphälische Friede zu Stand, der für Deutschland ebenso unglücklich war, als der dreißigjährige Kampf, aus dem er hervorging. Die kirchliche Gleichheit aller drei christlichen Confessionen ward proclamirt, der deutsche Reichsverband aber durch Anerkennung landesfürstlicher Souveränität zerrissen, im Norden und Westen wurden vom Reichslande deutsche Provinzen losgetrennt.

Die alte rheinische Kurwürde verblieb Bayern, wie auch der Besitz der ganzen Oberpfalz; für Karl Ludwig ward eine achte Kur geschaffen. Die rheinpfälzischen Besitzungen kamen alle an ihn zurück, wie sie ums Jahr 1618 waren, mit Ausnahme der Aemter an der Bergstraße. Auch wurden die andern geächteten Glieder seiner Familie in ihre ursprünglichen Rechte wieder eingesetzt.

Die Kirchenfrage wurde durch eine sehr bedenkliche Bestimmung für die Pfalz ungünstig entschieden. Das allgemeine Gesetz kirchlicher Duldung enthielt nämlich die Ausnahme, daß alle die, welche nicht in dem Normaljahre 1624 kirchliche Toleranz gehabt hatten, oder später ihren Glauben wechselten, keines andern Rechtes sich erfreuten, als der traurigen Erlaubniß des Auswanderns.[14] Von dieser Feststellung des Normaljahres schien die Pfalz ausgenommen, weil sie so restaurirt werden sollte, wie sie „vor den böhmischen Unruhen," also 1618 sich befunden hatte. Auf der einen Seite ward also das den Protestanten ungünstige Normaljahr 1624 im Allgemeinen aufgestellt, aber auf der andern Seite für die Pfalz die scheinbar günstige Bestimmung gemacht, Alles zu lassen, wie es 1618 war, d. h. den Reformirten das Recht der kirchlichen Trennung allein eingeräumt. Wahrscheinlich bezweckte man das damit, um später behaupten zu können, die Pfalz habe eigentlich gar kein Normaljahr und die katholischen Kurfürsten aus dem Hause Neuburg schämten sich in der That nicht, im Laufe des 18. Jahrhunderts gegen den Protestantismus von dieser ächt jesuitischen Sophistik Gebrauch zu machen. Die Duldung der drei christlichen Confessionen blieb so lange ein Zankapfel für die Pfalz, der rührig ausgebeutet wurde, und erst, als die pfälzischen Gebiete im Anfange unsres gegenwärtigen Jahrhunderts badisch geworden waren, wurde die Bestimmung des westphälischen Friedens über die religiöse Duldung der drei christlichen Confessionen in jenen Gebieten zur That.

Carl Ludwig sah wohl ein, daß er nicht mehr erlangen konnte und, wiewohl ungern, fügte er sich in die Friedensbestimmungen; wie ihm dabei zu Muth war, bezeugte eine Münze, die er damals prägen ließ: er selbst stand geharnischt da, der pfälzische Löwe lag ermüdet zu Boden, aber trotzig lautete die Umschrift: Cedendo non cedo.

---

[14] Häuffer, II, 579.

XL.

Städtische Urkunden aus der Zeit Ruprechts des Aeltern und Jüngern.
1353—1398.

1. Wie die Stadt Heidelberg dem Herzog Ruprecht und allen seinen Erben ewig geschworen hat. 1357.

Wir die Bürgermeister der Rat und die gemeinde gemeinlichen der Stalt zu Heydelberg arm und Riche wie sie genant sind, tun kunt für uns und alle unser Erben und nachkommen und allen den die disen Brif sehent oder horent lesen,[1]) daz wir dem durchlauchtigsten und hochgeborn Fürsten unsirm liben gnedigen Herrn Herrn Ruprecht dem Eltern, Pfallentzgrafen zu Ryne des Romischen Richs obirster Truchseze und Herzoge zu Bayern mit guter truwen globt haben[2]) und bey[3]) zu den Heiligen gesworn[4]) allez daz[5]) veste[6]) zu halten und zu haben alz[7]) hernach geschriben stet.[8]) Zu dem ersten globen wir unserm vorgen.[9]) Herrn für uns und alle unser Erben und nachkommlinge daz wir gehorsam sullen[10]) und wollen sin unsirm egen. Herrn ober seinen Erben ob er nit enwerre mit aller unsir macht und mit hebe und mit gute alz eygen lute[11]) irem rechten Herrn billicher tun sollen. Anderwert globen wir ime und sinen Erben ob er nit enwerre, daz wir und alle unsir Erben und nachkommlinge ymmer ewidlichen schirmen und befrieden sollen und wollen alle die by hinter unserm vorgen. Herrn ober sinen Erben ob er nit enwere in der Stat zu Heydelberg sitzend ober wonend[12]) ober hernach da selbez[13]) sitzende ober wonende werdent ez sin[14]) Cristen Pfaffe ober leyen[15]) geistlichen ober wertlichen[16]) ober Juden wie sie genant sin wider allermenniglich nymans uzgenommen[17]) ane[18]) unsere vorgen. Herrn obir sine Erben ob er nit enwerre

---

[1]) lesen hören. [2]) mit guter Treue gelobt haben. [3]) beidwegen. [4]) geschworen. [5]) alles das. [6]) fest. [7]) als. [8]) steht. [9]) vorgenannten. [10]) sollen. [11]) als Eigenleute, d. h. Leibeigenen. [12]) d. h. die Hintersassen. [13]) daselbst. [14]) es seien. [15]) Laien. [16]) Weltliche. [17]) Niemand ausgenommen. [18]) ohne.

und fine ober feiner Erben gefchworen amptlute ¹⁹) von finen
ober von iren wegen. Wir verihen ²⁰) auch daz wir immer und
eweklichen keyne Bürgermeifter noch Räthe in der Stat zu Heydelberg
gefezen noch entfezen follen noch enwollen an unfirs egen. Herrn obir
finer erben ob er nit enwerre wiffen ober willen ober finer und
finer erben gefworen amptlute von finer ober finer erben wegen
ob er ober fine erben im Lande nit enweren. Auch fal und mag
unfer vorgen. Herr ober fine erben ob er nit enwere ymmer und
ewidlichen und die Bürgermeifter und Räthen die ignote zu Heybelberg fint ober hernach bafelbez einemen werbent fetzen und entfetzen
wenn daz unferm egen. Herrn ober finen Erben fugel und eben
kommet ²¹) ober in und finen Erben daz dunkel, ²²) daz es in ober
irre Herrfchaft ²³) nutze fey. Wir verihen auch für uns und die
ignote in der Stat zu Heydelberg fitzent und wonend ober hernach
da felbez Innemen fitzende und wonende werbend fie fin arm obir
Ryche obir wie fy genant fyn, wer da ubir achtzehn jar alt ift obir
wirdet daz der zu den heyligen fchweren fol alles daz wir gefworen han
daz biefer brief befaget. Und daz felbe ftellen wir alle ftonenvaften Rugen ²⁴) uf den Eyt alz wir daz wiffen an geverde ²⁵) an unfere egen. Herrn
gerichte obir finer Erben ob er nit enwere obir vor finen ober finer Erben
gefworn amptlute von wen weren an geverde und wer daz ignot oneher
nach nit lete zu allen geziten ²⁶) noch bit brifs befagungen ²⁷) daz des ober
der lyb ²⁸) und gut verwallen ²⁹) fin fol unferm vorg. Herrn obir finen
Erben. Und dar nach foll er und die Erben die Stat zu Heydelberg ewidlichen Rumen ³⁰) uf unfire egen. Herren gnabe obir finer erben. Wir
verihen auch daz wir und alle unfere nachkommilnge uuferm vorg.
Herrn und finen erben ob er nit enwere und iren gefworen ampt-
luten von iren wegen gehorfam und beholfen fin folle und wolle alz
eyne lute ³¹) Irem rechten Herren billichen inn fullen und als unfre
uns daz unfir egen. Herrn heyzet ³²) obir fin erben ob er nit enwere an
geverde. Wir verihen uns ouch für uns und alle unfer nachkommlinge baz wir nach fie nunoch hernach) ³³) nimme ewidlichen keinen

---

¹⁹) freidigte Amtleute = Beamte. ²⁰) verfprechen. ²¹) füglich und recht
kommt. ²²) das (recht) dünkt. ²³) ihnen ober ihrer Herrfchaft. ²⁴) rügen, d. h.
Ruggericht halten. ²⁵) ohne Hinterlift. ²⁶) Zeiten. ²⁷) Ausfagen. ²⁸) Leib. ²⁹) verfallen. ³⁰) ewig räumen = verlaffen. ³¹) Eignen Leute. ³²) heißet = befiehlt.
³³) weder jetzt noch hernach.

fatz noch gebot in der Stat zu Heydelberg setzen noch gemachen sollen noch en wollen an unsers egen. Herrn willen ober wissen ober siner erben ob er nit enwere ober siner und siner Erben obirsten amptlute von sinen ober siner Erben wegen. Alle diese vorgeschriebene stucke und artikel und so iclliche besundere haben wir die Bürgermeister, der Rat und die gemeinde gemeinlich zu Heydbilberg unserm vorgen. lieben gnebigen Herrn Herzogen Ruprecht dem Eltern und allen sinen Erben fur uns und alle unser Erben und nachkommlinge gelobt mit truwen an Eydes stat und daz zu dem heiligen gesworn gestabte Eyde stete und veste und unverbrochenlichen ewidlichen zu halten und zu haben alles daz in disem briefe geschrieben stet an alle gewerbe und argelist. Dez zu urkunde und zu merer sicherheit alle oben vorgeschriebene stucke und artikel und ir iclicher besunder haben wir die bürgermeister, der Rat und die gemeinde gemeinlich zu Heydelberg unserm vorg. Herrn Herzog Ruprecht dem Eltern und allen sinen Erben fur uns und alle unser nachkommlinge disen brief versigelt mit der stete Jngesigel [34] zu Heydelberg und mit Jngesigeln der erbaren strenge Rittern Herrn Engelhartes vom Hirtzhorn des Eltern, Herrn Reinhartes von Sickingen und Herrn Heinrichs von Erlinkeim des Eltern die wir darumb alle dru [35] ir Jngesigel zu unserm egen. stete Jngesigel zu gezucknuße [36] an disen brief hant gehenket. Und wir Engelhart vom Hirtzhorn der Elter, Reinhart von Sickingen und Heinrich von Erlinkeym der Elter erkennen uns offenbar an diesem brief daz wir durch sunderliche bitt willen der burgermeister des Rathes und der gemeinde gemeinlich zu Helbelberg han unser eygen Jngesigel zu irme egen. Stete Jngesigel zu gezugnuße an diesen brief gehangen. Der geben ist do man zalt nach Christus geburt druzehn hundert jar darnach in dem siben und funfzigsten Jare an sand Paulstag dez aposteln alz er bekert wart. [37]

Der Inhalt dieser Urkunde ist kurz:
1. die Stadt Heidelberg gelobt dem Pfalzgrafen Ruprecht für sich und die beiderseitigen Nachkommen Gehorsam und Schutz mit

---

[34]) Stadtsiegel. [35]) drei. [36]) Zeugniß. [37]) Die Urkunde steht im Pfälzer Copialbuch II. fol. LX. zu Karlsruhe.

Hab und Gut, wie dies die Unterthanen ihrer rechtmäßigen Herrschaft schuldig sind.

2. die Stadt gelobt, alle Einwohner derselben, besonders die pfalzgräflichen Hintersaßen, es seien Christen, Priester oder Laien, Geistliche oder Weltliche, — oder Juden zu schützen und schirmen gegen Jedermann, ausgenommen gegen den Pfalzgrafen selbst oder seine Beamten.

3. die Stadt gelobt, keinen Bürgermeister und Rath zu setzen oder zu entsetzen ohne Wissen und Willen des Pfalzgrafen oder seiner Regierung. Ernennung und Absetzung stehet allein der Regierung zu.

4. Alle Einwohner der Stadt, ohne Ausnahme, die über 18 Jahre alt sind müssen dasselbe geloben und schwören, und zwar alljährlich ein Mal auf Frohnfasten beim Ruggericht, in Gegenwart der herrschaftlichen Beamten. Wer gegen seinen Eid fehlt, ist der Herrschaft mit Leib und Gut verfallen und muß die Stadt ewig verlassen.

5. die Bürgermeister und der Rath geloben, die Anordnungen der Regierung getreu zu vollführen.

6. Deßgleichen geloben sie, weder Steuer noch Gesetz zu machen ohne der Regierung Wissen und Willen.

---

2. Ruprecht der Aeltere und Jüngere geben der Stadt Heidelberg Privilegien.
1368.

Wir Ruprecht der Elter von Gottes Gnaden Pfalzgrave bey Rhein deß heiligen Römischen Reichß Oberster Druchseß und Herzog in Bayern; und Wir Ruprecht der Jünger, von denselben gnaden Pfalzgrave bey Rhein und Herzog in Bayern Bekennen offenbahr mit diesem Brief und thun kundt allen Leuthen, die Ihn immer ansehen oder hörendt lesen, daß Wir mit wohl vorbedachten Muthen [*)] und Sinnen mit Rath unsers Rathes [**)] undt mit rechter Weißen durch scheinbahres Lobs frummen Ehren undt Ewigs Nutz willen

---
[*)] Rath.   [**)] Geheimer Rath.

— 241 —

bie uns unbt unfer Pfalß bavor kommen fein inn zue kommenden Zeiten ewiglichen kommen follen und mögen, Sunberlichen auch baß nun unbt hernach ewiglichen ein Pfaltzgrave wer ban zue Zeiten ift, unb auch unfer Pfaltze mit ben Leuthen bie barzu gehören ober hören werben, fich beffen baß bsfrieben⁴⁰) unbt ihr Manne unb Bürgermanne bey recht behalten mögen, überkömmen unbt über ein worben fein einbrächtiglichen, eigentlich unbt ewiglichen, vor unß unbt unfer erben unbt Nachkommen Pfaltzgraven bey Rhein ber gefetze orbnunge, gemechte unb statuta bie hernach gefchrieben Stehen. Das ift zum erften unbt mit Nahmen wollen wir baß Staleckhen bie Beften oben uff Bacherach gelegen unbt bie Stabt Bacherach, Siege ber hal unbt Stallberg bie Veften babey gelegen, Cubeburg⁴¹) unb Statt unb bie Veften Pfaltzgravenftein in bem Rhein gelegen, Fürftenberg bie Beften Rippach unb Mannebach bie bele, Altzey, bie Veftenburg unb Statt, Neuenftabt bie Statt unbt Wolffsberg bie Veften bahlnten gelegen, Mannhelm bie Veften uf bem Rhein gelegen, Weynenhelm bie Veftenburg unb Statt, Linbenfelß bie Veftenburg unb Statt, bie **zwo Veften Heybelberg oben über bie Statt Heybelberg gelegen unbt bie Statt Heybelberg**, unbt Dielsperg Burg unb Statt **ewiglichen bey ber Pfalß verpleiben follen unbt wir noch tein Pfaltzgrave nach unß follen ber obigen Veften Stette**, ober Dehler, immer taine von ber Pfaltz verkauffen, verpfänben, verfetzen, verwechfeln, hinweggeben ober vor unfer Seelen Heil verfetzen noch in teinem anbern weg von ber Pfaltze, weber mit Wiebem⁴²) Morgengabe, mit zu gelbt, mit Döchtern ober mit Weiben ober mit tainen anbern Sachen nutzn ober hernach von berfelben Pfaltze enbtfrembben noch Schaffen geftalten ober Verhengen, bieß fey Samentlichen ober ihre aigene Defunber, von ber Pfaltze entfrembbet werbe, funber ewiglichen unverrucket foln feyn verbleiben bey ber Pfaltze unb au eine Pfaltzgraffen unb baß alles alfo ewiglicher Stehele unb Befte⁴³) gehalten werbe unbt unverrucket plethe, fo wollen wir, baß unßere Burggraven, Amptleute, unßere Leute unb gemelnbe, Arm unbt Relche, ber obgen. unfern Beften, Burgen, Stette

---

⁴⁰) wohl zufrieben geben. ⁴¹) Caub, bie Burg. ⁴²) Wittwe. ⁴³) Stet ober beftänbig unb feft.

unbt Dele, ⁴⁴) bie nun fein ober hernach werben bießen Brieff allezeit, so
bidh ⁴⁵) eß nohtl thuet, Schwehren zu ben Helligen, Resl unbl Stehete
zu halten unbl baß sie kaine Pfaltzgraven halben ober Schwehren
er versproche, gelob unb geheiße benen bau, ehe Sie Ihme hulben
ober Schwehren, bas er Ihnen baß Slehte halten, unbt verbrieffs,
baß in bießem Brieff Stehel geschrieben unbt baß soll geschehen ewiglichen so bidh baß Eleyl geschicht, Sunderllichen sprechen, geloben
unbt geheißen ⁴⁶) wir vor unß unßere erben unbt Rachkommen,
Pfaltzgraven bey Rheln bey unßern fürstlichen Treyen ⁴⁷) unbt wahrheiten, baß wir wieder alles baß, baß hiefür geschrieben stehel, mit
wortten, werkhen, rahle, noch thale, heimlicher noch offenbahr, nimmer
gelhuen sollen, noch Schaffen gelhuen werben, in kaine andere Weiße,
Wann wir unßere Erben unb Rachkommen Pfalzgraven bey Rhein
sollen unb wöllen sie ewiglichen bey ben obgen. unßere Trewen und
Wahrheiten unwiederrufflichen, Veste unb Stehele halten, Sunder alles
gesehrbe unb Argelisll, mitt beheltnuß⁴⁸) boch, baß die hochgebohrne
Fürstin Elisabeth von Rahmen unßeres Hertzogen Ruprechts beß
Eltern ehegenannter Eheliche Haußfraun bey Ihrem Wiebem Heibelberg unbl waß Ihr barzue bewiebmet ist, nach Ihrer Brieflage
Ihr Leblage verbleibe sietzen gerumelichen, ⁴⁹) ohne gesehrbe, hinber-
niße und Argeliste, baß zue ewigen Uhrkunbt Vestigkeit und Stetig-
keit geben wir die obgenannte Hertzog Ruprecht ber Elter unb Hertzog
Ruprecht ber Jünger bießen Brieff vor unß unßre Erben unb Rachkommen Pfalzgraven bey Rhein, Versiegell mit unßer Baiber anhangenden Insiegeln. Wir haben auch gebetten, bie Eblen Wilhelm
Graven zue Katzenellenbogen unb Friedrich ben eltern, Graven zu
Leiningen, unßere Lieben Neuen unb getreyen, baß sie zu ewigem
gezeugnuße aller obgenannte Stückhe Punclen unb Arlhikel Ihre
Insiegeln bey bie unßere an bießen Brieff gehangen haben, unbt
wir bie obgenante Wilhelm, Grave zu Katzenellenbogen unb Friedrich
ber Elter, Grave zue Leiningen bekennen, baß wir burch Beibe der
obgenannten unßern Herrn ber Hertzogen gezeugnisse aller obgenannt-
ter Stückhe, Punkte unb Articul, unser Insiegell bey bie Ihren
ahn bießen Brieff gehangen haben, Geben zue Heidelberg beß nechsten

⁴⁴) Thäler. ⁴⁵) so oft. ⁴⁶) verheißen. ⁴⁷) Treue. ⁴⁸) Vorbehalt. ⁴⁹) ruhig.

Sambstags nach Bartholomäustag, Nach Christi Geburth dreyzehenhundert Jahre und in dem Acht und Sechßigsten Jahre. [50]

Diese Verpflichtung der Pfalzgrafen bei Rhein, die obengenannten Besitzungen stets als Stammbesitz anzusehen und zu behandeln, von dem Nichts entäußert werden dürfe, stützt sich auf den Vertrag von Pavia vom 4. August 1329, durch welchen die Pfalzgrafen Rudolf und Ruprecht der Aeltere und Jüngere mit ihrem Vetter, dem Kaiser Ludwig dem Baier eine Ländertheilung bewerkstelligten, und wonach den Pfalzgrafen „die Pfalzgrafschaft am Rhein mit aller Zugehörung und mehrere Ortschaften und Güter in dem Bicebom-Amt Lengenfeld zufielen, und zwar am Rhein namentlich die Beste und Stadt Cubburg, der Pfalzgrafenstein, die Burgen Stalberg, Staleck und Brunshorn, Bacherach, Diebach, Stegen, Mannheim, Heimbach" u. s. w. — ferner „Heidelberg, die obere und niedere Burg und die Stadt, Wissenloch, Burg und Stadt, die Burgen Harfenberg, Oberhaint, Landeser und Thurm und die Pfalz und was dazu gehört, Ralnsberg die Burg, Welersau die Burg, [51] Nennstatt die Stadt, die Städte Illerspach [52] und Ogersheim, und was zu den vorgenannten Burgen, Städten und Märkten gehört" u. s. f. Ludwig der Baier erhielt dagegen für sich und seine Linie Baiern. — Dieser Vertrag bestimmte ferner, daß beide Linien ihre nunmehr getheilten Länder und Güter nicht an Fremde, sondern „nur zu einander verkaufen, auch mit einander zum Schaden des einen oder andern Theils verleihen, versetzen oder verwechseln wollen; daß die Kur oder römische Königswahl zwischen beiden Linien alterniren soll; und daß sowohl die Lande, als der Antheil an der Kur, im Falle des Aussterbens der einen Linie an die andere fallen sollen." [53]

---

[50] Die Abschrift dieser Urkunde findet sich im Generallandesarchiv zu Carlsruhe. Fascikel: „Der Statt Heydelberg Privilegia item Confirmationes. 1368—1613." 316. Sie ist beglaubigt von „Christof Wachholder, kayf. Notarius und procurator zu Heydelberg.

[51] Wersau. [52] Hilsbach bei Sinsheim. [53] Siehe den Vertrag selbst in Freyberg (Lang) Regesta bole. VI, 301.

Unbemerkt wollen wir hierbei nicht laſſen, daß die erſte Gemahlin Ruprechts des Aeltern, Eliſabeth von Namur Heidelberg als Wittum beſaß.

---

3. Das Dorf Bergheim bekommt ſeine beſondern Schützen. 1370.

Wir Ruprecht der eltere etcet. bekennen, daz wir von vnſern beſundern gnaden vnſern armen luden⁵⁴) in Bergheim ſolich gnad dun, daz ſie ſolich gutere in ir mark zu Bergheim gelegen beſchutzen ſollent vnd mogint⁵⁵) mit erbern luten⁵⁶) als ſie die von alter her by vnſernn anchen⁵⁷) vnd vnſern vater beſchutzit haben vnd biz gnad ſol yn⁵⁸) verlibin⁵⁹); vncz an⁶⁰) onſſer widderruffen, was briefe wir furmals vnſſern burgern von Heidelberg von der egenant beſchutzunge geben haben die widerruffen wir mit craft diz briefs, an den vnſer Ingeſigel gehenkt iſt. Orkunde. Datum Heidelberg vigilia ascensionis domini Anno ejusdum MCCCLXX.⁶¹)

⁵⁴) Arme Leute = Leibeigene. ⁵⁵) mögen = die Macht haben. ⁵⁶) Ehrbare Leute. ⁵⁷) Ahnen. Vorfahren. ⁵⁸) ihnen. ⁵⁹) verbleiben. ⁶⁰) ohne. ⁶¹) Im Pfälz. Copialbuch VII, fol. 146. Vgl. zu dieſer Urkunde den Aufſatz „Das deutſche Bergheim bis zu ſeiner Vereinigung mit Heidelberg", Archiv I. S. 65—90; beſonders Seite 90, 93, (4.) 96.

(Fortſetzung folgt.)

Archiv
für die Geschichte
der
Stadt Heidelberg.

Eine Vierteljahresschrift

herausgegeben

von

Hermann Wirth,
ev. prot. Pfarrer in Handschuhsheim, Archivar der Stadt Heidelberg.

III. Jahrgang. I. Heft.

Heidelberg.
Buchdruckerei von G. Mohr.
Im Selbstverlage des Herausgebers.
1870.

I.

Heidelberger industrielle Unternehmungen unter dem Churfürsten Carl Theodor.

1742—1799.

Carl Theodor hatte den Thron des pfälzischen Churfürstenthums mit dem ernstlichen Willen bestiegen, sein Land durch Hebung der Landwirthschaft und Industrie, durch Förderung und Pflege von Kunst und Wissenschaft zu materiellem Wohlstand und zu regem und fruchtbringendem geistigen Leben zu erheben, zum Vorbild anderer Länder zu machen. Ueberall legte er Hand an, wo es galt, diese Interessen wahrzunehmen und die Pfalz nahm einen recht schönen Anfang zu Wohlhabenheit und geistiger Bildung. Und doch war dieser gute Anfang von keinem guten Fortgang; die verschiedenartigsten Ursachen wirkten mit, dem materiellen und geistigen Fortschritt Hemmschuhe anzulegen. Vorerst war das patriarchalische Regierungssystem dem Fortschritt nicht günstig; man glaubte damals noch, es müßte Alles vom Throne herab, und von der Regierung aus angeordnet und geregelt werden: das war offenbar kein Sporn für die Selbstthätigkeit und das Selbstdenken der Unterthanen; vielmehr ein Sporn für Gleichgültigkeit und Trägheit. Sodann waren die Bande noch nicht gesprengt, in welche das Mittelalter das gesammte Leben der städtischen Gemeinschaften geschmiedet hatte. Das Zunftwesen stand noch in Blüthe, und jede Neuerung, wäre sie auch noch so vortheilhaft gewesen, wurde von den Zünften mit mißtrauischen Augen angesehen, weil sie am Bestande derselben, an ihren Vorurtheilen und an dem von ihnen gehegten Kastengeist rüttelte.

Die Zunftschranken wagte man denn auch von Seite der Regierung nicht zu durchbrechen, der Widerstand wäre zu groß gewesen. Da fand man ein Mittel, jene Schranken zu umgehen in der Errichtung von Privilegien für den unternehmenden Unterthanen. Allein auch dies Mittel verfing nicht: es stieß zu sehr an die alte Einrichtung des Steuerwesens an. Der Privilegirte wurde befreit von den Gemeinde- und Staatssteuern, dadurch fiel dem Nichtprivilegirten wieder ein Stück Steuer mehr zu; dies machte ihn mißmuthig und verdrossen, die Last drückte zu hart, während der begünstigte Reiche frei war.

Alles dieses zusammen zog einen Geist der Gleichgültigkeit, des Mißmuths und zuletzt der Widersetzlichkeit groß, der dem französischen Revolutionsgeiste die Thore weit öffnete. An diesem Geiste, der schon sehr frühe in die Pfalz seinen Einzug hielt, erlahmte denn auch bald die Thätigkeit und der gute Wille der Regierung: es war eben eine neue Zeit im Anbruch, die patriarchalischen Zustände, das Zunft- und Privilegienwesen sollte für alle Zeiten begraben werden: der neue Geist hatte aber noch nicht ausgegohren, er war zu neuen Schöpfungen noch unfähig.

Nehmen wir endlich hierzu, daß Carl Theodor, vielleicht die Fruchtlosigkeit seiner Bemühungen aus den angegebenen Gründen einsehend und an ihren Erfolgen verzweifelnd, sich rückhaltlos den Einflüssen eines jesuitischen Regiments und dann zügelloser Genußsucht hingab. Was er mit Sachverständniß energisch begonnen hatte, verlief sich bald in den Sand des Widerwillens des Volkes und seiner eigenen Unlust.

Interessant aber ist es und gewährt einen tiefen Blick in die socialen und moralischen Zustände der Zeit von der Mitte bis zum Ende des vorigen Jahrhunderts, Unternehmungen kennen zu lernen, welche die obige Ausführung bestätigen.

1. Die Riga'sche Seidenfabrik.

Eine ganz besondere Liebhaberei des Churfürsten Carl Theodor war die Seidenzucht[1]; auf alle mögliche Weise war er bemüht, ihr

---

[1] Auf den Seidenbau in der Pfalz lenkte zuerst seine Aufmerksamkeit Josef v. Neuburg, der Schwiegervater Carl Theodor's, der 1729 zu Oggersheim starb.

Eingang und Pflege zu verschaffen. Wie wir weiter unten sehen werden, hatte schon in den 1740er Jahren der Churfürst die Seidenindustrie gepflegt. Aber erst Rigal führte sie im Allgemeinen ein. „Fabricant en soie Jean Pierro Rigal, Directeur der Seidenmanufacturen und Generalinspecteur über die Anpflanzung der Maulbeerbäume im Herzogthum Würtemberg" wendet sich an den Churfürsten unmittelbar mit einer Bitte um Gewährung der Erlaubniß zur Errichtung von Seidenfabriken in der Pfalz, „zur Auf- und Einrichtung allerhand Seidenmanufacturen von dem Entreprenneur", am 6. Oktober 1753, indem er, als Muster, die „Privilegien des Herzogs von Würtemberg für den Seidenbau in seinen Landen," beilegt. Da aber eine im Juni 1754 wiederholte Bitte von dem Ersuchen eines Vorschusses zu dem genannten Zwecke von fl. 10,000 begleitet war, so wurde dieselbe abgeschlagen; jedoch wurde am 18. Juni der bereits in Heidelberg wohnhafte Rigal zum „Hofseidenfabrikanten" angenommen; erhielt im gleichen Jahre den Herrengarten in der Plöck um fl. 167 jährlichen Zins zur Pflanzung und Pflege von Seidenwürmer in 25jährigen Pacht; ja 1757 wurde ihm allerdings gegen Hinterlegung von Seidenwaaren im Betrag von fl. 4213 auf dem Rentamt, ein Vorschuß von fl. 4000 aus der Generalcassa gewährt.

Bereits hatte die Seidenindustrie einen solchen Umfang gewonnen, daß sich eine Compagnie zum Betrieb derselben dem Rigal beigesellt hat, unter der Firma: Rigal u. Comp. Schon früher aber hatte, wie oben angedeutet, eine Seidencompagnie, welche in Durlach ihren Sitz hatte und unter churfürstlicher Genehmigung die Maulbeerpflanzung auf den Wegen von Wieblingen nach Kirchheim und bei Ladenburg, ja auch auf der Schwetzinger Allee hergerichtet hatte, manche Bevorzugung genossen. Der erste Pflanzer war der badenburlachische Hofgärtner Saul zu Carlsruhe; an seine Stelle trat später Joh. Friedr. Diener u. C. in Durlach. Diener hat den Churfür-

---

Auf seinem Betrieb wurden die zwei großen Alleen von Maulbeerbäumen angelegt, die von Oggersheim nach Mannheim und von Schwetzingen nach Heidelberg führen. Bis zur Errichtung einer eigenen Seidenindustrie in der Pfalz dienten diese Bäume zur besseren Unterhaltung der würtembergischen und baden-durlachschen Seidenfabriken. Mandl. Heidelberg. S. 88.

ſten Namens dieſer ganzen Seidencompagnie um Beiführung der nöthigen Stangen zu den im Frühjahr 1757 von Kirchheim bis nach Wieblingen für den Churfürſten gepflanzten Maulbeerbäumen; dieſer ordnete deren unentgeltliche Lieferung an, auch mit zur Anlage einer Maulbeerplantage bei Ladenburg. Beide Compagnien kamen jetzt in Streit und das churpfälziſche Hofgericht in Mannheim erließ unterm 12. Juli 1758 das Urtheil, daß das der privilegirten Seidencompagnie Diener u. Conſ. in Durlach unterm 28. Juli 1758 gewährte Privilegium vom Churfürſtl. Fiscus eingezogen d. h. aufgehoben werden könne, welches Urtheil der Churfürſt benützte und der Durlacher Compagnie kündigte.

Alle Pflanzungen dieſer Compagnie fielen jetzt — gegen Entſchädigung — der Compagnie „Rigal und Joh Chriſtof Baſſermann" zu, nachdem noch am 26. Juni 1758 der Blitz in das von Seide und Würmern angefüllte Haus zu Eppelheim geſchlagen und daſſelbe verbrannt hatte.

Jetzt war dieſe Compagnie im Voll- und Alleinbeſitz der churfürſtlichen Gunſt und ſie benützte dieſe zur Erreichung ſehr vortheilhafter Privilegien, die ihr auch unterm 24. Mai 1758 ertheilt wurden und, wie folgt, lauten:

Privilegien, Immunitäten und Freiheiten, auch andere Begnadigungen, welche Ihro Churf. Durchlaucht zu Pfalz ꝛc. vor ſich und dero durchl. Succeſſores am Regiment, dem Rigal, als dermaligem gnädigſt ernannten Directori derer in Churpfalz etablirten Seidenfabriken und künftig aufzurichtenden Seiden-Commercien wie auch Manufactur-Compagnie und deren ſämmtlichen Angehörigen ertheilet und verwilliget haben.

Von Gottes Gnaden Wir Carl Theodor, Pfalzgraf bei Rhein u. ſ. w. thun kund und fügen hiemit zu wiſſen, nachdem wir gnädigſt erwogen haben, welcher geſtalten unter anderen zur Beförderung des wahren Beſtens und Wohlfahrt eines Staates beſonders gereiche, wenn in ſolchem die Commercien, Manufacturen und übrigen Handelſchaften in blühenden Stand und Aufnahme gebracht werden, ſo daß mittels derſelben in allen Gegenden, wie die Erfahrung lehrt, das Vermögen und Kraft des Landes Wohlfart erhalten und die Vollkommenheit seines Zustandes dadurch füglich vermehrt werden kann, in Ermanglung dessen aber, öfters in den fruchtbarsten Ländern ein großer Abmangel verschiedener Nothwendigkeiten sich äußert. Und um in Rücksicht sothaner und anderer Bewegursachen Wir nach unserer anererbten landesväterlichen Neigung und mildesten Vorsorge für Unsere treugehorsamste Unterthanen von Anbeginn Unserer angetretenen Churfürstlichen Regierung an Uns besonders angelegen sein lassen, wie die Commercien und Gewerbe in Unsern Churfürstlichen Landen durch Ein- und Aufrichtung neuer Fabriken und Manufacturen besser in die Höhe gebracht, und solcher gestalten das gemeine Wohl und Glückseligkeit des Staates immer mehreres befestiget und auf einen soliden Fuß gesetzt werde; zu welchem Ende auch Wir Unsere gnädigste Willensmeinung und Intention jedermann und besonders denjenigen unsere Churfürstliche Gnade und Huld verspüren lassen wollen, welche hierzu hilfreiche Hand leisten wollen, sofort durch nützliche Vorschläge oder in anderem Wege Unseren hierunter hegenden Ansichten entgegen gehen werden, wodurch dann neben Andern Joh. Peter Rigal, Seidenfabrikant zu Heidelberg, bewogen und angefrischt worden, bei Uns den unterthänigsten Antrag dahin zu thun, wasmaßen in hiesigen Landen, wie er bisher mit den zu Heidelberg von ihm fabricirten Seidenwaaren und Stoffen die Probe gemacht, gleich andern Orten eine vollkommne Seidenmanufactur sich gar wohl ein und aufrichten ließe, überdies aber die Kultur und Pflanzung der Maulbeerbäume vor andern Ortschaften mit leichter Mühe in den Stand zu bringen und mittels solcher die Seide in Zukunft zu erziehen, ein folglichen dadurch der so nützliche und einträgliche Seidenhandel einzuführen und zu etabliren sein würde, mithin sowohl um die gnädigste Erlaubniß, sein Project in Wirklichkeit zu bringen, als auch um gnädigste Bewilligung verschiedener zu Behuf des Werkes und Förderung solch seines Vorhabens dienlicher Privilegien, Freiheiten und Immunitäten gebeten hat: Als haben Wir, nachdem Wir uns über die Petita ermeldeten Entrepenneurs Rigal sowohl von Unserer Churf. Regierung als Hoffkammer referiren lassen, dergestalt demselben in seinem

Gesuche willfahret, forthin die in Unterthänigkeit ausgebetene Octroy ertheilet, wie unterschiedlich hiernach folget.

Art. I. Werden dem Seidenfabrikanten Joh. Peter Rigal, dessen Erben und Nachfolgern zu Heidelberg, die hiernach specifice angezogenen Privilegien, Immunitäten und Freiheiten überhaupt auf fünfzehn Jahre verwilligt und die Octroy ertheilet, dergestalten und also, daß ersagter Rigal, dessen Erben, auch dessen allenfallsige, jedoch besonders und förderjamst anzuzeigende Associés sich sothaner 15 Jahre unbeeinträchtigt, auf das Beste zu gebrauchen befugt und berechtigt sein sollen, bei welchem

Art. II. Wir denselben, seine Erben, und Nachfolger und Associés, insolange sie sich dieser unserer Concession und Punkten in Allem gemäß betragen werden, nachdrücklichst zu maintenieren, zu schützen und zu schirmen und Unsere Churf. Successores, nicht nur gnädigst erklären, sondern auch überdies

Art. III. In Ansehung des daraus etwa Unseren gesammten Churfürstenthum und Landen zufließenden Vortheils und Nützlichkeit ihn sowohl als das ganze von demselben unternehmende Werk, in Anlegung allerhand Seidenmanufacturen, Pflanzung der weißen Maulbeerbäume, wie auch der daraus entspringenden Seidenwurmzucht in Unsern besondern landeszüglichen Schutz und Specialprotection nehmen.

Art. IV. wird gnädigst gestattet, daß, so lange bemeldetes Octroy dauert, auch nur so lange er, Rigal, oder dessen Erben und Nachfolger, die Seidenfabrik und besonders die Plantation der Maulbeerbäume, sofort der Seidenwürmerzucht, mit behörigem Fleiß und Application cultiviren, mithin solche in wirklichem Flor und Aufnahme zum Besten des Landes erhalten, auch mittels Verfertigung aller benöthigten Sorten von Seidenwaaren immerhin mehr auszubreiten sich angelegen sein lassen werden, andere Seidenmanufactur-Anlagen ausgeschlossen sein sollen, nicht minder

Art. V Ihm, Rigal, die gnädigste Erlaubniß ertheilt, von auswärts die benöthigten Officianten und Arbeitsleute berufen und annehmen zu dürfen, in dem Maß jedoch, daß auf einheimische tüchtig erfindende Subjecte vorzüglicher Bedacht genommen, kein Absehen auf Unterschied der im römischen Reich recipirten Religionen gerichtet, die Leute sich auch mit ehrbarem Wandel betragen und sonst keinen Eingriff noch Abbruch in bürgerliche Gewerbschaften heimlich oder öffentlich von selbigen unternommen werden.

Art. VI Stehl dem Entrepreneur frei, mehrere Seibenfabriken inner Lands unter gleichen Begnabigungen und Immunitäten anlegen zu dürfen, mit Vorbehalt gleichwohl, daß er Rigal und seine Erben die jedesmal vorhabende Anlegung anderweiter Manufacturen und Erweiterung der bereits gedachten Fabriken förderfamst anzeigen, die neue Einrichtung vorlegen, und überhaupt den Bedacht nehmen solle, damit sothanes Fabrikwesen nicht gleich Anfang mit allzuvielerlei Arbeiten verwickelt, sondern Alles durch gehörige Grade und solche Erweiterungen zur Vollkommenheit, deren eine der andern immer die Hand bitte und selbige unterstütze, beeifert werde.

Art. VII. Ferner gestalten wir, daß die von ermeldetem Rigal und dessen Associés ankaufende oder neuerbauende Häuser, welche lebiglich zum Behuf der Fabrik gebraucht und verwendet werden, in so lange solche ad hoc usum bestimmet bleiben und nicht weiter, noch anders von allen Beschwerben und Anlagen in Ord- und Extraordinariis, außer den bringlichen Nothfällen in Kriegszeiten auf obengedachte Jahreszeit befreit, hingegen diese Freiheit bei deren anderweitiger Benutzung wieder aufgehoben sein, als viel aber die zur Maulbeerplantage acquirirenden Feldstücke betrifft, die hierauf gewöhnlichen Steuer- und sonstigen Realschuldigkeiten entrichtet werden sollen, wohingegen

Art. VIII. die Personal-, Accis- und Umgelbsfreiheit dem Fabrikanten, dessen Associés und den in derselben Kost und Brod stehenden, auch keine andere Handthierung treibenden Gesellen und Knaben solchermaßen gestattet wird, daß bei Verlust dieses Privilegiums hierunter kein Unterschleif zu gebrauchen, oder aus dem Haus an andere Einwohner, auch Fremde zu verkaufen, oder sonst zu veräußern ist, nicht minder

Art. IX. das von ihm und seinen etwaigen Associés treibende Commercium, insofern nämlich solches die von ihnen errichtende Manufacturen wesentlich concerniret und damit verknüpft ist, wie in Art. VII. ratione der Häuser gedacht worden, imgleichen die Haupt-Associés, Officianten, Arbeiter, Gesellen, Handwerksleute, deren sie jetzt ober künftig benöthigt sein werden, wenn selbige mit der Fabrik in beständiger Verbindung stehen, von allen genannten und ungenannten, bloß allein Personalbeschwerden, dergestalt enthoben und entlediget sind, daß unter den Letztern diejenigen Personen und Unterthanen, welche etwa Maulbeerblätter oder auch Seide und dergleichen zum Verkauf bringen, hierunter nicht verstanden, ebenso auch die Mitglieder der Compagnie und deren Officianten wegen anderer besitzender aber nicht bewohnender Häuser und steuerbaren Güter der Reallasten keineswegs befreit, jedoch mit der Naturaleinquartierung außer den ganz extraordinären Vorfallenheiten verschont bleiben sollen.

Art. X. Was die Bestrafung geringer Excesse in Vorwürfen anbelangt, so in die Manufactur einschlagen, wird deren Thätigung, so über zwei Gulden sich nicht erstrecken, mehrersagtem Rigal bei der Compagnie zu Behuf der armen kranken Fabrikanten zugelassen, andere Verbrechen aber, und schwere Händel, blutrünstige Schlägereien, Verwundungen, Entleibungen und Diebstähle ꝛc. alles dieses und was dahin sowohl als in Civilrechts-Thätigungen einschlagen mag, ist zur behörigen Obrigkeit hin zu verweisen, ebenermaßen

Art. XI. sollen die in seiner Fabrik gebrauchende Arbeiter, Gesellen und Jungen, so wirklich zu der Manufactur gehörig sind, zu keinen Kriegsdiensten gezwungen, fort allenfalls auf sein Reclamiren entlassen und so auch die freiwillig austretenden, wenn selbige der Manufactur mit Schulden oder sonst verhaftet sind, bis sie solche berichtigt, in Werbung nicht angenommen werden.

Art. XII. Nebst obigen gnädigst cedirten Freiheiten, verwilligen Wir ferner dem Entrepreneur, seinen Erben und Nachfolgern die 15jährige Octroyzeit über, die Befreiung von Zoll zu Wasser und Land, dann von allem Weg-, Brücken- und Pflastergeld, jedoch nur über die Einfuhr und Niederlage der zur Fabrikation erforderlichen Seide, auch daselbst gefertigter derlei Waaren, wie ingleichen über die zum Behuf und Aufrichtung der Fabrik benöthigten Baumaterialien, doch, daß förderjamst allemal bei der Hofkammer ein Verzeichniß übergeben und von dieser das unentgeldliche Freipatent gefertigt werde.

Art. XIII. In dem Fall, daß Einer oder der Andere, der zur

Fabrik gehört, wegziehen oder sterben sollte, ist ein Unterschied zwischen dem Censn Emigrationis oder Nachsteuer, und dem Detractu hereditario, oder Abzug zu machen, von jenem werden die Fabrikanten, Associés und Officianten, intuitu ihres erworbenen und vorhin eingebrachten Vermögens auf obengedachte Jahreszeit frei erklärt, nicht minder von diesem Detractu hereditario, in Betracht die Fabrikanten in den ersten Zeiten von dem einbringenden Vermögen noch keinen sonderlichen Profit zu hoffen haben, auf die 15 Octroyjahre ebenmäßig eximiret, nach deren Verlauf aber die Abzugsgebühren davon sowohl als dem durch Erbschaft außer Landes gehenden Vermögen der sterbenden Fabrikanten und Officianten zu erfordern und für beständig abzugeben sind.

Art. XIV. Ueberlassen Wir dem Rigal den sogenannten Herrengarten zu Heidelberg, jedoch auf förderfamstes Abfinden mit den bisherigen Beständern zum Behuf einer Baumschule für die weiße Maulbeere in dem Maß, daß dagegen der jährliche Zins ad fl. 160 an die Behörde entrichtet oder von Rigal ein anderer Platz von niederem Ertrag vorgeschlagen werde.

Art. XV. Was übrigens die Verpflanzung der Maulbeerbäume auf Felder und Güter der Unterthanen betrifft, ist Jedermann die Uebernehmung einiger solcher Bäume zur Willkür freigestellt und deren Cultur und steter Unterhalt an Ort und Stelle, auch in der Art, daß damit den Unterthanen kein unbilliger Zwang noch Schaden im Feldbau zustoße, wie ingleichen, daß der Entreprenneur und Fabrikant Rigal zu der ersten Verpflanzung die Maulbeerbäume, welche am Stamm, oder der Wurzel in der Circumference 4—4½ Zoll dick und der Stamm zum Wenigsten 8½ Schuh hoch sein solle, zur Hälfte unentgeltlich, die andere Hälfte aber in billigem Preis, und was zur Ersetzung des jährlichen Abgangs erforderlich sein würde, aus der Baumschule in oben beschriebener Qualität für 10 Kreuzer den Stamm abzugeben habe, nicht nur gestattet, sondern es soll auch die Cultur der Maulbeerbäume durch jedes Orts Beamte und Obrigkeit mit allem Vorschub bestens befördert, sofort allem Schaden vorgebogen und die erweislichen Verbrechen bestraft werden.

Art. XVI. Wenn nun die Fabrikanten Gebäude oder Güter, die etwa bereits feil stünden, oder sie derenthalben mit den Possessoribus gütlich übereinkommen könnten, nöthig haben sollten, so ist solhaner Selbankauf schicklicher Güter zur Plantage, auch deren Befreiung vom Auslösungsrecht willfahrt, sodann wegen deren von Herrschaftswegen zur Aufrechthaltung der Bäume gratis anzuweisenden Stützen zugegeben, daß dergleichen Bedürfniß hier und da auf jedesmaliges Ansuchen nach des Oberforstamts Ermessen aus solchen Stellen, wo es unschädlich, zu jener Plantation, welche die Compagnie um die Plantationsgebäude anlegen wollte, zu verabfolgen sind, wie imgleichen zu Behuf der Fabrik

Art. XVII. der auswärtige Verkauf der Cocons von Seidenwürmern verboten wird und hat Rigal sich mit den Unterthanen, die entweder die Cocons oder Maulbeerblätter an ihn allein verkaufen, des Preises wegen zu verstehen, was er für das Pfund und Centner eines oder des andern baar zu bezahlen habe, jedoch dergestalt, daß die Unterthanen jedes Pfund der Cocons unter 30 Kreuzer und also den Centner unter fl. 50, imgleichen auch den Centner grüner Maulbeerblätter unter fl. 1. 30 kr. zu geben nicht schuldig sind, übrigens wird die erbietende Unterrichtung der lusttragenden Unterthanen zur Seidenzucht und Spinnerei gut geheißen und gestattet.

Art. XVIII. Belangend die Zehntfreiheit der Maulbeerblätter auf den Uns zehntbaren Districten, ist die Immunität die 15 Octroyjahre hinburch dergestalt accordirt, daß wo andere die Verzehntung des Baumwachsthums hergebracht, diese Zehntschuldigkeit gleich ab den Feldgütern, so die Compagnie mit Frucht gebaut, zu entrichten sei.

Art. XIX. Werden dem Rigal und dessen Associés alle Canzlei-Jura- an Tax- und Schreib- auch Concessions- u. dergl. Gebühren von gegenwärtigen Privilegien ohne künftige Folgen erlassen, wobei Uns dann

Art. XX. Wir gnädigst vorbehalten, der Compagnie bei Verlauf der Octroyjahre nach Maßgabe des von derselben wirklich verschafften Flors der Fabrik und beförderten gemeinen Nutzens, ein so andere sich alsdann fügende Privilegia in der Absicht zu erneuern, daß selbige ihrem eigenen Erbieten gemäß, hernach zur Entrichtung der herrschaftlichen Schuldigkeiten sich bereit werden finden lassen. Zu geschwinder Schlichtung der Vorfallenheiten, die zum Flor und Aufnahme der Fabrik gereichen,

Art. XXI. haben letztlich wir aus Mittel Unserer Regierung und Hofkammer eine besondere Commission ernannt,

Art. XXII. anbei den Rigal mit dem Prädicat eines Manufactur-Directors, mittels hierüber ausgefertigten Patents begnabigt, sofort gestaltet, daß ersagte Privilegien allenthalben verkündigt werden können.

Zu dessen wahrer Urkund und Glauben haben Wir gegenwärtige Octroy und Concessionen mit Höchsteigener Hand unterschrieben und Unser größeres Geheimes-Canzlei-Secret-Insiegel anhangen lassen. So geschehen Mannheim den vier und zwanzigsten Mai Ein Tausend Sieben Hundert Fünfzig Acht.[1])

Am 7. Juni 1758 erhielten Rigal und Joh. Chr. Bassermann Privilegien zur Errichtung von Grapp-Plantagen zum Färben der Seide; jedoch unter den Bedingungen: 1. daß den Unterthanen vollkommen freie Disposition über ihr Eigenthum belassen und sie nicht zur Hergabe ihrer Felder gegen ihren Willen gezwungen werden; 2. daß die Compagnie alle Schatzung und Zinsen zahle; 3. daß sie sich wegen des Zehnten mit den Zehntherren auseinanderzusetzen habe; außerdem aber soll 4. die Aufpflanzung von Grapp Niemanden verwehrt werden.

Am 27. Juni 1759 kam zwischen der Hofkammer und dem Seidenfabrikdirector Rigal folgender Contract zu Stande: 1. Die Hofkammer übergibt dem Rigal die churf. Schwetzinger und Hardter (Neustadt a. d. H.) Maulbeeralleen zur besseren Aufnahme der Seidenfabrikation auf 15 Jahre. 2. Rigal hat die Bäume vollzählig und in gutem Stand zu halten und dazu die nöthigen Stickel zu liefern.

Der Churfürst gewährte im gleichen Jahre einen Vorschuß von 16,000 Reichsthalern und gestaltete, daß Rigal das beim Herrengarten gelegene einstöckige Haus mit einem zweiten Stocke versehe;

---

1) Die gedruckte Urkunde, die zugleich vom französischen Texte begleitet ist, befindet sich im General-Landes-Archiv zu Karlsruhe in dem Fascikel „des Seidenfabrikanten Rigal Privilegiengesuch betr. Conv. I"

es war dies „das hintere Gebäu im untern Herrengarten" oder „der alte Stall"; ²) da sich dies aber als unthunlich erweist, einen Neubau nach dem Plane des Baumeisters Rabaillati aufführe; 14. September 1759. Im folgenden Jahre wird zwar dem Rigal die Bitte um Erlaubniß zur Errichtung einer Actiengesellschaft abgeschlagen, ihm jedoch, zur weiteren Ausdehnung der Industrie, erlaubt, sich willkürlich Associés anzunehmen und in dieser Weise eine Gesellschaft zusammenzubringen.

Jetzt wurde es auch für nöthig gehalten, einen eigenen Plantagen-Inspector, und zwar in der Person des Joh. Bezzonico, anzustellen; derselbe erhielt fl. 400 Jahresgehalt mit freier Wohnung im Schloß, wo er Seidenwurmzucht treiben soll, 16. April 1760. Zwischen ihm und Rigal wurden ferner die Maulbeerplantagen so getheilt, daß Bezzonico seinen Bezirk in den Oberämtern Neustadt und Germersheim erhielt, Rigal die Oberämter Heidelberg und Ladenburg mit der Verpflichtung, die Landbewohner, soweit nöthig, in der Seidenzucht zu unterrichten. Die gleiche Verpflichtung erhielt 1762 Bezzonico.

Die Seidenzucht nahm jetzt einen ungeheuern Aufschwung; Rigal rühmte sich 1759, im Laufe von zwanzig Jahren eine Million Bäume im Werth von fl. 450,000 angepflanzt zu haben, und im Jahre 1761 mußte die Hofkammer 40,000 Stöcke zur Neuanlage von Pflanzungen anweisen. Der Churfürst gab unentgeltlich Bäume an die Gemeinden des Oberamts Heidelberg ab. Im August dieses Jahres erhielt Geh. Rath Freiherr von May vom Churfürsten die Oberaufsicht über das Seidenfabriken- und Plantagen-Wesen der Aemter Heidelberg und Ladenburg.

Im Juli 1762 schickte der Churfürst den jungen Heinrich Rigal auf Reisen nach Holland, Frankreich und Italien, um seine jetzt schon vorzüglichen Kenntnisse in der Seidencultur noch zu erweitern, und wies ihm für zwei Jahre je fl. 750 an; 1765 wird die Reiseerlaubniß auf ein weiteres Jahr mit fl. 750 ausgedehnt.

1763 wird eine eigene churf. Commission zur Förderung der Seidencultur angeordnet, bestehend aus drei Gliedern, einem Ac-

---

2) Der daneben stehende „Schneckenthurm" hatte längst kein Dach mehr.

luar und einem Diener. Diese Commission visitirte am 27. September 1765 die Rigal'sche Seidenfabrik und findet in derselben: a. Seidenstrumpfweberei: 11 Stühle, wovon 6 im Gange, 5 stehen wegen Mangels an Arbeitern still. Die Arbeiter sind 3 Gesellen, 3 Jungen. Ein Gesell verfertigt in der Woche 5 Paar Mannsstrümpfe und erhält von jedem nicht façonnirten Paare 28 kr., mit gestickten Zwickeln fl. 1. Ein Paar Mannsstrümpfe No. 2 ad 5½ Loth wird zu fl. 3. 40 kr. verkauft; jedes Loth weiter kostet 32 kr. b. Seidenzeugweberei: 8 Stühle, auf deren zwei die sogenannten Minorquen-Zeuge verfertigt werden; die übrigen 6 Stühle arbeiten Sammt, Tafft u. s. w. Vom Minorquen-Zeug werden täglich 3—5 Staab gemacht, sie haben im Zettel Seide, im Einschlag Florel; der Staab Seide kostet fl. 2. 24 kr. Vorrath 2000 Staab. c. Seide. Vorrath 170 Pfund, das Pfund rauhe gemeine Seide kostet fl. 10. d. Fleuret, Vorrath 1 Centner. e. Seidenfärberei: 7 Kessel; der Apotheker zum Einhorn, Gaudelius, gibt die Medicamente zur schwarzen Farbe. f. Seidenspinnerei: 6 Kessel nebst dazu gehörigen Haspeln u. dgl.; die Spinnerei wird von Heidelberger Kindern gegen 16—20 kr. Taglohn besorgt. g. Der Verkauf der Waaren erstreckt sich nach Cöln, Braunschweig, Hamburg u. s. w.

Der Nachfolger des Bezzonico ist ein gewisser Chaumond, der, wie jener, im Schlosse wohnt. Bei dem Schloßbrand 1764 erlitt er bedeutenden Schaden, wurde aber von der Regierung auf Betrieb des Stadtdirectors Eßleben entschädigt. Bei der Visitation dieser Fabrik durch obige Commission ergaben sich 13 Stühle; 3 arbeiten in Zeug von verschiedener Gattung zu Sommerkleidern, 2 Unterfutter, von bassin genannt, 1 Sammt, 1 Atlas, 1 reiche Arbeit, 1 Ordensbänder, 3 stehen leer. Die Arbeiter sind: der Fabrikant, seine Tochter und sein Tochtermann Carnier, 4 Gesellen, 2 Lehrjungen, 4 Weibspersonen zum Spulen und Wickeln.

Die Visitation ergab ferner, daß sich Maulbeerbäume befinden: auf dem Paradeplatz 36, im Schloßgarten 25, in der Allee gegen den Wolfsbrunnen auf städtischem Allmend 361, an der Straße 14, im erbbeständlich verliehenen Seegarten 300; auf der Heidelberger Gemarkung überhaupt 1600 Stück.

Im October 1765 ordnete der Churfürst an, daß aller Seidenbedarf zur churf. Bibliothek, zur Ausschmückung des neuen Schloßflügels in Mannheim, zum Hofgebrauch, zu Decorationen, zur Garderobe der Oper und Comödien u. s. w. allein aus der Rigal'schen Fabrik, jedoch um billigen Preis, genommen werde.

Die Seidenfabrik des Rigal befand sich, wie oben bemerkt, in dem Hause im untern Herrengarten in der Plöck, welches um fl. 2795 nach des Baumeisters Rabaillati Plan an Stelle des alten einstöckigen Häuschens 1760 aufgebaut worden war. Das Haus, in welchem Rigal die Seidenwürmer zog, gehörte der Geh. Räthin von Sommer und hieß das Leizische; 1761 pachtete dasselbe der General von Wittgenstein und Rigal mußte ausziehen. Er erwarb das sogenannte Hose'sche Haus bei der lutherischen (Providenz-) Kirche; da dasselbe aber ruinos war, so mußte es ganz frisch hergerichtet werden: es wurde und blieb das Haupthaus der Rigalschen Seidenfabrik und der dazu gehörigen Maulbeerbaum-Plantage.

Schon 1765 aber gingen Beschwerden ein, besonders von der Gemeinde Eppelheim, daß „der Fabrikant Rigal die im Privilegium bestimmten Nutzungen mißbraucht und dadurch der Seidenzucht durch unmäßige Forderungen Hindernisse entgegenzustellen beginne."

Am 29. Mai 1767 starb Rigal und hinterließ eine Wittwe und drei Kinder. Das Inventarium über sämmtliche Verlassenschaft weist fl. 29,323 nach. Auf die Anfrage, ob jene des Vaters Gewerbe fortsetzen und wie sie den großen herrschaftlichen Vorschuß tilgen wollten, machte Rigal jun. Vorschläge „zur Wiederemporbringung seines Vaters zerfallener Fabrik", wobei die Bildung einer Gesellschaft wiederholl vorgeschlagen wurde.

Weil von den Fabrikanten aber immer mehr Beeinträchtigung der ländlichen Bevölkerung eingeführt wurde, so regelte der Churfürst durch Verordnung vom 4. März 1768 die Maulbeerpflanzung wie folgt:

Für jedes Amt sollen geschickte Aufseher, für das Heidelberger 4 aufgestellt werden, je 1 für die Centen Leimen und Schriesheim, 2 für das Amt Dilsberg; diese haben als Besoldung die gewöhnliche Personal- und Frohnbfreiheit, wie sie die Schultheißen haben, dazu fl. 30 Geld und für jedes 1000 tüchtiger Bäume fl. 5 Gratial.

— 16 —

Ferner wurde verordnet, daß jeder neuangehende Bürger in der ganzen Pfalz zwei, jeder Beisasse einen Baum, die mit einer Schild-, Back- oder Feuer-Gerechtigkeit begünstigt werden, 1 Baum je auf das Gemeinde-Alment-Gut, jeder churf. Temporal- oder Erb-Pächter wenigstens 6 Bäume pflanzen. Der Oberaufseher Bezzonico mußte jedes Frühjahr sich von dem Vollzug vergewissern durch eine Visitation; gegen das Spätjahr halte er ein Baumverzeichniß einzuschicken und anzugeben, ob die Aufseher ihre Schuldigkeit thun, alles von den Schultheißen beglaubigt. Denn jene Aufseher, Obmänner genannt, sind dem Bezonnico untergeordnet und haben den von ihm empfangenen Unterricht richtig zu befolgen.

Es ist interessant, das Wachsen der Seidenindustrie in der Pfalz zu verfolgen; folgende Tabelle gibt darüber Auskunft:

Jahre.	Zahl der Orte, in denen Seide gezogen wurde	Zahl der Personen, die Seide gezogen haben.	Erzielte Cocons.		Ist an Geld dafür bezahlt worden	
			Pfd.	Lth.	fl.	kr.
1757	1	1	—	25.	—	25.
58	1	1	1.	1.	—	31.
59	1	1	4.	8.	2.	8.
60	1	1	3.	12.	1.	42.
61	1	1	5.	20.	2.	50.
62	1	2	85.	—	42.	30.
63	1	7	594.	12.	300	10.
64	5	20	3814.	14.	1352.	54.
65	10	45	2277.	17.	990.	53.
66	11	88	5037.	10.	2210.	22.
67	18	99	1514.	12.	647.	14.
68	21	115	5715.	19.	2341.	28.
69	37	174	6283.	11.	2536.	16.
70	46	170	7811.	25½	3208.	9.

1769 bauten in der Stadt Heidelberg Seide: 1. Nabler 13 Pfd. 9 Loth. 2. Wittwe Kleinlein 3 Pfd. 16 Loth. 3. Schlatterer 1 Pfd. 6 Loth. Das Pfund Cocons wurde mit 30 kr. bezahlt.

Am 16. Februar 1771 ertheilte der Churfürst der durch die Wittwe Rigal zusammengebrachten Gesellschaft, bestehend aus Wittwe Rigal und Erben, von Maubuisson, Scheyd, Fuchs, Guggenmus, von Helmstat, Wreden, Geisweiler, Schmuck, Privilegien. Sie lauten:

Privilegien der Seiden-Cultur der Rigal'schen Gesellschaft.

Wir Carl Theodor, Pfalzgraf bei Rhein ⁊c. thun kund und fügen hiemit zu wissen: Nachdem die von dem verlebten Johann Peter Rigal anf unser ihm desfalls ertheiltes Privilegium unternommene Anpflanzung der weißen Maulbeerbäume und damit verknüpfte Seidenzucht in unsern Churlanden bereits den ersprießlichen Fortgang versprechen, wir aber gleichwohl wahrgenommen haben, daß solches nützliches Vorhaben zu jener Stufe der Vollkommenheit, in welche wir es gebracht zu sein wünschen, noch nicht gediehen sei, wannenher wir denn die hierzu erfrischenden Mittel einzuschlagen und dadurch die bei vielen schon weit getriebene Seidenzucht weiter zu befördern und allgemein zu machen, entschlossen sein, so hat sich zu solchem Endzweck eine wohlbemittelte Gesellschaft hervorgethan und zu desto sicherer Erfüllung unserer heilsamen Absicht der Rigal'schen Wittwe und Erben Unsere tit. von Maubuisson, tit. Scheyd, Fuchs, Guggennuus, Freih. von Helmstat, Wreden, Geisweiler und Schmuck an Seite gesellt, sofort unter dem Vorbehalt ferner nöthiger Aufnahme mehrer Theilnehmer und nach Gutfinden erweiteren mögender Aktien sich erboten, dieses Werk auf ihre eigenen Kosten und Gefahr zu unternehmen, des Endes auch sich anheischig gemacht, eine Summe von fl. 60,000 zusammenzuschießen und das der Rigal'schen Familie ehedem aus unserem Cabinet vorgeschossene Capital ad fl. 24,000 nicht allein in solidum zu gewähren, sondern auch solches in nachbestimmter Weise aus eigenen Mitteln abzutragen, somit die Maulbeerbaumplantage und Seidenzucht in Unseren Rheinischen Churlanden bestens zu verbreiten und zur Vollkommenheit zu befördern. Wie Wir nun solches reiflich erwogen, haben Wir besagter Gesellschaft das hierauf geeignete Privilegium, Freiheiten und landesherrlichen Schutzkraft dieses verliehen, wie folgt:

Art. I. Wir gestatten das Erbieten, wonach die Gesellschaft innerhalb fünf Jahren einen Fond von fl. 60,000 zusammenschießt, um die Rigal'sche Strumpffabrik zu vergrößern und die Seidenzucht allgemein zu machen.

Art. II. Die Gesellschaft soll unsere Unterthanen in der Baum- und Seidenzucht und in der Seidenfilatur unterrichten, für je 10,000 Bäume einen Obmann anstellen zur Belehrung.

Art. III. Dieselbe soll die dem Rigal vorgeschossenen fl. 24,000 in sechs Jahren rückzahlen, jedoch werden ihr die Zinsen für Vergangenheit und Zukunft erlassen.

Art. IV. Die Gesellschaft soll in den Privilegienjahren 200.000 Maulbeerbäume ins Land auspflanzen; bei Verkauf von fünfjährigen Stämmen 12 Kreuzer sich bezahlen lassen.

Art. V. Sämmtliche im Lande angelegte Baumschulen werden der Gesellschaft auf die Privilegienjahre gratis überlassen, wogegen diese 1. den Unterthanen nach und nach 50,000 Stück unentgeltlich abgeben, 2. nach Verfluß dieser Jahre ebensoviel Bäume in den Baumschulen zurücklassen muß als angetreten wurden, 3. die Zinsen oder Abgaben von den Feldern, auf denen Schulen angelegt sind, übernimmt.

Art. VI. Die Gesellschaft erhält die Erlaubniß zur Verpflanzung der Bäume auf jeden dazu dienlichen Platz, doch soll sie das Eigenthum der Communen und Privaten gegen deren Willen nicht benutzen; aber wenn ihr aus Neid die Anpflanzung verweigert würde, Anzeige machen.

Art. VII. Die Einwanderung in die Pfalz soll begünstigt werden, jedoch bei Aufnahme von Einwanderern bedungen werden, daß sie sich den Anordnungen in Bezug auf die Seidencultur, wie aller Obrigkeit willig unterwerfen.

Art. VIII. Die in den Plantagen und Fabriken zur Verwendung herbeigezogenen Fremden sollen sich ohne Hinderniß anbauen dürfen.

Art. IX. Die Personen, welche aus der Seidencultur ihren Lebensunterhalt schöpfen, sollen von der gewöhnlichen Nahrungsschatzung befreit sein, ebenso von aller herrschaftlichen und persönlichen Last; von Nebengeschäften sollen sie jedoch geschätzt werden.

Art. X. Die bei der Plantage-Inspection angestellten Schleicher und Bezzonico sollen dies auch fortan bleiben und mit den Obmännern u. s. w. der Gesellschaft unterthan sein, welche Jene auch entlassen kann.

Art. XI. Die von der Gesellschaft zur Seidencultur gemachten Anlagen, Gebäude und Güter sind abgabenfrei, ebenso frei von Schatzung, Zehnt, Frohnd, Oberamtsunkosten ꝛc., ebenso von Rheinbau- und Chaussée-Concurrenzgeldern und Diensten. Desgleichen Befreiung von allem Zehnten, sofern er der Herrschaft zuflöße.

Art. XII. Die Arbeiter, Gesellen und Jungen sind vom Kriegsdienste frei.

Art. XIII. Befreiung vom Land- und Wasserzoll für Baumaterialien und Bäume innerhalb des Landes, Cocons; desgleichen von Brücken, Weg- und Pflastergeld.

Art. XIV. Alle fremden bei der Cultur beschäftigten Personen sollen bei Sterb- und Auswanderungsfalls von jedem Census frei sein.

Art. XV. Den churf. Herrengarten nebst erst erkauftem Haus, wie diese bisher Rigal innehatte, soll die Gesellschaft um fl. 360 jährlichen Pacht ebenfalls haben.

Art. XVI. Die Gebäude und Güter der Gesellschaft sollen dem Auslösungsrecht nicht unterworfen sein; sie dürfen eingezäumt werden.

Art. XVII. Der Handel mit jungen Maulbeerbäumen ist Jedem verboten außer der Gesellschaft; die Seidenzüchter dagegen sind gehalten, ihre Cocons der Gesellschaft um einen festen Preis zu verkaufen (80 kr. per Pfund).

Art. XVIII. Der beim Blätterdiebstahl Ertappte soll mit Zuchthaus bestraft werden.

Art. XIX. Ebenso, wer die Maulbeerbäume beschädigt.

Art. XX. Die Cocons sollen nicht unreif abgenommen und verkauft werden, um damit besseres Gewicht und höheren Preis zu erzielen, bei Geld- und Leibesstrafe.

Art. XXI. Während der Privilegienjahre wird keine andere Seidencultur in der Pfalz geduldet.

Art. XXII. Die zur Versetzung der jungen Bäume nöthigen

Stützen sollen unentgeltlich aus den Cameralwaldungen abgegeben werden.

Art. XXIII. Die Privilegien gelten von 1771 an 30 Jahre lang.

Art. XXVI. Um die Gesellschaft und ihr Werk, sowie alle bei demselben beschäftigten Personen zu schützen, wird ein besonderer Commissär angeordnet, der Hofgerichtsrath Fontanesi, bei dem alle Ereignisse anzubringen sind.

Dessen zu wahrer Urkund haben wir gegenwärtige Concession ꝛc. So geschehen in Unserer Residenz und Festung Mannheim den 16. Februar 1771.[1])

Im Jahre 1773 nennt sich die Gesellschaft: „die privilegirte Seidenbau- und Manufactur-Gesellschaft Rigal jun. u. Comp. Ihre 1777 erneuerten Privilegien sind:

Privilegien der Maulbeerbaumplantagen-Gesellschaft und damit verbundenen Seidenzucht und Seidenstrumpf-fabrik. 1777.

Wir Carl Theodor ꝛc. thun kund und fügen hiemit zu wissen: Nachdem Wir schon lange überzeugt sind, daß die weißen Maulbeerbäume in Unsern Kurlanden fortkommen können und die von dem verlebten Joh. Peter Rigal auf Unser ihm desfalls verliehenes Privilegium unternommene Anpflanzung derselben sammt damit verknüpfter Seidenzucht eine sichere Probe davon gegeben, Wir aber gleichwohl wahrgenommen haben, daß solches nützliche Vorhaben zu jener Stufe der Vollkommenheit, in der Wir es gebracht zu sehn wünschen, noch nicht gediehen wäre, wannenhero dann die hierzu erheischenden Mittel einzuschlagen und dadurch die bei Vielen schon weit getriebene Seidenzucht weiters zu befördern, mithin durch fleißige Verwendung Unserer Unterthanen solche allgemein zu machen, Unser gnädigster Entschluß war. So that sich im Jahr 1771 zu solchem Endzweck eine wohlbemittelte Gesellschaft hervor, welche sich zu desto

---

[1]) Eine Abschrift obiger Urkunde, die oben im Auszuge gegeben ist, steht im General-Landesarchiv zu Carlsruhe im Fascikel „des Seidenfabrikanten Rigal Seidenfabrik betr." Conv. 2. (269 ff.)

sicherer Erfüllung Unserer heilsamen Absichten der Rigal'schen Wittib und Erben an die Seite stellte, und auf die von Uns ertheilten Privilegien sich verband, die Maulbeerbaumplantage und Seidenzucht in Unsern Rhein. Kurlanden bestens zu verbreiten und zur Vollkommenheit zu befördern, welches auch selbige wirklich unternommen und über 6 Jahre lang fortgeführt hat. Wie Uns aber diese Gesellschaft nun beweglich vorgestellt, daß in diesen 6 Jahren zur Erreichung des Endzweckes alles Mögliche ihrerseits angewendet, ansehnliche Capitalien von ihnen zu diesem Ende vorgeschossen worden, gleichwohl bei der bisherigen Einrichtung und wegen der großen Schwierigkeiten nicht habe bestehen können und deswegen billich angestanden hat, damit entweder ihr der Gesellschaft der Ersatz für ihre bisher bona fide gemachte Verwendung oder zur Aufrechthaltung des Werks anderweite Einrichtung getroffen werden möge; Wir aber die Nothwendigkeit ein solches Werk zu erhalten einsehen. So haben Wir, nachdem wir darüber die Commercial-Intendance, wie auch die diesem Werk vorgesetzte unmittelbare Commission vernommen, Uns entschlossen, mittels vollkommener Aufhebung des vorhern Privilegiums vom 16. Febr. 1771 genannter Gesellschaft ein neues Privilegium sammt dazu gemessenen Begünstigungen, Freiheiten und landesherrl. Schutz zu verleihen, wie Wir Kraft dieses derselben verleihen wie folgt:

Art. I. Wir genehmigen die zwischen der Gesellschaft und der Rigal Wittib und Kinder getroffene Uebereinkunft, daß ein Drittel des ganzen Werks der Wittib bleiben, zwei Drittel an die Gesellschaftsglieder überlassen sind; es solle bei den 24 Actionären bleiben und kein Associé aufgedrungen werden.

Art. II. Die Gesellschaft soll die Unterthanen in der Baumzucht und Seidenzucht unterrichten; jedes Amt hat ein oder zwei Aufseher, die mit Oberamtsunkosten in der Baumzucht zu Heidelberg zu unterrichten sind, damit sie die Unterthanen unterrichten können. Das Oberamt Heidelberg hat vier solche Obmänner, — sie sind besoldet.

Art. III. Der Churfürst erläßt der Rigal'schen Familie, die ihr aus dem Kabinet vorgeschossenen fl. 24000.

Art. IV. Die Abgabe der Maulbeerbäume an die Oberämter hat um den Preis von 12 kr. das Stück zu geschehen.

Art. V. Jährlich sollen 50,000 Bäume an die Oberämter[1]) gegeben werden, davon ein Siebentel unentgeltlich. Die Obmänner müssen die ihre Gemeinden betreffenden Bäume in 'Heidelberg abholen und die sechs Siebentel sogleich bezahlen.

Art. VI. Den Oberämtern Simmern, Lautern und Lautereden sind zwölf Jahre lang jährlich 10,000 Bäume von der Gesellschaft unentgeltlich zu liefern.

Art. VII. Jeder Unterthan ohne Ausnahme muß auf je einen Morgen seines Besitzes in Zeit von sechs Jahren sechs Bäume aufweisen können, die er jedoch unentgeltlich von dem Obmann erhält. Alle öffentlichen Plätze, Weiden, Allmenden, Gräben, Dämme, Kirchhöfe, Straßen in Dörfern und Städten sind anzupflanzen.

Art. VIII. Nach Verordnung vom 4. März 1768 soll jeder neuangehende Bürger zwei, ein Beisaß einen, Jeder, der eine Schild-, Back- oder Feuergerechtigkeit oder ein sonstiges Privilegium erhält, einen, die churf. Erb- uud Temporal-Bestänber je sechs bis zwölf Bäume auf ihren Boden setzen.

Art. IX. Die im Lande angepflanzten Baumschulen gehören der Gesellschaft und sind davon die Abgaben zu entrichten.

Art. X. Die Gesellschaft darf überall Pflanzungen anlegen; wo aber ein oder Platz verweigert wird dies anzuzeigen.

Art. XI. Die Einwanderung ist zu fördern und den Einwandernden, soweit sie sich zur Seidencultur verwenden lassen, der besondere Schutz des Churfürsten zu melden; doch seien sie den sonstigen Gesetzen und Behörden unterthan.

Art. XII. Die Gesellschaft darf für solche Fremden die nöthigen Häuser bauen, ohne Hinderniß.

Art. XIII. Alle bei der Seidencultur angestellten Arbeiter sind von der gewöhnlichen Nahrungsschatzung frei, ebenso von allen herrschaftlichen Ordinär- und Personal-Lasten, — ihre Nebengeschäfte ausgenommen.

Art. XIV. Zur Plantage-Inspection bleiben Schleicher und

---

1) Auf das Oberamt Heidelberg kamen jährlich 5000 Stück.

Bezzonico angestellt und sie, sowie die Obmänner der Gesellschaft unterthan und haben deren Befehle zu vollziehen.

Art. XXV. Die Plätze, auf denen die Gesellschaft Gebäude zur Seidenzucht errichtet, sind schatzungsfrei, frohnd-, Beeth-, Oberamtsunkosten- x. frei, desgleichen von außerordentlichen Beschwerden als Rheinbau- und Chaussée-Concurrenz-Geldern und Frohnden; auch frei von herrschaftlichen Noval- und andern Zehnten.

Art. XVI. Alle Arbeiter sind frei vom Kriegsdienst.

Art. XVII. Bei Herbeischaffung von Baumaterialien, Verbringung der Bäume, Cocons x ist die Gesellschaft frei von Land- und Wasser-Zoll, Weg-, Brücken-, Chaussée- und Pflastergeld.

Art. XVIII. Alle Arbeiter sollen bei Sterb- und Auswanderungsfällen von allem Census frei sein.

Art. XIX. Den großen Herrengarten zu Heidelberg, nebst dem dazu erkauften Haus, sodann den Hundshof wie sie bisher die Rigal's besessen, erhält die Gesellschaft ohne Haus- oder Pachtzins.

Art. XX. Die von der Gesellschaft für ihren Zweck erkauften Gebäude und Güter sind keinem Auslösungsrechte unterworfen und dürfen eingeräumt werden.

Art. XXI. Die Gesellschaft hat das alleinige Recht, mit jungen Maulbeerbäumen zu handeln, Andern ist dies bei Strafe verboten; dieselbe hat für jedes Pfund Cocons 30 kr. zu zahlen; die Cocons müssen an sie abgeliefert und dürfen nicht anderwärts verkauft werden; die von der Gesellschaft selbst gezogenen hat sie, nach Bezahlung ihrer Arbeiter, frei.

Art. XXII. Wer in einer Recolte 250 Pfund Cocons liefert, erhält als Preis fl. 50 aus der Oberamtskasse.

Art. XXIII. Der nächtliche Diebstahl wird streng bestraft, mit Zuchthaus.

Art. XXIV. Ebenso die Beschädigung der Maulbeerbäume.

Art. XXV. Die Cocons sollen nicht, um mehr Gewicht zu erzielen, von den Unterthanen unreif abgenommen und der Gesellschaft übergeben werden bei Confiscation und Strafe.

Art. XXVI. Während der Privilegienjahre darf keine andere Person oder Gesellschaft eine Seidencultur treiben; nur sollen auf der Stadt Frankenthaler Gemarkung 2000 Bäume stehen und von dem dortigen St. Ellisabethen-Hospital zu seinem Nutzen verwendet werden dürfen, aber nicht mehr.

Art. XXVII. Die zur Versetzung der jungen Bäume nöthigen Stützen sollen unentgeltlich aus den Herrschaftswaldungen, nöthigenfalls aus den Gemeindewaldungen, auch selbst jedem einzelnen Gemeindegliede, das Bäume pflanzt, gereicht werden.

Art. XXVIII. Zu besserem Schutz des ganzen Instituts wird dasselbe der angeordneten Commercial-Fabriken-Intendance unmittelbar untergeben; die dabei noch bestehende Special-Commission besteht aus den Geh. Regierungs- und Hofkammerräthen Fontanesi und v. Maubuisson, welcher Letztere auf ausdrücklichen Wunsch des Churfürsten Mitglied der Gesellschaft geworden ist.

Art. XXIX. Zu besondern Beschützern bei der Oberpolizei und Regierung sind ernannt: von Geiger, Veranlasser der Verordnung vom 4. März 1768 und von Maubuisson.

Art. XXX. Das Oberforstamt hat seine Forstbedienstelen zur unentgeltlichen Mitaufsicht zu instruiren und der daselbst angestellte Graf von Porcia ist zur Ueberwachung aller Förster speciell im Oberforstamt committirt; in der Hofkammer die Frhrn. von Gemmingen, Graf von Porcia und von Maubuisson.

Art. XXXI. In jedem Oberamt ist ein Special-Commissarius angeordnet, der die Pflanzungen ꝛc. überwacht, die Oberämter controlirt und unter der Intenbance steht. Im Oberamt Heidelberg sind solche Commissäre Graf von Porcia, Wrede jun., Schmuck und Keltner; die Hauptstädte Mannheim, Heidelberg und Frankenthal hat Dechiler. Diese Specialcommissäre, die aus den „thätigsten und auf die Emporbringung der Industrie vorzüglich denkenden Dienern ganz besonders ausgesucht" sind, haben den Status der Bäume, Cocons, das Fortschreiten der Cultur, die Anzahl der sich damit beschäftigenden Dörfer, Familien und den Weg zur weiteren Emporbringung an jedem 1. Juni durch die Oberintendanz dem Churfürsten zu melden und erhalten dieselben eine Specialgewalt, Alles nach bestem Willen und Wissen einzurichten.

Art. XXXII. Sämmtliche Chaussée-Inspectoren haben unentgeltlich die Bäume mitzubesorgen und die zur Anpflanzung tauglichen Plätze anzuzeigen. Bezzonico hat seine Diäten; Gleicher seine Besoldung, dürfen deßhalb den Privaten und Communen nichts abnehmen.

Art. XXXIII. Jedes Oberamt hat bei 50 Reichsthaler Strafe, ohne Aufrechnung von Sporteln ꝛc. von den Forstbeamten den Stand der Pflanzen einzuziehen und der Commission zu melden.

Art XXXIV. Die zwei jüngsten Gerichtsglieder jedes Orts sollen mit den Forstbeamten die Pflanzungen der Gemarkung unentgeltlich überwachen und durch die zwölf jüngsten Bürger des Ortes die jungen Bäume zweimal im November und zweimal im April hacken lassen.

Art. XXXV. Jeder Baumbeschädiger ist erstmals mit 10 Reichsthaler, die dem Denuncianten gehören, zu strafen, das zweite Mal ins Zuchthaus zu bringen.

Art. XXXVI. Zieht ein Baumeigenthümer keine Seide, so kann jeder Amtseingesessene die Blätter zupfen und verbrauchen.

Art. XXXVII. Die einzelnen Gesellschaftsglieder haben die Annahme dieser Privilegien zu unterschreiben; weigert sich Einer, so wird er von der Gesellschaft ausgeschlossen.

Art. XXXVIII. Diese Privilegien gelten für 32 Jahre, d. h. von 1778—1810.

Zu wahrer Urkund haben Wir dieses Privilegium unter Höchsteigener Unterschrift ausfertigen und mit Unserem geheimen Kanzlei-Secret-Insiegel bekräftigen, fort benelbeter Societät behändigen lassen. So geschehen Mannheim den 25. December 1777.[1]

Die oben angedeuteten Beschwerden der pfälzischen Landbevölkerung wurden aber immer dringender und der Churfürst mußte am 4. März 1791 eine „Commission ex gremio regiminis et camerae" ernennen, welche mit Zuziehung der Commerzien-Commission des Oberamts Heidelberg und des Rigal, nicht nur diese Beschwerden gründlich untersuchen, sondern auch die Mittel angeben sollte, wie die im Uebrigen nützliche Maulbeerbaum-Plantage ohne beson-

---

[1] Diese Urkunde, die wir im Auszuge geben, steht in Abschrift im General-Landesarchiv zu Karlsruhe, Fascikel: Acta des Seydenfabriquanten Rigal Seydenfabrique zu Heidelberg betr. Conv. 2. (26d ff.)

bere Beschwernisse der Unterthanen beibehalten und in bessere Aufnahme gebracht werden möge."

Der hier berührte Widerstand ging von den Ortschaften des Oberamts Heidelberg aus. Die Schultheißen des ganzen Bezirks hatten sich unter Leitung des Zentgrafen Dachert von Leimen in Schwetzingen versammelt, um die Maßregeln gegen die Pflanzungen zu berathen. Es folgten nächtliche Beschädigungen der Bäume, den Obmännern wurde ihre Besoldung vorenthalten und die Beaufsichtigung der Bäume verboten; die Stickel wurden weggenommen und zu andern Zwecken gebraucht. Den Gesammtwiderstand aber leitete der Landschreiber Wrede in Heilbelberg; churfürstliche Gegenbefehle mit Drohungen von Schadenersatz hatten keine Wirkung mehr; das ganze Land war schwierig geworden, besonders wegen der erzwungenen Abnahme der Maulbeerbäume und jährlichen Pflanzung einer gewissen Zahl für jede Gemeinde.

Jetzt verordnete der Churfürst unterm 27. März 1792, daß dem Baum- und Seidenbau zwar aller Vorschub zu leisten sei, aber jeder Zwang, jede Bedrückung der Unterthanen, jede Beschränkung des freien Gebrauchs und Benutzung des Eigenthums und sonstige Ungebühr durchaus abgestellt werde. Dagegen sollten Maulbeerbäume gesetzt werden an öffentlichen Plätzen, öden Almenden, jedoch ohne Beeinträchtigung der Gemeinden.

Bei dem Widerwillen der ganzen Landbevölkerung kann diese Verordnung als der Todesstoß der Seidenindustrie in der Pfalz und in Heidelberg angesehen werden. Denn wenn sich dieselbe auch noch einige Jahre mühsam fortschleppte, so wurde sie doch nach und nach aufgelöst — mit dem pfälzischen Lande selbst. Aber noch zu Anfang unsers Jahrhunderts waren die öffentlichen Wege und Straßen der ganzen ehemaligen Pfalz mit Maulbeerbaum-Alleen angepflanzt; bis diese Bäume den Obstbäumen weichen mußten. Aus der Rigal'schen Maulbeerplantage wurde eine gewöhnliche Baumschule.

2. Die Zitz- und Catlun-Fabrik.

Der churpfälzische Hoflammerrath Bingner und geistliche Administrationsrath Harrscher, erhielten zur Uebernahme der von Matth.

Schleich errichteten, aber herabgekommenen Fabrik, folgende Privilegien:

Privilegien der Zitz- und Cattunfabrik zu Heidelberg.

Wir Carl Theodor u. s. w. thun kund . . ., daß das Wohl Unserer Unterthanen von der Verbesserung des Nahrungsstandes abhängt, wozu reichste Quelle jene Fabriken eröffnen, die viele Hände beschäftigen und beträchtliche Geldsummen Inner Landes erhalten; — also gereicht Uns zum höchsten Wohlgefallen, daß Unsere resp. Churf. Hofkammer-, geistliche Administrations- und Commercienräthe Heinr. Daniel Bingner und Joh. Ludw. Harscher, die in Heidelberg von dem ehedem zu Augsburg wohnhaften Joh. Malth. Schleich vor Kurzem angelegte, aus Mangel des dazu erforderlichen Geldfonds aber gleich wieder ins Stocken gerathene Zitz- und Cattunfabrik übernommen und so von dem sonst unvermeidlichen Verfall gerettet haben. Aus solchem Betracht haben Wir denselben zur Beförderung des Unternehmens gegenwärtiges Privileglum für sie, ihre Erben und Nachkommen ertheilt, nämlich:

1. Versichern Wir die Fabrik Unseres Schutzes;
2. Bestätigen den zwischen den tit. Bingner und Harscher dann dem Fabrikanten Schleich abgeschlossenen Contract, nach welchem Schleich unterm 10. März der Societät entsagt und verbindlich zugesichert hat, die Fabrik Insofern fortzuführen, wenn Bingner und Harscher ihn mit der wöchentlich bestimmten Quantität gebleichter Waaren versehen und dafür den bestimmten Druckerlohn nebst dem weiter per Stück ausgeworfenen Benefice abführen würden.
3. Beide haben die Bedingung eingegangen, die Fabrik zu vergrößern, daß sie bald hinreicht, das Land mit allen Gattungen Zitz und Cattun zu versehen und auch auswärts Verkehr zu machen, womit sie die Baumwollspinnerei und Weberei verbinden wollen. Darum haben wir für gut befunden, den Genannten ein ausschließliches Privilegium in dem Maß zu ertheilen, daß von nächstkommender Frankfurter Messe (Herbst) an zehn Jahre lang, also bis 1776 einschließlich im Churfürstenthum keine andere Fabrik für solche Waaren angelegt und von allen eingeführten fremden Waaren von jeder

Elle geringer und mittler Qualität 20, bei der feineren 30 Kreuzer Imposten Unserem Aerar entrichtet werden sollen.

4. Wird in dieser Zeit das Fabrikat dem besten Augsburger gleich, so wird das Privilegium noch um fünf Jahre verlängert.

5. Die Behörden werden angewiesen, durch öftere Visitationen bei den Händlern und Schneidern in Städten, Flecken und Dörfern zu sorgen, daß ohne jenen Zoll keine fremden Waaren verkauft oder verarbeitet werden.

6. Die fremde Waare soll immer 24 Stunden nach der Ankunft gegen Erlegung der Gebühr mit dem herrschaftlichen und der Fabrikanten Stempel bezeichnet werden.

7. Kurz vor Eintritt der nächsten Frankfurter Messe, als des terminus a quo, sollen alle im Lande vorräthigen Zitze und Cattune unentgeltlich bedruckt werden, damit nicht eine auf mehrere Jahre hinreichende Quantität fremder Waaren eingebracht werden könnte.

8) Den Schneidern wird besonders befohlen, daß keiner bei Verlust seines Bürger- und Zunftrechts und noch schwererer Ahndung sich unterfangen solle, fremde Waare, die nicht gestempelt ist, zu verarbeiten.

9) Die Fabrikanten werden ermächtigt, jeder Zeit in den Kaufläden und Gewölben, auch Wohnungen der Schneider und des Schleichhandels verdächtigen Personen Visitationen halten zu lassen.

10. Die fremde ungestempelte Waare wird confiscirt und um so viel Gulden, als Kreuzer die Stempelgebühr beträgt, bestraft und hievon ein Viertel dem Denuncianten, das Uebrige dem Aerar abgeliefert werden.

11. Sollten diese Strafen nicht hinreichen, so wird noch mehr Vorkehr getroffen werden.

12. Die Fabrikanten sind verbunden, bei Verlust des Privilegiums, die Fabrik binnen zwei bis drei Jahren zu solcher Vollkommenheit zu bringen, daß daraus womöglich der ganze Bedarf entnommen werden kann.

13. Deßhalb sollen auch die Waaren nach drei Jahren jene von Augsburg an Feinheit des Tuchs, Schönheit der Dessins, Farben und Apretur wo möglich übertreffen, jedenfalls ihnen gleich sein.

14. Deßhalb wird ein Beschauamt niedergesetzt, bestehend aus einem Stadtrath, drei Kaufleuten, welche solche Waaren führen. Diese sollen beeidigt werden und alle Waaren, ehe sie in die Magazine gelegt werden, besichtigen und mit einem Stempel versehen; auch sollen sie von Messe zu Messe die Muster der besten Augsburger Waaren kommen lassen, um sie vergleichen zu können. Von jedem Stück erhalten die Beschauer von dem Fabrikanten vier Kreuzer. Das Beschauamt soll aber dann verbunden sein, die von ihm gutgeheißenen Waaren in dem sonst gewöhnlichen Kaufpreis zu übernehmen.

15. Die Fabrikanten enthalten sich alles Verkaufs im Kleinen, erhalten aber zwei ständige Magazine in Mannheim und Heidelberg.

16. Die Fabrikdirection hat Bingner und Harscher; von ihnen hängt das ganze Personal ab.

17. Schleich soll nur so lange beibehalten werden, als er seine Schuldigkeit thut.

18. Bei Fertigung geringerer Waare wird ihm das erste Mal der Druckerlohn um ein Drittel oder die Hälfte abgezogen, das vierte Mal darf er entlassen werden.

19. Alle Vorfälle in der Fabrik unter dem Personal kommen vor eine besondere Commission.

Dessen zu wahrer Urkund haben wir gegenwärtiges Privilegium selbsthändig bezeichnet und selbigem Unser geheimes Canzlei-Insiegel beisetzen lassen. So geschehen, Schwetzingen den 12. August 1766.¹)

Trotz der strengen Verbote dieser Privilegien kamen bald Klagen ein, und es mußte die Verordnung erlassen werden im April 1767: „Da kaum einer von den Kaufleuten und Krämern in den churpfälz. Hauptstädten und auf dem Lande, der ergangenen Verkündigung unerachtet, sich bisher an solhane Fabrik gewendet und daraus mit Waaren versehen hat, so wird von allen eine Specification ihres seit drei Jahren gepflogenen Zitz- und Cattonverkaufs einverlangt." Und ungeachtet der Commission, an deren Spitze Regierungsrath Geiger stand, der die Fabrik von Mannheim aus alle Viertel-

---

1) Weitläufiger Auszug aus der Urkunde, die sich im Karlsruher General-Landesarchiv in Abschrift befindet, Fascikel „die zu Heidelberg angelegte Zitz- und Catton-Fabrik betr." Vol. I. (278 fl.)

Jahre visitiren mußte, — riß bald große Calamität ein. Schleich nämlich war mit dem Versprechen, gute Waare zu liefern, als Werkmeister in der Fabrik angestellt worden und es scheint, daß er nicht ganz gewissenhaft gehandelt habe, denn der Churfürst mußte ihm schon im Dezember 1755 sein Mißfallen wegen Leichtsinn bedeuten. Unterm 7. Oktober 1769 erhielt die Fabrik „ein privilegium exclusivum auf die Papiertapeten und den Druck des Buchbinderpapiers," welche Fabrik unter Schleich stand.

Die Zuschüsse des Churfürsten, um diesen Industriezweig in die Höhe zu bringen, waren sehr bedeutend, im December 1766 zahlte er fl. 12,000, im Januar 1768 fl. 20,000, und schon im April 1769 hat die Fabrik Passiva im Betrag von fl. 20,000, die der Churfürst abermals deckt. Aber immer noch fehlten die Abnehmer der Waaren; der Churfürst mußte am 23. August 1770 verordnen: da die Fabrik in gutem Stand ist, die Kaufleute aber immer noch nicht sich an sie wenden wollen, so soll von nun an der Einkauf und Verkauf fremder Sitzen und Calancas gänzlich verboten sein bei Strafe der Einstellung des Handelsbetriebs und Confiscation der Waaren.

Im Mai 1772 schloß die Fabrik mit dem Erbbestandsmüller der beim Stift Neuburg gelegenen und ihm gehörigen Stiftsmühle, Caspar Brunner, zur Erweiterung der Fabrik folgenden Vertrag ab: Die Fabrik läßt auf dem dortigen, den Jesuiten in Heidelberg gehörigen Wiesengrund nächst der Mühle auf Fabrikskosten ein Farb- und Bleichhaus nebst Stampfmühle herrichten, so daß das Mühlwerk unterhalb der Stiftsmühle zu liegen kommt. Hierher hat der Stiftsmüller das Wasser auf seine Kosten zu leiten und reichlich zufließen zu lassen. Der Müller muß überdies das Räderwerk der Fabrikhäuser in Stand halten, und erhält für Alles einen jährlichen Bestandzins von fl. 55. — Ferner übergab die Stadt den von ihr ausgefüllten Stadtgraben vor dem obern Thor, neben dem Marlottschen Hause im Kallenthale, das sich die Fabrik erkauft hatte, bis an die unten am Neckar stehenden Häuslein, als „ewiges Zinsgut" um jährlich fl. 2. Juni 1774. Die Fabrik läßt den ausgefüllten Graben am obern Ende gegen das Schloß zu mit einer Brustmauer einfassen. Die Fabrik bezahlte überdies fl. 150 für die Wasserablaufskanäle, die unter dem Schutt (des Schlosses) hergeführt wurden.

Am 25. Januar 1774 wurde sodann von der ganzen Kaufmannschaft der Pfalz mit der Fabrik ein Uebereinkommen dahin getroffen, daß Erstere jährlich für fl. 55,000 Waaren von der Fabrik entnehme; wogegen aber das Verbot der Einfuhr und des Verkaufs fremder Waaren aufgehoben wurde. Doch wurde der Verkauf der fremden Waaren auf den Märkten verboten, ebenso das Hausiren mit solchen. Im Oktober 1779 schloß diesen selben Vertrag die Kaufmannschaft der drei pfälzischen Haupt- und Oberamtsstädte mit der Auflage, sich mit den Landkrämern wegen Weiterverkaufs zu benehmen. Dazu gab der Churfürst seine Einwilligung, daß das von ihm nach und nach beigeschossene Kapital ad fl. 67,000 der Fabrik auf sechs Jahre unverzinslich verblieb; im Jahre 1779 hatte derselbe schon fl. 79,000 in der Fabrik stehen.

Von den Heidelberger Zitz- und Cattunhändlern wollte aber keiner für die Handelsinnung die Verbindlichkeit übernehmen zu einer bestimmten Waarenabnahme von der Fabrik, weshalb der Churfürst die Privilegien der Letztern geschärft in Erinnerung bringen mußte, Januar 1780. Die Heidelberger Händler waren: Nicol. Schürmann, Rathsherr, Peter Würzbach, Joh. Gg. Hahn, Wilh. Bassermann und Namens der Delph'schen Schwestern ihr Geschäftsführer Gemehlin; ferner die Israeliten Judas Carlebach, Jos. Carlebach, Sellgmann Zimmeren, Löw Herz und Isaac Wolff. Den Hauptwiderstand gegen den Zwang leisteten Pfälzer in Ladenburg und Gebr. Bassermann in Heidelberg.

Wie bedeutend übrigens die Fabrikation war, thut dar, daß die Fabrik im Jahre 1781 für etwa fl. 80,000 Waaren herstellte und für fl. 40,000 davon an Pfälzer Krämer verkaufte, im Ganzen für fl. 70,000. Im Februar 1782 hatte die Fabrik für fl. 102,000 Waaren auf Lager und seit ihrem Bestehen — 1766 — für etwa 1 Million hergestellt.

Ebenso rasch, als die Fabrik aufblühte, sank sie auch wieder. Den Anstoß dazu gab ohne Zweifel das Zurücktreten des Churfürsten aus der Theilnahme; dieses geschah in Folge davon, daß Harrscher seinen Eigenthumsantheil dem Nicol. Hummel, Mitglied des großen Rathes in Basel übergeben hatte, 1. August 1776. Diese Gelegenheit ergriff der Churfürst und trat dem Hummel auch seinen Antheil zu ein Drittel der im Laufe des Bestandes der Fabrik gemachten Einlage, nämlich zu fl. 34,000 ab, mit der Verpflichtung jedoch, daß die Eigenthümer, Bingner und Hummel, gegen diese Schenkung dem Churfürsten das Fabrikgebäude in Heidelberg mit aller Einrichtung, die Bleiche zu Ziegelhausen mit Gebäuden und Zubehör, die Werkzeuge, Modelle, Dessins und Geräthschaften zu Eigenthum überlassen, welches Alles aber der Churfürst wieder zur unentgeltlichen Benutzung der Fabrik hergab. Ferner mußten die Associés vom Reingewinne den zehnten Theil an die churf, Cammeral-Intendanz jährlich zahlen, bei etwaigem Verluft sich aber verbindlich machen, keinen Erlaß zu verlangen. Die Fabrik behielt den Namen: „churpfälz. privileg. Sitz- und Cotton-Fabrik" auch fernerhin und mußte jährlich Rechnung ablegen. Dieser Vertrag ist vom 10. Oktober 1782.

Nun sank die Fabrik eilends; im April 1784 erklärte Bingner auch Namens seines Gesellschafters, daß sie die Fabrik in 14 Tagen werden still stehen lassen müssen, daß er aber wegen Uebernahme der Fabrik mit einem großen Hause in Verbindung getreten sei. Die Rechnung ergab, daß zum Fabrikbetrieb eingeschossen hatten: die vier Haupttheilhaber Bingner, Hummel, Abrah. Gabbum und Merkelbach fl. 52,000; von Geiger und von Lamezan fl. 4000; von Zebwitz fl. 4000; von Beckers fl. 2000; von Reibold fl. 2000; Harrscher fl. 4000; der Churfürst fl. 34,000, zusammen fl. 102,000.

Der Heidelberger „Sitzfabrikinspector" Abrah. Gabbum erklärte zwar in einer Eingabe an den Churfürsten vom Jahre 1785, um ihn nochmals zu einem Beischuß zu bewegen: „im Landesfürsten verehrt der treue Unterthan das erhabene Ebenbild der Gottheit;" aber diese Lockung verfing gleichwohl nicht.

8. Die Wachs- und Unschlitt-Fabrik.

Dem Handelsmann Josef Costes, einem Franzosen, wurde unterm 1. September 1760 ein Privilegium auf zwanzig Jahre ertheilt, eine Wachs- und Unschlitt-Fabrik in Heidelberg zu errichten,

jedoch ohne daß die andern, dieses Gewerbe Treibenden dadurch im
Geringsten gestört würden; mit den Bestimmungen, daß aller Bedarf
bei Hof von Costes allein bezogen werde und daß in den 20 Jahren des Privilegiums kein Fremder eine solche Fabrik in der Pfalz
anlegen dürfe. Die Vergünstigung, welche Costes genoß, bestand
außerdem darin, daß er für die ersten 6 Jahre aus churf. Generalcassa einen jährlichen Hauszins von fl. 150 bezog und für alle 20
Jahre jährlich 12 Wagen voll buchenes Holz und 1 Karren Kohlen
erhielt. Endlich hatte die Fabrik Freiheit von Accis, Umgeld für 3
Fuder Wein auf 10 Jahre, Freiheit vom Wasser- und Landzoll, die
in der Fabrik angestellten Arbeitsleute aber Personalfreiheit zu genießen.

Die Fabrik wurde im sogenannten **englischen Haus** gegründet und geführt, welches dem „goldenen Ochsen" in der Vorstadt
gegenüber lag und eines der stattlichsten Häuser der ganzen Stadt
war. Oefters wohnten im 17. Jahrhundert in demselben fürstliche
Personen, so die Gemahlin des Churfürsten Carl Ludwig, die sich
nach dem Tode ihres Sohnes des Churfürsten Carl 1685 in demselben niederließ, mit ihrem ganzen Hofstaate. 1730 und 1731 hatte
ebenso der Pfalzgraf von Sulzbach sein Hoflager in demselben. Das
Haus kam hierauf in den Besitz der Grafen von Wieser. Im Jahre
1765 wurde aus den hinter dem **Klingenthor** in den städtischen
Waldungen gelegenen zwei Bronnenstuben für die Wachsfabrik
eine Wasserleitung hergestellt, wovon Wieser von Leutershausen, die
Wachsfabrik und ohne Zweifel die churf. Generalcasse je ein Drittel
der Kosten deckte.

Costes betrieb die Fabrik übrigens nur bis 1768, in welchem
Jahre er Bankrott machte und gefangen gesetzt wurde.

Im Jahre 1772 übernahmen die Fabrik Ernst und Compagnie;
diese siedelten jetzt in den sogenannten Schomburger Hof über,
den sie vom Grafen Degenfeld gekauft hatten. Dieser Hof umfaßte
im 17. Jahrhundert das ganze Quadrat, das sich von der Karpfen-
gasse bis zum Zimmerplatz hinabzieht, mit Ausnahme des Gasthau-
ses zum Karpfen; Hans Mainhard von Schönburg, nachmals Marschall von Schomburg, hatte den Hof 1613 angelegt; Churfürst
Friedrich V. befreite ihn von allen bürgerlichen Lasten; der gegen

den Neckar sich hinziehende Garten war hübsch angelegt, so daß der Churfürst öfters hierherkam; 1693 wurde aber alles zerstört. Die Fabrik von Ernst u. Comp. baute auf dem leeren Platze ein neues Fabrikgebäude auf: Kaufmann Klingel führte die Direction; im Garten wurde die Wachsbleiche eingerichtet.

Auf dem Hause ruhte ein von Degenfeld den Käufern aufherbungener „zehnter Pfennig", von dem sie aber 1772 vom Churfürsten losgesprochen wurden.

Das Privilegium sollte dem Andr. Ludw. Ernst u Comp. am 13, Oktober 1797 auf 30 Jahre erweitert werden; aber die badische Regierung schlug die Bitte um Bestätigung desselben ab, „da es 1799 von der vorigen Regierung nicht anerkannt worden sei;" 1806.

4. Die Krappfabrik.

Der geistliche Administrationsrath Hebbäus bemühte sich seit 1775, die inländische Krappfabrikation zu verbessern und zu vervollkommnen; deshalb wurde ihm d. d. München 21. Juni 1778 zur Hebung der Fabrikation und zur Vertreibung der ausländischen Fabrikate aus der Pfalz, dem Elsaß, Darmstadt und Durlach, ein Privilegium auf 20 Jahre ertheilt, welches Personalfreiheit für alle Arbeiter, Freiheit vom Accis, vom Wasser- und Landzoll, vom Chaussée-, Weg- und Pflastergeld bei Einfuhr des rohen Krapp, Freiheit von der Nahrungsschatzung, von Transitabgaben für die zum Hausgebrauch nöthigen Viktualien und Fabrikmaterialien als Holz, Kohlen, Eisen, Oefen, Werkzeuge u. s. w. festsetzte; desgleichen durfte der Zoll von der Ausfuhr nur nach churpfälz. Zolltarifen erhoben werden; auf den Krappbauäckern durften die Realbeschwerden nicht erhöht werden, um die Bauern zum Krappbau zu ermuntern; überdies mußte von jedem Centner auszuführenden rohen Krapp 8 Kreuzer neben dem Zoll erhoben werden, um die Fabrikation an's Land zu binden. Endlich durfte in diesen 20 Jahren im Oberamt Heidelberg keine andere Fabrik errichtet werden. Den nöthigen Schutz bietet der Fabrik die „Commercien-Commission".

5. Die Papiertapetenfabriken.

Dem Commercienrath Weidenhan, der seit zehn Jahren aus eigenen Mitteln in Heidelberg lebte, wurde 1772 bezeugt, daß er „durch die dahier vor einigen Jahren von Schleich vermöge produ- cirten Contracts übernommene Tapetenfabrik der Stadt und der armen Einwohnerschaft durch Einstellung der Arbeiter, viel Nutzen verschaffe." Schleich war, wie wir oben erfuhren, auch der Gründer der Sitz- und Cattunfabrik gewesen und hatte für die Fabrikation von Sitz und Tapeten Privilegien erhalten. Ein Privilegium für Tapetenfabrikation erhielt am 1. Juli 1771 auch Josef Nöcklin, je- doch unbeschadet des der Sitzfabrik zur Führung einer Tapetenfabrik früher ertheilten Privilegiums.

Auf jenes Zeugniß hin erhielt Weidenhan folgendes Privilegium auf 20 Jahre am 25. Mai 1774: Freiheit von allen herrschaftlichen und bürgerlichen Real- und Personal-Lasten, Beschwerden und Abga- ben. Das Fabrikpersonal ist der städtischen Gerichtsbarkeit entzogen und steht unter der „Commercien-Commission". Der Fabrik wird der untere Stock und ein großer Theil des Speichers im sogenannten alten Seminar einstweilen unentgeltlich überlassen.

Dieses Haus wurde von dem churf. Leibarzt von Jungwirth im Anfang des 18. Jahrhunderts erbaut, in den Jahren 1740— 1762 war das katholische Seminar darin; vor dem Schloßbrand 1764 hatte es die churf. Seifenfabrik inne; 1769 war es an Her- mann von Zedwitz von Hellbronn zum Betrieb seiner Stärke- und Puderfabrik vermiethet; das sehr baufällige Nebengebäude wurde 1780 abgerissen; es ist das Haus unmittelbar neben dem Klingen- thor mit einem Ueberbau über diesem Thor.

Weidenhan bot auf dies gesammte Anwesen fl. 3800 am 29. Mai 1784; er erhielt es aber nicht; vielmehr wird es versteigert mit dem dazu gehörigen Holzgarten, Mauern, Hintergebäuden nebst dem Ueberbau über dem Klingenthor, dazu das Recht, „$^1/_2$ von 1$^1/_4$ Zoll Wasser aus dem vor dem Thor befindlichen Theilungskasten durch einen Wechsel in das Haus zu leiten", wovon der Ablauf dem

Wirth zum goldnen Ring zukommt¹); endlich mit der Auflage, „im Nothfall in den Unterbau des Thors eine städtische oder militärische Wache aufzunehmen". Das Ganze erhielt am 27. Juni 1787 Rathsbürgermeister Jacob Kuhn für fl. 4000, nebst Beibehaltung der hergebrachten Schatzungsfreiheit. ²)

Dieses Haus bewohnte Weidenham und hatte seine Fabrik im untern Stock, den hintern Theil mit dem mittlern und halben dritten Stock hatte Tapetenfabrikant Peter Jesse inne. Dieser, der als Geselle unter dem churf. Tapetenfabrikanten Boßmann die dem Churfürsten eigenthümliche Fabrik in Flor gebracht hatte, heirathete die Wittwe des Boßmann 1766, weßhalb ihn der Churfürst zum Fabrikanten annimmt, und ihm die Fabrik sammt den aus herrschaftlichen Mitteln angeschafften Handwerkszeugen, nebst jährlichen fl. 200 aus der Generalkasse, sammt Holz und Quartier, wie es diese Fabrik seither genoß unter der Bedingung übergab, daß er alle herrschaftlichen Tapeten in Säuberung erhalte. Dazu kam 1772 zur besseren Aufnahme der Fabrik ein monatlicher Zuschuß von fl. 100 mit der Pflicht, einen Vorrath Tapeten für den Hof parat zu halten; der Vorschuß wurde dann an den Lieferungen abgezogen.

So war das „alte Seminar" der Sitz von zwei Tapetenfabriken, der churfürstlichen unter Jesse und der von Weidenham.

Um der Fabrikation aufzuhelfen, verordnete der Churfürst am 31. März 1781, daß „statt des auf den Centner und Bund gehender fremder Papiertapeten außer Wirkung gesetzt gewesenen Imposts von fl. 3, in Zukunft auf alle in Churpfalz einzuführende fremde Tapeten und zwar auf jedes Stück von 10—20 Mannheimer Ellen, ein Impost von 20 Kreuzern für die Hofkammer erhoben und der Verkauf fremder Tapeten ohne Ausnahme auf den churpfälz. Messen

---

1) Adam Huth, socialista Jesu Seminarii Electoralis ad St. Carolum Borromeus verkaufte dem Leonhard Oberlin, Stabthauptmann und Bierbrauer zum „goldenen Ring auf dem Graben" — von dem im Seminarhaus laufenden und von der Herrschaft zu Eigenthum geschenkten Brunnen das Viertel des Wasserabflusses, welcher vom Käufer durch die Mauer der Seminarküche mit Dreicheln abzuführen ist, um fl. 80, nebst jährlichem ewigem Zins von fl. 1. 80 kr. zum Seminar. 13. September 1785.

²) Die Steigerungssumme ad fl. 4000 mußte auf Befehl des Churfürsten sofort zur Erbauung der Mauer bei Rosenheim verwendet werden.

und Märkten und auf dem Lande bei Strafe der Confiscation verboten werde." Dabei wurde dem Kaufhausschreiber in Mannheim, dem Handelsmann Eichhorn zu Heidelberg und allen Tapeten-Commissionären eine Frist von 6 Wochen gegeben, um die fremden Waaren rückzusenden.

Die Fabrik von Weidenhan erhielt das Privilegium am 26. Jan. 1799 erneuert unter der Firma: Weidenhan und Gesellschaft; aber sowohl diese als die Fabrik von Jesse hat das Schicksal der Wachs- und Unschlitt-Fabrik getheilt.

6. Verschiedene andere Fabriken.

a. Dem Joh. Duval wird die Verwilligung am 29. August 1764 ertheilt, sich in Heidelberg niederzulassen und eine Flor- und Gaze-Fabrik daselbst zu errichten, wobei die Hofkammer sich ausbedingt, daß Duval sämmtlichen Flor für den Hofstaat um 5% billiger liefert, als das von andern Fabrikanten geschehen war. Das Privilegium geht auf 10 Jahre; es gewährt dem Duval Personalfreiheit für die Arbeiter, Freiheit von Accis und Umgeld für die Hausconsumtion; dazu freie Wohnung oder fl. 100 Miethentschädigung jährlich auf 6 Jahre, endlich jährlich 15 Karch gemischt Holz Heidelberger Maaß und 1 Wagen Kohlen. Duval hat aber alle Einrichtungen selbst zu bestreiten und muß versprechen, Landeseingeborene als Lehrlinge anzunehmen.

b. Der Handelsmann Johann Beck in Mannheim erhält am 22. April 1776 die Erlaubniß, eine sogenannte Lütticher Sohl-Lederfabrik nebst einer „Holländischen Hauthandlung" auf eigene Kosten in den Oberämtern Heidelberg oder Mosbach anzulegen: das Privilegium erstreckt sich auf 20 Jahre und bestimmt, daß im Umkreis von vier Meilen von Niemand sonst eine ähnliche Fabrik errichtet werden darf; Beck darf eine eigene Lohmühle bauen, eigenes Fuhrwerk, auch einen Nachen auf Rhein und Neckar für den Transport der Waaren halten; darf Niederlagen seiner Fabrikate zum Verkauf en gros halten; die Fabrikspersonen sind frei von allen herrschaftlichen und städtischen Abgaben, Nahrungsschatzung, Umgeld, Accis rc., auch unabhängig von den Zünften; in Gerichtssachen steht die Fabrik unter der Frankenthaler Commission, nicht unter Orts-

und Amts-Obrigkeit; die Fabrik ist frei vom Waffer- und Landzoll. Nachdem fich mit Beck noch Speyerer und Koop affocirt hatten, erwirbt fich die Gefellschaft die Genehmigung zu dem mit dem bisherigen Temporalbeständer des Halaffes (dem Stift Neuburg gehörig) abgeschloffenen Afterbestand, 25. November 1776. Die Fabrik wird hier eingerichtet.

c. Dem Handelsmann Joh. Christof Götz u. Comp. wird ein Privilegium mit Freiheit vom Accis für die Hausconfumtion, vom Land- und Wafferzoll, vom Chauffée-, Weg- und Pflastergeld für den Transport von Rohmaterialien ertheilt zur Errichtung einer Fabrik von Stamofe-Baumwollen-Zeug und Halstüchern, d. d. München August 1797.

d. Dem Christ. Leonh. Schnetz, Nadelmacher von Schweinfurt, wird vom Churfürsten die Genehmigung ertheilt, in Heidelberg sich niederzulaffen und mit seinen Waaren Handel zu treiben. 1764. Es entspinnt sich ein langer Prozeß, da die Handelszunft ihn nicht in ihre Innung, der Stadtrath nicht als Bürger aufnehmen will, „Schnetz sei kein gelernter Kaufmann". Der Zunftmeister der Handelsinnung Pet. Paul Cavallo wurde wegen der Weigerung um 10 Rthlr. gestraft; beffen ungeachtet erfolgte die Aufnahme in die Zunft nicht und es mußte mit höherer Strafe gedroht werden (1770) und erst 1797 wurde Schnetz als Bürger und „Handelsprofessionist" auf Specialbefehl des Churfürsten angenommen; es war ihm aber feither der Verkauf der von ihm selbst gefertigten Nadlerwaren zugeftanden worden. Der Vorstand der Handelsinnung war 1797: Carl Schulz, Zunftmeister, Phil. Gerh. Guttenberger, Pet. Paul Cavallo, Heinr. Ab. Hoffmeister, Carl Alex. Peretti, Deputirte.

Zum Schluffe bemerken wir noch, daß der Ernst des Churfürsten, die Industrie in seinem Lande zu heben, so tief gewurzelt war, daß er, wie wir übrigens oben schon an einem Beispiele gesehen haben, eigene große Opfer nicht scheute; dies beweist auch die fernere Nachricht, daß er mit den französischen Mechanikern Le Brun und Bonafond 1768 einen Accord schloß zur Fertigung von 6 verschiedenen Maschinen für die „im Lande bestehenden Fabriken", wobei se-

daß die Nachmachung verbothen wurde. Diese 6 Maschinen kosteten dem Churfürsten fl. 13,000.[1]

II.

Sänften-Ordnung in Heidelberg.

1711.

Von Gottes Gnaden Wir Johann Wilhelm, Pfalzgraff bey Rhein ꝛc. thun kundt und fuegen unseren Großhoffmeisteren Obrist Cammeren, Obrist Hoff Marschallen, Obrist Stallmeistern, Cantzleren, Präsidenten, Geheimen- Regierungs-, Hoffgerichts-, Hofcammer- und übrigen Räthen sort sämbtlichen Hoff- und Landtbedienten, sonderlich aber Beambten Bürgermeister und Rath und eingesessenen Bürgern unserer Residenz Statt Heidelberg hiemit ggbst zu wissen: Nachdem Unß Tillmann Coblitz, Sattelmeister zu gemeltem Heidelberg underthänigst zu vernehmen gegeben, Waß massen Er einen trag Saenfften ordnung Daselbsten unter folgenden Bedingnussen einzurichten Willens:

1. Sollen gleich Anfangs zwey Sensten nehmblich eine in der Statt an seiner Behausung, und die andere in der Vorstatt am Ballhauß, sort soviel beren nötig mit ihren tragern auff seine Kosten gestellt und underhalten werden, welche sodann an benielten orthen im Sommer von morgens sechß uhr, im Winter aber von acht biß abends umb zehen uhr ohnaufhörlich zum Dienst parat sein sollen.

2. Solle derjenige so sich derselben bedienen will von einer trag senfften und vor die mühe des hintragens von einem orth zu dem anderen in der Statt bezahlen acht Creutzer, und vor das zurück und anderwerts hintragen eben so viel, wehre es aber gahr zu weith,

---

[1] Die Quelle für diesen ganzen Aufsatz ist das General-Landesarchiv zu Carlsruhe, wo in 84 Aktenfasciteln die oben dargestellten verschiedenen Gegenstände in Form von Regierungsverhandlungen niedergelegt sind. 277–284. 291. 293—295. 296. 300—307.

alß von der Statt außer dem mittel thor über das Ballhauß hinauß oder von dar über das mittel thor in die Statt herein von
einem jeden Gang zwölff Creuzer.

3. Vor eine Warthstundt, so viel deren die träger mit Ihrer
senfften auff des Bestellers Verlangen warten müssen, solle absonderlich zalt werden sechß Xr. Wofern aber

4. eine Senffte auff eine stund gemietet wurde, mehrer nicht,
obgleich der Besteller sich in solcher stundt an verschiedene orth und
auch wieder zurücktragen ließe, als zwantzig Xr.

5. für einen gantzen tag einen Gulden und dreißig Creuzer,
für einen halben tag, so längstens zu sechß stunden gerechnet, 45 Xr
für ein Viertels tag aber zu drey stunden gerechnet, 30 Xr.

6. solle solche Belohnung jedes mahlß Vorauß, und sobaldt man
sich in der Senffte niedergelegt, bezahlt werden.

Mit gehorsamster Bitt, Wir gnädigst geruhen wollen, sothane
ordnung gnädigst zu approbiren, und ihme daruber unser privilegium zu ertheilen dahin, daß Reinem andern zugelassen sein solle,
einige Senfften zu halten, oder ihm hierin einige eingriff zu thuen,
daß Wir solcher unberthänigsten Bitt in gnaden statt gegeben, und
obgedachtem Coblits gegenwertiges privilegium erthellet haben, massen
Wir hiermit undt Krafft ertheilen. Euch Allen und jedem obgemelt
hiermit gnädigst befehlendt, gedachten Coblits bey dieser ihme verliehenen ggster concession und Freyheit Kräfftigst zu schützen und
darob fest zu halten. Urkundt ꝛc. Düsseldorff den 17. Februar 1711.

(gez.) Johann Wilhelm, Churfürst.

Wer heutzutage, besonders zur Sommerszeit, in welcher Tausende von Fremden aller Nationen unser schönes Heidelberg besuchen,
die Hauptstraße entlang wandelt und sich hüten muß, um nicht ein
Opfer der hin- und her- „rasenden" Omnibuse und Droschken zu
werden, die zu Dutzenden den Verkehr vermitteln, während andere
Dutzende auf den öffentlichen Plätzen der Stadt des willkommenen
Rufes harren, an die Bahnhöfe oder zu den nahen und fernen Ver-
gnügungsorten u. s. w. zu fahren. — der wird sich kaum in die Verhältnisse der Stadt, an die Bescheidenheit ihrer Verkehrsmittel und
an die ohne Zweifel herrschende Ruhe auf den Straßen hineindenken
·önnen, welche zu Anfang des vorigen Jahrhunderts geherrscht

haben. Doch ist hierbei zu beachten, daß obige Ordnung in die Zeit kurz nach der gänzlichen Zerstörung fällt, welche unsere Stadt häuser- und menschenleer gemacht hat, und aus der sich dieselbe nur langsam wieder erholte.

III.

Pfalzgraf Friedrich II. suchet bei der Stadt eine extra Steuer.

1545.

Instruction, was von unnser Pfalzgraf Friederichs Churfürsten wegen, Unnßer Marschalck, Cantzler, Rethe und lieben getrewen Hans Bleicker Landschad von Steinach, Hartmann Hartmanni der Rechten Doctor, Hans von Gemmingen, Sittig von Berlip-scheim. Faut zu Heidelberg, Friederich von Flersheim der Junger, Burggraue zu Alzei, Heinrich Riedtessel Faut zu Germersheim, Hans Landtschadt vonn Steinach, Faxth zu Moßpach und Wolf Reuss, sambt ober sunder, bei den Ersamen unnsern lieben getrewen Burgermeistern und Rathe unser Stat Heidelberg der Steuer und Hilf wegenn werben¹) und handlen sollen.

Anfangs Inen unnsern gruß unnd gnedigen willen anzusagen, das wir auch als Ir gnedigster erbherr Iren glücklichen zustandt unnd wolfart gern sehen.

Mit weiter geschicklichen erzelung bweill auß willen des allmechtigen wir als der naturlich erbherr zur Regirung des Churfürstenthumbs komen hatten wir unns billichers ober mehres nit angelegen sein lassen, dann neben furderung friedens unnd ruge²) Im Heilligenn reiche unnsers Vatterlands deutscher Nation sie unnd andere unnßere getrewe Underthanen sambt Ihren weib. kindern und dem Iren in gnedigsten vatterlichen beuelch³) handthab⁴) unnd schirm zu erhalten, vor gewalt und unrecht zu bewaren, Als wie auch fur-

---

1) gelend machen. 2) Ruhe. 3) Befehl, Anordnung. 4) Schutz.

das biß in unnfer grube solchem von got habendenn beuelch nemlich noch zu setzen, nit minder dan weilant die Hochgebornen furften unnfer fruntlicher lieber Her Vatter, auch unnfer lieber bruder Pfaltzgraue Philips unnd Ludwig loblicher Dechtnus gethan, begierig und hoffendi weren, der almechtig solte unns unnd Jnen sein gnade unnd gedeyhen darzu reichlich verleihenn,

Nit minder aber so hatten wir Jn andreiten unnfers Churfürftlichen Regiments und selther noch meher und etlich unnfer beschwerdtnuffen[1]) dermaß vermerct, das wie wolle wir bißher alle muglichkeit[2]) furgewendt[3]) dieselben bey unns allein zubragen unnd ob sein mocht biß Jnn unnfre ende one Jre beschwerdtnus[4]) zu verbulden. So mochte aber auß teglich meher zu reisender[5]) sorgfeltigkeit unnd uberlaßt[6]) nunmeher von uns lenger nit umbgangen werden, Jnn solchenn obliegenden als unfere gehorfame unberthanen, auch keiner weigerung versehen, die die sorg unnd burde mit zu bragenn helffenn gnedigst zu ersuchen

Dan wir Stelten inn keinen Zweifel Jne mehrteils, were noch unvergeffen, in was merglicher[7]) beschwerung schulden und abfalle durch etwann dem Bayerischen kriege bei Zeitten unnfers Hern Vatters seligen beide unnfer landschaffte hienidenn am Rein und boben zu[8]) Beiern erwachsenn, wie beschwerdtlich auch nit allein wellunt unnfer lieber bruder Pfaltzgraue Ludwigkh seliger und wir nach Chriftlichenn abscheiden unnfers lieben Hern Vatters loblicher dechtnus Jnn die Regirung. Da wole zu sagen, das inkomen, also verringert geweft, das gar nahe zu unnfer beider und erhaltung gantzs das unuermogen[9]) fur augen geftanden eingebretten, sonder volgender Zeitt, bei etlich beschwerlichen nachburschafftenn[10]) unns beiden sambt unnfern landen, leutten und getrewen unberthanen, ruge, frieden unnd gemache[11]) mitt schwerem unnferm nachteil erkauffen mußen.

Unnd wiewole gemelter unnfer lieber bruder seliger hienieden

---

1) d. h Geldnoth. 2) Möglichkeit d. h. alles Mögliche. 3) angewendet
4) d. h. ohne den Unterthanen eine Steuer aufzubürden. 5) zunehmender
6) Ueberlaßt, Verschuldung. 7) merkliche d. h. große. 8) zu. 9) Unvermögen.
10) schwierigen d h. feindlich gesinnten Nachbarschaften. 11) Gemächlichkeit.

unnd wir haben lanbts vill minnder Inn stetter Hoffnung und
ubunng gestanden durch unnser enge einziehen¹) so vill die Zeit
unnd leuffe²) jeberzeit erleben haben mogen, auch etlich von Inen
und andern unsern underthanen erlangte hilffen, solche beschwerdtnuß unnd obligende der Landtschafften sovill Immer muglich zum
theill abzuringern³) une und Inen dadurch sovill mehr ruge zu
schöpffen⁴).

Hatten doch von Jar zu Jaren die geschwinden lauff durch
auffruren⁵) unnd sonst bewegliche Handlungen im heilligen reiche
sich dermas heuffig und sorgsam zu tragen, das seyner liebe unnd
uns nit allein unmuglich gewest ein ansehenlichen till unser landtschafften, beschwerungen, erheblicher weise abzubringen, sonder auch
unns nit stadt gelassen bemelte landtschafften vor belabung weitters
laßt unnd schulden zu verhutten,

Dan neben dem sein liebe unnd wir usserthalb erhaltung unnser
Hoffstabl noch ein merglichs zu heiratlicher ussteurung⁶) unnser
schwestern auch zu teglichen und erhaltung etlichen unser gebruder⁷),
unnd numehr unser vettern,⁸) so Ir furstlich ußkomens nit wolle⁹)
gehabt und lange Zeit her ußgewendt, unnd wie Itzt zum theille
noch thun, Welches alles wir villeicht verdulden¹⁰) mogen, auch
gern gewolt und gehofft, unnser unnd unser landtschafften gelegen-
heitten solltenn mit der Zeitt sich dahin wider erholt unnd gebessert
haben, das wir und sie nit allein gute ruge befunden, sonder un-
vonnoten bei sein mogen, sie umb fernere Hilffen zu ersuchen.

Hattenn sich doch fernere treffliche unuersehene¹¹) beschwerungen
zu gedragen, wie sie gnugsam wissens trugen, was merglichen un-
costen sein liebe und wir Ine den vielen emporung so bei zeittenn
unsern Regierungen sich Inner und usserhalb des reichs bei christen
und unglaublgenn zum sorglichsten und beschwerlichsten zugedragen,

---

1) stille Eingezogenheit d. h. Sparsamkeit. 2) Ereigniße. 3) vermindern.
4) schaffen. 5) Hier ist wohl auf die Fehde mit Sickingen und auf die Bauern-
kriege hingewiesen. 6) Aussteuer. 7) Friedrich hatte sieben Geschwister, von denen vier Geistliche wurden, einer, Wolfgang das Stillleben des Gelehrten führte,
die andern zwei in fremden Diensten standen. 8) Die Neffen Friedrichs, d. h.
die Söhne des Pfalzgrafen Ruprecht, Otto Heinrich und Philipp. 9) wohl
10) erdulden, ertragen, aushalten. 11) unvorhergesehen.

— 48 —

dieselben zu stillen helffen, unuermeidlich haben aufwenden mussen. Wir wolten den unsern von Gott bewolhenen¹) ampten²) stanbt und namen, (das ob got wil numeher sein oder beschern soll) mangell gelassen. Im heilligen reiche abfalle und zerreißung zugeschehen, darzu so unns am hochsten zu wider³) Irer unnser getrewen underthan mit weib kinder und narung betruckung und verderben gebulbet haben, das der almechtig furbas als bisher⁴) gnebig abwenden wolte, ob got will an unnser getrewen fursehunge⁵) wir es kunfftig auch noch nit erwinden lassen.

Naben dem wusten sie wie vatterlich und trewlich weilenbl unnser lieber bruder seiliger zu erhaltung friedens und gemach (in heilligen reiche unnsers Batterlands beutscher Nation sich insonderheilt bemuhet, die widerlichen emporungen⁶), so der Religion unnb anberswegen bisher vilfeltig sich creugen⁷), wole zu verhutenn⁸), villes handl bagleissungen mitt schwersten costen volebracht, darauf seiner liebe nit ein geringes geloffen, von dem almechtigen aber zu erhaltung friedens mitt solcher gnabe unnd wolthat erschossen, das dadurch blutvergiessen, auch hohes verderben bisher abwenbt die armen beschutzt unnb also nit ubel angelegt worden. Darzu seiner liebe unnb unns die besuchtung viler Reychsdage, so wir bis anhero mit umbgaen⁹) kommen, auch ein trefflich gut hingenommen.

Wie nun solche Dinge alle vill ringerung¹⁰) der beschwerdnussien furtern oder gebulben mogen, sonder will meher sein liebe unnd unns geursacht nit umb unnsers fortells oder nutzs sonber ehegemelten beweglichkeiten willen merglich Inn unnser kammergut zu greiffen. Da auch alle irer ver underthau gelaste¹¹) hilffenn ein solches noch nit abwenbenn mogen, das hetten sie bei Inen selbs gnugsam zu betrachten. Das berhalb je nit umbgangen konden werben. neben erschopfung des unsern, auch das furstenthumb in noch mehr schulden und burgschafften¹²) wider unsern willen so wie also leiber nit verhuten mogen wachlenn zu lassen.

Temnach were dahien gelangt, das nach christlichem verscheiben

---

1) befohlen, aufgetragen. 2) Aemter. 3) zuwider. 4) ferner wie seither. 5) Vorsorge. 6) Empörungen. 7) ereignen. 8) verhüten. 9) umgehen, vermeiden 10) Minderung. 11) geleistet. 12) Pfandschaften.

wellant unsers bruders seligen Jnn unnser angetretten churfürstlichen regirung wir nit allein diese nider unser landschafft des Rheinstroms noch also in treffenlichen schulden lassen funden,

Sonbern unns were daneben gleich alsbalde mit zugewachssen das wir seiner lieb empfangen widderfellig heiratgut zu möntze geraibt biß Jnn acht und dreißig tausent gulden dem fürsten von Baiern¹) gleich Jnn Jarsfrist nach seiner lieb versterben zu schulbiger volziehung brif unnd Siegel an barem geldt mitt einander verraichen mussen, wie es auch got lob also bezalt were,

Darzu in funf tausent gulden an der Morgengabe zu uerpensionirn²) bis zur ablösung Jnen auch hinder sich versichert.

Und ufferhalb der außgestandenen beschwerdtnuß der hochgebornen fürsten unsers freuntlichen lieben Vetters herzog Otthainrichs schulden last, der seiner liebe durch andere gesuchte unzimliche wucherschafften also heuffig aufgewachsenn, das wir mit seiner liebfreuntliche mitleiden drugen, auch in kurtzem besserung verhofften. Weren wir zu abschneidung schwerer nachburschafftenn auch teglicher Jrrungen Zands unnd kriege so sunst biß orts hettenn einwurtzeln mögen, unuermeidlich verursacht worden die Stat unnd ampt Sultzbach sambt dem halben teil an Ampt unnd Stat Barckstein und welber umb hundert tausend gulden an unns zu lauffenn auf das der merer nachteil soull Jmmer muglich abermals verhut unnser landschafft auch arme unberthanen zu Baiern, denen wir von dem almechtigen nit weniger zu beschirmer und fürseher verordnet nit in verderben gesetzet wurden. Da wir sunst usser das für uns nit so lustig oder beglerig darnach gewesl, dieselbig summa were nun gottlob von uns mererthells bezalt und stunden in arbeit das Uberig auch zu uerrichten,

So konten wir nit unterlassen, sie neben dem bannocht³) zu erinbern⁴), das wir vergangs drei und viertzigsten Jars die defensif hilfe, so von gemeinen Reichsstenden bewilligt unnd beschlossen gewest, dieselb wie sunst der mererteil stende unnd oberleittenn⁵) ge-

---

1) Die Gemahlin Ludwigs V. war Sybille von Baiern; ihr Heirathsgut musste nach Ludwig's Tod mit fl. 88,000 rückbezahlt werden. 2) verpensioniren = verzinsen. 3) dennoch. 4) erinnern. 5) Dörigkeiten.

thon, von den underthanen zu nemen one alle Irer unser underthanen beschwerdnus und zuthun allein uß unserm lamer gut der kaiserlichen Malestett und dem heiligen reiche erlegt, Sie derselben enthept¹), unns selbst desto mehr mit Verpfandung und sunst angegriesen, die doch selther widerumb geledigt unnd nitt gewolt, das sie desselben mals weitter dan mitt der offensum²) hilf des gemainen pfennigs beschwerdt sein solten.

Auß dem allem sie abermals gnugsam ab zunemen wie die schultbeschwerungen unnser landtschafften bisher hellen geringert werden konden sonder uber unsers lieben bruders seligen auch unnsern vleis³) und willen unuermeidtlich gemeret worden.

Wie auch unns muglich sein konte, allein von dem uberfleenden⁴) einkommen wo nit etlicher maß erleuchterung der beschwerdtnussen gesucht: ein fürstlichen doch geringen hofstat zu erhalten Zins unnd gulten zu uerrichten unnser underthanen, deren vil neben unns mit verschrieben vor laistung und unrathe zu uerhuetten unnd das bei diesen beschwerdtlichen emporigenn⁵) zeit unnd leuffen schir am höchsten zu bedenken, sie furbas als bißher vor gewalt und verderben zu beschützen. Da ja alle stundt die notturfft gefast zu sein, damit den genachburten auch einungsverwandten⁶) fürsten Jm falle der not hilf und zuzug bescheen unnd dasselb hergegen auch von Jnen zu beschutzung allerseits underthanenn mocht verwent⁷) und gehabt werden.

Das hellen wir notwendig bedacht Jnen unsern underthanen in gnedigem Vertrawen lenger nit zu uerhalten unnd wiwolle wir allezeit der gnedigen neygung⁸) Jrer als unnser geliebten underthanen, soviil immer muglich zu uerschonen, sie doch bißmals zu er indern, was unnser unuermuglichkeit diser sachen auf Jhr bragen, unnd das wir ane Jr stattlich stewr⁹) und hilff (wie ungern wir die an sie gesonnen) bis burden nit meher zu erheben, den last abzuwenden, ruge zu behalten, noch unwiderbringlichen nachteil zu uerkomen wusten, sonnder mussen gewarten teglicher laistung pfandung

---

1) entzogen 2) Offensiv. 3) Fleiß. 4) Überschüssigen. 5) empörigen d. h. empörungssüchtigen 6) verbündeten. 7) angewendet. 8) Neigung. 9) Steuer Beisteuer.

— 48 —

auch Jrer selbs angriffs schimpfs spots unnd anderswerglichen veraths,

Welches zu verhutten, ob got wil an unnser unglückselt noch mit erwinden solte, auch zu Jnenn als die es nitt belanngte. Kein andern versehens drugegen, dan doch sie unns unnd sie bei walfart zu behalten helfen Jre vermugens¹) als die getrewen gut herttigen underthanen nit minder zuzusetzen geneigt sein werdenn,

Unnd darumb bweill es neben unns auch Jnen selbs zu merglichenn vorteill nutz und frommen dienen, were unser gantz gnedigs gesinnen bitten unnb begern, sie wolten solch unser und der landbeschaffter obligende not unnd ertzelte²) ursachen, dan wir auch Jr rechter naturlicher erbherr unnb lanbsfurst sie jnrs als bisher bei recht friede unnb gemache zu schutzen und handthaben geneigt unnb sunst bei etlich unsern genachburten fursten woll anders gehalten wurdet, genugsam zu gemut furen³), unnb unns in diesen geschwinden sorgsamen leufften zu abwendung solcher gefarlichkeiten, auf willigem gemute ein trewe verfengliche stewr und hulf laisten. Die wir dannoch also fur genomen das sie unsers verhoffens leiblich unnbt Jnen wie sie nach gelegenheit der sachen in hohem treffenlichen Rathe bedacht und beschlossen als dan eroffnet werden solle. Wie wir dan daneben geneigt mit engem eintziehen⁴) unnsers hofstatts und anber kosten so vill Jmer die gelegenheit erleiben mochte, auch kunst in auder mehr weg das unser gleichermaß dartzu zu thun, wie sie es dann schenlich jetzt bereit im Werck spurttenn⁵).

Dartzu bawit wil allein sie unns die burde mit dragen helfen bei unsern dienern unnb anbern personen was der altem herkomen noch hiertzu Jmer eintzugeben sein mogenn inn diesem hoch notwendigen Werd als sie spurenn wurden, auch mit unbgeen wollenn, der unuweiselnlichen Zuversicht, es werde dieser fürstenthumb kunftig zu haher nutzbarkeit ersprießen, wir unnd sie des obliegents dardurch zu guttem will abkomen unnd als das haubt und getrewe gehorsame underthanen nit allein besto langweriger bei einander selbe ruge unnb gemache erlangen unnd behalten mugen, sondern sie bestatlicher⁶) und fridsamer von unns beschirmpt konden werden.

1) nach ihrem Vermögen. 2) erzählte. 3) zu Gemüthe führen. 4) engere Einschränkung. 5) spürten. 6) desto stattlicher.

So wolten wir es sunst mit allen gnaden gegen Jnen erkhennen, bedenken unnd zu gutem nit vergessen. Und so ein solch furhalten bei Burgermeister unnd Rathe zu Heidelberg beschehen, solle gnebig an sie begert werden, die sachen furtter bei der gemeind auch zum schleunigsten zu befurdern[1]).

Friedrich II., der die vorstehende Bitte um Uebernahme einer außerordentlichen Steuer an die Stadt Heidelberg richtete, war jener Fürst, der von den Kaisern Maximilian und Carl, von 1513 an, vielfach gemißbraucht, durch leere Hoffnungen und Versprechungen hintergangen, zu kostspieligen diplomatischen Sendungen benützt wurde und in steter Geldnoth sich befand; der Fürst, dessen Leben Häusser[2]) nach den Aufzeichnungen seines Secretärs, des Hubertus Thomas, ausführlich schildert. Er war nach dem Tode seines Bruders, Ludwig V., 1544, diesem in der Regierung gefolgt, und wie er vorher kümmerlich sich durchgeschlagen, so war ihm auch nach seinem Regierungsantritt die Geldnoth stets auf dem Nacken. Unsere Urkunde bezeichnet selbst die Umstände näher, die den Churfürsten zwangen, die Stadt um einen Zuschuß zu bitten.

Die Stadt hatte eine bestimmte Summe Steuer zu entrichten — 400 Pfund Häller —; darüber hinaus durfte sie, nach ihren ältesten Privilegien nicht beschwert werden, nur in bringenden Nothfällen und bei Verheirathung von Prinzessinnen, nach einer verlornen Feldschlacht[3]) u. dgl. Zur Bezeichnung der Lage wollen wir nur hervorheben, daß die katholischen und protestantischen Reichsfürsten eben in der Zeit unsrer Urkunde sich offen zum Kriege rüsteten und daß unser Churfürst, wiewohl er noch nicht offen für die protestantische Sache sich entschieden hatte, doch als einer der evangelischen Reichsstände galt.

1) Die Urkunde befindet sich im Generallandesarchiv zu Karlsruhe, im Zasdikel: „Schatzungsrecht. Pfalzgraf Friedrich fordet bei der Stadt eine extra Steuer." (583.) [2]) Gesch. d. Pfalz. I. 563 ff. [3]) Vgl. Archiv f. Heidelb. II. 183 ff.

IV.

Jutte Senderin stiftet eine Messe in das Spital zu Heidelberg.

1385.

Kuntlichen sal¹) sie allen den, die diesen brieff ansehent oder horent lesen, daz wir die borgermeistere, mit namen **Ingram** der Gerherten Tochterman und **Heintz Sarworter** und darnach im gantzen rab²) der stab zu Heidelberg verliehen³) und bekennen offenlichen an diesem briefe, daz vor uns kam und komen ist in gerehtes wise⁴) **Jutte Senderin** borgere zu Heidelberg und sich mit wolbedachtem mude⁵) vor uns erkante und eriach⁶), daz sie in gottes ere⁷) zu vörderst und durch got siner lieben mutter Marien und in sant Johans ere des deuffers und ewangelisten, und darnach durch ewiger selikeit willen Claus Wygantz ir wirtes seligen grosvatter und yre mutter und alle yre geswuflern und aller yre vorfarn und nachfarn⁸) sele willen hat eweclichen und unwydderruffelichen⁹) gemachet und gemaht ein ewige messe zu singen oder zu lesen¹⁰) uff dem altar des vorgenanten heilgen herren sant Johans, gelegen in dem spital in der stab zu Heidelberg¹¹), und hat auch die selbe pfrunde besteiliget uff allen den guten, als sie hienach geschriben staut¹²) Dieselbe messe sal man sprechen, singen oder lesen off dem vorgenanten altar sant Johans, als zytlich, zymlich und muglich ist¹³), ane¹⁴) schaden eins yglichen pherrers¹⁵) zu trost

---

1) soll. 2) Rath. 3) thun kund. 4) In Gerichts Weise d. h. vor Gericht. 5) Muth. 6) erklärte. 7) Ehre. 8) Nachkommen. 9) ewig und unwiderruflich. 10) eine gesungene Messe ist ein feierliches Hochamt, eine gelesene Messe ist eine stille Messe. 11) Die Stadt Heidelberg bestand damals blos aus der Altstadt, das Spital lag deßhalb auch nicht da, wo wir es später finden werden (1533) nämlich im ehmaligen Dominicanerkloster, jetzt Anatomie, sondern vielmehr auf dem Markt, der Heiliggeistkirche gegenüber. Wir werden später hierauf zurückkommen. 12) stehen. 13) d. h. zur rechten Zeit, wie es sich ziemt und nach Vermögen. 14) ohne. 15) Pfarrers.

und zu hülf alle armen chriſten luten¹), und gott und ſyner lieben mutter Marien zu lobe und zu ere und darnach allem hymelſchem here²). Auch hat die vorgenannte Jutte die egenante gottesgabe³) geluhen⁴) und geben Heinriche, Heintzen Diemars ſon, eim ſchüler⁵) zu dieſen zyten⁶). Auch iſt zu wiſſende, wann die vorgenante Jutte Senderin nit me iſt⁷) ſo ſal und mag ein rab zu Heidelberg dieſelben pfrunden und gotzgabe verlyhen und hyngeben als byde⁸), als ſie lebig wirt, in dem nehſten manat⁹) darnach luterlichen¹⁰) dorch gott und einfelclichen¹¹) eim¹²) prieſter von der vorgenanten Jutten geſlehte¹³) oder ein ſchüler des ſelben geſlehts, der in dryn jaren zu pryſter werden mag ane gewerbe, alſo daz derſelbe ſchüler die wile¹⁴) beſtelle, daz ein prieſter dry meſſe zu dem mynſten zu yn der wochen¹⁵) leſe uff dem vorgenanten altar, und das uberige von der pfrunde daz das geleit werde an merunge der pfrunde¹⁶), bis der ſchüler zu prieſter wirt. Wer es aber ſache, daz keyner in der vorgenannten Jütten geſlehte were, der bar umb bietende¹⁷) were, ober nit alt gnug were, ſo ſal ſie ein rab von Heidelberg eim andern bieberben¹⁸) manne zu den zyten lihen, der bo prieſter iſt, ane alles geverde und argeliſt. Wer es aber ſache, das ein rab ſumig¹⁹) wurde und die gotzgabe²⁰) und pfrunde nit hin luhe²¹) in eim manat, als vorgeſchrieben ſtat, ſo ſoll ſie ein pherrer zu Heidelberg zu den zyten lyhen und geben in aller der maße, als davor geſchriben ſtat, als byſe daz not geſchehe ane geverbe.

Auch hat die vorgenante Jutte die vorgenante gotzgabe beſtediget uff allen den güten, die hernach geſchriben ſtent. Zu dem erſten, uff dem nuwen huſe halbes, das da gelegen iſt hinder Johann

---

1) Chriſtenleuten. 2) Himmliſchen Herr. 3) Gottesgabe. 4) verliehen. 5) Schüler bedeutet hier nicht ein die Schule beſuchender Knabe, ſondern ein junger Mann, der ſich dem Prieſterſtande widmete und eine der Stiftsſchulen zu Worms beſuchte, da in Heidelberg die Univerſität noch nicht beſtand. 6) Zeiten. 7) nicht mehr iſt, d. h. geſtorben iſt. 8) ſo oft. 9) nächſten Monat. 10) lauter d. h. ohne Nebenabſicht. 11) einfältig im alten Sinne des Worts. 12) einem. 13) Geſchlecht. 14) unterdeſſen. 15) zum Wenigſten zwei in der Woche. 16) daß das angelegt (capitaliſirt) werde zur Vermehrung der Pfründe. 17) bittend. 18) biderb = rechtſchaffen. 19) ſäumig. 20) Gottesgabe. 21) hin liehe oder vergebe.

Herolts hus, das teyl an der Sygelmannen steinhus, das zinset
vortzig heller dem spital und setzehen¹) heller dem capitel²) und
zween heller dem herren dem hertzogen. Item uff ein viertel wingar-
tes³) an dem wilden rode neben der Mörharten und ober den
herren von Heintzschuhsheim. Item ein morgen wingartes an der
Reckarhelden neben den von Ruwenburg und den von Schonawe.
Item ein morgen wingartes an dem hindern Geißberge by Coller
und unserm herren dem hertzogen, und gil ein halb virteil wynes
gein Bergheim, die lüte zu Ostern zu berphlen⁴). Item ein zweiteil
zu Rüsel neben den Breyden⁵) und gil ein nahtlieht⁶). Item ein
zweiteil wingartes an dem vorderenf Geißberge⁷) neben Heintz Sar-
worten, und zinsel zehen schilling heller an sant Niclaus altar zu
sant Peter und ein schilling unserm herren dem hertzogen. Item ein
morgen in der obern Plecke neben den von Ruwenberg⁸), und
zinsel zwen schillinge heller unserm herren dem hertzogen. Item ein
virteil wingartes under dem Geißberge by der Bryningen⁹). Item
ein garten bey der obern santgaffen¹⁰) an Ebermant gelegen. Item
ein malter korngeltis uff der Bronnewisen, gebent zu Geuberg¹¹) der
Velsen lint. Item ein malter korngeltes uff dryn morgen ackers,
zwen morgen in Lohere, und ein morgen am Wylerberge, Hans
Ecke und Heintz Hirte zu Geuburg gebent¹²). Item ein morgen
korngeltes uff einer wiesen zwuschen den höltern und morgen ackers
in dem Hagengrunde zu Geuberg, git der alt Wegener. Item ein
malter korngeltes uff eim mal wiesen, ligt under dem Reckarwerbe
und uff eim stücke wiesen under der Helden zu urfas, der zu ein

---

1) sechszehn. 2) der Kirche zum heil. Geist. 3) Weingarten. 4) die Leute
zu Ostern vorzubereiten. Hier ist wohl der Priester gemeint, der diese Verrichtung vornahm und dem die Weingült zufloß. 5) Bis jetzt unbekannte Oertlichkeit. 6) Eine Lampe, die bei Nacht in der Kirche brannte. 7) Der „vordere
Geisberg" ist der Theil dieses Berges, welcher der Stadt zugewendet ist; der
„hintere Geisberg" bedeutet den Theil, der nach Rohrbach zu gelegen ist. 8) Stift
Neuburg. 9) Offenbar eine Oertlichkeit in den (jetzigen) Anlagen. 10) In der
Sandgasse oben, gegen die Peterskirche zu; vielleicht ist hier der Garten gemeint, welcher der Pfarrei zu St. Peter und Providenz gehörte, und vor Kurzem an Geh. Rath Bluntschli verkauft wurde. 11) Gaiberg. 12) Geben es d. h.
das Malter Korngült.

morgen ackers, ſtoßet an den Graberger weg, gilt Hartlieb Ode von
Bammaden¹). Item drü ſummern²) korngult uff zwei ſtucken
wieſen an dem Rekenwerbe git Dungel von Bammaden. Item vier
ſchilling heller zinſes uff ein acker ander der helben, gebent Otzen
erben zu Bammaden. Item zehen heller zinſes und ein cappen³) und
ein hün⁴) uff der Füſten hus und Hofgereybe zu Bammaden. Item
zehen ſchillinge heller zinſes uff Walther Lauwers hus zu Heidelberg gein Hennel Swindekauf uber. Item ein phunt alter heller
uff ein garten by dem Juden kyrchofe neben Fritze Wygant. Item
fünfzehendenhalben ſchilling heller werunge⁵) uff Hermann Hor-
nunger garten by dem Juden kyrchofe. Item fünfzehen ſchilling
heller werung uff ein halben morgen wingartes an dem Zigelrybe⁶),
der Heintze Lenys was⁷), by den von Rumenburg. Item fünf
ſchillinge zwen heller uff ein halben morgen wingartes an dem
Geißberge zu an den wall obwendig Jütten Senderin und bes we-
ges⁸). Item ein phunt geltes uff den garten an der oberen ſant-
gaffen, der Jutten Senderin was, und auch vier ſchillinge zwen heller den von Rumenburg. Item ein phunt alter heller geltes uff Sy-
fride mulen und uff ſinen wiſen zu der Slierbach⁹). Item ein hün
und dry ſchillinge heller geltes uff Pauwele hofereybe zu Wenberg¹⁰).
Item dry ſchillinge geltes uff Haſens ſons hus und hof zu Hilr-
ſpach¹¹). Item dryſſig heller zinſes uff Meffrybes wingarten an dem
Rödelſtein gelegen zu Rumenheim¹²). Item ein hün uff Klancks
hus by den Barfüſſen¹³) zu Heidelberg an dem orte. Die vorgenante güte hat gift¹⁴) und geben die vorgenante Jutte Senderin
nach yrm tode an den vorgenanten altar ſant Johans und dem
vorgenanten Heinrich, ob¹⁵) er proſfer wirt und den vorgenanten
altar befingen¹⁶) und darnach eym yglichen cappelan¹⁷) des vorgenanten altars durch got lüterlichen und ſiner lieben mutter Marien
und durch ewiger ſellkeit willen. Dieſe vorgeſchriben gut, huſer, wingarten, garten und zinſe, als ſie hie vorgeſchriben ſtant, ſol und mag

---

1) Bammenthal. 2) Simri. 3) Capaun. 4) Huhn. 5) guter Währung.
6) Weinberge im Ziegelried oberhalb des Schloſſes. 7) war, gehörte. 8) Weges.
9) Schlierbacher Mühle 10) Unbekannte Oertlichkeit. 11) Waldhilsbach. 12) Neuenheim. 13) Barfüſſer- oder Franziskanerkloſter auf dem jetzigen Karlsplatz. 14) hat
gegeben. 15) wenn. 16) an dieſem Altar die Meſſe ſingt, 17) Kaplan.

ein yglich capelan des vorgenanten altars ynnehmen¹), besytzen, nützen und niessen in aller der maße, als do vor geschryben stat. Auch sollen die vorgenanten gut in beheynen²) andern weg verändert oder verwandelt werden anders dan zu den vorgenanten gotzgaben ane geverde. Syt dem male³) uns den vorgenanten Borgermeistern und auch dem rade gemeinlichen der stat zu Heidelberg wol kuntlich und wiffende ist, und auch das vor uns geschehen ist und von beide wegen der vorgenanten Jutten so bestebigen wir die vorgenante pfrunde und gotzgabe und auch alle vorgeschriben stucke, punte⁴) und artickel mit der stedte ingesiegel zu Heidelberg dem großen, das do gehangen ist an biesen brief, der do geben wart nach Cristes geburte drutzehen hundert jare und barnach in dem nun und schzigsten jar an sant Margreten abent.⁵)

Diese Stiftung genehmigte Bischof Edard von Worms am 19. Juni 1385. Heidelberg lag im Wormser Bisthums-Sprengel. Die Genehmigung enthält die Bestimmung, daß der diese Pfründe genießende Priester persönlich an Ort und Stelle wohnen und die Obliegenheiten erfüllen müsse; dazu noch die Ernennung des Klerikers Conrad Sander auf diese Pfründe.

Weniger wegen der in der Urkunde niedergelegten Stiftung einer Messe, als wegen der darin enthaltenen zerstreuten Nachrichten, ist dieselbe uns merkwürdig.

Vorerst finden wir hier eine recht ansehnliche Zahl von Namen von Bürgern und Einwohnern unserer Stadt aus einer sehr alten Zeit, nämlich Wigant, Diemar, Herolt, Sygelmann, Mörbert, Coller, Sarwort, Ebernant, Lauwer, Swindekauf, Hornung, Lenys, Syfried, Klanck, Sender oder Sander. Es wird nicht allzu schwer fallen, hier die Urahnen jetzt noch blühender Heidelberger Familien herauszufinden, so z. B. die Weigant oder Weyant, Diemer, Herolt, Hornung, Seyfried u. s. w.

---

1) einnehmen. 2) keinen. 3) Sintemalen. 4) Punkte. 5) Die Urkunde im Original findet sich in der Sammlung von C. Barth, jetzt in der Universitätsbibliothek zu Heidelberg.

Ferner finden wir ein „Steinhaus" des Syggelmann, was darauf hinweist, daß die Häuser der Stadt im Allgemeinen nicht von Stein gebaut waren.

Sobann lernen wir Oertlichkeiten der Gemarkung kennen, und die Art ihrer Cultur. Weinberge lagen im wilden Robe, an der Neckarhalbe, am hintern und vordern Geisberg, ja sie zogen sich herab gegen die Plöck zu; selbst im Ziegelried oder dem Schloße lagen Weinberge. Mit Gärten war vornehmlich die Plöck versehen, hier lag auch der Judenkirchhof, erst im Anfang des 18. Jahrhunderts kam er hinter das Klingenthor [1]). Im Ziegelried, in den Neckarhalben, wohl bei Bergheim und in der obern Plöck hatte das Stift Neuburg Weinberge; in den Neckarhalben das Kloster Schönau; im wilden Robe die Herrn von Handschuhsheim.

Bezüglich Bergheims und seiner kirchlichen Verhältnisse wird unsere frühere Darstellung [2]) in gegenwärtiger Urkunde gerechtfertigt. Die Bemerkung nämlich „git ein halb virteil wyns geln Bergheim, die lûte zu ostern zû beryhten" deutet ganz außer allem Zweifel darauf hin, daß Bergheim selbst keine Kirche im Orte selbst besaß, daß aber ein Priester, gewiß von St. Peter, die Pflicht hatte, an Ostern die Leute von Bergheim zur Ostercommunion vorzubereiten, wofür der Priester ein halbes Viertel Wein bezog. Dazu kommt, daß zur Zeit unsrer Urkunde Bergheim noch nicht mit Heidelberg vereinigt war, also angenommen werden muß, daß das hier angegebene kirchliche Verhältniß das ursprüngliche war, um so mehr, als die Peterskirche auch schon jetzt d. h. vor Vereinigung Bergheims mit Heidelberg bestand, von der ein Nicolaus-Altar genannt wird.

Endlich begegnen wir in dem ersten Bürgermeister der Stadt vom Jahr 1369 einem Ingram, der wohl aus dem Geschlechte jener Ingrame von Bergheim war, die wir schon früher [3]) erwähnt haben und welchem die Ingrimstraße ihren Namen verdankt; Ingram war ein adeliger Herr und es ist der Schluß vielleicht nicht allzugewagt, daß herkömmlich der erste Bürgermeister aus den adeligen Familien der Stadt genommen wurde. Der zweite Bürgermeister

---

1) Vgl. Archiv I. 60. 2) Vgl. Archiv I. 97—99. 3) Archiv I. 84, 85.

hieß Sarworter, jedenfalls ein bürgerlicher, d. h. nichtadeliger Name. Vielleicht betrieb dieser oder seine Voreltern das Geschäft, welches der Name bedeutet: Verfertiger von Panzerringen.

V.

Das alte Neckarfahr.

Das ursprünglichste Neckarfahr befand sich bei Bergheim. Als aber mit der Niederlassung des Pfalzgrafen Conrad von Hohenstaufen die anfänglich nur geringen und wenigen Ansiedlungen sich rasch mehrten, als das eigentliche jetzige Stadt-Terrain sich so stark bevölkerte, daß diese Bevölkerung auch in den Stadtbezirk gezogen werden mußte[1]), so war der Schwerpunkt der Bewohnung auf unserm Gebiete von Bergheim nach Heidelberg gerückt; der Weg der Stadtbewohner nach Bergheim, um auf die Bergstraße bei Neuenheim zu gelangen, war zu weit und eine Ueberfahrt auf dem eigentlichen Stadtgebiete oder wenigstens in größerer Nähe desselben war zum bringenden Bedürfnisse geworden. Freilich war nicht daran zu denken, diese Ueberfahrt allzunahe bei der Stadt herzurichten, da auf dem rechten Neckarufer, jenseits der Stadt, ursprünglich kein Weg sich befand, der Fluß vielmehr unmittelbar von dem steilen südlichen Abhang des Heiligenbergs begränzt war. Erst da, wo jenseits dieser Berg nach Westen umbiegt und eine schmale Thalsohle sich angesetzt hat, ziemlich nahe bei Neuenheim, konnte die Ueberfahrt Raum gewinnen. Wir nehmen dieses nicht ohne Grund an. Vielmehr deutet, neben dem eben angeführten örtlichen Umstande, die Thatsache darauf hin, daß in der jetzigen Ziegelgasse schon sehr frühe herrschaftliche Gebäude standen, welche den Zweck hatten, als Lagerplätze für herrschaftliches Baumaterial zu dienen. Dazu kommt, daß die Ziegelgasse selbst eine ganz auffällige Biegung aufweist, deren verlängerte Linien nach dem östlichen Ende Neuenheims hinweisen: die

---

1) Vgl. Archiv I. 5.

Stegelgasse war die Fahrgasse. Noch zu Anfang unsres Jahrhunderts bezeugt Wundt, daß diese Gasse „sich in einer sehr schiefen Wendung an den Neckar zieht, gerade bis dahin, wo die Nachen zur Ueberfahrt nach Neuenheim sich größtentheils befinden" und „in derselben wohnen viele Fischer."

Wohl schon im zwölften Jahrhundert war diese Ueberfahrt im Gange. Sie war von Fischern oder Schiffern, die hier wohnten, unternommen und fortgeführt, und so das Erb-Eigenthum einer Familie geworden [2]. Urkundliches erfahren wir von diesem Jahre und seinen Eigenthumsverhältnissen erst aus dem Anfange des dreizehnten Jahrhunderts; nämlich folgendes:

Ludovicus Dei Gratia Palatinus comes Reni, Dux Bawarie. Innotescat universis praesens scriptum inspecturis, quod cum venerabiles ac dilecti fratres nostri abbas et conventus Schonaugiensis emptione legitima mediatem navis in Heidelberch adepti fuissent; Ernfridus et frater ejus Gerbodo officium ejusdem navis ad se et suos heredes asserebant jure herediterio pertinere. Contradicentibus hoc Abbate et suo Conventu. Quidem itaque Burgenses nostri huius litis controversiam, partibus in hoc consentientibus, taliter deciderunt, ut jam dicti duo germani Ernfridus et Gerbodo non sub titulo hereditatis, sed de gratia conventus Schonaugiensis, quoad vivant; ac post mortem eorum, duo tantum de filiis utriusque, pro XVI urnis vini et X unciis Wormatiens, eandem navem sint habituri; filio Ernfridi VI urnas et V uncias; filio Gerbodonis X urnas et V unciae persolvente. Quibus defunctis, conventus de sua nave libere et absolute possit ordinare. Quoniam igitur bonorum virorum testimonio tam hii, quam illi in huius compositionis formam consenserunt; ne impostarum alicuius discordie malum super his possit emergere, praesentem cedulam conscribi, testes annotari et nostro sigillo fecimus insigniri. Testes: Hartliebus, Miles de Lutinbach, Sibodo, advocatus, H. de Waldorf; Sifridus, scultetus; Ortliebus; Theodoricus et Fridericus frater suus; Meingotus;

---

2) Vgl. Widder, I. 198. Wundt 70.

Heinricus Hophart; Heinricus et H de Bruchfelde; Arnoldus frater suus; Emehardus Fiugulin. Actum anno Domini MCCXVII¹).

Das Kloster Schönau war um das Jahr 1140 gestiftet worden und vermehrte rasch seine Besitzungen und Rechte durch Schenkungen und Käufe; schon im dritten Viertheil des zwölften Jahrhunderts war es im Besitze seiner meisten Güter. Wir nehmen daher mit Recht an, daß schon vor Schluß dieses Jahrhunderts dasselbe auch in den Besitz der ersten Hälfte des Neckarfahrschiffes gekommen war. Die Verkäufer der ersten wie der zweiten Hälfte waren wohl eben die genannten Erenfried und Gerbodo; sie waren ohne Zweifel die Nachkommen der Familie, in welcher das Fahr sich fortgeerbt hatte. Daher kam es auch, daß sie trotz des Verkaufs noch ein Erbrecht geltend machten, wenn auch nicht mehr auf das Schiff selbst, so doch auf den Dienst des Uebersetzens. Es kam zu einem Prozeß, den das

---

1) Die Urkunde steht in Gudenus sylloge varior. diplom. I, Seite 99 No. 41; sie heißt zu deutsch: Ludwig, von Gottes Gnaden Pfalzgraf bei Rhein Herzog von Baiern. Kund sei Allen, die diesen Brief sehen, daß, nachdem unsre ehrwürdigen und lieben Brüder, der Abt und Convent zu Schönau sich mittelst rechtlichen Kaufs die Hälfte des Schiffes in Heidelberg erworben hatten, Erenfried und sein Bruder Gerbodo den Dienst dieses Schiffes für sich und ihre Nachkommen kraft Erbrechts sich anmaßen wollten. Diesem widerspricht der Abt und sein Convent. Nicht minder entschieden unsre Burgrichter den Rechtsstreit, unter Einwilligung beider Theile, dahin, daß die genannten Gebrüder Erenfried und Gerbodo nicht unter dem Titel eines Erbrechts, sondern durch die Gunst des Convents zu Schönau jenes Schiff Inhaben sollten; und nach deren Tod aber sollen der beiderseitigen Söhne, um 16 Maß Wein und 10 Unzen Wormser Währung, wovon dem Sohne Erenfrieds 6 Maß und 5 Unzen, dem Sohne Gerbodos 10 Maß und 5 Unzen zu geben obliegen. Nach dem Tode dieser (Söhne) aber, solle der Convent über sein Schiff frei und ungehindert verfügen können. Nachdem nun durch die Zeugenschaft zuverlässiger Männer ebensowohl diese als jene in die Form dieser Uebereinkunft willigten, damit nicht später das Unglück irgend einer Uneinigkeit hierüber aufkommen könnte: haben wir diese Schrift aufsetzen, mit Zeugen versehen und mit unserm Siegel bekräftigen lassen. Zeugen sind: Hartlieb, Ritter von Laulenbach, Elbodo Bogi (von Heidelberg), H. von Walldorf, Seifried, Schultheiß; Ortlieb; Theodorich und sein Bruder Friedrich; Weingot; Heinrich Hofert; Heinrich und H. von Bruchfeld; Ernst, dessen Bruder; Erenhard Flugulin (Vögelin). Geschehen im Jahre des Herrn 1217.

Burggericht, welches damals (1217) noch allein bestand¹) dahin entschied, daß Schönau nur noch bis zum Tode der Söhne der Verkäufer an diefes Dienst-Erbrecht gebunden fein folle und biefes noch gegen eine Abgabe biefer Söhne; nach bem Tode der Söhne aber follte bas Jahr freies Eigenthum des Klosters sein.

Das Jahr selbst b. h. das Ueberjets-Recht war ein Lehen des Bischofs zu Worms. Diefer hatte in jener Zeit bem Ritter Lupfried von Waibstatt bas Lehen übertragen. Es lag aber im Interesse des Klosters Schönau auch bas Lehen an sich zu bringen, benn es besaß dieffeits des Nectars bedeutendes Eigenthum; die Erträgniffe ber Felder, Weinberge, Abgaben an Naturalien u. f. w. mußten über ben Neckar verbracht werden, um nach Schönau heimgeführt zu werben. Eine andere Ueberfets-Einrichtung in ber Nähe des Klosters gab es nicht. Dazu kam, daß ber Bischof in Worms bem Kloster fehr geneigt war — ber Wormfer Bischof Buggo hatte ja einst bas Kloster gestiftet und dies war ein Schoßkind ber Nachfolger geworden. Wer wundert sich, daß das Lehen des Neckarfahrs bei Heidelberg an Schönau überging? Lupfried verkauft bas Lehen mit Genehmigung des Bischofs zu Worms an das Kloster Schönau:

In nomine sancte et individue Trinitatis. Cunradus Dei permissione ecclesiae S. Andree in Wormatia humilis prepositus, tam presentibus quam futuris imperpetuum. Cum brevi termino coartetur vita humana, et memoria sit lubrica; laudabiles hominum actus et utiles contractus deperirent a posterum notitia, nisi scriptorum intervenirent suffragia. Inde est, quod et nos notum esse volumus universis presentis scripti seriem comperturis, qualiter Lupfridus de Weibestatt jure hominis in feodo de manu nostra tenebat navalem transitum, quod vulgo dicitur passagium in flumine Neckaro apud Heidelberg, cuius rei proprietas ad prenominatam S. Andree ecclesiam pertinere dinoscitur: idem vero Lutpridus Miles sue rescipiens utilitati et nostre vel ecclesie nichil derogens juri, de conniventia et bona voluntate nostra et fratrum nostrorum, Do. Danieli venerabili abbati Schonaugiensi et fratribus illius coenobii, ad

---

1) Vgl. Archiv I, 1. S.

perpetuam illorum utilitatem et liberam ordinationem pretaxatum passagium pro numerata vendidit pecunia. Nobis autem ecclesie nostre in restaurum jure proprietatis reddidit predium suum in Rorbach, carioris estimationis, et illud a nobis in beneficio recepit, tali accedente pacto, ut quicunque de heredibus sula idem predium post ipsum possessurus est, de manu Prepositi S. Andree illud feodali jure suscipiet. Ceterum Abbas et fratres Schonaugienses, et nos cum universitate fratrum nostrorum convenimus in vinculo karitatis et pacis sub hac forma: mutuam fraternitatem accepimus et dedimus: specialis memoria defunctorum, cum recenter obierint, utriusque conventus ab utriusque semper habebitur. Et singulis annis, cum Abbas eorum a generali capitulo revertitur, annuntians illud, magnum officium defunctorum, in quo quilibet sacerdos XX missas, quilibet inferioris ordinis monachus X psalteria, quilibet conversus mille et quingentis vicibus miserere mei Deus, cum Dominica oratione decantabuntur. Defuncti nostri, cum defunctis eorum absolvi et includi in eodem solempni officio pari participatione debebunt. Ad recognitionem etiam proprietatis, persone et ceteri nuntii jam sepedicte ecclesie nostre, sine nautica mercede apud Heidelberg liberum habebunt transitum et circa festum B. Andree servo ecclesie cum porcis transeuntibus, in grangia fratrum prebebitur hospitium. Ut igitur hec actio debita firmitate et perenni stabilitate fulciatur et roboretur, presenti carte per nos subscripte, appensa sunt abbatis et nostre et ecclesie nostre sigilla. Huius rei testes sunt: Heinricus, Decanus majoris ecclesie. Ebelinus Nicolaus. Conradus, Decanus S. Andrea. Eberhardus custos. Bertholdus. De Ministerialibus: Gerhardus, Gernodus frater eius. Eberhardus de Mulbrunnc. Adelberus. Heinricus Wackerphil. De civibus: Edewinus, Lutphridus, Richerus, Heinricus Militellus. Ebelinus Cippure. Heinricus frater eius et alii quam plures. Actum est haec anno ab incarnatione domini MCCXVIII. Indictione VI [1]).

---

1) Die Urkunde steht in Gudenus syll. var. diplom. pag. 108. No. 43. Sie lautet zu deutsch: Jm Namen der heiligen und untheilbaren Dreifaltigkeit.

Diese Belehnung wird vom Probst Conrad, Grafen von Truchburg und Thann am 2. September 1225 bestätigt. Noch bei Lebzeiten des Lupfrieb begann sein Sohn gleichen Namens, als er

Conrad, durch Gottes Gnade des St. Andreasstifts zu Worms demüthiger Vorgesetzter, thut den gegenwärtig und zukünftig lebenden kund: Da das menschliche Leben nur einen kurzen Zeitraum einschließt und das Gedächtniß unsicher ist, die lobenswürdigen Thaten der Menschen und die nützlichen Verrichtungen verloren gehen, für die folgenden Geschlechter, wenn nicht schriftliche Aufzeichnung dies hindert: das ist die Ursache, warum auch wir wollen, daß allen, welche den Inhalt des gegenwärtigen Schriftstückes erfahren, bekannt werde, welcher gestalt Lupfrieb von Waibstatt aus unserer Hand zu einem rechten Lehen trug: die Schiffsüberfahrt, welche gewöhnlich das Neckarfahr bei Heidelberg genannt wird, welches, wie bekannt, dem vorgenannten St. Andreasstift zu eigen gehört. Dieser selbe Lupfrieb, ein Ritter, hat in Anbetracht seines eigenen Nutzens, und ohne damit uns oder unser Stift zu beeinträchtigen, mit unserem und unserer Brüder geneigtem und gutem Willen, dem Herrn Daniel, dem ehrwürdigen Abt zu Schönau und den Brüdern jenes Klosters, zu deren beständigen Benutzung und freien Verfügung vorgenanntes Fahr für baares Geld verkauft. Uns aber gab er, zu besserm Unterhalt unsres Stifts, zu Eigenthum wieder zurück sein Gut in Rohrbach, das einen viel größern Werth hat; und nahm dies Gut von uns als Lehen wieder zurück mit der Bestimmung: wer auch von seinen Nachkommen dasselbe in Besitz haben werde, immer solle er es aus der Hand des Vorstehers des St. Andreasstifts als Lehen tragen. Im Uebrigen kamen der Abt und die Brüder zu Schönau und wir mit allen unsern Brüdern in Liebe und Friede dahin überein: wechselseitige Brüderlichkeit empfingen und gaben wir, eine besondere Gedächtnißfeier der Verstorbenen soll von jetzt an je von einem Konvent dem andern gehalten werden. Und in jedem einzelnen Jahre, sobald ihr Abt vom Generalcapitel zurückgekehrt sein wird, soll eine große Todtenfeier wobei jeder Priester 20 Messen, jeder Mönch niederer Ordnung 10 Psalterien, jeder Neuaufgenommene 1500 „Herr, erbarme dich meiner" mit dem „Gebet des Herrn" abfingen soll. Unsere Verstorbenen müssen mit den Ihrigen gelöst und in dasselbe Hochamt zu gleicher Theilnahme eingeschlossen werden. Zur Festhaltung des Eigenthums sollen die Personen und sonstige Boten unsers oftgenannten Stifts ohne Fahrgeld bei Heidelberg freien Uebergang genießen und um das Fest des heil. Andreas soll der Stiftsknecht, der mit Schweinen überführt, auf Kosten der Brüder freie Herberge genießen. Damit nun diese Handlung um so fester und beständiger bestärkt und bekräftigt werde, haben wir diese Urkunde eigenhändig unterschrieben und derselben des Abts und unser und unsres Stifts Siegel angehängt. Dessen sind Zeugen: Heinrich, Decan des höhern Stifts. Eberhard, Nicolaus. Conrad, Decan des St. Andreasstifts, der Kustos Eberhard. Berthold. Von den Dienstmanen: Gerhard, sein Bruder Gerald, Eberhard von

großjährig wurde, den Besitz des Ueberfahrs den Schönauern streitig
zu machen, vorgebend, es sei auf jenes Gut verzichtet worden an
Statt des Fahres; da es aber ein Heiraihsgut, Morgengabe genannt,
seiner Mutter gewesen sei, so habe sein Vater das Recht nicht gehabt, dasselbe zu einem Lehensgut zu machen, oder auf irgend eine
andere Weise zu verändern, ohne seine (des Sohnes) Zustimmung.
Aber auch dieser, der Sohn, schickte sich in die Lage der Sache und
dieses blieb, wie sie im Jahre 1218 bestimmt worden war; und auch
die Schwestern und Schwäger des jüngern Lutphrib gaben ihre Zustimmung; dies geschah im Jahre 1229 ¹).

Aber keine zwanzig Jahre später erhob der Edle Friedrich von
Bonsfeld, wahrscheinlich einer der obengenannten Schwäger oder der
Sohn eines derselben, erneute Ansprüche an das Fahr, die aber
1245 von Bischof Landolf in Worms dahin beigelegt wurden, daß
Friedrich für sich und zugleich für seinen Bruder Marquarb und ihre
Nachkommen dieselben wieder fallen ließ ²). Die Gebrüder stellten

---

Maulbrunn, Abelher, Heinrich Woderyhil. Von den Bürgern: Edwin, Lutfried,
Richer, Heinrich Militell. (Ritterlein.) Ebelin Cippurn, sein Bruder Heinrich
und andere Mehrere. Geschehen im Jahre nach des Herrn Geburt 1217, am 6.
Tag nach Mariä Verkündigung.

1) „Postmodo Lutphridus, memorati Lutphridi filius, cum ad intelligibi-
lem pervenisset etatem, quietam tanti temporis possessionem Schonaugien-
sium super passagio turpare temptavit. Asserens, quod predium illud in
Rorbach, loco passagii resignatum; cum dotalicium, quod dicitur Morgengabe, matris sue fuerit, pater eius in feodum redigere, vel quolibet modo
alienare, absque suo assensu, nec debuerit, plane nec potuerit. Denique
vero tum per nos, tum per patrem suum, qui Schonaugiensibus warandiam
tenebatur cavere, instructus, pariter et inductus, prälibatum patris contrac-
tum satisque ratum habuit, ut omni super eo impetitioni publice renun-
tiando, predium sepedictum in Rorbach ipse manu propria resignaret ecclesie S. Andree in beneficio feodali recipiens ab eadem. Sorores suas nichil-
ominus, an sororios inducendo, quod similiter et ipsi renuntiarent." Siehe
die Urkunde bei Gudenus syll. pag. 168. No. 73.

2) „Landolfus ... palafacimus, quod nobilis vir de Bonveit (Fridericus), constitutus in nostra presentia, renunciavit omni actioni quam habere
se dixerat contra Schonaugiensem ecclesiam super vado sive navigio prope
Haidelberg, ex parte sui et omnium suorum heredum; promittens nobis fide-
liter bona fide; quod fratrem suum D. Marquardum, ad idem faciendum,

selbst einen Revers hierüber aus im gleichen Jahre¹); ebenso nahm der Vogt Rudolf von Wimpfen einen öffentlichen Act über diesen Verzicht auf, in welchem Act das Jahr genannt wird: navigium apud Heidelberg, quod vulgariter varunge per Neccarum appellatur²).

Hiermit blieb das Kloster Schönau in ungestörtem Besitz des Neckarfahrts.

Allein die östliche Thalsohle bevölkerte sich immer mehr: die Errichtung einer Uebersetzanstalt hier wurde ein immer dringenderes Bedürfniß. Schon um das Jahr 1280 muß, und zwar auf Kosten der Stadt, eine stehende hölzerne Brücke bestanden haben. Wohl mögen die Schönauer hierzu nicht gut gesehen haben, weil sie nicht bloß in ihrem Recht, sondern auch in ihren Einkünften auf's Empfindlichste geschädigt worden sind. Zu dem Bischof in Worms, welcher seither ihr Schutzherr war und die Vogtei handhabte, konnten sie jetzt ihre Zuflucht nicht mehr nehmen, denn schon 1225 hatte Bischof Heinrich von Worms die Pfalzgrafen mit der Burg und der Vogtei belehnt. Die Pfalzgrafen waren somit die Herren in dieser Gegend geworden, wenn auch vorerst nur lehensweise; und im Interesse der Pfalzgrafen lag es nicht, die Rechte der Klöster zu schützen; ihr Hauptbestreben mußte vielmehr darauf hinzielen, jene Rechte mehr und mehr an sich zu ziehen, die Städte dagegen, besonders Heidelberg, als ihre Residenz, emporzubringen. So mag schon Pfalzgraf Otto der Erlauchte († 1253) oder Ludwig II. der Strenge († 1294) der Stadt erlaubt haben, eine feste Brücke zu bauen, welche Brücke ohne Zweifel da schon stand, wo die jetzige sich befindet.

---

omni contradictione remota inducet. Quia vero predictus Nobilis Fridericus professus est publice coram nobis, nichil se vel fratrem suum, sive ipsorum heredes juris vel habuisse, vel habere in navigio antedicto, ne prefate ecclesie quidquam prejudicii impostarum oriatur." Gudenus syll. pag. 198. No. 91.

1) „Nos Fridericus et Marquardus fratres de Bonvelt recognoscimus et fatemur, quod intelligentes nos, super Actione quam habuimus vel habere videamur contra Schonauglensem ecclesiam super ravigio apud Heidelberg nichil nos vel heredes nostros juris habere." Gudenus Syll pag. 201. No. 93.

2) Das Fahr bei Heidelberg, welches gewöhnlich Neckarfahr genannt wird.

Die Schönauer freilich gaben ihr Jahr deßhalb nicht auf, es bestand, neben der Brücke, immer noch fort und noch aus dem Jahre 1878 erfahren wir, daß zwei Ueberfahrgelegenheiten vorhanden waren: das Schönauer (untere) Fahr und die Abtsische (obere) Brücke. Wir werden durch ein ganz eigenthümliches Ereigniß von diesem Sachverhalt in Kenntniß gesetzt. Der Geschichtsschreiber Marquard Freher nämlich erzählt: In den Aufzeichnungen einer alten Chronik (vielleicht durch einen Mönch), die bis ins Jahr 1423 reicht, siehe bei dem Jahre 1278: Zu dieser Zeit war die größte Ueberschwemmung; eine größere sei von den Lebenden noch nicht gesehen worden; zu Heidelberg seien viele Leute ertrunken und in demselben Jahre sei die Stadt abgebrannt. Am obern Ueberfahr sei die Brücke mit einer feierlichen Prozeſſion (die wahrſcheinlich wegen Abwendung des Hochwaſſers ſich auf der Brücke befand) zuſammengebrochen und mehr als 300 Menſchen in den Fluthen umgekommen[1]).

Je mächtiger die Stadt heranwuchs, um so bedeutungsloſer wurde das untere Fahr der Schönauer und es sank wohl bald zu einem Fahr nur für den Perſonenverkehr der Bewohner der weſtlichen Thalſohle herab, bis es gänzlich aufhörte, was wohl mit der Aufhebung des Kloſters Schönau in der Mitte des 16. Jahrhunderts eingetreten sein mag. Von der eigentlichen Brücke werden wir in einem ſpätern Artikel reden.

---

[1]) „Heidelbergae multi sunt submersi, et sodem anno civitas succensa est. In trajecto superiori in processione solemni fracta est pons et plus quam trecenti homines sunt submersi." Die gleiche Begebenheit wird ganz mit denselben Worten von demselben Freher in seiner Chronik erzählt, aber in das Jahr 1288 verlegt, welches Letztere wohl ein Irrthum iſt. Freher orig. Pal. pag. 100 und pag. 98.

VI.

Das Sommertagsfest in der Pfalz

(Schluß aus B. II nr. III des Archivs.)

Ueber die Bedeutung des Sommertagfestes bei den alten Germanen haben wir zwar bereits das Nöthigste angeführt, wollen dasselbe hier aber nach Reinsberg-Düringsfeld im Zusammenhang mit den übrigen in gleicher Weise durch die Zeiträume des Sonnenjahrs bedingten periodischen alten heidnischen Hauptfesten nochmals betrachten.

Schon frühzeitig nämlich hatte die Beobachtung der regelmäßig wiederkehrenden zwei Sonnenwenden, d. h. des höchsten oder tiefsten Standes der Sonne, wenn sie im Sommer ihren Lauf abwärts wandte, zu sinken oder im Winter aufwärts zu steigen, zur Scheidung des Jahres in zwei gleiche Hälften geführt, die nochmals zerlegt vier Haupttheile ergaben.

Als Jahresanfang galt bei den meisten deutschen Stämmen der 24. December, d. h. die Nacht zum 25., die Mittwinternacht oder Weihnacht, in welcher nach der damaligen Annahme die Sonne ihren Lauf von Neuem beginnen sollte, um am 24. Juni, in der Mittsommernacht, ihren höchsten Standpunkt zu erreichen [1]. Die beiden Sonnenwendnächte bildeten zugleich die Mitte der beiden Jahreszeiten, Winter und Sommer, in welche allein das Jahr uranfänglich getheilt worden zu sein scheint.

Wie überall im Alterthum bezeichneten nun auch bei den ger-

---

[1] Nach heutiger Rechnung sollen die Anfänge des Winters und Sommers bekanntlich auf den 21. des Decembers und Juni's. Der Anfang des Frühlings fällt jetzt auf den 20. des Märzes und 23. September. (In unserm ersten Artikel d. h. Archiv B. II S. 39 Zeile 5 von unten muß daher der Druckfehler „21." des März verbessert werden in „20." und vor September die vergessene Zahl 23. beigefügt werden. Desgleichen muß es ebenda Zeile 9 von oben heißen: „in die Perioden der Nachtgleichen" statt „Sonnengleichen").

manifchen Völkern die Zeitpunkte der beiden Solstizien oder Sonnenwenden und der beiden Tag- und Nachtgleichen die Epochen der Hauptfeste.

Das bedeutendste derselben war das Mittwinterfest, in der Mitternacht des ganzen Jahres, dessen Feier später nach der Bekehrung sammt dem Namen Weihnachten auf das Geburtsfest Christi übertragen wurde.

Ebenso sind die sich auf bestimmte Tage zur Frühjahrszeit, wie den ersten Mai, oder auf die verschiedenen in diese Periode des Jahres fallenden christlichen Feste, wie Fastnacht, Ostern und Pfingsten, sich vertheilenden Ceremonien und Volkslustbarkeiten größtentheils Reste eines ehemaligen heidnischen Festes, welches dem Beginne des Frühlings oder dem Empfange des Sommers galt, dessen Ankunft in die Zeit der Tag- und Nachtgleiche verlegt wurde.

Am deutlichsten sind die Spuren des alten Frühlingsfestes zur Feier des Sieges der Sonne und des Sommers oder des Gottes Thunar über die finstern Mächte des Winters im sogenannten Sommersingen oder der Sommerverkündigung erhalten, welche alljährlich am „Sommertag" d. h. am Sonntag Lätare stattfindet, der durch seinen Namen zur Uebertragung der alten Feier auf ihn einlud.

Während jedoch in Heidelberg und überhaupt in der ganzen ehemaligen Pfalz nur der Name Sommertag übrig geblieben ist, ist in Flandern auch noch die entsprechende Bezeichnung „Wintertag" für Matthästag, den 21. September üblich, auf welchen Tag ehedem das Herbstäquinoktium fiel, das ursprünglich wohl den Beginn des großen heidnischen Herbst- und Erntefestes bezeichnete. Je nach den Gegenden wurde dasselbe auf den fast um dieselbe Zeit gefeierten Michaelitag oder auf das viel spätere Martinifest, theilweise auch auf die Kirchweihe übertragen, während von der Feier des 21. Septembers, Matthäi's wenig mehr als jener flandrische Name „Wintertag" übrig blieb, welcher eben darauf hinweist, daß dieser Tag einst als der Anfang des Winters (jetzt am 23. September) gegolten habe, wie der Sommertag d. h. das bewegliche Fest Sonntag Lätare füglich als Anfangstag des Sommers (jetzt am 20. März) gelten konnte. Daß die Verehrung Wuotans als Gottes der Ernte und Spenders aller Feldgaben größtentheils auf den heiligen Martin überging, rührt daher, daß, während im Norden, wo der Sommer kürzer ist, das große Dankfest der Ernte zur Herbstäquinoktialzeit, um das Ende Septembers gefeiert werden konnte, es weiter südlich erst am Anfang Novembers dargebracht wurde, wo Martini noch jetzt das Ende des ländlichen Jahres bezeichnet, wo selbst der Wein geherbstet ist.

Mit mehr Eigenthümlichkeit als das Andenken an das ehemalige Herbstopferfest hat sich in der Pfalz das vierte der erwähnten, nach dem Laufe der Sonne bestimmten und daher alljährlich wiederkehrenden Naturfeste, das Lichtfest der Sommersonnenwende erhalten, welches nach ehemaliger Annahme auf den 24. Juni fiel. In Folge dessen wurde dieser Tag von der Kirche zur Feier der Geburt Johannis des Täufers bestimmt, welche der Christi um 6 Monate vorausgegangen sein soll, und wie das heidnische Weihnachtsfest auf das Geburtsfest Christi überging, so fand auch das Sommersonnenwendfest, welches der Sonne in ihrer höchsten Kraft und dem Feuer in seiner zweifachen Erscheinung als himmlisches und irdisches galt, in den christlichen Vorstellungen von Johann dem Täufer als „Leuchte der Menschheit" so passende Anhaltspunkte, daß es der Kirche leicht wurde, der heidnischen Feier eine christliche Deutung unterzulegen. Die vielen abergläubischen Gebräuche und Meinungen, die noch an dem Johannistage und der Johannisnacht haften, die gleich der Walpurgisnacht als Geisternacht gilt, sind unverändert dieselben geblieben und nichts als Ueberreste des heidnischen Festes, dessen weitaus hervorragendster Brauch noch heute das allenthalben im Schoße der Ortschaften stattfindende Anzünden der früher Sonnwend-, jetzt in der Pfalz „Ghannsfeuer" genannten Johannisfeuer ist. Ein anderer weitverbreiteter Glaube ist, daß die Flüsse und Seen in der Johannisnacht ein Menschenleben zum Opfer begehren und haben wir schon früher im Bezug hierauf auf Nabler's pfälzisches Gedicht „der Neckar in der Ghannsbagnacht" verwiesen.

Wie tief die ehemalige Bedeutung des Johannistags dem Volke der Pfalz noch eingeprägt ist, beweist unter Anderm auch der Umstand, daß er ein sogenanntes Ziel ist, d. h. eine Frist für Wohnungsveränderungen u. s. w. Die übrigen „Ziele", deren es im Jahr vier gibt, sind noch Ostern, das hierin den Sommertag, d. h. den Anfang des Sommers vertritt, Michaelis am Ende des Sommers und Weihnachten, also so ziemlich wieder die Epochen der 4 großen Naturfeste.

Zum Schlusse sehen wir uns veranlaßt, nochmals auf das ebenfalls von uns schon mitgetheilte an Lätare in Heidelberg und der umliegenden Gegend alljährlich in eigenthümlich rezitirender Weise gesungene sogenannte Sommertagslied zurückzukommen. Wir fanden die von uns an den genannten Orten gehörte Version des Liedes auch dieses Jahr wieder bestätigt, nur muß dazu bemerkt werden, daß dieselbe in der erweiterten Fassung, in der wir sie gaben, mehr in den umliegenden Dörfern der Bergstraße, besonders zu Neuenheim üblich ist. In Heidelberg selbst wird die jedenfalls auf hohes Alterthum hindeutende Aufforderung:

„Feile¹) mer die Blume!
Holle mer de Summer,"

beim Anfingen des Sommers nicht mehr gehört. Hier wird bloß die folgende Strophe gesungen, wie sich bei der neulichen Sommertagsfeier wohl Jedermann überzeugen konnte:

Summerdag, Staab aus
'Em Winter gehn die Tagen aus;
(Mer) Höre Schlüßlein klinge
Wollen uns was bringe!
Was dann? Rothe Wei' unn Bretzle nei',
Was noch derzu? Paar neue Schuh!
Strih, Strah, Stroh, der Summerdag is do
Heut ûwwers Johr do simmer widder do!

War der Gesang erfolglos, so lautet der Abschied:
Hoffebennel²), Stockfisch!
Wammer kummt do hoscht nicks,

---

¹) Feilen bedeutete ehemals, wie wir bereits gesagt haben, sowohl feil sein, feil stehen, als auch etwas feil, käuflich machen und in dieser Bedeutung nicht nur etwas käuflich hingeben, verkaufen, sondern auch einen Preis für etwas geben, erkaufen. So hier, wo es also mit andern Worten heißt: „Kaufen wir die Blumen" ꝛc.

Jedenfalls darf aber vor „Feilemer" nicht „Sie" ergänzt werden, so daß es hieße: „Sie feilen mir" oder sie bieten mir feil!

²) D. h. Hosenbendel! bei unserer vorjährigen Mittheilung des Liedes, d. h. Archiv B. II S. 42 ist verdruckt Hoffebansel. — Desgleichen muß es S. 41 Zeile 6 von oben heißen: Rheinpfalz S. 357 statt 375.

Gläicht uns alli Johr nicks!
Strieh, Strah, Stroh ꝛc.

Im vorigen Bande des Archivs machten wir auf eine in der Illustrirten Zeitung befindliche Abbildung des Sommertagsfestes zu Heidelberg aufmerksam, die nun unterdessen, was besonders anzuerkennen ist, von Herrn Kunsthändler L. Meder dahier, in dessen Verlag die Platte dazu überging, selbstständig herausgegeben worden ist. Derselbe hat dem Bilde außerdem eine Version des Sommertagsliedes beigedruckt, wie sie scheint's früher in Heidelberg üblich war, die aber, wenigstens nach der heutigen daselbst gangbaren Singweise des Liedes, nach der von uns so eben mitgetheilten Strophe vereinfacht werden muß.

Wie die zu den Mittheilungen über den dreißigjährigen Krieg erschienene Lithographie würde sich auch die erwähnte Abbildung des Sommertagsfestes trefflich dazu eignen, dem Archiv beigebunden zu werden.

Auf's Deutlichste ersieht man darauf den Umzug des Sommers und Winters mit ihrem gesammten Gefolge, das mit den bekannten, durch eine bänbergeschmückte, eigens für diesen Tag gebackene „Sommertagsbretzel" gesteckten farbigen Sommertagsstöcken bewaffnet ist So zieht die Schaar „fechtend" den ganzen Tag herum, um schließlich, was indessen mehr und mehr abkommt, den „Winter" in den Neckar zu stürzen.

Möge aber die alte Volkssitte des Sommertagsfestes selbst noch lange Jahre ebenso ungeschwächt erhalten bleiben, wie sie dies bis heute gethan hat.

C. C.

VII.
Zur Topographie des Hexenwesens.
Schluß aus B. I u. XXV u. B. I u. II des Archivs.

Am Schlusse unseres letzten diesen Gegenstand betreffenden Artikels haben wir gelegentlich die oder dem Philosophenwege bei der sog. Judenhütte gelegene Engelswiese erwähnt, auf welche wir hier kurz zurückkommen wollen, weil wir später Band II S. 198 die Vermuthung ausgesprochen haben, dieselbe habe ihren

Namen vielleicht nur einem ehemaligen Besitzer zu verdanken. Dem ist jedoch nicht so, indem die Sage besteht, an jener Stelle hätte einst eine den Engeln geweihte Kirche gestanden. Auch sollen daselbst bei Anlage des Philosophenweges verschiedene menschliche Gebeine und Gruften zum Vorschein gekommen sein. Mit den Kirchen der beiden Klöstern auf den zwei Gipfeln des Heiligenberges wäre diese Engelskirche, von der aber in Urkunden gar nichts bekannt ist, also die dritte Kirche des Heiligenberges gewesen. Vielleicht stand hier aber nur eine kleine Kapelle mit Kirchhof.

Hinsichtlich des Namens „Kurnau" oder „Kürnau" müssen wir hier nachträglich bemerken, daß derselbe auch auf das mittelhochdeutsche kürne, kürn (althochdeutsch churni) zurückgeführt werden kann, welches Wort mit der Bedeutung „allerlei Getreidefrucht" als Collektiv neben dem gewöhnlichen „korn" bestand. Unsere Kürnau könnte daher nicht allein durch „Mühlau", wie wir dies früher thaten, sondern auch gerade so gut durch den ohnehin häufigen Ortsnamen „Kornau" wiedergegeben werden.

Der in der Anmerkung B. II. S. 38 von uns besprochene ehemalige Linsenbrunnen beim Guilleuthof heißt heut zu Tage Maisenbrunnen. Eine Schlucht „Linsenreich" genannt liegt viel weiter östlich gegen Neckargemünd zu beim Gumpenthale.

Beiläufig sei bei dieser Gelegenheit bemerkt, daß in der hessischen Provinz Starkenburg bei Großbieberau ein Gehöfte „Kürnbach" liegt und bei Seckmauern ein „Angelhof". Beide Orte dürften aber durchaus nichts mit jener „Angelgrub und Kurnau" den Versammlungsorien der Heidelberger Blocksbergheldinnen gemein haben.

Was diese letzteren betrifft, so möge hier schließlich als Ergänzung zu der interessanten Abhandlung über Hexenverbrennung zu Heidelberg in B. I p. XIX des Urkbchs. bemerkt werden, daß bereits anno 1446 daselbst etliche Frauen wegen Hexerei verbrannt wurden, worüber man Solban „Geschichte der Hexenprocesse (1848) S. 198 vergleiche. Das zwölfte Capitel dieses Werkes behandelt ausführlich den zuerst zu Köln 1487 herausgegebenen Hexenhammer, (nicht erst 1489, wie Solban in der Anmerkung zu S. 215 meint, wo er außer den von uns im Archiv I S. 2(X) erwähnten Ausgaben noch mehrere anführt; die letzte zu Frankfurt 1582 und nochmals 1588 erschienene ist ein Sammelwerk von mehreren derartigen Hexenhämmern).

Ueber die Entstehungsgeschichte des Hexenhammers hat sich neuerdings ganz besonders auch Roßlaß „Geschichte des Teufels" (1469) B. II S. 221 ff. aus gesprochen und hat derselbe von S. 226—292 eine vollständige Darlegung des Inhalts desselben gegeben. Ueberhaupt ist der ganze dritte Abschnitt seines Werkes „Perioden der gerichtlichen Hexenverfolgung" vom höchsten Interesse. (Vergl. auch den neuesten Beitrag über Hexenprocesse in der Zeitschrift „Württembergisch Franken" VIII S. 314).

C. C.

Inhalt.

	Seite
Heidelberger industrielle Unternehmungen unter dem Churfursten Carl Theodor	1
Zünften-Ordnung in Heidelberg	38
Pfalzgraf Friedrich II. suchet bei der Stadt eine extra Steuer	40
Jütte Senderin stiftet eine Messe in das Spital zu Heidelberg	48
Das alte Neckarfahr	54
Das Sommertagsfest in der Pfalz	63
Zur Topographie des Hexenwesens	67

Archiv
für die Geschichte
der
Stadt Heidelberg.

Eine Vierteljahresschrift

herausgegeben

von

Hermann Wirth,
ev. prot. Pfarrer in Hofnerkheim, Chronist der Stadt Heidelberg.

III. Jahrgang. II. Heft.

Heidelberg.
Buchdruckerei von G. Mohr.
Im Selbstverlage des Herausgebers.
1870.

VIII.

Besitzungen der Churfürsten und Pfalzgrafen in Heidelberg. 13.—18. Jahrhundert.

Das Großherzogliche General-Landesarchiv zu Carlsruhe enthält eine Reihe von Originalurkunden, welche den Besitzstand der Churfürsten und Pfalzgrafen zu Heidelberg darthun; es sind Urkunden, welche theils Käufe, theils Vergabungen, theils Täusche nachweisen. Außerdem sind dieselben für die Topographie der Stadt und des Schlosses von der höchsten Wichtigkeit.

Die Urkunden stammen aus dem eigentlichen „churpfälzischen Archiv" und aus dem „Großh. Hessischen und Pflege Schönauer Nachtrag", und endlich entnehmen wir hierher gehörige Notizen aus einem alten Register, das die Ueberschrift führt: „Amt Heidelberg, Churpfalz Gerechtsame, Freiheiten ꝛc. im Oberamt Heidelberg. Beschreibung aller Orte, Städte, Höfe daselbst nach Urkunden. Saec. 13—17."

Wir thun gut, wenn wir die Urkunden, welche unsern Gegenstand, „Besitzungen der Churfürsten und Pfalzgrafen in Heidelberg, vom 13.—18. Jahrhundert" betreffen, und deren es der Zahl nach 99 sind, in zwei Gruppen abtheilen, in solche nämlich, welche die Besitzungen im Bezirke der Stadt und der Gemarkung — und des Schlosses nachweisen. Wir bemerken jedoch ausdrücklich, daß wir hier diesen Gegenstand keineswegs erschöpfen wollen. Die Grenzen dieser Darlegung sind vielmehr in der bestimmten, im Generallandesarchiv befindlichen Anzahl von 99 Originalurkunden zu erblicken, wobei wir uns jedoch erlauben werden, zu ihrer Ergänzung und Erläuterung die Nachrichten beizuziehen, welche sich anderwärts bezüglich der in den Urkunden aufgeführten Besitzungen noch finden lassen.

1. Besitzungen in der Stadt.

1. „Verschreibung Deutschordens in Jahresfrist alle in Heidelberg gelegene Güter, so von Wolgarten von Heidelberg an seinen Orden kommen, bei Verlust derselben zu verkaufen, mit Ausnahme des Hauses Schöned, so er Pfalz geeignet. 1262." Die Veranlassung zu dieser Verkaufsanordnung ist uns nicht bekannt. Daß aber die Schöned ein Eigenthum der Pfalzgrafen war, welches diese zu Lehen gaben, geht außerdem aus einer Nachricht Tolners[1]) hervor, der berichtet: „Conradus Magister supremus ordinis Teutonici Comiti Palatino vandit magnas aedes in Heydelberg, dictas Schöneck. 1292." Wo diese Gebäulichkeit lag, sagt eine weitere Notiz.

2. „Zu Heidelberg wurde ein Haus neben dem Schöned in der Steingasse Hennel Weißhaupt von Pfalz gesetzt. 1380." Aus dem Namen des Hauses „Schöned" glauben wir folgern zu dürfen, daß dasselbe ein „Edhaus" und zwar unten am Neckar mit der „schönen" Aussicht auf den Neckar und ins nahe Rheinthal, sowie den Neckar aufwärts gewesen sei. Vielleicht gelingt es uns, die Oertlichkeit noch näher ausfindig zu machen.

3. „Mühle mit einem Rad wird Bürger Ingram verpachtet, 1357." Ferner: „Pfalz Mahlmühle zu Heidelberg wird Heinz Becker auf 10 Jahre verliehen, jährlich um 110 Malter Korn, auch was der Müller oder Haushofmeister daran zu bauen habe. 1471." Diese Mühle für den Bedarf des Hofes stand außerhalb des obern Thors am Neckar da, wo die jetzige Herrenmühle steht, die früher auch Kameralpfeilsmühle hieß.

4. Nicht weit davon kaufte etwa um 1400 „Pfalz ein Haus, das Wilhelm von Deuember gewesen vorm obern Thor gegen St. Jakobskapelle über, um fl. 300." Dieses Haus lag also gerade ob der Herrenmühle. Zu dem Besitz in dieser Gegend kam später noch ein weiterer.

---

[1] Tolner, hist. pal. addit. p. 70. Conrad, Deutschordensmeister verkauft dem Pfalzgrafen große Häuser, genannt Schöned. 1262. Vgl. Kayser, historischer Schauplatz, S. 216.

5. Lenhart Müller, Weißgerber und Bürger zu Heidelberg, Hans Singlux der Jüngere und Stephan Rappes verkaufen einen Garten sammt einem Heußle vorm obern Thor neben der „Herren Mühle" dem Churfürsten Friedrich um fl. 50. 1565.

6. Noch später kam im Kaltenthale folgende Besitzung hinzu: Hans Cuno von Walbrunn bekennt 1612: Nachdem Florenz von Venningen, churfürstlicher Kanzler „ein Haus beim obern Thor sammt etlichen hinten gegen das Kaltethal liegenden und von neuem dazu erkauften Stücken von Churpfalz zu Erblehen getragen", auch daneben eine eigene Behausung mit Garten, die von dem Lehen mit einer Mauer unterschieden, käuflich innegehabt und genossen, diese Häuser aber zum Theil eingefallen sind, so verkauft er dem Administrator der Pfalz, Johann von Zweibrücken sein Eigenthum in folgender Weise: Nachdem von dem genannten Lehenhause der Monsinger Hof wieder von der Pfalz eingelöst, die erkauften Stücke aber dem Cuno Walbrunn, als des Florenz von Venningen Lehenserben zugefallen sind, so hat Walbrunn diese Lehensstücke, wie er und seine Voreltern sie von den Pfalzgrafen empfiengen, wieder abgetreten und der Pfalz wieder zugestellt. — Die Lage dieser Lehensstücke wird so bezeichnet: sie liegen zu Thorenbroeg; an der Gasse im obern Kaltenthal, vorn ist der offene enge Eingang, gen Ost Hans Velten Brenz, Bürger und Schneider; ferner Walbrunns vorbehaltenes Stück gen Norden an Churpfalz Hof, darin jetzt der Großhofmeister wohnt, der Monsinger Hof genannt, gen Westen dieses Hofs Garten, gen Süden vorn am offenen Eingang Conrad Hilger, Schreiner, Barthel Rothengatter, Canzleiverwandter. Von diesem Theil übergibt Walbrunn ein Stück dem Churfürsten um fl. 800. 1612." — Sehen wir uns die Sache und Oertlichkeit näher an. Der Monsinger Hof im Kaltenthal ist pfälzisches Lehen, welches längere Zeit der churfürstliche Kanzler Florenz von Venningen innehatte; zu diesem Lehen gehörten noch etliche beim obern Thor gelegene Stücke; dazu hatte Venningen nahe dabei ein eigenes Haus, das vom Lehenshofe mit einer Mauer unterschieden war. Lehenserbe des Venningen war Cuno von Walbrunn, welcher, nachdem der Churfürst den Monsinger Hof bereits wieder eingezogen hatte, auch jene übrigen Lehensstücke dem Lehensherrn zurückgab. Im Monsinger Hof wohnte der Großhof-

meister. Auf dem Merianischen Bild vom Jahre 1620 sehen wir östlich von der Kanzlei, etliche hundert Schritte von dem jetzigen Waisenhaus entfernt, ein großes Gebäude am Berge hinauf gebaut; unmittelbar an dasselbe schließt die Mauer an, die nach dem Thore beim Kaltenthale, dem sogenannten Kaltenthor hinzieht und zwar liegt dies Gebäude jenseits der Mauer, mehr dem Schlosse zu. Dieses scheint uns jene „Behausung" zu sein, die Venningen zu Eigenthum besessen hatte und welche von dem eigentlichen pfälzischen Lehen durch die genannte Mauer geschieden war. Offenbar also lag der Monsinger Hof unmittelbar unter der Venningen'schen Behausung, im eigentlichen Kaltenthale, mit der Fronte gegen die Straße. Vom Burgwege herab führte ein schmaler Weg am Venningen'schen Hause und am Monsinger Hof vorbei auf die Straße im Kaltenthale, so daß der Großhofmeister auf dem kürzesten Wege zum Schlosse gelangen konnte. Der Lage nach kann dieser Monsinger Hof nur da gestanden sein, wo jetzt das „katholische Kasino" steht, in welchem jetzt noch die großen und festen Kellerräume auf ein bedeutendes älteres Gebäude schließen lassen; unmittelbar ober dem kathol. Casino findet sich eine Terrasse, auf deren südlichem Ende jenes Venningen'sche Haus gestanden sein mag. — Der oben angedeutete schmale Weg vom Burgwege herab führte nicht unmittelbar am Monsinger Hof vorbei, zwischen ihm und dem Gäßchen, aber an den Hof angebaut befand sich noch ein anderes schmales Haus. Der Monsinger Hof war, wenn wir den Berichten Wundt's[1]) Glauben schenken dürfen, später auf die Herren von Veltendorf übergegangen, deren etliche die Haushofmeisterstelle bei den Churfürsten bekleideten; noch später wurde der Hof die Landschreiberei, zu der auch der Garten bis hinauf zum Burgwege gehörte.

7. Ob der eben genannte Monsinger Hof dasselbe Besitzthum war, welches schon früher von dem Pfalzgrafen erworben worden war, steht dahin. Das Register sagt nämlich: „ein Haus bei den Barfüßern wird dem Grafen von Spach verliehen", etwa 1380. Möglich mag es sein, da dieser Spach dieselbe Stelle im Hofstalle ein-

---
1) Beschreibung Heidelbergs. S. 140.

genommen haben mag, wie später die Venningen und Bettendorf, und da auch er das „Haus" nur lehensweise innehatte.

8. Ein anderes Haus aber ist es ohne Zweifel, von dem unser Register berichtet: „Pfalz kauft ein Haus bei den Barfüßern von Ludwig Bock von Erffenstein um fl. 130. 1422."

9. Im churpf. Archiv finden wir eine Urkunde folgenden Inhalts: Dr. Johann König von Offenburg Wittwe verkauft an Ottheinrich ihr mütterlich ererbtes „Haus gegenüber dem Spitalbrunnen, oben Graf von Hohenlohe, unten das Rathhausgäßchen, hinten das Hinterhaus der Herberg zum Hirsch und unserer lieben Frauen Bruderschaftshaus, um fl. 1100. 1544." Dieses Haus lag wahrscheinlich neben dem jetzigen Rathhaus gegen die Hauptstraße zu und war vom Rathhause getrennt durch ein kleines Gäßchen, während das oben angrenzende Eckhaus (jetzt Handlung von Poppen) dem Grafen Hohenlohe gehörte. Unter dem Rathhaus lag die Herberg zum Hirsch, später die (kath.) Dechanei; das Hintergebäude des Hirsch zog sich demnach gegen den Rathhaushof und war, vielleicht daran angebaut, das Haus der Rathsbruderschaft.[1]) Das Spital stand von den ältesten Zeiten an hier auf dem Marktplatz in der Gegend des jetzigen Stößer-Müller'schen Hauses; der Spitalbrunnen war also der jetzige Marktbrunnen. Erst bei Aufhebung der Klöster kam das Spital in das Dominikanerkloster in der Vorstadt.

10. Georg Wieland von Hagsdorf verkaufte an Ottheinrich sein „Haus dem Spitalbrunnen gegenüber, unten Käufer, hinten Erhart Graf um fl. 500 1545." Dem obigen nach wird dieses Haus das Eckhaus gewesen sein, welches in obiger Urkunde als dem Grafen Hohenlohe zugehörig bezeichnet wurde, so daß also Ottheinrich die ganze Fronte vom Rathhause an bis zur Hauptstraße hinauf besessen hätte.

11. Jörg Wieland von Hagsdorf Wittwe verkauft an Ottheinrich ihr „Haus und Gesesse gegenüber dem Spitalbrunnen neben

---
1) Vgl. Archiv. I. 183 ff.

des Fürsten Haus um fl. 300. 1552." Ohne Zweifel hatte die Wittwe den Sitz („Gesesse") in dem schon von ihrem Manne verkauften Haus; und eben diesen Sitz oder das Wohnrecht verkaufte sie dem Pfalzgrafen.

12. Hans von Arnberg, churf. Hofbäcker vertauscht mit Churfürst Ludwig das „churf. Haus, das Büchsenhaus genannt, vor dem Marktbronnerthor gegen sein Haus hinten am Schloß vorm Berg am Hasengarten. 1516." Das Marktbronnerthor schloß die Kettengasse an ihrem südlichen Ende, gegen den Berg zu, ab, es wurde deßhalb auch Kettenthor genannt. In der Kettengasse war in den frühesten Zeiten der Markt, nicht weit vom Thor, etwa beim jetzigen Pfarrhause, stand auf der Straße ein Brunnen, der „Marktbrunnen". Das Büchsenhaus stand jenseits der Stadtmauer, und außerhalb des Thors. Ueber das eingetauschte Haus erfahren wir später Näheres.

13. Ludwig von Fleckenstein, Großhofmeister bekennt, daß er „das churfürstliche Haus, das Harneschhaus genannt, in der Gasse bei dem Marktbrunnerthor neben dem deutschen Haus zu lebenslänglichem Genuß erhalten habe. 1531." Das Harnesch-, oder Zeughaus stand auf dem Platze, wo jetzt das evangel. Pfarrhaus in der Kettengasse steht. Nur auf dieser Seite der Kettengasse kann es gestanden sein, da nur hier eine Gasse (die Zwingergasse) sich östlich abzweigte; die Gasse gegen Westen, ursprünglich der alte Graben, wurde erst zu Anfang des 18. Jahrhunderts eröffnet.

14. Hans Melchior Steyer, Bürger und Wirth zum Horn in Heidelberg verkauft an Churfürst Friedrich seine „beiden Häuser neben einander in der Kettengasse, zwischen des Churfürsten Haus, der Speierhof genannt und dem Wollweber Hans Braun, hinten der Sensenstall, auf der Seite Jakob Grandhomme, Kupferstecher, mit Brunnengerechtigkeit um fl. 2525. 1607." Hier wird offenbar das „Harneschhaus" der „Speierhof" genannt und die hier bezeichneten Häuser, das Gasthaus zum Horn stieß unmittelbar daran, das ehemalige „deutsche Haus."

15. Friedrich von Lewenstayn, Herr zu Scharpfeneck übergibt dem Churfürsten Ludwig seinen „Hof, vorn dem churf. Hof gegen-

über, beiderseits zwischen den churf. **Marſtällen 1525.**" Hier ist der Hof gemeint, der auf dem Platz des jetzigen städtischen Spritzenhauses stand; ihm gegenüber liegt ja das **Harneſchhaus** oder der Speierhof, der jetzt kurzweg der churf. **Hof** genannt wird.

16. Endres Becker und Claus Weber, Gottfrieds von Berlichingen zu Hornberg und Valentins von Abelsheim Amtsverſeher zu Berfeld (Fürfeld) bekennen: Baſtian Pfeil, Keller zu Eſchelbronn habe vorgebracht, daß er Pfalzgrafen **Wolfgang** ein Haus verkauft um fl. 100 beim **Marktbrunnerthor.** 1548; — ferner

17. Baſtian Jäger, genannt Pfeil, verkauft an Pfalzgrafen **Wolfgang** ſein „Haus und Hofſtatt hinter der Mauer beim **Diebsthurm,** zwischen Wolfgangs Hof und Paul Dietrichs, genannt Schwalbenkopf's Haus, um fl. 100. 1548." Der Hof des Pfalzgrafen Wolfgang und das um fl. 100 dazu erkaufte Haus und Hofſtall des Pfeil lagen hiernach entweder auf dem Platze des acadeemiſchen Spitals oder ganz in der Nähe beſſelben, daß der **Diebsthurm** oder Hexenthurm der im jetzigen Muſeumsgarten ſtehende iſt und die ſüdliche Stadtmauer mit Graben ſich von ihm aus gegen das Marktbrunnerthor hinzog.

18. Jakob Wolf, Bürger zu Heidelberg, verkauft dem Pfalzgrafen Wolfgang ſein „Haus und Geſeſſe in der **Heugaſſe** bei der Stadtmauer, allſeits von **Wolfgangs Hof** umgeben. Die Heugaſſe, von der jetzt noch ein Theil übrig iſt und ſich von der Hauptſtraße aus der Jeſuitenkirche zuzieht, zog ſich urſprünglich auch noch weiter bis an den Berg. Sie hatte ihren Namen von den Heuſcheuern, die wegen des Marſtalls hier ſtanden.

19. Churfürſt Ludwig übergibt dem Hofküchenmeiſter Nicol. Huſe den „Plan mit ſeinem Umkreiſe auf dem **alten Graben** zu Heidelberg, der vorher zu einem **Fiſchweiher** geſchickt und gebraucht iſt, an der Straße, die zum Heidelberger Thor daſelbſt gegen die Vorſtadt zu, hinten an des Keſſeler's Wingarten auf dem Graben und gen den Berg zu an den Garten, der Weber dem Schneider war, um fl. 200 gegen Wiederlöſung. 1511. Auf dieſe fl. 200 wurden 1536 weitere fl. 100 geſchlagen.

20. Nicolaus Buſch, Hausküchenſchreiber verkauft an Churfürſt Friedrich den „Plan und Garten auf dem **alten Graben,** vorm

untern Thor, wie er ihm vom Pfalzgraf Ludwig um fl. 300 auf Wiedererlöfung verkauft worden war, fammt Haus und Garten daran mit den Weingärten daneben und darob gelegen, etwa 5 Morgen, die er fpäter dazu erkauft hat, einerfeits der Stadtgraben, neben Hans Weinlein Kärcher und an Frau Kämmerling. Dilmann vom Hage und oben überzwerch Ph. Giefers Garten, bis herab an die Rohrbacher Strafe und diefe herab bis zum Thor, um die lebenslängliche Verköftigung, nämlich täglich zu jedem Imbs zwei mal vier Effen, eine Maas Wein, zwei Wecklein und drei Bröblein, jährlich ¼ Brennholz. 1546." — Hier in diefen zwei letzten Urkunden muß ein Platz gemeint fein, der zwifchen der Graben- und Sandgaffe lag.

21. Philipp von Ingelheim übergibt Pfalz ein „Haus in der Auguftinergaffe. 1413"; ferner

22. Hans Berger, Schultheifs zu Heidelberg Wittwe, Anna Monch von Rofenberg verkauft an Churfürft Ludwig ihre Scheuer in der Auguftinergaffe, am Ort des Zwerchgäßchens gegen den Auguftinern über gelegen um fl. 200. 1527. Die in diefen beiden letzten Urkunden bezeichnete Oertlichkeit ist ohne Zweifel die, wo jetzt die Univerfitätsbibliothek steht.

---

23. Joft Lutz, Bürger und Schieferdecker in Heidelberg, verkauft an Churfürft Friedrich feine „Scheuer hinter dem St. Peterskirchhof, in des alten Theobald Frech Garten, oben und hinten Friedr. Frech und der Canzleigarten um fl. 160. 1600."

24. Johann Cramer, Dr. beider Rechte, z. Z. in Stockholm und Joh. Herm. Zinckgraff, churf. Truchfefs zu Simmern verkaufen der churf. Rentkammer ihr „Stücklein Garten bei der Herrenkelter, einerfeits oben die Einfahrt zur Kelter, anderfeits unten Kriegskaffier Joh. Ludwig Kolb, hinten die Kellermauer, vorn die Strafe gegenüber dem St. Peterskirchhof um fl. 80. 1684." Die Herrenkelter lehnte fich nördlich an den Thurm an, welcher den Eingang zur Bergftadt von der Peterskirche her vermittelt, daher diefer Thurm auch der Kelterthurm hiefs. Die Herrenkelter wurde fpäter die Hofkelterei.[1]) Vor der Kelter war ein kleiner freier Platz, jetzt

1) Vgl. Wundt, Befchr. v. Heidelb. S. 92.

unmittelbar ober den Eisenbahnschienen, wo das Bild des Nepomuk stand, welches von einigen Bäumen umgeben war.¹)

25. Hans Jörg Schuster, Bürger und Seiler zu Heidelberg, Vormünder der Velten Lutz Kinder; Ludwig Kumpf, Bürger und Küfer da und Peter Breunlinger, Vormund der Christof Rubiß Kinder verkaufen an Churf. Philipp Wilhelm ein „Stück Garten am Kühethor, einerseits Cassier Kolb, anderseits Heinrich Baum, um fl. 166. 1690." Das Kühethor lag wenig südwestlich von der St. Peterskirche, also in ganz geringer Entfernung vom Klingenthor; später wurde auf den Platz des Thores ein Hirtenhaus gebaut.²)

26. Pfalz kauft einen „Garten hinter St. Peter an die Steingruben stoßend von Caspar Hehler, Steinmetz um fl. 19. 1486."

27. Pfalz kauft ein „Haus und zwei Gärtlein in der Vorstadt vom Stift zum hl. Geist um fl. 300, so der Bischof von Lüttich dahin gestiftet gehabt. 1422." Dieses Kaufes gedenkt auch Tolner³): Capitulum L. Spiritus vendit Ludovico III. Elect. 1 domum et 2 hortos in Heidelberg.

28. Cunz Ochsenhirt, Bürger zu Heidelberg Wittwe, verkauft dem Churfürst Ludwig ihr „Haus, Hofreite und Geseße in der alten Lauergasse gegen das churf. Harneschhaus über, einseits der Vicar zum heil. Geist, Meister Philipp Ortl, anderseits und hinten churf. Garten, um fl. 45. 1517." Ochsenhirt hatte dies Haus von Jost Günblin erkauft. Dieses Harnisch- oder Zeughaus stand hier unten auf dem Platz des jetzigen Marstalls. Erst Johann Casimir (1583—92) verlegte den Marstall, der auf dem südlichen Platz des Jesuitencollegs stand, hierher, wo er den Marstall neu und wie eine kleine Festung aufbaute.⁴) Die alte Lauergasse war demnach eins mit der jetzigen Schiffgasse an deren unterm Ende der Lauer war. Harneschhäuser hat es also zwei gegeben. Vgl. Urkunde 13.

1) Vgl. Wundt S. 109. 2) Vgl. Wundt S. 108. 3) Tolner, hist. pal. addit. 4) Wundt S. 116.

29. Pfalz kauft ein „Haus sammt Brunnen und Zugehör in der alten Lauergasse von Joh. Rammungs Kindern um fl. 750. 1477."

30. Dechant und Capitel des königlichen Stifts zum hell. Geist vertauschen mit Churfürst Ludwig das „Haus, das früher von Dr. Hans Deuthenbach vom Deutschmeister erkauft worden, in der Lauergasse, gegen den deutschen Hof über und von den Testamentarien des Dr. Deuthenbach dem eilften Ministranten des Fronaltars des Stifts verordnet und gegeben — (laut Verschreibung, mit Meister Phillpp Orti, derzeit eilfter Ministrant, Inhaber dieses Hauses, aufgerichtet) — zu des Churfürsten neuem Bau gezogen; — und an desselben Hauses derselben Ministrantenpfründe Statt eine Behausung in der Fischergaß, einseits Jeckel Hoffmann, Hofmetzler, anderseits der Neckar, — um fl. 100, also daß dieses verkaufte Haus dem 11. Ministranten bleiben soll. 1528." — Der deutsche Hof in der Schiffgasse lag also dem Harneschhause gegenüber, das Ludwig V. auf dem jetzigen Marstallplatze baute und zu dem er auch das in dieser Urkunde erkaufte Haus herbeizog. Dieser Hof war nach Vereinigung Bergheims mit der Stadt der Hauptsitz des Deutschordens in Heidelberg. Da das von Ludwig V. erkaufte Haus auch dem Deutschorden gehört hatte, so nimmt man wohl mit Recht an, daß der Haupttheil der Schiffgasse dem Neckar zu auf beiden Seiten dem Orden gehört hatte. Vom deutschen Orden war dies Haus an die 11. Ministrantenpfründe zu hl. Geist übergegangen. Diese Pfründe erhielt jetzt 1528 durch den Tausch das Haus in der Fischergasse, das unten am Neckar steht, später das 3. reformirte Pfarrhaus wurde, eine Zeit lang das Wallonische. Ueber dieses Haus, von dem Wibber[1]) und Wundt[2]) berichten, daß es dem Bachofen von Echt gehört habe und daß vorher auf dem Platze desselben ein Kloster oder Probstei gestanden sei, da zwei dahin bezügliche Grabsteine, des Phillpp von Albich † 1487 und einer geistlichen Person, † 1488, hierauf hindeuten sollen, ist für uns nur das sicher, daß dasselbe vor 1528 das Eigenthum der Churfürsten war; ob die zwei Grabsteine sich von Alters her darin befanden oder ob sie einer der Ministranten, die

---

1) Wibber, Beschr. der Pfalz I, S. 147.   2) Wundt a. a. O. S. 136.

das Haus seit 1528 bewohnten, hierher versetzt hat, — lassen wir vorerst dahin gestellt sein. —

31. Churfürst Friedrich schenkt dem Dr. Christof Ehem wegen treu geleisteter Dienste ein Haus, 1562. Dieses Haus sammt Hof „neben dem neuen Stall gelegen, erkauft Pfalzgraf Carl wieder von Ehem und verkauft Haus und Hof mit Hausrath an den Churfürsten Friedrich um fl. 2500. 1592. Auch dieses Besitzthum lag unten am Marstall, der ja 1592 noch der „neue Stall" heißen konnte.

32. Joh. Franz Rosels, des Raths und Phil. König, Inwohner zu Heidelberg bekennen: Nachdem sie für sich von dem churfürstl. Reiterhauptmann Phil. Jac. von Affenstein und dem churf. Procurator Melchior Clasius, als Bevollmächtigter der Maria von Eysack Wittwe ihr „Haus, Garten mit Nebenhäuschen und dem Brunnen, der aus dem Barbischen Hof kommt, in der Vorstadt gegen den Neckar zu gelegen, um fl. 3250 erkauft hatten, so treten sie dieses Haus um den Kaufschilling dem Churfürsten Friedrich ab. 1599." Der Administrator der Pfalz Johann Casimir, hatte dieses Anwesen gefreit, indem er 1586 bekannte: daß „wir, angesehen die treuen Dienste, so unser Jägermeister Mich. von Eysack bei Churf. Friedrich und Ludwig erzeiget, seine Behausung in der Vorstadt am Neckar, die er von Conrad Hermann, Zollschreiber zu Mannheim erkauft, nach dem Krahnen zu Zimmermann Conrad Bamberger, gegen die Straße Magister Joh. Engelhart Mohr's Garten, anderseits das Lauergäßlein — freien als andere adelige Häuser und Höfe zu Heidelberg, daß er und seine Erben, so lange sie das Haus haben, weder dem Churfürsten noch der Stadt Beet, Frohn, Hut, Wacht u. s. w. leisten darf" mit dem Recht „von der Brücke an bis Wieblingen mit einem Wurfgarn zu fischen." — Dieser adelige Freihof lag unten zwischen dem Ende der Schiff- und Bauamtsgasse dem Neckar zu. Vgl. Urkunde 37.

33. Nic. Brück von Lüttich, Inwohner zu Heidelberg verkauft dem Junker Michel von Eysack, Jägermeister sein „Haus und Höflein sammt Garten beim Zimmerplatz am Neckar, einseits Hans Weiß, anderseits der Käufer, hinten Engelhart und Mare, Keller zu Lindenfels und Nic. Lorbech, um fl. 160. 1589."

34. Ulrich Wagenbach, Bürger und Schiffer zu Heidelberg, verkauft an Churf. Friedrich sein „Haus sammt Höflein bis zum gemeinen Weg am Brunnen in der Vorstadt auf dem Zimmerplatz um fl. 360. 1600."

35. Georg Burggraff und Leonhard Röscher, Bürger zu Heidelberg, Pfleger der Hans Reipelt'schen Kinder verkaufen an Churfürst Friedrich „drei Häuser, wovon zwei unter einem Dach, ebenso eine Scheuer, sowie einen Theil des Hofs, alles aneinander in der Sandgasse, einseits oben die Pflegkinder, anderseits der Churfürst, hinten die Leyer- oder Kießelgasse um fl. 1325. 1600."

36. Hans Adam Köhler, Bürgers und Schiffers Wittwe zu Heidelberg, verkauft dem churf. Bauamt ihr „in der großen Sandgasse gelegenes Haus, einseitig Ludwig Müller, anderseits unter Lölbach's Wittwe, hinten der herrschaftliche Bauhof, um fl. 650. 1687." Hier wird die Lauer- oder Schiffgasse die „große Sandgasse" genannt. Der herrschaftliche Bauhof lag westlich vom Krahnen, zwischen diesem und dem Zimmerplatz.

37. Churf. Ludwig bestätigt die Schenkung, welche sein Vater Otto dem Ludwig von Ast, Doctor der Rechte, zugesagt hatte, nämlich: „das Haus, das ehedem dem Bischof von Riege gehört hatte, gegen die Sandgasse über den Weg, auswendig dem Speiererthor in der Neustadt", worin von Ast bei Lebzeiten Ottos gewohnt hatte, mit Scheuer und Garten. 1438. — Von Ast wurde Dompropst zu Worms und verkaufte 1442 sein „Haus und Hof, die gelegen sind in der Neuenstadt gegen die Sandgasse über, vorn auf die offene Straße stoßend, hinten an Hans Oualerlochs Garten, die vor Zeiten genannt waren des Bischofs von Rege Hof, mit Scheuer und Garten hinten dran, dem Bischof Friedrich von Worms und seinem Stift." — Ein Nachfolger dieses Bischofs, Bischof Wilhelm von Worms verkaufte sodann an den Churfürsten Friedrich „sein und des Stifts Haus, Hof und Garten, der Wormsische Hof genannt, in der Vorstadt, einseits der Weg gegen des Churfürsten Haus, der Barbische Hof genannt, hinten das Hofgärtlein, anderseits Crast Sänerbrey, vorn die Straße um fl. 2500. 1610." — Statt „Speiererthor" sollte es heißen „Mittelthor." Die Sandgasse ist hier wieder die Schiffgasse, denn ihr schräg gegenüber über der Haupt-

ſtraße, gegen Weſten zu, lag der Wormſer Hof. Auf ſeinem Platze und theilweiſe auf dem Platze des herrſchaftlichen Stück- und Gieß-hauſes wurde nach dem 30jährigen Kriege das Kapuziner-kloſter erbaut, welches auf Anordnung des Churf. Max Joſef den Franzislanern eingeräumt wurde. 1629 nämlich ſchenkte Churf. Max von Bayern den Kapuzinern den Hofgarten und 1630 ſchenkte ihnen der Biſchof Georg Anton von Robenſtein den dabei gelegenen Hof, den Wormſer Hof.[1]) Das Kapuzinerkloſter mit ſeinem Garten zog ſich bis gegen die Friedrichsſtraße hin. Dem Wormſer Hof gegenüber lag alſo der Barbi'ſche Hof, dem wir oben ſchon begegneten. Derſelbe lag ſomit zwiſchen der Schiff- und Bauamtsgaſſe auf der Hauptſtraße, da, wo ſpäter das Zyllenharb'ſche Haus ſtand, welches zu Anfang des 18. Jahrhunderts vom pfälz. Regierungsrath Moras erbaut, von der Frau von Bettendorf erkauft wurde und durch der Letztern Tod an die Herrn von Zyllenharb kam.

38. Pfalzgraf Ottheinrich und der Bürger Phil. Gabriel Wetzel zu Heidelberg tauſchen: Wetzel gibt ſein „Haus und Zugehörung in der alten Metzelgaſſe, einſeits Florian Harſch, anderſeits Chriſp. Speidel, vorn Almendgaſſe, hinten Chriſtof Plattners Wittwe; Ott-heinrich gibt ſein „Haus und Zugehörung auf der obern Straße, einſeits Hans Winter, anderſeits Nic. Elech, hinten die Univerſi-tätskapelle. Dieſe Letztere war urſprünglich die Judenſchule, welche nach Vertreibung der Juden in eine chriſtliche Capelle ver-wandelt und am 26. Dezember 1391 von Biſchof Eckard von Worms eingeweiht wurde. Sie lag auf der untern Straße und bildete mit dem daran gelegenen juriſtiſchen und mediciniſchen Auditorium das öſtliche Eck der untern und Dreikönigsſtraße, welch Letztere urſprüng-lich die Judengaſſe war und ſich bis zum Neckar hinab verlängerte, wo das „Judenthor" die Straße gegen den Neckar zu abſchloß. Wo die „alte Metzelgaſſe" war, iſt uns bis jetzt unbekannt.

39. Carl Ehem, Dr. der Rechte, churf. Kanzler verkauft dem Pfalzgrafen Carl ſeine „Behauſung mit Gärtlein, auch Springbrunnen,

---
1. Wundt a. a. O S. 186. Schannat hist. Epiſc. Worm. p. 161. Cod. dipl. p. 233.

wo früher die Realistenbursch gestanden, einseits und vorn die Straße, anderseits und hinten das Gäßlein gegen die Stadtmauer, an der britten Seite Carls Pferdestall, an der vierten Seite die Straße gegen die Sapienz um fl. 1600. 1582." — Es war dieses, der Beschreibung nach, die Burse, die vor dem Marktbrunnerthor lag und zwei Flügel hatte mit einem Springbrunnen in der Mitte. Zum Bau dieser Burse wurden vier Gärten beim Marktbrunnerthor einigen Bürgern aus dem Gelde x. abgekauft, welches der erste Kanzler der Universität, der Dompropst Conrad von Gelnhausen zu Worms der Universität geschenkt hatte. Den in der Nähe nach Norden zu liegenden churf. Marstall schenkte Ruprecht hinzu. Die Burse lag also auf dem Platze der jetzigen Dechanei neben der Jesuitenkirche und zog sich bis an das Eck der Kettengasse hin. 1693 brannte Alles ab. Der Churfürst schenkte zu Anfang des 18. Jahrhunderts Alles den Jesuiten.

40). Pfalz kauft ein „Haus und Garten vorm Berg von Hensel Lieber, Hofmetzgers Erben um fl. 120. 1479.

41. Barthel Gampe zu Oberflockenbach bekennt, daß er des Churfürsten Wiesen daselbst die Herrenwiesen genannt, eingetauscht habe, gegen sein „Haus und Hof vor dem Berg, des alten Otterfängers Haus genannt, sammt Garten daran, einseits Stoffel Steinmetz, anderseits das churf. Metzelhaus, hinten Dr. Hans Haßfurt, vorn der Weg. 1537."

42. Hans Schaib, Bürger zu Hagenau verkauft dem Pfalzgrafen Ottheinrich seinen „Garten in der Vorstabt, gegen die Stadt an Hans Großlaub, anderseits an Haus Kirrlach gegen die Vorstabt stoßend um fl. 200. 1558."

43. Michael Maler, Bürgers und Wirths zum Löwen Wittwe, verkauft an den Churfürsten Johann Wilhelm ihre „bei der allgemeinen anno 1693 fürgewesenen Zerstörung eingeäscherte Wirthschaft zum Löwen in der Vorstadt an der Hauptstraße, Hausplatz und Hof, Garten u. s. w. mit Ausnahme der Schildgerechtigkeit, einseits hereinzu Jacob Weber mit Val. Irrlinger, anderseits hin-

auszu Joh. Gerhard, Weingärtner um fl. 2190. 1706." Der Kauf war aber nicht so glatt abgegangen, als hier in dieser Urkunde es scheint. Aus einem Actenfascikel des gen. Landesarchivs zu Karlsruhe entnehmen wir darüber folgendes: Der Oberjägermeister von Venningen schrieb am 4. September 1702 an den Churfürsten Joh. Wilhelm, er habe erfahren, daß der Churfürst seinen Hausplatz, wo ehedem 5 Häuser gestanden und der englische Hof genannt worden sei, haben wolle; er sei nicht abgeneigt, bitte aber um Anlauf des Platzes in der Vorstadt, wo ehedem der „Löwen" nebst Garten dahinten gestanden sei. Der Churfürst befahl dem Bauamt, daß dieser Platz gekauft werde; aber die Eigenthümerin wollte ihn nicht hergeben und der Churfürst ließ nun alle Mittel, Bitten und Drohungen anwenden, aber vergebens; da befiehlt derselbe der Wittwe, sie müsse innerhalb Jahresfrist den Platz bebaut haben, da sie das aus Mangel an Mitteln nicht kann, so wurde sie nachgiebig und schloß den Verkauf; jedoch heißt sie hier nicht Maier, sondern Anna Barbara Pfeil und ihr gewesener Ehemann Joh. Georg Pfeil. — Jetzt baute Venningen sein Haus auf dem Platz des „Löwen" auf und da ihm Steine mangelten, so bat er den Churfürsten, diese vom gesprengten biden Thurme nehmen zu dürfen, welche Erlaubniß schon vorher ein von Sickingen erhalten hatte zu seinem Neubau; die Erlaubniß wurde ertheilt und ist somit das Venningen'sche Haus aus jenen Steinen, wenigstens zum Theil, aufgebaut. Später wurde aus diesem Hause das Gasthaus zum Riesen, dem ehemaligen Dominikanerkloster, der jetzigen Anatomie gegenüber. Noch heute wird das Haus „der Riesen" genannt. Dasselbe hat eine schöne Front, über dem Portal steht der Erbauer in Stein gehauen; zu beiden Seiten der Einfahrt bis hinauf unter das Dach finden sich bildliche Darstellungen der Jagd, des Kriegs und der Künste und Wissenschaften. — Der englische Hof aber, der jetzt dem Churfürsten gehörte, bez. Welse der Platz, auf dem er stand — denn 1693 brannte auch er ab — war den Jesuiten zum Bau ihres Collegs und Kirche geschenkt worden, mit noch anderen Plätzen, welche der Churfürst den Eigenthümern ablaufte, aber nur mit knapper Noth bezahlen konnte, so daß er 1706 viel Holz hauen und verkaufen lassen mußte. Der Platz des englischen Hofs war übrigens auch schon ein churfürstliches Eigenthum gewesen, denn Churfürst Carl hatte ihn dem von Venningen „in Ansehung seiner geleisteten vielen getreuen Dienste geschenkt"; daß er alle sonstigen Privilegien und Freiheiten der adeligen Höfe besaß, versteht sich von selbst.

44. Die churfürstliche Hofkammer kauft aus der Verlassenschaft des Joh. Peter Folz dessen „Haus in der Vorstadt sammt Scheuer, Stall, Hinterhaus und das in dem alten Kaufbriefe von 1698 bemerkte Feuerrecht, einseits Consistorialrath Cornacker, anderseits Gabr. Langhans, Seiler, und zum Theil das lutherische Pfarrhaus, hinten der Herrengarten, vorn die Hauptstraße, um fl. 3556. 1715." Das lutherische Pfarrhaus war das jetzige bei der Providenzkirche.

45. Churfürst Friedrich verleiht dem Joh. Hoff, geistlicher Gefällverwalter der untern Pfalz das „Schönauische Häuslein in Heidelberg hinten an der Pflege Schönau gelegen zur lebenslänglichen Wohnung. 1602."

46. Pfalz kauft eine „Wiese in der Steinbach zu Heidelberg von Thomas Siegelmann um fl. 40. 1424."

47. Hans Wetzel, Bürger zu Heidelberg, setzt Pfalz zum „Erben aller seiner Güter. 1481."

48. Jost Wirker, Trompeter im Kaltenthal, verkauft dem Churf. Friedrich „drei Wiesen in Heidelberg, nämlich zwei Stück im Kammerforst und ein Stück oben an das alte Schloß stoßend, um fl. 50. 1547." — Der Kammerforst lag in der Höhe gegen die Rohrbacher Mark zu und gehörte ehedem in die Rohrbacher Hut (Widder I, 149.)

49. Des Rathsverwandten Hans Schwarz in Neckargemünd Wittwe, Conrad und Stefan Seyfriedt dort, Nic. Dampf von Oppenheim, als Erben der Marg. Schwepplerin, des verstorbenen Rathsverwandten und Wirths zum Schwert Jonas Küstner in Heidelberg Wittwe verkaufen an Churf. Friedrich einen „Grasgarten mit Weingartstück über der Neckarbrücke im Lobenfelder gelegen um fl. 1500. 1619."

50. Joh. Obsopäus, churfürstl. Rechenschreiber in Heidelberg verkauft an Churfürst Friedrich seinen „Garten über der Brücke im Lobenfeld, sammt Häuslein und Weinberg, oben der neue Pfad, unten nach Neuburg zu Joh. Haprecht, Rechenschreiber, den Berg hinauf Peter Michel, Postmeister, und Hans Phil. Knecht, Almosenschreiber, nach der Brücke hin Pfalz, unten der von Schwertwirth Joh. Ludw. Maler erkaufte Garten und Weinberg, den Neckar hinauf der vom französischen Pfarrer Bourgeois erkaufte Garten, um fl. 900. 1619."

51. Hans Peter im Thurn, Blatner (Pflästerer) und Bürger zu Heidelberg, verkauft dem Pfalzgrafen Ottheinrich seinen „Garten in der Pflegt gegen Berthold Gabenhelmer über gelegen, außen an Nic. Clarmann, Schuhmacher und Jobst Neueri Metzler stoßend um fl. 85. 1545.

52. Ott Brenner, Churfürst Friedrichs Hausschneider zu Heidelberg verkauft dem Pfalzgrafen Ottheinrich seinen „Garten in der Vorstadt, die Neuenstadt genannt, in der mittlen Pfleck gelegen, neben dem churf. Krautgarten und Heinrich Lebluch's Erben, oben Bernhart Hünenfaut und der Weg um fl. 114. 1545."

53. Nicol. Clairmann genannt von Leimen, Bürger zu Heidelberg verkauft dem Pfalzgrafen Ottheinrich seinen „Garten in der Pflegt, einseits der Stadtschreiber, anderseits Peter Maus der Blatner, hinten Jörg Metzler, vorn der Weg um fl. 38. 1545."

54. Jörg Frey, Metzler und Bürger zu Heidelberg, verkauft an Ottheinrich seinen „Garten in der Vorstadt die Neuenstadt genannt, in der Mittelpfleck, einseits Lebluch's Erben, anderseits und oben der Pfalzgraf, unten der Weg um fl. 40. 1545."

55. Martin Schilbogl, Stadtschreiber zu Heidelberg, verkauft an Ottheinrich seinen „Garten in der obern Pflegt neben Ottheinrichs Eigenthum um fl. 200. 1545."

56. Jörg Lauffers, Zeugmachers und Bürgers zu Heidelberg Wittwe verkauft an Ottheinrich ihren „Garten in der Vorstadt, in der Mittelpflegt neben des Churfürsten Friedrich Krautgarten um fl. 114. 1545."

57. **Bernhart Bleb**, churf. Hünerfaut verkauft an Ottheinrich seinen „Baumgarten und Häuslein daran in der obern Pfleg neben des Churfürsten Krautgarten um fl. 100. 1545.

58. **Hans Dreusch**, Hutmacher und Contz Müller, Bäcker, Bürger zu Heidelberg, verkaufen als Testamentsvollstrecker des Heinr. Lebkuch an Ottheinrich dessen „Garten in der Mittelpfleg neben Ottheinrichs Eigenthum überall, unten das Gäßlein um fl. 40. 1545."

59. **Adam Müller**, genannt Wolhelmer, Willenweber, Bürger zu Heidelberg, verkauft an Ottheinrich seinen „Garten in der Mittelpfled, oben und unten der Pfalzgraf selbst, um fl. 40. 1545."

60. **Hans Beringer** und Hans von Rorbach, Bürger zu Heidelberg verkaufen an Churfürst Friedrich ihren „Baumgarten in der Pfled, einseits Martin Reisig, Becker, anderseits Ulrich Laier, hinten der Stabtgraben, vorn der Weg um fl. 120. 1546."

61. **Hans Reybecker**, Bürger und Krämer verkauft dem Pfalzgrafen Wolfgang seinen „Garten und Weingarten in der hintern Pflegt bei der Büchsenschützen Häuslein um fl. 312. 1548."

62. **Bechtold Gabenheuer**, Bürger, verkauft dem Churfürsten Friedrich seine „vier Gärtlein in der Pflegt um fl. 15. 1548."

63. **Philipp Kretzmar** von Oberbergheim, Kelpolsteinischer Diener, verkauft an Churfürst Friedrich sein „Stück Garten in der Mittelpflegt um fl. 50. 1564."

Die „Pfled", eine ganz bekannte Oertlichkeit, bildet den Stabttheil, der sich westlich von der St. Peterskirche bis zur Sophienstraße der Länge nach, und von der jetzigen Plöckstraße an bis zur westlichen Hauptstraße der Breite nach erstreckt. Nur sei erlaubt, darauf hinzuweisen, daß dieser Bezirk ursprünglich wenig Häuser und Straßen hatte und meist von den Abkömmlingen der alten Bergheimer bewohnt wurde. Die Güterkäufe aber dienten dazu, den „Herrengarten" anzulegen, den insbesondere Ottheinrich anpflanzte und bezüglich dessen er in seinem Testamente verordnete, daß er zu ewigen Zeiten unterhalten und nie veräußert werden sollte. Aber Churfürst Friedrich V. verlegte den Herrengarten von hier auf das Schloß. Die Bezeichnung „Pfled, Pflegl, Pfleg" u. s. w. leiten wir wohl am Besten davon her, daß wir annehmen, daß für die herrschaftlichen Besitzungen in diesem Stabttheile, wo überdies die niedern churf.

Diener wohnten, eine „Pflege" d. h. Verwaltung bestand, wie man heute noch die Verwaltung des Besitzes des ehemaligen Klosters Schönau gemeinhin die „Pflege Schönau" nennt.

2. Besitzungen auf dem Schloß.

64. „Pfalz kauft einen Theil am Burgwege vor der Burgpforte in Heidelberg von Peter Huß um fl. 5. 1333." Um diese Zeit bestand schon „die obere und die untere Burg"; schon 1308 erscheint der Name der untern Burg. Seit dem Vertrage von Pavia, 1329, wurde diese untere Burg der eigentliche Wohnsitz der Pfalzgrafen. Rudolf I., † 1319, hatte hier seinen Sitz. Die Burg selbst lag also noch in ihren ersten Anfängen; nur eine einfache Burg stand hier auf einem unbedeutenden Bergvorsprung; am nördlichen Abhange, außerhalb der Burg, stand die alte Juttakapelle. Die Oertlichkeit jenes ältesten Baues, des sogenannten Rudolfbaues, ist noch nachzuweisen und allgemein bekannt; die Burgpforte befand sich ohne Zweifel der Bergstadt zu gelegen und der Burgberg, von dem Rudolf II. nach obiger Urkunde einen Theil erwarb, war eben der Berg, auf dem die Burg stand und zwar wohl gegen Norden, der jetzigen Stadt zu.

65. „Pfalz kauft einen Garten auf dem Burggraben von Berthold Wollenweber. 1418." Ein Burggraben konnte nur im Süden der Burg, dem Berge zu, vorhanden sein, da gegen Norden der Bergabhang einen Graben nicht nöthig erscheinen läßt. In dieser Zeit bestand aber schon der sogenannte Ruprechtsbau, den Ruprecht I., † 1410 gebaut; der hier gemeinte Garten lag also wohl noch etwas südlich von dem jetzigen Brückenhause.

66. „Pfalz kauft einen Garten und Berg ob dem Burgweg. 1433."

67. Pfalz kauft einen „Theil des Burgbergs von Hans Wieben um fl. 3. 1433. Diese Erwerbung erwähnt auch Tolner, dazu noch die eines Bergstückes bei der Burg von Joh. Knebel und Con-

sorten, ferner eines Gartens und Bergstückes von Peter Hall; endlich des Waldes von Legelrodt von Joh. von Stein.¹)

68. Peter Husse, Weber und Burger zu Heidelberg, verkauft dem Churfürsten Ludwig seinen „Garten und Berg, der zu Heidelberg an dem Burgwege obwendig desselben Wegs gelegen ist und ziehet von dem heiligen Hüsel an bis hinauf an die oberste Mauer und stoßet oben und unten an des Churfürsten Gut, um fl. 5. 1433."

69. Hans Scheubel, Keller zu Lindenfels und Syfrit Marckolf, Bürger zu Heidelberg, verkaufen dem Churfürst Ludwig ihren „Theil an dem Burgberge, der zu Heidelberg vor der Burgpforten gelegen ist und ziehet von derselben Pforte herab bis auf denselben Burgweg und zwischen die Glammen, die man nennt die Mulbach und dem Kirschbaum, mit Grund, Boden und Zugehörungen um fl. 8. 1433."

Die zwei letzten Urkunden sind von hoher Wichtigkeit. Nach denselben erwarb Churfürst Ludwig im Jahre 1433 die Oertlichkeiten, auf welchen die ganze östliche und westliche Façade der jetzigen Schloßruine steht. Noch stand bis zu dem genannten Jahre vom Schlosse nichts, als der Rudolfs- und Ruprechtsbau und nördlich von jenem und in die Burgmauern nicht eingeschlossen, die Schloßkapelle, die Rudolf 1346 neu erbaute. Sie zog ursprünglich von Ost nach West, an der Westseite stand der Thurm. Von dieser ältesten Schloßkapelle, die „von Friedrich dem Siegreichen gänzlich erneuert und mit Einkünften reich begabt worden war, steht nur noch ein kleiner Theil westlich vom Schloßaltan, erkenntlich an den alten gothischen Fenstern. Auch das Bandhaus stand zu jener Zeit noch nicht. — Der „Theil des Burgbergs" in Urkunde 67, welcher noch näher durch Urkunde 69 bezeichnet wird, ist kein anderer als der, auf welchem Ludwig V. die Bastei des Stückgartens und den

---

1) Tolner hist. pal. addit. pag. 46: Sub Ruperto III Electore et Imperatore 1433 acq. a Johanne Wildt hortum et fossam prope arcem; acquirit a Joh. Knebel et sociis montem prope arcem Heydelb. — 1433 acq. a Pet. Hale hortum et montem in Heydelberg; — 1433 acq. a Joh. de Stein sylvam Legelrodt.

dicken Thurm aufbaute. Denn der Theil an dem Burgberg vor
der Burgpforte, der von diesem herab bis auf den Burgweg führt
und zwischen den Glammen (Klammen) und dem damals stehenden
Schloßtheile lag, ist offenbar der „jetzige kurze Buckel"; die
Klamme, die man die Mühlbach nennt, nichts anderes, als der
scharfe Thaleinschnitt des kurzen Buckels, in welchem ursprünglich
dasjenige Wasser seinen Abfluß fand, das aus dem Burggraben südlich von der Burg — aus dem rothen Tobtliegenden — kam und
an der Westseite der Burg die kleine Burgmühle trieb. Zu constatiren bleibt nur, daß die Burg damals nur Eine Pforte, von
der Seite der Bergstadt her, hatte und daß der Burgweg sich damals schon an der Nordseite des Jettenhügels zur Burg hinzog.

Sehr interessant ist die Urkunde 68. Das heilige Häusel,
welches oberhalb des eben genannten Burgweges stand, und nur an
der Nordostseite des Schloßhügels sich befinden konnte — die Nord-
westseite war ja durch die zwei Urkunden 67 und 68 bereits erworben — kann nichts Geringeres gewesen sein, als der letzte Rest der
alten Jettakapelle, welche unter jenem Namen in dem Gedächtniß der Leute fortexistirte. Die Ueberlieferung macht geltend, daß
Friedrich I. (1449—77) an der Nordostseite Ibes Hügels Befestigungen anzulegen begonnen habe und daß er den Grund zum späteren
achteckigen Thurm legte, indem er hier einen großen Eckthurm baute;
und daß Friedrich II. (1544—56), die Grundmauern der alten
Jettakapelle überbauend, seine Bauten hier begonnen habe, um nach
Süden einen langen großen Palast, dessen südliche Hälfte vom Otto-
heinrichsbau verdrängt wurde, und um nach Westen den neuen
Hof zu bauen. Die Ueberlieferung, daß hier an der Nordostseite
des Schloßhügels in der Nähe des achteckigen Glockenthurms die
Jettakapelle lag, erhält somit eine kräftige Bestätigung.

---

70. Hans, Bernhart und Diether von Menzingen, Söhne des
Raban von Menzingen, verkaufen dem Conz Klümpel, Bürger zu
Heidelberg, ihren „Garten, gelegen hinter der Burg neben dem
Thiergarten, einseits der Hofschreiber, anderseits die Schwert-
fegerin, um fl. 21. 1437. Klümpel übergibt diesen Garten dem Chur-

fürsten Ludwig IV. Im Jahre 1500 bekennt nun Churfürst Philipp bezüglich dieses Gartens: „nachdem vor Zeiten unser Hofbäcker Contz uns nach seinem Tod einen Garten verschafft hat, gelegen im Ziegelried, hinter unserer Burg, dessen Anstößer ist unten Ulrich Kopf", so übergibt der Churfürst jetzt denselben seinem Hofbeckermeister Hans von Amberg um fl. 15." Dieses selbe Haus vertauschte Amberg gegen ein anderes vor dem Markbrunnerthor, 1516. Vgl. Urkunde 12.

71. Hans Zwengel, alten Hostellers auf dem Schloß Wittwe und Hans Lenhart, Bürger zu Heidelberg, verkaufen ihr „¹/₂ Wingart mit einem Baumgarten unten dran, im Ziegelriedt, einseits Barthel Bender, oben an den Weg, unten in die Klinge vorm obern Thor bei St. Jakob stoßend, dem Churfürsten Ludwig um fl. 80. 1534.

72. Ulrich Zieglers Lauers Wittwe, Bürgerin zu Heidelberg, verkauft ihren „Zweithell Wingart und Garten im Ziegelriedt, oben an den Deidesheimer, unten an Paul Scherer stoßend, dem Churf. Ludwig um fl. 24. 1539.

Diese zwei Wingartstücke mit Gärten, welche ohne Zweifel neben einander lagen, zogen sich vom Burgwege, etwa da, wo der achteckige Thurm, das Zeughaus und das neue Ballhaus zu stehen kam, östlich hinab in die Klinge. Dazu kam, wohl ganz in der Klinge liegend:

73. Hans Kern, Friedrich von Rod, genannt Holzschuer, Bürgers zu Heidelberg Wittwe, verkauft an Churfürst Friedrich ihren „Morgen Wiesen am Ziegelriedt um fl. 50. 1545."

74. Mich. Kuntzmann, Bürgers und Bäders zu Heidelberg Ehefrau, verkauft als Hans Schillingstadt's Intestaterbin dem Churfürsten Ludwig ihr „beim Schloß liegendes Haus und Gärtel, vorn die Schloßgasse, churf. Pferdestalle, oben gegen Berg Hans Koller, neben dem gemeinen Pfad, Ochsenriedt genannt, um fl. 350. 1562." — Ochsenriet ist der Winkel, welcher durch die von

der Bergstadt heraufziehende Straße zum Schloß und den zur Molkenkur führenden Weg gebildet wird.

— — —

75. Louis Dage, Bürger und Seidensticker vorm Berg verkauft an Churfürst Friedrich „ein Stück Platz 11½ Fuß lang, 7¾ breit, oben an des Verkäufers Gartenmauer, einseits des obern Hofpredigers Haus, sonst allseits des Verkäufers Garten, sammt Springbrunnen um fl. 70. 1601."

76. Achatius Timoni, Hofschreiners Wittwe, Bürgerin vorm Schloßberg, verkauft an Churfürst Friedrich ihr „Stück Obstgarten im Ziegelriedt zwischen Hofschneider Hans Clossen und Claus Welluff, oben an den Weg, unten auf den Wald stoßend, um fl. 250. 1610.

77. Hans Ulscher, Bürger und Pulvermacher vorm Schloßberg, verkauft an Churfürst Friedrich sein Stück Kestengarten im Ziegelriedt, oben auf die gemeine Straße, unten auf Allment stoßend, um fl. 180. 1610."

78. Hans Sturm, Bürger vorm Berg, erhält vom Churfürsten „das Kestenstücklein, das an seinem Hause hinaufzieht". Die in der Urkunde eingefügte Vergabungsurkunde des Churfürsten sagt: „demnach wir zur Erweiterung des Raninchenbergs eines dem Joh. Sturm gehörigen und bei den Kallgruben oberhalb des Schlosses gelegenen Kestengartens, ungefähr 3 bis 4 Morgen, benöthigt gewesen, haben wir uns mit ihm verglichen, für diesen Garten fl. 600 zu 26 Albus und 5 Malter Korn und außerdem das Kestenstücklein, das hinter seinem Haus den Berg hinaufzieht, der Länge nach an dem Kräuterwelblein hinab, 16 Ruthen 8 Schuh lang, 15 Ruthen 14 Schuh breit, die Ruthe zu 16 Schuhen, eigenthümlich zuzustellen. 1616." — Der Raninchenberg, auch Hasengarten genannt, befand sich unmittelbar hinter dem Schloß, südlich begränzt von der Kallgrube.

79. Rothgerber Hans Ziegler, Bürger zu Heidelberg, verkauft dem Churfürst Friedrich sein „Stück Obst- und Weingarten im Ziegelriedt, unten auf die Pfauzen, sonst überall an Kammergut stoßend. 1616."

80. Lorenz Parthorst, Bürger vorm Berg, verkauft an Churfürst Friedrich seinen „Kestengarten im Ziegelriebt, allseits an Kammergut stoßend, um fl. 100. 1616."

81. Ulrich Wiesner, Bürgers vorm Berg Wittwe, verkauft demselben „³/₄ Weinberg im Ziegelriebt, einseits die Knüß, anderseits Hofschreiner Ammon, oben der Weg, unten Michel Maybach. 1616."

82. Joh. Georg Wenig, notarius publicus und Inwohner zu Heidelberg, verkauft an denselben, sein „Stück Obst- und Weingarten, im Ziegelriebt, einseits Hans Ziegler, jetzt der Churfürst selbst und Heinrich Siegmund, oben der Weg, um fl. 200. 1616."

83. Hans Sturm, Gerichtsverwandter vorm Schloßberg, verkauft an denselben sein „Stück Wein-, sammt oben daran gelegenen Kestengarten im Ziegelriebt zwischen Wolf Haas und Pfalz selbst unten der Weg, oben Allment, um fl. 400. 1617."

84. Wolf Haas, Bürger und Weingärtner vorm Berg, verkauft an denselben seinen „Wein- und Kestengarten im Ziegelriebt zwischen Hans Sturm und dem Gemeinen Riebt, oben und unten Allment, um fl. 1000. 1617."

85. Bernhard Wenzinger, Leineweber zu Schlierbach, Bürger zu Heidelberg, verkauft an denselben seinen „Garten bei den Erbengruben, allenthalben an Pfalz stoßend, um fl. 600. 1617."

86. Michael Frey', Hafner zu Schlierbach, Bürger zu Heidelberg, verkauft an denselben seinen „Garten bei den Erbengruben, einseits Bernhard Wenzinger, Leineweber, sonst Allment um fl. 400. 1617."

87. Joh. Friedr. Pfitzner, pfälz. Trommeter und Inwohner zu Heidelberg, verkauft an denselben seinen „Baum- und Weingarten, 2½ Morgen, vorm obern Thor im Ziegelriebt, einseits Pfalz, anderseits die Kneß, unten Allment, um fl. 1300. 1617."

88. Hofschreiner Joh. Kloß, Bürger zu Heidelberg, verkauft an denselben seinen „Baumgarten im Ziegelriebt, beiderseits Pfalz, unten Allment, oben der Weg, um fl. 250. 1617."

89. Nicol. Welluff, Küfer und Bürger vorm Berg, verkauft an denselben seinen „½ Morgen Weinberg im Ziegelriebt zwischen Ruprecht Einreich und Hub. Krämer, unten Pfalz, oben die Straße, um fl. 300. 1617."

90. Phil. Dehlschläger, Bürger und Weingärtner zu Heidelberg, verkauft an denselben seinen „Kestengarten im Ziegelriedt, innen an Maurer Hebberich's Steingrube, die dieser von Dehlenschläger gekauft, außen Stadtallment, oben der Weg, um fl. 545. 1617."

91. Stephan Metzger, Steinbrecher und Bürger vorm Berg, verkauft an denselben sein „Baumgärtlein an dem Biehgarten, beiderseits Pfalz, oben und unten Weg, um fl. 80. 1617."

92. Hans Wilh. Dürr, Hofglaser und Bürger zu Heidelberg, verkauft an denselben seinen „Garten im Burgweg beim Plauen Hundt gelegen, unten Hans Kastenbauer, Wärter zu Neuenhelm, um fl. 350. 1617."

93. Des Rathsherrn Christ. Dietmars Wittwe zu Heidelberg, verkauft an denselben seinen „Weingarten im untern Ziegelriedt, einseits und unten Pfalz, anderseits Fritz Trommeler, um fl. 200. 1617."

94. Hans Kastenbauer, alter Furirer und Inwohner zu Heidelberg, verkauft an denselben seinen „Garten am obern Eselspfad, einseits die Burggrafen, anderseits Pfalz, unten Spielmann Peter Stubenrauch, um fl. 120. 1618."

95. Joh. Friedr. Schlör, churf. Rath, verkauft an denselben seinen „Garten vor dem obern Thor, einseit Joh. Joach. Leininger, anderseits Buchhändler Peter Marschall, unten die Straße, um fl. 300. 1618."

96. Hans Joachim von Leiningen, Landschreiber zu Alzey, verkauft an denselben seinen „Garten vor dem obern Thor, einseits und oben Pfalz, anderseits die Sprenger'schen Erben und der Weg, um fl. 305. 1619."

Das Ziegelriedt war der ganze Strich Geländes, welcher sich südlich vom Schloß bis zu den Erben- oder Kalkgruben, welche beide Worte dasselbe bezeichnen, hinauf, dann aber östlich zieht und all das Terrain in sich schließt, welches die Schloßgärten mit den Grotten und den Bögen trägt. Die Knüß oder die Pfaußen, zwei Wörter für einen Begriff,[1]) ist der tiefe Thaleinschnitt, der sich nach der St Jacobskirche, welche vor dem obern Thor

---

1) Vgl. auch Urkunde 71.

lag, hinzog und jetzt, theilweise wenigstens Friesenberg heißt. Der „blaue Hund", wohl richtiger „blauer Hut" ¹) genannt, ein Befestigungsthurm, lag auf der Westseite des Friesenbergs beim Burgwege unterhalb dem neuen Ballenhause, von dem eine Mauer sich zum Kaltenthor herabzog; er war wohl ein Pulverhaus. — Die Erwerbungen geschahen offenbar zum Zweck der Anlage des „neuen Herrengartens", den, wie bekannt, Friedrich V. hier oben mit großem Aufwand herstellte.

97. Adam Heberich, Bürgers und Maurers Wittwe zu Heidelberg, Veit Hornuth, Fischer hier, und Hans Mack, Müller in Handschuchsheim verkaufen dem Churfürst Carl Ludwig ihren „oberhalb des Schlosses gelegenen Kestengarten und Steingrube, zusammen etwa 2 Morgen, um fl. 110. 6. Merz 1655."

98. Christof Cloß, churf. Rittmeister, verkauft demselben seinen „am Schloßberg liegenden leeren Hausplatz, oben das churf. Hofpfarrhaus, unten und hinten Georg Schuster, sammt Garten und Grasplatz um fl. 300. 1664.

99. Ulrich Osterwald, Bürger und Maurer in Heidelberg, verkauft dem Churfürst Carl seine „ober dem Schloß gelegene Steingrube um fl. 159. 1684."

Die Steingruben wurden gekauft zur Wiederherstellung des besonders im 30jährigen Kriege zum Theil verwüsteten und verödeten Schlosses und Schloßgartens.

---

1) Siehe Archiv II, 212 Anmerkung, letzte Zeile.

IX.
Die Schicksale Heidelbergs im 30jährigen Kriege.

Um dem Grundsatz, daß auch die Aussage des Gegners zu hören sei, gerecht zu werden, veröffentlichen wir im Nachfolgenden eine Darstellung der Einnahme Heidelbergs durch Tilly aus österreichischer Feder. Dazu werden wir durch diese Darstellung noch mit Einzelheiten bekannt gemacht, die auf manche Vorkommnisse ein neues und interessantes Licht werfen. Die Quelle derselben ist: „Oesterreichischer Lorbeerkranz oder Kayserliche Victori ꝛc. von Nicolaus Bellus. 1626." Sie lautet:

Es haben damals die Heydelberger ein solch Liedlein wegen der Aufforderung lassen außgehen, das gleichwol ein Jahr hernach ihnen ubel bekommen: (Auf Tillys Aufforderung vom 28. Oktober 1621.)

I.

Ist's umb mein Jungfräwlich Ehre,
Daß ihr mir so süß zusprecht?
Fürwahr ihr betriegt euch recht,
Meine ehr lieb ich viel mehre
Als all euer vortgebicht:
Ihr sollt sie bekommen nicht.

II.

Hettet ihr ein redlich Sache,
Hettet ihr was gutes vor:
Würdet ihr nicht vor mein Thor
Han geschickt bei eitler Rachte.
Wie die Huren und Buben geil:
Euch werd ich so nicht zu Theil.

III.

Ein Breutigam bin ich vertrawt
Meinem König Fridericht.
Auff Gott ich verlasse mich,
Gleich wie er auff ihn auch bawet:
Der wird uns erlösen wol,
Wann ewer Maße wird seyn voll.

IV.

Er hat mich offt verpasteiet
Umb und umb mit Bergen hoch,
Drumb ich auff ihn billich Poch:
Als welcher vermaledeiet
Ewer falsche Heucheley
Und unteutsche Büberey.

V.

Meine Jungfrawschafft bewahret
Ein Heldt auß dem Frießlandt gut,
Reich von Tugend, groß von Muht:
Fleiß und Mühe er gar nicht spahret.
Einen solchen Schützer werth
Niemandt nur denn Gott bescheert.

VI.

Auff mein Nawren und mein Wählen
Hab ich manche Pfeiffe stahn:
Aber nicht daran dantzen kan,
Soll mich nicht zum Buhlen wehlen.
Wollt ihr euch versuchen nun
Stehet euch frey ihr mögt es thun.

VII.

Ich hab mehr dergleichen Buhlen
In manch hundert Jahren gehabt:
Keiner hat mich nie erdapt.
Ihrer drey Mann in die Schulen
Auf ein Tag zu mahl gebührt,
Daß sie mich nicht han berührt.

VIII.

Viel meiner frommen Gespielen
Ewer Untrew zu Fall gebracht
Viel sonst dieselb nicht recht betracht.
Mit Prag ihr es kurtz thet spielen.
Gott der auff mein Keuschheit sieht,
Wirdt mich so verlassen nicht.

IX.

Ich hab noch der Schwestern etlich
Diß und jenseit an dem Rhein,
Die euch ewren falschen Schein
Han vergolten also redlich,
Daß ihr sie sobald nicht mehr
Werd ansprechen umb ihr Ehr.

X.

Alſo trag ich noch mit Ehren,
Es ſey euch lieb oder leyd,
Ueber mein Jungfräwlichen Kleyd
Ein Kränßlein von Heydelbeeren,
Schlecht und recht mit ſtillem Sinn.
Menſchlich Pracht iſt bald dahin.

XI.

Gott der uns und euch wird richten,
Lebet noch und ſtirbet nicht,
Der alles im Dunkeln ſieht,
Wird ſein unſre Sachen ſchlichten,
Wie ſehr ihr mir auch nachſtellt
Daß mich doch ewer keiner fällt ¹)

Well ſich nun ſolches warten und antworten lang verzogen, hat der General Graff von Tyll darauff vermeldt, Er wolle hinführo nur mit Canonen antworten, welches auch trefflich geſchehen. Unnd eben ſolches benſelben Tag am Sontag, da mann den Herrn Cantzler den von der Grün, der es mit der Stall gut genneinet, und durch deſſen Vorſichtigkeit, wann es bey ihm geſtanden, die Sach ſo weit nicht kommen wer, begraben hat, Inn Beyſeyn vieler höniſcher und ſpöttiſcher Weiſe erzehlet. Aber dieſer Hohn iſt Ihm oder vielmehr anderen übel bekommen ²)

Mit der Belägerung und Eroberung der Statt Heydelberg iſt es alſo zugegangen. Erſtlich zwar im Julio dieſes 1622 Jars, als beyde Manßfeldiſch unnd die uhrige Braunſchweigiſch Armee von dem Pfaltzgraffen licenziirt war, hat Ihr Excellentz Graff und General Tyll über dem Neckar auff dem Heiligen Berg zwiſchen Neuwenheim unnd der undern Kirchen auff dem Berg ein Platz eingenommen, allda eine Batterey oder Schantzen auffzuwerffen verſucht: dann von bannen man die Stall mit Schieſſen gantz hell können verderben. Diewell aber der Engliſch Gubernator vom Schloß mit halben Cartaunen ihm allda hart zugeſetzt, auch mitten inn den Platz geſpielt, und die Schantzgräber und Soldaten von bannen verjagt, als hat er ſich von hinnen auf die ander Seiten des Neckers hinter den

---
1) Leſſer. Lorbeerkrantz 5. Buch. S. 691 ff.
2) Ebend. 6. Buch. S. 676.

Geißberg mit der Armee begeben und also im Augusto die Statt anfangen zu belägern. Vom fünffzehenden Augusti biß den letzten Tag der Eroberung, hat er der Statt täglich mit fast unaufhörlichem schiessen zugesetzt, in die Kirchen zum Heil. Geist, in die Augustinergaß, Saplentz, Bursch, vors ober Thor, in die Vorstatt, in die Rettengaß sonderlich mit 3. 10. 18. 20. 24. pfündigen Kugeln geschossen, daß man auch den Herren Cantzler selig ohn gefahr hinder der Mawer hat in die Kirch getragen, auch letzlich in etwas Granat geworffen. Aber ausserhalb gar wenig Personen drey, vier oder fünff die todt geschlagen, oder verletzt, keinen Schaden gethan, dann die Kugeln entweder über die Statt in den Necker, oder auff den Heil. Berg giengen: oder aber durch die Dächer, also daß man beßwegen noch wol ein halb Jahr heil halten können: sonderlich aber seynd den letzten Tag viel hundert Schüß auf den genant Trutzkeyser, welcher Thurm vor hundert und etlich sechtzig Jahr von Pfaltzgraff Churf. Friderich dem Ersten wider etlich Fürsten erbawt war, geschehen, wie auch dem new aufferbawten, darinn ein hültzerne gemalte Cron hienge, also genant (der Kitzel ist sie hart genug ankommen) trutz Bayer, dann ein ander oben drüber Trutz Pfaff genannt, war nur ein new Rattennest. Nun het man zwar auff der andern Seitten der Belägerten mit Doppelhacken vom Trutzbaier, unnd groben Stücken von der Speyerischen Schantz und Waalen, wie auch mit außfallen nicht gefeyret ihre Batterexen und Stück pflantzen zu hindern, auch mit schantzen, Buschelltragen, Fässer außführen Tag und Nacht gearbeytet. Also daß der Gubernator in der Predig von einer Borkirchen mit beweglichen Worten von Bethulia und der Statt Privilegiis sie darzu vermahnet, unnd auf Sontags den 25. Aug. mit 4 Reuter inn die Kirch unterm Gesang, da die Predig auß war, und die Leut hinauß wolten gehen, in die Kirchen hinein setzt, und die Leut mit hinweg nam, zwar auß keinem Vorsatz, hinder das Schloß Buschel zu tragen: da er dann die Pfarherrn auch erbapt, die gleicher weiß an die Buschelarbeit solten: es waren die Leut damals sehr erschrocken vermeinend der Feind sey in der Statt, und renn Sporenstreichs in die Kirchen. Wie dann wiederum den 28. Aug. in der Kirchen von gemeltem Ort auß Anstifftung beß Gubernators der Schultheiß mit einer Sermon das Volck zum schantzen vermahnt hat. Darauff sie nach dem Schloß zu arbeiten giengen. Aber weil dem Gubernator ein Bawr begegnet, der, wiewol nit tödtlich geschossen war, hieß er sie wider hinunter gehen.

Den 28. umb 4 uhr nach Mittag stürmbt der Feind mit schieſſen auf den Trutz Kepser und Bayer: unter deſſen kommen gerennt etlich und breyßig Grabaten, lauren auff der Belägerten Vieh vor der Statt, von welchen etliche hinauß fallen, vor die Schantzen in Hoffnung die Reuter zu erhaſchen: aber vom Feind den Reuttern plötzlich 300 Musquetirer zu Hülff: auff den Schantzen hatten die Conneſtabel noch nicht gericht oder gelaben, unter deß hawen die Reutter etlich Mägd und Weiber nieder, bleiben etlich Solbaten auffm Platz, etlichen werden verwundet, Weiber, Mägd, Pferd und Bawre vom Feind sweggeführt, doch ist das Vieh salutrt worden. Den 31. Augusti hatten die Feindt Morgens ein kleine Schantz bey dem Trutzkepser eingenommen, die ſie verlaſſen, und ſonderlich deren zween mußten wieder anlauffen und halten ſie umb zwölff Uhren erobert, umb zwey ober drey Uhren ſeyndt ſie wieder vom Feind herausgeſchlagen, der doch damals etlich Solbaten verlohren. Den 1. September am Sontag ist von Nachmitternacht und von Morgen biß Mittags ein ſtets Stürmen geweſen bey dem alten Schloß. In derſelben Nacht iſt der Gubernator mit 100 Bawren und etlich Solbaten in ihr Schantz uff dem genant Königſtul hinder dem Schloß außgefallen, bleſelbe eingenommen, ein ober ſiebenzehen, darunber ein Fendrich, gefangen, ihre Lauffgräben geſchleifft, viel darauß gejagt, haben aber bleſelbe Schantz die Belägerte wieder quittiren müſſen, ba dann zugleich die Feindt mit Sechßhundert außgefallen auf der Belägerten Rebuthen eine auch hinder dem alten Schloß, die eingenommen, die darinn waren, außgejaget: baſelbſt wer der Gubernator gar noch gefangen worden, wie auch ein holländiſcher Major Vermir den ſie ſchon bey dem Arm gehabt, aber inn bem er Quartier ſchreit und ihm zugeſagt wirbt, erhawet er Zween, und entwiſcht. Auff welchen Tag ſiebentzig Schüß auß halb Carthaunen, meiſtes theils in die Vorſtatt gangen. Den zweyten September haben ſie wieder am Trutz Kepſer Sturm angeloffen, ſeyndt aber abgetrieben worden.

Den 5. Sept. umb 6 Uhr haben ſie auff dem Gelzberg gegen

das alt Schloß, am Trutz Keyser unnd Speyerischen Waalen gewaltig gestürmet, aber abgetrieben; zugleich aber über dem Neckar ein Schantz eingenommen, ein Oberster Leutenant mit andern Soldaten erschlagen. Die übrigen haben durch den Neckar müssen waden.

Den 6. Septemb. gehet umb 3 Uhr nach Mittag ein mächtig Stürmen wider an, am Trutz Keyser, den die Feindt denselben gantzen tag unaufhörlich und grewlich wie auch den Trutzbayer beschossen von einer gar newlich auffgeworffenen Battereyen, welche die Belägerten hetten wehren sollen, und weil sie gar nah, hetten sie es vielleicht wol gekönbt, umb 4 Uhr kompt Zeitung der Trutzbayer und baldt darauff der Trutz Keyser seyen ingenommen, welches also zugangen:

(Folgt eine kurze Geschichte der Stadt Heidelberg.)

Nun daß wir zu unserm Vorhaben widerkommen, so gieng damals der Sturm von allen seiten der Statt, diß und jenseits deß Neckers an, sonderlich aber von der Vorstatt auff Speyer jalba das Hauptbollwerck war. Da dann, als sie vom Geißberg herunter auff den Trutzbayer mit großer meng nud gewalt herüber stürmenden, haben alsbald die Soldaten die darinnen die Flucht geben nach der Stattmauren zu, under andern der sich gleichwol bapffer gewehrt ein Major Vermier, und weil er kein Quartier haben wolt, ist aber daselbst im Graben niedergehawen. Die auff dem Trutz Keyser als sie der vorigen Flucht gesehen, haben sie gleich auch mit ihrem vorgestellte Capitän oder Officirer verlengelt hauffenweiß herunder auff die Hauptschantz geben, und als auch solches die auff der Hauptschantz und Waalen verordnete Soldaten, deren dann am meisten an dem Ort waren etlich 100 vernommen, haben sie ihrer vorigen Cameraden Exempel mit einander gefolget, und weil sie nicht in die Statt kunten, zwischen den Waalen und Stattmawren in eim Graben entflohen, allda sie denn fast alle mit einander niedergehawen und auch hernach begraben worden. Ist also am selben Ort der gantze Waal, Schantz und Bollwerck eingenommen. Under dessen haben etliche Tillysche Reutter über den Necker ohngeschewt, die man mit wenig Musquetirer am Necker hei können auffhalten, gesetzt und in die Vorstatt kommen. Die Soldaten aber von den Schantzen in die Vorstatt gedrungen und übel Hauß gehalten. Ist also von dem bapfferen Helben Graff Tylli die Churf. Ressbentzstatt Ritterlich eingenommen worden. Zuvor aber ein Stundt ober zwo, seyndt die Leuth inn der Vorstatt mit einer sehr grossen Meng mit Weib, Kinder, Vieh und Haußrath zur Statt zu gerennt mit lauffen, mit fahren, viel hinein kommen, wiewol man vergeblich die Thor gegen solche Macht solte zuhalten und darzu etliche Studenten solches thun solten, sehr viel draussen müssen bleiben, welche von etliche Unstuttingen Reuttern die selbsten geflogen, mit Dräwen, schmeissen auff die Maurren gewiesen und gejagt sich allda zu wehren, da alles vergebens war: biß endlich umb sieben Uhr der Feind vor die mittel-Pforten kommen, dieselbe auff geschlagen, und weil man den Eysern Gattern wolte lassen abfallen, aber weil man sich nicht inn Zeiten darzu geschickt, säumet, haben die tillischen denselben unterstützet, und also da mann mit Wägen Kärren sonst hett können und sollen die Thor verwahren, daß der Feindt bey einfallender Nacht etlich Stundt nicht hett können hineinkommen, damit unter beß ein Accord geschlossen wirdt, ist doch solches auß Unvorsichtigkeit oder Furcht unterlassen. Zwar mann schrie und lieff wegen deß Accordts, beß wegen vier von den drey Stäben Abgeordnete zum Kesiter Thor zu accordieren sich verfügten, aber da man darzu kam, hatten diejenigen, die sie sonsten in Verwahr, die Schlüssel nicht, hielten sich mit dem suchen und holen fast eine Stundt auff, unter beß die braussen die parlamentieren solten sehr Unwillig sagten es sei nun mehr zu spat zu accordiren, doch da sie mit den Schlüsseln kamen, ein Officierer ein Zeitlang mit Ihn redet inn Meynung und Hoffnung zu accordieren. Aber es alles vergebens, dann der Feindt schon mitten in der Statt war, zum Theil. Dann vor dem Obern Thor die Bayerischen noch nicht wusten, daß ihre andere Regimenter die Statt inn hetten. Hinder dem Schloß haben sich die Engelländer und Bawren reblich gewehret, so lang biß ihr Obrist der Gubernator vom Schloß ein Engelländer in dem er mit einer Helleparten den Feindt von der pallesada ritterlich abgeschlagen, durch den Kopff geschoße, darauff baldt gestorben, doch die Soldaten sich noch gewehrt, biß sie verstanden, der feindt schon auff der andern Seiten in der Statt: alsdaun sie auch abgelassen, und sind noch spät umb 9 Uhr in das Schloß eingelassen worden. Diejenigen Deputierten zum Accorde seynd

8

von beß Feindts Obristen einem auff das Schloß gewiesen, alda er
wider zu inen woll kommen umb noch einen Accord zu machen: der
zwar über ein Stund zwo kam aber nicht beßwegen, sondern umb
das Schloß zu übergeben. Eben damals war bey dem Schloß da
mann bey der Canteley hinauffgehet ein erbärmlicher Zustandt, in
dem die Leuth in der Statt mit vielhundert, da der Feindt auf dem
Rucken inn das Schloß mit weinen, heulen und schreyen über die
Schutzgattern bringen. Dieselbe Nacht über, wie woll im Schloß viel
todte und verwundte Soldaten lägen: auch es in der Vorstatt von
10 Uhr biß morgens 4 Uhr etlich und vierzig Häuser in vollem
Brandt stunden, war inn etlich Zimmern bey etlich Engelländer und
andern Officieter wenig trawrens, sondern noch unzeittliche Uppigkeit: inn der Statt aber dieselbe Nacht, und noch ettliche tag war
öffentlich ein solch jammerlich, erbärmlich rauben, plündern auch unbeschieblich nit so sehr sich seinblich zu wehren, sondern umb das
Gelb außzupressen, morbens, auffschmeissens, bäumelns, knebelns,
sengelns, verwundens, wegführens bey Jung und Alt, Mann und
Weib, niedriges und höhern Stands, Gelehrt und Ungelehrt, Weltlich und Geistlich, daß die Statt lieber fünfftzig Thonnen Gelds geben als den Schaden erlitten, Leib und Lebens verletzung ohngerechnet: Wiewol, dessen man ihr Excell. Graff Tyll glaubwüirdig
Augenscheinlich und Fundamental Zeugnuß, wo es von nöthen, geben kan, dieselbe neben andern Obristen kein gefallen daran gehabt,
sondern so viel möglich (wiewol wenig möglich) darvon abgewehret:
und zwar ist solches etlich Tag offentlich, aber heimlich zwo oder
drey Wochen geschehen. Ja, da der Feind schon in der Statt eine
Zeit lang gewesen, haben sich etliche Bürger auff ihren Wachten Posten und Stattmawren sich noch beständig finden lassen. Da die Soldaten entweder von den Posten gar weg geloffen, oder die übrigen
in das Schloß sind eingenommen worden.

Er Gubernator Merven aber hat denselben Abend den 9/19 Septemb.
da die Statt eingenommen, unden beym Thor, und den andern
Morgen im Schloß auch gefraget, gantz kein Resolution geben können. Also verstürtzt war er.

Darauß erscheinet wie ungütlich der Gubernator Merven, vor
sich, und durch eine dazumal und kurtz zuvor seine Creatur, zu ent-

schuldigen seine Soldaten, der Bürgerschafft die schuldt der eroberten Statt auff den Hals gelegt. Sondern dasselbe gantze Jahr der blodirten und belägerten Statt ist es also und nit anders hergangen. Die von so viel hundert Jahr bestellte Cantzley, hat Merven und sein Anhang zu seinem Beliben zu ziehen sich unberfangen, unangeklopfft inn Gehelmen Raht gestürmt, denselbigen inn Beysenn der Officierer rauh angefahren, nur Geldt Geldt wollen haben, die Regierung und andere als Scrivers und Plackschleffers verachtet, den Cantzler Müt, Laß und Matt gemacht, der Soldatesca grosse Insolentien und tyrannisiren nicht gewehret (in sonders solches zu erzehlen wirdt gar zu weitläufftig) Wingart, Laub, Gebäw, Holtz verbrennet, die Furierer vor sich selbst einquartiert: die Haußkost verworffen, die Haußwirth mit Worten, degen, dräwen außgemergelt, Thür und Thor auffgetretten, den Wein mit Kübeln abgetragen, die Beth im Winter den Kindern entzogen, alles abgerissen, Thür, Fenster, Oessen, Läden, Gebäld, Speycher, Bänck, abgebrochen und verlaufft, alles genommen, alles voll Unflaths gemacht, Weiber zur Krandheit und todt erschreckt: da bann kein klagen geholffen. Von der Soldaten Gestanck und Krandheit haben die Bürger erstincken und erstticken müssen, und doch ettliche ettlichen ein Tag 60. 70. 100 Maß Wein müssen geben: dem Gubernator und Officirern ein extraordinari unberhaltung bestellen, ein Ketten verordnen: unter dem Thor ist den Leuten alles abgenommen, obs Vieh, Victualien entfrembdt: durch viel Schantzen viel Officirer die die obacht gehabt von der Rechnung Geldt bekommen, unter beß daß Schantzen und Bussel und Faß und ander Gehöltz zuzutragen kein endt gewesen, wie auch beß contribuirens: Ladenburg von ihnen als Feinden geplündert: der Huren kein zahl noch maß gewesen, die Leut zum scharpffen Eybt gedrungen: auch Geldt auffzubringen und vorzulehen gezwungen sollen werden, vor die Armen solten die Reichern in solidum auch gantze Communen gut und bürg werden. Viel Soldaten in der roll gehabt aber wenig in der Statt, gleiches vor die viel Gelt verrechnet und eingenommen: daher unmöglich daß man die Posten wie sichs gebürt besetze, Munition und Pulver war verflogen, und letzlich wenig Tag vor der Eroberung der Statt hat man bey so wenig Soldaten 13 oder 1200 soviel und weit von einander entlegene Schantzen wollen närrischer und unbesunnener weiß verwahren; da die Burger auff den Mawren den letzten Tag ihre Gegenwehr gethan, lauffen die Soldaten miteinander bey der Speyerpforten von dem Trutz Bayer, Trutz Keyser und den Wällen, da noch kein Preß geschossen. Wein und Brod vollauff, lassen auff der Schantzen bey Newenheim über die Reuter durch den Necker ohn einigen Widerstand: die vorige Tag macht den Bürgern der Gubernator ein wächsene Nasen von Succurß, ein halbstund vor dem endlichen Sturm, sagt er gefragt, es hab kein Not, man sol sie schiessen lassen, die Cron sey noch nit vom Trutzbayer abgeschossen. Die trewe Bitt und Warnung irer Exc. Gr. Tilly die Statt auffzugeben in Windt geschlagen, da doch zu erhalten keine Apparentz, auff etlich stund sonderlich bey Nachts auffzuhalten keine Anordnung gethan kein Rath, kein That: bey eroberung der Vorstatt kein Vorschlag zum Accord: allein der Vorschlag, ihr Bürger ihr Bawren auff die Mawren, (und die Soldaten liessen von den Schantzen) die Bürger im stich gelassen, nach Hoff geloffen: Im Accord der Religion im geringsten nichts, oder ihrer Privilegien, oder deren im Schloß Nantglon gedacht, ausser der Soldaten: Die Bawren im Schloß, ja das Schloß selbst was noch übrig plündern lassen. Dann nach Eroberung der Statt hat der Pfältzische Gubernator, Herr von der Merven, sich mit den fürnembsten Kriegsofficirern und Bürgern, in das Schloß retirirt, die Besatzung aber ist sobald außgezogen und naher Franckfurt zu ihrer versicherung begleitet worden. Herr General Graff von Tylli aber hat nachdem er die Statt mit 2000 bewehrter Mann besetzet, Mannheim gleichermassen belägern lassen, es haben sich aber unter dessen die ins Schloß gewichenen Officierer auch ergeben, und hat der Gubernator Heinrich von Merven das Schloß Heidelberg auff diesen Accord Graff Tylli im Namen K. M. überliefert.[1])

(Es folgen die Accordartikel.)

---

[1]) oester. Lorberkrantz 6. Buch. Seite 678 u. f.

X.

Die Besitzungen und Einkünfte des Jesuitencollegiums zu Heidelberg. 1715.

Die Besitzungen und Einkünfte dieses Collegiums werden in einem „Urbarium" oder „Compendium b. i. kurtze anmerckung aller beß Collegii Soc. Jes. zu Heybelberg habender einkünfften und gefell, Häußer, und deren pro tempore, oder dermahlen Sdbsten in Bau habenden gütter, rechten und gerechtigkeiten, Beschrieben Anno 1715", [1]) namhaft gemacht und lauten:

1. Heydelberg.

1. Daß Collegium und Kirchen, So von Grundtauß, Neu auffgeführt (daran annoch gebawet wirdt) Sambt inwendig garten und zugehörung, wie solches alles umbringt und vor Augen zu Sehen.

2. Wann biese gebäw angefangen, und sich Endigen werden, wirdt mit mehreren umbständen zu seiner Zeit, der Völlige Verlauff, die Historia Collegii, barthun, worauff man sich dermahlen beziehet.

2. Kloster oder Stift Neuburg, mit denen darzu gehörigen gebäwen, an Kirchen, Häußer und gärten, wie Solches alles umbgeben und geschlossen, Sambt und mit allen noch übrig gewesenen gütter und gefelle (Dan Viele Dergleichen de prima Fundatione [2]) Dieses Stifts, wie hernach zu vernehmen, davon kommen, nebst deme, baß Viele posten, etwan wegen der langwirigen Kriegs Zeiten, caduc [3]) worden) Laut der Renouation de Anno 1609 und vorhandenen Schaffners Rechnung, woraus die nach bemelte Colligenda formirt worden.

A Sereniss. Electore Palatino Joanne Wilhelmo pro Fundatione Collegii [4]) eingeraumbt worden vide übergab Brieff de anno 1706.

---

1) Im Generallandesarchiv zu Carlsruhe. 2) b. h. von der ersten Gründung. 3) hinfällig, verloren. 4) Vom Churf. Joh. Wilhelm zur Gründung des Collegiums (ist das Stift Neuburg eingeräumt oder übergeben worden.)

Wahdgang und Holtzrecht deß gemelten Closters, vide Ren. de anno 1609. Fol. 402. Hat in gantzen Neuwenheimer und Ziegelhäußer Gemarckung einen freyen Wahdgang mit seinem jedes geschlechts Viehe, ohne maaß und zahl zu gebrauchen.

Wie auch auß den gemeinen Wäldern mit Wingart- und Brennholtz, nach Notturfft sich zu versehen gestalten von undencklichen Zeiten hero in unwidersprechlichen Possess und Exercitio[1] verblieben, und gemeltes Closter annoch verbleibt.[2]

Fischrecht so anietzo verliehen. Fol. 408.

Ferner ist auch hergebracht, daß die Ziegelhäußer, bey Heu und Ohmet machen, den weeg gegen den Bernbach brauchbar machen sollen.

Anmerkung deren gefellen oder güller, So de prima Fundatione des vorgemelten Stiffts Neuburg, vor Zeiten schon bau on kommen, nemblich.

1. das guth und Zehendt zu Blernheim, wirdt anietzo von Chur Meintz eingezogen. Das ist geschehen per transactionem[3] zwischen Chur Meintz und Pfaltz.

2. das guth zu Epstein ist der Schaffnerey Franckenthal incorporirt worden und auch Lambsheim.

3. das guth zu Hoffen in Creichgau ist der Schaffnerey Sinßheim incorporirt worden.

4. das guth zu Eppingen ist verkaufft worden.

5. das guth zu Hilspach hat seit anno 1685 über die herrschafftliche Beschwerden nichts ertragen.

6. Die 2 Lohemühlen zu Schlierbach, so sonst 4 Mllr Korn geben, sind abgebrandt, und ley die Plätz öb.

7. der sogenanndte Harlaß Sambt zu gehörigen gütter ist Erblich verkaufft worden, und gibt dem Collegio 6 fl. beständig Zins. Ist vom Collegio an sich erkaufft worden nmb 1300 fl. sambt 8 Ducaten in Kauff, ist auch gantz neu erbauet.

Kurtze anweisung der übrigen gefellen des vorgemelten Stifft

---

1) Im Besitz und Gebrauch. 2) Eine Randbemerkung sagt: Ist gefehlt. Die gemeine Waldung ist der Closterwald und wo jetzt die Außendstein stehen, seind die Closterstein ausgeworfen worden. 3) Durch Vergleich.

Neuburg, wie solche auß des Schaffners Rechnung de anno 1707 gezogen, und in folgenden colligendis gebracht, und getragen worden. 1. Colligenda capitalium. 2. Ständige Bodenzinse zu Heidelberg. 3. Ständige Bodenzinse uff dem Landl. 4. Die umb gell verliehene Güter ins gemein. 5. Frucht Einnahm ins gemein von den Höffen. 6. Weinständige Zinsen, Erb- und Leibgeding verliehene Weingärten. 7. Tröber Wein von Weingärten, so umb ⅓ verliehen worden. Dann hat Collegium folgende Güter so zu vorgemeltem Stifft gehörig, in Selbstigem Bau; Beym Closter herumb gelegen als:

1. der Berg, welcher sonst wüst und öd gelegen anletzo theils zu Weingarten, theils zu ackerbau gemacht und gebessert, ist mit Holtz umbgeben, und weiter keine Besorchung vonnöthen. Renov. de anno 1609. Fol. 408. — Am Rande steht die Bemerkung: „Wäre besser gewesen daß kein Weingarten angelegt worden, weilen er die unkosten nicht zahlt, und hat der Anlauff von Menschen, Bögeln, Viehe, Wildt x. ist ein kalter kiesiger Walenbaden.

2. Wießen: 1 Stück Wießen, die Matt genannt, unten am Closter gelegen, zeucht vornen nach Heidelberg uff ein gemeinen Weg, underst beforcht der Neckar. — Eine Randbemerkung sagt, diese Wiese werde die Bergwiese genannt. — 1 Stück Wiesen hinderm Closter, die Maußwießen genandt, darin ein Weyer, Stößt hinauß auff die gemein Allmendt, mit dem andern endt nacher dem Closter zue, auff ein gemeinen Weg, geforcht auff einer Seiten nacher Waldt, ein gemeiner Weeg, anderseits die gemeine Allmendt. — Eine Randbemerkung sagt, diese Wiese heiße die Weyerwiese. Ferner: „die Meysenbach liegt hinder der Bronnstuben und begreift in sich 20 Morgen; 1 Morgen hat 180 Ruthen; ist vor Jahren auß deren Calvinischen Händen denen Mönchbauern zu Neuenheim gerißen worden". — 1 Stück Wießen, der Merzacker genandt, auch hinder dem Closter gelegen, zeucht oben uff den Closterwaldt, unten am Closter herumb uff die Matt, und langet einseits uff das Closter, anderseits beforcht die gemeine Allmendt. — Eine Raubbemerkung sagt, diese Wiese heiße die „Thalwiese." — 1 Stück Wießen, die Nederwießen genandt,

zeucht nacher Closter zu uff die mühl, nacher Ziegelhaußen uff des gemelten Müllers garten, oben zu der mühl graben, unten zu der Necker. — 1 Stück Wießen, der kleine Bernacker genandt, oben auf folgenden großen Bernacker, einseits herrschaffts Waldt, die Bernbach genannt, anderseits der Necker. — 1 Stück Wießen, der große Bernacker genandt, zu beiden Seiten wie vorigere Bernacker. — 1 Stück Wießen in der Heinbach gelegen, die Spitzwießen genandt.

Acker. 1 Stück Ackervelt, der Litzacker genannt, zeucht von dem Closter gegen Heidelberg zue bis an die Härrengaßen genandt, oben zue der Wingart Berg, unten auf den Merzacker. — 1 Stück Acker, vor Zeiten eine Wiesen, der Merzacker genandt, stoßet oben auff den Litzacker, unten der Neckarweeg und Closterweeg, gegen Heidelberg die Harrngaß, nicht hurengaß, gegen Neuburg der Baumgarten.

Auff Newenheimer Gemarckung: Weingärten, vide Renov. de anno 1609. Fol. 28: 7 Morgen Weingarten im Röbelstein gelegen, ziehen oben an den heyligen Berg, unten auff einen gemeinen Weeg. — 2 Morgen in der Hueb oder Langenwingert genandt, Stoßen oben auff einen Weeg, der Linßen Böhler genandt, unten auff die gemeine Landstraße. — ½ Morgen im obern Kleß, zeucht oben auff einen gemeynen pfahl, undten auff die Pfleg Schönau. — Mehr auff vorgemelter Marckung, vide Renov. de anno 1609. Fol. 34: Ein garten ungfer 4 Morgen groß mit mauren und zaun umbgeben, anietzo der große Nonnengarten genandt, darinnen eine zerfallene Schewern, Eine newe Wohnung für den Wengerter und Gärtner, Sambt Stallung und Zugehör. Sonsten die Neuburger gefreite Hofraith benambst gewesen, beforcht nacher Handschuchsheim die Pfleg Schönau, nacher Dorff die Landstraß. — Eine Randbemerkung sagt: Ist halb zu Weingarten angelegt worden, 1720. — Von diesem garten kann das Collegium einen großen Nutzen haben, wann Solcher nach Handtwerckßgebrauch wohl gebauet und in gutem Standt gehalten wirdt.

Bey Ebingen, jure possess. 1 Stück Insel worauff graaß und wegden wachsen.

In **Heydelberg**, vide Renov. de anno 1609. Fol. 2. Ein Hauß unten am Necker in der Busamer Gaß, welches mit darzu erkaufften 2 anderen Häußer, vom Collegio umb besto größer von Grundt auff neu erbauet worden, anietzo das **Neckerhauß** genandt, und in Bestand verliehen. — Eine Randbemerkung sagt: „Hat 8000 fl. gekostet und tragt nicht die pension von fl. 2000. — Hat, wie vor alters hergebracht, daß Recht Wein zu schenken, alß jährlich 12 Fuder, wie hiervon an sein orth, sub Tit. **Weinschank**, gemelt wirdt, und zwischen Ostern und Pfingsten den freyen schank besonder. Nemblich: **Weinschank** In vorgemeltem Neckerhauß, vide Renov. de anno 1609. Fol. 17. Ist Erlaubt und bishero geübt worden, auffs höchst jährlich 12 Fuder Wein darinnen außzuzapfen, davon das umbgelt zu bezahlen, wie mit dem Stift der Vergleich geschehen In anno 1479 ut supra Fol. 17. Dann zwischen Ostern und Pfingsten bey dem allgemeinen sogenannten **Pfaffenschank**, So viel als abgehet gantz frey. Wie auch Ein jeder Professor Universitatis hat von hoher Herrschafft das Recht, zwischen Ostern und Pfingsten 2 Fuder Wein frey verzapfen zu lassen. — Eine Randbemerkung zu dem Weinschank der 12 Fuder sagt: „das Recht ist gar nicht zu consideriran. Der Weinschank zwischen Ostern und Pfingsten tragt wenig ein, und ist dieser Zeit unnöthig weilen Collegium hat den freyen Weinschank auff dem Harlaß."

Zehend zum Closter Neuburg gehörig. Renov. de anno 1609. Fol. 107.

Weinheim gibt zu Ständigem Zehend jährlich 6 Eymer Lauter Wein, im Herbst, 3 Malter Korn und 3 M. Haber.

Schwetzingen, Fol. 342, den britten Theil zehendt alba in der gantzen marckung.

Schwabenheim, Fol. 305, den Zehendt alba in der gantzen marckung.

Offtersheim, Rechnung de 1707. Fol. 240, den dritten Theil Zehend alba in der gantzen marckung.

Viernheim, Ren. Fol. 135, wird von Chur Mainz eingezogen.

Gerechtigkeit deß Closters Neuburg zu Rauenburg. Ren. de anno 1609. Fol. 892. Es hat das Closter Neuburg an allen frevel und unfellen die im Dorf Rauenburg und dessen Marden gefallen, den 12ten pfening zu Empfangen und zu geniessen. Laut Vertrag de anno 1548, dessen Copiam ut supra Fol. 893 zu ersehen.

Insgemein nach Lands gewohnheit bey Verkauffsfällen der Gülter gebührende Laudemia zu erheben, darauff ein wachsames Aug zu tragen, damit man nit hindergangen werde.

Ferner hat das Closter Neuburg das Recht, vermög aller Schaffnersrechnung, als eine beständig geübte Sach, das umbzelt von dem Weinschand im Harlaß einzuziehen.

3. Prager Capital und deren jährlich fallenden Pensionen.

Prag. Ex Legatis a Ser^mâ Archiducissa Maria Anna 40,000 florenorum. Elocati sunt Pragae Anno 1690. 1. Febr f. 26,000, anno 1691. 8. Novemb. f. 9,500. Serenissimus Elector Joannes Wilhelmus per libellum supplice rogatus, reposuit restantem Summam satis compensatam esse tradito nobis Monasterio Neoburgensi.[1]) Die Zinsen betragen 6% und seyndt jährlich durch Wexel von Einem zeitlichen Procuratore in Prag zu erheben.

4. Salaria Professorum ob Universitate Heidelbergae.[2])

Annus incipit et dividitur in quartalia apud Universitatem, uti apud administrationem.[3])

Ab Universitate Heidelbergensi.

Stipendium vel Salarium Professorum nostrorum a Fisco soluenda sunt

Professorum Theol. Primarii . . . . f. 270
„   „   Secundi . . . . f. 220

---

1) Ein Vermächtniß der Erzherzogin Maria Anna in Betrag von fl. 40.000, von denen fl. 35,500 in Prag ausbezahlt wurden. Den Restbetrag mit fl. 4,500 erklärte auf die Bitte um dessen Zahlung, der Churf. Joh. Wilhelm durch dies dem Collegium übergebene Stift Neuburg für hinlänglich ausgeglichen. — 2) Die Gehälter der Professoren von der Universität zu Heidelberg. — 3) das Jahr beginnt und wird eingetheilt in Quartale bei der Universität, wie bei der (geistlichen) Administration.

Professoris Theol. moralis; qui simul et
    Mathesin docet . . . . f. 270
Professoris juris Canonici . . . . . f. 270
Professorum Philosophiae, cuiusque f. 160,
    ergo pro duobus . . . . f. 320.
Tortius adhuc non gaudet
    Summa stipendiorum in pecunia f. 1350
Praeterea dantur pro quovis Professore pro
    habitatione . . . . f. 75
pro vino, nisi malint accipere in natura . . f. 60
pro vino honorario . . . . f. 15
Item Kälter- oder Kräuterwein . . . 4 Viertel,
in siligine, nisi malint pro mald. f. 2 . 12 mald.
Computata ista pro 5 Professoribus faciunt
    pro habitationibus . . . . f. 375
    pro vino ordinario . . . . f. 300
    pro vino honorario . . . . f. 75
                                 Summa f. 750
Notandum: Cum Professor Theol. moralis tametsi
stipendio Universitatis nondum gaudet, recipiet
saltem extraordinariam, uti est vinum honorarium
addi debent Summa hic supra positis f. 75, vini
honor. adhuc . . . . f. 15
unde summa totius calculi est hic . . . . . f. 765
    Kälter- oder Kräuterwein 20 Vtl. et pro Professore supra
dicto Theol. moral. pro extraordinario 4 Vll, ergo
praebentur Collegio nostro . . 2 Ohmae
in siligine . . . . 60 mald.
ND. Es hat auch jeder Professor das jus 2 Fuder Wein zwischen Ostern und Pfingsten frey verzapfen zu lassen.[1]

---

[1] Von der Heidelberger Universität bezog das Collegium also für die Besoldung von 5 Professoren baar fl. 1350. Wohnungsentschädigung fl. 375; Be-
soldungswein fl. 875; außerdem 2 Ohm Kelterwein und 60 Malter Spelz.

Daß Gratiale bey der Geistlichen Administration. Die geistliche Administration hat Sonsten als ein Gratiale gereicht, jährlich

f. 475 an Geldt,
4 Fuder Wein,
50 Malter Korn,
50 Malter Spelz,
25 Malter Gersten,
25 Malter Haber.

Dieses hat aber in Anno 1713 Sein Endschafft genohmen, jedoch ist diese geistliche Administration von vorhergehenden Jahren dem Collegio schuldig verblieben:

Geld vom Jahre 1710 . . . f. 475
      1712 . . . f. 325
      1713 . . . f. 237
         f. 1037

Wein vom Jahr 1713 den ⅓ Theil . . 2 Fuder.
Haber vom Jahr 1704—1709 . . . . 105 Malter.
Gerste „ „ 1705—1713 . . . . 121 „
Spelz „ „ 1705—1709 . . . . 117 „
Korn „ „ 1708 u. 1709 . . . . 73 „

Ist jetzt alles zahlt worden.

5. Die Pfarr zu Schwetzingen betreffend.

Daß Collegium hat neben dem jus Patronatus,[1] auch die Pfarrgefälle, von denen darzu gehörigen gütter, vom Closter Neuburg hergebracht, einzunehmen, nemblich

Von dem Zehendt- und frohnfreyen Pfarrguth daselbsten, vide Renov. de anno 1619 und dabey befindliche documenta. Dieses guth war Sonsten nebst denen gelt und Cappen[2] Zinsen, pro jährlich verliehen:

14 Malter Korn,
14 „ Gersten,
24 „ Spelz,
23 „ Haber.

---

1) Pfarrsatz. 2) Capaunen.

Waß aber de facto ¹) für Beschaffenheit habe, muß die Collectur dociren. NB. Obiges Guth ist anietzo vom Collegio in Tempore Bestandt verliehen. vide die Renov. de anno 1716.

Das so genannte heylige guth, wouon keine Beschreibung vorhanden, ware sonsten verliehen pro

6 Malter Korn,
6 „ Gersten,!
20 „ Spelz,
20 „ Haber.

Von der Collectur Mannheim hat daß Collegium, als seine addition ²) zur Pfarr Schwetzingen, jährlich zu erheben f: 40 au Gelt, f. 12 ferner zu Kirchenutensilien, 12 Malter Korn, 6 Malter Gersten, 1½ Fuder Wein.

Hingegen hat das Collegium den praesentirten Pfarrer zu Schwetzingen auß diesen Gefellen und vorbemelten güttern zu salariren, zu erhalten und mit wohnung, wie auch die Kirchen mit allen nothwendigkeiten zu versehen. Vide sub Tit. Onera Collegii, wie es mit dem Vicariat Wormbs verglichen.

G. Haußzinß, so jährlich zu erheben.

Auß dem Nederhauß daß vordere Theil hat anietzo in Bestandt umb jährlich f. 90. term. Pfingsten. Monsieur Daunnx Regierungs Secretarius, 1714.

Daß hindere ober Theil des Hauß hat 'anietzo in Bestandt umb jährlich f. 60; term. Ostern. Signor Bozani, geistl. Administrations-Secretarius, 1714.

Daß hindere Undtere Theil des Hauß hat anietzo in Bestandt umb jährlich f. 40; term. Palmarum Franz Schönherr. 1714.

Auß dem Closter Neuburg ein Theil Wohnung ober dem Thor hat jetzundt in Bestandt umb jährlich f. 10. Anthoni Scheffer.

Ein Theil Wohnung im Closter selbst hat anietzo in Bestandt umb jährl. f. 10. Peter Schmüch.

Ein Theil Wohnung im Closter selbst umb f. 12: Hans Georg König.

---

1) In der Wirklichkeit. 2) Zugehör.

Ein Theil Wohnung eben da umb f. 10: Jacob Reipel.
Ein Theil Wohnung ebenda umb f. 10: Josef Cuni.
Ein Theil Wohnung hinder dem Schuhlhauß umb f. 8. Hanns Harsberger.
Ein Theil Wohnung ebenda umb f. 12: Thomas Drollmann.
Ein Theil Wohnung ebenda und f. 10: Joh. Mayer.

XI.
Die Mehlwage.

Der zweite Artikel der Stadtordnung Friedrichs des Siegreichen vom Jahre 1465[1]) macht es den Bäckern, Bürgern und Einwohnern der Stabt zur Pflicht, kein Korn, Kernen oder Waizen in einer Mühle zu Heidelberg oder in der Umgegend mahlen zu lassen, es sei denn die Waare vorher in die Mehlwage gebracht worden, um da gewogen zu werden; auch nachdem die Waare gemahlen war, mußte sie zur Controle über das richtige Gewicht, wieder in die Wage geführt werden. Und um diese Controle besser handhaben zu können, waren die Bäcker verpflichtet, kein Mehl zu verbacken, wenn es nicht die Mehlwage auf die genannte Weise zwei Mal passirt hatte.

Nach Artikel 5 dieser Stadtordnung durfte überhaupt Niemand, er sei Geistlicher oder Laie, irgend welche Frucht mahlen lassen, sie sei denn zuvor in der Mehlwage gewesen, und es sei denn das Wieggeld davon bezahlt worden; ja die Müller und ihre Knechte mußten alljährlich schwören, ihrer Pflicht in dieser Hinsicht getreu nachzukommen.

Endlich bestimmte Artikel 8 der Stadtordnung, daß jeder Thorwächter die fremden Bäcker eidlich verpflichte, kein Brod in Heidelberg zu verkaufen, wenn es nicht vorher in der Mehlwage gewogen worden wäre.

---

1) Siehe „Archiv" II. Seite 124 u. ff.

Diese Anordnungen hatten die Absicht, jede Frucht-, Brot- und Mehl-Waare zum Umgelt b. h. Accis beizuziehen. Der Accis von diesen Waaren, wie überhaupt alle Gefälle, welche in der Stadt erhoben wurden, gehörte nach Artikel 45 der Stadtordnung von 1465 zu ³⁄₄ der Herrschaft, zu ¹⁄₄ der Stadt, damit diese die Stadtmauern, Zwinger, Thürme, Pforten, Gräben und andere öffentliche Gebäulichkeiten, auch die Straßen, Brücken besser im Stand erhalten und die städtischen Diener davon besolden könne.

Ausgenommen von der Pflicht, Umgelt zu zahlen, waren nur der churfürstliche Kanzler, die Protonotarien und Secretäre der churf. Kanzlei, zusammen nicht mehr als 8 Personen; dazu die Universität und das Stift zum heil. Geist.

Die obigen Bestimmungen werden bestätigt durch die Stadtordnung Friedrichs des Siegreichen vom Jahre 1471,*) wo es Absatz III. §. 5 heißt, daß jeder Müller Demjenigen, dem er mahlen solle, seine Frucht vorher in die Wage führen, dort wiegen lassen und nachdem sie gemahlen ist, das Mehl davon wieder in die Wage wiegen lassen, damit jedem das Seine wieder werde.

Churfürst Ludwig, in Anbetracht, daß die Stadt in den letzten schweren Kriegen sehr mit Schulden beladen worden ist, bestimmte 1508, daß das Umgelt, wie alle andern Gefälle, zu einem Drittheil der Stadt zufallen solle. Die folgenden Churfürsten bestätigten die Stadt in ihrem Drittel; ja Churfürst Johann Wilhelm überließ dieses Umgelt, nach der Zerstörung der Stadt und um dieselbe wieder emporzubringen, der Stadt ganz, am 21. März 1696, und zwar für den Hausgebrauch der Bürger und Einwohner auf 20 Jahre, für die Bäcker auf 10 Jahre, soweit es natürlich den der Herrschaft zufallenden Theil anging. Für die Bäcker wurde diese Vergünstigung durch Carl Phillipp 1718 aufgehoben, für die Hausconsumtion der Bürger und Einwohner aber bestehen gelassen, für Letztere sogar, 1728, auf 10 Jahre verlängert.

Die Privilegien Carl Theobor's vom Jahre 1746 lassen vermuthen, daß sein Vorgänger Carl Phllipp den Accis auch für die Hausconsumtion wieder eingeführt und die Erhebung des Umgelts

2) Ebendas. S. 154.

verpachtet habe; denn der Artikel 5 jener Privilegien stellte die Wiedereinführung der Umgeltsbefreiung für den Hausverbrauch nach Umlauf der Pachtjahre in Aussicht. Schon am 16. Mai 1744 theilte er der Stadt von den Mehlwag-Einkünften die Hälfte, am 1. August 1748 drei Viertheile auf 12 Jahre zu. Am 29. November wurde der Genuß des ³/₄ auf 10 Jahre und am 17. Juni 1778 auf 6 Jahre verlängert. Die ganze Einrichtung der Mehlwage ging dann ohne Zweifel im Anfange des gegenwärtigen Jahrhunderts zu Ende; jedoch bestand sie noch im Jahre 1810.

Aus dem Jahre 1561 besitzen wir eine Ordnung für die Müller, die wir hier in einem Auszuge wiedergeben: 1. Die Müller sollen schwören, der Obrigkeit gehorsam zu sein; 2. Niemanden das Mahlen zu weigern; 3. Dem zuerst Kommenden auch zuerst zu mahlen; 4. wenn die Mühlsteine frisch behauen sind, die Mühle zuerst mit eigener Kleie zu beschütten; 5. Jedem nur von seinem eigenen Getraide das Mehl zu geben und letzteres nicht zu verwechseln, kein Geschenk anzunehmen und Niemanden zu übervortheilen; 6. Recht, wohl und ohne Zusatz fremder Dinge zu mahlen; 7. wenn die Müller die Frucht selbst holen, diese zuerst auf die Wage zu führen; 8. Keine Frucht zu mahlen, die nicht auf der Wage gewogen ist. Jeder Sack wurde, nachdem er gewogen war, durch den Wieger mit einem Siegel verschlossen; ohne diesen sollten die Müller keinen Sack annehmen; 9. kein Mehl fortzuführen oder fortführen zu lassen, ohne es auf die Wage zu thun, um das Gewicht zu constatiren; 10. Zu diesem Zwecke den verordneten Mehlkasten in der Wage nie ohne gutes Mehl und Kleie zu lassen, damit jeder Mangel wieder daraus ersetzt werden könne; 11. Nur den ordentlichen Multer zu nehmen, entweder von der Frucht oder von dem ungebeutelten Mehl; nehmen die Müller vom gebeutelten, so haben sie von dem ordentlichen Multer nur ⅔ beim Mehl und ⅓ bei der Kleie; 12. Jeden Mahlgast beim Mahlen selbst gegenwärtig sein zu lassen; 13. Die Müller, die zugleich backen, sollen keinen Weck oder Kornbrod verlaufen, es sei denn zuvor in der Wage gewogen worden; 14. Von jedem Malter haben sie das gleiche Wieggeld zu zahlen; 15. Sie dürfen die Wieger nicht hindern.

Der Eid auf diese Ordnung mußte von den Müllern alljährlich geleistet werden; die Strafen für deren Uebertretung fielen der Herrschaft zu; überdies aber haben die Müller für jeden Fehler Ersatz zu leisten.

Aus dem folgenden Jahre, 1662, haben wir eine Ordnung für die Frucht- und Mehlwieger, welche bestimmt: 1. Die Wieger sollen der Obrigkeit gehorsam sein. 2. Sie sollen das ihnen zugebrachte Getraide ohne Ansehen der Person zuwiegen und dabei darauf sehen, ob es sauber, trocken und „Kaufmannsgut" sei. Das Gewicht sollen sie dann in ein besonderes Register verzeichnen, den Sack siegeln und dann erst in die Mühle verabfolgen. 3) Das aus der Mühle kommende Mehl haben sie zu untersuchen, ob es unvermischt, nicht angefeuchtet und gut gemahlen sei und dann wiegen. 4. Der Multer, den die Müller abziehen dürfen, soll 13 Pfd. an jedem Malter betragen. 5. Die Wieger haben dafür zu sorgen, daß die Müller immer Mehl und Kleie im Wieghaus haben, damit sogleich das Fehlende ersetzt werden könne. Von jedem Malter Frucht haben sie vier Pfennig zu Wieggeld. Dieses sollen sie in die geschlossene Büchse thun und nichts daraus nehmen, bis zum Aufschluß derselben durch die hierzu Verordneten. 6) Die Müller, die zugleich backen, müssen ihr Brod vor dem Verkauf wiegen lassen und davon das Wieggeld zahlen. 7. „Wenn der Wieger schreiben kann", soll er die Personen mit Namen und die Summe, die sie zahlten, aufzeichnen, jeden Samstag dem Schultheißen dieses Verzeichniß einhändigen. Kann jener nicht schreiben, so soll er „Karffen schnelben" und diese dem Schultheißen bringen. 8. Der Wieger soll auf die Müller und ihre Knechte wohl Acht haben, ob sie geschworen haben, und besonders, daß sie keine ungewogene Frucht oder Mehl führen. 9) Er soll das Wieghaus, den Mehlkasten, die Wage, die Maße und Gewichte gut verwahren und verschließen; die Wagen niemand Anderem, nicht einmal dem eigenen Weib oder Kind überlassen; nur dem Schultheißen oder, wenn dieser nicht kann, auf dessen Anordnung dem Umgelter. 10. Die Wage soll Montag, Mittwoch und Freitag geöffnet sein.

Diese Mehlwage hatte der churf. Kastenknecht Ambros. Rheinhardt von Johann Casimir übertragen erhalten und zwar auf Lebzeit, um jährliche fl. 10, wie vorher der Kastenknecht Wendel Greiffenstein und dann nach diesem Wilh. Engel; „dazu solches Amptes wegen alhie zu Heidelberg ein freyen sesz¹) und gehalten werden, wie die vor ihm". Außerdem wurde dem Rheinhardt erlaubt, wegen seines Alters einen Gehülfen zu halten; 11. März 1590.

Da die obenangeführten Ordnungen von den Müllern nicht immer eingehalten wurden, so wurden sie am 12. October 1607 erneuert. Und am 13. Februar 1616 ordnete der Stadtrath an, daß zur Verhütung des von den Müllern und Mühlführern geübten Betrugs, welcher dadurch begangen wurde, daß viele Heidelberger ihre Früchte nicht in den Mühlen der Stadt, sondern der umliegenden Dörfer mahlen ließen und so die Wage umgingen, kein Mehl in die Stadt eingeführt werden dürfe, für das nicht vorher ein Zeichen bei dem Mehlwieger abgeholt, dem Mühlenführer zugestellt und dem Pförtner abgeliefert, und für dasselbe von einem Bürger 13 Denare, von einem Befreiten 1 Pfennig Wieggeld bezahlt worden wäre. Diese Anordnung wurde zwar von der churf. Rechenkammer, als ohne ihr Wissen erlassen, dem Stadtrath verwiesen, aber es ertheilte die Rechenkammer doch zugleich dem Rath die Befugniß, von den Bürgern, nicht aber von den Beamten dieses neue Wieggeld zu erheben; diesen Letztern wurde vielmehr freigestellt, ihre Besoldungsfrüchte vor oder nach dem Mahlen wiegen zu lassen, in welchem Falle sie dann allerdings den Pfennig Wieggeld zu bezahlen hätten.

Den Aufschluß der Büchle im Wieghaus hatte der Landschreiber zu besorgen und daraus sogleich den herrschaftlichen Antheil — damals ⅔ — zu entnehmen, wozu der Landschreiberei-Verweser Joachim Sutorius unterm 24. Januar 1640 noch besonders und ausdrücklich angehalten wurde, weil man dem Stadtrath eine Zeit lang gegen Bezug des halben Wieggeldes die Oeffnung erlaubt hatte.

Das Mehlaufschlußregister von „Petri" 1691—1692 weist nach, daß in diesem Jahre 23,726 Malter hier gewogen wurden, von denen der herrschaftliche Antheil am Wieggeld (⅔) fl. 856 kr. 45 7 Heller, der Stadt Antheil fl. 428. 22 kr. 7 Heller betrug.

Zu bemerken ist, daß es dem Uebereinkommen der Käufer und

---

1) Freier Sitz oder Wohnung.

Verkäufer überlassen war, wer von ihnen das Wieggeld bezahlen solle. So kaufte die Heidelberger Bäckerzunft das im aufgehobenen Württembergischen Mehlmagazin zu Heidelberg vorhandene Mehl, im Gewichte von 839 Zentnern und 93 Pfd. und die Regierung überließ den Käufern und Verkäufern sich wegen Bezahlung des Wiegsgelds zu verständigen.

1694 wurde bestimmt, daß die churf. Trompeter neben der herkömmlichen Wach- uud Frohn-Freiheit für das Malter Mehl nur 3 Pfennig Wieggeld bezahlen sollten.

1698 wurde der Stadt erlaubt, ⅔ des Waggelberträgnisses zur Reparation und Erbauung der ruinirten Gemeindehäuser auf 10 Jahr — gegen Entrichtung der herrschaftlichen Taxe einzuziehen und zu verwenden.

Nach der Zerstörung der Stadt im orleanischen Kriege wurde die Mehlwage je für eine bestimmte Zeit in Pacht gegeben. So steigerte 1705 dieselbe Joh. Wilhelm Scheve auf drei Jahre. Er beschwerte sich darüber, daß die Bäcker die Mehlwageordnung dadurch umgingen, daß sie das gesetzliche bleierne Zeichen, das sie für ihre Frucht holten, blos an die hintern Säcke anheftelen und für die vordersten Säcke dagegen dies unterließen, wodurch Defraudation entstehe.

Scheve übernahm die Wage mit folgenden Bedingungen: 1) Alle Klagen in Mehlwagsachen beim Stadtrath, als erster Instanz vorzubringen und die ausgesprochenen Strafen je zur Hälfte der Stadt und der Herrschaft abzuliefern; 2. im Sommer von 7—11 Uhr, im Winter von 8—11 Uhr, Mittags von 1—4 Uhr die Wage offen zu halten; 3. außer dem Mehl, das er in seiner Haushaltung braucht, keines zu kaufen; keinem Müller oder Bäcker auf fein Mehl in der Wage etwas leihen; fein genetztes, mit Bohnen-, Erbsen- oder Welschkorn-Mehl gemischtes Mehl in die Wage aufzunehmen; 4. Wage und Gewichte sauber zu halten, dieselben auf Martini jährlich prüfen und wonöthig richtig stellen zu laffen; 5. das zum Verkauf eingestellte Mehl nach Maß und Preis genau zu verzeichnen und jeden Dienstag das Verzeichniß dem Stadtrath einzusenden; vom Malter bezieht der Wieger 1 Batzen Wieggeld; 6. arm und reich gleich recht zu behandeln; 7) das Mehl, welches aus den Mühlen zur Wage zurückkommt, nach dem vorher aufgenommenen Gewicht des Getraides richtig zu stellen und sodann für jedes Malter Mehl dem Bäcker ein Zeichen zu schicken; 8. von jedem Verkaufsmehl, das gewogen wird, 1 Batzen einzuziehen; von jedem Malter, das ins Haus gemahlen wird, nur 14 Pfennige; von den Rathsherrn und churf. Beamten nur 2 Pfennige Beutelgeld für den Mühlarzt; 9. jedem Bürger und Einwohner sein Mehl, nach richtig gestelltem Gewicht, zu verabfolgen; 10. Betrug von Seiten der Müller und ihrer Diener dem Bürgermeister anzuzeigen; 11. nicht zu gestatten, daß Jemand den Mehlhändlern Mehl ablaufe und dann erst einstelle, damit keine Theuerung entstehe; 12. die Pachtsumme vierteljährlich abzuliefern.

Wegen stets vorkommender Defraudation wurden 1708 die Pförtner an den Thoren und an der Neckarbrücke durch die Herrschaft dahin beeidigt, daß sie keinen Müller u. s. w. passiren lassen sollen, wenn er nicht die von der Wage abzugebenden bleiernen Zeichen vorzeigen könne; auch wurden die Zollbereuter angehalten, in den Mühlen und auf den Straßen gute Aufsicht zu führen, damit alle Frucht und alles Mehl in die Wage komme. Aber diese Anordnung fruchtete so wenig, daß in den folgenden Jahren oft monatelang weder Frucht noch Mehl auf die Wage kam.

Im Jahre 1708 pachtete die Mehlwage Joh. Jacob Tuchscherer auf 2 Jahre für jährlich fl. 724.

1714 erhielt Apotheker Joh. Dietr. Heus als Meistbietender für seinen Schwager Pormann die Wage um jährliche fl. 900 auf 6 Jahr. Nach dem Tode dieses Pächters, 1717 kommt Bäcker Lorenz Sauerbrunn an die Wage für die noch restirenden 3 Jahre. 1720 steigert dieser sie um fl. 921. Da aber schlechte Zeiten einkehren, so wurde ihm 1721 für die künftigen Jahre je fl. 145 an Pacht nachgelassen. 1726 steigerte die Wage der Rathsverwandte Kling um fl. 717; 1732 Panzel um fl. 1019; 1732 — bei Ausschluß der Müller und Bäcker von der Steigerung — Notar Lamz um fl. 1330. Es versteht sich von selbst, daß die eigentlichen Pächter den Mehlwagdienst durch Andere versehen ließen, der Letztere durch Jac. Holbermann, welcher im Jahre 1733 für das Wiegen des herrschaftlichen Korns und Mehls, welches für das sogenannte „Frohnb- und

Hundsbrod gebraucht wurde und etwa 900—1000 Malter jährlich betrug, jährlich fl. 34 weniger einzuliefern hatte. Holbermann war vorher Beständer der herrschaftlichen Pfellsmühle und wurde später 1737 Müller in Schlierbach.

Die Pächter mußten jeweils Reverse ausstellen; der Revers des Gg. Dietr. Heuß lautete:

Ich Georg Dietrich Heuß bekenne und thue Kundt offenbahr mit diesem Brieff, daß der durchleuchtigste Fürst und Herr, Herr Johann Wilhelm, Pfaltzgraff bey Rhein ꝛc., die alhiesige Meehl-Waag in Einem sechsjährigen bestand mir gnädigst verliehen, lauth darüber ausgefertigten und mir zugestellten bestandsbrieffs, von wort zu wort lautend:

Von Gottes Gnaden Wir Johann Wilhelm, Pfaltzgraff bey Rhein ꝛc. bekennen und thun hiermit Kund und zu wissen, daß die allhiesige Mehlwaag in öffentlicher stalgung Georg Dietrich Heußen allhier, auf nachfolgende Conditiones, alß meistbietendem geblieben und zware:

1. solle er die Waag sommers Zeit, als vom 16. Martii biß 1. Octobris längstens Vormittags von 7—11 uhren und nachmittags von 1 biß 5 Uhr, sodann im Winter vom 1. Octobris biß 16. Martii Vormittags von 8—11 uhren, nachmittags aber von 1—4 uhr offen halten, wobey ihm aber gleichwohlen ohnbenommen bleibt, zumahlen wan es die noth erfordert, oder die leuth in obigen bestimmten stunden nicht zur genüge befördert werden können die Waag sowohl in sommers- alß Winters Zeiten ehender öfnen und später schließen zu lassen.

2. soll der Mehlwaag Beständer einem Jeden, welcher sein Mehl zum verkauffen in die Waag eingestellet, sobald es verkaufft ist, das daraus erlöste Geld nach dem pretio[1]), wie es der Verkäuffer eingestellt, nach abzug des schuldigen Wieg- auch stand- oder Lagergelds überlieffern, und nicht zurück, oder Ihne damit aufhalten, auch keinen von dem andern umb gunst oder geschenk, haß oder freundschafft willen, mit dem mehl Verkauff zu fördern unterstehen, damit sich

---

1) Werth.

jemand darüber zu beschwären und die mehlwaag zu meiden ursach haben möge.

3. soll Er, mehl Waag beständer im geringsten nicht befugt seyn, außer deme, was Er in seiner Haußhaltung benöthigt, viel oder wenig mehl an sich zu kauffen, ingleichen auch keinem Müller, Mehlhändler, oder jemand anders, auf Ihr in der Waag habendes mehl, das geringste vorzustrecken oder zu leihen, oder aber einiges ohngerechtes Mehl, welches nicht Kaufmannsguth in die Waag auffzunehmen, noch einstellen zu laßen.

4. Soll er die Waag und das Gewicht sauber halten, den rost und alle andere unsauberkeit wehren, auch zu End und außgang seines bestands alles, was Ihme jetzo in der Waag vermittels eines Inventarii zugestellet und außgelieffert wird, hinwieder denen Burgermeistern überliefern, bey dem stattrath auch jährlich auf Martini erinnern, daß er die Gewicht, deren er allemahl ein Verzeichnuß zu übergeben, aufziehen, und was sich abgenutzet, undt zu leicht worden, wieder richten und zurecht machen laßen mögen, und wann nöthig were, etwas neues an gewichtern anzuschaffen, so soll er solches mit Vorwißen und bewilligung des Stattraths bewerkstelligen.

5. Alle diejenige, so Mehl in die Waag zu verkauffen seyl bringen, sollen es alsobald wiegen laßen und das schuldige Wieggeld davon bezahlen, und damit ein jeder wißen möge, was er an Wieggeld zu bezahlen habe, so solle auff eine in die Mehlwaag anhendende Taffel solches verzeichnet werden, sodann sollen sie ihre säck, was dieselben wiegen, jedesmal abziehen laßen, In gleichen auch sollen diejenige lehre säck, welche von hiesigen Einwohnern oder andern in die Waag gebracht werden, umb mehl darin zu faßen, ebenfalls abgezogen und denenselben gut gethan, auch das mehl zum öfftern durch den gefäll Vermeßer und gemaine Burgermeister allhier und die jedesmahlige Beckerhandwerksmeister visitirt und wan es nicht recht befunden, der Hofkammer zu weiterer Verordnung angezeigt werde, da dann jedem Käuffer sein völlig gewicht, er kauffe mit simmern oder Viernzal, weilen es mehrentheils arme leuth betrifft, gelleffert, und der abgang dem Verkäuffer ufgerechnet, weniger nicht der Preis des Mehls und der nahme des Verkäuffers alle mahl uf eine Tafel in der waag offentlich angeschrieben werde.

6. soll er einen jeglichen, welcher mahlen laßen und die Frucht zur Waag bringen will, sein Korn und Kern, auch gersten getreulich zu wiegen, dem armen als dem reichen, und ordentlich in ein darüber zu halten habendes accurates register aufschreiben, wie viel Malter und ob es minder oder mehr, als Ein Malter gewogen, auch aufzeignen, wie viel es weniger oder mehr an dem gewicht seyn und uf welchen Tag es in die mühl geführet worden.

7. Wan das mehl alsdann wieder aus der mühl in die Waag gebracht wird, so soll er sein register aufschlagen und darin nachsehen, ob daß Korn, Kern oder gersten mehr oder weniger gewogen habe, auf das einem jeglichen sein mehl also schwer geliefert werde, als das Korn, Kern oder gersten gewogen haben, davon der Multer abzuziehen, und were es sach, daß ein mehl leichter oder schwerer wiege, als die zur mühl gebrachte Früchten gewogen, solches solle er keinen Becker oder andern heimführen laßen, bis er der Mehlwieger daßelb selbst erfüllet, oder da es zu schwer wiege herausgethan und im Fall zu ergänzung des leichten mehls der Müller kein Mehl bey Handen oder in der Mühl hette, soll er, der Mehlwieger solches hinsetzen und dahin sehen, daß der Mangel vom Müller förderlich an die Waag geschafft und daß mehl recht gemacht und wieder auf die Waag gelegt werde, auch keinem andern zu wiegen unterstehen, biß Er solches, so er angefangen hat, zuvor außgewogen, aufgeschrieben und allerdings nach notdurfft verrichtet hat, hernachmahls solches, wohin es gehörig, heimführen laßen. Er solle auch einem jeglichen Becker, zu einem jeglichen mal, so manch Zeichen schicken, alß viel Malter mehl Er Ihme schickel.

8) Wan er sehe oder in erfahrung brächte, daß ein Mühlarzt, Mühlknecht oder Mühlenfahrer etwas verlauffen oder sonsten verportiren solte, es geschehe auf was arth und weiß es wolle, so soll er bey seinem ayd verpflichtet seyn, solches bey denen Burgermeistern, und von der zur Hoffcammer förderlich und ohne einigen Verzug anzubringen.

9. Zu staub- oder lagergeld solle von jedem malter mehl so über acht tag in der Waag stehen bleibt, wochentlich 1 kr. der statt allhier entrichtet werden, welches der Mehlwieger fleißig zu erheben und darüber ein absonderliches register zu führen.

10. solle keinem Müller, er wohne inn- oder außerhalb der Statt, erlaubt seyn einige Waag in seinem Hauß zu halten, und mehl zu verkauffen, sondern, wan er einiges mehl zu verkauffen hatte, mag er solches, wie andere mehlhändler in die hiesige mehlwaag zum Verkauff einstellen.

11. hat sich auch weder Mehlwaagbeständer, noch die Mehlhändler, oder andere, so mehl in die Waag zum Verkauff einstellen, oder Früchten und Mehl zu ihrem Haußgebrauch darinnen wiegen lassen zu unberstehen, noch sonsten in dem geringsten etwas gegen diese Verordnung vorzunehmen oder zu verrichten, noch das Wieggelb zu erhöhen oder sonsten einige neuerliche beschwerung einzuführen, alles bey Vermeidung ohnausbleiblicher straff.

12. solle er nicht gestatten, daß dasjenige mehl, so einmahl in die mehlwaag eingestellt, und daraus verkaufft worden, wiederumb in die Mehlwaag zum Verkauff, als wodurch ein monopolium getrieben werden, und dem gemeinen Weßen nachtheil und schaden zuwachsen kan, gebracht werde.

13. sol gar nicht mehr gestattet werden, daß die Müller eigene Waagen in ihren Mühlen oder Häußern halten, alß wodurch der statt Waag das Waaggeld entzogen, und dieselbe in abgang gebracht wird.

14. hat er Admodiator [1]) von jedem Malter Mehl, so die Mehlhändler zum Verkauff in die Waag bringen, wiegen und abziehen lassen einen batzen, von einem Malter aber, so ein burger oder Inwohner in dem Hauß mahlen läßt, nur 14 Denare (ausgenommen die Cantzley Corpora [2]), als welche außer dem gewöhnlichen Beutelgeld, nämlich vom Malter 2 D. nichts zu geben schuldig sind) erheben, auch niemand über obiges zu treiben oder zu beschweren. Wan hingegen Ein burger oder Einwohner, so nicht gefreyet, Frucht und Mehl nicht abziehen lassen wird, dem solle das guth, es seye wenig oder viel confiscirt seyn, auch der Admodiator von denen fallenden und von Ihme anbringenden straffen ein sechstheil zu genießen haben, und die Müller zu sträcklicher [3]) nachlebung dessen alles ernstlich angewiesen werden.

---

1) Beständer. 2) Mitglieder der churf. Cantzlei. 3) pünktlicher.

15. Naß diesem Mehlwaagbestand, welcher sechs Jahr wehret, und zu unden gesetztem dato seinen anfang nimbt, soll und will beständer jährlich und eines jeden Jahrs besonder Neunhundert gulden, nemlich sechshundert gulden zur hiesigen gefäll-Vermeßerey, und drey hundert gulden zur hiesigen statt-burger- oder rentmeisterey und zware das ratum davon quartaliter anticipando¹) zu lieffern, Dessen zu Urkund ist dieser bestandbbrieff unter hievor gedruckten größerem Hoffcammer Jnsigel selnen revers ertheilt worden. So geschehen Heydelberg den 1. Martii 1714.

(gez.) Churf. Pfalz Hoffcammer.

Demnach gerede und verspreche ich Eingangs gemelter Mehlwaagsbeständer bey meinen wahren worten, treüen und glauben, obigem allen so diesem bestandsbrieff einverleibt, getreülich und fleißig nachzukommen, darwider nichts zu thun, noch daß darwider etwas gethan werde, zu verschaffen, in keine wege, alles getreulich, sonder gefährde. Zu Urkund habe ich mich Eigenhendig unberschrieben und mein Plttschafft beygetruckt. Heydelberg ut supra.

(gez.) Georg Dietrich Heuß.

Den gleichen Revers stellte unterm 28. Februar 1720 Lorenz Sauerbrunn aus, mit dem Zusatz zu 15: auch im Falls die churf. dicasteria von hier transferirt werden sollten, Er beständer als damit an diesen bestand weithers nicht gebunden noch gehalten seyn solle, wie nicht weniger

16. Jhme freystehet, Einen Waagknecht auff seine eigenen Kösten anzustellen und zu unterhalten, jedoch wan er mit dem jetzigen sich dieß falls verstehen oder einig werden könnte, were dieser dabey zu belassen, welcher sodann bey hiesigem stattrath in gewöhnliche Pflichten zu nehmen, mithin, hette er beständer dahin zu sorgen, damit das bishero unbillig abgenohmene Waaggeld abgestellt werde."

Der Bestandbrief für Sebastian Holbermann vom 10. Mai 1738 hat statt dieses Zusatzes den folgenden: Wie nicht weniger die Cantzley jura von fl. 100 semel pro semper 18 kr. bezahlen und wegen des sowohl von einheimischen als ausländischen Mehlhändlern in die Waag einstellenden Mehls hinlängliche Caution stellen, dahingegen soll

---

1) vierteljährlich voraus.

16. Ihme freystehen auff seine Kösten einen Waagknecht anzustellen und zu unterhalten, welcher soforth bey Unserem dahiesigen Stattrath nebst den Waagmeistern und Visitatoren in gewöhnliche Pflichten zu nehmen, mithin hätte Er Beständer dahin sorgzutragen, damit das bishero unbillig abgenohmene Traggeld abgestellet werde.

17. Soll Er Beständer wehrender solcher Beständszeith sogleich bey antrettung des Bestands die allenfalls bis anhero geführte Müller- oder Becker-profession gäntzlich niederlegen, und von dem Mehlhandel völlig abstehen.

18. Ob nun zware §. 3 Unser Mehlwaagbeständer nicht befugt seyn solle, außer deme, was er in seiner Haushaltung benöthiget, viel oder wenig Mehl ahn sich zu lauffen, und zum Verlauff in die Waag zu stellen, so ist jedoch dieses nur dahin zu verstehen, im Fall kein Mangel oder abgang zu befahren ist, solle aber ein Mangel oder abgang erscheinen, so solle unserem Mehlwaag Beständern, jedoch nur im Nothfall und anderst nicht, und wan daselbstige oder andere Mehlhändler die Waag nicht genugsamb versehen solten, so viel Mehl ahn sich zu lauffen und in die Waag zu stellen, als die Nothwendigkeit erfordern wird, damit der gemeine Mann und sonstige andere an dem Brodt keinen Mangel leyden mögen. [1]

Auch dem Beständer Holdermann wurden, in Anbetracht der übeln Zeiten, an seinem Pacht jährlich fl. 430 nachgelassen und somit der Bestand auf fl. 900 herabgesetzt, 1740.

Im Jahre 1750 erließ die Regierung eine Instruction und setzte die Bedingungen fest, unter denen die Mehlwage auf 6 Jahre an den Meistbietenden versteigert werden solle. Außer den schon oben angeführten Punkten werden noch folgende beigefügt: 1. Der Wagmeister — dieser Titel seit 1748 in Uebung — soll jedem den Erlös aus dem verkauften Mehl, nach Abzug des Wieg- und Lagergeldes, ausliefern. 2. Er soll die Bäcker aufzeichnen, und die Menge und Sorte Mehl, welche sie erhalten. 3. Wenn fremde Bäcker Brod bringen, soll er es besehen und von jedem Malter 16 Denare zu Umgeld nehmen und darüber ein Register führen. 4. Von den

---

[1] Die Originalreverse finden sich im Generallandesarchiv zu Carlsruhe, Faszikel: „Bestandsrevers über Mehl, Butter rc. Waag. 1714. 24. 33."

Schlierbacher Bäckern von jedem Malter 1 Batzen Umgeld fordern; 5. von jedem Malter Mehl, das einem Bauern oder Bürger gehört, 16 Denare nehmen. 6. Jedes Bürgers Mehlsäcke petschiren. 7. Von jedem Malter zu mahlender Gerste 8 Denare nehmen; 8. jedes Malter Mehl gibt für 8 Tage 1 Simri Lagergeld, worüber ein Verzeichniß zu führen ist.

Auch die Bierbrauer mußten für das zu schrotende Korn, neben 8 kr. Accis, 3½ kr. Waggeld für das Malter bezahlen; eine beßfallsige Beschwerde wurde 1754 abgewiesen.

Seit 1748 hörten die Mehlwagbeständer auf. Die Regierung ernannte dafür einen Wagmeister mit jährlich 100 Thalern Gehalt, wogegen dieser eine Caution von fl. 500 leisten mußte. Dies hatte nicht lange Bestand, weil die Wagmeister bei ihrer fixen Besoldung sich um die Gefälle selbst wenig mehr kümmerten; bezogen sie doch die gleiche Summe, ob viele oder wenige Frucht oder Mehl in die Wage kam. Im Jahre 1765 wurde deßhalb die Wage wieder an den Meistbietenden auf 1 Jahr versteigert. Bäcker Jacob Reger steigerte sie um fl. 1350.

Für die Aufsicht bezog der Stadtrath seit 1748 10 Reichsthaler, der churf. Gefällverweser den 14. Pfennig vom Bestandzins und der Zollbereuter Treu erhielt 1759 einen dritten Schlüssel zur Mehlwag-Büchse.

Wiederholte Versuche der Bürgerschaft vom Wieggeld befreit zu werden, führten zu keinem Erfolg.

Der Abschluß des 4. Quartals der Wagrechnung von 1761 wies eine Einnahme von fl. 430. 17 kr. nach. Bei dieser Gelegenheit kam folgendes zur Anzeige: 1. viele Mehlhändler verkauften zu Hause Mehl, zwar wohlfeiler als der Preis in der Wage war; aber sie hatten dabei leichteres Gewicht; dadurch mußte natürlich der Waggeldeinnahme großer Eintrag geschehen; 2. Viele Müller hielten eigene Wagen; 3. die Bürger, sich auf ihre Privilegien berufend, verweigerten das Wieggeld. Es mußte deßhalb die Ordnung von 1726 aufs Neue verkündigt werden. Die Erträgnisse der Wage betrugen im Jahre 1758: fl. 1570; 1759: fl. 1615; 1760: fl. 1461; 1761: fl. 1368; 1762: fl. 1406; 1763: fl. 1492.

Bei der Uebernahme der Wage durch Jacob Reger 1765 wurden folgende Bestimmungen öffentlich bekannt gemacht: 1. Kein Müller, Bäcker oder Mehlhändler darf eine eigene Wage in seinem Hause halten bei fl. 50 Strafe. 2. Den Soldaten und armen Leuten, die nur wenige Pfund Mehl kaufen können, dürfen die Bäcker und Mehlhändler diese Quanten verkaufen; jedoch müssen sie vorher ihr Mehl in der Wage wiegen lassen. Auch dürfen sie nicht, wie seither, das „Silbergewicht", welches leichter war, als das in der Wage gebrauchte, gebrauchen und müssen ihre Gewichte von Zeit zu Zeit abziehen lassen. 3. Niemand darf Frucht außer die Stadt zum Mahlen führen ohne ordentliches Wagzeichen, bei Strafe der Confiscation der Früchte; die Müller, die, ohne die Zeichen zu sehen, mahlen, verfallen in eine Strafe von fl. 50. Bei gleicher Strafe muß das auswärts gekaufte und in die Stadt geführte Mehl zur Wage gebracht werden. 4. Alles Mehl in der Wage soll von den verpflichteten Mehlbeschauern besichtigt werden. An Wieggeld zahlt der städtische Mehlhändler 14 Pfennige, der fremde 4 kr. für das Malter. 5. Von jedem 100 Pfd. Mehl muß 1 Pfd. für Staub und Abgang, das sogenannte Staubmehl entrichtet werden. 6. Trägerlohn für 1 Malter beträgt 2 kr., von Fremden der Sack 3 kr.; 7. Lager- oder Standgeld wöchentlich 1 Kreuzer. 8. Von denen, die im Winterhalbjahre Mehl in die Wage einstellen, muß ein für alle Male 20 kr. Holzgeld entrichtet werden. 9. Die Taxen sind in der Wage selbst auf Tafeln angeschlagen. 10. die drei Thorschreiber sind angewiesen, von allem in die Stadt geführten Mehl ein Register zu fertigen; dieses wird durch einen Visitator an die Wage abgeliefert, um zu controliren. 11. Genaueste Aufsicht haben zu führen die Zollbereuter und Visitatoren, sowie die Brücken- und Thorschreiber.

Wiederholt mußten die Bürger belehrt werden, daß sie nur für ihren Hausgebrauch von der Wage befreit sind und daß sie dagegen für alle Frucht und Mehl, die sie verkaufen, die Accis- und Wagzeichen lösen; die Müller und Bäcker mußten für ihren Hausgebrauch überdies Accisfreizettel bei den Accisoren holen.

Am 7. Januar 1766 ersteigerte Georg Bortzel die Wage auf 3 Jahre um je fl. 1380. Hierbei wies das Inventar nach: 1 große Wage, 1 kleinere, 5 Zentnersteine, kleine Gewichte bis herab zu ½ Pfd.; 1 großen und 1 kleinen Mehlkasten, 1 Mehlkärchlein, 2 Mehlschaufel, 1 Tisch, 1 Bank, 1 eiserne Büchse, 2 Wagseiler, 1 hölzene Schreibtafel, 2 Schlüssel zur Wage, je 1 Schlüssel zu einem Schränklein, zur Nebenthür, zur Tischschublade.

Am 19. Januar 1769 steigerte die Wage Bäcker Anbreas Wagner um fl. 1009 jährlich auf 3 Jahre. In diesen drei Jahren ertrug die Wage an Zeichengebühren fl. 3565. 52 kr.
an Waggebühren „ 3187. 20 kr.

Zusammen fl. 6753. 12 kr.

Durchschnittlich im Jahre fl. 2251. 4 kr. An diesem Ertrag war aber abzuziehen die jährliche Besoldung von fl. 200 für den von der Herrschaft angestellten Wagmeister, fl. 14 für 4 Malter Besoldungskorn. fl. 78 für den Wagknecht, den der Beständer besoldete. Es war die Einrichtung der Controle für den Zoll so getroffen, daß der Gefällverwalter dem Wagmeister die Zollzeichen (von Papier) in einer bestimmten Anzahl übergab und später mit ihm abrechnete.

Vom sogenannten Silbergewicht gingen 108 Pfd. auf einen Zentner gewöhnlichen Gewichts.

1777 war Sebastian Krank erster und Franz Anton Mayer zweiter Wagknecht.

Ueber die Beschwerde der Bürgerschaft gegen Beständer Borjel u. s. w. vergl. Archiv II. 185 ff.

Schließlich sei noch bemerkt, daß die Mehlwage sich im untern Geschosse des Rathhauses befand. Ebenda befand sich auch die Butterund Frohnwage, welcher der nächstfolgende Abschnitt gilt.[1]

---

[1] Die gesammte obige Darstellung der Mehlwage beruht auf urkundlichen Nachrichten, welche wir dem Gen. Landes-Archiv zu Carlsruhe entnommen haben; vorzüglich 3 Fascikel: „die Heydelberg Mehlwaag btr." 42—44.

XII.

Die Butter- und Frohnwage.

Von gleicher Bedeutung, wie die Mehlwage, welche die sozialen Verhältnisse der „guten alten Zeit" schon recht anschaulich darlegt, ist die Butter- und Frohnwage zu Heidelberg, deren Bedeutung und Geschichte wir in den nächstfolgenden Blättern zu verzeichnen gedenken.

Die Butter- und Frohnwage hatte zu ihrem eigentlichen Gegenstand die Controle und die Erhebung der Gefälle von ein- und ausgeführten Waaren der mannchfaltigsten Art. Artikel 39 u. flg. der Stadtordnung Friedrichs des Siegreichen von 1465[1]) bestimmen nämlich: Für Schmalz, Butter, Unschlitt, Hanf, Wolle, Eisen u. s. w. mußte eine Abgabe von zwei Pfennigen von jedem Gulden Werth entrichtet werden. Zur Bestimmung des Werthes mußten diese Waaren in die Butter- und Frohnwage geführt werden. Von keiner dieser Waaren durften die Hocker irgend etwas zum Voraus kaufen. Jede Waare mußte vielmehr zuerst einen halben Tag in der Wage stehen, um die Bürger unmittelbar kaufen zu lassen. Die zwei Pfennige vom Gulden — der sogenannte Guldenzoll — war vom Verläufer zu entrichten; und es wurden diese Gefälle ganz in gleicher Weise zwischen der Herrschaft und der Stadt getheilt, wie die Gefälle der Mehlwage; nämlich ³/₄ bezog die Herrschaft, ¹/₄ die Stadt, damit sie die öffentlichen Bauten u. s. w. davon im Stand erhalte; 1508 erhielt die Stadt ¹/₂; 1696 ganz; 1744 die Hälfte, 1748 drei Viertheile und zwar ganz so wie bei der Mehlwage. — Für diese Wage war von der Regierung ein eigener Beamter angestellt, welcher Unterläufer hieß; sein Amt nannte man das Unterläuferwiegamt, sein Geschäft war die Unterläuferei. Diese Beamten waren dem Herkommen gemäß aus der Hofbienerschaft genommen, so 1605 der churf. Fourier Erhard Lauboli, 1573 der Bauschreiber Valentin Schöllhorn und vor diesem der Baumeister Hans Engelhardt; von

---

[1]) Siehe „Archiv" II. S. 130 ff.

1648 an waren die Unterkäufer zugleich Umgelder (Accisoren); so Leporius Gratz, 1649 Hieronymus Jahner; nach dem Tode dieses Letztern wurden beide Aemter wieder getrennt; 1656 war Unterkäufer Nicol. Entz, 1676 Herm. Kuhelier. 1677 wurden die Aemter wieder vereinigt unter Adolf Lauterer, 1678 Luberich.

Da auch hier, wie bei der Mehlwage, stets Unterschleife vorkamen und die Ordnung für die Butter- und Frohnwage durch den 30jährigen Krieg vielfach durchbrochen worden war, so wurde 1077 unter Beizug des Unterkäufers Herm. Kuchelier und des Wagmeisters Joh. Gugelmann folgendes als Herkommen „von Alters her" festgestellt:[1])

I. Der Unterkäufer soll a. Treue schwören und halten; b. was ein Fremder hier kauft oder verkauft, soll geben Zoll und Unterkauf wie folgt:

1. Ein Malter Salz oder 1 Scheibe Salz 3 Pfennig, wovon 2 Pfennig zu Zoll und 1 Pfennig dem Unterkäufer als Lohn fallen. 2. Kauft ein Fremder hier Salz, so zahlt er für 1 Malter oder 1 Scheibe 3 Pfen. zu Zoll, der Unterkäufer erhält nichts. 3. Von einer „Wag" Eisen, das hier verkauft oder ausgeführt wird, werden bezahlt 2 Denare, wovon 2/3 Zoll, 1/3 Lohn des Unterkäufers ist. 4. Jeder Käsmann, der hier auf Wagen oder Karch Käs verkauft, gibt vom Gulden 2 Pfen., wovon dem Unterkäufer 1/3 gebührt. 5) Jedes Schwein, das von Fremden hierher verkauft wird, zahlt 2 Denare, wovon 1/3 dem Unterkäufer gebühren. 6. Kauft ein Fremder hier Schweine und führt sie aus, so zahlt er für das Stück 2 Denare, von denen der Unterkäufer nichts hat. 7. Jeder fremde Fischer, der hier Fische verkauft, gibt von jedem Gulden 2 Denare, wovon der Unterkäufer 1/3 erhält. 8. Jede Tonne Häring gibt 6 Denare, ebenso jede Tonne Bolzen oder Rheinfische, wovon der Unterkäufer 1/3 hat. 9. Von jedem Stroh Bückling fallen 8 Den., wovon der Unterkäufer 6 erhält. 10. 1 Rolle Stockfische zahlt 4 Schillingsdenare, wovon jener 12 Den. erhält. 11. Der Glaser, der Glas

---

1) Aus dem Gen. Land. Archiv zu Carlsruhe, Fascikel: „Heidelberger Stadt Unterkäuferei, Butter- und Frohnwag, auch darin fallendes Kreuzergeld. Item Butterhandel. Conv. I, 1650—1781. — 878.

hierherbringt und verkauft, zahlt vom Gulden 1 Kreuzer, wovon jener ⅓ hat. 12. 1 Malter Nüsse oder Kastanien, die ausgeführt werden, 2 Denare, wovon jener ⅓ hat. 13. Jeder Salm, der hier verkauft wird, 4 Pfen., hievon erhalten die Fischer, welche die Salmen besehen, 2 Denare, 2 Denare fallen zu Zoll und 2 Denare erhält der Unterkäufer; dieser hat jeden Wagen genau zu untersuchen. 14. Leder und rauhe Felle, die hier verkauft werden, zahlen 2 Denare vom Gulden. 15. Ein Malter Korn, das ausgeführt wird, gibt 1 Pfen., 1 Malter Spelz oder Haber 1 Heller, wovon der Unterkäufer ⅓ bezieht.

II. Das Amt des Wiegers bestand in dem eigentlichen Wiegen der ein- und ausgeführten Waaren. 1. Er hat für jede gewogene Waare vom Gulden Werth 2 Denare Zoll und vom Zentner gebühren dem Unterkäufer 2 Denare. Dafür hatte der Wieger das erlöste Geld von den Käufern einzufordern und den Verkäufern zu überliefern. 2. Der Wieger hat für 1 Centner zu wiegen von einem Bürger 2 Pfen. 3. für ein Centnerfaß mit Butter und darüber 4 Pfen. 4. Für ein kleines Faß Butter von 30—40 Pfd. 2 Denare. 5. Ein Mann, der mit Wagenladungen zur Wage kommt, zahlt von 1 großen Faß 12 Den., wovon 1 Albus zu Zoll und 4 Pfen. dem Unterkäufer fallen. 6. Von einem kleinen Faß Butter zahlt der „Wagenmann" 4 Den., wovon 2 Pfen. zu Zoll, 2 Den. dem Unterkäufer. 7. Vom Schmalz, Unschlitt, Karchschmiere u. dgl., so werden vom Gulden für den Unterkäufer 2 Pfen. erhoben. 8) Hanf gibt für den Gulden Erlös 2 Pfenn. zu Zoll und vom Zentner 2 Den. dem Unterkäufer. Die Zollgefälle hat der Wieger in seinem „Stock" zu sammeln.

(Schluß folgt im nächsten Hefte.)

Inhalt.

	Seite
Besitzungen der Churfürsten und Pfalzgrafen in Heidelberg 13.—18. Jahrhundert	89
Die Schicksale Heidelbergs im 30jährigen Kriege	95
Die Besitzungen und Einkünfte des Jesuitenkollegiums zu Heidelberg	105
Die Mehlwage	114
Die Butter- und Frohnwage	136

www.ingramcontent.com/pod-product-compliance
Lightning Source LLC
Chambersburg PA
CBHW021221300426
44111CB00007B/383